Irak

Geschichte eines modernen Krieges

Stefan Aust · Cordt Schnibben (Hg.)

Irak

Geschichte eines modernen Krieges

Klaus Brinkbäumer, Uwe Buse,
Asiem El Difraoui, Fiona Ehlers, Carolin Emcke,
Ullrich Fichtner, Matthias Geyer, Hauke Goos,
Lothar Gorris, Ralf Hoppe, Thomas Hüetlin,
Olaf Ihlau, Ansbert Kneip, Claus Christian Malzahn,
Alexander Osang, Alexander Smoltczyk,
Gerhard Spörl, Barbara Supp, Alexander Szandar,
Bernhard Zand

Deutsche Verlags-Anstalt
München

Bibliografische Information Der Deutschen Bibliothek
Die Deutsche Bibliothek verzeichnet diese Publikation
in der Deutschen Nationalbibliografie; detaillierte
bibliografische Daten sind im Internet über
<http://dnb.ddb.de> abrufbar.

Typografie und Satz: DVA/Brigitte Müller
Druck und Bindearbeiten: GGP Media, Pößneck
Printed in Germany
ISBN 3-421-05804-0

Inhalt

Vorwort

Soll man Bücher über Kriege schreiben? Soll man nicht froh sein, dass sie vorbei sind? Soll man sie nicht den Generälen überlassen? Dieser Krieg bietet eine Chance. Seine Vorgeschichte lässt sich enthüllen, seine Geschichte lässt sich erzählen: Weil 500 Journalisten mit in den Krieg zogen, weil Soldaten und Offiziere nach dem Krieg über ihr Handwerk redeten, und weil die Wunden und Opfer dieses Feldzuges zu besichtigen waren. Dieser Krieg erzählt, wie ein Krieg inszeniert wird, wie er funktioniert, was er anrichtet.

War das nun der Krieg ums Öl? Oder war es ein Feldzug für Demokratie und Freiheit? Haben die Menschenrechte gesiegt? Ist der Terrorismus geschwächt?

Als George W. Bush am 1. Mai in Kampfmontur auf dem Flugzeugträger USS „Abraham Lincoln“ landete, um sich von ein paar tausend Soldaten als oberster Befehlshaber eines gloriosen Krieges feiern zu lassen, da war es, als wollte er im Augenblick seines größten Triumphes seinen vielen Kritikern demonstrieren: Guckt mal, ich bin wirklich so, wie ihr denkt.

Der stolzierende und breitbeinige Gang, der überhebliche und wissende Gesichtsausdruck, die geschwollenen und simplen Sätze, dazu Soldaten in farblich choreografierten T-Shirts und ein Flugzeugträger, der im warmen Licht einer bald untergehenden Sonne schimmerte – ein Kriegsende also, das wie das Finale eines „Top Gun“-Films inszeniert wurde.

Der US-Präsident hatte allen Grund, sich über das Happy End seines Feldzugs zu freuen. Die Prognosen der Kriegsgegner, sein Irak-Krieg werde den Nahen Osten in ein Schlachtfeld verwandeln und Hunderttausende Zivilisten das Leben kosten, waren widerlegt. 159 tote alliierte Soldaten schienen ihm ein vertretbarer Preis für den Sturz eines gemeingefährlichen Diktators, und auch die ungefähr 3000 toten Zivilisten und vielleicht 8000 toten irakischen Soldaten waren weniger, als Kriegsgegner und Kriegstreiber vor dem Krieg prophezeit hatten.

„Mission accomplished“ stand auf dem Transparent, das über dem Flugzeugträger flatterte, doch seit Bush an jenem Tag den Krieg für beendet erklärte, ging er an zwei Fronten wieder los. Im Irak begannen Untergrundkämpfer wieder mit der Waffe in der Hand anzugreifen, beinahe täglich starben US-Soldaten bei Attacken von Saddam-Anhängern, al-Qaida-Kämpfern oder schiitischen Märtyrern. Sie seien „in einen Guerilla-Krieg“ verstrickt, musste das Oberkommando der US-Truppe eingestehen.

Auch an der Heimatfront geriet der Präsident unter Beschuss, weil er im Bunde mit seinen Geheimdiensten den Feind bedrohlicher darstellte, als er war, um sein Volk kriegsbereiter zu machen. „Wir kennen Hunderte von Lagerstätten, die untersucht werden“, hatte Bush auf dem Flugzeugträger optimistisch verkündet. Tatsächlich sind Massenvernichtungswaffen auch in den folgenden Wochen nicht gefunden worden.

Ein Präsident, der einen Präventivkrieg gegen ein Regime beginnt, weil „dessen Aggressionen und Massenvernichtungswaffen es zu einer einzigartigen Bedrohung für die Welt machen“, aber der auch nach dem Krieg den Beweis für die Bedrohung schuldig bleibt – der bekommt nicht nur ein Problem mit Völkerrechtlern und Kriegsgegnern, sondern auch mit den Landsleuten, die den Präsidenten unterstützen und sich nun in den Krieg getrickst fühlen.

Darum ist der Irak-Krieg nicht zu Ende, darum kann George W. Bush zu Hause einen Feldzug noch verlieren, den seine Militärs in der Wüste Iraks gewonnen haben, und zwar so gewonnen, dass es ein Krieg wurde wie „kein anderer in der Geschichte“ (Oberbefehlshaber Tommy Franks). Ein „außergewöhnliches militärisches Ballett“ sahen Militärjournalisten zwischen dem 19. März und dem 10. April aufgeführt, sie entdeckten den „Beginn einer neuen Kultur des Krieges“ („Frankfurter Allgemeine Sonntagszeitung“) und ein „Paradebeispiel für Taktik und Technik der Kriegführung im 21. Jahrhundert“ („Die Welt“). Deutsche Militärs wie der ehemalige Vorsitzende des Militärausschusses der Nato, Klaus Naumann, lobten „den ersten netzwerkzentrierten Krieg der Geschichte“, also das computergestützte Zusammenspiel von lückenloser Ausspähung, digitalem Kommandosystem und satellitengesteuerter Waffentechnik. Der Irak war demnach das Versuchsfeld für eine Armee, die dank Satelliten, Drohnen und Aufklärungsflugzeugen die Truppen des Feindes besser im Blick hatte als deren eigene Führung; die dank ihrer Special Forces wie eine Guerilla-Truppe im Land Ziele erkunden und erledigen konnte; die dank ihrer mobilen und vielfach vernetzten Truppenverbände schneller vorstoßen konnte als jede Armee vorher.

Verteidigungsminister Donald Rumsfeld und sein Stellvertreter Paul Wolfowitz wollten diesen Krieg seit September 2001, und sie wollten einen Krieg der neuen Art: nicht mehr mit neun amerikanischen Divisionen und 365 000 Mann wie im letzten Golfkrieg, sondern mit vier Divisionen und 150 000 Mann, nicht mehr mit wochenlangen Bombardements und anschließender Invasion, sondern mit der simultanen Aktion von Luftwaffe und Infanterie.

Rumsfeld setzte sich gegen politische Bedenken von Außenminister Colin Powell und gegen militärische Einwände der Generäle durch. Er wollte die Aktion einer schnellen, kleinen, mobilen Hightech-Armee, er wollte den Beweis, dass die Armee der Vereinigten Staaten wie eine Weltpolizeitruppe agieren kann, als Abschreckung für jeden Aggressor, für jede Diktatur, für jeden Terroristen.

Rumsfeld und Präsident Bush wollten „die Gunst der Stunde" nutzen, wie sie es in der neuen Nationalen Sicherheitsstrategie der USA formulierten; darum waren für sie „Massenvernichtungswaffen" nicht mehr als brauchbare Vokabeln in einer Propagandaschlacht, mit der die Kriegslaune des eigenen Volkes geschürt werden sollte. Darum waren für sie „Beweise" auch nicht so wichtig wie für die Kriegsgegner. Und darum wurde dieser Krieg der erste Krieg der Geschichte, der zu Ende war, bevor man seinen Grund gefunden hatte.

Die Militärparade zwischen Euphrat und Tigris wird nicht nur Waffenhändler, Soldaten und Verteidigungsminister interessieren; auch jeder Kriegsgegner muss sich den Irak-Krieg genau ansehen, weil dieser Feldzug die Welt mehr verändert als den Irak: Der 20-Tage-Krieg beweist, dass der Krieg am Anfang des 21. Jahrhunderts ein relativ risikoloses Mittel der Politik geworden ist – wenn man eine Streitmacht wie die USA hat oder sie an seiner Seite weiß. Das wird in ein paar Ländern die Rüstungsausgaben hochschnellen lassen, das wird die Armeen verändern, vor allem aber wird es das Verhältnis vieler Länder zu den USA beeinflussen.

Und dieser Krieg militarisiert die Öffentlichkeit: Über Truppenstärke und Wehrpflicht, über Kriegsziele und Waffensysteme, über JSTAR und JDAM, über CBU-Bomben und MOAB streiten nicht mehr nur Militärs, sondern auch Parlamente und Medien, und selbst der Kriegsgegner wird eine M16 vom M113 unterscheiden lernen müssen, wenn seine Argumente treffen sollen.

In Deutschland überließ man das Debattieren über das Militär bisher den Militärs. Und wer beschreiben konnte, wie ein Panzer im Gefecht agiert, wurde schnell des „Landsertums“ verdächtigt. „Nie wieder Krieg“ hieß auch: Nie wieder schreiben über den Krieg und das Handwerk des Soldaten. Doch seit deutsche Truppen wieder in die Welt hinaus ziehen und auch deutsche Journalisten an der Seite amerikanischer Soldaten bis nach Bagdad stürmen, ist es wichtig, so detailliert über den Krieg zu schreiben wie über eine Greenpeace-Aktion, eine Friedensdemonstration oder einen Weltaktionstag von Globalisierungsgegnern.

Im Irak-Krieg waren die Medien Teil der Kriegsstrategie von George W. Bush und Saddam Hussein. Der Diktator wollte die Weltpresse nutzen, um mit Bildern von verstümmelten Kindern und verbrannten Frauen die Stimmung in den Ländern seiner Angreifer gegen die Regierenden anzuheizen; darum sollte sein Informationsminister seine wichtigste Waffe sein. Der Präsident wiederum wollte die 500 seinen Truppen zugeordneten Journalisten nutzen, um Stimmung zu machen für einen Krieg, der aus der Nähe betrachtet nicht so schrecklich aussehen sollte, wie Kriegsgegner befürchteten.

Der Diktator wollte den Krieg in die Länge ziehen, und der Präsident wollte ihn so schnell wie möglich zu Ende bringen. Beide aus demselben Grund: Demokratisch kontrollierte Regierungen geraten desto mehr unter Druck, je länger ein Krieg dauert. Bush und das Pentagon waren überzeugt von ihrem sauberen Blitzkrieg, und darum wollten sie Fernsehteams und Reporter dabei haben, die schöne Bilder von der Front in die heimischen Wohnzimmer schickten.

Die Kriegsberichterstatter überraschte die Auskunftsfreudigkeit der Soldaten und Offiziere, aber erst hinterher wurde ihnen klar, wie wenig sie – mittendrin – über diesen Krieg erfahren hatten. Nur aus der Satellitenperspektive war er zu begreifen und nur durch das Zusammentragen vieler Einzelinformationen weit im Nachhinein zu erzählen, was zwischen Kuweit und Bagdad, zwischen Euphrat und Tigris passiert war.

Die militärischen Lehren dieses Krieges sind simpler als die politischen: Die U.S. Army ist inzwischen allen anderen Armeen dieser

Welt so überlegen, dass nicht nur eine bereits geschwächte und der Luftwaffe beraubten Armee wie die irakische in kurzer Zeit überrannt werden kann. Die kombinierte Operation der Land-, Luft- und Seestreitkräfte, die Präzisionssteuerung der meisten Bomben und Marschflugkörper, die Feuerkraft der Panzerverbände und der logistische Aufbau der Truppen ermöglichen den US-Militärs, gegnerische Armeen 24 Stunden am Tag und sieben Tage in der Woche so unter Druck zu setzen, dass sie schnell kampfunfähig sind oder aufgeben.

348 Milliarden Dollar lassen sich die USA ihre militärische Übermacht kosten, die Europäer weisen in ihren Verteidigungshaushalten zusammen 153 Milliarden aus, die Russen 11 Milliarden und die Chinesen 20 Milliarden.

Die politischen Kräfte im Umfeld von Präsident Bush, die seit drei Jahren daran arbeiten, den Krieg wieder zum risikolosen Mittel des Hegemonialstrebens zu machen, können sich militärisch durch den Irak-Krieg bestätigt sehen.

Politisch allerdings sieht die Bilanz des Krieges komplizierter aus. Der Diktator wurde gestürzt und sein Regime der Folter und des Massenmordens zerstört, aber der schnelle militärische Sieg hat zu einem Machtvakuum geführt, das viele widerstrebende irakische Gruppen füllen wollten, ohne dass die Besatzungsmacht daraus schnell eine funktionierende Nachkriegsordnung zusammenfügen konnte. Der Preis eines Krieges ist nicht nur in toten Zivilisten zu taxieren; jeder Eroberungskrieg enthauptet nicht nur eine gesellschaftliche Ordnung, er zerstört das soziale Geflecht von Millionen Menschen, er bestimmt willkürlich Kriegsverlierer und Kriegsgewinner, und es dauert lange, bis der neue Staat und die neue Gesellschaft wieder funktionieren.

Vor dem Krieg gingen die Invasionsstrategen im Pentagon von einer zweijährigen Besatzungszeit aus, inzwischen halten sie eine zehnjährige Militärpräsenz für nötig, und das zeigt, wie wenig konkret und realistisch ihre Nachkriegskonzepte waren. Die Diskrepanz zwischen der Regierungsplanung und der Lage im Irak lässt immer mehr amerikanische Kommentatoren mit dem Schreckenswort „Vietnam“ hantieren. Es drohe ein jahrelanger Guerilla-Kampf, in dem immer mehr Soldaten gebraucht würden, um sich den Angriffen der irakischen Untergrundkämpfer zu erwehren.

Militärisch ist die Lage der Amerikaner im Irak allerdings eher mit der Lage der sowjetischen Besatzer in Afghanistan zu vergleichen: Eine Invasionsarmee installiert eine politische Führung, die von sehr unterschiedlichen Gruppen des Volkes aus unterschiedlichen Gründen nicht akzeptiert und deshalb attackiert wird.

Globalstrategisch ist der Vergleich mit Vietnam und der Rolle der Weltmacht USA in den sechziger Jahren offensichtlicher. Damals hieß der Feind „Kommunismus", heute „Terrorismus", heute ist der Präsident, der die Welt missionieren will, George W. Bush, damals war es John F. Kennedy, der Demokratie und Freiheit exportieren wollte. Er versprach, dafür alles zu tun, auch fremde Länder zu besetzen.

In Vietnam wollte Kennedy zeigen, wie ernst es den USA war mit ihrem Versprechen, die Welt zu befreien und die USA zur politischen, militärischen und moralischen Führungsmacht zu machen, und seine Nachfolger Johnson und Nixon eiferten ihm nach. Immer mehr amerikanische Soldaten wurden nach Vietnam verschickt, immer mehr Verbündete mussten die USA unterstützen.

Die „Dominotheorie" beherrschte Kennedys Denken und das seiner Regierung: Wenn eines der Länder in Südostasien in die Hände der Kommunisten falle, würden alle Staaten der Region wie umstürzende Dominosteine bald ebenfalls dem Reich des Bösen anheim fallen.

Dominosteine sollen wieder fallen, diesmal in die andere Richtung, erst der Irak, dann Iran, dann Syrien. Diktatoren sollen mit Gewalt durch demokratische Regime abgelöst werden, damit Schurken in Präsidentensesseln islamistische Terroristen nicht mit Massenvernichtungswaffen versorgen können. Die USA „werden die Gunst der Stunde nutzen", hat Bush in seiner Sicherheitsstrategie formuliert, um die „Vorzüge der Freiheit in der ganzen Welt zu verbreiten", und er will sich dafür einsetzen, „die Hoffnung auf Demokratie und freien Handel in jeden Winkel der Erde zu tragen".

Wieder Demokratie und Wohlstand mit Truppen in ferne Länder exportieren? Als die letzten Amerikaner 1975 Vietnam verließen, war die Führungsmacht des Westens nicht nur militärisch geschlagen, sondern vor allem moralisch erledigt. In den siebziger und achtziger Jahren begleiteten die westlichen Völker das politische Gebaren ihrer Führungsmacht mit antiamerikanischem Misstrauen; Militäraktionen in Iran, auf Grenada, in Libyen, in Panama schürten die Skepsis. Seit dem Golfkrieg 1991 allerdings gewannen die USA wieder an Ansehen, auch die Militäreinsätze in Somalia, Bosnien und im Kosovo ließen die Hoffnung wachsen, die größte Militärmacht der Welt werde nun als Militärpolizist der Vereinten Nationen die Dreckarbeit machen und überall dort eingreifen, wo Schurken und Verrückte den Weltfrieden bedrohen.

Deshalb war nach den Anschlägen des 11. September die weltweite Solidarität mit den USA nicht nur eine menschliche Geste, sondern eine politische Demonstration: Wir müssen den USA beistehen, weil sie uns schützen. Die Attentate zerstörten nicht nur das World Trade Center, sondern auch das weit verbreitete antiamerikanische Klischee, die Bedrohung der Welt durch islamistische Terroristen sei eine Erfindung der CIA. Das Netzwerk Osama Bin Ladens, jahrelang ignoriert oder unterschätzt, wurde als lebensbedrohlich wahrgenommen, und deshalb waren die Völker der westlichen Welt wohl nie so sehr Amerikaner wie in den Monaten nach dem 11. September und in den Wochen des Afghanistan-Kriegs.

Seit der Irak ins Fadenkreuz der amerikanischen Regierung geriet, fällt diese Wir-sind-alle-Amerikaner-Front auseinander, und das liegt daran, dass der amerikanische Präsident sich im September 2002 in einer neuen nationalen Sicherheitsstrategie das Recht eingeräumt hat, Präventivkriege gegen potenzielle Angreifer zu führen, und dass er von der Uno, der Nato und den amerikanischen Verbündeten erwartete, den ersten dieser Kriege gegen Saddam Hussein zu unterstützen – ohne sagen zu können, wie denn der Nahe Osten und der Rest der Welt am Ende dieser „globalen Unternehmung von ungewisser Dauer“ aussehen sollen.

Was dem Fernsehzuschauer und Tageszeitungsleser vor dem Krieg schien wie der surreale Streit zwischen Diplomaten, Waffeninspektoren, Präsidentenberatern und Verteidigungsministern über Resolutionen, Satellitenbilder, Raketenreichweiten und Inspektionsfristen, ist tatsächlich der Streit zwischen den USA und Frankreich, Russland, China, Deutschland und vielen anderen Staaten der Uno darüber, wie unumschränkt die Macht der letzten und einzigen Weltmacht sein darf und wie wenig die früheren Weltmächte noch zu sagen haben. Der Irak-Konflikt verschärfte wie ein Katalysator all die Probleme, die seit dem Ende des Kalten Krieges gären: Wie soll die Uno Diktatoren zur Rechenschaft ziehen, muss das Völkerrecht verschärft werden? Welche Aufgabe hat die Nato noch, müssen die

Staaten der EU aufrüsten, um militärisch nicht mehr vom Schutz der USA abhängig zu sein?

Das Kriegsmarketing der USA litt und leidet unter einem Problem: Die Diplomaten, die Regierungen, die Verbündeten, die Leute auf der Straße sind nicht überzeugt davon, dass alle friedlichen Mittel ausgeschöpft waren, den Diktator zu entwaffnen. Sie glaubten nicht, dass die Bedrohung durch ihn noch so groß und so aktuell war, um einen Präventivkrieg zu rechtfertigen. Vieles von dem, was Außenminister Powell der Welt im Sicherheitsrat an Beweisen präsentierte, hielt der Überprüfung durch die Waffeninspektoren nicht stand.

Militärisch sei der Irak-Krieg kein Risiko, meinten Powell und Bush, ein zweites Vietnam sei nicht zu erwarten, der Irak sei schnell zu besiegen. Sie haben Recht behalten. Militärisch haben sie triumphiert, aber als Führungsmacht der Welt sind sie isoliert wie nach dem Vietnam-Krieg. Die USA haben einen Krieg gewonnen, der provoziert war, der gegen den Widerstand vieler verbündeter Staaten geführt wurde und der den Vereinten Nationen und der Nato deren Ohnmacht demonstrierte. Der 20-Tage-Krieg muss jeden Diktator um seine Macht zittern lassen, aber er hat auch jede Demokratie zum Gehorsam gegenüber der Weltmacht ermahnt.

Dieser Krieg war mehr als der Feldzug gegen einen gemeingefährlichen Diktator. Es war der erste Krieg einer Weltmacht, die sich entschlossen hat, die Welt mehr mit dem American Way of War zu beeindrucken als mit dem American Way of Life. Eine neue politische Strategie wurde in der irakischen Wüste erprobt – der „präventive Krieg", der den Gegner entmachten soll, bevor er angreift.

Auf der Weltkarte möglicher zukünftiger Interventionspunkte führt das Pentagon 19 Länder, darunter Pakistan, Iran, Indonesien und Kolumbien. Dieser Krieg wird die Welt verändern, darum kann man das Auswerten seiner Lehren nicht den Militärs überlassen.

Warum gab es im Irak-Krieg nicht Hunderttausende von zivilen Opfern, wie vorher von Friedensinstituten prophezeit? Waren die Bomben der Alliierten wirklich so intelligent, wie die Militärs behaupteten? Warum leistete die irakische Armee so wenig Widerstand? Wo suchten die alliierten Truppen nach Massenvernichtungswaffen? Wie verändern sich Soldaten im Krieg? Wie viel erfuhren die Journalisten, die mit in den Krieg zogen? Wie echt ist das Bild, das sich die Öffentlichkeit vom Krieg macht?

Ein SPIEGEL-Team von Reportern und Militärexperten ist diesen Fragen im Irak nachgegangen, hat mit Soldaten und Offizieren der beiden Seiten und mit Zivilisten und Ärzten gesprochen. Spätestens als ihm der Kommandeur der 101. Airborne Division, Major General David Petraeus, eine CD mit den gesamten Aktionen der Luftlandeeinheit während des Irak-Kriegs in die Hand drückte, war für Ullrich Fichtner klar, dass sich die US-Militärs nach anfänglichem Zögern doch in die Karten gucken lassen wollten.

Fichtner recherchierte die Bedeutung der Hubschrauber im Irak-Krieg, konnte im „Blackhawk“ Einsatzgebiete überfliegen und durfte Kampfpiloten befragen. Alexander Osang recherchierte in Nassirija, in Kuweit und in den USA bei der 1. Division der Marines, Uwe Buse stieß in Basra bei der britischen 1. Panzer-Division auf Soldaten der „Desert Rats“, die ausführlich Auskunft gaben über die zähe Eroberung der südirakischen Stadt.

Klaus Brinkbäumer recherchierte den Weg der 3. Infanterie-Division von Kuweit nach Bagdad, diese Einheit eroberte den Saddam-Flughafen und die Hauptstadt. Er konnte zwei Wochen lang mit den Soldaten reden und ihre Kriegsprotokolle einsehen, in denen sogar Funksprüche festgehalten waren, und er wertete die Berichte jener Journalisten aus, die während des Krieges bei dieser Division „embedded“ waren.

Für den SPIEGEL konnte Claus Christian Malzahn der 130. Pionier-Brigade in den Krieg folgen, während Carolin Emcke im Nordirak mit kurdischen Freiheitskämpfern erlebte, wie zermürbend tagelange Bombenabwürfe sind, auch wenn sie weit entfernt einschlagen, und wie sich die Peschmerga und die Special Forces zu einer Nordfront formierten.

Durch das Zusammentragen vieler Recherchen und Informationen konnten die Autoren Tag für Tag dieses Krieges rekonstruieren: Ralf Hoppe, Thomas Hüetlin und Asiem El Difraoui erfragten in Bagdad die Kriegserfahrungen von Zivilisten und irakischen Soldaten; Lothar Gorris ergründete das Gebaren des irakischen Informationsministers Sahhaf; Barbara Supp, Fiona Ehlers, Bettina Stiekel, Hauke Goos, Ansbert Kneip und Alexander Szandar trugen Informationen über den Bombenkrieg, die Waffen, die Truppenbewegungen, die Propagandazüge der irakischen Führung und die Toten des Krieges zusammen; Alexander Smoltczyk, während des Krieges in

Katar, konnte beschreiben, wie das Oberkommando der alliierten Truppen ihren Feldzug sah und kommentierte.

Die Vorgeschichte des Krieges recherchierte vor allem Lothar Gorris. Er beschreibt den Streit um den Krieg in der Regierung von George W. Bush. Uwe Buse und Bernhard Zand begleiteten die Waffensucher bei ihrer mühsamen Arbeit im Irak, Olaf Ihlau versuchte in Bagdad das Taktieren der irakischen Führung zu ergründen. Matthias Geyer ging der Friedensmission des deutschen Kanzlers nach.

Mit den Folgen des Krieges beschäftigte sich Barbara Supp, sie beschreibt den Krieg nach dem Krieg und die Propagandaschlacht um die „Beweise“ für Saddams Massenvernichtungswaffen. Gerhard Spörl untersuchte im Gespräch mit dem Nahost-Experten Kenneth Pollack die Frage, wie in den USA im Nachhinein die Invasion in den Irak beurteilt wird. Die Autoren des Buches danken Heike Kalb, Bettina Stiekel, Andreas Ulrich, Gunther Latsch, Jürgen Dahlkamp, Steffen Szepanski und Samir Zedan für ihre Recherchen und Beiträge. Dem Fotografen Thomas Grabka gebührt ein besonderes Lob für seine Bilder und seine kollegiale und aufopfernde Zusammenarbeit mit den Reportern im Irak. Ohne die Dokumentare André Geicke, Stephanie Hoffmann, Heiko Buschke, Johannes Eltzschig, Cordelia Freiwald, Anne-Sophie Fröhlich, Claudia Stodte, Stefan Storz, Peter Wahle und die Schlussredakteure Reinhold Bussmann, Lutz Diedrichs und Katharina Lüken wäre das Buch voller Fehler.

Den Bildredakteuren und Grafikern Claus-Dieter Schmidt, Claudia Jeczawitz, Matthias Krug, Michael Rabanus, Wolfgang Busching, Antje Klein, Martin Brinker, Ludger Bollen, Jens Kuppi, Ralf Geilhufe und Claudia Conrad danken wir ebenso wie den Sekretärinnen Helma Dabla, Runhild Höfeler und Susanne Groneberg.

Ohne die Unterstützung der SPIEGEL-Chefredakteure Stefan Aust, Martin Doerry und Joachim Preuß hätte es diese Gemeinschaftsarbeit nicht gegeben.

Wir danken allen Kollegen, die als „embedded journalists“ über die alliierten Truppen geschrieben und uns durch ihre Berichte und Reportagen wichtige Hinweise für unsere Recherchen gegeben haben.

Wir widmen dieses Buch den 19 Journalisten, die im Irak-Krieg ein Opfer ihrer Wahrheitssuche wurden.

Cordt Schnibben

Kapitel I

Vorgeschichte eines provozierten Krieges

Der Wille zum Krieg – Bush und seine Einflüsterer

15. September 2001, Maryland, Camp David

Sein Vater hält nichts davon. Er hat noch nie etwas davon gehalten. Große Pläne entwerfen, Strategien entwickeln, die Welt neu denken, als er noch Präsident war, nannte er das nur „this vision thing“.

Aber ihm sind auch nicht die Flugzeuge ins World Trade Center geflogen. Und aufs Pentagon. Und beinahe noch ins Weiße Haus.

Samstagmorgen, kurz nach 9 Uhr, 15. September 2001, vier Tage nach dem Anschlag, George W. Bush hat seine Berater nach Camp David zum Kriegsrat einberufen. Sie sitzen an einem langen Holztisch in der Laurel Lodge. Es ist kühl für September, die meisten tragen Jacken über ihren Freizeithemden. Der Präsident wirkt mürrisch, er sieht müde aus, er ist seit 5 Uhr wach. Er hat eine grüne Fliegerjacke an, der Kragen ist aufgestellt. Das Neonlicht macht blass. Es ist ungemütlich in der Laurel Lodge an diesem Morgen. Die Welt ist ungemütlich in diesen Tagen.

Sie brauchen einen Plan, eine Idee, eine Vision. Sie müssen diese Welt neu denken.

George W. Bush ist der 43. Präsident der Vereinigten Staaten, sein Vater war der 41. Der Sohn wäre auch gern Pragmatiker, wie sein Vater einer ist. Aber das geht jetzt nicht mehr. Manchmal in den ersten Monaten seiner Amtszeit rief George W. Bush seinen Vater an und sagte: Hallo, Forty-one, hier ist Forty-three. Es war ein Spiel. Es klang nach Stolz, nach Glück, nach Überraschung, Präsident zu sein. Jetzt ist es Pflicht.

Es wird Krieg geben gegen al-Qaida und die Taliban, das ist klar, aber das ist nur Vergeltung, noch kein großer Plan.

Wie führt man Krieg gegen den Terror?

Wann weiß man, dass man ihn gewonnen hat?

Und müsste man nicht auch Saddam Hussein attackieren?

Die Wichtigen an diesem Morgen sitzen auf einer Seite des Tisches: Vizepräsident Cheney, Bush, Außenminister Powell, Verteidigungsminister Rumsfeld und dessen Stellvertreter Wolfowitz. Sportsakkos, Fliegerjacken, Jeans-Jacken, dicke Pullover. Die Kameras sind aus, Amerikas Führung beginnt mit einem Gebet.

Camp David liegt in den Hügeln von Maryland, es sind nur 100 Kilometer bis nach Washington. Der Präsident hat auch die Ehefrauen eingeladen. Er ist schon gestern angereist. Er kam aus New York, er hat Ground Zero besucht, es rauchte noch, es roch. Präsident Bush rief den Leuten zu, es werde Rache geben. Als er abends in Camp David aus dem Hubschrauber Marine One steigt, sieht es fast so aus, als taumelte er vor Schwäche. Zum Dinner gibt es Büffelfleisch.

Die Wände im Konferenzraum der Laurel Lodge sind mit Holzpanelen ausgeschlagen. An dem langen Holztisch haben 1978 Ägypten und Israel Frieden miteinander gemacht. Jetzt wird hier über einen Krieg entschieden.

Sie haben Karten vor sich ausgebreitet. Die Karten zeigen den Nahen und Mittleren Osten. Sie zeigen Afghanistan und Pakistan, Indien und Iran, den Hindukusch, Länder wie Turkmenistan, Tadschikistan, Usbekistan, Länder, von denen niemand weiß, wo genau sie liegen. Und natürlich zeigen die Karten den Irak.

Zu Bushs Kriegsrat gehören außerdem: Condoleezza Rice, die Sicherheitsberaterin, CIA-Chef George Tenet, FBI-Direktor Mueller, Generalstabschef Shelton, Cheneys Stabschef Lewis Libby, Bushs Stabschef Andrew Card.

An diesem Tisch in Camp David beginnt an diesem Morgen auch der Kampf um eine neue Außenpolitik der USA. Es geht um dieses „vision thing".

Der Kampf wird ausgetragen zwischen Falken und Tauben, zwischen dem Außenministerium und dem Pentagon, zwischen Neokonservativen und Realisten. Sie kämpfen an diesem 15. September um die Gunst von Forty-three, und sie werden es auch in den nächsten 16 Monaten tun. Bis der Krieg gegen den Irak beschlossene Sache ist.

Die Tauben, das ist vor allem Außenminister Colin Powell. Er hat in Vietnam gedient, er war unter Reagan Nationaler Sicherheitsberater, er war während des Golfkriegs 1991 Generalstabschef. Die, die nicht so viel von ihm halten, Leute, die hier heute neben ihm sitzen, sagen: Ginge es nach Powell, wäre Kuweit heute noch immer 19. Provinz des Irak und Bosnien ein Teil von Großserbien.

Powell ist gegen einen Angriff auf den Irak. Weil er glaubt, dass

Saddam Hussein keine Gefahr darstellt. Und weil er befürchtet, dass die weltweite Allianz gegen den Terror das nicht überstehen würde. Seine Vision? Es ist der Traum von einer Weltgemeinschaft unter der Führung Amerikas, multilateral, partnerschaftlich, friedlich, gerecht.

Die Falken, das sind zum einen Vizepräsident Dick Cheney und Verteidigungsminister Rumsfeld. Beide haben schon Mitte der siebziger Jahre für Präsident Gerald Ford gearbeitet, Rumsfeld als Verteidigungsminister und Cheney als Stabschef im Weißen Haus. Während des Golfkriegs 1991 führte Cheney das Pentagon.

Sie sind konservative Republikaner, seit Ewigkeiten, sie sind die alte Schule. Beide sind der Meinung, dass es diesmal, nach dem Anschlag auf das World Trade Center, nicht reicht, als Vergeltung ein paar Cruise Missiles auf Beduinenzelte loszujagen. Sie wollen ein Amerika, das sich wehrt, wenn es getroffen wird. Ihre Vision? Sie haben keine. Sie sind Pragmatiker, sie glauben nicht an die Vereinten Nationen. Sie wollen nicht naiv sein, sondern hart. Sie wollen nicht die Welt verändern, sie sind keine Missionare, sie sind nur der Meinung, dass sich Amerika nichts mehr gefallen lassen sollte.

Die Falken, das ist aber auch Paul Wolfowitz, Rumsfelds Stellvertreter im Pentagon. Er war schon unter Reagan Experte für Ostasien und unter Forty-one dritter Mann im Pentagon. Die Feinde nennen ihn und seine Freunde Neocons und manchmal „Crazies“.

Wolfowitz teilt die Welt ein in Gut und in Böse. Und er ist sich sicher, auf der guten Seite zu stehen. Er hat sich die Idee der Präventivkriege als Erster einfallen lassen. Er will al-Qaida vernichten, er will den Irak angreifen, und er will gleich die Gelegenheit nutzen, den ganzen Nahen Osten umzubauen. Saddam ist für ihn ein Stiefsohn von Hitler und Stalin. Die Vision von Wolfowitz? Eine Welt, in der die USA herrschen und ihre Ideale vertreten, ist eine ideale Welt. Und niemand sollte es wagen, diese Herrschaft in Frage zu stellen. Paul Wolfowitz träumt den Traum von der gütigen Hegemonie Amerikas.

Powell und Wolfowitz kennen sich aus Reagan-Zeiten. Und aus dem Golfkrieg von vor 12 Jahren. Sie haben sich gestritten vor dem ersten Irak-Krieg, weil Powell lieber Sanktionen wollte, sie haben sich gestritten, als er im Februar 1991 zu Ende ging. Der Feind war geschlagen und auf dem Rückzug. Man hätte Bagdad nehmen können und Saddam Hussein auch. Generalstabschef Powell war dagegen, der Präsident beschloss die Feuerpause. Wolfowitz empörte sich damals, empört sich noch heute.

Powell und Wolfowitz sind Feinde. Sie saßen schon bei Forty-one hier an diesem Tisch.

Vor zwei Tagen sind Powell und Wolfowitz wieder aneinander geraten, zum ersten Mal seitdem die Türme eingestürzt sind. Sie streiten öffentlich, das ist erstaunlich, so kurz nach dem Anschlag. „Es geht vor allem darum", sagt Wolfowitz auf einer Pressekonferenz im Pentagon, „den Staaten, die den Terrorismus unterstützen, ein Ende zu machen." Er sagt „ending states", Staaten beenden, das klingt wie Schiffe versenken. Er meint den Irak.

„Dem Terrorismus ein Ende machen, dabei würde ich es belassen. Ansonsten spricht Mr. Wolfowitz nur für sich selbst", antwortet ihm Powell.

Heute, an diesem Vormittag in Camp David, sprechen erst Powell und dann Finanzminister O'Neill zur Lage. Dann stellt CIA-Chef Tenet seine „Worldwide Attack Matrix" vor, seinen Plan, wie er den Krieg gegen den Terror in 80 Länder tragen will. Generalstabschef Shelton berichtet von verschiedenen Optionen für einen Angriff auf Afghanistan.

Sie reden auch von Risiken. Natürlich. Schon Briten und Sowjets haben sich in Afghanistan verloren. Und falls der Angriff gegen Afghanistan misslingt? Sicherheitsberaterin Rice fragt vorsichtig, ob man sich auch einen anderen Feldzug vorstellen könnte.

Man kann. Der stellvertretende Verteidigungsminister antwortet. Irak, sagt Wolfowitz.

Er spricht über die Versuche des Irak, neue Massenvernichtungswaffen zu entwickeln und sie vielleicht einzusetzen. Er sagt, dass Saddam Hussein die Bevölkerung unterdrückt. Und er glaubt, mit bis zu 50-prozentiger Wahrscheinlichkeit, dass Saddam hinter den Anschlägen steckt. Das ist die Gelegenheit, sagt er, viel leichter als in Afghanistan.

Während einer Pause unterhalten sich Wolfowitz, Cheney und dessen Stabschef Libby vor dem Kamin. Wolfowitz redet immer noch über den Irak. Der Präsident kommt hinzu. Wolfowitz redet weiter, Basra, beispielsweise, kaum 50 Kilometer von Kuweit entfernt, Schiiten leben dort, sie hassen Saddam, und dort werde 60 Prozent des irakischen Öls produziert.

Später wiederholt Verteidigungsminister Rumsfeld die Argumente seines Stellvertreters: Wäre jetzt nicht doch Gelegenheit, den Irak anzugreifen?

Nach der Mittagspause fragt Bush Powell, Rumsfeld, Tenet, Card und Cheney nach ihren Meinungen. Sie alle sprechen sich für einen Angriff auf Afghanistan aus. Aber Irak?

Powell ist dagegen, weil seine Allianz gegen den Terror zusammenbrechen würde.

Rumsfeld sagt: Wenn die internationale Koalition gegen einen Angriff auf den Irak sei, dann müsse man sich eine andere Koalition suchen. Er gibt kein Votum ab.

Stabschef Card schlägt einen massiven Truppenaufmarsch am Golf vor. Er sagt auch, dass es seiner Meinung noch nicht geklärt sei, ob der Irak sofort ein Hauptziel sein solle.

Und Cheney schließlich ist ebenfalls dagegen, den Irak sofort anzugreifen.

Niemand hat sich an diesem Samstag dafür ausgesprochen, den Irak anzugreifen.

Am Ende bedankt sich Bush bei allen. Er hat vor allem zugehört in den vergangenen sieben Stunden. „Ich werde“, sagt er, „darüber nachdenken und Sie wissen lassen, was ich beschlossen habe.“

Dieser Tag in Camp David ist seitdem oft beschrieben worden. Der Journalist Bob Woodward zum Beispiel hat ihn nacherzählt in seinem Buch „Bush at War“. Er berichtet auch von einer Szene, in der Wolfowitz seinem Chef Rumsfeld ins Wort fällt und ihm widerspricht. Später lässt der Präsident ihn darauf hinweisen, dass das Pentagon mit einer Stimme sprechen soll.

Wolfowitz, der Falke, wirkt bei Woodward wie ein Besessener, der nur ein Thema kennt: Irak. Es heißt, CIA-Chef Tenet und Außenminister Powell seien Woodwards Hauptquellen gewesen.

Wolfowitz und Rumsfeld bestreiten den Vorfall noch heute. Rumsfeld sagt, dass er sich nicht einmal daran erinnern kann, dass Wolfowitz überhaupt gesprochen hat. Und einem Reporter der Zeitschrift „Vanity Fair“ sagt Wolfowitz über das Ergebnis dieses Tages: „Solange unsere Debatte um Timing und Taktik ging, legte sich der Präsident eindeutig auf Afghanistan fest. Solange die Debatte aber Strategie und größere Ziele betraf, entschied sich der Präsident eindeutig für die größeren Ziele.“

Das Treffen in Camp David endet mit einem Abendessen, die Ehefrauen sind auch dabei. Justizminister Ashcroft setzt sich irgendwann ans Klavier, Condoleezza Rice singt Patriotisches, „God Bless America“ und „America The Beautiful“. Sie alle singen alte Blues-Lieder, und sie singen auch den Gospel „Nobody Knows the Trouble I've Seen“, niemand, der meine Sorgen kennt.

George W. Bush sitzt bei den Damen, spielt ein Puzzle, es ist aus Holz, sehr kompliziert.

Am nächsten Tag kehrt Bush zurück ins Weiße Haus. Um kurz nach 3 Uhr landet der Hubschrauber Marine One auf dem Südrasen. „Wir werden einen Kreuzzug führen,“, sagt er zu den Journalisten, die auf ihn gewartet haben, „um die Welt von den Übeltätern zu befreien.“

20. September 2001, Washington, Kapitol

Kampfjets bewachen den Himmel der Hauptstadt, „Apache“-Hubschrauber umkreisen das Kapitol. Auf den Straßen patrouillieren Soldaten in Kampfausrüstung, Hunderte, Tausende warten versteckt auf ihren Einsatz. Panzer, Krankenwagen, Feuerwehrautos parken in der Gegend um First Street und Independence Avenue. Hinauf zum Kapitol stellen sich Zäune aus Stacheldraht, Mauern aus Beton, eine Flotte von quer gestellten Bussen in den Weg. Hunde bellen, Hubschrauber rattern, irgendwo erklingt „God Bless America“.

Neun Tage nach dem Anschlag ist die Hauptstadt im Krieg.

Es ist der 20. September, 6 Uhr abends. Präsident Bush wird gleich vor den Senatoren und den Abgeordneten des Repräsentantenhauses Osama Bin Laden den Krieg erklären. Als Gäste sind geladen Großbritanniens Tony Blair, New Yorks Rudi Giuliani, Gouverneur Pataki und auch einige Helden vom 11. September. John Jonas, ein Feuerwehrmann, war einer der Ersten am World Trade Center. Lisa Beamer ist die Witwe von Todd Beamer, der vor neun Tagen auf Flug 93 die Terroristen angegriffen hat.

Manchmal in diesen Tagen wirkte Bush verloren, manchmal ängstlich, manchmal wütend. Er versprach: Rache. Er drohte: Täuscht euch nicht. Er wollte Osama Bin Laden: dead or alive. Staatsmännische Auftritte waren das nicht.

Es gibt viele in Washington, die froh darüber sind, dass Veteranen wie Rumsfeld, Cheney, Powell ihn beraten. „Zwei Dinge waren schnell klar", sagt Richard Perle, einer der führenden Neokonservativen in Washington, er kennt Bush aus dem Wahlkampf. „Erstens wusste er nur wenig. Und zweitens hatte er das Selbstbewusstsein, Dinge zu fragen, die erkennen ließen, dass er nur wenig wusste."

George W. Bush sieht aus wie jemand, der immer schafft, was er sich vornimmt. Angespannt und konzentriert wie ein Konvertit, der sich jeden Morgen sagt: Heute trinke ich keinen Schluck. Es muss die Rede seines Lebens werden.

Bush trägt einen dunklen Anzug und eine hellblaue Krawatte. Er durchschreitet den großen Saal im Kapitol, schüttelt Hände, das Kinn leicht nach oben gestreckt, die Lippen schmal. Er sieht heute aus wie jemand, der die Rede seines Lebens halten will.

Am Sonntag in Camp David, am Tag nach dem Kriegsrat, hat er sich entschieden. „Das wird sehr entscheidend", hat Bush zu seiner Beraterin Karen Hughes gesagt. „Die muss sehr gut werden."

Vier Tage lang haben Condoleezza Rice, Karen Hughes und Bushs Berater Karl Rove sowie drei Schreiber an der Rede gearbeitet, 19 Entwürfe machen sie.

Chefschreiber Michael Gerson hat schon während des Wahlkampfs Reden für Bush geschrieben. Er hat Karriere gemacht, sein Büro liegt im Westflügel des Weißen Hauses, der Präsident nennt ihn „The Scribe". Bush hasst Redundanzen in seinen Reden. Er will Klarheit, er will, dass seine Argumente Punkt für Punkt abgearbeitet werden. Er liebt den klassischen Aufbau: Einleitung, Hauptteil, Fazit. Er mag aktive Verben, kurze Sätze. „Sein Stil hat durchaus Poesie", sagt Hughes. „Aber es ist eine sehr minimalistische Poesie."

Alle wichtigen Ministerien, alle Berater haben in den vergangenen Tage die verschiedenen Entwürfe gelesen. Sie kamen vorbei, machten Verbesserungsvorschläge, lasen das Manuskript auch ein zweites Mal, um zu überprüfen, dass ihre Änderungen unverändert sind.

Colin Powell wacht über jede Formulierung. In einer Passage, in der al-Qaida mit Nazis und Kommunisten verglichen wird, lässt er das Wort „Kommunismus" durch „Totalitarismus" ersetzen. China könnte beleidigt sein.

Powell hat auch den wichtigsten Satz der Rede verändert. Es ist der Satz der Kriegserklärung. „Von heute an", so steht es im Manuskript, „wird jede Nation, die weiterhin Terroristen Unterschlupf gewährt oder sie unterstützt, von den USA als feindliches Regime betrachtet." Das Wort „weiterhin" hat Powell hinzugefügt. Jetzt ist es eine Kriegserklärung mit einer Art Ausstiegsklausel und einem Amnestieversprechen. Powell, die Taube.

Natürlich haben Wolfowitz und Rumsfeld darauf gedrängt, dass der Präsident zumindest den Irak erwähnt. Sie dürfen froh sein, dass in dieser Rede zumindest der Angriff auf den Irak nicht ausgeschlossen wird.

Immerhin: Bush hat mit Frankreichs Präsident Chirac und Großbritanniens Premier Blair über den Irak gesprochen. Der Franzose ist dafür, Inspektoren zurück ins Land zu schicken. Dem Briten hat Bush berichtet von dem heftigen Streit in der amerikanischen Regierung. Er hat ihm auch gesagt, dass er sich entschieden habe: Der Irak werde in dieser ersten Phase im Krieg gegen den Terrorismus kein Ziel sein. Dann lässt sich Bush ins Kapitol hinüberfahren.

Die Rede ist seit Mittwochabend fertig. Condoleezza Rice hat sie zuvor noch einmal gelesen und geprüft. Den letzten Entwurf hat sie signiert, jetzt war sie amtlich. Viermal probte Bush die Rede in den nächsten 24 Stunden, meistens im Kino-Saal des Weißen Hauses.

80 Millionen Amerikaner sehen Bush an diesem Abend im Fernsehen zu. In Philadelphia wird ein Spiel der Eishockey-Liga unterbrochen. 31-mal applaudieren die Abgeordneten und Senatoren. Die Amerikaner feiern ihn. „Jede Nation in jeder Region dieser Welt muss sich nun entscheiden", ruft er. „Entweder ist sie für uns oder sie ist für die Terroristen."

Am Ende der Rede holt Bush eine Polizeimarke hervor. Sie hat George Howard gehört, sagt Bush, er starb im World Trade Center, er wollte anderen helfen. „Ich werde nicht aufgeben. Ich werde nicht ruhen. Ich werde nicht nachlassen in diesem Kampf für Freiheit und die Sicherheit des amerikanischen Volkes."

Nach der Rede ruft Bush den Redenschreiber Gerson an, The Scribe. „In meinem ganzen Leben", sagt der Präsident, „habe ich mich noch nie so wohl gefühlt."

Bush, der Konvertit.

Eine Nachricht macht am nächsten Tag die Runde: Der irakische Geheimdienstler Samir al-Ani habe sich im April in Prag mit Mohammed Atta getroffen, fünf Monate vor dem Anschlag, berichtet die Tageszeitung „USA Today". Die Nachricht wird sich nie beweisen lassen, aber sie hat ein langes Leben.

Das ist wohl auch der erste Versuch der Bush-Regierung, die Welt von der Gefährlichkeit Saddams zu überzeugen.

29. Januar 2002, Washington, Kapitol

George W. Bush trägt wieder einen dunklen Anzug mit hellblauer Krawatte. Einmal im Jahr, im Januar, hält der Präsident im Kapitol zu Washington eine Rede zur Lage der Nation. Vier Monate nach 9-11, vier Monate nach seiner dramatischen Ansprache vor dem Kongress, ist es wahrscheinlich die zweitwichtigste Rede seines Lebens.

„Die Nation ist im Krieg, die Wirtschaft in der Rezession und die zivilisierte Welt wird bedroht wie nie zuvor, aber" sagt Bush, kurze Pause, kurzes selbstbewusstes Lächeln, „yet the state of our union has never been stronger."

Aber die Nation war niemals stärker.

76-mal an diesem Abend wird seine Rede von Applaus unterbrochen. 11 Sender übertragen. 52 Millionen Zuschauer hören zu. 19-mal benutzt Bush in seiner Rede das Wort „Sicherheit", 5-mal das Wort „böse".

Es ist viel geschehen in den vergangenen vier Monaten, seit Bushs erster Rede im Kapitol, vier Tage nach dem Angriff auf das World Trade Center.

Afghanistan ist befreit nach kurzem Krieg, aber Osama Bin Laden nicht gefasst. Anthrax-Briefe terrorisieren wochenlang das Land. Der Tod kommt in der Post, fünf Menschen müssen sterben, sogar das Repräsentantenhaus wird kurzfristig geschlossen. Erst später stellt sich heraus, dass es wahrscheinlich keine Tat des internationalen Terrorismus war. Kurz vor Weihnachten versucht der Turnschuhbomber Richard Reid, ein Flugzeug auf dem Weg von Paris nach Miami in die Luft zu jagen.

Und im Weißen Haus bekommt der Redenschreiber David Frum von seinem Chef Michel Gerson eine neue Order: „Kannst du mal in einem Satz zusammenfassen, warum wir uns jetzt auf den Irak stürzen sollten?"

Zwei Tage hat Frum Zeit, so erzählt er in seinem Buch „The Right Man" über sein Jahr im Weißen Haus. Frum ist ein Protegé von Richard Perle, einem engen Freund von Paul Wolfowitz. Achse des Hasses, das ist Frums Idee. Es ist eine Anspielung auf die Weltkriegs-Achse Berlin–Tokio–Rom.

Gerson macht daraus später „Die Achse des Bösen". Das passt besser, sagt er, zum religiösen Ton des Präsidenten.

„Die Achse des Bösen", das sind die Schurkenstaaten Nordkorea, Iran, der Irak und deren terroristische Verbündete. Die Welt versteht ihn richtig: George W. Bush, Präsident Amerikas, kündigt zum ersten Mal an, dass er im Krieg gegen den Terrorismus als nächstes den Irak angreifen könnte.

Bush sagt an diesem 29. Januar im Kapitol: Der Irak arbeitet an der Entwicklung von Anthrax und Nervengas und Nuklearwaffen. Bush sagt, dass Saddam Gas eingesetzt hat gegen Tausende seiner Bürger und dass die Achsenstaaten sich bewaffnen, um die Welt zu bedrohen.

In den Berichten der CIA stehen zu diesem Zeitpunkt ganz andere Dinge: Die nukleare Bedrohung sei minimal, die Quantitäten biologischer oder chemischer Waffen kaum schätzbar, eine Wiederaufnahme der Produktion nicht nachzuweisen, die Verbindung zwischen al-Qaida und Saddam Hussein höchst ungewiss.

„Wir werden geduldig sein", sagt Bush, „obwohl die Zeit nicht auf unserer Seite ist. Ich werde nicht warten, bis etwas passiert."

Es ist der erste Schritt in den Krieg gegen den Irak. „Es war, als ob ihm ein Licht aufgegangen sei", sagt Condoleezza Rice.

Am nächsten Morgen bei der täglichen Besprechung im siebten Stock des State Department verbietet Powell seinen direkten Untergebenen, die Rede öffentlich zu kritisieren. „Der Präsident meint, was er gesagt hat. Das sind seine ehrlichen Ansichten." Powell, der Soldat, gehorcht.

Donald Rumsfeld sagt ein paar Tage später: „Sich gegen den Terror und andere Bedrohungen des 21. Jahrhunderts zu schützen, heißt vielleicht, dass man den Krieg zum Feind trägt."

Die Crazies triumphieren.

Nebenbei lässt Vizepräsident Dick Cheney die CIA die Berichte ausländischer Dienste überprüfen, ob Saddam Hussein wirklich versucht hat, Uran im Niger zu kaufen. Im Februar schickt die CIA Joseph Wilson in den Niger, den ehemaligen Botschafter. Er berichtet, dass die Vorwürfe Unsinn sind. Aber im Januar 2003 wird der Vorwurf in Bushs Rede zur Lage der Nation wieder auftauchen, obwohl es eigentlich alle besser wissen mussten.

1. Juni 2002, West Point, Militärakademie

Ein Samstagvormittag, die Sonne scheint, Amerikas Jugend steht auf dem Footballplatz und salutiert. 958 Absolventen der United States Military Academy von West Point, 204. Jahrgang, es sind die besten und klügsten Jungsoldaten der Nation. Bereit dafür, dass man sie hinausschickt in den Krieg.

Auf diesem Footballplatz verkündet George W. Bush am 1. Juni 2002, im Sommer des vergangenen Jahres, die Neue Welt.

In der Alten Welt herrschte der Kalte Krieg. Es gab ein Gleichgewicht des Schreckens, Amerika beschränkte sich darauf, den Feind in dessen Grenzen einzudämmen. Das ist vorbei.

Ab heute gilt: Angegriffen wird präventiv und unilateral, wann und wo die USA es wollen. „In der Welt, die wir betreten haben, gibt es nur einen Weg in die Sicherheit, und das ist der Weg des Handelns", sagt Präsident Bush, „und diese Nation wird handeln." Er nickt ganz kurz, ganz schwer bei solchen Sätzen. Seine Gattin Laura hat ihn begleitet an diesem schönen, frühen Sommertag.

Den Namen Saddam Hussein nennt er nicht ein einziges Mal. Das muss er gar nicht, es geht nur um ihn.

Paul Wolfowitz, der Falke aus dem Pentagon, siegt an diesem Tag.

Er hat sich das neue Denken ausgedacht, die Doktrin von Hegemonie und Prävention. Nie mehr darf eine zweite Supermacht neben den USA entstehen. Und weil der Hegemon sich vor kleinen Feinden schützen muss, darf er die angreifen, die ihn bedrohen. Dafür braucht man ein neues Militär. Nicht mehr eins, das vorbereitet ist auf eine große Schlacht mit einem großen Feind, sondern eins, das viele kleine Schlachten kämpfen soll, zu jeder Zeit, aus jedem Grund.

An der Wand in Wolfowitz' Büro hängen ein paar Schnappschüsse. Eins der Fotos zeigt das Kabinett von Reagan bei einem Meeting im Lageraum des Weißen Hauses. Es ist von 1986. Präsident Reagan, Außenminister George Shultz, Verteidigungsminister Caspar Weinberger, Vizepräsident George Bush, etwas am Rande sitzt Paul Wolfowitz. Ein anderes zeigt ihn zwischen Dick Cheney und Donald Rumsfeld, es ist noch nicht so alt. Unter dem Foto steht: „Paul, wer ist der beste Verteidigungsminister, für den du je gearbeitet hast? Dick".

Seit mehr als 30 Jahren macht Wolfowitz Politik. Vielleicht ist er deshalb vielen in Washington unheimlich, weil er in diesen Jahren nur selten seine Meinung geändert und fast immer Recht behalten hat. Mitte der siebziger Jahre warnte er in einem Report davor, zu sehr auf den Schah von Persien setzen. Anfang der achtziger Jahre macht er Saddam Hussein als Irren aus und als große Gefahr für die Golf-Region, er blieb auch dabei, als seine Regierung Saddam im Krieg gegen Iran unterstützte. In den achtziger Jahren riet er davon ab, in Asien weiterhin mit Diktatoren zusammenzuarbeiten, nur um sich Militärbasen zu sichern oder eine vermeintliche Stabilität.

Als der Ostblock zusammenbrach, gab der damalige Verteidigungsminister Cheney bei Wolfowitz den Entwurf für eine neue Außenpolitik in Auftrag. Damals hat er in groben Zügen dargelegt, was Bush heute in West Point vorträgt. Elf Jahre vorher.

In einem Zeitalter ohne Ideologen beharrt Paul Wolfowitz darauf, ein Ideologe zu sein. Er glaubt, dass Amerika eine bessere Welt erschaffen kann.

Er ist der Kissinger dieser Regierung, der theoretische Kopf, wohl ein Genie und auch ein Machiavellist. Die Welt, in der Wolfowitz lebt, ist schlecht, sie ist ein einziger Kampf. Jeder gegen jeden: Amerika gegen den Irak, Republikaner gegen Demokraten, Wolfowitz gegen Powell.

Er gilt als Anführer einer Truppe von Neokonservativen, die in den Think Tanks von Washington während der Clinton-Zeit überwintert haben und nun die Regierung steuern. Er ist 59 Jahre alt, geduldig, höflich, gar nicht laut und fordernd. Manchmal wirkt er immer noch wie ein Student, der eine große Karriere vor sich haben könnte.

Für ihn, erzählt er nach dem Krieg gegen den Irak der amerikanischen Zeitschrift „Vanity Fair“, habe es immer drei Gründe für den Angriff gegeben: erstens Massenvernichtungswaffen, zweitens die Unterstützung des Terrorismus, drittens die kriminelle Behandlung des irakischen Volkes. Grund drei allein habe nicht gereicht, um das Leben junger amerikanischer Soldaten zu gefährden. Über Grund zwei habe man sich in der Regierung nicht einigen können. Also seien die Massenvernichtungswaffen der einzige Grund gewesen, auf dem man sich habe einigen können.

Der Satz wird missverstanden. Danach beginnt in Amerika die Diskussion, ob die Regierung in der Frage von Krieg und Frieden und der Gefahr Saddams die Welt betrogen hat.

An diesem Samstagmorgen in West Point schickt Präsident Bush 958 junge Menschen, darunter 144 Frauen, hinaus in den Krieg.

Sie haben es so gewollt. Sie werden nach Afghanistan gehen oder in den Irak.

Und sie werden anders Krieg führen als die Generationen zuvor: Smartere Soldaten mit smarteren Waffen, jeder wird mit jedem vernetzt sein, sie werden weniger sein als früher, aber schneller und effektiver, sie haben höhere Chancen, den Krieg zu überleben. Und wenn Verteidigungsminister Rumsfeld Recht behält, wird der Krieg der Zukunft sogar humaner sein.

„Wir schicken Diplomaten dorthin, wo man sie braucht", sagt Präsident Bush, „und wir werden auch unsere Soldaten dorthin schicken, wo man euch braucht."

5. August 2002, Washington, Weißes Haus

Colin Powell ist mit dem Präsidenten heute Abend, am 5. August, im Weißen Haus zum Essen verabredet. Er hat es seit Wochen geplant. Sein Stellvertreter Richard Armitage, sein bester Freund und Vertrauter im Ministerium, und andere Freunde haben es ihm geraten.

Es war ein schlechtes halbes Jahr für den Außenminister der Vereinigten Staaten.

Die Regierung ist auf Kriegskurs, Aufmarschpläne werden vorbereitet. Man hat ihm sogar geraten, eine Zeit lang auf Auftritte in den Medien zu verzichten. Und dann hat ihn auch noch der große Kontrahent Paul Wolfowitz bei jeder Gelegenheit öffentlich gelobt.

Das vergangene halbe Jahr muss eine einzige Demütigung gewesen sein.

Colin Powell ist der Außenseiter in dieser Regierung, er war es irgendwie schon immer, beim Militär, in der Regierung von Forty-one, bei den Republikanern und sogar auch am 11. September. Als die Flugzeuge auf New York und Washington stürzten, Vizepräsident Cheney im Weißen Haus die Krise managte, Rumsfeld und Wolfowitz im Pentagon zur Unglücksstelle liefen, um zu helfen, saß Powell morgens in Lima beim Frühstück mit dem Präsidenten von Peru. Klar, er flog sofort zurück. Sieben lange Stunden, die Funkverbindung nicht abhörsicher. Er war isoliert, abgeschnitten von jeder Information, ohne Chance, etwas tun zu können.

Der Außenseiter Powell hat es trotzdem weit gebracht. Er ist der einzige Minister, dessen Rücktritt dem Präsidenten wirklich schaden würde. Powell ist ein erfolgreicher Autor, der während der Clinton-

Zeit mit seiner Autobiografie und Vorträgen ein Vermögen verdient hat. Die Medien lieben ihn. Er ist ein Stratege, überall vernetzt in Washington. Colin Powell ist Soldat und Kämpfer, und sein Duell mit Wolfowitz ist noch längst nicht entschieden.

Powell glaubt auch heute noch an die Macht der Abschreckung und Eindämmung. Das Militär will er nur einsetzen in allerhöchster Not und mit größter Übermacht. Saddam ist für ihn wie ein Zahnschmerz, den man aushalten muss. Powell ist ein Internationalist. Er ist für das Recht auf Abtreibung. Er ist für Affirmative Action, also dafür, dass der Staat Schwarze bei der Jobsuche unterstützt. Wahrscheinlich ist er nur deswegen Republikaner, weil die ihm immer geholfen haben.

Colin Powell ist loyal.

Ende Juli, nach einer Sitzung des Nationalen Sicherheitsrates im Weißen Haus, scherzt Powell noch ein wenig mit den Sekretärinnen. Er beschwert sich, dass das Glas mit Bretzeln leer ist. Dann sagt er: „Okay, das reicht auch. Ich muss zurück zur Arbeit – und übrigens: Ich trete nicht zurück."

Ein Witz. Niemand lacht.

Es ist Zeit zu kämpfen. Auf einem kleinen Block hat er die Punkte skizziert, über die er heute Abend mit dem Präsidenten im Weißen Haus reden will. Sie sitzen erst im Arbeitszimmer des Präsidenten, später im Speisezimmer. Condoleezza Rice ist auch dabei.

Zwei Stunden lang malt Powell ein Katastrophenbild von den Folgen eines Angriffs auf den Irak: Die Allianz im Krieg gegen den Terror sei in Gefahr. Der Nahe Osten ein Hexenkessel, die Beziehungen zu befreundeten Staaten wie Jordanien, Ägypten und Saudi-Arabien gefährdet. Die Ölversorgung nicht mehr sicher, der Anstieg der Ölpreise unvermeidlich, die Kosten einer Besatzung unbezahlbar.

Natürlich, sagt Colin Powell, werden wir diesen Krieg gewinnen, aber dann: ein amerikanischer General in Bagdad? Wie lange? Und woran würde man eigentlich erkennen, ob der Krieg gewonnen sei?

Powell glaubt, dass der Regierung das Gefühl dafür verloren gegangen ist, was die Welt über sie denkt. „Es ist prima zu sagen, dass wir das allein erledigen können", sagt Powell, „aber wir können es nicht."

Er schlägt vor, sich um internationale Unterstützung für den Feldzug gegen den Irak zu bemühen. Zum Beispiel im Sicherheitsrat der Vereinten Nationen.

Das Dinner mit dem Präsidenten ist ein Erfolg. Powell, die Taube, ist auch ein Kämpfer, er war es immer.

12. September 2002,
New York, Vollversammlung der Vereinten Nationen

Gestern, zum ersten Jahrestag von 9-11, hat Präsident Bush Überlebende in Washington getroffen. Er war in Pennsylvania an der Absturzstelle von United-Airlines-Flight 93. Er hat zwei Stunden lang in dem riesigen Loch verbracht, wo einst das World Trade Center stand. Er hat gesagt: „Den Krieg, den unsere Feinde begonnen haben, werden wir beenden."

Heute, am 12. September, trifft sich die Uno in New York zum jährlichen Palaver. Feiert Fortschritte, verurteilt Katastrophen, versucht Ordnung in das Chaos dieser Welt zu bringen. Diesmal findet die Vollversammlung zwei Wochen früher statt. Präsident Bush hat darum gebeten.

Generalsekretär Kofi Annan eröffnet die Vollversammlung. „Ich stehe vor Ihnen als ein Multilateralist" sagt er, „aus Tradition, aus Prinzip, aus Verpflichtung." Es ist ein Flehen und Drohen, ein Hoffen und Drängen, dass die USA sich doch bemühen um das Votum der Nationen dieser Welt. „Sogar die mächtigsten Länder wissen, dass sie mit anderen zusammenarbeiten müssen, um ihre Ziele zu erreichen."

Nichts schien mehr klar seit Powells Abendessen mit Bush im Weißen Haus vor einem Monat: Was will der Präsident? Was will sein Kabinett? Wer setzt sich durch? Tauben und Falken kämpften, als wäre es die letzte Schlacht. Jede Äußerung ein Widerspruch, jeder Widerspruch ein Streit, jeder Streit eine Regierungskrise. Der Präsident machte Ferien auf seiner Ranch, aber die Stadt war in einer Sommerpause selten so nervös.

Am 16. August tagte der Nationale Sicherheitsrat im Weißen Haus. Präsident Bush war zugeschaltet aus Texas. Powell schlug vor, die Vereinten Nationen zu bemühen oder ein internationales Bündnis für den Krieg zu gewinnen. Es sei fast unmöglich, ihn unilateral zu führen. Auch den Briten würde das Einschalten der Vereinten Nationen innenpolitisch helfen. Sogar Cheney und Rumsfeld stimmten zu.

Am 26. August, zehn Tage später, hielt Vizepräsident Cheney eine Rede auf einem Veteranentreffen in Nashville. Es war die bis dahin umfangreichste und im Ton schärfste Begründung für einen Präventivkrieg gegen den Irak. Fast niemand hatte die Rede vorher gelesen, es waren Ferien, niemand im Nationalen Sicherheitsrat, sogar der Präsident nicht. Es wurde eine Brandrede für einen Krieg gegen den Irak, eine Brandrede gegen die Vereinten Nationen und gegen sinnlose Waffeninspektionen. „Viele von uns", sagte er, „sind überzeugt, dass Saddam bald Nuklearwaffen haben wird." Immerhin hatte Cheney später noch den Satz eingefügt, dass der Präsident natürlich noch entscheiden müsse. Die Rede wurde so verstanden, auch in Europa und sogar in Berlin im Bundeskanzleramt, dass Cheney das gesagt hat, was der Präsident selbst niemals so offen sagen würde.

Einen Tag danach sprach Verteidigungsminister Rumsfeld vor 3000 Marines in Camp Pendleton in Kalifornien. Die Gefahr des Nichtstun, sagte er, sei größer als die Risiken des Handelns.

Und Powell? Sagt in der BBC, die Regierung von George W. Bush wolle die Rückkehr der Waffeninspektoren in den Irak.

Niemand wusste, was wirklich los war, auch die Regierung nicht.

Am 6. September schließlich trafen sich alle noch einmal in Camp David zum Kriegsrat. Es kam zum großen Streit. Cheney sagte, eine Resolution sei aussichtslos. Die Amerikaner sollten sich das Recht vorbehalten, gegen Saddam vorzugehen. Er habe Resolutionen verletzt, er sei ein Schurke.

Das würde die Uno, sagte Powell, niemals schlucken.

Längst schon wurde an der Rede für den 12. September gearbeitet. Powell war zuversichtlich, dass Bush eine Resolution fordern werde. Rumsfeld und Cheney argumentierten dagegen. Mal war die Forderung nach einer Resolution im Manuskript drin, mal fehlte sie.

Und während noch um jeden Satz gerungen wurde, begann am Wochenende vor dem Jahrestag zum 11. September die PR-Offensive der Regierung für einen Krieg gegen den Irak.

Rice, Cheney und Rumsfeld verteilten sich auf die politischen Sonntags-Talkshows. Auf CNN sagte Rice: „Wir wollen nicht, dass aus einem rauchenden Colt irgendwann ein Atompilz aufsteigt." Auf NBC Dick Cheney: „Wir gehen zur Uno. Wir bemühen uns sehr, nicht unilateral zu sein." Auf CBS Donald Rumsfeld: „Stellen Sie sich einen 11. September mit Massenvernichtungswaffen vor – dann sind es nicht 3000 sondern Zehntausende von unschuldigen Männern, Frauen, Kindern." Und in New York patrouillierten Navy und Küstenwache sogar schon auf dem Hudson River. Heathrow, der Flughafen in London, war in der Hand britischer Soldaten.

Am 10. September bekam Powell den Entwurf Nummer 21 vorgelegt. Dort stand jetzt: Die USA werden mit der Uno zusammenarbeiten, um sich den gemeinsamen Herausforderungen zu stellen. In der Sprache der Diplomaten heißt das: Wir legen uns nicht fest. Eine Resolution wurde nicht gefordert. Es kam zu einem zweiten großen Streit mit Cheney und Rumsfeld. Die Argumente waren die alten, die Lautstärke war neu.

Am Abend hatte Powell sich plötzlich durchgesetzt. Bush sagte ihm, dass er eine Resolution fordern wird.

„Die Welt steht vor einer Prüfung", sagt Bush nun an diesem Tag, am 12. September im Hauptquartier der Uno in New York, „und die Vereinten Nationen vor einem schwierigen und entscheidenden Moment: Zählen Resolutionen oder werden sie beiseite gelegt ohne jede Konsequenz? Wird die Uno ihrem Gründungsauftrag folgen oder wird sie irrelevant?"

Und dann kommt die Stelle, in der es um die Resolution geht. „Mein Land wird mit dem Sicherheitsrat der Vereinten Nationen zusammenarbeiten", liest Bush vom Teleprompter ab, „um uns der gemeinsamen Herausforderung zu stellen."

Es ist der falsche Satz.

Es ist nicht Entwurf Nummer 24, den Bush vorliest, sondern Nummer 23. Der entscheidende Satz fehlt, dass die Amerikaner hinsichtlich Resolutionen mit der Uno zusammenarbeiten werden. Powell muss sich hintergangen fühlen. Er wird an Cheney gedacht haben, an Rumsfeld, an Wolfowitz.

Ein paar Sätze später korrigiert Bush den Fehler.

Schon am nächsten Tag beginnt das alte Spielchen Saddam Husseins. Der Irak gibt bekannt, dass die Waffeninspektoren wieder ins Land dürfen.

Präsident Bush sagt, dass eine freiwillige Entwaffnung Saddams höchst zweifelhaft sei. Gleichzeitig fordern amerikanische Offizielle, dass eine neue Resolution folgende Botschaft haben muss: Wird sie nicht erfüllt, darf Gewalt angewendet werden gegen den Irak.

Von nun an läuft alles parallel. Während Diplomaten um die Resolution 1441 ringen, bereiten die Amerikaner den Krieg vor: Sie schicken Soldaten an den Golf und versuchen die Öffentlichkeit mit vermeintlichen Beweisen von der Notwendigkeit des Krieges zu überzeugen.

8. November 2002,
New York, Sicherheitsrat der Vereinten Nationen

Blair hat gestern, am 7. November, 20 Minuten lang mit Putin geredet. Um 10 Uhr an diesem Morgen, soll die Sitzung des Sicherheitsrates beginnen, vorgelegt ist Resolution 1441, aber die Russen zögern immer noch und die Syrer auch.

Zwei Wörter werden noch schnell geändert. Aus einem „oder" in Paragraf 4 wird ein „und". Aus einem „Frieden wieder herstellen" in Paragraf 12 ein „Frieden sichern". Schwer zu begreifen, warum deswegen Putin die Resolution plötzlich mitträgt, es hat sich eigentlich nichts verändert.

Syriens Präsident Assad zögert noch länger. Erst telefoniert Kofi Annan mit ihm, dann Frankreichs Präsident Chirac. „Der Krieg", sagt Chirac, „ist unwahrscheinlicher, wenn Sie die Resolution unterstützen." Als ob Assad das nicht vorher wusste.

Also wird sie doch beschlossen, Resolution 1441, an diesem Freitag, dem 8. November 2002. Sechs Wochen später als von den USA erhofft. Der Irak muss sein Waffenprogramm offen legen und Inspektionen zulassen. Tut er dies nicht, drohen ihm „ernsthafte Konsequenzen".

Ernsthafte Konsequenzen, für die Amerikaner heißt das: Krieg. Für die Franzosen: eine zweite Resolution. Es ist eine weiche Formulierung. Es hat zwei Monate gebraucht, bis sie gefunden wurde. Und sie macht die Sache nicht einfacher.

Zwei Monate lang ging es um große Strategien und um Saddams Kopf, ging es um Internationalisten und Unilateralisten, und natürlich ging es auch um Bindewörter.

Das Ringen begann bereits im September, nach der Bush-Rede vor der Uno. Die wichtigsten Außenminister aus dem Sicherheitsrat trafen sich zum Essen im „Hotel Pierre" am Central Park in New York.

„Es muss zwei Resolutionen geben", sagte Frankreichs Außenminister Dominique de Villepin zu Powell. „Eine, um die Inspektoren wieder ins Land zu schicken, und die zweite, die über den Krieg entscheidet."

Die Franzosen wollen auf jeden Fall einen Automatismus verhindern. Eine Resolution, ein Fehler des Irak, und schon beginnt der Krieg, genau das will Villepin nicht. Er will, dass sich der Sicherheitsrat noch einmal zusammensetzt.

Powell und Villepin kennen sich lange, sie haben sich sogar schon mal privat getroffen. Sie mögen sich.

„Über eins aber müssen Sie sich im Klaren sein", antwortete Powell. „Sie sollten nicht für die erste Resolution stimmen, wenn Sie nicht bereit sind, auch für die zweite zu stimmen."

Villepin nickte. Vielleicht glaubte Powell, dass die Franzosen wirklich auf der Seite der Amerikaner sind. Amerikas Gang zur Uno war auch ihr Vorschlag. Sie werden, hofft Powell noch lange, kaum die Regierung Bush düpieren wollen.

Die ersten Entwürfe der Amerikaner sehen vor, dass bewaffnete Sicherheitsleute die Inspekteure im Irak begleiten sollen. Und natürlich wollen die Amerikaner den Automatismus. Ein Resolution, ein Fehler, und der Krieg beginnt. Aber das ist nicht durchsetzbar.

Alle paar Tage entsteht in Telefonaten zwischen Washington, London, Paris, Moskau und Peking ein neuer Entwurf. Und es dauert meistens lange, bis sich Washington dann wieder meldet.

Powell muss an zwei Fronten kämpfen: gegen die Außenminister im Uno-Sicherheitsrat und gegen die Falken im Nationalen Sicherheitsrat.

Anfang September hat General Tommy Franks einen detaillierten Plan für einen Angriff auf den Irak vorgelegt. Der Plan sieht schwere Bombenangriffe in den ersten Tagen vor und Bodentruppen, die von Kuweit aus in den Irak einmarschieren. Im Emirat Katar ist mit dem Bau des Centcom-Hauptquartiers begonnen worden. Bis Dezember sollen 100 000 Soldaten um den Irak herum stationiert sein. Und seit dem 20. September gilt die neue Nationale Sicherheitsstrategie der Vereinigten Staaten. Sie sagt, dass die USA, stünden nationale Interessen auf dem Spiel, auch ohne Rückhalt der Vereinten Nationen handeln werden.

Der Krieg rückt immer näher.

Am 7. Oktober, am Jahrestag des Afghanistan-Einsatzes, spricht Präsident Bush in Cincinnati. Er sagt: „Ich hoffe, dass militärisches Eingreifen nicht erforderlich sein wird. Der Krieg ist vermeidbar." Er spricht von der Gefahr, der Irak könnte Waffen weitergeben an

Terroristen oder die USA direkt angreifen. Er erwähnt Saddams Programm für Nuklearwaffen und dessen Versuche, spezielle Aluminiumröhren zu erwerben. Es sind Röhren, die zur Anreicherung von Uran benutzt werden könnten. Die Dienste wissen davon schon seit dem Frühling. Sie sind sich nicht einig, ob diese Röhren wirklich tauglich sind. Eher nicht. Im Oktober richten Rumsfeld und Wolfowitz das Office of Special Plans ein, es ist eine Art Konkurrenzveranstaltung des Pentagon zur CIA, mit der man unzufrieden ist.

Am 5. November gewinnt Bush die Halbzeitwahlen für den Kongress. Die Republikaner können ihren Vorsprung im Repräsentantenhaus ausbauen und die Mehrheit der Demokraten im Senat beenden. Amerika unterstützt den Kurs von Präsident Bush.

Dieser 8. November in New York, an dem im Sicherheitsrat der Vereinten Nationen Resolution 1441 beschlossen worden ist, wird im Rückblick auch ein Tag des Missverständnisses sein. Die Amerikaner haben wirklich geglaubt, dass sich die Franzosen irgendwann für den Krieg entscheiden würden. Und die Franzosen waren sich sicher, dass man die Amerikaner abbringen kann vom Krieg gegen den Irak.

Erst zehn Wochen später, im Januar, wird alles offensichtlich. Auf einer Pressekonferenz, nach einer Sitzung des Sicherheitsrates, fragt man den französischen Außenminister Villepin wieder einmal nach Frankreichs Haltung zum Krieg.

„Nichts“, sagt er, „gar nichts kann diesen Krieg rechtfertigen.“

Wird Frankreich ein Veto einlegen?

„Glauben Sie mir, wenn es um das Prinzip geht, dann werden wir das bis zum Ende durchhalten.“

Die Amerikaner erfahren von Villepins Äußerungen erst am nächsten Morgen. Vor zwei Tagen haben Powell und Villepin sich abends noch privat getroffen. Sie mögen sich. Powell ist wütend. Es ist vielleicht der Moment, an dem alles auseinander fällt.

Wahrscheinlich war Powell der Einzige in der amerikanischen Regierung, der wirklich an die Resolutionen geglaubt hat. Nun sagt er: „Die Inspektionen werden nicht funktionieren.“

Die Suche nach der „smoking gun" – eine Propagandaschlacht und ihre „Beweise"

+++ November 2002: Flottenverband um Flugzeugträger USS „Constellation" läuft Richtung Persischer Golf aus. An Bord: 8000 Soldaten, 75 Kampfflugzeuge +++ Uno-Sicherheitsrat nimmt Resolution 1441 an +++ Anti-Kriegs-Demonstration in Florenz: 500 000 Teilnehmer, laut Veranstalter sogar eine Million +++ Vom Flugzeugträger USS „Abraham Lincoln" im Golf aus patrouillieren US-Flugzeuge über der Flugverbotszone im Südirak. Sie greifen Raketenstellungen am Boden an +++ Demonstration in Sydney gegen mögliche Kriegsbeteiligung Australiens +++ Erstmals seit vier Jahren sind wieder Waffeninspektoren im Irak eingetroffen +++

27. November 2002, Bagdad

Es ist Mittwoch, 8.30 Uhr, und es beginnt ein neues Kapitel in einem globalen Thriller, der auf drei Kontinenten spielt, verwirrend viele und schwer durchschaubare Akteure hat, und der als Tragödie enden kann oder mit einem Happy End.

Wie die Geschichte ausgeht, liegt in den nächsten Tagen und Wochen unter anderem in den Händen von zwei Männern, die in diesem Moment in zwei weißen Jeeps vom Gelände des Uno-Hauptquartiers in Bagdad rollen. Sie heißen Dimitri Perricos und Jacques Baute. Der eine ist Grieche, der andere Franzose, und sie leiten den Einsatz der Waffeninspektoren, die im Auftrag der Uno und der Internationalen Atomenergiebehörde (IAEA) im Irak nach unerlaubten Waffen suchen.

Sie und die 15 Inspektoren, die mit ihnen vor zwei Tagen eintrafen, und ihre Chefs, Hans Blix von der Uno und Mohammed al-Baradei von der IAEA – sie sind nun die Hauptfiguren in diesem Spiel, das in Washington, London, Paris, Moskau und Peking erdacht wurde, dessen Regelwerk vage ist und dessen Schöpfer unterschiedliche Interessen haben.

Der Auftrag der Inspektoren lautet, die Angaben zu prüfen, die von der irakischen Regierung zu ihren atomaren, biologischen und chemischen Massenvernichtungswaffenprogrammen gemacht wurden.

Das ist nicht einfach, denn Saddam Hussein lässt verkünden, dass der Irak keine Massenvernichtungswaffen besitze.

Um das zu bestätigen oder das Gegenteil zu beweisen, müssen Perricos, Baute und die 100 Inspektoren, die bis Weihnachten im Land sein sollen, eine Liste abarbeiten, auf der etwa 700 verdächtige Einrichtungen stehen. Einige dieser Komplexe umfassen nur wenige Gebäude, andere erstrecken sich über Dutzende von Quadratkilometern mit Hunderten von Gebäuden, Tunneln und unterirdischen Bunkern. Ihren ersten Bericht, der über Krieg oder den Fortgang der Inspektionen mitentscheiden wird, müssen die Wissenschaftler im Januar vorlegen.

Während der ersten Pressekonferenz in Bagdad ist Perricos und Baute diese Last nicht anzusehen.

Mit seiner schmalen Brille und einem spöttischen Lächeln, das nur selten aus seinem Gesicht weicht, wirkt Perricos wie ein Mensch, der gern anspruchsvolle Rätsel löst. Seit elf Jahren tut Perricos nichts anderes. Perricos war der Chef der ersten Inspektoren, die nach dem Ende des Golfkriegs im Irak unterwegs waren, und während seiner Aufenthalte im Land hatte er genug Zeit, das Verhalten von Saddam Hussein und seinen Helfern zu studieren.

„Am Anfang stritten sie alles ab“, sagt er. „Konnten wir ihnen etwas nachweisen, gaben sie das zu, was sie nicht mehr bestreiten konnten, für den Rest galt: Haben wir nicht, machen wir nicht. Also suchten wir weiter, bewiesen ein weiteres Detail. Sie gaben es zu und bestritten den Rest.“ Fragt man ihn, ob es heute anders sei, erscheint auf Perricos' Gesicht ein erwartungsvolles Lächeln: „Wir werden sehen.“ Perricos leitet die Einsätze der Chemie- und Biowaffenexperten von Unmovic.

Jacques Baute ist Atomphysiker und Chef der Nuklearwaffenexperten. Baute wirkt zurückhaltender als Perricos. Auch er inspizierte den Irak in den neunziger Jahren. Auch er kennt das Vorgehen des irakischen Führers.

Die beiden sitzen entspannt auf ihren Stühlen, blicken auf das Bündel Mikrofone vor ihnen, auf drei Dutzend Fernsehkameras und sagen auf ihren täglichen Pressekonferenzen höfliche Dinge.

Immer wieder betonen die beiden, dass sie und ihre Kollegen nur Wissenschaftler seien, Faktensammler, und dass die Interpretation der Fakten bei den Mitgliedern des Sicherheitsrats der Vereinten Nationen liege. Aber sie wissen, dass alles, was sie tun, politisch ist, und dass jede ihrer Bewegungen in Washington, London, Paris, Moskau, Peking und Bagdad von hoch sensiblen politischen Seismografen aufgefangen und benutzt werden wird.

Nun rollen sie also in ihren weißen Jeeps vom Gelände des Uno-Hauptquartiers in Bagdad, zehn Inspektoren insgesamt, verteilt auf sechs Wagen. Zwischen Chevrolets, Toyota Pick-ups und VW Passats fahren sie im morgendlichen Berufsverkehr auf der sechsspurigen Straße nach Norden, Richtung Kirkuk und Mossul.

Nach wenigen hundert Metern biegt der Wagen von Baute nach rechts auf eine Seitenstraße ab. Zwei Uno-Jeeps folgen ihm. Sie werden von zwei weiteren Wagen begleitet. In ihnen sitzen hinter getönten Scheiben Männer in dunklen Anzügen. Sie blicken ernst, einige halten klobige Funktelefone in den Händen. Die Männer sind Mitglieder des Nationalen Überwachungsamtes (NMD) des Irak, einer Militärbehörde, die die Zusammenarbeit zwischen den Inspektoren und der irakischen Regierung organisieren soll und deren Chef von den Inspektoren benachrichtigt wird, wenn Missverständnisse auszuräumen oder Termine abzusprechen sind.

Gestern erfuhren die Mitglieder des NMD, dass die Inspektoren am nächsten Morgen um 8.30 Uhr zu ihren ersten Inspektionen aufbrechen werden. Die Ziele der beiden Teams wurden ihnen nicht mitgeteilt.

Die drei Uno-Jeeps fahren schnell, ab und zu müssen die Fahrer in den Rückspiegel schauen, um sich zu versichern, dass die Verfolger noch da sind. Denn die Inspektoren und die Iraker haben sich darauf verständigt, nicht nur Gegner zu sein. Sie wollen und müssen zusammenarbeiten. Sie haben sich in der Vorbereitungsphase sogar darauf geeinigt, dass die Inspektoren warten, sollten die Verfolger eine Autopanne haben.

Der Chef der irakischen Begleiter, General Hussam Amin, hat sich auf den Handel eingelassen, weil er so wertvolle Informationen über die Arbeit der Inspektoren sammeln kann und weil seine Männer auf der Fahrt zum Ziel die Zentrale in Bagdad über die Route und mögliche Ziele auf dem Laufenden halten.

Und die Inspektoren profitieren, weil die Mitglieder des Direktorats dafür sorgen, dass die Angestellten auf dem zu inspizierenden

Gelände kooperieren. So reduziert sich das Risiko von gefährlichen Missverständnissen. Außerdem würden Mitglieder des Direktorats den Inspektoren auch ohne Absprache folgen.

Die erste Fahrt der Inspektoren endet im Osten Bagdads vor einer weiß gestrichenen Mauer mit Tor, die mit Stacheldraht gekrönt ist. Links und rechts des Tores befinden sich drei Wachtürme, auf denen je ein Soldat mit einem Maschinengewehr steht. An der Einfahrt ist ein brusthohes Denkmal mit zwei Porträts Saddam Husseins zu sehen. Es strahlt weiß und makellos.

Für diesen Moment wurden die Inspektoren während des Trainings ausgebildet. Sie haben gelernt, mit hoch empfindlichen Geigerzählern und Kofferlaboratorien umzugehen. Sie haben gelernt, dass Dattelsirup ein Codewort für VX-Gas sein kann, dass die Ziffern 663/1163 ein Kürzel für Raketentreibstoff sind und dass ein Zettel mit der Formel HNO_3 ein Hinweis auf die Produktion von Chemiewaffen sein kann.

Sie wurden darüber unterrichtet, dass sie im „Hyatt-Hotel“ im Zentrum Bagdads untergebracht werden, dass sie damit rechnen müssen, nachts durch anonyme Anrufer am Schlaf gehindert zu werden. Es wurde ihnen gesagt, dass ihre Zimmer, ihre Wagen und auch das Hauptquartier am Rande Bagdads verwanzt sein könnten. Deshalb sollen sie die Ziele des Tages auf einen Zettel schreiben oder während einer Konferenz im Garten der Zentrale bekannt geben. Am Ende ihres Trainings erhielten sie Urkunden und waren von da an in Rufbereitschaft.

Hinter der Mauer im Osten Bagdads, bei der ersten Besichtigung in der vergangenen Woche, tragen die Inspektoren hellblaue Uno-Kappen, schauen in Gebäude, halten Klemmbretter in den Händen, auf denen sie Dinge abhaken. Sie wirken wie TÜV-Prüfer, die misstrauisch einen Eigenbau kontrollieren, der sehr wahrscheinlich nicht den gesetzlichen Vorgaben entspricht.

Nach zweieinhalb Stunden öffnet sich das Tor wieder. Der Wagen von Jacques Baute und die seiner Inspektoren fahren hinaus, die Wagen des Direktorats folgen, das Tor schließt sich wieder.

Der Komplex, den die Inspektoren besichtigten, trägt den Namen al-Tahaddi. Er soll ein ehemaliges Frauengefängnis sein und jetzt eine Plastikfabrik. Oder eine Reifenfabrik. Oder ein Maschinenwerk. Oder etwas völlig anderes.

Am Abend des ersten Tages sitzen Perricos und Baute an einem Tisch im Uno-Hauptquartier in Bagdad und scheinen zufrieden zu sein. Baute sagt, dass er mit seinen Kollegen all das sehen konnte, was er sehen wollte, und dass es keine Verzögerungen gegeben hat. Perricos teilt mit, dass er mit seinem Team 130 Kilometer entfernt von Bagdad zwei Forschungseinrichtungen besichtigt habe. In der einen haben sie Maschinen zur Grafitverarbeitung gefunden. Mit Grafit lassen sich Raketen gegen das Verglühen beim Wiedereintritt in die Atmosphäre schützen. In dem zweiten Komplex, der direkt neben dem ersten liegt, besichtigten die Wissenschaftler zwei Teststände für Raketentriebwerke.

Auf Perricos' Frage, was sie aus dem Grafit in der ersten Anlage herstellen, antworteten die Mitarbeiter des Betriebs: „Bleistifte“. Perricos sitzt an seinem Tisch und sagt: „Das ist möglich. Aus Grafit kann man Bleistiftminen machen.“ Perricos grinst. Es gefällt ihm, Teil des Spiels zu sein, denn noch ist die Mission der Inspektoren kaum mehr.

Noch ähneln die Inspektoren und die irakischen Militärs misstrauischen Geschäftspartnern, die einander kennen lernen müssen und die ihre Begegnungen nicht unnötig komplizieren wollen. Beide sind angewiesen auf einen erfolgreichen Abschluss.

Der Verlauf der Inspektionen bestimmt nicht nur die Zukunft des Irak, er bestimmt auch die Zukunft der Vereinten Nationen. Sowohl der Irak als auch die USA wollen eine schwache Uno, und so müssen Perricos und Baute aufpassen, dass sie von den politischen Mächten nicht zerrieben werden.

Am zweiten Tag verschwinden Inspektoren und Direktoratsmitglieder hinter dem Zaun der Chemiefabrik Daura, 15 Kilometer südlich von Bagdad. Auf dem Gelände stehen Industriehallen; Lüfter und Filteranlagen sind zu sehen. Zwischen den Hallen sitzt Muntassar Umar, der Direktor der Anlage, und erklärt aufgeregt, dass hier nie etwas anderes als Impfstoffe gegen die Maul- und Klauenseuche hergestellt wurden.

Die Inspektoren waren bei ihrem Einsatz 1996 anderer Meinung. Sie ließen Kessel sowie Leitungen für Wasser, Strom und Chemikalien demontieren, verstopften Lüfter mit harten Spezialschäumen. Sie erklärten, dass Daura Teil des Biowaffenprogramms des Irak sei.

Mitte September dieses Jahres behauptete die US-Regierung, die Anlage habe ihre Produktion wieder aufgenommen und laufe mit 25 Prozent ihrer alten Kapazität. Perricos wird am Abend während einer Pressekonferenz sagen: „In Daura findet zurzeit keine Produktion statt."

Unmittelbar nach dem Besuch der Inspektoren sind die Hallen der Fabrik so gut wie leer, eine einsame Neonröhre, eilig von einem Iraker auf einen Tisch gelegt, beleuchtet einen fensterlosen Saal. Leitungen enden im Nichts, Flansche, Druckmesser und Kartons voller tiermedizinischer Fachzeitschriften liegen auf rutschsicheren Fliesen herum. In den anderen Räumen sieht es kaum anders aus.

„Einige Wände sind frisch gestrichen", wird Perricos am Abend sagen.

Wenn sich die Wünsche von Perricos und Baute erfüllen, werden sie und ihre Inspektoren viele Monate lang hier sein. Sie werden dafür sorgen, dass der Irak seine Nachbarstaaten nicht mit Massenvernichtungswaffen bedrohen kann – und das alles zum Ruhme der Uno.

Wenn sich die Pläne der amerikanischen Regierung erfüllen, liefern die Inspektoren einen Kriegsgrund, der überzeugend genug ist, die Welt gegen Saddam Hussein zu einen. Wenn die Inspektoren keinen Kriegsgrund liefern, wird die amerikanische Regierung selbst nach Gründen suchen. Schon am dritten Tag der Inspektionen berichten britische Zeitungen, dass nach Geheimdienstinformationen Saddam Hussein mögliche Beweise und Waffenkomponenten in Privathäusern und Wohnungen seiner Untertanen versteckt habe.

Und Saddam Hussein?

Er scheint das zu tun, was er schon oft tat – gerade so viel zu kooperieren, dass es reicht, um den Sicherheitsrat der Vereinten Nationen in der Frage über Krieg und Frieden zu spalten.

27. Januar 2003, New York

Hans Blix wollte nicht in der Uno sein an diesem Tag, wollte nicht diese Rede halten, sondern arbeiten, an seinem Schreibtisch über Prüfberichten sitzen oder seine Inspektoren besuchen im Irak, und am 25. März, so war es einst geplant gewesen in einer Resolution aus dem Jahr 1999, würden die Uno-Waffeninspektoren ihren Arbeitsplan vorlegen, um zu beschließen, was alles zu überprüfen sei im Irak. Dauern würde das mindestens bis Ende 2003.

Stattdessen ist er jetzt hier in der schneidenden New Yorker Winterkälte, es ist Montag, ein grauer Herr aus Schweden, ein sorgenvoller Großvater mit Kassenbrille tritt vor den Uno-Sicherheitsrat, um seinen Bericht vorzulegen, weil George W. Bush und Tony Blair es so eilig haben mit ihrem Krieg.

Er wird sein vorläufiges Urteil sprechen über Saddam, über das 12 000-Seiten-Dokument zum Thema Massenvernichtungswaffen, das jener am 7. Dezember vorgelegt hat, und über die Frage, ob sich der Irak nun willig den Uno-Kontrollen unterwirft oder nicht.

Routine bestimmt inzwischen den Tagesablauf der Waffeninspektoren. Jeden Morgen kurz nach Sonnenaufgang starten Teams von fünf bis zehn weißen Uno-Jeeps vom schlammigen Parkplatz des „Canal-Hotels“ im Südosten von Bagdad.

Zwei Gruppen von Verfolgern hängen sich sofort an ihre Fersen: der irakische Geheimdienst mit seinen brandneuen Toyota- und Nissan-Geländewagen und die Presse, die man an den heruntergekommenen amerikanischen Straßenkreuzern erkennt. Zwei bis drei Runden durch das Straßengewirr des angrenzenden Viertels reichen in der Regel, die meisten Verfolger abzuhängen. Pech hat immer das letzte Team, hinter dem alle herrasen, die vorher leer ausgegangen sind.

Und es kommen Zweifel auf über den Sinn der täglichen Schnitzeljagden durch den Großraum Bagdad: Die Direktoren der etwa 800 im irakischen Rüstungsbericht aufgelisteten Anlagen wissen längst, dass ihnen irgendwann dieser Tage ein Besuch der Inspektoren bevorsteht.

Wenn ein Konvoi auf verdächtige Fabriken zurast, wie auf Tuweitha beispielsweise, einen riesigen ehemaligen Nuklearkomplex 20 Kilometer südlich von Bagdad, dann stehen da Wachmannschaften, die willig die Tore öffnen – und manchmal staunen, weil die Runde abdreht und Richtung Süden weiterfährt. Der Konvoi fährt los zum nächsten Ziel, aber auch da wird der Besuch erwartet: Die Jeeps haben kaum angehalten, schon stehen den Kontrolleuren die Tore offen. Überraschungen sehen anders aus.

Seit 60 Tagen sind die Prüfer nun im Irak, doppelt so lange hätte man gebraucht, so schätzt Blix, bis die Teams wirklich einsatzbereit wären, mit ausreichend Menschen und Logistik und Material. Erst seit drei Wochen haben sie Hubschrauber für Blitzinspektionen.

Und noch immer warten sie auf ihr mobiles Chemielabor. 460 verdächtige Orte haben sie besucht, den wichtigsten Fund hatten sie vor elf Tagen: 12 Sprengköpfe für Chemiewaffen. 12 leere Sprengköpfe für Chemiewaffen.

Hans Blix ist 74 und hat sich vor drei Jahren aus der Rente holen lassen, als er in Patagonien unterwegs war mit seiner Frau. Er wartete auf den Bus zum Flughafen, da trat ein Dame vom Reisebüro heran und fragte nach Mr. Blix, ein Mr. Kofi habe am Telefon nach ihm verlangt. Also wurde er Chef der „UN Monitoring, Verification and Inspection Commission", das war noch zur Clinton-Zeit, und natürlich weiß er, dass er Bush und seinen Falken schon deswegen verdächtig ist. Im Weißen Haus gilt er als Weichling, später erzählt er von „Schmutzkampagnen", die ihn in Washington und Bagdad diskreditieren sollten, von hässlichen erfundenen Geschichten über sein Privatleben, deren Ursprung er dort vermutet, wo seine schärfsten Feinde sitzen: im Pentagon.

Blix ist kein aufbrausender Mensch. Blix ist Jurist wie Mohammed al-Baradei, dessen Vorgänger er war bei der IAEA in Wien. Und er ist Diplomat, er war mal schwedischer Außenminister, er ist geduldig, er will Zeit. Washington und London wollen das Gegenteil. Sie haben Druck ausgeübt, er müsse massiver werden. Condoleezza Rice ist angereist, um ihn anzutreiben. Sie zerren an ihm, der Irak, die USA, eigentlich ist es ja eine ganz gute Position, wenn keine Seite mit ihm zufrieden ist. So etwas nennt man Unabhängigkeit.

Blix ergreift das Wort, missbilligend wie ein Schulrat, der sich zum wiederholten Mal mit dem Betragen eines renitenten Schülers befasst und trotz allem noch Hoffnung hat, dass der sich bessern wird. Die 12 000-Seiten-Akte vom 7. Dezember sei unvollständig und enthalte wenig Neues, es fehlten wichtige Dokumente. Die Produktion von VX-Nervengas sei weiter vorangetrieben worden als zugegeben, und es fehlten 8500 Liter Milzbranderreger in Saddams Deklaration; die hätten vernichtet werden müssen, dafür fehlten die Belege. Wo sind die? Was ist damit passiert?

Blix lobt ein bisschen, der Irak habe „insgesamt ganz gut" kooperiert. Und er mahnt, dass Saddam mehr tun müsse, damit die Waffensuche künftig kein „Versteckspiel" mehr sei. Er sagt „einerseits, andererseits" und weiß, dass er es damit niemandem recht macht. Es sieht so aus, als sei er darauf ein bisschen stolz.

Er will mehr Zeit für seine Inspektoren, und ein paar Wochen bekommt er auch. Er hofft, dass sein scharfer Ton den Irak dazu bringen werde, die Zusammenarbeit zu verbessern und dass der Krieg, vielleicht, noch zu vermeiden sei.

Kurz darauf tritt Bushs Sprecher Ari Fleischer vor die Presse. „Die Zeit läuft ab“, sagt er. Der Blix-Bericht zeige in „Furcht erregender Weise“, dass Saddam im Besitz von Massenvernichtungswaffen sei.

5. Februar 2003, New York

Sie sind so freundlich zueinander, so friedlich anscheinend, es gibt eine Umarmung für den Russen, eine für den Briten, mit dem Franzosen ein kurzes, intensives Gespräch. Es erscheint Colin Powell vor dem Uno-Sicherheitsrat, es ist der Tag, an dem die Uno und die ganze Welt von ihm den „rauchenden Colt“ erwarten, jenen entscheidenden Grund, für den die Bush-Regierung vorbeugend in den Krieg gegen den Irak ziehen will.

Es wird viel gelacht in den Minuten vor seiner Rede, es werden Hände geschüttelt, Schultern geklopft, Powell hat gute Laune, oder jedenfalls soll es so aussehen, als habe er sie.

Hinter ihm, er sieht nicht sehr glücklich aus, sitzt George Tenet, der Chef der CIA.

Sie haben ein paar heftige Tage hinter sich, Tenet, Powell, eine Crew von Beratern und gelegentlich Condoleezza Rice. In Langley (Virginia) im Hauptquartier der CIA hatten sie gemeinsam das Material durchwühlt, diese Akten der CIA, die beweisen sollten, dass Saddam Massenvernichtungswaffen besitzt. Mehrmals hatten sie Powells Auftritt geprobt, und es gab den Moment, am 1. Februar abends, da Powell ein paar Blätter in die Luft schmiss: „Das lese ich nicht vor. Das ist Bullshit.“

45 Seiten Skript hatte eine Autorengruppe aus dem Umfeld von Vizepräsident Dick Cheney und dem Nationalen Sicherheitsrat geliefert, Ende Januar hatten sie es vorgestellt, im Lagezentrum im Weißen Haus. Ein irakisches Sündenregister, so lang und so erratisch „wie eine Speisekarte beim Chinesen“, erzählt einer, der dabei war, später dem „U. S. News and World Report“, und Powell sagte: No.

Er setzte ein Team ein, das diese Liste prüfen sollte. Er versammelte es bei Tenet in Langley, einzeln ging Powell die Beweise durch und verlangte für jeden die Quelle, und vieles, sehr vieles, was er vorfand, war fragwürdig, vieles, sagt später ein Militär zu „Newsweek“, war „Schrott“.

Die Niger-Connection zum Beispiel. Vor gut einem Jahr waren via Italien und Großbritannien Papiere aufgetaucht, die beweisen sollten, dass der Irak versucht habe, sich im afrikanischen Niger große Mengen Uranoxid zu beschaffen: 500 Tonnen mindestens. Cheney gab die Information an die CIA, die schickte einen Experten in den Niger, und schon im März 2002 stand fest – eine Fälschung, eine jämmerlich schlechte obendrein. Trotzdem hatte George W. Bush, in seiner Rede an die Nation am 28. Januar 2003, dieses längst widerlegte Gerücht als neue Erkenntnis verkauft. Und trotzdem fand es sich wieder im vorbereiteten Beweismaterial für Powell.

Die Aluminiumröhren auch – im September 2002 hatte die „New York Times“ auf der Titelseite gemeldet, dass sich Saddam heimlich Alu-Röhren beschaffen wolle für die Anreicherung von waffentauglichem Uran. Cheney und Condoleezza Rice tourten durch Talkshows und bestätigten das. Nur taugten diese Röhren gar nicht für diesen Zweck, das ergab die Prüfung des Energieministeriums; man konnte sie allenfalls für den Bau von Raketenwerfern verwenden, und der war den Irakern erlaubt.

Von Saddams angeblicher Verwicklung in die Anschläge vom 11. September war wieder die Rede, Beweise gab es nicht. Von einem Treffen des Chefterroristen Mohammed Atta mit einem irakischen Geheimdienstler in Prag war zu lesen im vorbereiteten Skript, aber leider zu einem Zeitpunkt, da die FBI-Ermittler klare Belege hatten, dass sich Atta in den USA befand. Und von Abu Mussab al-Sarkawi, einer Führungsfigur von al-Qaida, der angeblich im Norden des Irak ein Trainingslager für Giftattentate betrieb. Leider im Norden, wo nicht Saddam herrschte, sondern die Kurden, unter dem Schutz der USA.

Bisher hatte es in der Öffentlichkeit als Konsens gegolten, dass der Diktator Massenvernichtungswaffen besitze; es gab zwar Zweifel, aber die wurden nicht publik. Im September 2002 hatte die CIA einen geheimen „National Intelligence Estimate“, eine Einschätzung der nationalen Sicherheitslage also, verfasst, in dem beispielsweise geschrieben stand, Saddam Hussein werde „voraussichtlich noch in dieser Dekade Atomwaffen besitzen“. Allerdings wurde dort auch die abweichende Meinung der Geheimdienstexperten im Außenministerium aufgeführt, die fanden, dass sich „die Aktivitäten, die wir entdeckt haben, nicht zu einem überzeugendem Beweis“ zusammenfügten.

Es gab auch eine veröffentlichte Variante des Reports, die erschien Anfang Oktober 2002, aber in der fehlten die Bedenken. Darin hieß es beispielsweise über die Aluminiumröhren, es seien sich „alle Geheimdienstexperten einig“ darin, dass der Irak „Atomwaffen anstrebt“ und dass diese Röhren dafür „tauglich“ seien. Die Zweifel daran und die abweichenden Meinungen blieben geheim.

Und nun soll Powell vor die Uno und die ganze Welt treten und soll überzeugend sein, soll seine Botschaft verkünden: Wir müssen Krieg führen. Es geht nicht anders, wir müssen es tun.

Powell also, lachend, nimmt Platz an seinem Redepult, hinter sich den unglücklich blickenden Chef der CIA.

Dann schaut Powell entschlossen drein, faltet die Hände und spricht. „Ich kann Ihnen nicht alles sagen, was wir wissen. Aber das, was ich Ihnen vortrage, kommt aus zuverlässigen Quellen.“ Er präsentiert Tonbänder, auf denen zwei Iraker zu hören sind, die irgendetwas vor Uno-Inspektoren verstecken wollen, nur was, erfährt man leider nicht. Zeigt Satellitenfotos von einer Munitionsfabrik, daneben steht ein Fahrzeug mit irgendeinem Aufbau, ein Dekontaminationswagen, sagt Powell, so etwas brauche man im Umfeld einer Chemiefabrik, wenn sie Massenvernichtungswaffen produziere. Er erwähnt eine unbemannte irakische „Drohne“, die in der Lage sei, tödliche Erreger zu versprühen.

„Lassen Sie mich jetzt zu den Atomwaffen kommen“, sagt er, und George Tenet, der CIA-Chef, kratzt sich am Kopf.

Die Niger-Connection lässt Powell weg. Doch die Alu-Röhren sind Teil seiner Beweisführung. Die Mehrzahl der Experten, behauptet er, während Experten zähneknirschend seine Rede am Fernseher verfolgen, sei der Meinung, dass die zur Herstellung von Atomwaffen geeignet seien.

Die Saddam-11.-September-Verbindung hat er gestrichen. Doch ganz verzichten kann er auf die Saddam-Qaida-Connection offenbar nicht, sie muss Teil der Rede sein, es erscheint jener al-Sarkawi, der ein Qaida-Trainingscamp betreibe. Im (kurdischen) Norden des Irak.

Kein rauchender Colt, in den ganzen 90 Minuten seiner Rede kein rauchender Colt, an Neuheiten nur rohes, wenig ausgewertetes CIA-

Material und dazu ein paar Hinweise auf befreundete Dienste; auf einen wenige Tage alten Geheimdienstreport der Briten beispielsweise. „A fine paper“, sagt Powell, und das wird er bald bereuen.

Der Brite Blair hat ähnliche Interessen wie Powell, er will den Krieg, aber er will die Unterstützung der Uno; er braucht sie auch, denn anders als Powells Amerikaner ist die Mehrheit seiner Briten gegen den Krieg. Also braucht er gute Gründe, braucht Beweise, und sein Spin Doctor Alastair Campbell hatte den Job, dafür zu sorgen, dass es sie gibt.

Campbell sei maßgeblich beteiligt gewesen an einem Dossier, das Blairs Regierung im September 2002 zu Saddams Waffen vorgelegt hatte – und das „sexier“ gemacht worden sei, um die Kriegsgefahr zu übertreiben, berichtet später die BBC, was Campbell heftig bestreitet. Und damit einen Streit auslöst zwischen BBC und Downing Street, in dessen Mühlen der Regierungsmitarbeiter David Kelly gerät, ein Informant der BBC, der sich von allen Seiten missbraucht sieht, Selbstmord begeht und die Blair-Regierung in die tiefste Krise ihres Bestehens stürzt.

Noch immer ist nicht geklärt, wer im Einzelnen für welchen Teil des Dossiers verantwortlich ist. Jedenfalls kam eine Liste des Schreckens zu Stande, inklusive Niger-Connection, inklusive Mittelstreckenraketen, die Saddam besitze, inklusive Bio- und Chemiewaffen, die, so stand es im Papier und so sagte Tony Blair wörtlich, „innerhalb von 45 Minuten einsetzbar“ seien. Und die Leute vom Geheimdienst MI6 schwiegen wie ihre amerikanischen Kollegen, und so mancher hörte zähneknirschend zu.

„Geheimdienstreport“ nannte Blair auch sein zweites Saddam-Dossier. Am 3. Februar hatte er es im Parlament präsentiert, ein Papier zum Thema „Lügen und Trickserein Saddams“. Das ist das „fine paper“, auf das sich Powell an diesem 5. Februar lobend bezieht, ein Papier, das Powells Lob nur um zwei Tage überleben wird: Dann hat sich herumgesprochen, dass dieser „Geheimdienstreport“ fast ausschließlich aus Zeitungsartikeln besteht; der Wichtigste davon, von einem Doktoranden der Politologie verfasst, beruht auf zwölf Jahre altem Material.

Die Verfasser des Dossiers hatten diesen Beitrag aus dem „Middle East Review of International Affairs“ aus dem Internet gefischt und nachgedruckt, Rechtschreibfehler inklusive, nur Formulierungen hatten sie teilweise angeschärft: aus der „Hilfe für Oppositionsgruppen“ war „Unterstützung von Terrororganisationen“ geworden, und Hinweise auf den Autor, den Politologen Ibrahim al-Marashi, fehlten ganz. „Sie hätten mich ruhig fragen können“, sagt al-Marashi später. „Ich hätte ihnen gern mit aktuellerem Material gedient.“

Powells eigene Beweise, seine amerikanischen, leben noch ein wenig länger. Als etwas dünn werden sie gewertet, der „rauchende Colt“ wird vermisst von Experten und Kommentatoren, aber schwere Zweifel formuliert man noch nicht.

Nur in Larnaka auf Zypern sitzen ein paar junge Leute in einem Pub namens „Green Door“, schauen sich Powells Rede im Fernsehen an und wundern sich sehr. Es sind Uno-Waffeninspektoren auf Urlaub, darunter der Deutsche Peter Franck, der Vorsitzende des Chaos Computer Clubs. Franck wartet auf echte Beweise, auf all die Dinge, die man ihnen immer versprochen hat von Seiten der Geheimdienste und die nicht kamen, bisher.

Franck hat die Aufgabe, auf den Computern des Regimes nach Belegen für die Produktion von Massenvernichtungswaffen zu suchen. Mit Programmen durchforstet er die Festplatten, die er in Büros, Laboren und Fabriken findet. Er sucht nach Schlüsselbegriffen, nach „Anthrax“, nach „VX“, nach „Uran“, er sucht nach Namen bekannter irakischer Wissenschaftler, er sucht in Englisch und Arabisch. Er sucht nach denkbaren Codenamen. Und er findet wenig. Auf vielen Rechnern läuft nur ganz normale Büro- und Ingenieurs-Software. Manchmal sind Festplatten neu eingebaut. Aber das ist nur verdächtig, es ist kein Beweis.

Begleitet werden Franck und seine Kollegen von den Mitgliedern des NMD. Die folgen den Inspektoren in ihren Wagen, sie betreten mit ihnen die Fabriken und Labore, sie schauen ihnen über die Schulter, wenn sie Räume inspizieren, wenn sie auf Computermonitore blicken und sie machen sich Notizen, dauernd machen sie sich Notizen. Zeitweise kommen auf einen Inspektor fünf Mitarbeiter des NMD, sie stehen in Trauben hinter den Inspektoren und kritzeln ihre Blöcke voll. Blix beschwert sich schließlich über dieses Missverhältnis, und die Zahl der NMD-Spitzel sinkt wieder auf ein erträglicheres Maß.

Franck hat einen persönlichen Aufpasser, der fließend Englisch spricht und viel von Computern versteht. Meist kommen Franck und der Aufpasser gut miteinander zurecht, nur wenn Franck etwas tut, was vorher noch kein Inspektor getan hat, zum Beispiel eine ganze Festplatte zu kopieren, gibt es Ärger.

„Das dürfen Sie nicht tun“, hört Franck dann, „was hat das mit Massenvernichtungswaffen zu tun?“

In Momenten wie diesen ruft Franck seinen Chefinspektor über Funk, der die Sache wiederum mit dem Chef der NMD-Truppe klärt. Manchmal ist es auch nötig, dass sich der Direktor des Uno-Hauptquartiers in Bagdad mit seinem irakischen Gegenüber, dem Chef des NMD, unterhält. Und spätestens auf diese Ebene verebbt der Streit meistens. Im Normalfall sind es die Iraker, die sich zurückziehen. Sie haben offenbar die Anweisung, Meinungsverschiedenheiten nicht eskalieren zu lassen. Sie sollen den Amerikanern keinen Vorwand für den Krieg zu liefern.

In Bagdad arbeiten Franck und seine Kollegen im zweiten Stock des ehemaligen „Canal-Hotels“, das schon in den neunziger Jahren das Hauptquartier der Uno-Inspektoren war. Hier durchsucht Franck seine Daten, hier arbeiten Chemiker, Uran- und Giftgasexperten mit ihren Proben, hier schreiben sie ihre Berichte, die täglich an das Hauptquartier der Uno in New York und die Internationale Atomenergiebehörde in Wien gesendet werden.

Nach zwei Monaten Akkordarbeit verlässt Franck den Irak für einen Kurzurlaub und fliegt nach Zypern, nach Larnaka. Dort sitzt er dann mit anderen Inspektoren im „Green Door“-Pub und schaut sich Powells Rede im Fernsehen an. Als der amerikanische Außenminister das Satellitenfoto eines Munitionsbunkers zeigt, neben dem ein Dekontaminationsfahrzeug parkt, denkt Franck: „Ja, ja, red du nur.“

Wagen wie diesen hat Franck im Irak selbst gesehen. Es sind Feuerwehrwagen. Rot angemalt. Schade, dass man das auf Powells Schwarz-Weiß-Foto nicht sehen kann.

Der Kanzler als Kriegsgegner – die deutsche Mission

+++ Dezember 2002: US-Verteidigungsministerium bereitet Einberufung von 10 000 Reservisten vor +++ Flugzeugträger USS „Truman" wird ins Mittelmeer entsandt +++ 1000 amerikanische und britische Soldaten testen bei Manöver „Internal Look" die Einsatzfähigkeit der Kommandozentrale in Katar +++ UNHCR rechnet im Kriegsfall mit 900 000 Flüchtlingen +++ Januar 2003: 3. Infanterie-Division mit 15 000 Soldaten soll in den Nahen Osten verlegt werden +++ Großbritannien mobilisiert Reservisten +++ Drei Tarnkappenjets auf die Basis al-Udeid (Katar) verlegt. Dort sind bereits 4500 Soldaten +++ Rumsfeld erteilt Marschbefehl für 62 000 Soldaten +++ In Washington und San Francisco demonstrieren 600 000 Kriegsgegner +++ Zahl der US-Soldaten am Golf jetzt bei 175 000, die Briten haben 35 000 entsandt +++

31. Januar 2002, Washington

Die Deutschen kommen als Freunde nach Washington. Gerhard Schröder, Joschka Fischer, der Regierungssprecher, der deutsche Botschafter und drei Spitzenbeamte der Bundesregierung werden am Abend im Weißen Haus zum Staatsbesuch empfangen, und es sieht so aus, als sei Deutschland ein wichtiger Verbündeter. Die Amerikaner sind mit Präsident George W. Bush vertreten, mit Richard Cheney, seinem Stellvertreter, mit Colin Powell, dem Außenminister, mit Condoleezza Rice, der engsten Beraterin des Präsidenten, mit Ari Fleischer, dem Sprecher des Weißen Hauses.

Es ist 19 Uhr, als die beiden Delegationen in der Residenz des Weißen Hauses zum Diner zusammenkommen. Schröder und Bush sitzen sich gegenüber, es gibt Krabben aus Florida und gebratene Hirschlende. Cheney erzählt etwas von seiner Leidenschaft fürs Jagen. Dann reden sie über den Kriegsverlauf in Afghanistan, über den Kampf gegen den Terrorismus, über die internationale Allianz. Sie reden über die Vergangenheit, nicht über die Zukunft.

Jeder, der hier sitzt, weiß, dass der Irak das nächste Angriffsziel der Vereinigten Staaten sein wird. Erst gestern hatte Bush vor dem Kongress „die Achse des Bösen“ beschrieben, er sagte, sie verlaufe von Nordkorea über Iran bis in den Irak. Der Feldzug gegen den Terror, sagte Bush, „wird unter unserer Führung zu Ende gebracht“. Und am nächsten Tag wird es in München eine Wehrkundetagung geben, bei der amerikanische Teilnehmer von „Vergeltung“ an den Ländern sprechen, die Terroristen beherbergen. Saddam Hussein sei „ein Terrorist“, werden sie sagen, und die „nächste Front“ werde es im Irak geben.

Es war eigentlich klar, was passieren würde.

Das Abendessen dauert zwei Stunden, aber das Wort Irak wird nicht ein einziges Mal ausgesprochen. Gerhard Schröder redet über das besondere Verhältnis der Europäer zum Krieg, er erinnert an die beiden Weltkriege, er sagt, der Kampf gegen den internationalen Terrorismus sei noch nicht beendet, es gehe aber auch darum, die internationale Allianz nicht zu gefährden.

Er ist an diesem Abend ein Diplomat, der davon ausgeht, dass seine Sprache verstanden wird. Er irrt sich.

Als der Nachtisch abgeräumt ist, rückt Bush mit seinem Stuhl etwas vom Tisch ab, er schlägt die Beine übereinander, sein rechter Arm liegt auf der Stuhllehne, das Gespräch ist jetzt weniger offiziell, es gibt Kaffee und Zigarren.

Bush sagt: „Wir müssen es ihnen antun, bevor sie es uns antun.“

Keiner fragt, was Bush damit meint. Die Deutschen meinen, es gehöre nicht zu den Spielregeln der Diplomatie, solche Fragen zu stellen.

Am Ende sagt Bush, es sei selbstverständlich, dass er seine Partner konsultieren wird, wenn eine neue Lage entsteht.

Die Deutschen verlassen Washington mit diffusen Erkenntnissen. Sie glauben, dass Bush etwas gegen den Irak unternehmen wird, irgendwie, irgendwann. Sie glauben, dass er mit ihnen reden wird, bevor etwas passiert. Und sie glauben, dass sie klar gemacht haben, welche Haltung Deutschland im Fall eines Angriffs einnehmen wird.

Aber nichts davon ist beim amerikanischen Präsidenten angekommen. Er geht davon aus, dass ihm Deutschland folgen wird, wenn es so weit ist. Bush hat wahrgenommen, dass Deutschland nach dem 11. September erklärte, es sei uneingeschränkt solidarisch. Bush hat gesehen, dass Deutschland im Afghanistan-Krieg dabei war. Bush nennt Schröder „my old friend Görard". Bush versteht nicht, was Deutschland meint, wenn es seine Positionen in den Rätseln der Diplomatensprache formuliert.

Das Abendessen im Weißen Haus ist die Grundlage für das Zerwürfnis zwischen Deutschland und Amerika, das sich in den kommenden Monaten zu einer transatlantischen Krise auswachsen wird. George W. Bush und Gerhard Schröder haben an einem Tisch gesessen, aber sie sind sich auf verschiedenen Ebenen begegnet. Bush will diesen Krieg, er führt ein Amerika, das den Anspruch hat, die Welt zu gestalten, notfalls allein.

Schröder hat eine grobe Vorstellung von einer deutschen Rolle in der Welt. Er hält Deutschland für einen wichtigen Staat, der sich international nicht mehr enthalten darf. Er schickte deutsche Truppen in das Kosovo, weil er fühlte, dass sich Deutschland nicht von den USA entfernen darf. Nach dem 11. September versprach er „uneingeschränkte Solidarität", es war ein emotionaler Reflex, dem er sich später verpflichtet sah – deshalb entsandte Deutschland Truppen nach Afghanistan.

Jetzt sagte ihm das Gefühl etwas anderes: Wenn Deutschland wirklich so wichtig ist, muss es eine Rolle finden, die von Amerika unabhängig ist. Der Außenpolitiker Gerhard Schröder handelt von Fall zu Fall.

Monate später wird George W. Bush über Gerhard Schröder sagen: „That guy has been cheating on me" – dieser Typ hat mich betrogen.

13. Februar 2002, Berlin

Es ist 9.30 Uhr, im 6. Stock des Kanzleramts tagt das Kabinett. Joschka Fischer, der Außenminister, ist der Erste, der eine Ahnung davon hat, was passieren wird. Er fürchtet, dass sich der Einsatz gegen den internationalen Terrorismus zum globalen Krieg ausweiten könnte. Er sagt: „Es kann der Tag kommen, an dem die Europäer klar machen müssen: Das ist nicht mehr unsere Politik."

Gerhard Schröder sitzt neben ihm, genau in der Mitte des Kabinettstisches. Er ist auch ein Moderator dieser Runde. Bush, sagt er, habe zugesagt, dass er Deutschland konsultieren wird. „Und daran halte ich mich."

22./23. Februar 2002, Stockholm

In Stockholm treffen sich die sozialdemokratischen Regierungschefs zum „Progressive Summit". Schröder hat ein Vier-Augen-Gespräch mit Englands Premierminister Tony Blair. Es geht um gemeinsame Initiativen in der Europapolitik, aber es geht auch um den Irak. Blair weiß mehr als Schröder über das, was im Irak passieren wird.

Am Abend sitzt der deutsche Regierungschef in einer kleinen Runde vor einem Glas Rotwein. Er sagt, es sei erkennbar, dass Blair früher über Bushs Pläne informiert wird als er selbst.

Bis heute hat Gerhard Schröder geglaubt, Deutschland sei ein wichtiger Verbündeter der Vereinigten Staaten. Das hatte viel mit ihm selbst zu tun. Er, Schröder, hatte die Formulierung der „uneingeschränkten Solidarität" in die Welt gesetzt, er hatte sein Amt aufs Spiel gesetzt, als er im vergangenen Herbst den Bundeswehr-Einsatz in Afghanistan mit der Vertrauensfrage verknüpfte. Er konnte Anerkennung dafür erwarten. Aber er bekommt sie nicht. Er ahnt, dass alles nur eine große Illusion ist: dass Deutschland für Amerika eine Rolle spielt. Dass Amerika Deutschland in seine Entscheidungen einbeziehen wird.

Schröder war mal überzeugt davon, dass Bush diese Zusicherung ernst meint. In Zukunft wird er sie nur noch politisch benutzen. Er wird öffentlich darauf hinweisen, um wenigstens den Eindruck aufrechtzuerhalten, Deutschland habe internationales Gewicht. Vielleicht kann er damit den Druck auf Bush erhöhen. Wenn nicht, wird es Bush sein, der Absprachen gebrochen hat, nicht er, Schröder.

Auf dem Rückflug nach Berlin redet der Kanzler mit zwei Journalisten, es geht um die Frage, wie sich Deutschland verhalten soll, wenn der Krieg ausbricht. Schröder sagt, dass die deutschen Spürpanzer, die jetzt schon im Rahmen von „Enduring Freedom" in Kuweit stationiert sind, bleiben werden, wenn es Krieg geben sollte. Andernfalls, sagt er, könne sich ein deutscher Regierungschef in den nächsten 20 Jahren nicht mehr in den USA blicken lassen.

29. April 2002, Washington

Joschka Fischer reist für eine knappe Woche in die Vereinigten Staaten. Er führt Gespräche mit Colin Powell, mit Condoleezza Rice, mit Journalisten und Lobbyisten. Sie reden vor allem über den

Konflikt im Nahen Osten. Als er mit Powell zusammentrifft, sagt Fischer, eher nebenbei: „Wir haben harte Wahlen vor uns. Wir hoffen, dass ihr den Irak nicht angreift."

Powell versteht das offenbar als Scherz. Er guckt auf seine Armbanduhr und fragt: „Lass mal sehen, wann sind diese Wahlen?"

14. Mai 2002, Berlin

10 Uhr, Bundeskanzleramt. Die deutschen Sicherheitsdienste – Abgesandte von Bundesnachrichtendienst, Verfassungsschutz und Militärischem Abschirmdienst – treffen zur wöchentlichen Konferenz ein. Seit Anfang des Jahres existiert diese Runde, sie trifft sich jeden Dienstag von 10 bis 12 und gibt Staatssekretären aus dem Kanzleramt und dem Außenministerium ihre Einschätzung zur Lage. Sie haben keine Beweise, es sind nur Vermutungen, aber sie sagen, der Irak-Krieg sei nicht mehr aufhaltbar. Die Einschätzung verfestigt sich von Woche zu Woche.

21. Mai 2002, Berlin

Einen Tag bevor der amerikanische Präsident seinen Staatsbesuch in Berlin antritt, trifft sich Gerhard Schröder mit Wolfgang Ischinger, dem deutschen Botschafter in Washington. Schröder möchte die Temperatur fühlen. Er fragt Ischinger, in welchem Tempo Amerika seine Pläne für den Irak vorantreibt. Ischinger sagt, er habe sich tagelang in Washington umgehört. Es gebe keinen Grund, sich Sorgen zu machen. Bush sei bemüht, sein europäisches Image als schießwütiger Cowboy abzulegen.

Die Einschätzung stimmt – aber nur in Bezug auf diesen einen Tag, an dem Bush Berlin besuchen wird. Aber sie gilt nicht grundsätzlich. Sie unterstellt, dass George W. Bush auf Europa Rücksicht nimmt. Sie geht davon aus, das Amerika und Europa aus derselben Perspektive auf die Welt gucken. Sie vergisst, dass Amerika nach dem Ende des Kalten Krieges im Unterschied zu Europa nicht nur auf wirtschaftliche, sondern auch auf militärische Macht gebaut hat. Amerika hat die Waffen, und wenn ein Krieg in Sicht ist, der zu Amerikas Konzept für die Veränderung der Welt passt, setzt Amerika diese Waffen ein. Europa ist keine Supermacht, weil es militärisch nicht stark genug ist, einen lang anhaltenden Krieg zu führen. Europa kann kein Interesse an einem Krieg haben.

Bushs Interesse an Europa ist, dass Europa Amerika keinen Ärger macht. Bushs Amerika nennt die Europäer „Putzfrauen"; sie sollen da sauber machen, wo Amerika den Schutt zurückgelassen hat.

22. Mai 2002, Berlin

Um 20.30 Uhr landet der amerikanische Präsident auf dem Flughafen Berlin-Tegel. Er wohnt im „Hotel Adlon" am Brandenburger Tor, seine Kaffeetasse wird eine Stunde lang ausgekocht, aus den USA ist Coca-Cola eingeflogen worden. Am späten Abend läuft der Präsident über den Pariser Platz, er hat eine Verabredung mit Gerhard Schröder. Bush bestellt Apfelstrudel mit Vanilleeis, Schröder Currywurst.

Sie sprechen über die Fußballweltmeisterschaft, die demnächst in Japan und Südkorea beginnen wird. Bush will wissen, ob die Deutschen eine Chance haben. Schröder sagt: „Ich bin froh, wenn wir die Vorrunde überstehen."

Vier Monate sind vergangen, seit Schröder und Bush zuletzt in Washington miteinander gesprochen haben, vier Monate, in denen scheinbar nichts passiert ist. Sie haben sich nichts Neues mitzuteilen. Bush sagt: „Görard, I will consult you."

Dann gehen sie in den Garten des Bundeskanzleramts, die Journalisten wollen etwas über den Stand im Irak wissen, und Schröder sagt, Bush habe ihm Konsultationen versprochen.

Bush versichert: „Ich habe keine Kriegspläne auf dem Tisch, und das ist die Wahrheit." Dann verliert er sich im Ungefähren. „Was ich an Gerhard so mag", sagt er, „ ist die Tatsache, dass er immer bereit ist, in ganz offener Weise Probleme anzugehen, und dass er jemand ist, der Probleme löst – genau wie ich", sagt Bush.

Niemand fragt, was er damit genau meint. Der Besuch endet in der Sprachlosigkeit, die vor Monaten in Washington begann.

Monate später verbreiten amerikanische Zeitungen, dass Bush und Schröder in einem Gespräch unter vier Augen einen Deal abgeschlossen hätten. Demnach habe Bush gesagt, er werde von Schröder vor der Bundestagswahl keine Festlegung verlangen, wie sich Deutschland im Fall eines Irak-Krieges verhalten wird. Der Bundeskanzler habe dafür seine Unterstützung zugesagt und versprochen, dass er sich im Wahlkampf beim Thema Irak zurückhalten wird. Schröder erklärt, einen solchen Deal habe es niemals gegeben.

Daniel Coats jedenfalls, der amerikanische Botschafter in Berlin, sagt: „Der Präsident hat Deutschland mit dem Gefühl verlassen, dass es in der Irak-Frage volle Übereinstimmung gibt."

Mitte Juni 2002, Berlin

Der Regierungssprecher Uwe-Karsten Heye, der Kanzleramtschef Frank-Walter Steinmeier und der Journalist Manfred Bissinger treffen sich im Kanzleramt zu einem Strategiegespräch. Es geht um die Frage, wie Gerhard Schröder den Schwenk von seiner „uneingeschränkten Solidarität" zu einem möglichen Nein bewerkstelligen kann. Sie halten es für richtig, diesen Krieg abzulehnen. Sie entwerfen Papiere für den Kanzler, und Manfred Bissinger führt mit Schröder die Gespräche darüber. Bissinger ist der wichtigste Mann in dieser Runde. Er ist ein Außenstehender, und Schröder schätzt seinen politischen Sachverstand.

Die zentrale Botschaft der drei Strategen heißt: „Das Nein muss stehen. Daran hängt die ganze Glaubwürdigkeit." Sie treffen sich bis Ende Juli noch dreimal. Offen bleibt die Frage, was passieren wird, wenn Schröder wirklich Nein sagt. Hält Deutschland das durch? Und wenn: Was wird das für Deutschland bedeuten?

29. Juli 2002, Washington

Der US-Senat beginnt mit seinen Anhörungen zu einem möglichen Krieg gegen den Irak. Joseph Biden, Vorsitzender des Auswärtigen Ausschusses des Senats, sagt danach: „Ich glaube, es wird wahrscheinlich zum Krieg gegen den Irak kommen." Nur einen Zeitpunkt gibt es noch nicht. „USA Today" schreibt, hohe US-Beamte würden einen Kriegsbeginn vor den Kongresswahlen im November ausschließen. Es werde keine „Oktober-Überraschung" geben.

30. Juli 2002, Berlin

Früh am Morgen bekommt Gerhard Schröder im Kanzleramt Besuch von seinem Außenminister. Joschka Fischer ist davon überzeugt, der einzige Politiker dieser Regierung zu sein, der in der Lage ist, strategisch zu denken.

Fischer malt manchmal Begriffe auf kleine Zettel, er zeichnet Kästen um diese Begriffe und verbindet sie mit Pfeilen. Er nennt diese Zeichnungen „Grand Design". In einem Grand Design, sagt Fischer, hängt alles mit allem zusammen: die Weltwirtschaft und die Konjunktur, die demografische Entwicklung und die Rente, die deutsche Einheit und Europa.

Irgendwie hängt auch der Bundestagswahlkampf mit dem Irak-Krieg zusammen.

Fischer und Schröder sitzen auf der Terrasse des Bundeskanzleramtes beim Frühstück, Dieter Kastrup ist dabei, Schröders außenpolitischer Berater. Natürlich hat Fischer die Lage längst durchblickt. Er glaubt nicht an gemeinsame amerikanische und europäische Positionen, wenn es um diesen Krieg geht, er ist davon überzeugt, dass Bush den Irak angreifen wird. Er will verhindern, dass Deutschland zu einer Reaktion gezwungen wird. Er sagt: „Wir müssen uns aufstellen, bevor wir aufgestellt werden."

Die Umfragen für Rot-Grün sehen schlecht aus. Fischer sagt, eine Haltung zu Krieg oder Frieden im Irak könne der Regierung womöglich nützen, Pazifismus könne im Wahlkampf Stimmen bringen. „Du musst das hochziehen", sagt er. Noch ist Schröder nicht sicher, ob Fischers Strategie richtig ist. Aber seine Zweifel vergehen schnell. Nach dem Gespräch fliegen sie nach Schwerin, zum deutsch-französischen Gipfel.

30. Juli 2002, Schwerin

Gerhard Schröder ist entschieden. Er versucht, den französischen Präsidenten Jacques Chirac auf ein Nein zum Irak-Krieg festzulegen. Aber Chirac zögert. Er geht davon aus, dass Schröder nicht mehr lange Bundeskanzler ist.

Immerhin einigen sich Schröder und Chirac darauf, dass sie einen amerikanischen Alleingang ohne Mandat der Vereinten Nationen ablehnen.

Chirac sagt: „Das ist die Haltung Deutschlands, und das ist auch die Haltung Frankreichs."

Schröder sagt: „Es gibt in Deutschland, es gibt im Bundestag weder auf der einen noch auf der anderen Seite eine Mehrheit für eine Intervention ohne Legitimation der Vereinten Nationen."

Dass sich Deutsche und Franzosen so schnell auf eine gemeinsame Formel verständigen würden, überrascht selbst die engsten Berater des deutschen Regierungschefs. Schröders außenpolitischer Berater Kastrup hatte noch einen Tag vor dem Gipfel erklärt, es werde

„keine ausformulierte, gemeinsame deutsch-französische Position geben".

Gerhard Schröder sagt in Schwerin noch einmal den Satz, den er seit Wochen als politische Allzweckwaffe benutzt: „Im Übrigen ist es so, dass der amerikanische Präsident mehrfach Konsultationen zugesagt hat, bevor Entscheidungen fallen." Er glaubt jetzt aber nicht mehr daran.

Sein Verteidigungsminister Peter Struck sagt ihm, dass es keine Anfragen über militärische Unterstützung aus den USA gibt.

1. August 2002, Washington

Der amerikanische Präsident hat Besuch vom jordanischen König Abdullah II. Bush sagt ihm, dass er von einem Krieg gegen Saddam nicht mehr abzubringen sei.

„Kann ich Ihre Meinung noch ändern?", fragt Abdullah.

„Nein", sagt Bush.

1. August 2002, Berlin

Abends um 19 Uhr sitzt Franz Müntefering, der Generalsekretär der SPD, in seiner Wahlkampfzentrale mit Demoskopen beieinander, sie suchen nach Formeln für den Wahlkampf.

Müntefering ist ein treuer Knecht des Kanzlers, er weiß schon, wie sein Chef sich entschieden hat. Im Laufe der Besprechung fällt jemandem der Begriff „Der deutsche Weg" ein. Von wem der Einfall stammt, weiß hinterher niemand mehr. Ein Teilnehmer der Sitzung sagt: „Man hat sich einfach besoffen geredet."

Müntefering lässt den Begriff auf einen Flipchart schreiben und läuft damit am späten Abend zu einer Sondersitzung der SPD. Der Kanzler ist dabei, einige Mitglieder des Kabinetts und SPD-Ministerpräsidenten. Müntefering stellt den „deutschen Weg" vor. Die Runde findet den Begriff gelungen.

Erst später begreift die SPD, dass es ein Fehlgriff war. Dass die Nationalsozialisten einmal mit dem „deutschen Sonderweg" hantierten, war in der Hitze des beginnenden Wahlkampfs verdampft. Gerhard Schröder hatte sich in der Frage eines möglichen Irak-Krieges festgelegt, und schon einen Tag später geht den Sozialdemokraten das Maß verloren.

4. August 2002, Berlin

John Bolton, Staatssekretär im State Departement und Vertrauter von US-Verteidigungsminister Donald Rumsfeld, ist nach Deutschland gekommen; er möchte mit den Regierenden über Amerikas Position reden, aber er bekommt keine richtigen Termine. Er unterhält sich mit dem Politikwissenschaftler Karl Kaiser, er führt Gespräche mit Angestellten aus der zweiten Reihe im Auswärtigen Amt, er hält einen Vortrag im „Hotel Adlon“ über den Internationalen Gerichtshof. Er fliegt zurück nach Washington mit dem Eindruck: Die Deutschen wollen nicht mehr reden.

5. August 2002, Hannover

5000 Menschen sind auf dem Opernplatz in Hannover, die SPD hat den Beginn ihres Wahlkampfs auf heute vorgezogen, weil die Umfragen nicht besser werden.

Gerhard Schröder ist in guter Stimmung, seine Frau Doris hat heute Geburtstag, es gab schon einen kleinen Sektempfang für sie, ein paar Leute vom SPD-Präsidium haben hinter der Bühne, von der aus der Kanzler gleich reden wird, „Happy Birthday“ gesungen, Müntefering hatte einen Blumenstrauß mitgebracht.

Der Bundeskanzler trägt einen grauen Anzug und eine rote Krawatte, die Sonne knallt ihm auf den Kopf, er wischt sich den Schweiß von der Stirn, er ist bereit.

Er sagt: „Es ist wahr, wir haben uns auf den Weg gemacht, unseren deutschen Weg.“ Dann zielt er auf Amerika. „Die Zeiten, in denen uns – was die Wirtschaft angeht – Amerika und andere als Vorbild dienen sollten, die sind nun wirklich zu überdenken. Pleiten, das Ausplündern kleiner Leute in den Vereinigten Staaten, die sich jetzt Sorgen über ihre Altersversorgung machen müssen, während ein paar Spitzenmanager Millionen und Milliarden nach Hause tragen, ich sage, das ist nicht der deutsche Weg, den wir für unser Volk haben wollen.“

Nach 23 Minuten ist Schröder im Irak angekommen. „Diese meine Regierung hat bewiesen, dass sie in Zeiten zugespitzter Auseinandersetzungen sehr wohl in der Lage ist, entschieden, aber besonnen unser Deutschland auf einem vernünftigen Kurs zu halten ... Wir sind zur Solidarität bereit ... aber dieses Land wird unter meiner Führung für Abenteuer nicht zur Verfügung stehen ... Und mit Bezug auf die Diskussion um eine militärische Intervention etwa im Irak sage ich: Ich warne davor, über Krieg und über militärische Aktionen zu spekulieren, und sage denen, die in dieser Situation etwas vorhaben: Wer das will, darf nicht nur wissen, wie er reinkommt, sondern der braucht auch eine politische Konzeption dafür, wie es weitergeht. Deshalb sage ich: Druck auf Saddam Hussein ja, aber Spielerei mit Krieg und militärischer Intervention – davor kann ich nur warnen. Das ist mit uns nicht zu machen."

Auf dem Opernplatz bricht lauter Beifall los. Uwe-Karsten Heye, Schröders Regierungssprecher, steht in der Menge und sagt: „Na, Gott sei Dank." Niemand, nicht mal Schröders engste Berater, wussten vorher, was der Kanzler heute sagen würde.

Am Ende sagt Schröder, er werde diesen Weg weitergehen, in „der großartigen Tradition der Friedenspolitik von Willy Brandt und Helmut Schmidt".

Für Willy Brandt war die deutsch-amerikanische Freundschaft „ein Eckpfeiler im turbulenten Geschehen der Weltpolitik". Für seinen Enkel Gerhard ist sie die letzte Chance im turbulenten Geschehen des Wahlkampfs. Die SPD hat wieder ein großes Thema, Feindbild, Moral und Werte inbegriffen.

10. August 2002, Washington

Der deutsche Generalinspekteur Wolfgang Schneiderhan besucht Washington. Er hat eine Unterredung mit Condoleezza Rice. Bushs Sicherheitsberaterin fragt ihn: „Wer ist denn nun der Böse für Deutschland? Bush oder Saddam?"

12. August 2002, Berlin

Der US-Botschafter Daniel Coats hat sich einen Termin im Kanzleramt geben lassen. Er ist Amerikas oberster Diplomat in Deutschland, aber die Zeiten, in denen Deutschland und Amerika in der Sprache der Diplomaten miteinander verkehrten, sind vorbei. Coats ist gekommen, um sich über Schröders Angriff auf Bush zu beschweren. Bush habe in der Frage eines Irak-Kriegs noch keine Entscheidung getroffen, sagt er dem Kanzleramtschef Frank-Walter Steinmeier. Es gehöre sich nicht, den amerikanischen Präsidenten in die Nähe von Abenteurern zu rücken.

Coats lebt erst seit knapp einem Jahr in Deutschland, er muss sich von Steinmeier über das Wesen der deutschen Sozialdemokratie belehren lassen. In der SPD, sagt Steinmeier, spielten Fragen „von Krieg und Frieden“ eine stärkere Rolle als beispielsweise in der CDU. Schröder sei auch Parteivorsitzender, er könne diese Diskussion „nicht wegdrücken“, schon gar nicht im Wahlkampf. Dass manche Botschaft „etwas zugespitzt“ rüberkomme, sei unvermeidbar, leider.

26. August 2002, Nashville

Dick Cheney gibt dem Konflikt die entscheidende Richtung. Vor Kriegsveteranen sagt der Stellvertreter des amerikanischen Präsidenten: „Ein Regimewechsel würde eine Menge Vorteile für die Region bringen. Die Schlacht muss zum Feind getragen werden.“

Mit Cheneys Rede wird klar, worum es Amerika geht. Nicht um die Beseitigung des internationalen Terrorismus, sondern um die Vernichtung von Saddam Hussein.

Gerhard Schröder liest die Rede nach. Er weiß jetzt, dass er eine gute Begründung für seinen Weg hat. „Die Rede von Cheney“, sagt einer von Schröders Beratern, „war der Kick.“

31. August 2002, Helsingör

Bei einem informellen Treffen der EU-Außenminister verbreitet US-Botschafter Coats, dass die Deutschen mit ihrer Haltung isoliert seien. Gunter Pleuger, Fischers Staatssekretär im Auswärtigen Amt, hat andere Signale empfangen. Außer Großbritannien, sagt er, würden alle Minister die Fragen stellen, die auch Deutschland stellt. Man sei sich einig, dass eine militärische Aktion im Irak ein neues Mandat des Uno-Sicherheitsrates erfordere.

4. September 2002, Hannover

Der Bundeskanzler sitzt mit einem Reporter der „New York Times“ im Garten seines Privathauses in Hannover. Er fühlt sich sehr stark. Schröder erklärt, warum er den Irak-Krieg auch unabhängig vom Votum des Uno-Sicherheitsrates ablehnen wird. „Hands off“, sagt er in dem Interview mit Amerikas bedeutendster Tageszeitung, „Hände weg“ vom Irak. Sein Auftreten erinnert etwas an Gary Cooper im Western „High Noon“. Schröder spielt den Sheriff. Den letzten Mann auf dieser Welt, der Mut hat.

Er behauptet in dem Gespräch auch, dass seine Position nichts mit dem Wahlkampf zu tun hat. „Wir werden die Wahlen gewinnen", sagt er, „und dann werde ich zu meiner Entscheidung stehen müssen. Und ich weiß, was das bedeutet."

5. September 2002, Berlin

Der Mut des Regierungschefs hat auch Mitarbeiter erfasst, die für gewöhnlich eher im Verborgenen wirken. Ludwig Stiegler, ein Sozialdemokrat, der bisher hauptsächlich durch rote Pullunder aufgefallen ist, vergleicht Daniel Coats mit dem früheren sowjetischen Botschafter Pjotr Abrassimow in der DDR. Außerdem, meint Stiegler, benehme sich George W. Bush wie der römische „Princeps Caesar Augustus".

So hatte der Kanzler das nicht gemeint. „Lass das endlich", sagt er zu Stiegler.

12. September 2002, New York

Ein Jahr und einen Tag nach dem Anschlag auf das World Trade Center tritt George W. Bush vor der Uno-Vollversammlung auf. Kurz vor seiner Rede fragt Colin Powell seinen deutschen Kollegen Fischer, ob es der deutschen Regierung helfen würde, wenn Bush eine harte Rede hielte. Powell grinst dabei ein bisschen, so, als sei diese Frage bloß ein kleiner Scherz. Fischer antwortet: Ja, eine harte Rede würde helfen. Powell sagt: „Okay, es wird eine sehr harte Rede werden."

Dann führt Bush die Uno vor. Man müsse an ihrer Autorität zweifeln, sagt er, weil sie von Saddam Hussein seit zwölf Jahren ignoriert werde. Sie habe jetzt die letzte Chance, Saddam zu entwaffnen. Wenn sie diese Chance nicht nutze, müsse Amerika das eben allein erledigen. Bush behandelt die Uno, als sei sie die Vorzimmerdame der Vereinigten Staaten.

Er hat seine Entscheidung längst getroffen. Er möchte nur noch, dass sie von möglichst allen getragen wird, auch von der Uno. Deshalb ist er hier.

Beim Mittagessen winkt Bush den deutschen Außenminister an seinen Tisch. „Wann ist diese verdammte Wahl vorbei?", fragt er. Er zwinkert dabei mit den Augen. Es hat etwas Versöhnliches. Es heißt: Ich verstehe euch, aber nicht mehr lange.

Fischer sucht nach der richtigen Antwort. Er ist, einerseits, glücklich, dass die Amerikaner noch mit ihm reden. Er will, andererseits, die deutsche Linie nicht als reine Wahlkampfstrategie verstanden wissen. Er sagt, man müsse nach der Wahl miteinander reden.

Dann telefoniert er mit Verteidigungsminister Peter Struck. Sie sind sich einig, dass Bushs Auftritt hilfreich war. Fischer sagt, die offizielle Reaktion darauf sei „ein Fall für Schröder“ im Parlament.

Jeffrey Gedmin, der Leiter des Aspen-Instituts in Berlin, ist nach Washington geflogen. Er möchte wissen, ob es im Mai, als Bush zu Besuch in Berlin war, tatsächlich einen Deal zwischen dem Kanzler und dem Präsidenten gegeben hat. Mitarbeiter des Weißen Hauses sagen ihm: Ja, es hat einen Deal gegeben. Bush habe gesagt: Wir verlangen von euch nichts, keine öffentliche Festlegung, keine Gefolgschaft – so lange nicht, bis eure Wahlen vorbei sind. Und Schröder habe gesagt: Gut, wir machen unseren Wahlkampf ohne den Irak. Ein Bush-Berater sagt zu Gedmin: „Die Deutschen haben die Tür nicht nur zugemacht – sie haben sie verriegelt. Und es sieht so aus, als hätten sie Spaß dabei.“

Die Amerikaner beklagen, es gebe in der Bundesregierung niemanden, der eine direkte Verbindung zur US-Administration habe. Niemanden, bei dem man anrufen könne, niemanden, den man fragen könne: „What's that bullshit?“ Es fehle, sagen die Amerikaner, der „back channel“.

Aber selbst, wenn es den geben würde: Klar wird auch, dass Deutschland im Pentagon nie eine Rolle gespielt hat. Deutschland ist für Amerika ein Land mit wirtschaftlichen Problemen, Deutschland hat kein militärisches Potenzial, das man ernst nehmen müsste, Deutschland hat kein Veto-Recht im Uno-Sicherheitsrat. Wer, zur Hölle, ist Deutschland?

13. September 2002, Berlin

In einer Bundestagsdebatte sagt Gerhard Schröder: „Über die existenziellen Fragen der deutschen Nation wird in Berlin entschieden und nirgendwo anders.“ Er verzichtet auf persönliche Angriffe gegen Bush. Er darf jetzt die Balance nicht verlieren.

18. September 2002, Tübingen

Justizministerin Herta Däubler-Gmelin tritt vormittags in der Sportgaststätte des Turnvereins Derendingen vor Betriebsräten aus Tübingen auf. Sie sagt: „Bush will von seinen innenpolitischen Schwierigkeiten ablenken. Das ist eine beliebte Methode. Das hat auch Hitler schon gemacht." Mit diesem Satz wird Däubler-Gmelin am nächsten Tag im „Schwäbischen Tagblatt" zitiert. Es ist ein kleiner Artikel in einer kleinen Regionalzeitung, der das deutsch-amerikanische Verhältnis endgültig zerstört.

Als die Nachricht in Washington angekommen ist, ruft ein Mitglied des Nationalen Sicherheitsrats in der deutschen Botschaft an und sagt: „Jetzt ist das Fass übergelaufen." Bush, der sonst wenig liest, lässt sich Agenturmeldungen zu der Affäre vorlegen. Die Amerikaner gehen davon aus, dass der Kanzler seine Ministerin entlassen wird. Aber Gerhard Schröder hatte vor kurzem erst seinen Verteidigungsminister Rudolf Scharping entsorgt, er kann sich wenige Tage vor der Wahl keinen Eklat mehr leisten.

Er will mit Bush telefonieren, aber Bush ist für Schröder nicht mehr zu sprechen. Dann schreibt er dem Präsidenten einen Brief, in dem er eine „angebliche Äußerung" bedauert. Der Brief ist weder mit dem Auswärtigen Amt noch mit den außenpolitischen Beratern aus dem Kanzleramt abgestimmt. Vielleicht ist dieser Brief der größte Fehler, der Gerhard Schröder in den letzten Monaten unterlaufen ist.

Ari Fleischer, der Sprecher der Weißen Hauses, sagt danach kühl: „Das las sich nicht wie eine Entschuldigung." Und Condoleezza Rice findet, mit dieser Affäre sei das Verhältnis zu Deutschland endgültig „vergiftet" gewesen.

22. September 2002, Berlin

Gerhard Schröder gewinnt die Bundestagswahl. Entgegen allen diplomatischen Regeln kommt kein Anruf von George W. Bush, keine Gratulation, keine Geste.

Zwei Tage später treffen in Warschau die Verteidigungsminister der Nato zusammen. Peter Struck bemüht sich um einen Gesprächstermin mit Donald Rumsfeld, aber er bekommt keinen. Rumsfeld sagt: „Wer in der Grube sitzt, sollte nicht noch tiefer buddeln." Beim Abendessen verlässt Rumsfeld den Raum, bevor Struck das Wort hat. „Termingründe", sagt Rumsfeld.

30. Oktober 2002, Washington

Joschka Fischer sitzt im Flugzeug nach Washington. Er wird vier Tage in den Vereinigten Staaten bleiben, niemand weiß genau, worum es bei dieser Reise eigentlich geht. In den Zeitungen ist von einem „Canossagang" die Rede. In Wirklichkeit ist Fischer nur unterwegs, um mit Colin Powell ein Telefongespräch vorzubereiten, das Gerhard Schröder mit George W. Bush führen möchte. Fischer ist Schröders Ausputzer.

Beim Abendessen im Flugzeug unterhält er sich mit Thomas Friedman, einem Kolumnisten der „New York Times". Friedman sagt, mit seiner Position zum Irak-Krieg hätte Gerhard Schröder auch die Wahlen in den USA gewonnen.

Fischer bekommt keinen Termin im Weißen Haus, auch der Nationale Sicherheitsrat hat keine Zeit für den Deutschen. Er redet 45 Minuten lang mit Powell. Sie legen das Protokoll für ein Telefonat der beiden Regierungschefs fest: Zuerst soll es um Terrorismus gehen, dann um den Irak, dann um den EU-Beitritt der Türkei, und am Ende muss über Herta Däubler-Gmelin gesprochen werden. Es wäre gut, wenn sich Schröder entschuldigen würde.

Nach dem Gespräch laufen die beiden Außenminister durch die Lobby des State Department, draußen warten die Journalisten unter einem Vordach, weil es regnet. Fischer sagt zu einem Begleiter: „Eigentlich könnten wir jetzt nach Hause fahren." Er hat seinen Auftrag erfüllt. Den Journalisten sagt er, das Gespräch sei „sehr ergiebig und hilfreich" gewesen. Powell sagt, es gebe einige „rough spots".

Fischer hat jetzt noch drei Tage Zeit bis zu seiner Rückkehr nach Deutschland. Er lässt sich vom deutschen Botschafter Wolfgang Ischinger zu „Brooks Brothers" fahren, um ein paar Hemden einzukaufen.

Die „New York Times" schreibt: „Wenn sich George W. Bush noch einmal für Gerhard Schröder interessieren sollte, dann allenfalls, wenn in Deutschland Öl gefunden wird."

8. November 2002, New York, Berlin, Washington

Der Uno-Sicherheitsrat beschließt die Resolution 1441. Darin wird dem Irak mit „ernsten Konsequenzen" bei „schwer wiegenden Verstößen" gegen die Abrüstungsauflagen gedroht.

Es ist der Tag der Ergebnisse. Der Kanzler sitzt an seinem blauen Schreibtisch, er hat ein schwarzes Telefon vor sich. Zum ersten Mal seit der Bundestagswahl wird Gerhard Schröder zum amerikanischen Präsidenten durchgestellt. Schröder gratuliert Bush zum Sieg der Republikaner bei den Kongresswahlen. Bush schweigt lange in den Telefonhörer hinein, so erzählen Diplomaten später, dann sagt er kühl, zwischen Verbündeten herrsche normalerweise „Vertrauen und Verlässlichkeit". Er hoffe, man könne das wieder aufbauen – „im Lauf der Zeit".

16. November 2002, Washington

Peter Struck, der deutsche Verteidigungsminister, hat sich noch nicht richtig entscheiden können, ob die deutschen „Fuchs"-Spürpanzer in Kuweit bleiben, sollte im Irak der Krieg ausbrechen.

Donald Rumsfeld kommt dem Kollegen zur Hilfe. Aus Washington lässt er ausrichten: Wenn die Deutschen Zweifel haben, ob ihre „Füchse" im Kriegsfall am Golf bleiben könnten, dann sollten sie sie lieber heimholen – damit sie im Ernstfall „nicht im Weg stehen".

21./22. November 2002, Prag

Wird es ein Gespräch geben? Unter vier Augen? Oder, wenn nicht, wenigstens in großer Runde? Seit Tagen sind Mitarbeiter des Kanzleramts damit beschäftigt, Antworten auf diese Fragen zu finden. Die Antwort aus Amerika heißt: nein. Bush wird beim Nato-Gipfel in Prag nicht mit Schröder reden.

Dann gibt es einen Fototermin, man hat ein Podest aufgebaut für die ganzen Regierungschefs und ihre Minister, Schröder steht hinten, eine Stufe höher als Bush, die Fotografen machen ihre Arbeit, und dann passiert es doch, Bush dreht sich nach hinten, zu Schröder, er reicht ihm seine Hand hin, für ein paar Augenblicke nur, Schröder muss eine Stufe herabsteigen, um diese Hand zu erwischen, sie greifen zu, es werden Fotos gemacht.

Eine Annäherung? Die Bundesregierung ändert seit diesem Tag ihre Sprachregelung. Aus Berlin heißt es jetzt nicht mehr: „Es wird keine Beteiligung Deutschlands an einem Irak-Krieg geben." Es heißt jetzt: „Eine aktive Beteiligung Deutschlands wird es nicht geben."

27. November 2002, Bagdad/Berlin

Inspektoren der Uno-Kontrollkommission und der internationalen Atomenergiebehörde beginnen im Irak mit der Suche nach möglichen atomaren, biologischen und chemischen Waffen.

Am Abend spricht Gerhard Schröder zu seinem Volk – und auch ein bisschen zu George W. Bush. Er verspricht die „Gewährung von Überflugrechten für die USA und die Nato-Mitgliedstaaten, die das wünschen, reibungslosen Transit für Truppen der USA und der Nato-Mitglieder, Nutzung der USA-Militäreinrichtungen in Deutschland durch die USA und die Mitglieder und natürlich, was für uns selbstverständlich ist, Schutz von Einrichtungen".

Er provoziert damit den Widerstand seines Koalitionspartners. Als Erste findet Angelika Beer, zu jener Zeit sicherheitspolitische Sprecherin der Grünen, ohne ein Uno-Mandat dürfe Deutschland weder logistische Unterstützung noch Überflugrechte gewähren.

24. Dezember 2002, Washington

US-Verteidigungsminister Donald Rumsfeld erteilt den ersten Marschbefehl für 25 000 Soldaten in die Golfregion.

28. Dezember 2002, Berlin

Es erscheint die Vorabmeldung über ein SPIEGEL-Interview mit Außenminister Joschka Fischer. Es geht um die Frage, wie Deutschland sich verhalten wird, wenn der Uno-Sicherheitsrat über einen Militärschlag im Irak abstimmt.

Fischer möchte sich nicht darauf festlegen, dass Deutschland mit Nein stimmen wird. Nein würde einen offenen Affront gegen die Vereinigten Staaten bedeuten. Nein würde das Verhältnis so sehr beschädigen, dass es womöglich nicht mehr repariert werden kann. Fischer schreckt zurück vor einem Nein. Er sagt: „Deutschland wird sich auf der klaren Grundlage einer deutschen Nichtbeteiligung und der Erfüllung seiner Bündnispflichten verantwortungvoll verhalten."

Fischer meint damit: Deutschland könnte sich auch enthalten. Aber er sagt es so nicht. Fischers Satz könnte auch bedeuten: Deutschland kippt um. Er liefert Linken, Intellektuellen und der Opposition Schießpulver für den Landtagswahlkampf, für die Wahlen in Hessen und Niedersachsen am 2. Februar.

Gerhard Schröder erreicht die Vorabmeldung im Flugzeug nach Shanghai. Der Bundeskanzler kannte Fischers Pläne nicht. Er sagt, es sei eine „üble Situation". Er meint das bezogen auf den Wahlkampf in Wiesbaden und Hannover, nicht auf die Abstimmung in New York.

9. Januar 2003, New York/Berlin

Gunter Pleuger ist erst seit ein paar Monaten deutscher Botschafter bei der Uno, er hat noch nicht sehr viel Erfahrung mit Öffentlichkeitsarbeit. Er hat den schwersten diplomatischen Posten, den Deutschland zurzeit zu vergeben hat, er hat das Vertrauen von Joschka Fischer.

Und er macht einen Fehler. Er sagt der „New York Times": Eine zweite Resolution des Sicherheitsrates sei „wünschenswert, aber nicht notwendig". Er sagt mit anderen Worten das, was Joschka Fischer dem SPIEGEL gesagt hatte. Aber Fischers Interview ist zwei Wochen alt, und es hatte tatsächlich die Angst geschürt, Deutschland könne seine Richtung ändern.

Die Umfragewerte der SPD für Niedersachsen und Hessen waren seitdem noch schlechter geworden. Der Diplomat Pleuger hatte sein Interview in Amerika gegeben. Er war weit weg von Deutschland.

In der Fraktionssitzung der SPD sagt der Bundeskanzler: „Die deutsche Außenpolitik wird nicht von Diplomaten gemacht, sondern von mir." Er spricht über Pleuger. Aber er meint auch Fischer.

Nur: Was ist das, die deutsche Außenpolitik? Schröder hat sich in sein „Nein" zum Irak-Krieg verhakt. Er hat eine Haltung, aber kein Konzept. Er weiß nur, dass er jetzt nicht auch noch Frankreich als Partner verlieren darf. Alles, was er jetzt unternehme, sagt er, müsse mit Jacques Chirac abgesprochen sein.

19. Januar 2003, Berlin

Günter Grass ist da, Joachim Król, Christa Wolf, Hark Bohm, Wolfgang Niedecken von BAP, sogar Katja Ebstein. Es heißt, dies hier sei eine „Intellektuellen-Runde". Sie kommt zwei-, dreimal pro Jahr ins Kanzleramt, und das Gefährliche an ihr ist, dass Gerhard Schröder sich manchmal von ihr beeinflussen lässt.

Diese Intellektuellen hier machen Druck. Sie wollen vom Kanzler hören, dass Deutschland ein starkes Land ist, dass Deutschland dabei bleibt, was es gesagt hat. Schröder sagt: „Wer glaubt, dass meine Festlegung aus taktischen Gründen erfolgt ist, der irrt."

Dann kommen intellektuelle Lösungsvorschläge auf die Frage, wie Deutschland die Welt retten kann. Niedecken regt einen Friedensdialog im Kölner Dom an. Der „Tatort"-Autor Fred Breinersdorfer meint, es gehe jetzt darum, das amerikanische Kriegstagebuch umzuschreiben. Grass sagt: Die Aufgabe der nächsten Wochen sei es, „den Amerikanern zu helfen, ohne Gesichtsverlust aus der Bredouille zu kommen".

20. Januar 2003, New York

Der Sicherheitsrat der Vereinten Nationen kommt zu einer Sondersitzung zusammen. Es ist eine Initiative Frankreichs, es heißt, man wolle über die Bekämpfung des Terrors debattieren.

Aber es geht nur um den Irak. Es ist ein Manöver, mit dem Frankreich den USA Stärke demonstrieren will. Und Deutschland macht mit. Joschka Fischer hält seine erste Rede vor dem Sicherheitsrat, und er ist auch der Erste, der die Debatte auf den Einsatz gegen Saddam Hussein lenkt. Amerika ist brüskiert.

Nach der Sitzung gibt Fischer ein Interview auf Englisch, aber es ist falsches Englisch. Er sagt: „Iraq has fully comply."

Was meint er? Meint er, der Irak habe die Auflagen der Uno schon erfüllt? Dann hätte er sagen müssen: „Iraq has fully complied." Oder meint er, der Irak müsse die Auflagen noch erfüllen? Dann hätte er sagen müssen: „Iraq has to comply fully."

Die „New York Times" entscheidet sich dafür, dass Fischer die erste Variante meinte. Sie sorgt für Aufregung in Fischers Lager. Seine Leute hören die Tonbänder ab, sie rufen in der Redaktion an und sagen, der Chef sei falsch verstanden worden. Am nächsten Tag druckt die Zeitung eine Richtigstellung.

21. Januar 2003, Goslar

Es ist schon spät am Nachmittag, als Gerhard Schröder in Goslar eintrifft. Er kommt aus Berlin, er hatte diesen Auftritt hier eigentlich nicht geplant, aber die Umfragen sind verheerend, Sigmar Gabriel und die SPD würden absaufen, wenn nicht noch irgendetwas passiert. Deshalb ist Schröder hier. Niedersachsen ist sein Land, und er hat einen Plan.

Er sitzt im „Café am Markt“, mit Gabriel, der noch Ministerpräsident ist, und mit dem Stadtbrandmeister von Goslar, den Schröder noch aus alten Zeiten kennt. Sie reden über die Dienstwagensteuer, aber das Gespräch interessiert den Kanzler nicht richtig, er guckt häufig auf seine Uhr, er hat noch etwas vor.

Sie sitzen eine halbe Stunde hier und fahren dann zusammen weiter, ins Odeon-Theater. Im Foyer gibt es Sekt und Orangensaft, wie bei einer Aufführung im Theater.

Gerhard Schröder tritt ans Rednerpult, er sagt ein paar Dinge, die er schon immer gesagt hat, dann kommt es. Schröder sagt: „Ich habe speziell den französischen Freunden gesagt und den anderen auch, und ich sage das hier jetzt ein Stück weitergehend als das, was ich in dieser Frage sonst formuliert habe: Rechnet nicht damit, dass Deutschland einer den Krieg legitimierenden Resolution zustimmt.“ Er macht eine Pause und sagt dann noch einmal: „Rechnet nicht damit.“

Sigmar Gabriel steht auf dem Podium neben einer örtlichen Kreistagsabgeordneten, die Petra Emmerich-Kopatsch heißt. Gabriel flüstert ihr ins Ohr: „Pass mal auf, das wird die Meldung morgen.“

Bis zu diesem Abend in Goslar war unklar geblieben, ob Gerhard Schröder mit seinem Nein zum Krieg im Irak einer außenpolitischen Strategie folgt. Oder ob der Irak nur ein Thema ist, das sich für Wahlkämpfe eignet. In den Feuilletons konnte man kluge Betrachtungen darüber lesen, es gab sehr unterschiedliche Meinungen.

Gerhard Schröder wählt Goslar aus, einen sehr kleinen Ort im Niedersächsischen, um Klarheit herzustellen.

22. Januar 2003, Versailles/Washington

Sie feiern 40 Jahre deutsch-französische Freundschaft, Schröder und Chirac und Hundertschaften von Abgeordneten. Sie machen sich Geschenke, Schröder schenkt Chirac eine Betrachtung über Machiavelli von Friedrich dem Großen, Chirac schenkt Schröder eine Flasche Cognac, Jahrgang 1900. Gerhard Schröder ist in guter Stimmung.

Das Kanzleramt hatte vorher wieder einmal jemanden losgeschickt, um die Windrichtung zu fühlen, diesmal nach Frankreich. Steht Chirac? Meint er das, was er sagt, ernst? Schröders Mann kam zurück und war sicher: Chirac steht.

Beim Festakt sagt Chirac, Deutschland und Frankreich seien sich einig: Nur der Uno-Sicherheitsrat habe über Krieg und Frieden zu entscheiden, und Krieg sei immer die schlechteste aller Lösungen.

Mit dem Cognac im Gepäck fliegt der Bundeskanzler nach Berlin zurück, er sagt zu seinen Mitarbeitern: „Na seht ihr, auf die Franzosen kann man sich eben doch verlassen."

Es ist noch Tag in Washington, als die Meldungen über das Freundschaftsfest in Washington ankommen. Auch Donald Rumsfeld hat davon gehört. Der amerikanische Verteidigungsminister tritt vor die Medien und sagt: „Sie denken bei Europa an Frankreich und Deutschland. Ich nicht, das ist das alte Europa." Es gebe auch ein neues Europa, sagt Rumsfeld, und das sei im Osten zu finden. „Deutschland ist ein Problem gewesen, und Frankreich ist ein Problem gewesen. Aber schauen Sie sich doch die anderen an. Die stehen nicht auf der Seite Deutschlands und Frankreichs, die stehen auf der Seite der USA."

28. Januar 2003, Washington

In einer Rede zur Lage der Nation jongliert der amerikanische Präsident mit Zahlen, die den Horror belegen sollen. Er sagt, Saddam habe in den letzten zwölf Jahren chemische, biologische und Kernwaffen entwickelt, er besorge sich Uran in Afrika, er könne Anthrax in Mengen herstellen, die „ausreichten, um Millionen von Menschen umzubringen", er besitze Kapazitäten für 38 000 Liter Botulinumtoxin, an dem Millionen Menschen sterben könnten, sowie Material für 500 Tonnen Senfgas, Sarin und VX-Nervengas. Irak gehöre zu den Staaten, die Terroristen aufnehmen und schützen, „auch Mitglieder von al-Qaida", sagt Bush. Er beruft sich auf Geheimdienstinformationen und will dem Uno-Sicherheitsrat Beweise vorlegen.

„Was wir tun", sagt Bush, „hängt nicht von den Entscheidungen anderer ab."

Die Architektur der Nachkriegsordnung hat keinen Bestand mehr. Amerika fügt sich nicht länger in die Regeln bestehender Allianzen. Der Konsens, nach dem sich die Hauptmächte im Gleichgewicht bewegen, hat keine Gültigkeit mehr. Amerika denkt und handelt unilateral.

2. Februar 2003, Berlin
Die SPD verliert die Landtagswahlen in Hessen und Niedersachsen. Gerhard Schröder ist auf dem Tiefpunkt seiner Kanzlerschaft angelangt. Innenpolitisch, weil die Opposition jetzt im Bundesrat so stark ist wie nie zuvor und jedes Reformprojekt der Regierung ausbremsen kann. Außenpolitisch, weil das Verhältnis zu Amerika zerstört ist. Der britische „Economist" schreibt, Gerhard Schröder könne als der schlechteste Kanzler, den die Bundesrepublik Deutschland nach dem Zweiten Weltkrieg hatte, in die Geschichte eingehen.

5. Februar 2003, New York
US-Außenminister Colin Powell legt dem Sicherheitsrat der Vereinten Nationen das vor, was sein Präsident als Beweise angekündigt hatte. Joschka Fischer weiß nicht, was die Amerikaner wirklich haben. Er fürchtet, dass es starkes Material sein wird, dass es die Welt so überzeugen wird, dass Deutschland nicht mehr Nein sagen könnte zu einem Krieg.

Powell zeigt ein paar Zeichnungen und dann geheimnisvolle Luftbildaufnahmen. Er sagt, man könne darauf sehen, wie die Iraker ihre Massenvernichtungswaffen transportieren. Aber man erkennt es nicht. Er spielt ein Tonband vor und sagt, es handele sich um den Mitschnitt eines Gesprächs, das irakische Offiziere geführt hätten, es sei um Massenvernichtungswaffen gegangen. Aber man versteht es nicht.

Joschka Fischer fühlt sich besser.

6. Februar 2003, Washington
Donald Rumsfeld teilt die Welt in Gut und Böse. Am Ende fällt ihm Deutschland ein. Es gebe noch drei Staaten auf dieser Welt, die „gar nichts tun" wollten, sagt der amerikanische Verteidigungsminister: Deutschland, Kuba und Libyen.

8. Februar 2003, München
Im Hotel „Bayerischer Hof" tagt die Sicherheitskonferenz der Nato. Donald Rumsfeld und Joschka Fischer liefern sich ein Duell der Worte, 300 Zuhörer sind dabei. Rumsfeld sagt: „Es ist schwer zu glauben, dass vernünftige Menschen noch Zweifel haben können, wenn die Fakten doch vor ihnen liegen." Fischer ist erregt, bei seiner Antwort fällt er ins Englische, er sagt: „Excuse me, I am not con-

vinced." Er könne der Öffentlichkeit nicht sagen: „Jetzt 'n Krieg, auch wenn ich selbst nicht überzeugt bin."

Am späten Vormittag wird eine Vorabmeldung des SPIEGEL bekannt: Deutschland und Frankreich, heißt es darin, hätten einen gemeinsamen Alternativplan zur Entwaffnung des Irak ausgearbeitet. Danach solle eine internationale Blauhelm-Truppe die Arbeit der Waffeninspektoren im Irak schützen. Die Meldung sorgt für Aufregung in München. Wenn sie stimmt, hätte das Verhältnis zu Amerika eine neue Qualität erreicht: Deutschland würde sich Amerikas Plänen nicht nur verweigern, sondern hätte an einer Allianz gegen die USA mitgearbeitet.

Die deutsche Regierung ist mit Joschka Fischer und Peter Struck vertreten – aber weder Fischer noch Struck kennen diesen Plan. Weil Peter Struck gerade greifbar ist, muss er eine Stellungnahme vor den Medien abgeben. Der deutsche Verteidigungsminister wirkt etwas fahrig. Schließlich sagt er, der Bundeskanzler werde am kommenden Donnerstag Auskunft über Details geben.

Dann ruft er schnell bei Gerhard Schröder an. Schröder sagt ihm, er solle mit Bernd Mützelburg reden, seinem außenpolitischen Berater – der sei ja auch in München und wisse alles ganz genau. Struck lässt sich von Mützelburg an einem Stehtisch die Einzelheiten erklären.

Die Frage ist: Kennt Frankreich die Einzelheiten? Was, wenn Jacques Chirac von allem nichts weiß? Wenn Schröder nur gezockt hat? Wenn alles nur ein Spiel war, das Spiel eines Kanzlers, der einen Erfolg braucht?

Am Nachmittag ruft Joschka Fischer beim Kanzler an. Der Außenminister ist überrollt worden von einem außenpolitischen Plan, den er nicht kannte. Diese Art von Politik, sagt Fischer, sei mit ihm nicht zu machen.

Das Schicksal des deutschen Bundeskanzlers hängt jetzt davon ab, was Jacques Chirac zu diesem Plan sagt, einem Plan, der noch ein Phantom ist.

9. Februar 2003, Berlin

Der russische Präsident Wladimir Putin ist zu Besuch in Berlin. Er hat seinen Außenminister Igor Iwanow mitgebracht. Sie reden in einer Dahlemer Villa, Schröder, Fischer, Putin und Iwanow.

Es ist ein diplomatischer Hochseilakt. Die Deutschen wollen die Russen auf ihre Seite ziehen. Deutschland, Russland und Frankreich wären eine stärkere Allianz als Deutschland und Frankreich. Vielleicht ist es ja auch so, dass Frankreich nur dann mitmacht, wenn Russland dabei ist. Schröder war sich immer sicher gewesen, dass Russland gegen diesen Krieg ist. In einem Telefongespräch, das er vor ein paar Tagen mit Jacques Chirac führte, sagte Schröder: „Ich bringe den Putin mit. Wir können eine trilaterale Beziehung daraus machen." Schröder setzte Putin ein wie eine Mitgift.

Er hatte den richtigen Instinkt. Russlands Präsident unterstützt den deutschen Abrüstungsplan. Er steht auf dem verschneiten Berliner Gendarmenmarkt und sagt: „Es gibt aktuell keinen Anlass für Gewaltanwendung." Welche außenpolitischen Folgen die neue Bindung zu Moskau haben könnte, ist für den Kanzler im Moment schwer überschaubar. Er hat einen Tagessieg errungen.

10. Februar 2003, Paris

Frankreich, Deutschland und Russland legen eine gemeinsame Erklärung vor. Darin heißt es: „Es gibt noch eine Alternative zum Krieg." Deutschland unterschreibt aber auch den Satz: „Der Einsatz von Gewalt kann nur ein letztes Mittel darstellen."

Es ist ein kleiner Preis, den die Deutschen da bezahlen müssen. Aber niemand kann jetzt mehr behaupten, Schröder sei mit seiner Politik in der Welt isoliert. In den Zeitungen ist von der „Friedensachse Paris–Berlin–Moskau" die Rede.

14. Februar 2003, New York

Es ist acht Uhr morgens, Joschka Fischer sitzt im „Beekman Tower Hotel" beim Frühstück, gleich tagt der Sicherheitsrat, Fischer liest deutsche Zeitungen. Die Stimmung in Deutschland hat sich gedreht, Fischer ist bester Laune. Vor drei Tagen noch, sagt er, „war Zeitunglesen wie ein Besuch im Dominastudio".

24. Februar 2003, New York

Die USA, Großbritannien und Spanien bringen einen gemeinsamen Resolutionsentwurf ein. Er stellt den endgültigen Bruch der Uno-Auflagen durch den Irak fest. Saddam, heißt es, habe seine „letzte Chance vertan".

Frankreich legt ein „Memorandum“ vor, das von Deutschland und Russland gestützt wird: Es sieht den langfristigen Aufbau von Inspektionen mit konkreten Fristen für bestimmte Auflagen vor.

Am Abend treffen sich Schröder und Chirac mit ihren Außenministern in der Berliner Traditionskneipe „Zur letzten Instanz“. Es gibt die Zusicherung Chiracs, Frankreich werde sich an einem Irak-Konflikt militärisch nicht beteiligen, weder mit Flugzeugträgern noch mit der Fremdenlegion. Und es gibt Eisbein und Matjes-Tatar.

Saddams Kalkül – das Taktieren der irakischen Führung

+++ Februar 2003: Irak droht mit Tausenden von Selbstmordattentätern +++ Briten wollen Truppen von 35 000 auf 40 000 aufstocken +++ Protestantische und orthodoxe Kirchen verurteilen in Berlin Präventivkrieg als unmoralisch +++ Präsident Bush sagt Anfang Februar über den Irak: „Das Spiel ist aus" +++ Nato-Rat beginnt mit Plänen für den Fall, dass Krieg auf Türkei übergreift +++ Papst trifft irakischen Vizepremier +++ Größte Friedensdemonstration der Geschichte: Am 15. Februar protestieren mehr als 10 Millionen Menschen in 150 Städten. In Berlin sind es 500 000 +++ Rumsfeld bezeichnet US-Truppen als „angriffsbereit" +++ Irak stimmt Zerstörung seiner „Samud-2"-Raketen zu +++ USA verlegen die 101. Airborne Division an den Golf +++

1. Februar 2003, Bagdad

Der Mann, der als der engste politische Vertraute des Bagdader Despoten gilt, hat keinerlei Illusionen darüber, was ihm und dem Regime, dem er dient, in Kürze bevorsteht: „Wir wünschen diesen Krieg nicht", sagt Taha Jassin Ramadan, „aber die Amerikaner suchen krampfhaft nach einem Vorwand zum Angriff."

Die Bestätigung dafür hat erst vor wenigen Tagen wieder George W. Bush selbst geliefert, mit seiner bellizistischen Rede zur Lage der Nation („Wir werden Saddam entwaffnen").

„Dieser elende Kriegstreiber", knurrt General Ramadan, 65, und so ähnlich lautete wohl auch der Kommentar Saddam Husseins. Mit dem „Raïs", Iraks großem Führer, hat er sich das Spektakel des Präsidentenauftritts im Washingtoner Kapitol bei CNN gemeinsam angeschaut. Der Raïs, jedes Mal senkt Ramadan bei seiner Erwähnung ehrfurchtsvoll die Stimme, sei gleichwohl voll kämpferischen Selbstvertrauens.

„Giftzwerg" nennen Regimegegner in Bagdad den kleinwüchsigen General, der offiziell als Saddams Stellvertreter fungiert und im Revolutionären Kommandorat für Wirtschafts- und Kaderfragen zuständig ist. Iraks Vizepräsident tritt stets in grüner Militäruniform auf. Den wuchtigen Schädel mit Schnauzbart und schweren Tränensäcken unter wachen Augen bedeckt ein schwarzes Barett. Im Halfter am Gürtel steckt ein Revolver mit Perlmuttgriff, aus den Stiefeletten lugen Perlonstrümpfe.

Eingeweihte behaupten, dieser General, ein Sunnit vom Schabak-Stamm in Kurdistan, der schon als 20-jähriger Untergrundaktivist der sozialistischen Baath-Partei zum Tode verurteilt wurde, sei ein ganz harter Knochen. Das muss man wohl sein, will man drei Jahrzehnte an der Seite eines Gewaltherrschers überleben. Es gibt Bilder, auf denen zu sehen ist, wie Ramadan ganz herzlich zur Exekution eines Regimegegners applaudiert, dessen Körper von einer Dynamit-Explosion zerrissen wird.

Seit Oktober 2002 führt der medienscheue General in Bagdad praktisch die Regierungsgeschäfte, während der Raïs sich mehr und mehr abschottet, kaum noch ausländische Besucher empfängt. Sie alle sprechen vor bei Ramadan im pompösen Ministerratsgebäude: Sonderemissäre aus Kairo, Paris und Moskau, Minister der Arabischen Liga, selbst ernannte Vermittler, die Uno-Waffeninspektoren Hans Blix und Mohammed al-Baradei.

Ganz offenkundig hat Ramadan den einstigen Vorzeigediplomaten und Vizepremier Tarik Asis, 67, an Rang und Einfluss verdrängt. Der Raïs traue dem chaldäischen Christen, der im Golfkrieg 1991 sein Außenminister war, nicht mehr über den Weg, heißt es in der Regimespitze. Immerhin darf Asis nach Rom reisen und Papst Johannes Paul II., dem entschiedenen Kriegsgegner, eine Friedensbotschaft Saddams überbringen.

Doch die entscheidenden Gespräche und Sondierungen, die mit direkter Rückkoppelung zu Saddam, laufen allesamt über General Ramadan. Über ihn ließ der Despot auch im vorigen Herbst eruieren, ob er dem „Friedensfreund Schröder“ zu dessen Wahlsieg öffentlich gratulieren könne, ohne ihn zu kompromittieren. Die Antwort aus Berlin war schroff. Der Kanzler verbat sich jedes Techtelmechtel: „Mit dem will ich nichts zu tun haben.“

Gleichwohl gibt es Kontakte und den Austausch „strikt vertraulicher“ Botschaften über sichere „back channels“. Auch die laufen vorwiegend über Ramadan, der den üblichen diplomatischen Kanälen, gar Telefonverbindungen nicht mehr traut: „Das überwachen alles die Amerikaner."

Schon im Oktober 2002 ließ Saddam Paris, Berlin und Moskau wissen, dass er fest mit einer Attacke der Amerikaner rechne: „Sie werden irgendeinen Vorwand finden, um uns anzugreifen. Wir werden versuchen, ihnen bis zuletzt keinerlei Gründe zu liefern und werden deshalb den zurückkehrenden Uno-Waffeninspektoren überall Zugang gestatten, auch zu den Präsidentenpalästen." Die angeblich versteckten Massenvernichtungswaffen werde man indes nirgendwo finden; sie seien längst zerstört.

Bagdads Regenten sind begeistert über Berlins Blockadekurs gegenüber Washington im Weltsicherheitsrat. Der Despot hat auf einer Kabinettssitzung sämtliche Minister angewiesen, bei der Vergabe von Aufträgen künftig deutsche Firmen zu bevorzugen. Auch bei der Erschließung der zweitgrößten Erdölreserven der Welt und der Renovierung der maroden Förderanlagen will Bagdad neben den Russen künftig insbesondere auf die Deutschen setzen. Von Putin, so wird kolportiert, habe das Baath-Regime genau wie das der Mullahs in Teheran „eine Bestandsgarantie".

Dies ist nicht die einzige Selbsttäuschung, der die Saddam-Clique erliegt. Auch die Prognose über den zu erwartenden Konfliktverlauf, die Ramadan den europäischen Kriegsgegnern zukommen lässt, wird sich weitgehend als Schimäre erweisen.

„Dieser Krieg wird nicht nur im Irak geführt werden, sondern in der gesamten arabischen Region", glaubt der General, „und er wird vor allem in Saudi-Arabien zu einem blutigen Regimewechsel führen, wo die extreme islamistische Opposition sämtliche Gesellschaftsbereiche unterwandert hat."

Jetzt, Anfang Februar 2003 und angesichts des Aufmarschs von 150 000 US-Soldaten, sieht Saddams Vize immer noch keinerlei Grund zu maßgeblichen Korrekturen an seiner apokalyptischen Zukunftsschau: „Das wird ein Flächenbrand", sagt der General grimmig und pafft eine robuste Cohiba, „wir haben keine Langstreckenraketen oder Bombergeschwader, aber wir werden Tausende von Selbstmordattentätern einsetzen." Diese Märtyrer seien die „neuen Waffen", und sie würden nicht nur im Irak zum Einsatz kommen.

Als Ramadan diese Sätze spricht, hat auch das Bagdader Regime die Hoffnung auf einen diplomatischen Kompromiss nahezu aufgegeben. Dabei fehlte es nicht an angestrengten und aufrichtigen Versuchen. Berlins Außenminister Joschka Fischer lässt während einer Nahost-Tour Saddams Stellvertreter die Aufforderung zukommen, umgehend die Uno-Waffeninspektoren nochmals einzuladen und in der Frage der Massenvernichtungswaffen „die Hosen runterzulassen“. Ramadan geht zum Raïs, zwei Stunden später werden Blix und al-Baradei erneut nach Bagdad gebeten mit dem Versprechen, alle noch offenen Fragen würden hinreichend geklärt.

Oder der „Last-Minute“-Plan von Franzosen und Deutschen, dem Einmarsch von Amerikanern und Briten durch einen Einsatz von Uno-Blauhelmen zuvorzukommen. Sie sollen mit einem „robusten Mandat“ die Arbeit der Waffeninspektoren absichern. „Wir akzeptieren den Vorschlag unserer europäischen Freunde“, signalisiert General Ramadan Zustimmung zu diesem Projekt ganz unbesehen und begeht damit einen kapitalen Fehler. Denn als dann am 9. März, in einer letzten Intervention der Russen, der Duma-Vorsitzende Gennadij Selesnjow im Auftrage Putins die Bedingungen für den Einsatz solch einer Uno-Truppe erläutert, wird Bagdad klar, dass dieser Deal nicht ohne den Abgang Saddams und seiner wichtigsten Konfidenten zu haben ist.

Einen ähnlichen Vorstoß hat es kurz zuvor von islamischen Staaten gegeben. Nur wenn Saddam ins Exil gehe, sei ein US-Angriff noch abzuwenden, argumentierten die Vereinigten Arabischen Emirate, unterstützt von Kuweit. Sie zogen sich dafür Schimpftiraden des irakischen Vertreters, aber auch den Unmut anderer arabischer Staaten zu. Der Despot, erstaunt und ermuntert durch die massenhaften Friedensdemos in aller Welt, denkt indes nicht an einen derart schmählichen Abgang, weist auch Asylofferten – zeitweise sind Russland, Libyen, Bahrein und Saudi-Arabien im Gespräch – empört zurück. Er verkündet im CBS-Interview: „Wir werden hier sterben.“

Mit den Friedenssondierungen hat sich Saddam öffentlich nie identifiziert, den diplomatischen Part hat er Ramadan und anderen überlassen. Niemand im Land sollte Zweifel an seiner Siegeszuversicht haben.

Spätabends, kurz vor der Geisterstunde, ist nun im Bagdader Staatsfernsehen moralische Aufrüstung angesagt. Der Raïs selbst, noch in Zivil, stimmt seine Landsleute ein auf den nächsten Waffengang: „Seid bedächtig und zuversichtlich“, mahnt Saddam bei Begegnungen mit Militärs, Volksvertretern und Stammeschefs seine Getreuen, „besinnt euch auf das Wesentliche, seid mutig und stark." Gewiss würden die Amerikaner ihre militärtechnologische Überlegenheit vorführen, „wir können ihre Bomber nicht vom Himmel holen". Die Regionalkommandeure verharren in schweigender Beklommenheit. Doch dann schießt urplötzlich ein Blitz von Leidenschaft über das fahle Gesicht des Raïs, die Augen unter dem pechschwarzen Haarschopf funkeln. „Lasst euch nicht beeindrucken", herrscht Saddam seine Offiziere an, „die Amerikaner ziehen ohne Überzeugung und Moral ins Feld, ihr aber verteidigt das Vaterland."

Als „lächerlich und hirnloses Gerede" tut auch Ramadan alle Gerüchte ab, die Regimespitze werde sich im letzten Moment doch noch absetzen. Nicht, dass der General glauben würde, sein Land könne gegen Washingtons Militärmaschinerie lange bestehen. Aber er sieht langfristig die Chancen eines Guerilla-Kampfs mit Terroranschlägen und Sabotageaktionen, für die der irakische Geheimdienst seit Ende Januar spezielle Einsatzkommandos ausrüstet. „Das hier ist unsere Heimat", gibt sich Ramadan entschlossen, „wir haben schon früher aus dem Untergrund heraus gekämpft."

Mit einem Dekret trifft Saddam letzte Vorbereitungen für den Verteidigungsfall. Er teilt das Land in Militärzonen ein und unterstellt diese seinen Familienmitgliedern oder engen Gefährten. Den zentralen Bereich um Bagdad und seine Heimatstadt Tikrit kommandiert der zuletzt als Kronprinz favorisierte jüngere Sohn Kussei, 37. Er ist zugleich Befehlshaber der Republikanischen Garde, der vermeintlichen Eliteeinheit des Regimes.

Mit dem prekären Job, den Südirak um die Hafenstadt Basra gegen die von Kuweit anrückenden Amerikaner und Briten zu verteidigen, beauftragt Saddam seinen Cousin Ali Hassan al-Madschid, 65, der manchmal Verräter persönlich exekutiert. Die Amerikaner haben „Chemie-Ali" bereits vor dem Krieg zur Fahndung ausgeschrieben, weil er 1988 den Giftgaseinsatz von Halabdscha befehligte, bei dem über 5000 Kurden umkamen.

Befehlshaber der nördlichen Militärzone um das ölreiche Gebiet um Mossul wird Issat Ibrahim, 61, vom mächtigen al-Duri-Stamm. Der Vizevorsitzende des regierenden Revolutionären Kommandorats gilt als Hauptverantwortlicher für die brutale Niederschlagung des von den Amerikanern ermunterten Schiitenaufstands nach dem letzten Golfkrieg, bei dem es Tausende von Toten gab. Eine von Ibrahims Töchtern war zeitweise mit Saddams ältestem Sohn Udai, 39, verheiratet.

Udai, dem Erstgeborenen, fällt in dieser Planung eine besondere Rolle zu: die Kontrolle der Geheimdienste, vor allem aber das Oberkommando über die „Fedajin Saddam“, einige tausend schwarz gewandete Milizionäre, die bereit sind, für den Despoten in den Märtyrertod zu ziehen.

Am Ende gibt der amerikanische Präsident Saddam und dessen Söhnen eine letzte Frist von 48 Stunden zum Verlassen des Landes. „Der Vorschlag müsste vielmehr lauten, dass Bush und seine Familie abtreten“, höhnt Udai über seinen Fernsehsender.

Der Raïs, nun in Marschallsuniform, weist das Ultimatum zurück. „Überall da, wo Himmel, Erde und Wasser sind“, würden „die Gesetzlosen“ attackiert, verkündet Saddam. Und den Befehlshabern seiner Streitkräfte prophezeit er einen Triumph – „in der letzten Schlacht des Irak“.

Showdown in der Uno – die Woche der Entscheidung in New York

Montag, 3. März 2003

+++ Uno-Inspektoren im Irak bezeugen Verschrottung von 16 „Samud 2“-Raketen +++ Bei Bagdad 157 R-400-Bomben mit Milzbranderregern entdeckt +++ Neue Marschbefehle, am Persischen Golf jetzt 235 000 US-Soldaten, 40 000 Briten +++ Pläne Washingtons für irakische „Nachkriegszeit“ +++ Konferenz der Golfstaaten in Scharm al-Scheich +++

Mamady Traoré ist an diesem Montag früher als sonst in seine Uno-Botschaft gekommen. Er geht vorbei an schwarz glänzenden Müllbeuteln auf der 39. Straße in New York. Mamady Traoré aus Guinea zieht sich schnaufend die Stiege hinauf zu seinem Büro, das nur ein paar Blocks entfernt ist vom Uno-Gebäude. Über dem Schreibtisch hat die ganze Nacht der Staatschef geleuchtet. Traoré hat seinen Leuten verboten, das Leuchtbild auszuknipsen. Schon gar nicht jetzt. Dies ist die Woche seines Landes, der Republik Guinea. Dies ist der Monat, die Woche von Mamady Traoré.

Am Samstag, dem 1. März, um 24 Uhr ist die Präsidentschaft des Sicherheitsrats auf Guinea übergegangen. Und Seine Exzellenz Botschafter Mamady Traoré wird jetzt die Sitzungen leiten. Er trägt einen himmelblauen Burnus aus Seide und das Käppchen eines Stammeschefs. „Ich werde für die Weisheit arbeiten“, sagt er. „Es gibt noch Hoffnung. Denn in Guinea verfügen wir über etwas, was nicht alle haben: über eine Seele.“

Guinea verfügt auch über einen Ruf als Transitland im Kinderschmuggel Westafrikas und gilt als eines der korruptesten Länder der Welt. Amnesty International spricht von „Tötung, Folterung und willkürlicher Inhaftierung“ durch Regierungstruppen. Staatschef Lansana Conté, der Mann auf dem Leuchtbild, kam durch einen Putsch ins Amt und hat die Verfassung für seine Wiederwahl ändern lassen.

Mamady Traoré also präsidiert nun an jenem Hufeisentisch, der als Schlachtfeld dient im Krieg der Diplomaten. Er wird das Wort erteilen an die Vertreter der 15 Nationen, die dort Platz nehmen werden, um für den Frieden zu streiten. Es ist ein stilles Kämpfen, ein Armdrücken, Locken und Verführen, ein Überreden, Handeln und Feilschen. Jedes Wort zählt, jeder Händedruck.

Es ist die Woche der Entscheidung. Es geht um eine neue Resolution, eingebracht von den USA, die feststellen soll, dass Saddam Hussein die Resolution 1441 nicht erfüllt habe – die Kriegsresolution. Alle Diplomaten in New York sehen es so. Es geht um ein Schriftstück, mit blauer Schrift auf weißem Papier gedruckt. Ein „Blue Paper". Das heißt: „eilbedürftig". Damit beginnt das Spiel: „Colin Powell wird die Kollegen fixieren und sagen: ‚Ich will sehen'", erklärt ein Diplomat. Es ist wie beim Poker.

Und der Spieltisch ist voll besetzt. Eine Seite halten die D-4, „Decided 4", das sind auf jeden Fall die USA, Großbritannien, Spanien und wohl auch Bulgarien. Diejenigen also, die sich bereits für den Krieg entschieden haben, buhlen nun um die Gunst der M-6, „Middle 6", das sind die erklärtermaßen unentschlossenen Staaten Angola, Chile, Guinea, Kamerun, Mexiko und Pakistan.

Zum Lager der Opposition zählen auf jeden Fall Deutschland und Syrien. Wie sich Frankreich im Moment der Entscheidung stellt, wann Russland und China die Hand heben, ist noch nicht endgültig entschieden. Für die Annahme der Resolution brauchen die Amerikaner neun Stimmen, und es darf kein Veto geben. Wer durch das Uno-Hauptquartier geht in diesen Tagen, hört Kürzel wie beim Schiffeversenken. D-4, M-6, dazu noch P-5, das sind die ständigen Mitglieder, E-10, das sind die auf Zeit gewählten.

Die Zeitungen schreiben, dass die USA den Zögerern Geld in Aussicht gestellt hätten. „Und wenn schon", sagt Traoré. Vor ihm steht ein Aschenbecher der Firma „Fiedler's Roofing". „Es mag sein, dass die USA 2,1 Millionen Dollar für unser Flüchtlingsproblem versprochen haben. Aber, mein Herr", sagt er, „mir scheinen zwei Millionen eine lächerliche Summe zu sein, solange andere Staaten 40 Milliarden fordern. Glauben Sie, dass der Vorsitzende des Sicherheitsrats seine Position für zwei Millionen Dollar ändern würde?"

Mit den Armen rudernd, verlässt Traoré seine Botschaft und steigt in seinen Lincoln, um sich die paar Blocks zum Uno-Gebäude chauffieren zu lassen. Das Gebäude steht hinter einem Spalier von Fahnenmasten am East River und sieht von der Seite sehr zerbrechlich aus.

Botschafter Traoré fährt Rolltreppe in den zweiten Stock und stellt zufrieden fest, dass die deutsche Flagge pünktlich eingerollt und die rot-gelb-grüne Guineas aufgezogen worden ist.

Der Saal des Sicherheitsrats nebenan sieht etwas abgearbeitet aus. Vielleicht weil er immer bereit sein muss. Jederzeit können sich die Mitglieder treffen, um die Welt zu retten, über ihnen das Ölgemälde des Norwegers Per Krogh, in dessen Mitte düster ein Phönix der Asche entsteigt.

Die 15 Mitglieder am Tisch rücken Monat für Monat um einen Stuhl weiter. Heute rückt Guinea von links auf den Stuhl vor, den Deutschland einen Monat besetzt hielt. Botschafter Gunter Pleuger musste auch sein kleines Präsidentenbüro aufgeben. Er hat sich beim Wachpersonal mit Oktoberfest-Bier bedankt und bei den Kollegen mit Ferngläsern von Zeiss Jena.

Ob der Vorsitzende Pleuger heißt oder Traoré, macht keinen großen Unterschied, nach innen wie nach außen. Draußen, in New York, in den USA haben die Vereinten Nationen ungefähr das Ansehen eines Schülerparlaments. Im Weißen Haus ist nur von der „Debating Society“ die Rede. In einer der populären TV-Late-Shows ist die letzte Sitzung des Sicherheitsrats als Tafelrunde Käse lutschender Spesenritter nachgespielt worden. Dennoch stehen vor dem Gebäude die Übertragungswagen aller großen amerikanischen TV-Sender. Der Sicherheitsrat ist eine gute Kulisse für Sondersendungen mit Namen „Showdown: Iraq“.

Und er produziert Stoff, aus dem Agentenfilme waren. Dem britischen „Observer“ ist ein Memorandum des US-Geheimdienstes NSA zugespielt worden. Darin kündigt ein Abteilungsleiter an, die unentschiedenen M-6 zu überwachen. Es sollten Informationen beschafft werden, „die US-Politikern einen Vorteil für ihre Ziele verschaffen oder Überraschungen vermeiden könnten“.

Niemand dementiert die Meldung, niemand protestiert: „Es schmeichelt mir, von der CIA abgehört zu werden“, sagt ein betroffener Botschafter. „Man muss schon sehr naiv sein, um davon überrascht zu sein“, sagt der Kollege aus Pakistan. In der deutschen Vertretung gibt es den abhörsicheren Raum 1111. Fensterlos und ruhig wie eine

Ikea-Sauna. Dort haben sich die Franzosen und Deutschen zu ihren Besprechungen getroffen. Es ist wie im Kalten Krieg.

Es geht um Krieg und Frieden im Irak und über die künftige Ordnung der Welt. Es geht um die Frage, ob das internationale Sicherungssystem der Vereinten Nationen ersetzt wird durch ein internationales Herrschaftssystem der USA, einer Supermacht, die weiß, dass sie keine Rivalen mehr hat – und die sich dennoch verwundbar fühlt.

Gewinnt George W. Bush, dann ist damit die Vision verspielt, dass das Völkerrecht Frieden stiftet und erhält. Wenn erst mal offensichtlich wird, dass die USA, die unbestritten mächtigste Nation der Erde, auf die Legitimierung durch die Weltgemeinschaft verzichtet, könnten die 4000 Diplomaten und Angestellten der Uno, die im Hauptquartier am New Yorker East River arbeiten, eigentlich ihre Koffer packen und nach Hause fahren, zurück in eine Welt, in der wieder unbestritten das Recht des Stärkeren gilt. Wer durch die Uno-Gebäude geht, der hört das Murren über die Arroganz, mit der die Amerikaner den Rest der Welt in den Krieg ziehen wollen. Wenn der Sicherheitsrat Saddam nicht endlich militärisch strafe, das hat George W. Bush den Völkervertretern der Welt mitgeteilt, dann verspiele die Uno „ihre letzte Chance auf Glaubwürdigkeit".

Es ist die Woche der Telefone. Präsident Bush hat ein schwarzes Tastentelefon von AT&T und telefoniert im Angesicht einer Churchill-Büste, die ihm Tony Blair als Leihgabe überlassen hat. Bulgariens Botschafter hat ein silbernes Motorola und sagt: „Ich bin im Moment eine Verlängerung meines Telefons. Wir sind wie ein Körper." Spaniens Ministerpräsident José María Aznar erklärt, er habe schon rote Ohren.

Die entscheidenden Sätze fallen nichtöffentlich. Draußen redet niemand Klartext, alles ist kunstvoll verschlüsselt. Drinnen ändert sich die Sprache, hinter verschlossenen Türen, vorgehaltenen Händen, an abhörsicheren Telefonen und in abgeschotteten Räumen. Am Montagabend sitzt ein Botschafter in seiner Residenz in Midtown Manhattan. Geht es im Rat überhaupt noch um den Krieg?

„Wollen Sie meine Antwort offiziell oder off the records? Offiziell sage ich, wir arbeiten ernsthaft und mit Sorgfalt gegen jede Möglichkeit eines Krieges im Irak." Und inoffiziell? Wird es Krieg geben, Herr Botschafter?

„Ja. Ohne den geringsten Zweifel."

Dienstag, 4. März 2003

+++ US-General Myers erklärt im Weißen Haus: „Zwei-Fronten-Krieg auch ohne Türkei machbar“ +++ „New York Times“: Zwei Dutzend US-Bomber in Reichweite Nordkoreas +++ US-Regierungssprecher Fleischer kündigt baldiges Uno-Votum über Kriegsfrage an +++ Beamte auf den US-Flughäfen jetzt mit Strahlungsdetektoren ausgestattet +++ Ministerrat in Guinea tagt zum Thema Irak +++ Britischer Außenminister Straw trifft russischen Kollegen Iwanow in London +++

Für 10 Uhr ist die Sitzung des Sicherheitsrats angesetzt, auf der beschlossen werden soll, was Freitag besprochen wird. Nur Mamady Traoré ist pünktlich. John Negroponte, der amerikanische Uno-Botschafter, erscheint um 10.27 Uhr. In der Wartezeit verständigen sich die anderen Uno-Botschafter, sie tuscheln in kleinen Gruppen, bringen sich auf den neuesten Stand, denn die Welt da draußen ist momentan eine Windhose verglichen mit ihrem kleinen monatlichen Stuhltanz.

In Paris und Berlin ist bereits telefoniert worden. „Wir müssen jetzt das Momentum ausnützen“, beschreibt jemand aus der deutschen Delegation die Taktik für Freitag. Joschka Fischer und Dominique de Villepin haben sich abgesprochen, persönlich zu erscheinen.

Sie befürchten, dass der Bericht von Hans Blix wenig erbaulich wirken könnte. Denn all das Gute der vergangenen Tage, die Verschrottung der „Samud“-Raketen, die Entdeckung der Biowaffen-Bomben, ist in dem schriftlichen Bericht noch nicht enthalten. Die Gegner der US-Resolution wollen deshalb für Freitag den zukünftigen Arbeitsplan für die Inspektoren auf die Tagesordnung setzen und von ihren besten Rhetorikern vortragen lassen: „das Momentum ausnutzen“. Über die Zukunft der Inspektoren reden, wo andere schon Krieg sagen.

Das Protokoll allerdings sieht die Anwesenheit von Außenministern in öffentlichen Sitzungen nur unter besonderen Umständen vor. Nach einigem Handy-Einsatz geht im Büro des Ratspräsidenten Traoré ein Brief ein, in dem der malaysische Botschafter im Namen der 116 blockfreien Staaten entsprechende Hochrangigkeit anregt. Das sind besondere Umstände genug.

Der Vertreter Chinas hält einen Satz parat, von dem er behauptet, es sei ein altes chinesisches Sprichwort: „Wenn man auch nur eine einprozentige Chance hat, dann muss man sich mit hundert Prozent Engagement dafür einsetzen."

Im Saal des Sicherheitsrats schleicht ein blasser Saaldiener durch die Reihen und verteilt Papier, das kaum einer anschaut. Große, weißgraue Kopfhörer hängen an den Schläfen der Diplomaten wie Geschwüre. Über der Runde gibt es Logen für Dolmetscher und Fotografen, die obere Reihe ist mit vergilbten Gardinen zugehängt, als würden dort Geschäfte betrieben, nach denen man lieber nicht fragt.

Wenn es ernst wird, fliehen die 15 Delegationen aus dem düsteren Museum in einen kleinen Nebensaal, wo man enger zusammensitzt. Hinter den Gardinen leuchtet dort sogar ein Stück der Welt. Außerdem sind die Stühle bequemer. Das ist den Deutschen zu verdanken. Die haben die neue Bestuhlung finanziert.

35 000 Dollar hat das gekostet, aber Deutschland weiß, was so ein Stuhl wert ist. Jahrelang mussten die deutschen Diplomaten draußen in der so genannten Lunger-Lounge auf ein paar Informationsbröckchen warten, während drinnen über Krieg und Frieden gestritten wurde. Die zwei Jahre Zeit im Sicherheitsrat, die Deutschland bekommen hat, möchte es auch bequem sitzen.

Im kleinen Verhandlungsraum ist man sich näher als im großen Saal, die Stimmung ist anders, schärfer, weil man die Knie seines Nachbarn und seines Gegenübers spürt. Unter der deutschen Präsidentschaft saß John Negroponte am Ende des Tisches. Jetzt ist er einen Sitz weitergerückt auf die andere Seite und spürt wieder das Knie seines britischen Kollegen und nicht mehr das des Angolaners. Engländer und Amerikaner sitzen wieder zusammen. Schräg gegenüber, am entferntesten Ende des Tisches, sitzen die Deutschen neben den Franzosen. Der Zufall führt perfekt Regie.

Alles wird zum Symbol, so oder so. Vor dem Saal, in dem Diplomaten und Minister sich nach den Sitzungen den Kameras stellen, hängt eine Wandteppichversion von Picassos Antikriegsgemälde „Guernica". Kurz bevor Colin Powell im Sicherheitsrat auftrat, wurde das Bild mit blauem Tuch verhängt. Auch wurden vorübergehend die Fahnen der Sicherheitsratsländer vor das Bild gestellt, aber richtig gut sah das nicht aus.

Jetzt ist das Gemälde wieder zu sehen. Im Augenblick steht der französische Botschafter Jean-Marc de la Sablière davor und redet vom friedlichen Ausgang der Krise. Der andere Weg aus dem Saal führt hinter „Guernica“ entlang, vorbei an den Toiletten. Den wählt heute John Negroponte.

Im Pressesaal hat Mamady Traoré seinen ersten Auftritt. Er trägt ein noch ausladenderes Gewand als gestern. Der Sicherheitsrat habe beschlossen, die Sitzung am Freitag auf Ministerebene stattfinden zu lassen und in der ersten Hälfte öffentlich. Hans Blix werde mündlich über seinen Quartalsbericht hinausgehen.

Das klingt nach nichts. Für die deutsche Delegation ist es ein Grund zum Feiern: „Da Minister Fischer auch Vizekanzler ist und der syrische Außenminister auch stellvertretender Regierungschef, werden zwischen diesen beiden die ersten Rednerplätze ausgelost.“ Das „Momentum“ ist genutzt. Fischer kann Stimmung machen.

Beim Lunch um 14 Uhr im „Delegates' Dining Room“ im 4. Stock erhebt sich Generalsekretär Kofi Annan. Er hat die P-5, M-6, E-10 zum Essen eingeladen. 15 Botschafter sitzen vor ihren Tellern. Kofi Annan sagt: „Es bedarf eines wirklichen Dialogs. Bisher haben die Partner aneinander vorbeigeredet.“ Er redet von der „humanitären Katastrophe“ im Falle eines Kriegs, von den Millionen Irakern, die auf Uno-Nahrungsmittelhilfe angewiesen sein würden. Er redet von dem, was auf dem Spiel steht.

Niemand widerspricht. Das Essen sei in hoher Anspannung verlaufen, sagt ein Diplomat später, „in großem Ernst“. Neben Kofi Annan saßen der Deutsche und der Russe. Es gab dasselbe wie immer bei solchen Gelegenheiten: Salat, Suppe, Fisch.

Wenn ihre Minister den Sicherheitsrat besuchen, verblassen alle Uno-Botschafter ein wenig. John Negroponte aber scheint sich förmlich aufzulösen. Er läuft gebeugt, er spricht leise, er zieht sich am liebsten in den farblosen Block der amerikanischen Uno-Vertretung zurück wie in eine Festung. Es heißt, er habe den schönsten Blick im Haus.

Negroponte illustriert den Stellenwert, den seine Regierung der Uno zubilligt. Vizepräsident Dick Cheney und Verteidigungsminister Donald Rumsfeld halten die Uno für einen Verwaltungsdschungel, aus dem sie nie wieder herausfinden. George W. Bush hat anfangs auf seinen Außenminister Powell gehört, der ihm riet, es geht nicht ohne die Uno. Daran glaubt Bush heute wohl nicht mehr.

„John Negroponte ist ein typischer Diplomat. Er ist nicht wie Richard Holbrooke, sein Vorgänger, der an keiner Kamera vorbeikam. Er bleibt lieber im Hintergrund", sagt sein Sprecher Robert Wood und nach einer kleinen Pause: „Und das soll er auch."

Wenn er von der Uno spricht, dann nur in der dritten Person, wie von etwas Fremdem, mit dem er eigentlich nichts anfangen kann. „Die Uno muss jetzt aufpassen, dass sie nicht überflüssig wird", sagt Robert Wood. „Vor allem unsere europäischen, äh, Freunde machen sich nicht bewusst, was auf dem Spiel steht. Sehen Sie, der französische Außenminister hat sich nach seinem Auftritt hier sicher sehr gut gefühlt. Er hat Applaus bekommen. Aber er hat nicht begriffen, dass er damit nur Saddam Hussein stark gemacht hat. Unser Außenminister ist zurück nach Washington gefahren und hatte das Gefühl, dass ihm niemand zugehört hat. Dabei hatte er gute Argumente."

Wood greift in eine der beiden großen Pappkisten neben seinem Stuhl und holt eine CD-Rom heraus. „Nehmen Sie die mit, da ist alles drauf", sagt Wood. „Bitte." Auf der CD-Rom steht „Irak – das Scheitern der Abrüstung". Es sind die Bilder, die Colin Powell dem Sicherheitsrat am 5. Februar zeigte. Das ist jetzt über einen Monat her.

Ist der Krieg schon beschlossen? „Wenn wir in den nächsten zwei oder drei Tagen sehen würden, dass Saddam Hussein wirklich gewillt ist abzurüsten, wirklich und ehrlich, dann, ja, dann bestünde keine Notwendigkeit, in den Krieg zu ziehen. Aber es wird keine Abrüstung unter diesem Regime geben. Davon sind immer mehr überzeugt."

Wer denn?

„Großbritannien, Spanien, Bulgarien und andere", sagt Wood.

Welche anderen?

„Das werden wir sehen."

Für Negropontes Gegenspieler, Iraks Botschafter Mohammed al-Duri, hat der Krieg schon begonnen – sobald er das Uno-Gebäude verlässt. Er ist ein Intellektueller mit sorgsam platzierten Haarsträhnen, der sich zügig über die Flure bewegt. Doch keineswegs wie ein Pestkranker und Aussätziger. Mehrmals wird er auf dem Weg zur Lounge von Kollegen gegrüßt. Im „Wall Street Journal" hat heute gestanden, welche seiner Vorgesetzten im Falle eines Kriegs von den USA eliminiert werden sollen.

„Sie kappen meine Fax-Leitung. Sie versuchen, meine Leute abzuwerben." Duri macht keinen Versuch, Empörung in seine Stimme zu legen. „Ich lebe im Feindesland. Sie beantworten unsere Visumsanträge nicht. Meine Telefone werden abgehört, rund um die Uhr, und sie wissen, dass ich das weiß."

Mohammed al-Duri hält eine Gebetskette in der Linken. Er soll Saddams Sache vor der Uno vertreten, im Herzen der USA. Es gibt leichtere Jobs. Die Amerikaner und Briten reden nicht mit ihm, und von den Europäern ist er auch schon lange nicht mehr eingeladen worden. Seine Familie lebt in Bagdad. Aber er sagt: „Die USA sind allein, wir nicht. Es gibt eine weltweite Friedensbewegung. Wir haben psychologisch schon gewonnen. Wer dann auf dem Boden gewinnt, das werden wir noch sehen." Mohammed al-Duri steht auf. Sein Motorola-Handy hat kein einziges Mal geklingelt.

Irak ist neben Palästina der hartnäckigste Wiedergänger im Sicherheitsrat. Im Jahr der Kuweit-Invasion, 1990, begann mit der Resolution 661 ein Sanktionsregime unter Uno-Management mit immer neuen Texten, Entwürfen, Resolutionen. Die 661 verbot allen Handel mit dem Irak. Die 665 brachte eine Seeblockade. Die 670 verbot Starts und Landungen im Irak. Es waren Resolutionen im Krieg.

Seit der Befreiung Kuweits steht der Irak unter der Knute der Resolutionen 687, 700 und 1284. Die setzten den Kriegszustand aus, etablierten die Waffenkontrollen und verhängten weit reichende Handelsverbote. Immer wenn einer der bislang über 40 Prüfberichte erscheint, bricht der Streit darüber los, ob die „friedlichen" Sanktionen funktionieren oder nicht. Funktionieren heißt, den Diktator Saddam Hussein in Schach zu halten. „Friedlich" heißt unter anderem, in Kauf zu nehmen, dass nach Zahlen einer kanadischen Studie sich die Sterblichkeit von Kindern bis zu fünf Jahren seit 1990 um das zweieinhalbfache erhöht hat. Im vergangenen Jahr starben 106 000 Kinder unter fünf Jahren.

Die 986 aus dem Jahr 1995 etablierte das „Oil for Food"-Programm und erlaubte den Wiedereintritt in den Rohölmarkt. 1998 endeten die Uno-Waffeninspektionen. Halb hinausgeworfen, halb gegangen, verließ die Beobachtertruppe Unscom das Land.

Bis Blix kam, fanden vier Jahre lang, 1998 bis 2002, keine Waffenkontrollen statt. Hat Saddam aufgerüstet in dieser Zeit? Hat er nicht? Ist sein Waffenarsenal gefährlich? Um diese Fragen geht es.

Die Weltgemeinschaft gibt sich viel Mühe mit Saddam Hussein. Im Buchladen der Uno im Untergeschoss der Zentrale steht auch die „Blaue Reihe", Dokumentenbände mit Erklärungen. Das Buch „Der

Irak-Kuweit-Konflikt 1990 bis 1996" hat fast 900 Seiten und ist das dickste auf dem Regalbrett. Das Buch „Die Uno und die Menschenrechte seit 1945" hat 300 Seiten weniger.

Mittwoch, 5. März 2003

+++ Neue Marschbefehle für US-Reservisten +++ US-Präsident Bush trifft sich mit Kriegskabinett +++ Papst ruft am Aschermittwoch zum Fasten gegen den Krieg auf +++ Vatikan-Gesandter im Weißen Haus +++ TV-Sender melden angebliche 72-Stunden-Frist für Ausländer zum Verlassen des Irak +++ Treffen islamischer Staaten in Katar endet im Eklat +++ Pakistans Regierung: Osama Bin Laden am Leben +++ Am Golf jetzt 225 000 US-Soldaten +++ Fischer, Iwanow auf Blitzbesuch in Paris +++ Scharfe Irak-Debatte im Parlament Pakistans +++

Der Ton wird schärfer. „Wir wissen nicht, ob wir neun Stimmen haben oder zehn oder mehr", hat Colin Powell gestern im Fernsehen gesagt. Blufft er? Provoziert er? Die Laune der deutschen Delegation ist denkbar schlecht. Botschafter Gunter Pleuger sitzt in einem Treffen der G-8-Gruppe zur Aids-Katastrophe im südlichen Afrika und denkt nach: Haben die sechs Unentschlossenen sich kaufen lassen? Ist M-6 noch im Boot?

Offiziell steht es immer noch elf zu vier gegen die neue Resolution. Aber es heißt, Pakistan und Mexiko seien eingeknickt. Es heißt, die USA und Japan hätten Chile angedeutet, was passieren könnte, wenn sie unter Umständen mit ihrer Sperrminorität etwaige Kredite des IWF blockieren würden. Aber warum stellt John Negroponte die Resolution dann nicht zur Abstimmung, heute, sofort?

Es tickt nicht nur eine Uhr. Parallel zur diplomatischen Zeitlinie gibt es die militärische, und manchem Delegierten kommt es vor, als bewege sich die Diplomatie nur in einer Zeitblase, die jederzeit zerplatzen kann, sobald die Pentagon-Generäle mit ihren Plänen wieder in der Zeit sind.

Dann wird Pleuger ein Papier hereingereicht. Es ist der französische Text einer Erklärung, die auf Initiative Frankreichs zu Stande gekommen ist. Dominique de Villepin, Sergej Iwanow und Joschka Fischer werden gleich in Paris erklären: „Frankreich und Russland werden als ständige Mitglieder ihre Verantwortung voll wahrnehmen", falls die neue Resolution auf den Tisch gelegt werde. Das ist die Drohung mit dem Veto.

Es ist die offene Herausforderung der USA. Die „New York Times" wird am nächsten Tag über den Auftritt schreiben: „Womöglich das lauteste ‚Nein!', das seit einem halben Jahrhundert oder mehr über den Atlantik gerufen wurde."

Pleuger und de la Sablière bitten Ratspräsident Mamady Traoré, die Erklärung als offizielles Dokument in Umlauf zu bringen. Sie wissen nicht, dass an dem Text bereits zwei Tage lang gearbeitet worden ist, dass auch Berlin bereits gestern eingeweiht war. Manchmal ist „New York, 1 U.N. Plaza" sehr weit weg vom Weltgeschehen.

Die M-6 im Rat jedenfalls sind erleichtert. Um sie zu stabilisieren, haben Paris, Berlin und Moskau die ganze Aktion gestartet. Wenn Frankreich und Russland ihr Veto einlegen, dann sind die Wackelmächte aus der Verantwortung entlassen. Sehr im Off, auf der Herrentoilette des Sicherheitsrats, erklärt ein M-6-Diplomat seinem Kollegen: „Well, this saves our ass."

Hans Blix ist der Kundschafter zwischen den Fronten in diesem Krieg der Diplomaten. Seine Berichte sind verwirrend, sie dienen vielen Herren. Sie sind ein einziges „Einerseits, andererseits", ein einziges „Ja, aber". Sie sind ein wenig wie Hans Blix selbst.

Er verfügt über ein 15 Quadratmeter kleines Zimmer im 31. Stock. An der Wand hängen farbige Luftaufnahmen, auf denen im Maßstab 1:7500 zu sehen sein soll, was Saddam Hussein auf dem Boden treibt. Aufgeräumte, flache Gebäude. Es sieht aus wie der Werbeprospekt für einen Industriepark in Brandenburg. Vom Schreibtisch aus hat Blix einen Blick auf das „Church Center" gegenüber. Dort hängt tagaus, tagein ein Transparent „No war on Iraq".

Am Mittag gibt es in der Uno-Kantine Ente chinesisch mit Broccoli. Blix sitzt zwei Etagen höher unter dem himmelblauen Clubwappen der Uno-Korrespondenten, auf dem sich ein Ölzweig und ein Federkiel kreuzen. 120 Leute, Schreiber, Radioreporter, Fernsehfrauen, wie für den Zirkus geschminkt.

Blix ist in diesen Augenblicken noch immer der berühmteste Beamte des Erdballs. Er ahnt nicht, dass US-Außenminister Powell ihm und seinen Leuten eine Stunde später eine politische Grabrede halten wird. Blix sitzt, um Punkt eins, wie all die Wochen schon, im Gewitter der Fotoblitze, im Zentrum seltener Macht.

Kooperiert der Irak? Funktionieren die Inspektionen? Wie viel Zeit braucht Blix noch? Wird es einen Abschlussbericht geben? Was denken Sie über die Spaltung im Sicherheitsrat? Ist der Krieg zu verhindern? Eine Stunde antwortet Blix. Einerseits, andererseits. Ja, aber.

Auch wenn er selbst es immer wieder weggeschoben hat, war ihm tatsächlich die Macht gegeben über Krieg oder Frieden. Hätte Blix immer wieder, nicht nur im Januar-Bericht, in scharfem Ton darauf beharrt: Saddam kooperiert nicht, wir werden betrogen, dann wäre der Krieg mit Sicherheit schon im Gange.

Die Amerikaner hätten sich das gewünscht, jetzt verdrehen sie nur noch die Augen, wenn die Sprache auf den Inspektor kommt. Aber Blix ist nicht jemand, der Wünsche erfüllt. Sein Mut besteht darin, unentschieden zu sein. Seine Tapferkeit zeigt sich im Zögern.

Blix macht, zwischen 13 und 14 Uhr am Mittwoch, noch einmal kleine Schlagzeilen. Er widerspricht der Darstellung der Amerikaner, Saddam lasse nun Raketen zerstören, deren Existenz er vor Monaten noch geleugnet habe. Nein, sagt Blix, die „Samuds" seien „in der Tat deklariert" gewesen, die Inspektoren hätten, vom Irak informiert, gewusst, dass es sie gibt.

Blix hat Angst vor einem falschen Frieden und noch mehr Angst vor dem Krieg. „Krieg wäre der Beweis dafür, dass wir gescheitert sind", sagt er und hält sich an den Papieren auf seinen Knien fest.

Das Ende der Pressekonferenz wirkt wie von einem Drehbuchschreiber konstruiert. Im selben Moment, als Hans Blix auf weichen, lautlosen Schuhen aus Wildleder den Raum verlässt, beginnt US-Außenminister Colin Powell seine Rede zur Lage der Dinge, sein Gesicht ist in einem Fernseher links der Tür zu sehen. Blix, in New York, geht an Powell, in Washington, vorbei. Der Minister wird einen Nachruf halten auf den Inspektor. Er hält eine Kriegsrede.

Die Fernsehbilder zeigen ihn vor blauem Vorhang im renommierten „Zentrum für Strategische und Internationale Studien". Der Ton der Rede ist erst nicht ungewöhnlich, es ist das Mantra der US-Regierung seit Wochen schon: Der Irak kooperiere nicht, der Irak verstecke Waffen, der Irak betrüge und lüge und verkaufe die Welt für dumm.

Aber es ist keine Rede für den Alltag. Sie folgt zu genau den Regeln der klassischen Rhetorik, ihr Ablauf ist so fein gestrickt, als wüsste der Redner sehr genau um die Bedeutung des Augenblicks, als spräche er nicht für den Moment, sondern für das Geschichtsbuch.

Er erledigt die Waffeninspektionen mit einem Satz. Lobt Blix für die großartige, hervorragende, professionelle Arbeit, das ist verdächtig. Dann sagt er, es ist 14.30 Uhr am Mittwoch: „Unglücklicherweise aber funktionieren die Inspektionen nicht." Auch kein neuer Satz, aber diesmal, es ist zu sehen in Powells Gesicht, diesmal ist es ernst.

Es ist ernst, weil Powell zugibt, dass die internationale Gemeinschaft gespalten ist und dass die Spaltung weitergehen könne. Es ist ernst, weil er von den „Schrecken des Krieges" spricht, vom Morden, vom Tod, was in den USA ohne Not sonst kein Politiker tut. „Ich habe den Horror des Krieges gesehen", sagt Powell, „ich war dabei, wenn das Töten vorüber war. Ich verstehe alles Zögern." In der Luft steht ein Aber. Dahinter lauert der Krieg.

In Paris treffen sich fast zeitgleich die Außenminister von Frankreich, Deutschland und Russland. Iwanow hat gedroht, Russland werde sich im Sicherheitsrat nicht der Stimme enthalten, und dieses Signal hat der russische Uno-Botschafter in New York empfangen und strahlt es aus. Sergej Lawrow ist also entschieden, mürrisch entschieden, kann man sagen.

Der russische Uno-Botschafter sitzt vor einer bunten Glaswand, die strahlt wie eine Kinderlaterne am Martinstag. Rechts neben ihm steht ein schwarzer Flügel, links neben ihm sitzt sein kleiner, glatzköpfiger Sekretär Trepelkow, der nie was sagt, immer nur lächelt.

In der russischen Uno-Vertretung vergisst man New York. Man ist in einer langsamen Welt, in der einem ein alter Herr die Garderobe abnimmt, ein Junge im verschossenen Anzug mit Bleistift Telefonnummern und Adressen notiert. Die Wände dieser Welt sind mit Seidentapete bespannt, ihre Decke mit Kronleuchtern behängt. Handys funktionieren hier nicht mehr, auch nicht das Voicestream-Telefon von Sergej Lawrow.

Sind Sie zufrieden mit der Zusammenarbeit zwischen den Irakern und den Waffeninspektoren?

„Es gibt ein russisches Sprichwort: Völlig zufrieden bist du erst, wenn du im Grab liegst", sagt Sergej Lawrow.

Manchmal hebt er die Stimme, manchmal funkelt sein Blick, manchmal wischt seine Hand eine Frage beiseite. Er beantwortet keine Fragen, aber er zeigt Haltung.

Sind Ihnen denn die Menschen im Irak egal?, fragt ein Journalist.

„Warum nur Irak? Sind Ihnen die anderen Menschen in der Welt, denen es nicht gut geht, egal?“, ruft Lawrow.

Sergej Lawrow spielt Drohkulisse. Es ist alles, was er kann.

Ein amerikanischer Reporter beschreibt ihm, wie wichtig die Drohkulisse ist, die die Amerikaner aufrechterhalten. Er will wissen, wie sich die Russen beteiligen.

Lawrow schaut ihn an. Seine Oberlippe glänzt. Er kam 1981 zum ersten Mal für die Sowjetunion nach New York. Damals vertrat er eine Supermacht bei den Vereinten Nationen. Jetzt ist er seit neun Jahren Russlands Uno-Botschafter. Es sind andere Zeiten. In diesem Moment spürt man das. Russland hat keine Kraft mehr, es hat nur noch den Sitz im Sicherheitsrat.

„Es kostet die amerikanischen Steuerzahler viel Geld, den Irak so unter Druck zu setzen“, sagt der Journalist in Lawrows Schweigen.

„Da bin ich wohl kaum der Richtige, das zu kommentieren“, sagt Lawrow kühl.

Sein kleiner, dicker Sprecher wackelt mit dem Kopf. Dann gibt es Wodka und Kaviar für die Journalisten. Der Irak ist ja nicht das einzige Problem. Sergej Lawrow drückt seine Zigarette aus und verlässt die kleine russische Welt. Er muss jetzt erreichbar sein.

An die Seidentapete des kleinen Salons hat die russische Vertretung Bilder aus Tschetschenien geheftet. Sie zeigen russische Soldaten, die mit Kindern scherzen, russische Soldaten, die Getreidesäcke für die Bevölkerung abladen, ein russischer Soldat streichelt ein Zicklein. So schön kann Krieg sein.

Donnerstag, 6. März 2003

+++ Schröder trifft sich in Bremen mit Berlusconi +++ Russland lässt 150 Staatsbürger aus dem Irak ausfliegen +++ Bulgarien zieht seine Diplomaten aus Bagdad ab +++ Rumsfeld schließt Zwei-Fronten-Krieg, im Irak und in Nordkorea, nicht aus +++ Bush kündigt eine zweite Uno-Resolution an +++ US-Soldaten haben Teile des Grenzzauns zwischen Kuweit und dem Irak demontiert +++

Schwerer, nasser Schnee ist vor das Uno-Gebäude gefallen, und zwei Männer sorgen mit blauhelmblauen Schaufeln dafür, dass niemand ausrutscht. In der „New York Times“ ist von dem sich vertiefenden

Riss im Sicherheitsrat die Rede, vom gegenseitigen Täuschen und Tricksen.

Die Uno-Botschafter im Sicherheitsrat sind per Du und kennen sich zum Teil schon seit Jahren. John und Jean-Marc haben persönlich keinerlei Probleme, auch wenn der Absatz von französischem Käse in den USA stark gesunken ist. „Wir sind eine Familie", sagt Gunter Pleuger. „Wir sind wie ein englischer Club", sagt Kameruns Gesandter. Jeder spielt die Rolle, die ihm aufgetragen ist, und anschließend geht man dinieren ins „Le Périgord".

Aber heute kommt Besuch. Auf dem Flur des Sicherheitsrats warten alle auf ihre Minister. „Die Hauptstädte", wie es hier heißt, sind auf dem Weg nach New York. Fischer kommt am Abend, Iwanow spät in der Nacht, Jack Straw sollte eigentlich schon da sein. Der britische Außenminister verspätet sich, weil es draußen wieder angefangen hat zu schneien. Der Flur liegt im Halbdunkel, die Kameramänner dösen. Negropontes Sprecher Wood fläzt in einem der beigefarbenen Ledersessel.

Erklärt Bush heute Abend den Krieg?

„Kein Kommentar", sagt Wood.

Gibt es eine Alternativ-Resolution zusammen mit den Briten?

„Kein Kommentar."

Ein amerikanischer Journalist erzählt vom Gerücht, dass die Amerikaner Osama Bin Laden gefangen haben, niemand glaubt das.

Der chilenische Uno-Botschafter Gabriel Valdés läuft fast unbemerkt über den langen Flur, die Nase ist rot, der Trenchcoat feucht auf den Schultern.

Hat er den Eindruck, dass sich die Amerikaner und die Briten noch bewegen können?

„O ja", sagt der Chilene.

Kann sein Land der Resolution in dieser Form zustimmen?

„Nein", sagt Valdés.

Eine klare Antwort. Die erste der ganzen Woche. Man kann es sich kaum vorstellen. Aber er bleibt dabei. Nein. Die Chilenen machen nicht mit. Valdés mit seinem feuchten Trenchcoat verschwindet wie eine Erscheinung. Es ist kurz vor 12 Uhr.

Straw steckt irgendwo da draußen im Matsch.

Jack Straw ist der erste Außenminister, der am Donnerstag in der Uno zu sehen ist. Jetzt, kurz bevor die Woche zu Ende geht, scheint er es am schwersten von allen zu haben. Russland, Frankreich, Deutschland und China halten sich an den Händen. Bulgarien nimmt niemand so richtig ernst, die anderen wackeln, und die Amerikaner machen, was sie wollen. Nur England, Merry Old England, steht praktisch ohne Gesicht da.

Straw hüpft wie ein Ball auf die Bühne.

Er blättert in Blix' jüngstem Bericht. Dort stehe, dass Saddam Hussein nicht bereit sei abzurüsten, sagt Straw. Er nennt ein paar Beispiele. Er erzählt, dass Südafrika vorgemacht habe, wie man mit Inspektoren zusammenarbeite. Er ringt die Hände, und gelegentlich lacht er, aber es ist kein Lachen, das von Herzen kommt. Dort oben erinnert der britische Außenminister manchmal an George W. Bush. Auch der lacht ja bei seinen Reden, als hätte er es vorher geübt. Der Mund lacht, aber die Augen lachen nicht mit.

Straw sagt, dass es natürlich Möglichkeiten gebe, die Resolution zu ergänzen.

„Auch im jetzigen, sehr späten Stadium der Diplomatie werden wir alles tun, um eine friedliche Lösung zu erreichen", sagt er. Zwischen das jetzige, sehr späte Stadium der Diplomatie und den Krieg passen nicht mehr viel Worte. Straw ist am Ende seiner sprachlichen Möglichkeiten. Hier, am Abgrund, nimmt der Außenminister Haltung an und erklärt, dass Großbritannien keinen Regimewechsel um jeden Preis anstrebt.

„Wenn Saddam Hussein ernsthaft und vollständig abrüstet, sind wir bereit, ihn im Amt zu belassen", sagt Straw. Das ist in diesem Moment alles, was die Haltung Großbritanniens ausmacht. Ihr eigenes Gesicht, wenn man so will. Ein kleiner, eher rhetorischer Unterschied.

Unter den M-6, den unentschlossenen Ländern, ist Pakistan vielleicht in der schwierigsten Lage. Die Opposition gegen das im Afghanistan-Krieg geschmiedete Bündnis mit den Amerikanern wächst, und ihr Ton wird täglich „islamistischer". „Wir wollen diesen Krieg nicht", sagt Pakistans Uno-Botschafter Munir Akram, „wir fürchten um die irakische Bevölkerung, und wir haben Angst vor den unabschätzbaren Folgen. Über unsere Länder wird große Unruhe kommen. Wirklich, wir hoffen auf den Frieden."

Munir Akram ist ein eleganter Mann mit feiner Brille, gegelten Haaren und einem Verizon-Triband-Handy. Er spricht so leise, dass man sich zu ihm hinbeugen muss. Er sitzt in einem der cremefarbenen Sessel in der Indonesian Lounge, und er redet vom Prinzip des Gebens und Nehmens. „Das ist, denke ich, nichts Unbekanntes in den internationalen Beziehungen, nicht wahr?"

Die Indonesian Lounge heißt nach zwei Holzfiguren, die der Inselstaat der Uno einst geschenkt hat. Sie stehen auf Sockeln, auf grünem Fußboden. Der Raum mag 500 Quadratmeter groß sein, die Decke zehn Meter hoch. Eine Bar und ein Discjockey würden aus dem Saal mit der Fensterfront am anderen Flurende vom Sicherheitsrat eine Sensation im New Yorker Nachtleben machen. Aber die Lounge ist für die Geschäfte des Tages gedacht. Für die Kunst der Bedrohung im Plauderton. Für das Reden über Geld, ohne „Geld" zu sagen. Die Indonesian Lounge gehört den Lobbyisten.

Was heißt das, Botschafter Akram, „geben und nehmen"?

„Wir sprechen über gute Beziehungen."

Über Bestechung? Stimmenkauf?

„Es geht um Möglichkeiten der militärischen Zusammenarbeit, um Handelskontakte, solche Dinge, um politischen und kulturellen Austausch."

Und danach wird entschieden, ob es Krieg oder Frieden gibt?

„Nein, das kann man so nicht sagen. Aber, wissen Sie, die Irak-Frage ist nicht wichtig genug, um dafür gute Beziehungen grundsätzlich aufs Spiel zu setzen."

Die Beziehungen zwischen Pakistan und den USA sind blendend seit dem Wochenende, seit der Weltnachricht, dass bei Islamabad die Nummer drei von der Qaida, Chalid Scheich Mohammed, verhaftet wurde. Gleich am Montag telefonierten Bush und Pakistans Machthaber Musharraf über den Fang. Botschafter Akram sagt, „es ging dabei nicht um den Irak". Aber um „gute Beziehungen" vermutlich schon.

Niemand zweifelt daran, dass Pakistan am Ende mit den Amerikanern gehen wird. „Wenn ich von meinem Präsidenten die Order bekomme", das hat er seinen Kollegen aus Frankreich und Deutschland gesagt, „dann kann ich nicht anders." Ihre Antwort war, dass sie auch dann noch gemeinsam essen gehen könnten, „kein Problem, Munir".

Am Abend kreist dann auch Joschka Fischer im Flugzeug über New York. Er hat um 19 Uhr einen Termin mit Colin Powell, es ist reserviert im „Waldorf Astoria“, aber die Maschine kann nicht landen. Das Flugfeld ist vereist.

27 Minuten lang zieht der deutsche Außenminister Warteschleifen. Fischer scheint überzeugt, dass die Amerikaner ihre Resolution nicht einbringen werden. Er sitzt bei den mitfliegenden Journalisten im hinteren Teil der Maschine und malt in düsteren Farben die unvorstellbaren Auswirkungen eines Kriegs im Irak. Er spricht von asymmetrischen Kriegen zwischen Terrorgruppen und Staaten, von Schocks auf den globalen Märkten und den Gefahren für die offenen Gesellschaften. Dann endlich kann der Minister landen.

Die Journalisten fahren zum „German House“ in der Nähe des Uno-Gebäudes, wo seit 20 Uhr die Pressekonferenz von George W. Bush live übertragen wird. Es ist eines der seltenen „Primetime Briefings“ aus dem Weißen Haus. Das erste nach Amtsantritt hat Bush im Oktober 2001 gegeben, kurz nachdem Afghanistan angegriffen wurde.

Bush bereitet sein Land auf den Krieg vor – und darauf, dass die USA den Kampf im Sicherheitsrat verloren haben. Er sagt: „Wir brauchen niemanden um Erlaubnis zu fragen.“ Er sagt: „Ich werde das amerikanische Volk nicht der Gnade des irakischen Diktators und seinen Waffen ausliefern.“ Kurz vor 21 Uhr erklärt der amerikanische Präsident, sein Land werde die neue Resolution in jedem Fall einbringen. Komme, was da wolle.

Nach 20 Uhr ist die 50. Straße zwischen Park Avenue und Lexington Avenue gesperrt und zu beiden Seiten umlagert von schwer bewaffneter Polizei, Feuerwehr, Nationalgarde. Colin Powell hält Hof im „Waldorf Astoria“, für ihn wird der Seiteneingang des Hotels so weiträumig abgesperrt, als müsste dort eine Bombe entschärft werden.

Um 21 Uhr kommt im schwarzen Cadillac sein Gast Joschka Fischer mit Gefolge, zwei Dutzend Leute in Wintermänteln, für sie wird nicht einmal der Gehweg geräumt, der Außenminister nimmt die Drehtür am Haupteingang wie ein Hotelgast, nur viel schneller. Powell wartet oben im Turm des „Waldorf Astoria“. Er hat 20 Minuten für Fischer.

Um 21.20 Uhr kommt Fischer wieder herunter, an seiner Seite Pleuger, sie wollen aussehen wie Leute mit guter Laune, aber sie wirken noch müder als 20 Minuten zuvor. Von der Decke ertönt barocke Flötenmusik, Fischer schweigt eisern, auch als die Frau eines

Kamerateams ihm die Frage zuruft, welche Botschaft Powell für ihn gehabt habe.

Weil es ein Vieraugengespräch war, wird das niemand je genau erfahren. Aber vielleicht erzählte der Amerikaner auch von Problemen, die er mit den eigenen Leuten hat. Die „New York Times" gibt Spekulationen in Druck, dass im Weißen Haus die Suche nach Schuldigen beginnt für das Desaster im Sicherheitsrat. Vielleicht geht es bald um Powells Kopf. Im engsten Kreis seiner Leute sagt Fischer auf dem Rückweg vom „Waldorf Astoria": „Es wäre schade, wenn Powell, der Europa am besten versteht, uns verloren geht."

Freitag, 7. März 2003

+++ Aktienmärkte weltweit unter Druck: Japanischer Nikkei-Index auf 20-Jahres-Tief, Dax fällt auf Stand von 1996 +++ Berichte über US-Aufmarsch in der Türkei ohne Genehmigung des Parlaments +++ Israel nach Selbstmordanschlag mit 50 Panzern im Gaza-Streifen +++ Osama Bin Ladens Söhne angeblich in Pakistan festgenommen +++ Bush und Putin verabreden telefonisch „Fortsetzung des Dialogs über Situation im Irak" +++ Japan schließt seine Botschaft in Bagdad +++

Vor dem Uno-Gebäude stehen Schülerinnen Schlange. Sie haben kleine Schildchen umgehängt und sollen gleich im Raum der Vollversammlung ihre Reden halten. Das Thema heute: „Die Zukunft in unseren Händen." Sie sind sehr aufgeregt.

Im Saal hinter dem „Guernica"-Wandteppich hat Mamady Traoré den Präsidentensitz für seinen Chef räumen müssen. Guineas Außenministerin Hadja Mahawa Bangoura Camara eröffnet um 10.38 Uhr mit dreifachem Hammerklopfen die 4714. Sitzung des Uno-Sicherheitsrats. Falls sie jetzt aufgeregt ist, dann zeigt sie das nicht.

Im Saal war gerade noch hektisches Handy-Klingeln, Lachen, lebhafte Begrüßungen der Diplomaten und Stimmengesurre. Jetzt ist es still. Die temperierte Luft riecht leicht nach Aftershave.

Dominique de Villepin und Joschka Fischer sitzen nebeneinander, Colin Powell und Jack Straw genau gegenüber. Das Alphabet hat sie platziert. Am Morgen hat sich das „Friedenscamp" (so nennen sich die Gegner einer neuen Resolution inzwischen) verständigt, den

Kompromiss der Briten abzulehnen. Unklar ist allein, wie die M-6, die Weltenkinder in der Mitte, auf Jack Straws Plan reagieren werden, dem Irak eine sehr kurze, allerletzte Frist zu geben.

Die Präsidentin fragt, ob Iraks Botschafter am Tisch Platz nehmen darf. Es gibt keinen Einwand, und so setzt sich Mohammed al-Duri ans äußerste Ende des Tisches. Er sitzt an der Stuhlkante. Am Katzentisch. Mit den lächerlich großen Kopfhörern, den schütteren Strähnen sieht er aus wie der perfekte Sündenbock.

Hans Blix liest seinen Vortrag ab. Es gilt das gesprochene Wort. Der Chefinspektor spricht mit rauer Stimme, er räuspert sich oft. Er hat seine knittrigen Anzüge im Schrank gelassen und trägt gebügeltes Stahlgrau. Spricht von „signifikativen Anstrengungen des Irak“, von „aktivem und sogar proaktivem“ Verhalten bei der Abrüstung. Keine unterirdischen Laboratorien habe man gefunden, auch keine beweglichen Biowaffen-Fabriken.

Aber Blix bleibt seiner Linie als Kundschafter vieler Herren treu. Er spricht auch von möglicherweise noch vorhandenen biologischen Kampfstoffen. Spricht davon, dass die Zusammenarbeit des Irak besser hätte sein können. Das alte Spiel. Ja, aber. Allerdings fordert er am Freitag in seltenem Klartext mehr Zeit, mehr Personal, er fordert eine Zukunft für die Inspektionen, was er so noch nie getan hat. Es klingt nach Verzweiflung.

Joschka Fischer redigiert da noch an seinem Manuskript. Sein Redenschreiber ist der Mann, der sich in diesen Momenten am meisten bewegt. Drei Minuten bevor Fischer dran ist, kommt die Rede. Niemand soll länger als sieben Minuten reden. Fischer redet sechs Minuten und 58 Sekunden. Die deutsche Delegation frohlockt über so viel „Momentum“, macht sich zum Anwalt der Blixschen Forderung. Beschwört die Schrecken des Krieges, sagt: „Die friedlichen Mittel sind keineswegs ausgeschöpft.“ Schräg hinter ihm nickt eifrig Bot-schafter de la Sablière, einmal fasst er gar Pleuger am Unterarm, nickend, als wollte er sagen: „Gut gemacht, Gunter.“

Als Colin Powell anfängt zu sprechen, wird es ruhig im Saal, alle nehmen irgendwie Haltung an, sogar durch Fischers Leib geht ein kleiner Ruck. Aber nach einer Weile fängt Summen an, Powells Rede legt sich wie eine schwere Decke auf den Saal. Powell redet wie ein geschlagener Mann. Von dem Außenminister des mächtigsten Landes der Welt geht keine Kraft mehr aus.

Er redet fünf Minuten länger, als erlaubt ist. Man fragt sich, warum. Colin Powell wiederholt die Argumente, es ist nichts dazugekommen. Er kann nur lauter und leiser reden, er hat alles schon probiert.

Die Redner der offiziell Unentschiedenen stehen zu ihrem Ruf. Sie lavieren. Gewiss, sie reden für den Frieden, erinnern aber auch an den Wortlaut der Resolution. Mexiko klingt nach Stimmenthaltung, Pakistans Botschafter sagt: „Die Aufgabe dieses Rats ist der Frieden, nicht der Krieg.“ Aber wie schwer werden diese Sätze wiegen, wenn Amerika zu den Waffen ruft?

Viermal erklärt de Villepin, dass Frankreich einer Kriegsresolution nicht zustimmen werde. Er malt die Schrecken und den Unsinn des Krieges aus, er lobt den Erfolg der Inspektoren, den diplomatischen Druck auf den Irak. Kein Zweifel zittert in seiner Stimme. Er kommt fast mit seiner Redezeit aus. Am Ende fordert er, dass bei der entscheidenden Abstimmung in der nächsten Woche die Staatschefs anwesend sein sollen. Es dauert einen Moment, bis diese Forderung in die Reihen sickert. Die Staatschefs. Niemand kann sich George W. Bush in dieser Runde vorstellen. Es scheint vorbei.

Als sich de Villepin wieder setzt, beginnt sofort das Wortgesumme. Kaum jemand hört noch, wie der chinesische Außenminister erklärt, dass auch sein Land keiner Kriegsresolution zustimmen wird. Joschka Fischer beginnt, etwas zu schreiben. Es sieht aus, als korrigierte er ein Interview mit einer Sonntagszeitung. Er schreibt immer noch, als Jack Straw beginnt, aber er hört bald auf. Straw kämpft den Kampf, zu dem Colin Powell offenbar nicht mehr in der Lage ist. Als alles gelaufen ist, die Rollen verteilt, rüttelt Jack Straw noch mal an der Tür.

„Mein lieber Freund Dominique“, ruft Straw quer über den Tisch zu de Villepin, Fischer schaut von seiner Schreibarbeit auf. „Bei allem Respekt, aber ich denke, du liegst falsch.“ Straw wird den französischen Außenminister noch dreimal bei seinem Vornamen nennen, er wird einen neuen Zeitrahmen für eine Anlage zur Resolution vorschlagen. Er wird der einzige Redner sein, der am Ende Beifall von den Rängen bekommt, aber es ändert nichts.

Alles, was er erreicht, ist, dass der angesprochene Dominique sofort hinausstürmt, um wenigstens bei den Medien das letzte Wort zu haben.

„Ich mag meinen Kollegen Jack Straw, und ich muss annehmen, dass er glaubt, was er sagt. Aber der neue Zeitrahmen ist wieder nur ein Kriegsultimatum, dem wir nicht zustimmen werden.“

Powell sieht krank und müde aus, als er später vor dem „Guernica"-Wandteppich steht. De Villepin sieht fast zu gut aus. Braun und gesund. „Vielleicht ist ein Land in der Lage, den Krieg im Irak zu gewinnen, aber um Frieden herzustellen braucht man die Uno", sagt er. Er antwortet auf Englisch und Französisch, am Ende bittet er noch um eine Frage auf Spanisch. Ein kleiner chilenischer Journalist wird herangeführt und fragt etwas. De Villepin kann auch Spanisch.

Das „Friedenscamp" hat – öffentlich und in Anwesenheit der Minister – bewiesen, dass Inspektionen funktionieren können, dass sie wenigstens „viel versprechend" und auf jeden Fall ein Argument gegen einen sofortigen Krieg sind. Der Riss im atlantischen Bündnis klafft. Die Worte sind gewechselt. Die Geschichte dreht sich im Kreis. Sie dreht sich um den Hufeisentisch des Sicherheitsrats. Sie waren alle noch mal da. Mehr kann man kaum sagen.

Am Ende sagt Fischer: Es hat sich nichts verändert. Aber draußen verebben die Nachrichten nicht. Der US-Präsident, der am Vorabend schon beim „Primetime Briefing" zum Volk sprach, lässt sich am Morgen mit der Äußerung zitieren, Saddam sei ein „Krebsgeschwür". Bush ist nicht nur Präsident. Er ist in diesen Stunden Oberbefehlshaber von fast einer viertel Million Soldaten am Persischen Golf. Ist es vorstellbar, dass er ein Sechstel seiner Streitmacht einmal um die halbe Welt hat bringen lassen, um sie nun nach Hause zu holen, weil Uno-Beamte Aluminiumrohre vermessen und mit Isotopendetektoren durch Hangars und Paläste schnüren? Es gibt, neben dem diplomatischen „Momentum", das militärische. Welches der beiden wird die Geschichte verändern?

Um 18 Uhr startet die Maschine des deutschen Außenministers vom Flughafen John F. Kennedy. Seine Kollegen fliegen in ihre jeweiligen Hauptstädte, und es ist, als ob sie in eine andere Welt flögen. Eine Welt, in der nicht ein schiefergraues Gebäude am East River in New York das Zentrum des Geschehens ist, sondern ein schlicht Weißes Haus genanntes Gebäude in einer Stadt am Potomac.

Die Woche der Diplomaten ist zu Ende. Jetzt ist es an George W. Bush, an Donald Rumsfeld, Condoleezza Rice, Tommy Franks und vielleicht an Saddam Hussein, über den Krieg zu entscheiden.

Goodbye, New York.

Good morning, Bagdad.

Kapitel 2

Sturm auf Bagdad

Aufmarsch und Invasion
19. März bis 22. März

Mittwoch, 19. März

+++ Golfstaat Bahrein bietet Saddam Hussein Asyl an +++ US-Soldaten sind in entmilitarisierte Zone an irakisch-kuweitischer Grenze eingedrungen +++ Außenminister Deutschlands, Frankreichs und Russlands zur letzten Uno-Sicherheitsratssitzung nach New York gereist. Außenminister Großbritanniens und der USA bleiben der Sitzung fern. Letzter Appell von Kofi Annan +++ Kurden fliehen aus Städten im Nordirak +++

Camp New York in der Wüste Kuweits, im Lager der 2. Brigade der 3. Infanterie-Division der U.S. Army

Als es ausgesprochen ist, klingt es simpel. Und logisch. Es klingt so, dass alle sagen: Darauf hätten wir eigentlich sofort kommen müssen. Lag doch auf der Hand, diese Idee.

Und alle blicken auf Colonel David Perkins. Die Kommandeure seiner Einheiten sitzen in diesem großen Zelt, das entsteht, wenn sie fünf Fahrzeuge nebeneinander parken und an den Rückseiten fünf kleine Zelte aufbauen, die alle miteinander verbunden werden. Es ist Mittwoch, der 19. März, und sie ahnen noch nicht, dass sie früher in den Krieg ziehen werden, als sie es geplant hatten. Es blinkt in diesem Großzelt, das liegt an den Computern, und es ist still in diesem Raum, das liegt am Respekt vor „Spartan Six".

Spartan Six ist Colonel (Oberst) David Perkins, und Perkins ist der Boss der 2. Brigade der 3. Infanterie-Division. Da gibt es noch die 1. Brigade und die 3. Brigade der Division, die campieren ein paar Kilometer entfernt, und auch sonst sind sie weit weg. Hier zählen nur die 2. Brigade und Perkins, ihr Kommandeur.

Natürlich war es seine Idee.

„Wir nennen die eine Hälfte der Brigade, die Panzer, ‚Heavy Metal'", sagt Perkins jetzt, „und die andere nennen wir ‚Rock 'n' Roll'." Und dieser Name macht die Idee natürlich noch viel besser: „Heavy Metal and Rock 'n' Roll".

Zwei Begriffe, eine Lösung für eine ganze Reihe von Problemen: Wie bewegt man die Brigade, die den Krieg gewinnen soll, durch Feindesland? Wie kriegt man 5000 Mann und 2000 Fahrzeuge nach Bagdad? Wie schafft man das so schnell wie möglich? Wie rettet man die Vorräte und vor allem das Benzin? Die Tankwagen – 60 von ihnen fahren jeweils 19 000 Liter Sprit durchs Kriegsgebiet und sind deshalb rollende Bomben – brauchen Straßen. Die Panzer nicht. Die Panzer sind schneller, sie können über Sand fahren, aber das Problem der Panzer ist, dass sie pro Stunde gut 200 Liter Sprit verbrennen, auch wenn sie im Leerlauf vor sich hin brummen und warten.

Und darum sagt Perkins: „Tief im Süden gibt es nicht zu viele Feinde. Es wird keine heftigen Schlachten geben. Wir teilen uns. Die ‚Abrams'- und ‚Bradley'-Panzer, das schwere Metall, Heavy Metal eben, fahren geradeaus durch die Wüste, so schnell sie können, dann warten sie und schalten die Motoren ab. Alle anderen Fahrzeuge nehmen die Straßen – Rock 'n' Roll. Und dann treffen wir uns wieder." Das ist die Idee: die Brigade teilen, um schnell zu sein und Sprit zu sparen.

Washington, vormittags

Im Lagezentrum des Weißen Hauses lässt sich Präsident George W. Bush per Videoleitung mit allen acht Kommandeuren an der Front gleichzeitig verbinden. Das Lagezentrum befindet sich im Erdgeschoss des Westflügels des Weißen Hauses. Es besteht aus einem Raum für Videokonferenzen, Büros, einer „communications area" und einem holzgetäfelten Konferenzraum, wo Bush, unter dem Wappen des Präsidenten der Vereinigten Staaten, gewöhnlich seine engsten Berater zusammenruft.

Bush eröffnet die Sitzung mit einem kleinen Scherz: Als sich General Tommy Franks, den er wegen der lausigen Qualität der Videobilder aus dem Oberkommando in Katar aufgezogen hatte, entschuldigt, sagt Bush zu ihm: „Mach dir keine Sorgen, Tommy, ich habe meinen Glauben an dich nicht verloren."

Dann fragt er jeden Einzelnen: „Haben Sie alles, was Sie brauchen, um zu siegen? Sind Sie mit der Strategie zufrieden und einverstanden?"

Als keine Einwände kommen, fragt Bush General Franks, ob er noch etwas sagen wolle. „This force is ready to go", antwortet

Franks. Bush gibt daraufhin den Befehl für die „Operation Iraqi Freedom". Der Krieg soll in zwei Tagen beginnen, am 21. März. „God bless the troops", sagt Bush. Franks salutiert in seinem Hauptquartier in Katar.

Katar, im Centcom der US-Truppen, vormittags (Ortszeit)

Das „U.S. Central Command" bei Doha („Centcom") ist ein gut zehn Hektar großes Stück Wüste unweit des Kamelmarkts von Doha. Ringsum Lkw-Werkstätten, Reifendepots, Schrotthändler. Darüber leerer Himmel. Es riecht nach den Curryküchen der indischen Arbeiter. Von hier aus wird der Krieg geführt.

Befehligt wird das Centcom von General Tommy Franks, einem Texaner, der aus Vietnam drei Tapferkeitsorden mit nach Hause gebracht hat und die Lehre, dass Kriege auch zu Hause verloren werden können.

Die zehn Hektar Wüste sind in mehreren Linien mit Stacheldraht und Wachtürmen gesichert. Schwere Maschinengewehre zielen in alle Richtungen, über die Reifendepots und Schrotthändler hinweg. Es gibt Sandwälle und halb eingegrabene Schützenpanzer.

Es gibt 27 sandfarbene und klimatisierte Lagerhallen, in einer der Lagerhallen steht ein Container, 22 mal 7 Meter groß und mit braunem Teppichboden ausgelegt. Das ist der eigentliche Gefechtsstand. Er wurde zerlegt eingeflogen, lange bevor im Uno-Sicherheitsrat über Krieg und Frieden diskutiert wurde. Wenn das Centcom bei Doha der Kopf des Krieges ist, dann ist dieser Container sein Hirn.

An drei Tischreihen sitzen etwa 50 Stabsoffiziere. Auf den Bildschirmen vor sich können sie die Bilder der Aufklärungsflugzeuge und Satelliten auswerten. Hier werden die verschlüsselten Mails von den Gefechtsfeldern ankommen. Hier sitzt auch General Tommy Franks. Er kann über Funk mit jedem seiner Feldkommandeure in direkten Kontakt treten. Jeden Ort im Irak, jeden Frontabschnitt, alle Truppenbewegungen kann er sich auf den Schirm holen lassen. Ein Mausklick genügt.

Weit entfernt vom Gefechtsstand, am anderen Ende des Lagers, ist das „Coalition Forces Media Center" untergebracht, ebenfalls gesichert von Stacheldraht, Schnüffelhunden, Schützenpanzern. Nichts und niemand dringt hier ohne Erlaubnis hinein oder hinaus. Vor allem keine Nachrichten. 700 Journalisten haben sich für den Krieg im Media-Center akkreditieren lassen. Von der Decke hängen Bildschirme herunter. Zu sehen ist das Fernsehprogramm. „Latte oder Cappuccino?“, fragt das Mädchen an der Kaffeebar.

Washington, kurz vor 15 Uhr

CIA-Agenten überbringen ihren Vorgesetzten in der amerikanischen Hauptstadt aufregende Neuigkeiten: Sie glauben, den exakten Aufenthaltsort von Präsident Saddam Hussein und einigen seiner engsten Gefolgsleute in Bagdad zu kennen.

Am Vortag, am Dienstag, hat Saddam sich über das Fernsehen an sein Volk gewandt. Danach hat er sich zurückgezogen, wahrscheinlich in einen der zahlreichen Bunker in Bagdad. CIA-Agenten hätten seine Spur bis zu einem Haus im Süden von Bagdad verfolgt, Dora Farms genannt, wo Saddam angeblich Kriegsrat halte. Die Information stamme aus verschiedenen Quellen: elektronischen Abhörmaßnahmen und „human intelligence“, einem Iraker, der sich von Saddam abgewendet hatte. Man wisse außerdem, so die CIA-Leute, wo sich die beiden Söhne Saddams, Udai und Kussei, aufhielten.

CIA-Chef George Tenet begibt sich ins Pentagon, um diese Informationen mit Verteidigungsminister Rumsfeld und Richard Myers zu diskutieren, dem Generalstabschef. Rumsfeld will rasch ein Treffen mit Bush vereinbaren. Eine Änderung des vereinbarten Angriffsplans braucht die Zustimmung des Präsidenten.

Gegen 15.40 Uhr erfährt Bush von Rumsfeld, dass sich eine neue Lage ergeben hat. Er brauche die Erlaubnis des Präsidenten, um die Pläne zu ändern, sagt Rumsfeld. Ob er herüberkommen dürfe? Zur gleichen Zeit wird General Franks über die neue Situation informiert. Plötzlich gibt es eine realistische Chance für einen „Enthauptungsschlag“, der den Krieg beenden könnte, bevor er richtig begonnen hat.

Katar, im Centcom der US-Truppen

Tommy Franks ist der einzige Vier-Sterne-General der alliierten Truppen. Ihm untergeben sind die Befehlshaber der Landstreitkräfte, der Luftwaffe, der Flotte, der Marines und der Special Forces.

Den Landkrieg gegen Saddam Hussein und seine 375 000 Soldaten sollen vor allem vier Verbände führen: die 3. Infanterie-Division (mit

20 000 Mann), die 101. Airborne Division (mit 20 000 Soldaten), das 1. Expeditionskorps der Marines (mit 42 000 Soldaten) und die britische 1. Panzer-Division (mit 26 000 Mann).

Jede Division besteht aus drei Brigaden, jede Brigade hat drei oder mehr Bataillone, bestehend aus jeweils 500 bis 900 Soldaten. Ein Bataillon besteht aus drei bis fünf Kompanien, eine Kompanie (100 bis 200 Soldaten) setzt sich aus drei oder vier Zügen zusammen. Die Befehlskette reicht von General Tommy Franks hinunter bis in jedes Platoon (Zug) und noch weiter hinunter in jede Gruppe mit jeweils 4 bis 10 Soldaten, die Squads. Es ist eine Kette vom strategischen Gesamtplan hinab bis zum Soldaten, der im Häuserkampf eine Tür eintritt. Und alle Ebenen sind vernetzt.

Das Konzept, dem die Alliierten im Irak-Krieg folgen, ist dem des deutschen Blitzkriegs gegen Frankreich im Zweiten Weltkrieg nicht unähnlich: Die 3. Infanterie-Division und die 1. Division der Marines sollen so schnell wie möglich Bagdad erreichen. Die 101. Airborne Division und die Briten stoßen hinterher und sichern die Attacke nach hinten ab. Wie das geschieht, bleibt den einzelnen Kommandeuren überlassen; das Konzept der Auftragstaktik gibt ihnen viel Spielraum, diese Vorgabe umzusetzen.

Auftragstaktik vertraut auf die Initiative jedes einzelnen Soldaten. Der Befehlshaber setzt seine Untergebenen nur darüber in Kenntnis, welche Aufgabe zu erfüllen ist – nicht aber, wie. Und darum kann die 2. Brigade der 3. Infanterie-Division entscheiden, wie sie nach Bagdad kommt.

Camp New York in der Wüste Kuweits, im Lager der 2. Brigade der 3. Infanterie-Division

Die Idee von Colonel Perkins, die 2. Brigade der 3. Infanterie-Division in „Heavy Metal" und „Rock 'n' Roll" zu teilen, ist simpel und logisch, aber das gab es noch nie. Eine Brigade wie die Zweite aus Fort Stewart in Georgia, genannt „Spartan", ist flexibel und natürlich fähig, sich in Bataillone und Kompanien und Platoons aufzuteilen, die Tag für Tag ihre „missions", ihre Aufträge, erhalten und durchführen und sich abends wieder sammeln; eine Brigade wie die Zweite ist aber nicht dafür gemacht, halbiert zu werden. Sie ist eine Einheit. Tankwagen versorgen Panzer, Panzer beschützen Tankwagen, das ist das Konzept einer Brigade, so ging das bisher. Die

Brigade zu teilen und getrennt durchs Feindesland zu schicken, das also ist Perkins' Idee.

Perkins blickt in die Runde, die Kommandeure seiner Truppe sitzen um ihn herum, sie sitzen im Tactical Operations Center, TOC auf Army-Amerikanisch, und Perkins weiß, dass seine Idee gut ist. Heavy Metal und Rock 'n' Roll.

„Fragen?“, fragt er.

„Ein guter Plan, Sir“, sagt Lieutenant Colonel (Oberstleutnant) Eric Wesley, der zweite Kommandeur der 2. Brigade, „das funktioniert.“

Wesley und Perkins vertrauen einander, sie respektieren einander, auch deshalb wurde ihre Brigade dazu bestimmt, die entscheidenden Schlachten dieses Krieges zu schlagen.

Colonel Perkins ist seit 23 Jahren dabei. Er ging auf die Militärakademie West Point, wo er seinen Bachelor of Science in Engineering und Mathematik machte. Perkins war Special Assistant des Sprechers des Repräsentantenhauses, Newt Gingrich, er war in Mazedonien, im Kosovo, und wenn er den Krieg gewonnen hat, wird er in die Sektion J-5 des Pentagon wechseln, das ist jene, die für Westeuropa und die Nato zuständig ist.

David Perkins, 45 Jahre, verheiratet, zwei Töchter, ist „definitiv ein künftiger General“, sagt einer seiner Offiziere.

Perkins ist die Nummer 1a der 2. Brigade.

Und Lieutenant Colonel Eric Wesley, 39 Jahre, verheiratet, zwei Söhne und eine Tochter, ist die 1b.

Im Krieg, das haben sie seit September in der Wüste Kuweits trainiert, wird Perkins vorn im Panzer sitzen, er wird im Zentrum der Schlacht sein, und dieses Zentrum heißt TAC. Die Buchstaben bedeuten nichts, sie sind nur das Gegenstück zum TOC, dem Tactical Operations Center. In seinem Panzer hat Perkins natürlich Satellitenfunk und Computer, er kommandiert die Angriffe, das Feuer, und er kommandiert die Kampfhubschrauber, aber seine Schwäche ist, dass er mittendrin die Schlacht als Ganzes nur schwer verstehen kann. Darum gibt es das TOC. Das TOC liegt ein paar Kilometer hinter der Front, und dort wird Wesley sitzen und alle eingehenden Informationen zusammenführen, Unterstützung aller Art in die Schlacht schicken, die Luftwaffe zum Beispiel oder die Artillerie.

Von nun an reden sie nur noch über die Details. Wie viele der „Bradley“-Schützenpanzerwagen müssen hinten bleiben, um die

Tankwagen zu schützen? Wo genau warten die „Abrams"-Panzer auf den Rest? Wer schützt die Tankwagen vor Angriffen, wenn die Panzer weg sind, wer fährt also wo in welchem Konvoi? Dann erhalten die beiden Hälften der Brigade ihre Namen, „Task Force Heavy Metal" und „Task Force Rock'n' Roll", und dann ist die Sitzung beendet. 300 Kilometer in 24 Stunden – das ist das Ziel.

Südostirak, nahe der Stadt Kut, in den Stellungen des II. Korps der irakischen Armee, nachmittags

Die Infanterieeinheit des II. Korps gräbt sich in ihrem Feldlager vor den Toren von Kut ein. Ali Ahmed Ali, Soldat aus Bagdad, schaufelt den ganzen Tag. Der 26-Jährige ist nur mit einer Kalaschnikow bewaffnet. Seine Gruppe besteht aus vier Soldaten, nur einer hat eine alte Panzerfaust. 15 veraltete T-55-Panzer sind ein paar Kilometer entfernt am Stadtrand von Kut stationiert. Sie sollen den Infanterietruppen vor der Stadt Feuerschutz geben. Die Kompanie, zu der Ali gehört, besteht aus 200 Soldaten, sie hat lediglich fünf oder sechs schwere Maschinengewehre, so genannte Duschkas.

Ali weiß, das irakische Heer ist den Truppen der Amerikaner und Briten technisch weit unterlegen. Seine Kommandeure verfolgen deshalb eine defensive Strategie: Die irakische Führung plant nicht, den Krieg zu gewinnen. Sie hofft, ihn so sehr in die Länge zu ziehen, bis der internationale politische Druck die Invasoren stoppt.

Partisanen und paramilitärische Einheiten nicht eingerechnet hat Saddam zu Beginn des Krieges rund 375 000 Mann zu seiner Verfügung. Zahlenmäßig sind die Iraker den 250 000 Mann der Koalitionstruppen damit überlegen. Die reguläre Armee Saddams besteht aus rund 300 000 Mann, aufgeteilt in elf Infanterie-Divisionen, drei motorisierte und drei Panzer-Divisionen. Zusätzlich befehligt Saddam 60 000 Mann der Republikanischen Garde, 15 000 Mann der Speziellen Republikanischen Garde und 5000 Mann der Special Security Organization. Dazu kommen etwa 15 000 bis 25 000 Fedajin, paramilitärische Kämpfer, die Saddams Sohn Udai unterstehen.

Der letzte Golfkrieg sei für die USA ein Kinderspiel gewesen, weil sie nur aus der Luft anzugreifen brauchten. Diesmal müssen die GIs Mann gegen Mann kämpfen. Diesmal wollen die Iraker den Amerikanern zeigen, wer die härteren Soldaten sind. Die Moral der Truppe ist gut. Es gibt regelmäßig Essen – zum Frühstück Omelett, mittags

Brot und Käse oder Reis, abends manchmal sogar Hühnchen. Jeden Abend wird ein neues Nachtlager eingerichtet, die Position der Gruppe um einige Dutzend Meter verschoben – aus Sicherheitsgründen. Heute ist es warm genug, um nicht im Zelt, sondern mit einer Wolldecke im Freien zu schlafen.

Der Soldat aus Bagdad und seine Kameraden sind sich sicher: Der Irak wird den Krieg gewinnen.

Washington, 16 Uhr

Präsident Bush versammelt seine engsten Berater zu einer Sitzung, die Stunden dauern wird: CIA-Chef George Tenet, Sicherheitsberaterin Condoleezza Rice, Andrew Card, Bushs Stabschef, Vizepräsident Dick Cheney, Verteidigungsminister Donald Rumsfeld, Außenminister Colin Powell, Richard Myers. Von seinem Hauptquartier in Katar ist Franks über eine abhörsichere Telefonleitung zugeschaltet. Außerdem sind ein paar Experten von der CIA dabei.

Ursprünglich war geplant, mit ersten schweren Bombardements bis Freitag, dem 21. März, zu warten: wegen des Wetters – und um mehr Zeit für letzte Vorbereitungen zu gewinnen.

CIA-Chef Tenet drängt jetzt darauf, den Kriegsbeginn um 24 oder sogar noch ein paar Stunden mehr vorzuziehen. Die Chance, Saddam zu erwischen, ergebe sich möglicherweise nicht wieder.

Die Gruppe diskutiert, welcher Schaden angerichtet würde, wenn die Information über den Aufenthaltsort Saddam Husseins falsch wäre. Präsident Bush hört die meiste Zeit über schweigend zu. Dann will er wissen, ob das Wetter einen vorgezogenen Schlag gegen Saddam erschweren könnte; wie schnell die amerikanischen Truppen zuschlagen könnten; welche Folgen ein „Enthauptungsschlag“ für den Kriegsplan hat.

Während dieser Stunden meldet sich der irakische Informant mit weiteren Details. Er habe herausgefunden, dass sich etwa 30 Meter vom Haus entfernt, in dem Saddam sich aufhalte, ein Bunker befinde. Dieser Bunker sei auffällig mit Beton verstärkt. Es sei wahrscheinlich, dass Saddam im Fall eines Angriffs dort mit seinen Söhnen Schutz suchen werde.

Franks sagt, dass er eine Entscheidung bis spätestens 19.15 Uhr Washingtoner Zeit brauche. Bush fragt die Anwesenden nach ihrer Meinung. Alle sind dafür, den „Enthauptungsschlag“ zu versuchen.

Bagdad, Stadtzentrum, kurz nach Sonnenuntergang
Auf den Straßen Bagdads mischt sich Angst mit Ungeduld. Noch sind es fast acht Stunden bis zum Ablauf des Ultimatums an Saddam Hussein, das Land zu verlassen. Und bis zur ersten Bombe?

Noch haben die Bürger von Bagdad Zeit, um die Familie raus aufs Land zu fahren. Zeit für ein paar Stunden Schlaf. Zeit, um sich in einem Büro der Baath-Partei eine Kalaschnikow abzuholen.

Überall in der Stadt haben Freiwillige in den vergangenen Wochen Stellungen aus Sandsäcken gebaut. Auf Verkehrsinseln, an großen Straßenkreuzungen, an Brücken, auf der Straße, die zum Informationsministerium führt, auch am Kreisverkehr vor dem „Palestine Hotel", in dessen Mitte eine riesige Saddam-Statue steht.

Heute Abend sind diese Stellungen zum ersten Mal mit Fedajin, mit freiwilligen Kämpfern der Baath-Partei, besetzt. Familienväter sind das, keine Elitekämpfer, einer hat den Helm, ein anderer die Weste, ein dritter die Stiefel, kaum jemand trägt eine komplette Uniform. Sie sitzen auf Plastikstühlen und halten Ausschau.

Sie haben Kalaschnikows, irakische Produktion. Das sind ihre einzigen Waffen. Der Krieg hat noch nicht angefangen, aber Bagdads letztes Aufgebot ist schon in Stellung.

Auch auf dem Dach des Informationsministeriums sind Flugabwehrstellungen aufgebaut worden, mitten in einem kleinen Wald aus Satellitenschüsseln.

Das Ministerium, ein verschachtelter Bau der siebziger Jahre, elf Stockwerke hoch, Beton, graugelb gestrichen wie fast alles in Bagdad, ist das Reich von Mohammed Saïd al-Sahhaf. Hier hat der Informationsminister die vergangenen zwei Jahre lang Propaganda für Saddam gemacht. Hier sind Redaktionen irakischer Zeitschriften und Fernsehsender untergebracht. Hier gewährt er ausländischen Journalisten Visa und entzieht sie wieder. Hier hat er an diesem Morgen vorsichtshalber schon einmal Computer und Aktenschränke wegtransportieren lassen.

Hier hat er heute im Foyer eine letzte Pressekonferenz im Frieden gegeben.

Sahhaf ist 63 Jahre alt, er wirkt jünger, er macht jeden Tag Gymnastik. Er bekommt eine Glatze. Er ist das einzige Regierungsmitglied des Irak, das keinen Schnauzer hat. Er färbt sich seine Haare schwarz mit einem leichten Stich ins Rote. Er trägt die grüne Uniform der Baath-Partei, frisch gewaschen, frisch gebügelt, dazu normalerweise das schwarze Barett, am Gürtel eine Pistole und zwei Magazine. Ché Guevara trug auch so eine Guerilla-Uniform. Vor Sahhaf, in einem Halbkreis, Journalisten aus der ganzen Welt.

Auch er wirkt, als könne er den Krieg kaum mehr erwarten.

„Sie gaukeln ihren Soldaten und Offizieren vor, der Überfall auf den Irak sei eine Art Picknick“, sagt er mit lauter Stimme, seine Augen wandern von links nach rechts, als erwartete er Applaus für seine Sticheleien. „Wir alle wissen, dass das eine dumme Lüge ist. Was sie hier erwartet, ist der sichere Tod.“

Sahhaf hat gute Laune. Wenn er gute Laune hat, schimpft er besonders gut. Wenn er von Amerikanern redet, nennt er sie Verbrecher. Manchmal auch Söldner, Schurken, Ganoven, Feiglinge, Gauner, Hunde.

Washington, 19.12 Uhr

Drei Minuten vor Ablauf der Frist, die General Franks gesetzt hatte, entscheidet Bush, der Versuch sei es wert, unternommen zu werden: „Let's go“, sagt er.

Für ein paar Minuten sind alle sechs Teilnehmer still, so erzählt später ein Regierungsmitarbeiter, der dabei war. Dann greift Außenminister Colin Powell nach der Hand seines Präsidenten und schüttelt sie.

Sofort setzt das Pentagon die US-Luftwaffenbasen am Golf von den neuen Befehlen in Kenntnis.

Berichtigte Zieldaten werden aus dem CIA-Hauptquartier in Langley (Virginia) herausgeschickt. Die Piloten der Udeid Airbase in Katar werden über die geänderten Angriffspläne verständigt.

Donnerstag, 20. März

+++ Nächtlicher Enthauptungsschlag gegen Saddam +++ Bomben und Raketen auf Ziele im Süden Bagdads sowie auf Mossul, Tikrit und Kirkuk im Nordirak +++ Stromversorgung intakt +++ Irakisches Fernsehen sendet aufgezeichnete Botschaft von Saddam +++ Spekulationen über Tod des Diktators +++ Marines der 1. Division und Soldaten der 3. Infanterie-Division marschieren im Irak ein, 101. Airborne Division an die Grenze verlegt +++

Al-Udeid Airbase, Katar, 3.30 Uhr (Ortszeit)

Als der Präsident den Startbefehl gibt, können die beiden F-117-Bomber sofort starten, und das ist nicht selbstverständlich. Es war klar, dass es ein F-117-Tarnkappenbomber sein würde, der den Einsatz fliegt, aber um so einen F-117 startklar zu machen, die Bomben zu montieren und alle nötigen Checks durchzuführen, braucht man normalerweise etwa sechs Stunden Vorlauf. Und dass der Krieg schon jetzt losgehen könnte, so viel früher als geplant, das wissen sie auf der Basis in Katar erst seit zwei Stunden. Erst da haben sie damit begonnen, sich vorzubereiten. Sechs Stunden Vorlaufzeit wären indiskutabel. In sechs Stunden wäre Saddam längst wieder auf den Beinen und in einem anderen Bunker.

Der Bomberflug muss mit einer Angriffswelle von Marschflugkörpern koordiniert werden. Die „Tomahawks“ starten von Schiffen aus, Hunderte Kilometer von der Luftwaffenbasis in Katar entfernt. Sie sollen in Militäranlagen am Südrand von Bagdad einschlagen und die Luftabwehr zerstören.

Dort, wo im Bagdader Stadtteil Dora der Diktator Saddam Hussein mit seinen Söhnen angeblich die Nacht im Bunker verbringt, dort sollen zwei F-117 ihre Last abwerfen: Es sind je zwei Präzisionsbomben vom Typ EGBU-27, pro Stück rund eine Tonne schwer und fünf Meter lang. Bunkerbrecher, satellitengesteuert.

Bisher ist die EGBU-27 noch nie im Kampf eingesetzt worden, die Bomben sind nagelneu, gestern erst in Katar angekommen. Ob man zwei Bomben gleichzeitig abwerfen kann, ohne dass sich deren elektronische Systeme gegenseitig aus dem Konzept bringen, weiß zu diesem Zeitpunkt niemand genau zu sagen. Vor ein paar Stunden erst haben Testpiloten von einer Basis in den USA einen Doppelschlag getestet. Alles ging glatt, aber ein einziger Test sagt nicht viel aus.

Die Soldaten von der 8. Jagdbomberstaffel – sie nennen sich „Black Sheep“, die schwarzen Schafe – haben die neuen Bomben gestern schon einmal unter einen F-117 gehängt, übungshalber. Das spart ihnen jetzt 30 Minuten.

Es bleibt viel zu tun. Die Tarnkappenbomber brauchen noch Geleitschutz, denn der F-117 hat keine Verteidigungswaffen an Bord. Sein einziger Schutzschild ist die Unsichtbarkeit. In ein paar Stunden aber bricht der Tag an.

Jetzt ist es 3.30 Uhr, und die F-117 sind in der Luft, auf dem Weg nach Norden.

Am Steuerknüppel des einen sitzt Lieutenant Colonel David Toomey, 39, sein Flugzeug trägt den Codenamen „Ram 01". Der zweite F-117 wird von Major Mark Hoehn, 35, gesteuert, genannt „Fuji". Sein F-117 trägt den Codenamen „Ram 02". Es sind noch zwei Stunden bis Bagdad.

Ungefähr um diese Zeit werden die ersten von 40 „Tomahawk"-Marschflugkörpern abgefeuert. Zwei Flugzeugträger, zwei Zerstörer und zwei U-Boote zielen mit der ersten Salve auf Verteidigungsanlagen rund um Bagdad.

Ram 01 und Ram 02 fliegen zunächst allein, ohne Geleit. Erst im irakischen Luftraum, über der südlichen Flugverbotszone, treffen sie auf ihre Unterstützung: zwei F-16-Kampfjets, spezialisiert auf das Ausschalten von Luftabwehranlagen, dazu zwei Marineflugzeuge vom Typ EA-6B „Prowler". Die „Prowlers" können feindliches Radar stören und dadurch die ohnehin kaum sichtbaren Tarnkappenbomber noch besser schützen.

Die beiden Navy-Maschinen und die zwei F-16 waren schon eine ganze Zeit in der Luft gewesen, sie patrouillierten über der Flugverbotszone und wurden per Funk zu ihrem neuen Einsatz geschickt. Eine weitere „Prowler" vom Flugzeugträger USS „Constellation" aus dem Persischen Golf stößt noch hinzu. Jetzt sind sieben Flugzeuge unterwegs nach Norden.

Welchen Auftrag die beiden Bomber haben, wissen die anderen Flieger nicht. Auch Toomey kennt nur das Ziel, er weiß aber nicht genau, wer in dem Bunker vermutet wird.

Noch immer über dem Südirak, müssen die F-117 auftanken – sie treffen auf eine KC-135, eine fliegende Tankstelle. „Wo soll's denn hingehen?", wird Lieutenant Colonel Toomey gefragt.

„Ich erzähl's euch, wenn ich wiederkomme."

Dann halten sie Funkstille. Major „Fuji" hat ohnehin Schwierigkeiten mit seinem Funkgerät, es fällt immer wieder aus. Und Toomey stellt auf einmal fest, dass eine seiner Bomben Probleme macht: Eine Kontrolllampe zeigt, dass die satellitengestützte Navigation der Bombe kaputt ist. Ohne die einprogrammierten Daten aber ist die Bombe nutzlos.

Es gibt ein Handbuch an Bord, zusammengestellt von Toomeys

Einheit. Der Lieutenant Colonel blättert. Kurz vor der irakischen Hauptstadt gelingt es ihm, das Leitsystem neu zu starten. Die Warnlampe bleibt jetzt aus.

Ram 01 und Ram 02 nähern sich Bagdad, als rechts von ihnen der Himmel allmählich immer heller wird. Es ist kurz vor 5.30 und Toomey denkt: „Das sieht nicht gut aus."

Die Siebenergruppe löst sich auf. Die beiden Tarnkappenbomber fliegen Bagdad aus verschiedenen Richtungen an. Toomey ist jetzt überzeugt, dass er Saddam persönlich treffen soll.

Die Piloten öffnen die Bombenschächte. Damit verändert sich die Form des Flugzeuges – in diesem Moment werden die Tarnkappenbomber für das gegnerische Radar sichtbar.

Die Bomben klinken aus.

Direkt über Bagdad-Dora schwebt eine Wolke. Toomey kann den Einschlag seiner Bombe nicht sehen. Aber er sieht, wie der Lichtschlag einer gewaltigen Explosion die Wolke von unten erhellt.

Viel zu spät beginnt das irakische Flugabwehrfeuer. Der F-117 ist unerreichbar hoch und zu schnell, ungehindert fliegen Toomey und Fuji zurück.

Hinter ihnen, in Bagdad, schlagen jetzt die „Tomahawks" ein. Der Krieg hat begonnen.

Ein paar Wochen nach dem Krieg werden amerikanische Truppen in Dora nach Spuren suchen. Sie werden nichts finden. Keine Leichen, vor allem aber finden sie nichts, was auf eine unterirdische Festung hinweisen würde. Der Bunker, in dem Saddam geschlafen haben soll und den Lieutenant Colonel Toomey und Major Hoehn zerbombt haben – diesen Bunker hat es nie gegeben.

Der Krieg gegen den Irak hatte mit einem Irrtum begonnen, dem ersten von vielen.

Bagdad, Stadtteil Mansur, 5.30 Uhr

Bomben krachen, Sirenen heulen, am Himmel sind jetzt Flammen zu sehen. Umaris Frau steht neben ihm, er sieht sie an: Midia, fünf Jahre jünger als er, sie war noch nie so bleich.

Aber ich will nicht, denkt Diar al-Umari, gebürtiger Iraker, seit dreieinhalb Jahren Reporter beim arabischen Fernsehsender al-Dschasira, seit einem Jahr Büroleiter in Bagdad, ich will nicht, dass wir sterben. Die Kinder schlafen, trotz des Krachs.

Die Einschläge rücken näher, so kommt es ihm jedenfalls vor, ruhig, bleib ruhig, sagt er sich, Angst ist was ganz Normales, ein chemischer Vorgang, also ruhig – Diar al-Umari, 35, studierter Psychologe, gilt als gewissenhaft, nüchtern, ein Verstandesmensch. Aber jetzt steht er am Schlafzimmerfenster seines Hauses im Stadtteil Mansur, wo viele Saddam-Vertraute wohnen, er zittert und starrt nach draußen – wo nichts zu sehen ist, nur Dunkelheit. Eben wieder ein Einschlag. Das Fensterglas vibriert. Die Wände zittern. Umari hat dieses Haus, Baujahr 1960, von seinem Großvater geerbt, Umari hat es von außen und innen streichen lassen, er hat selbst ein bisschen daran herumrepariert, sogar ein paar antike Möbel gekauft, seine Frau und er lieben dieses Haus – aber die entscheidende Frage ist jetzt: Was hält es aus?

Bagdad, 5.30 Uhr

Udai Hussein, Saddams Sohn, hat nichts geahnt. Er schläft in seinem Palast, als Herr Tema, sein ärztlicher Pfleger, ein Flugzeug dröhnen hört. Herr Tema heißt eigentlich Tenateous Jussuf Juchana, er ist ein kleiner, flinker Mann, der mit seinen grauen Haaren und buschigen Augenbrauen ein wenig an den italo-amerikanischen Regisseur Martin Scorsese erinnert. Von der Familie Saddams kurz Herr Tema genannt, kümmert er sich seit über 30 Jahren darum, dass der Clan der Despoten kräftig und gesund bleibt. Vor allem Udai, Saddams Sohn, ist Tema zugetan.

Tema war dabei, als Udai als Kind die Mandeln und der Blinddarm herausgenommen wurden, und er flog 1987 mit Udai nach Paris, wo dessen Kniescheibe, die er sich beim Fußballspielen gebrochen hatte, operiert wurde. Tema beschreibt Udai als eigentlich sehr robust – angesichts der Tatsache, dass Udai 1996 von 16 Kugeln getroffen wurde, in den Beinen und im Unterleib. Nach sechs Monaten im Hospital muss Udai seitdem Medikamente einnehmen, die ihn stabilisieren. Außerdem überwacht Tema die Krankengymnastik, die Udai täglich zwei bis drei Stunden treiben muss.

Der Mediziner läuft zu den Wachen und fragt: „Warum schlägt niemand Alarm?“ Bevor die Wachen antworten können, gibt es eine Explosion. Tema läuft in Udais Zimmer und ruft: „Der Krieg hat begonnen.“ Udai steht auf, schaltet den Fernseher ein, CNN, und sitzt stumm davor.

Washington, 21.30 Uhr (Ortszeit)

Die amerikanischen Fernsehsender zeigen erste Bilder von den Angriffen auf Bagdad. Ari Fleischer, der Sprecher des Präsidenten, erscheint vor den Journalisten im überfüllten Presseraum des Weißen Hauses und bestätigt die Nachricht. „Die Anfangsphase der Entwaffnung des irakischen Regimes“ habe begonnen, sagt er.

Später wendet sich Präsident Bush mit einer kurzen Fernsehansprache an das amerikanische Volk. Er hat seine blaue Krawatte gegen eine rote getauscht, in seinem Rücken ist das Wappen des amerikanischen Präsidenten zu sehen. Auf dem Tisch steht ein Foto von Ehefrau Laura und seinen Zwillingstöchtern, in die Kamera gedreht.

„Auf meinen Befehl hin haben die Truppen der Koalition begonnen, ausgewählte militärische Ziele anzugreifen“, sagt er. Es werde „keine Kampagne der halben Maßnahmen“. Ziel sei es, „den Irak zu entwaffnen, das irakische Volk zu befreien und die Welt vor großer Gefahr zu schützen“.

Der Ausbruch des Krieges trifft die britische Regierung so unvorbereitet wie die irakische Regierung. Präsident Bush hatte den britischen Premierminister Tony Blair nicht über die geänderten Pläne informiert. Die meisten engen Mitarbeiter Tony Blairs waren an diesem Mittwoch früh nach Hause gegangen, um sich noch einmal auszuschlafen, bevor der Krieg beginnen würde. Jack Straw, der britische Außenminister, musste geweckt werden. Blair nahm die Nachricht zur Kenntnis und legte sich wieder ins Bett.

Bagdad, im Kindi-Hospital

Das Wolfsgeheul des Bombenalarms war Dr. Mohammed Baschir tief in die Glieder gefahren, obwohl er es seit langem erwartet hat. Überrascht ist Baschir nicht, niemand in Bagdad kann überrascht sein, die Sirenen melden doch nur den Vollzug einer lange angekündigten Katastrophe, Baschir sitzt am Schreibtisch, er sagt vor sich hin: „Oh, mein Gott.“

Das Kindi ist eines von fünf großen Krankenhäusern in der irakischen Hauptstadt, Dr. Baschir, 50, Schnurrbart, Halbglatze, Lachfalten um die Augen, leitet die Notaufnahme.

Für ihn sind die Sirenen nicht Warnung, nicht Aufforderung wegzulaufen, sondern Weckruf zur Pflicht. Er kann sich nicht aufhalten mit seiner Angst. Er wird jetzt Aufgaben haben, er muss jetzt funktionieren. „Jetzt kommen die Verwundeten. Jetzt kommen die Opfer. Jetzt kommt das Elend." Solche Sätze sind in Dr. Baschirs Kopf, als der Krieg beginnt.

Ein Ambulanzfahrer berichtet, er habe den Horizont im Süden der Stadt erleuchtet gesehen „wie von einem Sonnenaufgang". Dr. Baschir lässt Betten machen.

In der Notaufnahme hat er 20 Plätze. Das können zu viele sein oder viel zu wenig. Ein großer Treffer in der Nähe, und im Kindi bräche das Chaos los.

Um Punkt 8 Uhr heulen die Sirenen von Bagdads Dächern Entwarnung. Um 8.10 Uhr kommen die ersten Opfer der Operation Iraqi Freedom im Kindi-Krankenhaus an. Der Enthauptungsschlag gegen Saddam Hussein hat acht Zivilisten getroffen. Verwandte bringen, als Erste, einen Mann und seine Schwester, die Kleider schwer von Blut, die Körper zerlöchert von Glassplittern und zersprengtem Stein. Sie überleben. In der Notaufnahme des Kindi gibt es am ersten Kriegstag keine Toten.

Bagdad, Stadtteil Mansur, Wohnung der Familie Umari, 8.15 Uhr

Es ist der erste größere Streit ihrer Ehe; aber Diar al-Umari, der Korrespondent des TV-Senders al-Dschasira, hat ein unschlagbares Argument: die Kinder. Seine Frau Midia gibt nach. Umari ruft einen Freund an, der verspricht, Umaris Familie nach Ramadi zu fahren, eine Kleinstadt, 100 Kilometer westlich von Bagdad. Dann rast Umari ins Dschasira-Büro, es liegt direkt am Tigris, an der Karadat-Mariam-Straße. Nun, nach der Panik der Nacht, fühlt er sich geradezu euphorisch. Er muss einen Einsatzplan ausarbeiten, die erste Konferenz beginnt bald.

Al-Dschasira beschäftigt in Bagdad 45 Mitarbeiter: Sprecherinnen, Kameraleute, Tontechniker, Fahrer. An diesem Morgen kommen alle früh ins Büro, jeder Ankömmling wird von den anderen begrüßt, als wäre er von den Toten auferstanden. Du lebst? Wie war es bei euch? Wo sind deine Frau, deine Kinder? Der allgemeine Tenor, der auch bei den ersten Berichten mitschwingt, geflüstert, geraunt, mehr ein Gerücht als eine Einschätzung: Der Angriff kam überraschend, der Präsident ist tot.

Umari sitzt in seinem Büro, als um 11 Uhr das Telefon klingelt.

Das Informationsministerium. Sahhaf ist selbst am Apparat. Wütend wie noch nie. Er bestellt ihn in sein Büro, um 16.30 Uhr soll Umari da sein.

Bagdad, Palast von Udai, 9.30 Uhr

Um 9.30 Uhr verlässt Udai Hussein das Haus. Er trägt einen weißen Kaftan, eine weiße Hose, braune Sportschuhe und sagt: „Ich gehe zu den Fedajin." Zwei Stunden später kehrt Udai in seinem schwarzen Mercedes zurück. Er sagt nichts, setzt sich wieder vor den Fernseher, schaltet zwischen CNN und dem arabischen Sender Orbit hin und her.

Bagdad, Stadtteil Karch

Was sind das für Leute, die für Saddam und Udai Hussein die Männer der Nation mobilisieren? Hamid Maschid ist einer von ihnen. Er hat schlecht geschlafen und frühstückt – zwei Spiegeleier und ein Glas Tee – wenig für einen Mann mit dem Aussehen eines Kampfringers. Der 41-jährige studierte Theaterdramaturg arbeitet als leitender Beamter in der Jugendvereinigung der Baath-Partei, der Regierungspartei, der Partei des Diktators. Mit seinem Privatwagen fährt er zu einer Turnhalle im Bagdader Stadtteil Karch. Hier ist eine der streng geheimen Kommandozentralen der Fedajin Saddam untergebracht. Maschids Aufgabe: Guerilla-Kämpfer und Selbstmordattentäter an die Front zu schicken.

Die Iraker haben sich die Palästinenser zum Vorbild genommen. Die Fedajin unterstehen direkt Saddam Husseins Sohn Udai. Er hat sich von palästinensischen Terrorgruppen Bücher über die Organisation von Selbstmordattentaten schicken lassen. Seit Mai 2002 wurden in allen Provinzbüros der Jugendorganisation der Baath-Partei Freiwillige rekrutiert. Um 11 Uhr ergeht der erste Befehl an Maschid: Udai braucht 25 Fedajin für den sofortigen Einsatz. Es melden sich 250. Maschid stellt Gruppen von jeweils 20 Männern zusammen und schickt sie mit weißen Allradwagen nach Basra, Umm Kasr und Nadschaf, also in den Süden des Irak. Die Autos haben zivile Kennzeichen. Etwa hundert junge Männer bleiben in der Turnhalle. Maschid kämpft in seinem Büro mit den für die Kamikaze-Einsätze notwendigen Unterlagen. Maschid ist Papierkrieger.

Kuweit, vor der Grenze zum Irak,
im Lager der 1. Brigade der 3. Infanterie-Division

Die erste Aufgabe der 1. Brigade der 3. Infanterie-Division wird sein, ein paar Schlachten im Süden des Irak zu schlagen, die wahre Aufgabe aber wird die Eroberung des Saddam International Airport in Bagdad sein. Wann sie da ankommen, kann keiner der 4000 Soldaten sagen, auch Sergeant (Feldwebel) Jennifer Raichle kann es nicht, obwohl es ihr Job ist, in die Zukunft zu blicken.

Sergeant Raichle ist 25 Jahre alt, sie hat blaue Augen und braune Haare, die sie zu einem Knoten bindet, damit die Soldaten nicht wild werden. Sie gehört zur 1. Brigade der 3. Infanterie-Division, ein paar Kilometer weiter lagern die „Heavy Metal"- und „Rock 'n' Roll"-Kerle der 2. Brigade.

Als sie ihre Taschen für den Krieg gepackt hat, hat sie ein paar CDs eingesteckt und ihre zwei Lieblingsbücher: „Huckleberry Finn" und „Fänger im Roggen". Die Regeln sagen: keine eigenen Waffen, keine Drogen, ansonsten ist alles erlaubt, aber mehr wollte sie nicht schleppen. Ihre Ausrüstung natürlich, die Gasmaske, das Gewehr, die Stiefel, vier Uniformen, T-Shirts, Hygieneartikel. Aber mehr nicht. „Das Wichtigste war, dass ich wendig bin. Ich will nicht, dass die Jungs meine Sachen schleppen müssen, und ich will beweglich sein, wenn es losgeht", sagt Sergeant Raichle.

Sie ist eine von vielen tausend Frauen in der Armee, es gibt inzwischen sogar Frauen, die Kampfflugzeuge fliegen. Aber Frauen bei der Infanterie, das ist selten, und eine Frau bei den Aufklärungseinheiten ganz vorn in der Schlacht, das ist eine Sensation, und darum begleitet die „New York Times" Sergeant Raichle in der Serie „Tours of Duty" durch den Krieg.

Sie wird zu einem Star dieses Krieges werden. Wenn sie ihn überlebt.

An diesem Tag ist es Sergeant Jennifer Raichles Aufgabe, das vorherzusagen, was die 1. Brigade morgen erwartet, denn morgen wird für die 1. Brigade der Krieg beginnen, an der Grenze zwischen Kuweit und dem Irak.

Ihre Thesen, ihre Erkenntnisse: Die Iraker haben Spione in Kuweit, die jede Bewegung der Amerikaner nach Bagdad melden. An der Grenze selbst haben sie Türmchen mit drei bis fünf Männern Besatzung, und die Männer haben kleine Funkgeräte, mit denen sie ihre Beobachtungen an ihre Zentrale weiterleiten, die ein paar Kilometer weiter hinten liegt; von der Zentrale aus telefonieren dann die Offiziere die Beobachtungen weiter nach Basra. Es gibt wenige Minen im Grenzgebiet, es gibt nur Gräben, die den Panzern die Durchfahrt erschweren sollen. Kein Problem also, denn die 1. Brigade hat nicht nur 5000 Fahrzeuge dabei, für alle denkbaren Arten von Problemen mindestens eines, sondern auch faltbare Brücken, die sie durchs Kriegsgebiet kutschiert und die sie über Flüssen und eben Gräben auseinander klappen kann.

Wie alle hier in der Wüste Kuweits hat sich Sergeant Raichle seit Monaten vorbereitet auf das, was kommen wird. Für sie, die Aufklärerin, ging es natürlich darum, so viele Informationen wie möglich über den Irak zu sammeln.

In Friedenszeiten ist Südostasien Raichles Gebiet. Aber weil seit November jeder in Fort Stewart, der nicht ignorant oder dumm war, wusste, was passieren würde, konzentrierte sich die ganze Einheit S2 von Thanksgiving an auf den Irak. S2, das ist die Aufklärungstruppe von Major John Altman, Raichles Vorgesetztem.

Und von da an lasen sie, was sie kriegen konnten, Zeitungen natürlich, Geheimdienstberichte natürlich, Bücher natürlich. Sie führten Gespräche mit Leuten, die im letzten Golfkrieg dabei gewesen waren, und sie befragten Exil-Iraker. Dann teilten sie sich auf: Der eine spezialisierte sich auf irakische Waffen, der Nächste auf Wetter und Territorium, Sergeant Raichles Gebiet wurden Paramilitär und Terror.

Seit sie nach Kuweit kamen, seit Januar also, hatten sie eine Konferenz am Tag. Und jetzt reden sie dreimal am Tag.

Während der Schlacht wird Sergeant Raichle vorn im TAC sein, im Kommandostand an vorderster Front, in dem alle Fäden der 1. Brigade zusammenlaufen. Jetzt, vor der Schlacht, sitzen sie alle im TOC, dem mobilen Kommandozentrum, das hinter der Kampfzone bleibt, zusammen, und das Wort hat Raichles Boss, Major John Altman.

Das Wetter also: 28 Grad Celsius Höchsttemperatur, 17 Grad Tiefsttemperatur; Vollmond war am 18. März, von nun wird es Nacht für Nacht dunkler, „ein gewaltiger Vorteil für uns", sagt Altman, wegen der Nachtsichtgeräte.

Der Feind: „Der Irak ist in Sektoren aufgeteilt", sagt Altman, „für die Grenze im Süden ist das III. Korps der irakischen Armee verantwortlich. Es besteht vor allem aus Schiiten, die sind nicht besonders loyal, ihnen vertraut Saddam nicht. Dies ist der äußere Kreis. Dann, vor Bagdad, Tikrit und Mossul, wartet die Republikanischen Garde auf uns, besser trainiert, loyaler, ihnen vertraut Saddam sehr, aber nicht so sehr, dass er sich persönlich von ihnen beschützen lässt. Und in Bagdad selbst sitzt die Spezielle Republikanische Garde, das sind die, die Saddam tatsächlich zu sehen kriegen, das sind die Treuesten der Treuen."

Was noch?

Ein Problem werden auch die Iraker an der Grenze nicht sein, das erzählen Raichle und ihr Boss Altman nun den Kommandeuren der 1. Brigade, denn diese Leute hätten eine Scheißangst.

„Woher wisst ihr das?", wollen die Kommandeure wissen.

„Wir hatten doch neulich die Übung, wo wir das gesamte Waffenarsenal getestet haben", sagt Altman.

„Ja, und?"

„Da sind sie alle weggerannt, und nur die Hälfte ist wiedergekommen."

Bagdad, Informationsministerium, kurz nach 10 Uhr morgens

Im Pressezentrum haben sich die Mitarbeiter des Informationsministeriums gemeinsam mit den Journalisten die Rede von Saddam Hussein angesehen. Alle sind sich einig, dass es eine Aufzeichnung gewesen ist. Die Frage ist nur: vor dem Enthauptungsschlag oder danach?

Saddam Hussein, inzwischen 65 Jahre alt, sah aus wie der Bewohner eines Altersheimes, den man mitten in der Nacht aufweckt, dem man ein paar Zettel in die Hand drückt und der dann Sätze vorliest, die er nicht versteht.

Informationsminister Sahhaf ruft zur Pressekonferenz in einem villenartigen Anbau des Ministeriums. Es ist in einer Art Aula, sie ist zehn mal zehn Meter groß, heller Marmorboden, weiße Wände. Eine Party-Girlande ist quer durch den ganzen Raum gespannt. Sie scheint schon länger dort zu hängen, sie wirkt wie eine Erinnerung an bessere Zeiten.

Jeden Tag des Krieges erklärt Sahhaf in diesem Hof die Welt. Es ist eine andere Welt als die seiner amerikanischen Feinde und als jene, die sein Regime unterdrückt. In Sahhafs Welt gibt es nur das Echo seiner eigenen Worte.

Er lächelt. Der Feind, sagt Sahhaf, hat nur ein paar Geschäfte getroffen. Und das Gebäude des staatlichen Satellitenfernsehens. Und die Zollverwaltung.

Die Zollverwaltung. Lächerlich. „Wir haben darauf mit einer Botschaft der Erniedrigung geantwortet."

Minister Sahhaf, wo ist der Präsident jetzt?

„Der Präsident", sagt Sahhaf, auch heute mit Uniform, Barett, Pistole, „ist im Dienst."

Ja, sagt er, es habe einen Versuch dieser Verbrecher gegeben, den Präsidenten Saddam Hussein zu töten. „Ich bin mir sicher, dass diese Verbrecher dumm sind und dass sie nie erfolgreich sein werden. Aber diese Bomben beweisen, dass sie Killer sind und dass sie Attentate versuchen."

Kuweit, im Lager des 1. Bataillons des 5. Regiments der Marines, 13.30 Uhr

Die Marines sollen die Ersten sein, die in den Irak einmarschieren – das erfährt Lieutenant Colonel Fred Padilla, als er in den Befehlsstand des 5. Marines-Regiments gerufen wird. Der Kommandeur des 1. Bataillons bekommt von seinem Vorgesetzten den Befehl, seine Einheit in den nächsten 24 Stunden auf ihren Einsatz vorzubereiten. 1000 Soldaten gehören zum 1. Bataillon, durch angegliederte Kräfte sind es in diesem Moment sogar 1300. Sie sollen vorangehen, weiter westlich soll etwas später die 3. Infanterie-Division, die 2. Brigade von Perkins und Wesley, die Grenze zum Irak durchbrechen, noch später soll die 101. Airborne folgen, dann die 1. Panzer-Division der Briten. Padilla fährt in die kuweitische Wüste zurück, wo sein Bataillon campiert. Er ruft seine vier Kompaniechefs zusammen, um sie zu informieren.

Es ist 14.15 Uhr.

Vor drei Tagen sind sie von ihrem Basiscamp in die Gefechtsposition vorgerückt, die Fahrzeuge sind voll getankt, alles scheint nach Plan zu verlaufen. Dass sie wieder mal die Speerspitze bilden, überrascht niemanden bei den Marines.

Die U. S. Marines gelten als besonders harte amerikanische Kämpfer, in den Weltkriegen waren sie die ersten Soldaten, die mit ihren

Landungsbooten am feindlichen Ufer anlegten. Darum heißen sie Marines, obwohl sie inzwischen nicht viel mehr mit dem Meer zu tun haben als die Soldaten der Infanterie. Sie sind die Elitearmee der amerikanischen Streitkräfte, eine Armee neben der U. S. Army, und ihre Soldaten blicken auf gewöhnliche Soldaten, auch wenn sie als Eliteeinheit gelten, herab.

Das Motto des 1. Regiments ist: „Freiheit oder Tod".

Padilla ist ein erfahrener Krieger, er war bei Einsätzen in Beirut, Panama, Somalia und im Golfkrieg 1991 dabei. 24 Stunden sind Zeit genug, um fertig zu werden. Doch drei Minuten später reicht Padillas Funker eine kleine gelbe Karteikarte ins Kommandozelt, auf der er einen Funkspruch notiert hat, der eben aus dem Hauptquartier der Marines eingetroffen ist.

Die Karteikarte wirft alle Pläne um. Im Irak, südwestlich von Basra, haben Iraker Ölquellen in Brand gesetzt, steht dort. Padillas Bataillon soll die vier Verdichterstationen und ein Pumpwerk sichern und weitere Sabotageakte verhindern. Um 18.30 Uhr soll ihr Angriff beginnen, vielleicht schon früher.

Padilla schaut auf die Uhr.

Es ist 14.20 Uhr.

Bis zur Grenze in den Irak sind es etwa 20 Kilometer. Sie haben jetzt keine Zeit mehr, sich vorzubereiten. Padilla schickt seine Kompaniechefs los, um den Abmarsch zu organisieren. Dann macht er einen Eintrag in sein grünes Kommandobuch. Padilla weiß, dass es zu spät ist, Luftunterstützung anzufordern. Sie werden für die ersten Stunden allein sein. Er weiß nicht, was ihn im Irak erwartet.

Es ist eine riskante, überraschende Aktion, für einen Moment scheint die Kontrolle verloren gegangen zu sein.

Fred Padilla ist 44 Jahre alt, exakt die Hälfte seines Lebens hat er bei den Marines verbracht. Er ist in einer Militärfamilie groß geworden, sein Vater war Air-Force-Pilot, die Familie ist von einem Standort zum nächsten gezogen. Er hat vier Geschwister, alle sind beim Militär. Padilla ist seit zwei Jahren beim 1. Bataillon des 5. Marines-Regiments, eine lange Zeit.

Lieutenant Colonel Padilla macht sich fertig, er weiß nicht, dass ihn in diesem neuen Krieg die härtesten Kämpfe seines Soldatenlebens erwarten.

Bagdad, Informationsministerium, 16.30 Uhr

Saddams Informationsminister empfängt in seinem Büro den Korrespondenten vom Fernsehsender al-Dschasira. Diar al-Umari hat einen Kollegen mitgebracht, als Verstärkung. Sahhaf hat mehrere Büros, dieses ist ein Muster an Kargheit: 30 Quadratmeter, zwei schmale Schränke links, der Minister sitzt hinter seinem dunklen Schreibtisch, hinter sich ein Saddam-Porträt. Kein Fernseher, kein Computer; dafür liegt eine Kalaschnikow auf dem Schreibtisch. Die Waffe ist entsichert, Umari registriert es aus dem Augenwinkel. Sahhaf trägt rechts einen Halfter, eine Pistole steckt darin, der Halfter ist aufgeknöpft.

Der Minister lässt die beiden Journalisten eine Weile vor seinem Schreibtisch stehen, starrt sie an, wortlos. Umari bemerkt, dass unter Sahhafs linkem Auge ein Muskel zuckt.

Und plötzlich brüllt Sahhaf los.

Er nennt sie Kollaborateure, ein sehr gefährlicher Vorwurf, dann nennt er sie „Dschaban", Feiglinge – wie können sie es wagen, in ihren Berichten anklingen zu lassen, dass der Präsident tot sei? Wieso fehlt es in ihren ersten Berichten an patriotischen Passagen? Sahhaf ist kein Schauspieler, er ist wirklich außer sich, jetzt schlägt er mit der flachen Hand auf den Tisch, drei-, vier-, fünfmal, Umari zuckt jedes Mal zusammen. Umari versucht stammelnd eine Antwort, aber Sahhaf brüllt ihn nieder, er verlangt patriotische Berichterstattung, ab sofort, sonst wird das Büro geschlossen, und kein Verräter, faucht er, wird dann seiner Strafe entgehen.

Das Ganze hat etwa zehn Minuten gedauert, Umari ist schweißnass. Als Sahhaf die Journalisten entlässt, hält er ihnen die Tür auf, und als Umari sich an ihm vorbeidrückt, holt Sahhaf kurz aus und knallt ihm die Faust in die Magenkuhle. Umari krümmt sich und hat augenblicklich das Gefühl, er müsse sich übergeben. „Dschaban", brüllt Sahhaf, während er sie an den Schultern packt und aus der Tür schubst, Feiglinge.

Grenze zum Irak, 2. Brigade der 3. Infanterie-Division, nachmittags

20 000 Männer ziehen ins Land des Feindes. Die gesamte 3. Infanterie-Division zieht in den Krieg, auch Eric Wesleys und David Perkins' Soldaten, die „Heavy-Metal"- und „Rock 'n' Roll"-Truppe.

Die Motoren heulen, und die 2. Brigade hat die „Attack Position Appling“ eingenommen; „Appling“ ist nur ein Fleck in der Wüste, von der 2. Brigade so getauft. So machen sie das immer: Einheimische Namen verschwinden, Städte werden zu „Objectives“, benannt nach Footballteams oder Fernsehserien. Daran liegt es, dass amerikanische Soldaten nach einem Krieg oft nicht mal wissen, wo sie eigentlich waren.

Babylon?

Heißt ab sofort „Objective Raiders“.

„Attack Position Appling“ liegt kurz vor der Grenze. Und hier sitzen Amerikas Krieger nun in ihren Panzern und sehen den Pionieren ihres 10. Pionier-Bataillons bei der Arbeit zu.

Es ist eine Schweinearbeit.

„They got their boots on the ground“, heißt das bei der U. S. Army, und wer erahnen will, wie gefährlich der Job der Pioniere ist, muss sich nur die erste halbe Stunde von Spielbergs „Der Soldat James Ryan“ ansehen, das tausendfache Sterben bei der Landung in der Normandie 1944.

Das waren die Pioniere.

Die 415 Soldaten vom 10. Pionier-Bataillon der 2. Brigade haben im Wesentlichen drei Aufgaben: „Assuring mobility“ bedeutet Wartung und Versorgung der Fahrzeuge und Waffen, aber auch Straßen- und Brückenbau oder die Räumung von Minenfeldern. „Assuring survive ability“ bedeutet alle Arten von Schutz, vom Bau von Bunkern bis zur Pflege der Radarsysteme. „Assuring counter mobility“ bedeutet die Blockade von Brücken, das Aufbauen von Barrieren aller Art. Manche sagen, der Job der Pioniere sei der gefährlichste, den die U. S. Army zu vergeben hat.

Die Leute vom 10. Pionier-Bataillon wissen natürlich, dass die Scharfschützen über sie lächeln. „Wie viele habt ihr denn so getötet heute?“, fragen die Scharfschützen abends beim Essen. Aber die Leute vom 10. Pionier-Bataillon wissen sehr genau, dass die Scharfschützen ohne sie noch immer in der Wüste Kuweits hocken würden.

Es ist der gefährlichste und lausigste Job, den die Army zu vergeben hat, weil das Pentagon Milliarden für neue Bomben und Flugzeuge ausgibt, aber welche Lobby haben schon Pioniere? Sie müssen mit 29 M113-Fahrzeugen in den Krieg, das sind leichte Panzer mit verstärkten Wänden, aber es sind keine „Bradleys“ und schon gar keine Kampfpanzer. Der M113 ist ein APC, das ist Army-Amerikanisch für „Armored Personnel Carrier“, und den M113 hatten sie schon in Vietnam. Bewaffnet sind die Männer mit uralten M2-Browning-Maschinengewehren vom Kaliber 12,7 Millimeter. Dann haben sie noch 12 AVLBs, Army-Amerikanisch für „Armored Vehicle Launched Bridge“, und das sind die M60-Panzer mit den Brücken, die man auseinander falten kann. Das Einzige, was neu ist in diesem Teil der Truppe, sind die 12 Miclic, die allerdings bieten eine echte Show. Miclic heißt „Mine Clearing Line Charge“, und das ist ein Kabel, das mit 1800 Pfund Plastiksprengstoff bestückt ist, das mit einer Granate in ein Minenfeld geschossen wird, das zwischen all den Minen zum Liegen kommt und dann eine Bresche in das Feld schlägt.

Jetzt, an der Grenze, sind die Pioniere wieder die Ersten, die rüber müssen. Zunächst müssen sie die kuweitische Seite zugänglich machen. Zum Schutz vor Saddam haben die Kuweiter Gräben und Hügel gebaut, die die Panzer stoppen sollen; und sie haben eine Menge elektrischer Zäune gezogen. Es ist lästig, aber noch nicht bedrohlich, das ganze Zeug platt zu walzen und die Gräben zuzuschütten.

Das Problem ist, dass die Iraker auf der anderen Seite das Gleiche zum Schutz vor den Amerikanern gemacht haben. Seit den frühen Morgenstunden sind die 21 ACE, die gepanzerten Planierraupen des 10. Pionier-Bataillons, schon im Einsatz, es gab Schüsse, aber keine Toten, und so langsam ist die Bahn in den Krieg frei.

Sie stellen Schilder auf und Reflektoren und verständigen sich mit den Pionieren der 1. und der 3. Brigade, und am Ende führen zehn Straßen in den Krieg.

Kuweit, an der Grenze zum Irak, 1. Bataillon des 5. Marines-Regiments, 16.44 Uhr

Um 16.44 Uhr erreichen die Marines des 1. Bataillons die Grenze, etwas weiter östlich als die Truppen der 3. Infanterie-Division. Es ist nicht klar, wie stark die Gegenwehr auf der anderen Seite sein wird. Erst kurz bevor sie aufbrechen, erfährt Lieutenant Colonel Fred Padilla über Funk, dass ein Bataillon der irakischen Armee die brennenden Quellen verteidigen wird.

Um 17.38 Uhr überschreiten sie die Grenze. Das 1. Bataillon des 5. Regiments der Marines ist im Krieg.

Für die Mehrzahl der 1300 Marines ist es der erste richtige Kampfeinsatz. Das Bataillon war nicht in Afghanistan. Eigentlich sollten sie im Juni zu einer sechsmonatigen Reise ins Japanische Meer aufbrechen, aber dann kam der Krieg dazwischen.

Corporal Justin Hill ist 20 Jahre alt. Er sitzt mit seinen Kameraden im Bauch des ersten M113, der ins Land des Feindes rollt. Corporal Hill ist also ganz vorn, und das freut ihn. Er hat darauf gewartet, dass es endlich losgeht.

Hill ist Maschinengewehrschütze, Infanterist. Wenn ein Haus gestürmt wird, ist er der zweite Mann, der durch die Tür tritt. Er wollte immer ein Infanterist werden, jemand von den Fußtruppen. Er ist seit zweieinhalb Jahren Infanterist bei den Marines, und er hätte es schrecklich gefunden, seine vierjährige Dienstzeit zu beenden, ohne jemals zu kämpfen. Jetzt ist es fast so weit. Er sitzt und wartet, dass er raus kann. Man sieht nichts im Panzerwagen, es gibt keine Fenster hier drin, nur Stahlwände, dick genug, um Kugeln zu widerstehen, zu dünn, um eine Panzergranate auszuhalten. Am Ende der Schlacht werden sich in Justin Hills Panzerwagen bis zu 40 Männer seines Bataillons drängen, weil deren Fahrzeuge kaputtgeschossen wurden. Aber jetzt ist der erste Tag, alle Panzer sind noch intakt, sie sitzen im Dunkeln, sie holpern durch den Irak. Sie wissen nicht, wo sie sind, und die meisten wissen auch nicht, was sie erwartet.

Corporal Hill hat sich in der Marines-Bibliothek in Camp Pendleton (Kalifornien) eine paar Bücher über den Irak ausgeliehen. Er weiß ein bisschen was über das Klima und die Geschichte des Staates. Er hat auch einige arabische Wendungen gelernt. Zum Beispiel „Stopp!“, „Hände hoch!“ und „Leg die Waffen weg!“

Das muss reichen. Hill kaut Tabak, er stammt aus Winston-Salem, der berühmtesten Zigarettenstadt im Zigarettenstaat North Carolina.

Nach einer Stunde ruft ihn sein Zugführer, Second Lieutenant Shane Childers, aus dem Wagen.

Childers ist zehn Jahre älter als Justin Hill, der seinen Zugführer verehrt.

Der Corporal reiht sich hinter Childers in die Schlange der marschierenden Soldaten. Sie ziehen hintereinander, die Gewehre in Anschlag, durch die Dunkelheit. Es ist pechschwarze Nacht, zwischen Alpha-, Bravo- und Charlie-Kompanie, den drei Kompanien des 1. Bataillons, sind jeweils 500 Meter Abstand. Sie können einander nicht mehr sehen. Acht Meilen vor ihnen brennen die Quellen auf dem Ölfeld.

Ab und zu hören sie einen Schuss, aber von Gegenwehr kann eigentlich keine Rede sein.

Die irakischen Stellungen sind vorher aus der Luft beschossen worden. Hier und da sehen sie Einschläge. Die Moral der irakischen Truppen scheint nicht mehr die beste zu sein. Sie sind weit weg von Bagdad, die meisten ergeben sich sofort, als sie die Amerikaner zu Gesicht bekommen. Viele werden im Schlaf überrascht, manche tragen keine Schuhe, rennen in Unterhemden auf die Angreifer zu. Lieutenant Colonel Padilla hat mit mehr Widerstand gerechnet. Er glaubt, dass Saddam die schwächsten Kämpfer an die Grenze geschickt hat. Die Marines rufen den irakischen Soldaten immer wieder zu, dass sie lieber Teil des neuen Irak sein sollen, als für den alten zu sterben. Diese Botschaft ist auf die Feinde schon in den vergangenen Tagen in Form von Tausenden Flugblättern geregnet.

Als sie die Ölquellen erreichen, teilt Padilla seine Kompanien auf. Sie nehmen eine Quelle nach der anderen ein, nur an den Pumpstationen hält sich der Widerstand. Padilla schickt die Alpha-Kompanie los, die sich von hinten an die irakischen Kämpfer heranschleichen soll. Als die Iraker merken, dass sie eingekreist werden, versuchen sie auszubrechen. Zwei weiße Pick-ups rasen die Straße hinunter, auf der die Alpha-Kompanie gerade anmarschiert. Die irakischen Soldaten schießen von den Pritschenwagen auf die Marines. Die Marines schießen zurück.

Corporal Justin Hill schießt zum ersten Mal in seinem Leben auf Menschen, und vielleicht tötet er zum ersten Mal, er weiß nicht, ob er trifft, wen er trifft.

„Wenn wir sie nicht töten, töten sie uns", sagt er später. „Also löschen wir sie aus."

Der erste japanische Pick-up fängt Feuer, sechs der zehn irakischen Soldaten, die mitfahren, sterben.

Der zweite irakische Pritschenwagen bleibt stehen. Einer der irakischen Soldaten winkt den Marines mit etwas zu, das aussieht wie eine weiße Fahne.

Die zwei „Humvees", die die Alpha-Kompanie begleiten, werden zum Feind hinübergeschickt. In einem sitzt Private First Class Brandon White, im anderen Corporal Mike Cash. Sie sollen die Iraker gefangen nehmen. White ist als Erster am Pick-up der Iraker. Er zählt acht Iraker, einige sind schwer verletzt. Einer hat ein Loch im Rücken, in das Fäuste passen, schätzt White. Der Mann stöhnt, ruft „help, help". Cash steigt aus dem zweiten „Humvee", das Gewehr im Anschlag. Die beiden Marines rufen die arabischen Kommandos, die sie sich auf den Schaft ihrer Maschinengewehre geklebt haben.

„Lasst die Waffen fallen! Hebt die Hände!"

Vielleicht ist ihre Aussprache nicht gut genug, jedenfalls reagieren die Iraker auf der Ladefläche nicht. Sie starren sie nur an. Als sich einer bewegt, schießt ihm Cash in den Kopf. Achtmal schießt er auf den Mann.

Er habe sich bedroht gefühlt, er wollte lieber kein Risiko eingehen, sagt Cash später. Er ist 21, kommt aus Los Angeles, war früher Bodybuilder, ist seit acht Jahren bei den Marines. Nach den ersten vier Jahren ist er ausgestiegen und hat in New York für eine Versicherungsfirma Streikbrecher fotografiert. Aber dann wurde seine kleine Tochter schwer krank, und er konnte die Krankenhauskosten nicht mehr bezahlen. Das U.S. Marine Corps deckt alle Versicherungskosten. Cash kam zurück, wurde wieder Soldat, zog in den Krieg und tötet nun an einer Pumpstation in der irakischen Wüste einen Mann, der sein Arabisch nicht verstand.

Freitag, 21. März

+++ Schwere Luftangriffe +++ Die Air Force der Koalition fliegt 700 Bombereinsätze, die Kriegsschiffe schießen über 500 Marschflugkörper ab, rund 1000 Ziele werden attackiert +++ In Bagdad brennt der Palast der Republik am Tigris +++ Bomben auf den Nordirak +++ Heftiges Flugabwehrfeuer vom Boden, aber kein Widerstand aus der Luft +++ U.S. Air Force wirft zwei Millionen Flugblätter für die irakischen Soldaten ab: Sie sollen aufgeben, zwei Bataillone ergeben sich +++ Kuweit meldet 15 brennende Ölquellen im Südirak +++ 1. Marines-Division kämpft bei Basra, 3. Infanterie-Division rückt 150 Kilometer ins Land vor +++ Acht Briten und vier Amerikaner sterben bei Hubschrauberabsturz +++ Die Lage: Am Abend beginnt die Aktion „Shock and Awe", Schock und Schrecken. So nennt die US-Armee das massive Bombardement Bagdads. Nach der ursprünglichen Planung hätten die heftigen Luftschläge des „Shock and Awe" den Beginn des Krieges markieren sollen – und nicht der versuchte Enthauptungsschlag gegen Saddam. „Shock and Awe" zielt auf die Telekommunikation, auf die Führungseinrichtungen, vor allem aber auf den Kampfeswillen und die Moral der Iraker.

Kuweitisch-irakische Grenze,
101. Airborne Division, kurz nach Mitternacht

Die Bodentruppen der 101. Airborne Division, 16 000 Mann, 2736 Fahrzeuge, graben sich auf kuweitischer Seite der irakischen Grenze „Hasties" in den Dreck, hastig geschaufelte Nachtlager, Erdkuhlen, in die je ein Körper passt.

Die elitäre Einheit ist nicht, wie in allen früheren Kriegen, Speerspitze, sondern zweite Welle. Sie wird erst später gebraucht, ihre 256 Hubschrauber fliegen nicht, sie warten.

Sie waren die Ersten in der Normandie 1944, sie gehörten zu den Letzten, die Vietnam verließen, 1973. Jetzt müssen sie hinter der 3. Infanterie-Division und hinter den Marines vorrücken. Sie müssen warten. Und Major Doris Garcia, ihrer Cheflogistikerin, fehlen 250 Laster. Drei Kompanien extra waren ihr versprochen, 250 gute Trucks zusätzlich sollte die 101. Airborne Division für sich allein in der Hinterhand haben, aber sie haben es nicht rechtzeitig geschafft ins gewaltige Heerlager mit Namen Kuweit, ins heillos übervölkerte Aufmarschgebiet am Persischen Golf.

Wie soll Major Garcia ihre 20 000 Mann mit Essen versorgen, mit Wasser, Kleidung, Zigaretten, Munition, wenn sie nicht genügend Laster hat? Wie soll sie Raketenköpfe, Rotorblätter, Wasseraufbereitungsanlagen, Brunnenbohrer, Stromaggregate, Motorteile, Planierraupen, Tankstellen, Feldküchen, Computermodule, Matten, Zelte, Glühbirnen, Kabel, Schnürsenkel 500 Kilometer tief ins Feindesland bringen ohne ausreichend Trucks? Wohin mit den 5500 großen Stücken Ausrüstung der Luftlande-Division aus Fort Campbell (Kentucky), mit dieser ganzen waffenstarrenden Kleinstadt, die sich binnen Stunden verlegen können muss, selbst wenn der Feind den Umzug mit Raketen beschießt?

Die Laster hängen fest in der Heimat, nur der Himmel weiß, wo. Und so kommt es, dass Doris Garcia, 38 Jahre alt, Cheflogistikerin im Stab der 101. Airborne Division, minus 250 große Lastwagen hat, als die „Operation Iraqi Freedom" endlich beginnt.

Seit 27 Tagen ist sie in der Wüste. Viel geschlafen hat sie nicht in den voraufgegangenen Wochen. Ihre hellen Augen tränen vom Staub, der die Luft wie feines Puder durchsetzt. Ihre Haut reagiert gereizt auf die rauen Wüstenwinde voller Sand. Sie hat trockene Haut, immer schon.

Es ist nicht leicht, eine ganze Armee-Division wie die 101. Airborne einzupacken. Es ist nicht leicht, ihre 256 Hubschrauber, die 72 „Apaches“, über 100 „Black Hawks“, dazu „Chinooks“ im Dutzend und „Kiowa Warriors“, es ist nicht leicht, sie von A nach B zu bringen, zumal, wenn zwischen A und B zwei Weltmeere und drei Kontinente liegen, 14 526 Kilometer Seeweg.

So lang ist die Strecke vom Hafenbecken in Jacksonville (Florida) via Gibraltar und Suez nach Kuweit, drei Wochen Fahrt. Major Garcia hat den Reichtum ihrer Division auf neun Schiffe verladen lassen, gewaltige Roll-on/Roll-off-Pötte, sie hat die zugehörigen Menschen in Flugzeuge gepackt, militärische, zivile Maschinen, eilig gechartert, Flugzeuge für 20 000 Mann auf Weltreise, 14 030 Kilometer Reisestrecke von Fort Campbell via Neufundland, Cherbourg und Mailand ins Zielgebiet.

Major Garcia hat den Aufmarsch geschafft in nur 35 Tagen. Die Schnelligkeit der Luftlandetruppe, ihre Beweglichkeit, ihre „Flexibilität“ machen sie zu einem Paradestück moderner Kriegführung, wie sie sich Amerikas Verteidigungsminister Donald Rumsfeld erträumt.

Das Pentagon will nicht länger mit großen, schweren, teuren Armeen auf breiter Front und mit gewaltiger Übermacht in seine Kriege ziehen. Künftige Übermacht ist aus Qualität gemacht und nicht mehr aus Masse. Das Pentagon will den Krieg in der Light-Version, geführt von kleineren Armeen, gut ausgerüsteter Luftwaffe, lange trainierten Elitesoldaten, lückenlos vernetzt und logistisch nahtlos vereinigt.

Die Gewalt des Krieges wird fühlbar, wenn sich eine Division in Bewegung setzt. Die Bodentruppen der 101. Airborne, 16 000 Mann, drei Infanterie-Brigaden, drei Artillerie-Bataillone, Logistikzüge, Sanitätstrupps, ein Fernmelde-Bataillon, Technikverbände, motorisierte Kavallerie, sind an die Grenze zum Irak gezogen, um ihrer Luftstreitmacht, den „Air-Assault-Brigaden“, die in Camp Udeiri noch schlafen, den Boden zu bereiten.

Major Garcia sitzt im „Command Post“ unter 30, 40 Offizieren vor einer Schaufront aus Landkarten, Satellitenfotos, projizierten

Folien, meteorologischen Tabellen, vor sich ihren schwarzen Dell-Laptop. Sie hört die in den ganzen Raum übertragenen Lagemeldungen, vergleicht die Zeitpläne, die Etappen, sie kontrolliert den Fortgang der Operation, den Kriegsbeginn für die 101. Airborne Division, die diesmal nicht gleich aus der Luft über den Feind kommt, sondern zu ebener Erde einmarschiert und sich in die Luft erhebt, um über die irakischen Stellungen und Städte herzufallen.

Major Garcia erfährt im „Command Post“, dass die Klappspaten ausreichen. Dass genügend Decken da sind. Dass alle Zelte stehen. Dass es genügend Wasser gibt. Dass die Computer funktionieren. Dass der Strom läuft. Sie hört, zufrieden für einen Moment, dass ihre Leute an diesem Abend versorgt sind und wohlauf.

Ihre Soldaten essen am Ende des Tages den Inhalt ihrer Ready-to-eat-Pakete, sie essen „chili with macaroni“ oder „spaghetti with meat sauce“ aus der Tüte, mit langen, hellbraunen Plastiklöffeln und hören Nachrichten. BBC: „This is London.“ London berichtet vom Krieg.

An der kuweitisch-irakischen Grenze, wo die Bodentruppen der 101. Airborne Division ihr Nachtlager aufgeschlagen haben, sind dumpfe Schläge zu hören. Kriegslärm im Norden, herübergetragen durch die Nacht.

Sie liegen im Dreck. In Erdkuhlen. 16 000 Mann. Schauen und lauschen in den Himmel, der in dieser Nacht voller tödlicher Sternschnuppen ist. „Tomahawks“ und andere Marschflugkörper ziehen ihre Bahn. Ein Sergeant sagt der eingebetteten Kriegsreporterin der „Chicago Tribune“: „It's quite a show.“

Bald füllt dunkles Grollen die Luft, wie von konstantem Donner. Das sind die Bomber. B-2. Air Force. Destination: Bagdad. Die Flieger sind zu spüren, zu sehen sind sie nicht.

Im B-2-Bomber auf dem Flug nach Bagdad, nachts

Seit dem späten Nachmittag des Vortages sind sie in der Luft: vier B-2-Bomber, begleitet von einem Dutzend der älteren B-52 sowie von Tankflugzeugen. B-2-Bomber – das sind die großen Tarnkappenbomber, deren charakteristische Fledermausform sie fast unsichtbar macht für die Radarpeilung des Gegners.

Am Steuer des ersten Bombers sitzt Lieutenant Colonel Gavin Ketchen. Er ist seit 19 Jahren bei der Air Force und war schon im letzten Golfkrieg dabei.

Ketchen und seine Kollegen haben am Boden die Ziele studiert, wieder und wieder. Sie haben Luftaufnahmen von Bagdad gesehen und aus der Umgebung. Im Umkreis der Hauptstadt gibt es kleinere Flugplätze, dort stehen, so heißt es, irakische Maschinen, die in der Lage seien, Massenvernichtungswaffen zu transportieren und abzufeuern.

Im Bordcomputer sind außerdem die Koordinaten von Funkrelaisstationen gespeichert. Werden die getroffen, dann können die irakischen Stäbe nicht mehr mit den Einheiten im Feld kommunizieren.

Ketchen und sein Co-Pilot nehmen sich etwas zu essen: Sie haben Stangensellerie dabei, Möhren und hart gekochte Eier. Dazu gibt es kaltes Grillhähnchen, hinterher Studentenfutter. Das Cockpit einer B-2 ist sehr klein, nicht einmal zweieinhalb Meter breit. In einer schmalen Nische hinter den Schleudersitzen könnten die Piloten abwechselnd ein wenig schlafen – diese Nacht wird es nicht nötig sein.

Ketchen hat keinen weiten Weg: Er und seine Kollegen steuern Bagdad von Diego Garcia an, einem Inselstützpunkt der Amerikaner und Briten.

Diego Garcia liegt auf 6,34 Grad südlicher Breite im Indischen Ozean, es ist nur 17 Quadratkilometer groß. Auf dem Flughafen hält die amerikanische Luftwaffe vier B-2-Bomber stationiert – normalerweise stehen die Flieger in Knob Noster im US-Bundesstaat Missouri.

Auf dem Heimatflughafen gibt es einen klimatisierten Hangar – die Strahlen abweisende Außenhaut des Fliegers ist wetteranfällig. Aber von Missouri sind es 34 Flugstunden nach Bagdad und zurück – von Diego Garcia aus dauert der Trip gut halb so lang, 18 Stunden. Das bedeutet: nur zweimal auftanken in der Luft statt fünfmal. Also wurden auch auf Diego Garcia eigens klimafeste Stellplätze gebaut.

Der Flug verläuft unspektakulär. Die Kollegen in den B-2-Bombern, die Bagdad von Missouri aus anfliegen, haben ihre Route so gelegt, dass sie New York und die Freiheitsstatue sehen können, bevor sie den Atlantik überqueren. Wer von Diego Garcia kommt, sieht nur Wasser und Wüste, falls überhaupt. Draußen ist es dunkel.

Nach acht Stunden erreicht Ketchen mit seinem Tarnkappenbomber Bagdad. Es ist Nacht, Ketchen erkennt die Lichter der Stadt und das Flugabwehrfeuer. Die Iraker zielen nicht auf ihn, sie bemerken ihn nicht.

Ein B-2-Pilot kann konventionelle Bomben ausklinken, mehr Präzision verspricht allerdings der Bordcomputer. Ketchen hat so genannte JDAM-Bomben an Bord, das sind herkömmliche, also „dumme“ Freifallbomben, die durch einen Nachrüstsatz zu Smart Bombs geworden sind. Dazu bekamen die Bomben ein neues Leitwerk am Heck verpasst, nebst Steuerelektronik und Navigationssystem.

Der Bordcomputer kennt das Ziel, er weiß, wie hoch und wie schnell die Maschine fliegt – aus diesen Daten berechnet er den optimalen Zeitpunkt zum Abwurf. Den Rest macht die Bombe allein: Satelliten, die um die Erde kreisen, senden Signale zur Erde, aus den Laufzeiten der Signale kann der Mikroprozessor in der Bombe seine genaue Position bestimmen – und da er auch das Ziel kennt, kann er über kleine Elektromotoren die Stellung der Heckklappen justieren. Die Bombe steuert sich selbst ins Ziel. Ein JDAM-Nachrüstsatz kostet nur 20 000 Dollar.

Die Piloten brauchen nur noch ein Ziel nach dem anderen anzufliegen: „Was wir da wirklich tun“, sagt Lieutenant Colonel Ketchen, „wird einem erst ein paar Tage später bewusst.“

Vom Abwurf bekommen die Piloten nur ein leichtes Ruckeln mit: Die Maschine wird jeweils um 1000 Kilogramm leichter. Und vom Aufprall sehen sie nur ein Leuchten in den Wolken. Irgendwann ergibt dann die Luftaufklärung, dass alle 48 Bomben der vier B-2-Flugzeuge ihre Ziele getroffen haben.

Während sie unterwegs sind, lassen die Piloten auf Diego Garcia den Videorecorder laufen, er soll die Bagdad-Bilder von CNN und Fox News aufzeichnen. Wenn die Piloten wieder gelandet sind, spulen sie das Band zurück: Mit einem Blick auf die Uhr versuchen sie, auf dem Video etwas vom Einschlag ihrer Bomben zu entdecken.

Bagdad, Palast von Udai Hussein, 2 Uhr

Die Stadt wird von Detonationen erschüttert. Udai steht auf und befiehlt seinen Leibwächtern und seinem Krankenpfleger, den er Herr Tema nennt, zusammenzupacken. „Hier sind wir nicht mehr sicher.“ Gegen 3 Uhr früh erreicht er mit seinem Gefolge in seinem schwarzen Mercedes ein normales, unscheinbares Haus im Bagdader Stadtviertel Daudi. Alle legen sich schlafen. Udai, der früher nach seinen Orgien regelmäßig Valium brauchte, um einschlafen zu können, hat bekannt gegeben, dass er im Krieg auf Tranquilizer verzichten wolle. Außerdem weigert er sich nun, Aspirin einzunehmen. „Herr Tema, geben Sie mir kein Aspirin mehr – weil ich sonst zu viel Blut verliere, sollte ich von einer Kugel getroffen werden."

Bagdad, Kindi-Hospital, 3 Uhr

Der Arzt Dr. Baschir, der Leiter der Notaufnahme des Kindi-Hospitals, führt Buch über die Kosten des Krieges. In eine abgegriffene Kladde, zwei Finger dick, blauer Rücken, dunkelgraue Pappen hinten und vorn, trägt er ein, wer wann in welchem Zustand in die Notaufnahme eingeliefert wird. Es ist ein Buch der Verluste, keine Gewinne in dieser Bilanz. Sie wird schlechter, Tag für Tag.

Es ist Freitag, die Amerikaner kommen nachts, ihre B-2-Bomber kommen nachts, ihre Cruise Missiles kommen nachts, die Verwundeten kommen am Morgen. In Privatautos, in Polizeibussen werden sie vorgefahren, am Freitag sind es 30 Verletzte, die fast alle auf einmal ins Krankenhaus drängen. Die Notaufnahme, zwölf mal acht Meter, wird klein, eng und laut. Große Familien umlagern die Rezeption, die Menschen haben Blut im Gesicht, an den Händen, am Hals, ihre Hosen sind zerrissen, ihre Haare verklebt von Schweiß und Körpersäften. Zivilisten. Kinder. Die meisten, die Dr. Baschir registriert, sind Kinder.

Er begutachtet die Fälle, er betastet Wunden, streicht über Köpfe, dreht Arme, drückt Knochen. Er erntet Schreie und Weinen, Gebrüll unter Schmerzen, Wimmern, Wut. Er muss mit Vätern rangeln und Mütter beruhigen, er winkt Pfleger herbei, die Leute zurückzuhalten.

Die lebensgefährlich Verletzten schleust er weiter in die sechs Operationssäle des Hauses, die leichter Versehrten behält er zur ersten Hilfe in seiner Abteilung. Leichter versehrt kann heißen, dass einem Kind beide Ohren abgerissen wurden. Dass eine Frau vier Finger einer Hand verlor. Dass einem Mann Splitter in den Augen stecken.

Die 20 Betten der Notaufnahme füllen sich. Sie stehen abgeteilt von spanischen Wänden rechts der Rezeption und weiter nach hinten in den Seitenflügeln. An diesem Freitag schreibt Dr. Baschir den ersten Kriegstoten in sein Buch, ein Mann, der von fliegenden Trümmern rettungslos an Bauch und Brust getroffen wurde. Baschir schreibt in die zugehörige Spalte: „Schahid“, das ist ein flacher Schriftzug wie ein Oszillogramm. Schahid heißt so viel wie: hingeschieden. Aber es heißt auch: Märtyrer.

Südirak, Rumeila-Ölfeld,
beim 1. Bataillon des 5. Marines-Regiments, morgens

Dies war die erste Schlacht für den Corporal Mike Cash, es waren seine ersten Schüsse, sein erster Toter. Die Schlacht zieht sich hinüber in den neuen Tag. Das Gesicht des Mannes, den er eben getötet hat, gibt es nicht mehr. Der ganze Kopf des Irakers ist weggeflogen.

Justin Hill sieht den brennenden Wagen und die beiden Marines, die vor dem anderen weißen Truck stehen. Die Situation scheint unter Kontrolle zu sein. Er lässt die Waffe sinken. Erst in diesem Moment bemerkt er, dass sein Zugführer, Second Lieutenant Shane Childers, auf dem Boden liegt. Childers ist von einer AK-47-Gewehrkugel in den Bauch getroffen worden, sie hat sich direkt unterhalb seiner kugelsicheren Brustplatte in seinen Körper gegraben.

Childers blutet stark, er sagt nur einen Satz: „Ich hab einen Bauchschuss.“ Dann hört er auf zu reden. Zwei Sanitäter stürzen auf ihn zu, sie arbeiten verzweifelt an der Wunde, nach fünf Minuten verliert Childers das Bewusstsein, die Sanitäter sind blutbeschmiert, einer von ihnen weint. Sie können ihn nicht retten.

Er ist der erste amerikanische Soldat, der in diesem Krieg im Kampf fällt. Das Magazin „People“ wird ihm in seiner nächsten Ausgabe eine ganze Seite widmen. Aber jetzt liegt er noch hier, am Straßenrand, unaufhörlich blutend. Seine jungen Soldaten sehen fassungslos zu, wie ihr Zugführer stirbt. Childers' Vater war ein Navy-Mann, der in Vietnam diente. Childers wuchs auf Militärbasen auf. Mit 16 Jahren wurde er auf der High School in Mississippi gefragt, was er werden wolle.

„Ich werde ein Offizier bei den Marines“, sagte Childers. Er war als Soldat im ersten Irak-Krieg, mit 18 Jahren, und hat anschließend an der Offiziersschule Citadel Sprachen studiert. Childers war besser in Form als viele seiner zehn Jahre jüngeren Untergebenen. Er trainierte auch, wenn draußen Unwetter herrschte, er hat an mehreren Triathlons teilgenommen.

Er hat den ersten Irak-Krieg überlebt und stirbt gleich zu Beginn des zweiten. Sie sind noch nicht mal einen halben Tag in dieser

Schlacht, und die Marines erfahren, daß sie nicht unverwundbar sind. Sie stehen noch ganz im Süden des Landes, 80 Soldaten, und haben keinen Platoonführer mehr.

Bataillonskommandeur Padilla hat schon einige Marines auf verschiedenen Erdteilen sterben sehen. Er weiß, dass dies hier eine komplizierte Situation für junge Soldaten ist, die am Beginn einer Schlacht stehen. Lieutenant Colonel Padilla geht zur Alpha-Kompanie seines Bataillons und sagt den Männern: „Wir trauern und ehren Lieutenant Childers, wenn wir zurück in den Staaten sind. So lange müssen wir warten. Wir haben hier einen Job zu erledigen. Auf geht's."

Dann ernennt er First Sergeant (Feldwebel) Brad Nerad übergangsweise zum Platoonführer. Erst am späten Abend des ersten Kriegstages denkt er noch mal kurz an Shane Childers, dann lange Zeit nicht mehr.

Südirak, I. Brigade der 3. Infanterie-Division, 7 Uhr

Panzer und Lastwagen verrotten in der Wüste, zur Hälfte im Sand versunken, Wracks sind das aus dem letzten Golfkrieg, zwölf Jahre alt.

Und nun kommen neue Wracks und Ruinen hinzu.

Zwei Grenztürme sind Trümmerhaufen, als Sergeant Jennifer Raichle, Intelligence-Officer der 1. Brigade der Infanterie-Division, vorbeifährt, ein Gefechtsstand etwas weiter nördlich brennt noch. Ein „Abrams" und drei „Bradleys" haben sich das Gebäude gestern Abend vorgenommen, drei Iraker starben in einem Lastwagen. Die Soldaten vom 10. Pionier-Bataillon packten die Leichen in schwarze Plastiksäcke und legten sie an den Straßenrand, auch das haben sie in all den Monaten in Kuweit trainiert.

Es wird hell, und sie sind im Feindesland, und sie alle haben eine verdammte Angst vor allem, was kommt.

Sie spielen cooler, starker Soldat. Sie sind laut, sie haben Muskeln, sie haben Tätowierungen. Sie haben „Finish the drill" oder „The big show" auf die Kanonenrohre ihrer Panzer geschrieben.

Aber die Angst geht nicht weg.

„Es gibt Momente, da vergisst man sie, kurze Momente, aber dann kommt sie zurück", sagt Sergeant Jennifer Raichle. Sie fürchten Scharfschützen und Minen, und vor jeder Kurve fürchten sie einen Hinterhalt.

Ihr Vater hat ihr zum Abschied gesagt: „Krieg, das sind Stunden der Langeweile, unterbrochen von Momenten des Terrors, gefolgt von Stunden der Langeweile."

Sergeant Raichle sitzt in einem „Humvee", einem Armeefahrzeug. Die Bezeichnung „Humvee" ist Umgangssprache; korrekt heißt es „High Mobility Multi-purpose Wheeled Vehicle", abgekürzt „HMMWV", was irgendwann zu „Humvee" wurde. Kugelsicher ist dieses Fahrzeug nicht, das Dach ist aus Stoff. „Dafür sieht man mehr als im Panzer", sagt Raichle und lacht. Sie hat einen Helm, eine Weste, eine M16 und vor allem ziemlich viel Vertrauen in die Kraft der U. S. Army.

Ihr Urgroßvater kämpfte im Ersten Weltkrieg, ihr Großvater kämpfte im Zweiten Weltkrieg, sie trägt seine Medaille der 3. Infanterie-Division als Glücksbringer. Ihr Vater war in der Army, die Mutter auch, die Eltern wollten so gern nach Vietnam, aber die U. S. Army schickte andere Einheiten. Jennifer wurde in Philadelphia geboren und wuchs hier und dort auf, in Massachusetts, Virginia, auf Hawaii und in Alabama. Sergeant Raichle wollte mal Anwältin werden.

„Soldaten sind die großartigsten Menschen", sagt sie, so redet sie jetzt, „Soldaten schaffen Dinge, sind diszipliniert, organisiert und loyal, und sie vertrauen einander."

Sie begann vor vier Jahren als Private (Gefreite) der Gehaltsklasse E2, was 1290 Dollar im Monat bringt. Heute ist sie Sergeant (Feldwebel), Gehaltsklasse E6, und verdient 2033 Dollar und 70 Cent im Monat. Das ist, nach den Maßstäben der U. S. Army, eine rasante Karriere. „Raichle ist gut, sehr gut", sagt Major John Altman, ihr Boss.

John Altman ist ein kleiner, kräftiger Kerl, ein ehemaliger Fußballer und Ruderer, ein „outdoor guy", wie er selbst sagt, und niemand in der 1. Brigade weiß so viel wie er, denn Major John Altman, 37, ist der Chef der Aufklärungsabteilung S2, der Boss von Sergeant Jennifer Raichle.

Seine Leute werten Karten und Bücher aus, sie lesen Zeitung und hören Nachrichten, das ist der einfache Teil ihrer Arbeit, die Routine. Sie hören Funksprüche ab, befragen Flüchtlinge und Kriegsgefangene, sie erhalten jeden Tag die Berichte der Geheimdienste, das ist der aufregende Teil. Und sie sind im Kriegsgebiet unterwegs, verstecken Lastwagen mit Radaranlagen hinter Bäumen oder Bewegungsmelder an Straßenkreuzungen, das ist der gefährliche Teil. Und all die Daten und Theorien, die seine Leute so sammeln, landen am Ende natürlich bei Altman.

„John", fragt Colonel William Grimsley, der Brigadekommandeur, „was glauben Sie? Wo müssen wir mit chemischen Waffen rechnen?"

„Passieren kann, dass wir im Süden, in der Nähe von Samawa, mit Giftgas angegriffen werden. Dann kann es in der Enge von Kerbela passieren, da sind fünf Kilometer zwischen See und Stadt, das ist ein Nadelöhr. Wenn nicht dort, dann bei der Überquerung des Euphrat."

„John", sagt Colonel Grimsley, „und was erwarten Sie wirklich?"

„Ich glaube nicht", sagt Altman, „dass Saddam Giftgas gegen uns einsetzen wird, und dass ich das glaube, liegt an seiner Persönlichkeitsstruktur. Es gibt drei Dinge, die ihm wirklich etwas bedeuten: erstens und vor allem: er selbst, denn wenn aus seiner Familie jemand stirbt, das verkraftet er; zweitens: sein Lebensstil, also das Leben eines schwerreichen Mannes; und drittens: das Image eines Führers der arabischen Welt."

„Und, John?"

„Sir, wenn er einfach nur den Krieg verliert, ohne Giftgas, dann kann er immerhin überleben, etwas Geld retten und den Respekt dafür behalten, dass er uns widerstanden hat. Wenn er Giftgas verwendet, dann wird ihn die ganze Welt jagen."

Südostirak, in den Stellungen des II. Korps der irakischen Armee, nahe der Stadt Kut

Den Kriegsbeginn haben Ali Ahmed Ali und seine Kameraden vom II. Korps der irakischen Armee live miterlebt. Die Amerikaner bombardieren Ziele nur wenige Kilometer von der Position des Infanteriezuges entfernt. Wer oder was angegriffen wird, weiß Ali nicht. Er sieht nur die Rauch- und Staubwolken. Der Tag ist Routine: 6 Uhr aufstehen, dann werden die Soldaten auf ihre Positionen verteilt. Eine Wachschicht dauert zwei Stunden, danach haben die Männer zwei bis drei Stunden Pause. Kartenspiele, Bücher oder Zeitschriften, um sich die Zeit zu vertreiben, besitzen sie nicht. An ein Radio ist nicht zu denken. Reden und den auf Kohlenglut zubereiteten Tee trinken und die Kalaschnikows irakischer Herstellung zum wiederholten Male putzen sind die einzigen Beschäftigungen. Ali ist gern

Soldat. Er ist seit drei Jahren in der Armee und glücklich über das regelmäßige Einkommen, 15 Dollar im Monat und kostenlose Verpflegung. Er ist Schiit und kommt aus Saddam City, er ging nur vier Jahre zur Schule und schlug sich dann als Tagelöhner durch. Oft reichte das Geld nicht, um genug Essen für seinen sechsjährigen Sohn und seine Frau zu kaufen.

Südirak, Rumeila-Ölfeld,
beim 1. Bataillon des 5. Marines-Regiments, 9 Uhr

Carey Cash, Kaplan des 1. Bataillons des 5. Marines-Regiments, war etwa zehn Kilometer hinter den kämpfenden Soldaten, als Shane Childers erschossen wurde. Als er an die Stelle kommt, ist Childers' Körper schon nach Kuweit ausgeflogen worden. Kaplan Cashs Arbeit beginnt, er versucht die Erinnerung an den gefallenen Offizier wachzuhalten, ohne die Kampfkraft der Soldaten zu schwächen. Er hat einen eigenartigen, beinahe schizophrenen Job. Cash ist der einzige unbewaffnete Mann im Bataillon. Er ist der Einzige, der den Soldaten keine Befehle erteilt, er ist da, um mit ihnen zu reden. Jedes Bataillon hat einen Kaplan. Die meisten sind Christen, aber es gibt auch ein paar Rabbis und einen muslimischen Imam.

Cash liest sechs bis acht Gottesdienste in der Woche. Sie sind im Krieg sechsmal so gut besucht wie im Frieden. Je schlimmer der Tag war, desto mehr Soldaten kommen zu ihm, manchmal sind es 150. Kaplan Cash ist ein großer, durchtrainierter Mann. Der Countrysänger Johnny Cash ist sein Großonkel, seine Schwester Kellye war vor 16 Jahren „Miss America“, und Carey Cash schien eine große Footballkarriere vor sich zu haben, in seiner High-School-Mannschaft galt er als großes Talent. Er konnte sich die besten Hochschulen aussuchen, aber dann bekam er plötzlich Sehstörungen. Die Ärzte stellten einen Gehirntumor an einer Stelle fest, an der kein Chirurg operieren wollte. Sie prophezeiten ihm den baldigen Tod. Aber plötzlich hörte der Tumor auf zu wachsen. Das war vor etwa zehn Jahren.

Zum Dank beschloss Carey Cash, sein Leben zu ändern. Er beschloss, Gott zu dienen. Er besuchte die Offiziersschule Citadel, anschließend für vier Jahre Priesterseminare. Er heiratete und zeugte fünf Kinder, er schrieb einen psychologischen Leitfaden für Soldaten im Krieg, der 150 000-mal gedruckt wurde. Im August 2001 begann er seinen Dienst als Kaplan des 1. Bataillons, einen Monat vor dem Angriff aufs World Trade Center. Cash betrachtet auch das als Zeichen Gottes. Er wurde gebraucht.

Mit Christen redet er über Gott, mit ungläubigen Soldaten über die Chicago Bears. 55 Marines aus dem 1. Bataillon ließen sich während des Krieges von ihm taufen. 55. An ihrem ersten Tag im Krieg töteten die 1300 Männer des 1. Bataillons etwa 100 Iraker, 300 Feinde nahmen sie gefangen. Die Kriegsgefangenen reichen sie an die Einheit weiter, die sie befragt und über ihren Verbleib entscheidet.

Das 1. Bataillon des 5. Marines-Regiments hat nach den Kämpfen am Vorabend und am frühen Morgen vier Ölquellen gesichert und eine Pumpstation. Die irakischen Ölförderanlagen scheinen intakt zu sein. Bataillonskommandeur Padilla findet keine Hinweise auf Sabotageakte. Das Bataillon übergibt das Gebiet an die nachrückende Einheit der britischen Armee und zieht weiter nach Norden Richtung Bagdad.

Kuweit, im mobilen Kommandozentrum der Marines

Das Vorrücken des 1. Bataillons wie auch der anderen Einheiten der Marines wird vom „Bug“ aus überwacht, dem mobilen War Room der Marines. „The Bug“, die Wanze, ist das Herzstück einer voll klimatisierten, aus mehreren Räumen bestehenden Zeltstadt. Commander der im Irak kämpfenden Streitkräfte der Marines ist Lieutenant Colonel James Conway.

Mittelpunkt dieses Zeltkomplexes ist das so genannte Killing U, ein hufeisenförmiger Tisch vor einem gigantischen Bildschirm. An dem einen Flügel des U sitzen die Nachrichtenoffiziere, an dem anderen sitzt die so genannte Feuerleitung, die Artillerie und Luftstreitkräfte zur Unterstützung der Bodentruppen heranbeordert, und in der Mitte die Abteilung „Einsatzführung“, die die Bewegung der Bodentruppen koordiniert.

Die Soldaten tragen drahtlose Headsets; einzelnen Gruppen von ihnen sind eigene Frequenzen zugewiesen worden, sie können miteinander reden, ohne ihre Stühle zu verlassen. Die Soldaten sitzen vor hochauflösenden Bildschirmen, auf denen Abschriften vertraulicher E-Mails, Karten mit den amerikanischen und irakischen Truppen oder Satellitenfotos zu sehen sind, deren Maßstab sich bis auf einzelne Straßen in einer beliebigen irakischen Stadt vergrößern lässt.

Amerikanische oder britische Truppen erscheinen auf dem Bildschirm als blaue Symbole: kuppelähnlich für Flugzeuge, quadratisch für Bodentruppen und Schiffe der Navy. Irakische Bodentruppen erscheinen als rosafarbene Rauten, die Standorte der irakischen Luftabwehr sind mit gelben Kreisen markiert.

Die Computer-Software verfolgt rund 6000 einzelne militärische Objekte (amerikanische, britische und irakische Boden-, Luft- und Seestreitkräfte hinunter bis zur Kompaniegröße oder zum einzelnen Flugzeug). Die Daten der alliierten Bodentruppen liefern kleine Computer an den Fahrzeugen, die nicht nur ihre eigene Position angeben können, sondern auch kurze E-Mails absenden und empfangen können.

Wenn man eines der blauen Symbole anklickt, erscheinen auf dem Bildschirm das Marschziel, die E-Mail-Adresse und ein paar zusätzliche Informationen. Daten von der Front kommen von Satelliten, Flugzeugen, unbemannten Flugzeugen und Agenten. Satelliten und „Predator"-Drohnen liefern Fotos in Echtzeit, die einen Überblick über gerade stattfindende Gefechte liefern.

Bagdad, Informationsministerium, mittags

Heute hatte Mohammed Saïd al-Sahhaf eine ganz besonders gute Idee für seinen Auftritt: Er hat den Innenminister des Irak zur Pressekonferenz mitgebracht. Er heißt Mahmud Diab al-Ahmed, und auch er trägt grünen Kampfanzug und schwarzes Barett. In seiner Rechten hat er eine silberbeschlagene Kalaschnikow. An seinem Gürtel baumelt eine Pistole. In seiner hellen Weste, die er über dem Anzug trägt, stecken vier Magazine, darüber hängt ein Patronengürtel. Ein ziemlich großer Schaft schaut aus einer Messertasche hervor.

Mit der Party-Girlande über ihren Köpfen sehen Sahhaf und Ahmed ein bisschen aus, als hätten sie sich als Räuber Hotzenplotz für den Karneval verkleidet.

Es heißt, Innenminister Ahmed sei nicht sehr beliebt im Volk.

Minister Sahhaf, stimmt es, dass die Amerikaner kurz vor der Eroberung von Umm Kasr stehen?

„Sie haben zugegeben, dass sie es bisher nicht geschafft haben. Sie haben auch gesagt, dass sie schon 100 Meilen weit in die Wüste vorgedrungen seien, und auch das war eine Lüge. Was sie gezeigt haben im Fernsehen, waren nur ein paar Bilder aus irgendeiner Wüste."

Die Kalaschnikow von Ahmed baumelt lässig an seiner Hand.

Minister Sahhaf, die Amerikaner sind aber doch im Irak.

„Wirklich? Das können wir nicht bestätigen. Sind sie wirklich?"

Nun hält der Innenminister die Kalaschnikow nach oben, den Finger am Abzug, ihr Lauf zeigt an die Decke.

Machen Sie sich Sorgen, Minister Sahhaf?

„Überhaupt nicht, keinesfalls. Ich glaube, die Amerikaner haben Angst. Wir haben zwei ihrer Flugzeuge zerstört. Wir kennen ihre Tricks. Und wir kennen unsere Moral: Wir stehen auf der richtigen Seite, und sie sind Ganoven. Wir kämpfen gegen Schurken und Verbrecher."

Minister Sahhaf, hat Saddam Hussein überlebt?

„Er hat das Attentat überlebt. Sie hatten es sogar auf seine Familie abgesehen. Aber auch sie ist in Sicherheit. Das ist eine Supermacht der Schurken. Das ist eine Supermacht von Al Capone."

Ausgesetzt worden sind heute auch die Belohnungen für die Mithilfe der irakischen Bevölkerung im Kampf gegen den Feind: Für das Herunterholen eines Koalitionsjets gibt es 100 Millionen Dinar (rund 60 000 Euro), für die Gefangennahme eines Soldaten 50 Millionen Dinar, für jeden getöteten Soldaten 25 Millionen Dinar.

Irakisch-kuweitisches Grenzgebiet, nachmittags

In einem Mini-Konvoi von zwei „Humvees" – Offizierswagen mit vier Sitzen – und einem Truppentransporter verlassen wir Camp Virginia am späten Nachmittag. Der „Humvee", in dem ich, Reporter vom SPIEGEL, mitfahre, gehört zu Captain (Hauptmann) Scott Figlioli, einem Offizier aus Florida. Figlioli gilt als Herr der Bulldozer. Etwa zwei Dutzend Fahrzeuge, die er befehligt, sind an der Grenze im Einsatz, um Sandpisten in den Irak zu planieren.

Ich bin „eingebettet" in die 130. Pionier-Brigade der US-Armee. „Sie sind immer ganz vorn dabei!", hat mir ein Presseoffizier vor der Abfahrt versprochen. „Denken Sie einfach an Camping unter ziemlich primitiven Bedingungen", hat mir der Mann geraten und dann einen Kurzmonolog gehalten: „Sie werden im selben Zelt schlafen wie die Soldaten. Sie werden dieselbe Angst haben, Sie werden mit ihnen lachen und weinen, über den Sand und den Staub fluchen und nach ein paar Wochen von einer Badewanne träumen." Ich trage einen Helm und eine Splitterweste. Seit einer Woche schlafe ich auf einer feldgrünen Pritsche in einem Mannschaftszelt.

Das „Embedded"-Programm ist für alle neu. Und fremd. Und seltsam. Natürlich fürchten die Soldaten, dass die Reporter sich zuerst ihr Vertrauen erschleichen und sie dann öffentlich schlachten werden; und natürlich fürchten wir Reporter, dass wir missbraucht werden für Propaganda, die wir nicht oder zu spät durchschauen.

Entwickelt wurde das Programm im Pentagon, und das Überraschende daran ist, dass es eine Kehrtwendung bedeutet. In Vietnam hatten die Medien die Bilder des Grauens nach Amerika gebracht; deshalb bekamen die Amerikaner in den Kriegen danach nur noch zu sehen, was das Pentagon zeigen wollte. Während des Golfkriegs, Anfang der Neunziger, bestimmte das Pentagon, was Wahrheit war und was Lüge, das Pentagon wählte die Bilder und die Nachrichten und die Geschichten aus, aber das alles funktionierte nicht: Am Ende glaubte dem Pentagon niemand mehr, aus Misstrauen wurde Häme, und irgendwann fühlten sich die Soldaten viel zu negativ dargestellt.

Darum nun das „Embedded"-Programm. Im Pentagon sind sie diesmal davon überzeugt, dass sie einen gerechten Krieg führen, den sie außerdem natürlich gewinnen werden; was also haben sie zu verlieren? Etwa 500 Journalisten dürfen wie ich den Krieg von innen erleben und beschreiben, die meisten kommen aus den USA und Großbritannien, nur drei schreibende deutsche Journalisten sind vom Pentagon akkreditiert worden, einer vom SPIEGEL, einer vom „Stern" und einer von „Focus". Es gibt keine Zensur in diesem Krieg, es gibt nur die Vorgabe, dass die Reporter keine Angriffsziele und keine Pläne verraten; und die Reporter müssen es sich gefallen lassen, dass die Armee für manche Geschichte eine Sperrfrist vorgibt. Ansonsten sind wir Reporter frei. Wir wissen, dass wir nur einen Ausschnitt des Krieges sehen werden – aber dass wir bessere Bilder und Geschichten kriegen werden als jemals zuvor, das wissen wir auch.

Meine Einheit kämpft in der Regel nur, wenn sie angegriffen wird. Ansonsten lösen die Soldaten technische Probleme. Sie legen Brücken, räumen Minenfelder, bauen Straßen und, wenn es sein muss, auch ganze Zeltstädte.

Auf der breiten Sandpiste, die in Richtung irakische Grenze führt, sind Hunderte Militärfahrzeuge unterwegs: Panzer, Truppenfahrzeuge, Tanklastwagen, Lkw mit Containern voller Wasser und Essensrationen, Bulldozer, Kräne, Ambulanzwagen, „Humvees“ mit schwerer MG, leichte Schützenpanzer.

Im Krieg verbringt ein Offizier eine Menge Zeit in so einem „Humvee“. Figliolis Fahrzeug ist vollgestopft mit Wasserflaschen, Proviant, Feldpritschen und Gepäck. Es gibt keinen Zentimeter Platz mehr, ich kann mich kaum bewegen. Und weil auf dem Autoboden lauter schwere Sandsäcke liegen, kann ich meine Beine nicht ausstrecken. Nach einer Stunde sind sie eingeschlafen.

Kann man die Sandsäcke nicht einfach rauswerfen? Figlioli sieht mich mit Offiziersaugen an. „Willst du deine Beine verlieren?“

Falls wir auf eine Mine fahren, federn die Sandsäcke die Explosion ab. Also lieber unbequem fahren, als gar nicht mehr laufen können.

Obwohl man schlecht sitzt, sieht es im „Humvee“ aus wie in einem Wohnzimmer. Der Fahrer, ein junger Soldat aus Texas, hat das Foto seiner blonden Freundin, die wahrscheinlich noch zur Schule geht, auf das Armaturenbrett geklebt. Hinten rechts neben mir sitzt Will, ein Unteroffizier. Das Bild seiner Frau und seiner Tochter hängt ebenfalls in Sichtweite. Vor Figliolis Platz schaukelt ein kleiner US-Wimpel hin und her. Hinten hat Will eine Boombox mit CD-Player angeschlossen. Der Marsch auf Bagdad wird musikalisch mit Missy Elliot, Norah Jones und Avril Lavigne untermalt.

Figlioli will seinen Soldaten, die mit ihren Bulldozern den Truppen den Weg ebnen, Mut zusprechen – nicht per Feldtelefon, sondern persönlich. Doch der Weg an die Front ist weit. Gegen vier Uhr nachmittags wird die Fahrt unterbrochen, weil Figlioli zu einer Offiziersbesprechung ins Camp New York gerufen wird.

Während Figlioli im Kommandozelt verschwindet, stehe ich mit den Soldaten vor den Fahrzeugen herum. Ich unterhalte mich mit einer jungen Lkw-Fahrerin. Sie fragt mich: „Do you have fun so far?“

„So würde ich das nicht unbedingt nennen“, antworte ich. Die Soldatin sieht mich schuldbewusst an und nickt. Dann bestaunen wir einen Marienkäfer, der über ihren Handballen krabbelt.

Die Sirenen heulen los. Wir rennen über den riesigen Sandplatz. Dann gehen wir unter einigen Lkw in Deckung, Bunker sind keine da, Gasmaske auf. Am schlimmsten ist diese Stille. Man hört nichts. Bloß den eigenen Atem, der durch die Gasmaske fährt.

Es ist mein zweiter Gasalarm, vorgestern Mittag war meine Gasmaske nicht da, wo sie hingehört. Ich sollte sie am Körper tragen, stattdessen lag sie irgendwo unter meiner Pritsche. Ich sprintete in mein Zelt, riss die Maske aus der grünen Tasche und stülpte sie über mein Gesicht.

Angst diktiert mir, was ich tun muss. Ich schwitze am ganzen Körper, die Maske klebt schwer im Gesicht. Wir hocken mit etwa 30 Soldaten dicht gedrängt in dem Erdloch. Keiner spricht. Neben mir betet eine Offizierin leise vor.

Nach zehn Minuten ruft jemand: „All clear!", Entwarnung. Die Raketen galten Kuweit-City, nicht uns hier im Camp. Sie waren die Antwort auf den „Enthauptungsschlag" auf Bagdad.

Im Südirak, 2. Brigade der 3. Infanterie-Division

Vom Feind, den irakischen Soldaten, haben viele von ihnen keine hohe Meinung. „Manche mögen gut ausgebildet sein, manche nicht", verrät der Gefreite Elliot Bruno seine Einschätzung. „Letztlich werden wir sie alle töten."

Das hatte Christian Liebig am Vortag in sein Kriegstagebuch geschrieben. Heute hat er notiert: *Die Stimmung ist aufgekratzt. Ein Fahrer im Konvoi hatte schon beim ersten Erdwall auf kuweitischer Seite über Sprechfunk gefragt: „Sind wir schon im Irak?" „Negativ, es sind noch 300 Meter." „Mann, es ist so nahe, dass ich es schon riechen kann."*

Christian Liebig schreibt für „Focus" und „Focus Online". Der 34-jährige Journalist ist „embedded" beim 26. Vorgeschobenen Versorgungs-Bataillon der 2. Brigade, also bei den Soldaten von Perkins und Wesley, die dabei sind, sich als „Heavy Metal"- und „Rock 'n' Roll"-Truppe möglichst schnell bis nach Bagdad vorzuschieben.

Es gibt keine Pinkelpausen. Keine warmen Mahlzeiten. Sie fahren durch.

Die Panzer sind weit voraus, immer geradeaus, die „Humvees" und Tankfahrzeuge, der ganze Rest eben, nutzen die zwei Spuren, die die Engineers durch den Sand gezogen haben. „Route Hurricane" haben sie die Strecke getauft, auf Holzschilder haben sie rote Pfeile gesprüht.

Nach Bagdad? Geradeaus.

Alle paar Kilometer parkt ein „Bradley" am Streckenrand. Geleitschutz. Aber kein Feind traut sich. Die amerikanische Schlange wirkt mächtig. Übermächtig.

Sie mögen den Deutschen bei der 2. Brigade. Die meisten der Soldaten waren in den letzten Jahren mal in Deutschland stationiert, sie reden deutsch mit Liebig oder versuchen es zumindest. Und sie diskutieren mit ihm, warum die Deutschen sich verweigern in diesem Krieg.

Liebig, Brillenträger, Eintracht-Frankfurt-Fan, wurde in Offenbach geboren, studierte in Bayreuth BWL, brach nach vier Semestern ab und ging nach Essen, um Journalist zu werden. Er studierte Kommunikationswissenschaften, Wirtschaft und Politik und arbeitete frei für die „Neue Ruhr-Zeitung". Sein erster fester Job, 1995, war bei Associated Press in Frankfurt, die harte Nachrichtenschule.

Doch Liebig wollte raus, er wollte Reportagen schreiben, er wollte etwas sehen von der Welt. Und darum wechselte er vor gut drei Jahren in die Auslandsredaktion von „Focus". Er machte ein Krisengebietstraining der Bundeswehr in Hammelburg mit, er schrieb aus Äthiopien, aus Bulgarien, aus Mogadischu und aus dem Kongo, er war zuständig für Österreich und Afrika, doch manchmal klagte er, dass das Ausland bei „Focus" nicht so wichtig sei wie Wirtschaft, Wissenschaft oder die vielen Nutzwert-Titel. Wenig Platz gab es deshalb für das Ausland und wenig Geld für Reisen.

Aber am Ende hat er sich durchgesetzt, denn jetzt ist er hier, mitten im Krieg.

Nordirak, in der Stadt Arbil

Die Angst vor Saddam misst sich in Metern. Einen eisernen Zollstock legt Siadi, ein Teppichhändler auf dem Basar von Arbil, an. Meter um Meter wickelt er die Plastikbahnen von der Stange, auf der sonst bunte Tücher und Stoffe aufgerollt sind. Dem Verkäufer läuft der Schweiß in kleinen Rinnsalen übers Gesicht, aber die Schlange der aufgeregten verschleierten Frauen in Schwarz, die vor seinem kleinen Laden anstehen, wird nicht kürzer. Während ihm ein Bündel blau-roter Dinare gereicht wird, reißt er schon wieder ein Paket der farblosen Masse für die nächste Kundin zurecht.

Seit Kriegsbeginn warnt das kurdische Fernsehen vor erneuten Giftgasangriffen durch den irakischen Diktator auf den von Kurden bewohnten Teil des Nordirak. 15 Jahre ist die Bombardierung von Halabdscha und Umgebung her, bei der 5000 Kurden einen qualvollen Tod starben. Fenster und Türen sollen verklebt und Lebensmittel eingewickelt werden, verkünden die Nachrichtensprecher. Sogar die

Übermacht der amerikanischen Verbündeten kann die Angst vor der Rache Saddams nicht dämpfen.

Etwa 62 000 US-Soldaten sollten von der Türkei aus die Nordflanke des Irak angreifen. Nach der Weigerung des türkischen Parlaments hat das Pentagon seine Pläne geändert. Die Amerikaner werden die irakischen Stellungen aus der Luft bombardieren, die kurdischen Verbündeten sollen in die verlassenen Stellungen nachrücken. Dschalal Talabani und Massud Barsani, die beiden Anführer der kurdischen Parteien Patriotische Union Kurdistans (PUK) und Kurdische Demokratische Partei (KDP) haben ihre alten Rivalitäten beigelegt. Ihnen kommt der Groll der Amerikaner auf die türkischen Politiker gelegen; dadurch sind die Kurden wichtiger als zuvor. Für die Amerikaner bedeutet die neue Situation einen Balanceakt: Sie müssen mit ihren kurdischen Verbündeten militärisch zusammenarbeiten – und gleichzeitig darauf achten, dass sie nicht die Kontrolle verlieren über die kurdischen Kämpfer und damit ihren Nato-Partner Türkei verärgern.

Zu Tausenden strömen die vollgepackten Wagenkolonnen seit Tagesanbruch aus der antiken Stadt Arbil in die Berge der Umgebung. Schutz gibt es auch dort nirgends, aber zumindest die Illusion größerer Entfernung zu irakischen Raketen. Nur wer zurückbleibt, steht im Basar bei Siadi um Klarsichtfolie an. 20 000 Meter hat er heute schon verkauft.

Südirak, Nassirija, Militärhospital

Seit gestern unterstützt Dr. Ismail al-Kalil die Kollegen im Militärhospital von Nassirija. Er ist den ins Land strömenden Truppen der Amerikaner entgegengefahren. Der Internist im Range eines Majors gehört zu den in Bagdad stationierten irakischen Truppen. Am 19. März bekam er den Befehl zu einem sofortigen Einsatz im Süden. Mit seinem Dienstwagen, einer Toyota-Limousine, war er losgefahren, gut gelaunt, denn seine Familie lebt in Nassirija, seine Frau und seine beiden Töchter.

Kalil fürchtet nicht um das Überleben des Regimes, sondern um sein eigenes. Die stärksten irakischen Verbände liegen fünf Kilometer vom Krankenhaus entfernt. Sie sollen die Eisenbahnlinie und die Autobahn Bagdad–Basra verteidigen. Eine strategisch wichtige Euphrat-Brücke ist ganz in der Nähe.

Der Internist Kalil wird nicht in den Operationssälen gebraucht, er soll die Verletzten nach dem Grad ihrer Verwundung sortieren und den verschiedenen Stationen zuweisen. Er zieht einen weißen Kittel über seine Armeeuniform und denkt: „Jetzt geht es los!" Doch der Vormittag verläuft gespenstisch ruhig.

Gegen Mittag Helikopterlärm. Kalil läuft mit ein paar Kollegen auf das flache Dach des Krankenhauses. Der Chefarzt versucht, seine Kollegen zurückzuhalten, aber die Neugier siegt. Dutzende von Hubschraubern fliegen dicht am Betongebäude des Hospitals vorbei. Die Helikopter kreisen zunächst mehrmals über Stellungen der irakischen Armee. „Ich konnte die Schützen der Helikopter durch die offenen Seitentüren sehen. Die GIs haben mit den Armen unseren Soldaten gewunken, ihnen mit einer weit ausholenden Bewegung zu verstehen gegeben: Rennt jetzt los!", erzählt der Arzt.

Die meisten Soldaten rennen, sie wählen die Flucht. Dann eröffnen die Amerikaner mit allen Bordwaffen das Feuer auf irakische Abwehrpositionen und Schützenpanzer. Den Zuschauern auf dem Krankenhausdach ist etwas mulmig, gleichzeitig fühlen sie sich auch während der Gefechte relativ sicher. Dass GIs auf Ärzte im weißen Kittel schießen, halten sie für ausgeschlossen.

Gegen Mittag fahren die ersten US-Panzer über die Brücke. Von der regulären irakischen Armee weit und breit keine Spur. Der Widerstand sei gebrochen, glauben die US-Soldaten und verzichten auf Luftunterstützung – für einige Stunden sind keine Flugzeuge oder Helikopter mehr zu hören oder zu sehen. Stattdessen tauchen bewaffnete Zivilisten, vermutlich Baath-Parteimitglieder und Fedajin auf. Und sie greifen mit Kalaschnikows und Panzerfäusten die amerikanischen Fahrzeuge an.

Irakisches Grenzgebiet, Pionier-Brigade, abends

Auch nachts gibt es noch zweimal Alarm. Den ABC-Anzug ziehe ich inzwischen gar nicht mehr aus, auch für die „eingebetteten" Journalisten ist der Krieg schon Routine.

Wir übernachten in der Nähe einer Stellung, die Marines ausgehoben haben. Zu viert dösen wir im „Humvee" vor uns hin. Plötzlich wecken mich ein Knall und ein zischendes Geräusch.

Ein halbes Dutzend Raketen fliegt genau auf uns zu. Ich weiß nicht, was ich machen soll und warte auf Figliolis Anordnungen.

Doch Figlioli ruft bloß: „Scheiße, Scheiße, Scheiße. Raus hier, geht in Deckung."

Die Raketen ziehen mit weißem Feuerschweif vielleicht 20 Meter an uns vorbei.

Nach kurzer Zeit schlagen sie mit einem dumpfen Knall ein paar Kilometer weiter ein; kurze Blitze im Nachthimmel, da vorn liegt wahrscheinlich die Front.

Es waren keine irakischen, sondern amerikanische Raketen.

Figlioli gibt den Befehl zum Rückzug. An der Front ist es im Moment zu gefährlich. Wir wollen erst am nächsten Tag auf die Suche nach den Bulldozern gehen, die über 60 Kilometer über die Front verstreut sind.

Bagdad, Karmelitenkloster, 23 Uhr

Es ist weit von Bagdad nach Brüssel, wo Bruder Michel herkommt. Aber es ist nicht weiter von hier aus zu Gott als von anderswo. Das hat er sich immer gesagt. Michel de Myttenaere, Karmelitermönch im Reich des Bösen. Aber wenn es mit den Bombardierungen so weitergeht, dann ist es heute Nacht in Bagdad vielleicht weniger weit zu dem Allmächtigen. Wer weiß es schon?

Der Mönch sitzt am Schreibtisch. Sein Kloster liegt mitten im Regierungsviertel. Später wird man den Ort „Square of Death" – „Platz des Todes" – nennen, wegen der heftigen Bombardements. Bruder Michel hat sich vorgenommen, ein Tagebuch des Krieges zu führen – so, wie er es schon während des letzten Irak-Kriegs tat.

Anfang der Woche schon, am 17. März, hat er sich ein Heft genommen und vorn auf Arabisch „Chronik der laufenden Ereignisse" geschrieben. Darunter in kleiner Handschrift: „Der 2. Golfkrieg, so wie man ihn aus dem Kloster hört". Er hat sich vorgenommen, von nun an jedes Ereignis genau zu notieren.

So, wie Scott es getan hat, der Polarforscher. In leserlicher Schrift, damit die Nachwelt etwas damit anfangen kann. Falls er selbst nicht mehr da sein sollte, es zu lesen.

Das Karmelitenkloster ist ein zweistöckiger Bau mit einem begrünten Innenhof und einer Kapelle. Vier Mönche sind sie hier gewesen, jetzt nur noch zwei. Michel de Myttenaere lebt seit 34 Jahren in Bagdad. Warum sollte er jetzt gehen?

Wenn de Myttenaere seine Brille absetzt, sieht man die tiefen

Ringe unter den Augen. Sein Haar ist grau geworden in Bagdad, aber es ist dicht und kurz geschnitten. Unter den Brüdern hat er den Ruf eines Abenteurers und Sonderlings, eines Gottesmannes, der in schwarzem Leder mit seiner Honda durch Bagdad brummt, einen „Levi's"-Aufkleber auf dem Klosterschrank hat. Er mag starke Motoren, und Whisky mag er auch. Und Krieg? Krieg lässt seinen Adrenalinspiegel steigen. Er legt sich ins Bett mit Uhr, Papier und Bleistift, um nur keine Explosion zu verpassen. Jeden Einschlag will er mit buchhalterischer Akribie notieren.

Er schaut auf die erste Seite: „Montag, Abreise der Uno-Inspektoren. Dienstag, Abfahrt des französischen Botschafters". Bruder Michel notiert an diesem Freitag, kurz bevor der Tag zu Ende geht: „Keine Kreuzwegandacht am Nachmittag. Gegen 19.50 der fünfte Luftalarm. Um 21.00 sehr heftiger Angriff. Einige Schäden am Kloster und an der Kirche. Wir nehmen ein Dutzend der Nachbarn auf (Muslime), die den Schutz der Kirche wollen. Wir bringen sie in der Sakristei unter. Es sind vor allem Frauen und Kinder. Wir legen Matratzen aus."

Samstag, 22. März

+++ Luftangriffe auf Mossul und Kirkuk im Nordirak +++ Neue Präzisionsbomben über Bagdad treffen Kommunikationsanlagen und Kommandobunker +++ Kriegsschiffe feuern 400 Marschflugkörper ab, Einschläge kommen in Wellen: morgens, nachmittags und spätabends +++ Drei „Tomahawks" treffen das Nachbarland Iran +++ US-„Patriot"-Raketen schießen irakische Rakete über Kuweit ab +++ Beim Zusammenstoß zweier britischer Hubschrauber sterben sieben Besatzungsmitglieder +++ 8000 Iraker von der 51. Infanterie-Division sollen sich ergeben haben +++ US-Truppen rücken auf Nassirija vor +++ Die Lage: Präsident George W. Bush warnt die Amerikaner, der Krieg könne länger dauern und schwieriger werden als angenommen. Der schnelle Vormarsch in den vergangenen Tagen hatte den Eindruck entstehen lassen, der Sieg sei zum Greifen nahe. Tatsächlich ergeben sich viele Iraker, aber es sind längst nicht so viele wie beim ersten Golfkrieg 1991. Die 3. Infanterie-Division wird auf dem Weg nach Bagdad jetzt häufig in Kämpfe verwickelt.

Bagdad, Palast des Friedens, ungefähr 6 Uhr morgens

Die erste Nacht von „Shock and Awe" ist zu Ende. Seit gestern Abend, 9 Uhr, sind allein auf Bagdad 300 Cruise Missiles niedergegangen. Sie trafen den Palast der Republik, sie trafen den Sadschida-Palast, den Saddam für seine Frau hat erbauen lassen, sie trafen 15 der wichtigsten Regierungsgebäude, sie trafen Hauptquartiere, Kommunikationszentralen, Geheimdienstbüros und vielleicht auch Dinge, auf die nicht gezielt worden war, das wird man später sehen.

Und während die Sirenen lärmten, die Flugabwehr ihre Granaten feuerte und ein einsamer Muezzin „Allahu akbar" hinaus in die Nacht schrie, dürfte jedes Fauchen einer Cruise Missile, die im Tiefflug über Bagdad ihr Ziel suchte, auch Mohammed Saïd al-Sahhaf ein wenig Angst gemacht haben.

Aber Sahhaf wird nicht getroffen in dieser Nacht. Noch ist die Dämmerung nur eine Ahnung, sind die Sirenen gerade erst verstummt, da stapft er mit Journalisten durch die rauchenden Trümmern des Palastes des Friedens, vor wenigen Stunden noch einer der schönsten im Lande. Sahhaf sagt, dass dieser Palast das Gästehaus von Saddam Hussein gewesen sei. Südafrikas Mandela, Sambias Kaunda, Algeriens Ben Bella – das ganze freie Afrika war hier zu Gast. „Und für den Verbrecher Rumsfeld, diesen Hund, ist dieser Palast des Friedens also ein militärisches Ziel."

Wenig später ist Sahhaf im irakischen Fernsehen zu sehen. Im Namen von Saddam Hussein erklärt er, der Irak werde sich an die internationalen Abkommen über die Behandlung von Kriegsgefangenen halten. Das klingt wie: Achtung, wir haben amerikanische Kriegsgefangene, aber noch überlegen wir uns, wie sich das am besten ausschlachten lässt.

Bei Tagesanbruch zünden Soldaten die Gräben an, die sie überall in ihrer Hauptstadt gegraben und mit Schweröl gefüllt haben. Der dunkle Rauch soll es den amerikanischen Bomben und Raketen erschweren, ihre Ziele zu finden. Von nun an liegt ein Grauschleier über der Stadt.

Später auf der täglichen Pressekonferenz meldet Sahhaf 207 Verletzte durch die Angriffe der vergangenen Nacht, und er wird von John Burns, dem Reporter der „New York Times" gefragt, wann Saddam Hussein das nächste Mal zu seinem Volk sprechen werde.

„Nächste Frage", antwortet Sahhaf.

„Haben Sie“, fragt eine Journalistin, „Saddam in den vergangenen Tagen persönlich gesehen?“

„Nächste Frage“, sagt Sahhaf ungeduldig. „Nächste Frage. Und diesmal etwas Vernünftiges.“

Südirak, 2. Brigade der 3. Infanterie-Division, vormittags

Hannibal kam über die Alpen und wurde nicht glücklich. Die Deutschen kamen nach Stalingrad und gingen unter. „Erwin Rommel war durchaus geschickt“, sagt Colonel David Perkins, Kommandeur von „Heavy Metal“ und „Rock 'n' Roll“, „aber wir sind gewaltig.“ Rommels Idee war, lieber ein paar Panzer so schnell wie möglich auf das Gefechtsfeld zu bringen und dadurch einen Brückenkopf zu errichten als eine Menge Panzer sehr viel später.

„Nun“, sagt Colonel Perkins, der kurze blonde Haare hat, an den Seiten rasiert, „wir bringen eine Menge Panzer so schnell wie eben möglich zum Schlachtfeld.“

Es war zäh, als es in den Irak ging. Mal blieb hier ein Fahrzeug liegen, mal dort, immer hielt es die ganze Schlange auf. Die Straßen sind schlecht im Irak, da dauert es, bis eine Armee ins Rollen kommt.

Aber dann, heute morgen, haben sie alle Fahrzeuge noch einmal voll getankt. Maximal acht Minuten pro Fahrzeug, 230 Liter pro Minute, Perkins liebt es, wenn seine Brigade so funktioniert. Und dann hat sich die Truppe geteilt.

Die Techniker, die „Humvees“, die Sanitäter, die Tankwagen blieben hinten, und die Panzer gaben Vollgas.

Der M1 „Abrams“ wurde vor rund 25 Jahren entwickelt, um die Rote Armee auf dem Schlachtfeld Europa bekämpfen zu können, seit 1980 wird er eingesetzt. Das Ding ist ein Monster, und das Monster ist 63 Tonnen schwer, hat 1500 PS und schafft fast 70 Stundenkilometer. Wegen seiner serienmäßigen Spezialitäten wie Satellitennavigation, Wärmebilderfassung, Nachtsichtanlage oder dem lasergestützten Entfernungsmesser gilt der „Abrams“ als hervorragender Panzer. Er hat eine 120-Millimeter-Glattrohrkanone aus der deutschen Waffenschmiede Rheinmetall, die von den Amerikanern in Lizenz gebaut wird und die Uran-Munition 4 Kilometer weit schießen kann. Und er hat ein 12,7-Millimeter-Maschinengewehr und zwei 7,62-Millimeter-MG.

„Das Schlechte am ‚Abrams'", sagt Colonel Perkins, „ist, dass er natürlich die Aufmerksamkeit und die Geschütze der Iraker auf sich zieht." Und das Gute? „Das Gute ist, dass ihm diese Geschütze nichts anhaben."

Denn die mehrschichtige Panzerung des „Abrams" ist gegen die Panzerfaust der Iraker unempfindlich. Dellen gibt es, und die Rucksäcke, die die Besatzung draußen festbindet, kriegen Löcher, aber drinnen passiert nichts. Drinnen sind sie sogar gegen ABC-Waffen geschützt. Billig ist dieses Monster nicht, 4,3 Millionen Dollar kostet das Stück.

Die einzige Schwäche des Monsters ist sein Durst. Der „Abrams" hat eine Gasturbine, und die verbraucht 212 Liter Sprit in der Stunde. Deshalb muss er fast 2000 Liter Treibstoff mitführen, deshalb sollte er sich nie zu weit von den Tanklastern entfernen. Und deshalb war das „Heavy Metal"-Konzept, der Ritt der Panzer durch die Wüste des Irak, eine so erstaunliche Idee.

Man kann das alles auch einfacher sagen. „Es ist wie Schach", sagt Perkins. Eine Art Schach allerdings, das über Leben oder Tod entscheidet.

Die ganz große Entscheidung, jene Entscheidung, wie dieser Krieg geführt werden soll, reifte über Monate. Normalerweise entstehen Pläne bei der U. S. Army so: Der Kommandeur gibt einen Auftrag an die nächsttiefere Ebene, und dort und auf allen weiteren unteren Ebenen setzen sie sich zusammen und erstellen vier, fünf Szenarien. Dann tritt der rangnächste Offizier vor den Kommandeur und sagt: „Dies sind die Möglichkeiten, und aus folgenden Gründen schlage ich jenes vor." Normalerweise nickt der Kommandeur dann, nimmt sich aus den drei, vier Szenarien jene Details heraus, die ihm am besten gefallen, und bastelt daraus seinen Plan. Normalerweise ist das der Plan, den er sowieso von Anfang an im Kopf hatte, behauptet er jedenfalls.

Im Fall Irak waren allerdings das Pentagon involviert und die CIA, die Kommandeure aller beteiligten Brigaden waren dabei, es war alles ein wenig anders. Es dauerte Monate. Was herauskam, war diese Analyse: Die Iraker erwarten die Amerikaner tagsüber und aus der Luft. Sie erwarten Fallschirmspringer und mehrere Wochen Bombardierung. Sie erwarten Bodentruppen von Süden her und haben drei Ringe zur Verteidigung. Die Iraker sind nicht sehr flexibel, sie können sich nicht schnell umstellen, wenn die Amerikaner sie überraschen. Ihre Kommandostrukturen sind nicht immer klar, nicht alle Einheiten kooperieren gut. Ihr Zentrum ist Bagdad.

Und daraus folgte dieser Plan: Ein Tag, vielleicht zwei Tage Bombardierung. Keine oder wenige Fallschirmspringer. Angriffe auf Bagdad von allen Seiten. Aus dem Süden rücken die 1. und die 3. Brigade auf geradem Weg vor, aber die 2. dringt so schnell sie kann nach Nordwesten vor. Sie sammelt sich westlich des Euphrat und westlich von Bagdad, ist damit hinter den ersten beiden Verteidigungsringen und nimmt schließlich Bagdad von Westen ein. Sie wird unterstützt von der 101. Airborne Division. Die Marines ziehen weiter östlich Richtung Bagdad und greifen die Hauptstadt des Diktators von Südosten an.

„Verlieren können wir nicht und werden wir nicht", sagt Perkins. „Es geht darum, mit den geringstmöglichen Verlusten und Kosten so schnell wie möglich zu gewinnen."

Heute Abend, in der Nähe von Samawa, südlich des Euphrat, werden die Panzer auf den Rest warten. Dann werden „Heavy Metal" und „Rock 'n' Roll" wieder zum „2nd Brigade Combat Team".

Bagdad, Platz der Gerechtigkeit

Ein General, der im Auto schläft, zum Frühstück nach Hause geht, sich wäscht und sich dann wieder ins Auto setzt, um Wache zu schieben für den obersten Befehlshaber, den großen Diktator? Und das Ganze auf dem „Platz der Gerechtigkeit"?

Ja, Ali al-Mussawi trägt seine Generalsuniform, nicht die schmucke Galauniform, die er manchmal zu Festtagen und offiziellen Veranstaltungen trägt, sondern den schlichten grünen Kampfanzug. Wären da nicht die zwei Schwerter auf den Epauletten, könnte man General Mussawi für einen einfachen Soldaten halten. Mussawi ist groß und hager. Der 50-Jährige spricht ruhig und gelassen, hat nicht den autoritären Befehlston der meisten hohen irakischen Offiziere. Vor drei Jahren wurde er vom Verteidigungsministerium zum Informationsministerium abgestellt. Dort ist der studierte Mathematiker für den irakischen Internet-Service „Babel Online" mitverantwortlich. Nur Offiziere, hohe Regierungsbeamte und Parteimitglieder haben zu dem irakischen Web Zugang. Seit gestern ist Mussawi wieder zum Soldaten geworden.

Die Aufgabe des Generals: den Zivilschutz des Viertels organisieren. Mussawi ist für 300 Männer zuständig. Er soll Fragen zur Waffenbenutzung, zum Aufbau von Verteidigungspositionen oder zur Taktik beim Städtekampf beantworten. Die meisten Mitglieder der Bürgerwehr haben bereits ein solides militärisches Grundwissen. Viele sind ehemalige Frontsoldaten des Irak-Iran-Konflikts, andere haben vor dem Krieg an Wehrübungen teilgenommen.

Auf dem Platz der Gerechtigkeit ist der ganze Sicherheitsapparat Saddams präsent. Nebeneinander stehen die sauber geputzten Fahrzeuge des Allgemeinen Sicherheitsdienstes, Amn al-Amm, des Sonder-Sicherheitsdienstes, Amn al-Chass, des Geheimdiensts, Muchabarat, der lokalen Baath-Parteiführer, der Polizei und der Armee. Mussawi inspiziert die Waffen und Positionen der freiwilligen Bürgerwehr, stellt sich den Kollegen der anderen Dienste vor. Der General weiß: Der Krieg ist von Beginn an verloren. Doch Ali al-Mussawi ist durch und durch Soldat: „Ich will eine ehrenhafte Niederlage."

Nord-Kuweit, Camp der 75. Exploitation Task Force

Die Mannschaft der 75. Exploitation Task Force hat einen ganz besonderen Auftrag in diesem Krieg: Sie soll den Kriegsgrund finden.

„Willkommen", steht freundlich auf einer Fußmatte, aber das ist nicht so gemeint. Eine Gruppe von Anhängern parkt etwas abseits, am Rande eines Camps unweit der irakischen Grenze. „Unbefugten" ist der Zutritt verboten, selbst die Mehrzahl der Militärs hat nichts verloren auf dem Gelände der „Exploitation Task Force", die unter dem Kommando von Colonel Richard McPhee steht und zur 75. Brigade aus Fort Sill (Oklahoma) gehört.

Zwei Dutzend Biologen, Chemiker, Computerspezialisten, Nuklear- und Dokumentexperten und Geheimdienstleute haben sich hier eingerichtet, es sind ABC-Waffenspezialisten, ausgerüstet mit dem Modernsten, so heißt es jedenfalls, was das Pentagon an Technik zu bieten hat: Sie haben ein Bio-Labor für DNS-Analysen, das tödliche Erreger innerhalb weniger Stunden identifizieren kann, sie haben ein Chemielabor mit Druckkammer und Handschuhbox, mit Massenspektrometer und Gas-Chromatograf.

Sie sind die Detektive, die den Beweis dafür liefern sollen, dass dieser Krieg zu Recht geführt wird – dass Saddam Hussein die Welt bedroht. Dass Präsident Bush die Wahrheit sagte, als er behauptet hat, Saddams Regime besitze „die tödlichsten Waffen, die je entwickelt wurden“, und dass es zu gefährlich gewesen wäre, wenn man Hans Blix und seine Waffeninspektoren hätte weitersuchen lassen. Dass es keine andere Möglichkeit gab als diesen, wie Bush ihn nennt, „präventiven Krieg“.

Sie, die „METs“, die Mobilen Einsatz-Teams, sind auf der Suche nach dem „rauchenden Colt“. Sie suchen tödliche Bio- und Chemiewaffen, suchen die enormen Mengen an Senfgas, Nervengasen wie Sarin, Tabun oder VX, an biologischen Waffen wie Anthrax, Aflatoxin, Botulin, Ricin, die Saddam vor den Uno-Inspektoren versteckt haben soll. Und die er vielleicht einsetzen wird, jetzt, in diesem Krieg.

Was immer sie finden, sie werden es prüfen und sicherstellen, und zwar so, dass wissenschaftlich und juristisch keine Zweifel bleiben – um eine kritische Weltöffentlichkeit zu überzeugen. Und möglicherweise später auch ein Gericht in Den Haag.

Als „zweite Welle“ werden sie hinter den kämpfenden Truppen herziehen, um all das zu untersuchen, was die Militärs an der Front verdächtig fanden. 9000 Büchlein mit dem Titel „WMD Facility, Equipment and Munitions Identification Handbook“ sind an Soldaten verteilt worden, mit bunten Bildern und Beschreibungen von Hochleistungszentrifugen, Gefriertrocknern, Vakuumpumpen und mit Anweisungen darüber, wie man sich angesichts eines verdächtigen Fundes benimmt.

Jede größere Armeeeinheit hat ein eigenes „Site Survey Team“, das eigens ausgebildet wurde für den Umgang mit ABC-Material. Aber es sind eben nicht lauter ABC-Waffen-Profis, die da unterwegs sind an der Front, und die MET-Leute sind etwas nervös: Was werden die anstellen mit den Beweisen? Muss man sich Sorgen machen?

Sie sind hektischer als sonst an diesem Tag. Es hat Alarm gegeben, den ersten, endlich. Sie sollen aufbrechen nach Umm Kasr. Man hat weißes Pulver gefunden im Rucksack eines gefangenen Irakers und Kritzeleien auf Umschlägen, mit Wörtern, die so ähnlich aussahen wie „Anthrax“. Aber dann heißt es plötzlich: Stopp. Das Pulver sei kein Gift, sondern etwas zu essen gewesen.

Bagdad, Mansur-Viertel

Das alte Regime gibt noch Befehle, solange die Telefone funktionieren. Das alte Regime braucht Autos. Nicht mehr die Rolls-Royce Corniche, nicht mehr die Porsche Carrera, die Ferrari, die bonbonfarbenen Chevrolet. Jetzt, da die feindlichen Flugzeuge über der Hauptstadt sind, sucht Saddams Clique die Tarnung des Normalen, um sich wie unsichtbar durch Bagdad zu bewegen.

Udai Hussein fährt noch immer durch die Stadt. Trifft sich mit seinem Bruder, seinem Vater, mit seinen Leuten, irgendwo, an versteckten Orten, in geheimen Räumen, die niemand außer den Anwesenden kennt. An diesem Samstag ruft er Marwan K. an, um bei ihm das letzte Auto zu bestellen, von dem man weiß, dass Udai es benutzte.

Marwan K. ist Udais Fuhrparkverwalter seit elf Jahren. Er ist 38 und sieht aus wie 48. Er kennt jedes Stück aus Udais schöner Autoflotte, als wäre es sein eigenes. Die über 100 Rolls-Royce, die Dutzenden S-Klasse-Mercedes, die BMW und Lamborghini, all die 350 Autos von Saddams sadistischem Sohn. Sie sind nicht mehr in der Stadt. Sie sind fortgeschafft.

Vier Tage vor Kriegsbeginn hat Udai angeordnet, die Wagen aus der Zentralgarage im Palast der Republik an den Stadtrand zu bringen. Jetzt stehen sie in den Hallen einer ausgeräumten Hühnerfabrik in Dora, 20 Minuten vom Zentrum. Marwan K., die Fahrer, die Mechaniker haben sie hingebracht, sie bewegten einen Konvoi, wie die Welt selten zuvor einen gesehen hat. 50, 60 Millionen US-Dollar auf Rädern.

Marwan K.s Telefon klingelt an diesem Samstag, trotz aller Bombardements. Marwan K. steht in seiner Wohnung in Mansur. Es ist Udai, er selbst. Er befiehlt, wie immer, aus der Wagenflotte ein Auto zu bringen. Marwan K. sagt: „Das wird nicht einfach." Udai sagt: „Die Bomben interessieren mich nicht." Er will keinen Rolls-Royce dieses Mal. Keinen Ferrari. Das letzte Auto, das Udai Hussein bei seinem Verwalter bestellt, ist ein weißer Kia Caravan mit fensterlosem Ladeheck.

Udai verlässt in seiner Kriegstracht – weißer Kaftan, weiße Hose, braune Sportschuhe – das Haus, um seine Fedajin an die Front zu schicken. Herr Tema, sein Krankenpfleger, erinnert ihn daran, dass er vergessen habe zu frühstücken. „Frühstück ist sehr gut für Sie. Sie brauchen diese Art von Energie." Udai starrt an Tema vorbei und erklärt, dass er während des Krieges nur noch eine Mahlzeit pro Tag zu sich nehmen wolle. Widerspruch zwecklos.

Bagdad, Stadtteil Karch

Hamid Maschid, der Theaterdramaturg, der Fedajin zum Einsatz bringt, hat schlecht geschlafen. Grund hierfür sind nicht amerikanische Bomben, die in der Nacht auf Bagdad niederhageln, sondern die Reden seiner Frau: „Ihr schickt Menschen in den Tod", hat sie gesagt und ihn angefleht, zu Hause zu bleiben. Maschid weiß – dies würde einem Todesurteil für ihn und seine Familie gleichkommen. Als Angestellter in der Jugendvereinigung der Baath-Partei muss er Freiwillige an die Front schicken, das will sein Boss Udai so.

Der ehemalige Dramaturg fährt auch heute wieder zur Arbeit. Die ersten Kamikaze werden wieder gegen 13.30 Uhr verabschiedet. Präsidentensohn Udai kommt persönlich mit einem weißen Kia aus seinem Kriegsversteck. „Ihr seid die Helden des Vaterlands, die wahren Märtyrer des Islam, echte Iraker", erklärt er den Todgeweihten. Die verbliebenen Milizionäre machen in der Turnhalle Fitnessübungen und ein bisschen Kampfsport. Die meisten Fedajin sind freigelassene Strafgefangene oder ungebildete Arbeitslose aus ganz armen Verhältnissen. 25 Millionen irakische Dinar (15 000 Euro) haben die Freiwilligen für ihre Rekrutierung bekommen. Bei einem Selbstmordattentat erhalten die Familien der Kamikaze noch mal dieselbe Summe.

Südirak, Strategielinie Florida, 101. Airborne Division, morgens

In der Nacht sind die Kolonnen von Major Doris Garcia in den Irak eingerückt, die 101. Airborne Division fuhr vorbei an Schildern, die einen besonderen Countdown zählten: „You are 50 meters from Iraq border", „... 25 meters from Iraq border", „... 15 meters ...", „... 10 ...", „... 5 ..." Dann waren sie im Land des Feinds.

In Bussaja, einem Kaff im Grenzgebiet, sahen sie ihre ersten Iraker. Dunkle Gestalten in Trauben entlang der Piste, in zerschlissenen Kleidern. Sie wirkten freundlich. Sie lachten und winkten und schossen nicht. Die Soldaten warfen ihnen Essensbeutel zu, „Chicken Cavatelli", „Beef Enchilada", und winkten mit kleinen Gesten aus den MG-Ständen der „Humvees“ zurück. Das war der erste Feindkontakt der 101. Airborne Division.

Die Division hat für den Tag ein hoch gestecktes Ziel: Sie muss, und zwar schnell, 150 Kilometer schaffen, um nahe der Strategielinie Georgia, spätestens im Morgengrauen, RRP Exxon hochzuziehen, einen Rapid Refueling Point, eine militärische Tankstelle von hoher strategischer Bedeutung.

Sie muss danach, noch am selben Tag, weitere 150 Kilometer nach Norden vorstoßen, Luftlinie dann schon fast 250 Kilometer tief im Feindesland, um dort, südöstlich von Nadschaf, FARP Shell zu etablieren, einen Forward Area Refueling Point, eine strategische Basis für alle kommenden Operationen.

In Shell werden sich die Bodentruppen mit der Hubschrauber-Brigade vereinen. Aber es ist noch lange hin. Es wird eine heiße, dramatische Fahrt, eine Cross-Rallye. 300 Kilometer in einem Konvoi aus 2736 Fahrzeugen, die Fahrer halb erstickt von Staub und Sand. Immer wieder aufgehalten, weil sich die Reifen in den Sand fressen.

Sie fahren zweispurig auf einer einspurigen Straße. Von vorn kommen immer wieder „Humvees“ in Gegenrichtung, Reparaturtrupps, Tanklaster. Sie fahren mit zwei Rädern auf der gepressten Wüstenpiste, mit den beiden anderen neben der Straße im Sandschotter. Sie rumpeln 300 Kilometer weit in den Irak. Sie spüren ihre Hintern nicht mehr von den zehntausend Schlägen der Piste. Sie sind im Krieg.

Major Doris Garcia kennt FARP Shell bis in jedes Detail, ohne ein einziges Mal dort gewesen zu sein. Sie weiß alles über den unbestellten Flecken Erde irgendwo in der irakischen Wüste. Sie hat lange vor dem Aufmarsch detaillierte Luftaufnahmen des Gebiets analysiert, perfekte Bilder, die auf Aufklärungsflügen geschossen wurden. Sie verfügt über Bodenproben des in Aussicht genommenen Geländes für FARP Shell, sie kennt seine Unebenheiten, sein Kleinklima, seine Luftfeuchtigkeit, seinen durchschnittlichen Luftdruck bei Tag und bei Nacht.

Sie kennt seine geologische Beschaffenheit. Sie hat Aufnahmen von Spezialkameras, aus denen sie schließen kann, dass dort oben eine Menge Wasserquellen unter der Erde liegen, Quellen, die sie unbedingt braucht für die weitere Planung. Sie kann nicht Wasserflaschen durch die Gegend fahren lassen, in einem Klima, in dem jeder Soldat vier bis sechs Liter Wasser am Tag trinken muss. Sie muss sich ihr Wasser selber machen können.

Sie muss es schaffen, und zwar sofort an diesem Samstag, dass ihre Leute „den schlechten Kaffee wenigstens mit gutem Wasser machen können". Sie verliert auf der Strecke zwischen Exxon und Shell zwei „Rowpus", Wasseraufbereitungsanlagen, verpackt nicht größer als ein halber Cargocontainer. Die Transportlaster scheitern an der Strecke, und Major Garcia fehlen immer noch die 250 Trucks, die den Weg aus der Heimat nicht rechtzeitig geschafft haben. Sie kann das Gerät nicht so schnell umschichten, ohne den Konvoi zu gefährden. Die Rowpus bleiben in der Wüste zurück, schönes, teures Gerät, ein herber Verlust.

Rowpu steht für „Reverse Osmosis Water Purifying Unit" und heißt, dass man damit sehr viel Wasser in sehr guter Qualität herstellen kann. Major Garcia wird mit den Rowpus der 101. Airborne Division zwischen Kriegsbeginn und Kriegsende 4,3 Millionen Flaschen mit 9,8 Millionen Litern selbst produziertem Wasser abfüllen. Sie wird 3,2 Millionen Nahrungsrationen an ihre Leute verteilen. Sie wird an ihren Benzinzapfstellen, den RRPs und den FARPs, 27,6 Millionen Liter Jetbenzin an Hubschrauber und sonstiges Gerät vertanken. Sie wird den Krieg am Laufen halten, so lange er laufen muss. Sie macht dafür die erstaunlichsten Sachen. Aber sie sagt immer nur: „Das ist mein Job. Ich muss meine Leute ernähren." Der Spitzname ihrer Logistikeinheit ist „Lifeliners". Das heißt so viel wie Nabelschnur.

Katar, im Centcom der US-Truppen, 16.58 Uhr

Der Presseraum im Oberkommando der alliierten Streitkräfte ist seit Stunden bis auf den letzten Platz besetzt, die Bühne erleuchtet. Das Gemurmel und Gescharre verstummt. In der ersten Reihe erhebt sich eine junge Frau mit rötlichen Haaren, steigt auf eine Kabelkiste und beginnt, in die völlige Stille hinein und über die Köpfe der Weltpresse hinweg ihren Aufsager in eine Kamera zu sprechen: „... warten alle auf das Erscheinen von General Tommy Franks. Kelly O'Donnell, NBC, Doha."

Szenenapplaus.

Dann betritt der Oberkommandierende die Bühne, General Tommy Franks. Neben ihm steht Jan Blom, Oberstleutnant aus den Niederlanden und Verbindungsoffizier zu den Amerikanern. Niemand weiß, wie Blom auf die Bühne geraten ist. Die Niederlande haben der Koalition nur politische, keine militärische Unterstützung zugesagt. Jan Blom sei „unglücklicherweise durchs Bild" gelaufen, wird sein Minister später erklären.

Tommy Franks gibt bekannt, was „sein Boss" ihm als Kriegsziele auf den Weg gegeben hat: „1. Das Regime Saddam Husseins zu beenden. 2. Die Massenvernichtungswaffen des Irak zu finden, zu isolieren und zu vernichten. 3. Terroristen zu suchen, zu fangen und aus dem Lande zu jagen. 4. Möglichst viele Informationen über Terrornetzwerke zu sammeln. 5. Möglichst viele Informationen über globale Netze unerlaubter Massenvernichtungswaffen zu sammeln. 6. Die Sanktionen zu beenden und unverzüglich humanitäre Hilfe an Flüchtlinge und viele bedürftige Bürger des Irak zu leisten. 7. Die Ölfelder und Rohstoffe des Irak zu sichern, die dem irakischen Volk gehören. Und schließlich, dem irakischen Volk dabei behilflich zu sein, die Bedingungen für einen Übergang zu einer parlamentarischen Selbstverwaltung zu schaffen."

Bagdad, Kindi-Hospital

23 Verletzte im Kindi, 17 davon aus einem einzigen Haus, das in der Nachbarschaft eines Saddam-Palasts zum Kollateralschaden wurde. Die Leute füllen die Notaufnahme mit ihrem Leid und ihrem Anspruch auf Rettung. Dr. Baschir, der Leiter der Notaufnahme, berät sich mit dem Chirurgen Dr. Hamid al-Aradi über den Umbau der Abteilung. 20 Betten sind nicht genug.

Aradi ist ein sanfter grauer Mann mit dünnem Bart über dem Mund, Chefarzt, 46 Jahre alt. Wie Baschir arbeitet er seit Kriegsbeginn rund um die Uhr. Wenn er nicht operiert, schläft er in seinem Zimmer auf dem Fußboden. Aber er schläft so gut wie nie. Er muss organisieren. Er muss Mitarbeiter trösten. Er muss Angehörige beruhigen. Vor allem muss er den Mangel verwalten, der das große Haus drückt.

Von der 400er-Belegschaft des Krankenhauses arbeiten höchstens noch 100 Schwestern, Pfleger, Arbeiter. Von den 45 Ärzten schaffen es in den Kriegswirren noch 20 zum Dienst. Baschir, Aradi und die Kollegen betrachten die Lage. Die Versorgung mit Medikamenten ist gut. Die Hilfsorganisationen aus aller Welt haben vor ihrem

Abzug aus Bagdad entgegen den Embargo-Vorschriften Arznei und andere Güter für sechs volle Monate zurückgelassen. Aber katastrophal ist die Besetzung. Wie lange können 70 Schwestern den Betrieb eines voll belegten 350-Betten-Krankenhauses aufrechterhalten?

An diesem Samstag laufen die Bombardements den ganzen Tag. Der Feind braucht nicht mehr den Schutz der Nacht. Im Kindi operieren sie wie inmitten kleiner Erdbeben. Das Internationale Komitee vom Roten Kreuz, letzte Großorganisation, die in Bagdad geblieben ist, beschafft für das Krankenhaus Trinkwasser in Ein-Liter-Beuteln, 5000, 6000 Rationen. Es gelingt den Helfern auch, einen Stromgenerator für die Operationssäle zu installieren, damit sie im Notfall vom öffentlichen Stromnetz unabhängig bleiben.

In der Stadt besetzen Roter Halbmond und Rotes Kreuz 14 Erste-Hilfe-Stationen mit je zwei Leuten. Das macht 28 Leute für fast fünf Millionen Einwohner Bagdads.

Bei Nadschaf, 2. Brigade der 3. Infanterie-Division, 20 Uhr

Die 2. Brigade ist wieder vereint, „Heavy Metal“ trifft „Rock 'n' Roll“. Drei Panzer haben den Ritt nicht überstanden, aber die Männer vom Pionier-Bataillon arbeiten daran. Es gab ein paar Zusammenstöße, als die Sicht besonders lausig war. Sonst gab es nichts: keine Toten, keine größeren Kämpfe, nur hier und da mal einen Schuss aus den Büschen und die Antwort mit einem Maschinengewehr. Es war nicht mal einen Stopp wert.

Es war alles ziemlich befremdlich. Ein paar Beduinen haben sie gesehen im Vorbeifahren, ein paar Einheimische, die aus den Fenstern blickten, aber die Einheimischen wirkten nicht erleichtert, sie jubelten nicht, und sie wirkten nicht ängstlich. „Es war seltsam“, sagt Captain Steven Barry, Kommandeur der C-Kompanie, „die Leute wirkten so gleichgültig.“

Aber dies hier ist eine klare Sache, dies hier ist anders. Dies hier ist der Anfang des Krieges.

Die 120-Millimeter-Kanone ist die wichtigste Waffe der „Abrams“-Panzer. An der 120-Millimeter-Kanone liegt es vor allem, dass sich die vier Männer im Panzer sicher fühlen. Sie schwitzen, sie stinken, aber die 120-Millimeter-Kanone behütet sie.

Und nun ist sie zum Einsatz gekommen, zum ersten Mal in diesem Krieg. Die Panzer standen schön in einer Reihe, und der Fabrikkomplex bei Nadschaf war einen Kilometer entfernt, und jetzt stehen da nur noch ein paar Steine.

Das Ding war eine Kaserne, hatten die Aufklärer gesagt. Den lokalen Chef der Baath-Partei habe es erwischt, meldet das irakische Fernsehen, die Soldaten in den Panzern erfahren es über Funk.

„Yes!“ Die Soldaten klatschen sich ab. So feiern sie Treffer.

Über dem Südirak, in den Hubschraubern der 101. Airborne Division

Die Hubschrauber der 101. Airborne fliegen in Staffeln von Kuweit nach FARP Shell, in weitem Abstand hinter- und nebeneinander, immer zu siebt. Die Verbände verteilen sich auf vier parallel gelegte Flugrouten Richtung Norden. Blau steht für Mars-1, Lila für Earth-1, Grün für Moon-1, Hellblau für Eclipse-1.

In Minutenabständen gehen im Zielgebiet FARP Shell die Maschinen nieder, 300 Kilometer tief im Feindesland. Es ist Samstag, die Vorhut der 101. Airborne Division verwandelt eine leere Wüstenfläche südöstlich von Nadschaf binnen zwei Stunden in ein sicheres Basislager, in das die große Bodentruppe einrücken kann.

Die 54 „Black Hawks“ bringen Luftlandesoldaten und leichte Geschütze Schlag auf Schlag, die „Chinooks“ bringen schweres Gerät. Die 72 „Apaches“ und die 24 „Kiowa Warriors“ bringen Schutz. Sie fliegen in weiten Ellipsen über dem Gelände, sie fliegen in engen und weiten Ringen um das Areal der Operation, in 50, höchstens 100 Meter Höhe, das macht einen Höllenlärm am Boden, sie fliegen schnell, sie halten Wache, sie decken die gelandete Truppe.

Einen Hubschrauber in der Wüste aufzusetzen ist jedes Mal ein gefährliches Unterfangen. Unter den Füßen verschwindet der Boden, der Pilot sieht keinen Horizont mehr, er verliert alle Anhaltspunkte für einen sicheren Touchdown. Aus der Ferne betrachtet sieht die Landung aus, als falle ein Felsbrocken aus großer Höhe in stilles Wasser, bald darauf verschluckt von den kreisrunden Wellen, die er schlägt. Die Wellen in der Wüste sind aus Staub und Sand. Sie lassen den Piloten erblinden. Er muss sich einprägen, wie weit der Boden entfernt ist, lange bevor er in der Wolke versinkt. Der Rest ist Gefühl.

Der Krieg ist da draußen, irgendwo. Er ist zu hören in FARP Shell, wo die 101. Airborne ihr Lager baut, die Kanonenschläge der Panzer, das Donnern einschlagender Bomben. Seine Explosionen sind in der Ferne zu sehen, es fliegen freundliche Raketen über den Köpfen, Air-Force-Schattenrisse prägen sich in den Himmel, aber es ist die 3. Infanterie-Division, die da draußen kämpft, und auch die Marines schießen sich durchs Land Richtung Norden. Die 101. Airborne Division hat noch keinen Auftrag zum Schießen, sie haben den Auftrag, FARP Shell zu etablieren, Tankstelle, Rastplatz, Basislager, ganz egal, was ringsum geschieht.

Am Abend rückt der große Konvoi ein. Nach 300 Kilometern Landweg durch die Wüste. 16 000 Mann, überkrustet mit Sand, 2736 Fahrzeuge. Sie belegen das Gelände nach Plan. Jede Ecke ist vorab verteilt, jeder „Humvee“ hat seinen vorab festgelegten Platz. Die Männer bauen ihr Lager. Drei Stunden, vier Stunden. Dann kehrt Ruhe ein. Sie essen. Chicken Cavatelli. Spaghetti with meat sauce. Auftrag erfüllt. Zielgebiet genommen. FARP Shell etabliert. Keine Verluste. Keine besonderen Vorkommnisse. Am Abend des dritten Kriegstages stehen die US-Truppen tief im Land des Diktators, die 101. Airborne ist im Westen des Irak Richtung Norden vorgeprescht, die 3. Infanterie-Division weiter östlich und die Marines noch weiter östlich, drei Kolonnen auf dem Weg nach Bagdad. Dann schlafen sie. Dann beginnt der Sturm.

Bagdad, Karmelitenkloster, 23.11 Uhr

Entwarnung. Frère Michel ist froh, dass sich die Schäden am Kloster in Grenzen halten, und sehr froh, dass sein Motorrad keinen Kratzer abgekriegt hat. Er setzt sich an sein Tagebuch. Die ganze Nacht hat es Explosionen gegeben. „5.45 lautstarkes Flugzeuggeräusch. Explosion um 6.38 und achter Alarm um 6.39. Ghadis schlägt vor, das Kloster zu räumen und sich zu verteilen. 7.30 Schüsse. Um 9 Uhr beschließen wir die Räumung. Wir bleiben zu zweit im Kloster. Ständiger Alarm bis 15.15. Dann wieder um 15.19. Telefonate nach Montpellier und Toulouse.“ Jetzt wieder ein heftiger Angriff, Frère Michel schaut auf die Uhr, als die Sirenen losheulen: „23.32“, schreibt er auf.

Blitzkrieg und Sandsturm
23. März bis 27. März

Sonntag, 23. März

+++ Raketen und Bomben auf Bagdad +++ Türkei öffnet Luftraum für US-Kampfjets, Angriffe jetzt auch aus dem Norden möglich +++ US-Spezialtruppen unterstützen Kurden im Nordirak +++ 3. Infanterie-Division und 1. Marine-Division nehmen Euphrat-Brücke zwischen Nassirija und Samawa ein +++ Soldat der 101. Airborne wirft im Camp in Kuweit Handgranate auf Kameraden +++ Irak nimmt US-Soldaten gefangen +++ Bei Nassirija die stärksten Kämpfe seit Kriegsbeginn, dreistündiges Feuergefecht mit Republikanischer Garde +++

30 Kilometer südöstlich von Nassirija, Nachtlager des 1. Bataillons des 2. Marines-Regiments, 2 Uhr morgens

Wie schläft man als Kompaniechef, wenn man morgens mit seinen Soldaten in eine fremde Stadt einrücken soll und nicht weiß, wie viele irakische Soldaten darauf warten, den Konvoi unter Beschuss zu nehmen?

Captain Dan Wittnam ist der Chef der Charlie-Kompanie des 1. Bataillons des 2. Marines-Regiments, und als er um 2 Uhr morgens vom Boden aufsteht, hat er nur eine Stunde geschlafen. Die Temperatur hat ihn schlecht schlafen lassen, nicht so sehr der Gedanke an die Stadt, die sie heute einnehmen werden. Es ist kalt. Es ist die kälteste Nacht, die er im Irak erlebt hat. Sternenklar, null Grad. Wittnam informiert die Platoonführer seiner Kompanie noch einmal über die bevorstehende Aufgabe. Sie kennen sie seit über einem Monat. Sie sollen die beiden Brücken sichern.

Wittnams Bataillon ist das Herz der „Task Force Tarawa", einer Streitmacht aus 6000 Soldaten. Die Soldaten aus Jacksonville (North Carolina) erfuhren erst im Januar, dass sie im Irak dabei sein würden, Wittnam brach seinen Weihnachtsurlaub ab. Auf der einmonatigen Überfahrt informierte man sie über ihre Aufgabe: Task Force Tarawa sollte zwei Brücken in der südirakischen Stadt Nassirija sichern, über die ihre Kameraden von der 1. Marines-Division über den Euphrat und den Saddam-Kanal in Richtung Bagdad ziehen würden. Zwischen Berlin, Paris und Moskau reisten die Staatschefs hin und her, um den Krieg zu verhindern, in der Uno kreisten die Friedenspapiere der Diplomaten, und auf einem Schiff irgendwo im Atlantik werden 6000 Marines unterrichtet in der Kunst, eine Stadt und ihre Brücken einzunehmen.

Am 16. Februar gingen die Soldaten in Kuweit von Bord, am 21. März überschritten sie die Grenze zum Irak. Sie rollten durch die Wüste, ohne auf den geringsten Widerstand zu stoßen. Sie waren so schnell, dass ihre Serviceeinheiten mit all ihren Wasser-, Munitions- und Kraftstoffvorräten nicht hinterherkamen. Ein „Abrams"-Panzer funktioniert mit einer Tankfüllung neun Stunden. Aber so lange würden sie sowieso nicht brauchen, um ihren Job in Nassirija zu erledigen. Zu den Brücken vorrücken und dann Stellung beziehen. Kein Problem.

Viele der Marines bezweifeln, dass die Panzer überhaupt nötig sind. Sie haben bislang keinen Schuss abgegeben. Und es sieht nicht so aus, als sollte sich das ändern.

Das, was man ihnen über Nassirija erzählt hatte, klang auch nicht aufregend. Nassirija sei eine Hochburg der Saddam-Gegner, hieß es. Die 11. Infanterie-Division der irakischen Armee, die in Nassirija stationiert ist, sei lange nicht so stark wie die 51. Division der Iraker. Und große Teile der 51. hätten sich weiter südlich in Basra schnell ergeben.

„Kapitulation" war das Wort, das während ihrer Schulungen am häufigsten fiel. Es hallte vor dem Krieg in den Köpfen der Marines, und es hallt nun immer lauter. Kapitulation, Kapitulation, Kapitulation.

„Die Kommandeure unserer Brigade sprachen schon auf den Schiffen, mit denen wir anreisten, immer wieder davon, dass die Iraker in Nassirija kapitulieren würden. Und im Camp in Kuweit ging es so weiter", sagt Wittnam später. „Es war ein großer Fehler. Einer von vielen."

Es ist 3 Uhr, als Wittnams Bataillon aus dem Nachtlager aufbricht und auf Nassirija zurollt.

Etwas später gerät ein Konvoi der 507. Instandsetzungs-Kompanie der U. S. Army in Nassirija unter irakisches Feuer. Die kleine Gruppe aus Mechanikern, Kraftfahrern und Köchen hatte sich in der Dunkelheit verfahren, sie sollten eigentlich auf der Autobahn an Nassirija vorbei nach Norden ziehen, wie der Rest der 3. Infanterie-Division. Es wurde eine der meist beschriebenen Irrfahrten des Krieges.

In den ersten Berichten aus Militärkreisen hieß es, der Konvoi sei vor den Toren Nassirijas in einen Hinterhalt geraten. Als sie die Brücke über den Euphrat sahen, hätten sie umgedreht, doch der Rückweg sei von zwei Bussen blockiert worden. Dann sei auf sie geschossen worden.

Später setzte sich eine andere Version durch. Danach irrte der Konvoi so lange durch Nassirija, bis man auf ihn aufmerksam wurde. Die Instandsetzungs-Kompanie weckte den Feind. Die Soldaten sind ein einfaches Ziel. Sie sind keine Kämpfer, sie kennen sich nicht aus, es ist dunkel. Einige Soldaten werden erschossen, fünf werden gefangen genommen und später im irakischen Fernsehen vorgeführt, hilflos, orientierungslos. Unter ihnen Shoshana Johnson, eine 30-jährige Köchin aus Fort Bliss (Texas).

Die Leichen werden zusammen mit einer verletzten, bewusstlosen Soldatin von den Irakern eingesammelt. Ihr Name ist Jessica Lynch. Die Iraker fahren die Toten und die gefangene Soldatin zunächst in das nahe Militärkrankenhaus von Nassirija.

Die Marines erfahren davon nichts, trotz modernem Krieg, trotz Vernetzung der verschiedenen Truppenteile, sie rollen ahnungslos durch die Wüste. Kurz nach 5 Uhr machen sie halt. Sie stehen etwa fünf Kilometer vor der Stadt. Es dämmert. Die meisten Infanteristen in den heißen, rumpelnden Amphibienpanzern, die sie „Amtracks" nennen, dümpeln im Halbschlaf. Sie wissen nicht, dass ihre Gegner in Nassirija zu diesem frühen Zeitpunkt bereits hellwach sind. Die 507. Instandsetzungs-Kompanie trat ins Wespennest, sagt Major David Sosa aus dem Stab des 1. Marines-Bataillons später, der den Angriff auf Nassirija plante.

„Der Überfall auf die 507. hat den Widerstand in Nassirija stark gemacht. Die Leute fühlten sich plötzlich in der Lage, uns zu bezwingen oder zumindest aufzuhalten. Ich bin überzeugt davon, dass sich nicht so viele Zivilisten an der Schlacht beteiligt hätten, wenn sie nicht zuvor in der Nacht diese unglückliche Instandsetzungs-Kompanie zerschlagen hätten. Es war unser Pech." So sieht es Sosa, der Planungsoffizier des 1. Marines-Bataillons.

Gegen 6 Uhr bittet eine Artillerieeinheit, die hinter Wittnams Soldaten auf ihren Einsatz wartet, die Bataillonsführung zwei Kilometer nach vorn zu rücken, weil ihre schweren Geschütze auf einer unbefestigten Straße versacken. Das 1. Bataillon rückt träge nach vorn. Mit den Panzern zuerst, dahinter folgt die Bataillonsführung.

Die Panzer treffen auf das, was von der 507. Instandsetzungs-Kompanie übrig geblieben ist. Ein paar zerschossene Fahrzeuge und vier Soldaten, die den Irakern entkommen sind und die ihnen erzählen, was passiert ist. Als die Iraker die Panzer der Marines sehen, ziehen sie sich zurück.

Die Bataillonsführung ordert zwei der vier Krankenwagen vom Ende des Zuges nach vorn um die verletzten Soldaten wegzufahren. Die Verwundeten werden sieben Kilometer südlich von Helikoptern aufgenommen und ins Lazarett geflogen. Zum ersten Mal bekommt das 1. Bataillon eine Ahnung davon, dass es womöglich nicht so einfach sein würde, wie man ihnen angekündigt hat.

Der stellvertretende Bataillonskommandeur Major Tuggles macht sich Sorgen um die halb leeren Tanks ihrer 14 „Abrams"-Panzer. Er schickt die Panzer zurück, um aufzutanken, und fragt über Funk beim Nachschub-Platoon am Ende des Zuges an, wie viel sie in ihren beiden Tanklastzügen haben, die jeweils 17 000 Liter Kraftstoff fassen.

„Sie sind leer, Sir", erklärt ihm Lieutenant Michail Sobieszczyk, der das Nachschub-Platoon anführt.

„Besorgen Sie Kraftstoff, woher auch immer!", brüllt Tuggle. „Die Panzer brauchen Kraftstoff."

Lieutenant Sobieszczyk kommandiert zwei Tanklastzüge, zwei „Amtracks" voll mit Munition und die vier Sanitätswagen des Regimentes. Er ist für den Nachschub zuständig. Kein Job, von dem er geträumt hat. Denn eigentlich ist Lieutenant Sobieszczyk im Irak, um sich bei Amerika zu bedanken. Er weiß, was es heißt, befreit zu werden.

Sobieszczyk war 11 Jahre alt, als er mit seinen Eltern aus Polen ausreiste; er hat miterlebt, wie die Familie ein neues Leben in Amerika begann. Das Gefühl, dass er dem Land, das ihn und seine Familie aufgenommen hatte, irgendetwas zurückgeben müsse, verließ ihn nie. Er sah sich bei der Army und der Navy um, doch die Marines schienen die größte Herausforderung zu bieten. Und nun ist er hier und soll Benzin auftreiben. Sein Dank an Amerika.

Lieutenant Sobieszczyk und ein Kamerad drehen ihre Tanklaster um und fahren zurück Richtung Süden. Von den anderen Platoons der Serviceeinheiten fehlt noch immer jede Spur. Eine Stunde später findet Sobieszczyks Kamerad einen irakischen Tankwart, dem er für 50 Dollar und ein paar Kisten Einsatzverpflegung rund 19 000 Liter Benzin abkauft. Sobieszczyk trifft weitere zwei Stunden später die Nachschubtruppe der Task Force Tarawa, die 100 Kilometer vor Nassirija auf der Autobahn im Stau steckt. Langsam und in Schlangenlinien leitet er einen der großen Tankwagen nach Norden auf die Stadt zu.

Die Panzer der Bravo-Kompanie, die auf den Kraftstoff von Sobieszczyks Nachschub-Platoon warten, sind weiter in die Stadt hineingerollt, auf die Brücke über den Euphrat zu.

Nassirija wirkt zunächst relativ ruhig. Die Leuten gucken nicht gerade freundlich, aber es scheint normales Leben zu herrschen. Gelegentlich sehen die Marines ein paar Zivilisten mit Gewehren. „Wir sahen wenig Leute in Uniform. Schlimm wurde es erst, als wir die südliche Brücke überquerten, die Brücke über den Euphrat", sagt Lieutenant Brian Stewart, der in einem „Amtrack" die Panzer begleitet.

Es ist jetzt etwa 10.20 Uhr.

Sie werden plötzlich von allen Richtungen beschossen, mit Maschinengewehren, Panzerabwehrraketen, Granatwerfern. Sie suchen sich Deckung. Stewart lässt den „Amtrack" stoppen, in dem er sitzt. Die Soldaten seines Platoons laufen wie Hühner auseinander. Als Stewart das nächste Mal aufsieht, merkt er, dass die vier Panzer, die er begleiten sollte, verschwunden sind. Am anderen Ende der Brücke erkennt er Captain Mike Brooks, der eingeteilt worden war, die südliche Brücke zu sichern. Brooks läuft aufrecht durchs Feuer auf ihn zu.

Brooks sagt Stewart, dass die Bravo-Kompanie nach Norden gefahren ist, um die andere Brücke, die Brücke über den Saddam-Kanal zu sichern. Die Panzer seien ihnen gefolgt. Zwischen beiden Brücken liegen etwa fünf Kilometer Straße, die am Abend in allen Nachrichten Ambush Alley genannt wird, Straße des Hinterhalts.

Lieutenant Brian Stewart schaut kurz in Richtung Norden. Es ist nichts von der Bravo-Kompanie zu sehen, nichts von den vier Panzern, die er begleiten sollte. Er springt in Deckung und bleibt mit seinem Platoon für die nächsten zwei Stunden bei der Alpha-Kompanie von Captain Brooks. Die drei Kompanien des 1. Bataillons – Alpha, Bravo und Charlie – sind nun über die Stadt und die beiden Brücken verteilt.

Bagdad, Informationsministerium, 10.30 Uhr

Jeden Morgen trifft sich Informationsminister Mohammed Sahhaf mit seinen wichtigsten Mitarbeitern in einem unterirdischen Konferenzraum des Ministeriums. Er liegt direkt neben der Tiefgarage, in der Mitte stehen ein langer Holztisch und Drehstühle, an jedem Platz ein Block mit unliniertem Papier und ein Bleistift.

Jeden Morgen referiert hier Sahhaf die Lage. Heute waren es die schweren Bombardements auf Bagdad, die Angriffe auf Mossul im Nordirak und zum ersten Mal auch auf Tikrit, und heftige Kämpfe um Nassirija.

Die Aufgabe dieser morgendlichen Runde ist es, die Lage zu analysieren und sich zu überlegen, wie man die Situation psychologisch griffig formulieren könne. Psychologie – das ist Sahhafs Lieblingswort in diesen Tagen.

Für die heutige Pressekonferenz fällt ihm nur das Übliche ein: Erstens ist der Feind ein Schurke, zweitens sind Iraker Helden.

Erstens hätten Amerikaner und Briten in Basra Streubomben eingesetzt auf zivile Ziele: „77 Märtyrer", sagt Sahhaf, Märtyrer, so nennen die Iraker ihre toten Zivilisten, „und 366 Verletzte." Und zweitens seien die nächtlichen Kämpfe und die Gefangennahme von amerikanischen Invasoren in Nassirija Symbol für den heroischen und erfolgreichen Widerstand der irakischen Soldaten. „Die Amerikaner haben Nassirija nicht eingenommen. Wir haben sie umzingelt, wir haben ihnen heftige Verluste bereitet."

Nassirija, auf der Brücke über den Saddam-Kanal, bei den Marines

Die Panzer der Bravo-Kompanie stecken an der Brücke über dem Saddam-Kanal fest, und jetzt rächt sich, dass die Marines kaum Informationen über die örtlichen Gegebenheiten in Nassirija haben.

Im Wesentlichen waren sie bei der Vorbereitung ihrer Aktion auf ein Satellitenbild der Stadt und die Informationen eines Exil-Irakers angewiesen, der vor mehr als 15 Jahren in Nassirija gelebt hatte. Der

Iraker sagte, er sei früher mit dem Auto über die Randstreifen links und rechts der Straße gefahren. Sie seien befahrbar. Vielleicht gilt das für ein Auto, aber nicht für ein gepanzertes Amphibienfahrzeug, in dessen Bauch 20 Infanteristen mit Schnellfeuergewehren sitzen. Es lag nur eine dünne Kruste über dem matschigen, sumpfigen Boden. Nach ein paar hundert Metern hatten sich die gesamte Bravo-Kompanie, die Regimentsführung und die Panzer festgefahren.

In diesem Moment überquert die Charlie-Kompanie unter Führung von Captain Dan Wittnam die südliche Brücke über den Euphrat. Sie bekommen Feuerschutz von der Alpha-Kompanie, die die Brücke verteidigt. Die Funkgeräte funktionieren nicht, Wittnam erreicht die Bataillonsführung nicht. Also nimmt die Charlie-Kompanie den Weg durch die Stadt. Sie sind die Ersten, die die Ambush Alley in ganzer Länge durchfahren. Je näher sie der zweiten Brücke, der Brücke über den Saddam-Kanal kommen, desto heftiger wird das Feuer.

„Es waren Zivilisten, Fedajin, irakische Armee", sagt Captain Dan Wittnam später, „sie hatten Handgranaten, AK-47-Sturmgewehre, Panzerabwehrraketen, alles. Ich habe Männer gesehen, die sich als Frauen verkleidet hatten. Ich sah Schützen, die unbewaffnet über die Straße liefen, sich plötzlich bückten, eine Waffe aufhoben, feuerten, sie weglegten und weiterliefen zum nächsten Platz, an dem eine Waffe versteckt war. Sie kannten unsere Einsatzvorschriften ganz genau. Sie wussten, dass wir nicht auf Zivilisten, Frauen und Unbewaffnete schießen. Das Feuer war heftig, aber nichts verglichen mit dem, was hinter der Brücke kam. Bis zu diesem Zeitpunkt hätte man noch daran glauben können, dass wir es nur mit dem unorganisierten Widerstand zu tun haben, den man uns vorausgesagt hatte. Fünf Minuten später, auf der anderen Seite des Kanals, nicht mehr."

Als sie noch etwa 750 Meter von der zweiten Brücke, der Brücke über den Saddam-Kanal, entfernt sind, wird der „Amtrack" direkt vor ihm von einer irakischen Rakete getroffen und fängt an zu brennen. Das brennende Fahrzeug fährt weiter, überquert die Brücke und bleibt dann etwa 500 Meter hinter ihr stehen. Die anderen „Amtracks" der Kompanie stoppen links oder rechts des brennenden Amphibienpanzers. Das Feuer kommt von überall. Von Nordwesten schießt ein Granatwerfer, der auf dem Dach des Stabsgebäudes der 11. irakischen Infanterie-Division aufgebaut worden ist. Das Haus steht in etwa 500 Meter Entfernung. Aus dem Südosten und Westen schießen Panzerabwehrraketen und aus allen anderen Richtungen Maschinengewehre. Links ist ein Kanal, rechts ein Hügel. Wittnam erfasst in Sekundenbruchteilen, dass die Iraker hier auf sie gewartet haben. Sie wussten, dass sie kommen.

„Sie haben geahnt, dass wir diese Brücke einnehmen würden. Sie haben sich darauf vorbereitet. Das war kein Hinterhalt oder so was, das war eine strategische Verteidigungsstellung", sagt Wittnam.

In dieser Falle sitzt seine Kompanie für die nächsten drei Stunden fest. 18 seiner Männer sterben in dieser Zeit. So viele wie in keiner anderen Kompanie während des gesamten Krieges.

Lieutenant Mike Seely sitzt in dem brennenden „Amtrack", der vor den Augen von Captain Wittnam in Flammen geschossen wird. Er ist 34 Jahre alt und ist einer der wenigen in der Charlie-Kompanie, die schon im letzten Golfkrieg waren. Er war dort in einer Aufklärungseinheit und ist mit dem Bronze Star ausgezeichnet worden. In diesem Krieg sind weniger Aufklärungseinheiten eingesetzt worden, weil Verteidigungsminister Donald Rumsfeld mit weniger Truppen in den Krieg ziehen wollte. Das rächt sich nun.

„Das Einzige, was uns immer wieder gesagt wurde, war dieser Scheiß von der Kapitulation."

Lieutenant Seely springt mit seinen Männern aus dem brennenden Fahrzeug und rennt nach Nordosten. Sie fangen an zu schießen. Überall sehen sie ihre Kameraden aus ihren Fahrzeugen klettern. Man kann nicht erkennen, ob sie angreifen oder fliehen.

„Es war wie ein schlechter Traum", sagt Private Lazrao Vega, der in einem der „Amtracks" von Seelys Konvoi saß. Ein „Amtrack" ist ein gepanzertes Amphibienfahrzeug. Dank ihrer Ketten kommen „Amtracks" auch im Sand gut voran. Ein „Amtrack" ist nicht so gut gepanzert wie etwa ein „Bradley", aber dafür passen in den „Amtrack" auch 25, in den „Bradley" nur 7 Mann. „In diesen verdammten Dingern kriegst du doch nichts mit", sagt Vega. „Damit waren sie schon in Vietnam unterwegs. Es sind 40 Grad in den verdammten Dingern, keine Klimaanlage und die ganzen Gase der Motoren, es ist halbdunkel, wir sind übermüdet, man ist immer so im Halbschlaf da unten. Nach alldem, was wir in den letzten zwei Monaten gehört hatten, nahm ich das beschissene Nassirija auch gar nicht mehr ernst. Und dann das. Wir sprangen aus dem ‚Amtrack', überall Feuer. Ich sah schon die ersten von unseren Jungs im Dreck rumliegen. Wir rannten auf diesen Wassergraben östlich von uns zu, aber wir trugen diese bescheuerten Chemiewaffenanzüge, es war, als würdest du auf Glatteis laufen, wir rutschten hin und her. Ich glaube, diese idiotischen Anzüge haben einigen von unseren Jungs das Leben gekostet. Irgendwann habe ich mir diese Plastikfüße einfach aufgeschnitten, um richtig laufen zu können. Wir sind durch die Grube gewatet und einfach weggerannt. So nach 200 Metern, als wir dachten, wir sind halbwegs in Sicherheit, kam dieses Flugzeug und beballerte uns. Unsere eigene beschissene Air Force. Ich habe mindestens zwei Mann von den A-10-Geschossen sterben sehen. Sie pfeifen so wie Silvesterknaller“, sagt Vega.

Lieutenant Seely kennt den Sound der A-10-Geschosse aus dem letzten Golfkrieg. Auch da war seine Einheit versehentlich von A-10-Kampfflugzeugen beschossen worden. Er wird das Geräusch nie vergessen, sagt er. Sie haben nie rausgefunden, wer damals schuld war. Auch diesmal gibt es eine offizielle Untersuchung, die klären soll, wie viele der Marines der Charlie-Kompanie von eigenem Feuer getötet wurden, und wer die Schuld daran trägt.

Kompaniechef Captain Dan Wittnam sagt, dass keiner der beiden Offiziere, die in ihrem Bataillon für die Koordinierung der Luftunterstützung zuständig waren, in der Charlie-Kompanie war. Einer war bei der Alpha-Kompanie an der Südbrücke, der andere steckte mit der Regimentsführung im Schlamm. Wittnam versuchte immer wieder Kontakt mit dem Bataillonskommandeur oder seinen Stellvertretern aufzunehmen.

„Die hatten einfach ihre Fahrzeuge verlassen, in denen die Funkgeräte waren. Die haben uns total allein gelassen“, sagt Wittnam.

Sein stellvertretender Kompaniechef bekommt nach etwa 20 Minuten Kontakt zur Bataillonsführung.

„Ich habe ihnen unsere Position durchgegeben und um Hilfe gebeten. Sie haben das bestätigt. Ich bekam ein Roger. Aber es ist nie Hilfe eingetroffen.“

Das Feuer der Iraker lässt nicht nach. Die Marines bilden Verletztensammelpunkte und laden die schwer Verletzten in „Amtracks“. Nach etwa einer Stunden beginnen vier der „Amtracks“ plötzlich nach Süden zu fahren, auf die Brücke zu.

Sie wollen die Verletzten herausbringen. Der kleine Konvoi überquert noch einmal die Brücke über dem Saddam-Kanal und fährt zurück auf die Ambush Alley. Nach ein paar Kilometern wird der „Amtrack" in dem die meisten Verletzten sind, von einer Panzerabwehrrakete getroffen. Sie bohrt sich durch den Stahl und entzündet die Munition, die neben den Verwundeten im Bauch des Panzerfahrzeuges lagerte. Der „Amtrack" explodiert, bis auf den Fahrer und den Schützen kann sich niemand retten.

Sie sind mitten in der Stadt, aus allen Richtungen wird auf sie geschossen. Private Casey Robinson ist einer der Maschinengewehrschützen, die vom Dach der „Amtracks" feuern.

„Die meisten Iraker schossen so irgendwie aus der Hüfte und ohne Deckung. Sie schienen keine Ausbildung zu haben. Sie waren leicht zu treffen", sagt er. Den ersten Schreck bekommt er, als ein irakischer Soldat mit einer Panzerfaust vor seinen „Amtrack" springt, als dieser die Nordbrücke überquerte.

Aber dann geht das Ding des Irakers nicht los, sie überfahren den Mann.

Eine andere Panzerfaust trifft Robinsons „Amtrack", sie zerstört die Steuerung, das Fahrzeug fährt gegen einen Telefonmast. Als Robinson aus der Luke klettert, sieht er, dass sie mitten in der Stadt sind. Er sieht den brennenden „Amtrack" vor sich, die beiden Soldaten, die mit rußgeschwärzten Gesichtern aus dem Fahrzeug klettern und auf ihn zulaufen.

Sie sind 15 Soldaten. Sie steigen nach und nach über einen kleinen Betonzaun in einen Garten. Sie geben sich gegenseitig Deckung, so wie sie es gelernt haben.

Die Marines retten sich in das Haus, zu dem der Betonzaun gehört. Im Haus treffen sie ein jüngeres irakisches Paar, das sofort verschwindet. Die Soldaten machen das zweistöckige Wohnhaus zu einer Stellung. Auf dem Balkon baut Robinson sein Maschinengewehr auf. Sie verteidigen das Haus, ein paar von ihnen werden verletzt, aber die meisten nur leicht, durch herumfliegende Splitter. Niemand stirbt. Nach etwa drei Stunden werden sie von Captain Brooks und der Alpha-Kompanie gerettet, es können auch nur anderthalb gewesen sein. Private Casey Robinson hat sein Zeitgefühl verloren.

Er kann nicht mehr schlafen in den nächsten Nächten.

Auf der Schiffsreise zurück nach Amerika wird er den Psychologen besuchen. Aber er wird nicht den Eindruck haben, dass der ihm helfen kann.

Vor Nassirija,
bei der 1. Brigade der 3. Infanterie-Division, nachmittags

Sergeant Jennifer Raichle, die Frau, die in diesem Krieg die Zukunft voraussagen soll, sitzt in ihrem „Humvee“, sie macht sich Kaffee mit dem kleinen Wasserkocher. Sie und ihre Brigade bekommen nichts mit von der Schlacht in der Stadt, die 30 Kilometer entfernt ist. Raichle antwortet über Funk auf Fragen von Colonel William Grimsley, ihrem Brigade-Kommandeur, der vor ihr fährt.

„What have we killed so far?“ – Was haben wir bis jetzt getötet?

„Heute zwanzig, Sir.“

Das sind zu viele, vor allem sind es deutlich mehr, als Raichle und die anderen Aufklärer vorausgesagt hatten.

„Wir werden freundlich empfangen werden im Süden. Dort leben die Schiiten. Und die Soldaten der regulären Armee werden schnell die Waffen niederlegen.“ Das hatten sie gesagt, und es war falsch.

Es war nicht zu 100 Prozent falsch, denn natürlich haben auch heute wieder 200 Iraker kapituliert; in kleinen Gruppen werden die Pows, das heißt „prisoners of war“, Kriegsgefangene, nun mitgeführt auf dem Weg nach Bagdad.

Aber doch zu 80 Prozent falsch, und das ärgert den Colonel.

„Da haben wir einen echten Fehler gemacht“, sagt Major John Altman, der Boss von Sergeant Raichles Aufklärungseinheit, „dass sie ein Auto gegen einen Panzer schicken, zusehen, wie es explodiert, und dann das nächste Auto und das nächste und das nächste schicken, so lange bis alle explodiert und alle Soldaten tot sind, das hatte ich tatsächlich nicht für möglich gehalten.“

Denn die 1. Brigade der 3. Infanterie-Division kommt nicht voran, sie kämpft an jeder Straßenecke. Die Iraker kommen zu Fuß, sie kommen auf Pick-ups, sie kommen auf Motorrädern, sie liegen in Erdlöchern, sie stehen hinter Bäumen. Manchmal fahren sie sogar im Panzer in den Kampf; drei Panzer hat die 1. Brigade heute erwischt.

Die Iraker geben nicht auf. Sie zielen mit Maschinengewehren auf die amerikanischen „Abrams“-Panzer, und dann sterben sie.

„Das habe ich tatsächlich nicht erwartet“, sagt Raichle, „ich hatte wirklich gehofft, sie würden nicht kämpfen.“

Raichle ist heute mit den Befragungen der Kriegsgefangenen beschäftigt, und gut klingt das alles nicht. Von der 11. irakischen

Infanterie-Division kommen die Männer, und sie erzählen, dass sie keine andere Wahl hatten, als zu kämpfen. „Die Offiziere der Republikanischen Garde kamen an die Türen", berichtet einer, „und sie haben uns gesagt: Wenn ihr nicht für Saddam kämpft, sterben eure Familien."

Irakisches Fernsehen, kurz nach 16 Uhr

Gezeigt werden Bilder, auf denen die fünf amerikanischen Kriegsgefangenen aus Nassirija zu sehen sind. Die Bilder werden auch auf al-Dschasira und anderen arabischen Sendern gezeigt. Die Gefangenen gehören zur 507. Instandsetzungs-Kompanie und sind in der Nacht gefangen genommen worden.

Ein irakischer Reporter fragt sie, wie sie heißen, warum sie hier sind, was sie im Irak getan haben. Sie antworten. Unter den Gefangenen ist auch eine Frau, eine Schwarze. Es ist Shoshana Johnson, die Köchin.

Das Bild von ihr und ihrem verstörten Blick geht als Bild der verstörten US-Militärs um die Welt.

Katar, Centcom der US-Truppen, 16.30 Uhr

Das Oberkommando stellt sich der Presse. „Mein Name ist Ahmed Samir vom Fernsehen Abu Dhabi. Wir haben Berichte über getötete, vermisste und gefangene US-Soldaten gesehen. Und es gibt Widerstand der Iraker in vielen Städten, die Sie angeblich unter völliger Kontrolle haben, wie in Nassirija und Umm Kasr. Sehen Sie sich einem neuen Vietnam gegenüber im Irak? Oder sind Sie das Opfer von Selbstüberschätzung?"

General John Abizaid, stellvertretender Oberbefehlshaber, nimmt das V-Wort tapfer hin: Vietnam. Es musste ja einmal kommen. Er ist darauf vorbereitet: „Krieg", sagt er, „ist ein sehr, sehr riskantes Geschäft für alle. Wir sind nicht übermäßig zuversichtlich, was die Anstrengung angeht. Wir sind zuversichtlich über ihren Ausgang. Auf dem Schlachtfeld werden wir durch nichts aufgehalten werden."

Dann sagt er: „Es war der härteste Tag des Widerstands, den wir bisher hatten."

Eine junge Chinesin von der Xinhua-Nachrichtenagentur fragt aus der hinteren Reihe: „Glauben Sie, dass die Bilder die Moral der US-

Truppen oder die Psychologie des amerikanischen Volkes beeinflussen werden?“

General Abizaid: „Ich glaube nicht, dass ich Ihre Frage verstanden habe. Es tut mir Leid.“

Ein Franzose hat sich seine Frage auf einen Zettel geschrieben. Er liest ab: „Benutzen Sie die Himmel von Frankreich, um die B-52 zu senden?“

General Abizaid: „Benutzen wir – was?“

Franzose: „Die französischen Himmel, um …“

General Abizaid: „Ob wir französische Himmel benutzen?“ Gemurmel im Saal. „Ich habe keinerlei Ahnung. Okay, Ladies and Gentlemen. Danke für Ihre Aufmerksamkeit. Vielen Dank.“

Bagdad, Kindi-Hospital

In der Notaufnahme des Kindi-Hospitals kommen im Lauf des Tages 34 Verletzte an, einer stirbt an seinen Wunden. Es trifft alte Männer auf dem Weg zum Gemüsestand, es trifft Taxifahrer in ihren Autos, es trifft Teetrinker am Straßenrand, es trifft Kinder beim Zu-Bett-Gehen. Sie haben das Unglück, sich in der Nähe von Gebäuden aufzuhalten, die die Angreifer für militärisch relevant halten.

Das Kindi stellt 30 zusätzliche Betten in die Räume der Notaufnahme. Dr. Baschir, der Leiter der Abteilung, hat jetzt 50 Plätze in seinem Emergency Room. Die Verletzten liegen dicht an dicht, Bett an Bett, umstanden von ihren Angehörigen. Schreie unter Schmerzen sind in der Luft, wenn Wunden gereinigt und neu verbunden werden. Die Operationssäle sind rund um die Uhr in Betrieb.

Stunde um Stunde arbeitet Dr. Aradi im OP-Trakt, und auf dem Tisch vor ihm liegen nicht nur Bombenopfer. Auch im Krieg entzünden sich Blinddärme. Auch im Krieg fallen Menschen von Leitern. Auch im Krieg verbrennen sich Kinder gefährlich. Auch im Krieg geht das Leben weiter.

Südirak, FARP Shell, bei der 101. Airborne Division

Der gelbe Himmel ist auf die Erde gesunken und verwischt den Unterschied zwischen Boden und Luft. Die 101. Airborne Division steckt im Wüstensturm. 16 000 Mann in Zelten, 154 Hubschrauber, 2736 Fahrzeuge, an denen gekörnte Windböen reißen mit prasselndem Geräusch. Das Wetter ist bedrohlicher bislang als der Feind.

Das Leben im Lager erstirbt. Man sieht nicht mehr von Zelt zu Zelt, obwohl sie nur Schritte auseinander stehen. Die Patrouillen in den „Humvees“ benutzen ihre satellitengestützten Positionierungssysteme für 20-Meter-Strecken, um nicht verloren zu gehen im großen, gelben Nichts. Sie fürchten, ihre Helikopter zu rammen, ihre Betankungsanlagen, die Wassersäcke, die Stromaggregate, sie fürchten, Kameraden zu überfahren. Die Welt ist verschwunden. Kein Himmel mehr. Kein Horizont. Kein Licht. Kein Krieg. Nur Wetter.

Südirak, vor Nadschaf, bei der 2. Brigade der 3. Infanterie-Division

Sie sind „in Saddams Garten“, sagt Lieutenant Colonel Eric Wesley. Die letzten 365 Kilometer haben sie in 40 Stunden geschafft.

Noch 160 Kilometer bis Bagdad.

Lieutenant Colonel Wesley, braune Augen und braune, an den Seiten rasierte Haare, ist jener Kommandeur der 2. Brigade, der während der Schlacht hinten im TOC sitzt, dem Tactical Operations Center. Er hat die Computer und Satellitensysteme, er hat 275 Mann und 110 Fahrzeuge. Das TOC ist das Herzstück der 2. Brigade. Und wenn es wirklich ernst wird, in ein paar Tagen, wird Wesley das TOC zerhacken in TOC Alpha und TOC Beta und mit den zehn, vielleicht 20 wichtigsten Fahrzeugen durchs Kriegsgebiet reisen. Wesleys Job ist es, die Datenmengen, die während eines Kampfes eingehen, zu ordnen und, vor allem, Konsequenzen daraus zu ziehen. Er dirigiert Air Force und Artillerie und muss seine Männer vorn an der Front schützen und „friendly fire“ vermeiden. Er schickt das Pionier-Bataillon oder die Tankwagen los, er muss Einheiten abgeben, wenn er merkt, dass die 1. oder die 3. Brigade in Not sind, und er muss Verstärkung anfordern, wenn die eigenen Leute in Not geraten.

Gewinnen wollen die Amerikaner diesen Krieg durch perfektioniertes Mannschaftsspiel. So hat das in Vietnam nicht funktioniert, im ersten Golfkrieg nicht, so hat das noch nie funktioniert: In diesem Krieg, das ist das Neue, soll je nach Aufgabe die am besten geeignete Einheit eingesetzt werden; in diesem Krieg sollen sich Truppen, deren Leute sich nicht mögen, gegenseitig helfen; dieser Krieg soll so flexibel wie kein Krieg zuvor geführt werden.

Ob das funktioniert, hängt von einigen Wenigen ab. Von Leuten wie Wesley, der im TOC so etwas wie der Teamchef seiner Mannschaft ist und die Entscheidungen treffen muss.

„Ich bin dann müde, aber ich spüre es nicht. Ich bin nervös, aber es ist keine unangenehme Nervosität. Es ist eine Art konzentrierter Angst. Da steht etwas auf dem Spiel, es geht um etwas. Ich mag Menschen, die unter Druck ihre besten Leistungen bringen“, sagt Wesley.

Wesley, 39 Jahre alt, kommt aus Yorba Linda im Orange County in Kalifornien, dem Geburtsort Richard Nixons. Sein Vater war Ingenieur und las jeden Morgen die „Los Angeles Times“, und mit seinem Jungen redete er über Politik. Es waren die Reagan-Jahre, Amerika fühlte sich stark und stolz, und der Junge mochte dieses Gefühl. Er wollte für sein Land und für eine bessere Welt kämpfen, er wollte Soldat werden, immer schon.

Lieutenant Colonel Eric Wesley studierte zunächst Raumfahrttechnik an der Militärakademie West Point und machte dann seinen Master-Abschluss in Internationalen Beziehungen. Er besuchte eine Ranger School, war in Erlangen und Berlin stationiert, und einmal, sagt er, stand er an der deutsch-deutschen Grenze und sah auf beiden Seiten Kornfelder. „Das ostdeutsche Korn war einen halben Meter niedriger und gebückt“, sagt Wesley. In Fort Stewart, bei der 2. Brigade, ist Wesley seit inzwischen fünf Jahren.

Er mag die Abwechslung, die die Armee seinem Leben bringt. Er mag es, „an der Spitze des nationalen Interesses und im Blickpunkt der Weltöffentlichkeit zu handeln“. Er formuliert es tatsächlich so. Eric Wesley versteht sich als „Soldier Statesman“, als Soldat und Politiker zugleich.

Als er sich vor Monaten verabschiedete, von seiner Frau Cindy und von seinen Kindern Tyler, Austin und Meredith, da wollten die nichts wissen von Demokratie und Terror, von Massenvernichtungswaffen und Menschenrechten. Die Kinder, zwölf, sieben und vier Jahre alt, wollten mit ihrem Vater Wasserski fahren und ins Steakhouse gehen.

Eric Wesley hat ihnen gesagt: „Uns wurde so viel geschenkt. Manchmal wird auch etwas von uns verlangt.“ Denken Sodaten auch so, wie sie reden?

Nassirija, an der Brücke über den Saddam-Kanal, bei den Marines

Nördlich der Brücke über den Saddam-Kanal erreicht Lieutenant Seely, der Maschinengewehrschütze aus dem brennenden „Amtrack", nach etwa zwei Stunden Kampf endlich sein Bataillonskommando über Funk. Er beschreibt ihre Position und auch die Situation.

45 Minuten später erscheinen zwei Panzer und befreien die eingekesselten Reste der Charlie-Kompanie.

„Es war eine Todeszone", sagt Captain Wittnam, der Kompanie-Chef. „Wir wären da nie mehr rausgekommen. Das schlimmste Gefühl, das ein Führer haben kann. Ich war machtlos. Einige meiner Untergebenen machten, was sie wollten. Meine Bataillonsführung hatte die Kontrolle verloren. 18 meiner Soldaten sind gestorben, 14 schwer verletzt worden. Es sind 32 Leute aus einer Kompanie. Ich war beschämt, verwirrt, wütend, traurig. Ich weiß nicht."

Dies ist nicht mehr Rumsfelds Krieg, dies ist nicht der saubere, vernetzte Hightech-Krieg, den der Verteidigungsminister den Amerikanern prophezeit hat, dies ist nicht der programmierte Feldzug, der so einfach zu gewinnen ist wie ein Computerspiel; diese Schlacht in Nassirija ist so, wie Krieg immer war, ein archaisches Aufeinanderschlagen, wild, unplanbar, tödlich und gefährlich für beide Seiten.

Seely dirigiert einen der Panzer zum Hauptquartier der 11. Infanterie-Division der Iraker. Der Panzer zerstört es. Der Rest des irakischen Widerstandes löst sich innerhalb von Minuten auf.

Am Abend trifft Lieutenant Michail Sobieszczyk mit dem riesigen Tanklaster des Nachschub-Bataillons in Nassirija ein. Sie fahren durch die zerschossenen Straßen. Es wird dunkel. Kurz bevor sie die Einheit erreichen, beschließt der Konvoiführer des Tankzuges umzukehren, weil es zu gefährlich wird. Er fährt gut 60 Kilometer zurück. Sobieszczyk hat den Eindruck, den ganzen Tag umsonst gearbeitet zu haben. Aber er sagt, dass man nicht alle Befehle seiner Vorgesetzten verstehen kann und muss. Es sei eine Frage der Gesamtperspektive, die man als Einzelner nicht haben könne.

Ein paar Kilometer weiter östlich bringt ein Lastwagen der irakischen Armee die verletzte amerikanische Soldatin Jessica Lynch in das städtische Hospital von Nassirija, das noch den Namen Saddam Husseins trägt. Sie sagen dem Direktor des Krankenhauses, dass er sich um die Patientin kümmern soll. Sie räumen ein Zimmer für Herz-Kreislauf-Kranke und legen die bewusstlose Jessica Lynch in ein Einzelzimmer. Vor dem Einzelzimmer werden vier bewaffnete Männer postiert.

Der Arzt untersucht die Patientin. Er schläft mit seinen Kollegen auf den Fluren seines Krankenhauses, weil im Ärztehaus irakische Militärs eingezogen sind. Der junge Arzt stellt keine Schusswunde fest, aber Frakturen an Armen und Beinen, die von einem Sturz oder Unfall stammen können.

Auf den Fluren schreien Verletzte. Es ist der Tag, an dem die Ärzte aufgehört haben, über die Eingänge Buch zu führen. Es sind zu viele.

Es wird Nacht in Nassirija.

Nordirak, Landebahn bei Harir, nordöstlich von Arbil

Kurz hintereinander setzen sie auf der improvisierten Landebahn auf: vier Transportmaschinen, an Bord ein paar hundert Special-Forces-Soldaten, die bald darauf in drei Bussen und drei Lastwagen Richtung Halabdscha-Tal aufbrechen.

Die Special Forces spielen in diesem Krieg eine große Rolle. Und das ist vor allem Donald Rumsfelds Idee. Er hat von seinem ersten Tag im Pentagon an daran gearbeitet, die traditionell denkenden Generäle und Admiräle, viele stammen aus der Vietnam-Ära, von seiner neuen Kriegsdoktrin zu überzeugen. Schluss mit den albernen Rivalitäten der Teilstreitkräfte Marine, Heer, Luftwaffe. Weg vom Profilierungsbedürfnis der einzelnen Waffengattungen – wie Infanterie, Panzerjäger, Artillerie. Schnell rein, schnell raus. Und die großen Gewinner dieser neuen Doktrin sind die etwa 10 000 Special-Forces-Soldaten, die im Irak-Krieg eingesetzt werden, dreimal so viele wie im letzten Golfkrieg. Sie kommen von allen Seiten.

Von Saudi-Arabien aus errichten Special-Forces-Einheiten Landeplätze im Südwesten des Landes und durchsuchen die Wüste nach Zielen für Scud-Raketen. Im Osten des Irak sichern sie einen Hafen für Hilfsgüter. Im Süden sichern sie an die tausend Ölquellen. Kleine Teams in „Humvees“ und niedrig fliegenden Hubschraubern überfallen Städte, auf der Suche nach Waffenlagern. Ein Zwölf-Mann-Team kann unweit von Basra einen schiitischen Geistlichen und einige hundert Kämpfer rekrutieren; sie statten sie mit Waffen aus, die Schiiten verstecken die Amerikaner vor den Irakern. Zu solchen

Koalitionen kommt es, weil das Pentagon auch Special-Forces-Veteranen aus dem letzten Golfkrieg rekrutiert hat. Diese Männer kennen den Irak, die arabische Kultur ist ihnen nicht fremd. Sie sollen Kollaborateure anwerben, deren Informationen auswerten. Und im Nordirak betreuen sie die kurdischen Milizionäre.

Die Landebahn von Harir, etwa 50 Kilometer nordöstlich von Arbil, wurde bisher vor allem von kurdischen Bauern benutzt, denn die planierte Fläche eignet sich gut dazu, um Sonnenblumenkerne zu trocknen und einzusalzen. Doch jetzt haben Amerikaner und Kurden den Flugplatz so weit ausgebaut, dass selbst größere Transportmaschinen landen können, und in Arbil ist ein US-Hauptquartier errichtet worden.

Einige Dutzend der Special-Forces-Einheiten sind im Grenzgebiet am 36. Breitengrad ausgeschwärmt, begleitet von Elite-Soldaten der kurdischen Peschmerga – Peschmerga, das heißt: „die dem Tod entgegengehen". Ihr Auftrag: eine Liste zu erstellen mit Zielen für Luftangriffe.

Die kurdischen Milizionäre, nach eigenen Angaben rund 70 000 Mann, bewaffnet mit Jagdflinten, Maschinengewehren und Mörsern, haben sich brav unter US-Kommando gestellt. Ihre Rolle ist auch am vierten Kriegstag noch vergleichsweise bescheiden: Sie unterstützen die amerikanischen Spähtrupps und halten sich bereit, nach Luftangriffen verlassene Stellungen zu übernehmen.

Zufrieden sind die Kurden damit nicht.

Bagdad, Karmelitenkloster, 23.45 Uhr

Es ist einsam, sehr einsam im Kloster. Nur Frère Michel, ein Bruder und Frère Michels Motorrad sind noch da. Frère Michel hat keine Angst. Er überlegt, ob er sich einen Whisky eingießen soll, lässt es aber bleiben. Er ist der Protokollant des Krieges, er muss wach sein.

Die Zelle von Pater Michel hat Platz für ein Bett, ein Regal, einen Ventilator, einen Schreibtisch für die täglichen Geschäfte und zwei Stühle für die Geselligkeit. Der Ventilator funktioniert, die Stühle sind leer.

„Ruhige Nacht", schreibt Frère Michel. „Elfter Alarm um 9.00. Stromsperre um 10.23. Kommt aber gleich wieder. Sehr grauer Himmel: Man sagt, das seien künstliche Wolken (Erdöl), um die Flugzeuge daran zu hindern, ihre Ziele zu finden. Ich zweifele daran.

Alles wird mit Computern gemacht, und Rauch wird sie nicht aufhalten. Sehr heftige Explosionen um 15.30, nahe dem Kloster. Keine Flak. (Bei jedem Angriff singt der Muezzin der Moschee in der Nachbarschaft: ‚Allahu akbar'). Sehr starke Explosionen am Nachmittag. Kein Ende des Alarms. Zwölfter Luftalarm um 18.48. Keine Messe heute Abend." In der Ferne hört er Schüsse.

Montag, 24. März

+++ Bomben auf Kirkuk und Mossul im Nordirak +++ Heftige Bombenwellen auf Bagdad, unter anderem auf den Flughafen +++ Kein Luftabwehrfeuer +++ Luftangriffe gegen irakische Truppen südlich von Bagdad +++ Nassirija eingeschlossen und unter Artilleriefeuer +++ Sandsturm stoppt Hubschraubereinsätze der 101. Airborne Division +++ Bei Kerbela „Apache"-Hubschrauber in heftige Kämpfe verwickelt, Iraker melden Abschuss +++ Saddam verliest Botschaft im Fernsehen: „Der Sieg ist nah" +++ Die Lage: Ein Sandsturm im Süden macht den weiteren Vormarsch unmöglich – und die Städte längs der Nachschublinie sind nicht gesichert. In den USA tauchen die ersten Zweifel auf: War es sinnvoll, mit so wenig Bodentruppen so schnell vorzugehen? Oder hätte nicht erst die volle Wirkung des „Shock and Awe", der starken Luftangriffe, abgewartet werden müssen? Im ersten Golfkrieg war wochenlang bombardiert worden, bevor die Bodentruppen kamen, und das waren neun Divisionen (365 000 Soldaten) und nicht vier Divisionen (150 000 Soldaten) wie in diesem Krieg.

Vor Nassirija, im Lager der Marines, 8 Uhr

Lieutenant Michail Sobieszczyk lagert mit seinem Versorgungs-Platoon vor den Toren Nassirijas und wartet auf Benzin. Er fühlt sich nicht gut, so, als habe er seine Aufgabe nicht richtig erfüllt. Die großen Tanklastzüge sind in der Nacht einfach wieder zurück nach Süden gefahren.

Am nächsten Morgen gibt es wieder Benzin, ein Major hat es besorgt. Sobieszczyk fährt mit seinem „Humvee" in die Stadt. Er nimmt die Route, die sein Bataillon am Tag zuvor freigeschossen hat. Sobieszczyk passiert die Euphrat-Brücke, die inzwischen vom nachrückenden 8. Bataillon der 2. Division der Marines bewacht wird, und fährt dann auf die Ambush Alley, fünf Kilometer bis zur

Brücke über den Saddam-Kanal. Die Nacht war ziemlich ruhig, jetzt hört Sobieszczyk wieder Feuer, Granatwerfer, etwa 300 Meter entfernt. Er begleitet zwei voll getankte Tanklaster mit fast 40 000 Litern Benzin. Es ist wie im Film „Lohn der Angst". Die Fahrt durch die verlassene Ambush Alley ist das Schlimmste, was der junge Offizier im Krieg erlebt. An den Straßenrändern Kriegsschrott, ausgebrannte Fahrzeuge, zerschossene Häuserfassaden. Und die Angst vor dem nächsten Hinterhalt.

Das gesamte 1. Bataillon lagert inzwischen zehn Kilometer nördlich der Saddam-Kanal-Brücke. Sobieszczyk kommt am Vormittag an.

Die jungen Männer haben sich verändert, aber man sieht es noch nicht. Sie machen weiter. Sie sichern die Nordbrücke und die zwei nächsten Kreuzungen Richtung Norden.

Vor Nadschaf, bei der Task Force 4-64, 10 Uhr

Sie sind angekommen im Krieg, aber für sie ist es ein langweiliger Krieg, die Soldaten der Eingreiftruppe der 2. Brigade mosern. „Heavy Metal" und „Rock 'n' Roll" liegen hinter ihnen. Sie sind hier, um Sachen in die Luft zu jagen, sie gehören zur Task Force 4-64, sie wollen die ganz harte Truppe sein. Divisionen, Brigaden und Kompanien existieren seit Jahrzehnten und zum Teil seit Jahrhunderten; Task Forces dagegen werden im Krieg flexibel und je nach Auftrag gebildet.

Die Task Force 4-64 hat 727 Mann und 58 „Abrams"-Panzer, und die Soldaten wissen, dass sie Tag für Tag die schwierigsten Aufgaben erledigen sollen in diesem Krieg. Aber was tun sie?

Laden ihre Waffen, legen an. Und warten. Das hatten sie sich anders vorgestellt, das hatte vor dem Krieg anders geklungen.

Bevor sie in den Krieg fuhren, feierten die Eingreiftruppen erst einmal einen Gottesdienst; schließlich betet ihr Oberbefehlshaber George W. Bush jeden Morgen, und außerdem kann, wer in den Krieg fährt, jede Hilfe gebrauchen.

Der Kaplan stand in der Wüste, die Gemeinde stand in der Wüste.

„Oh, ihr zieht in die Schlacht gegen eure Feinde", rief Kaplan Captain Peter Johnson, „Gott", rief er, „ich bete, dass nicht ein Haar auf diesen Köpfen gekrümmt wird. Und mögen wir Gnade zeigen auf dem Schlachtfeld, wie auch du uns Gnade erwiesen hast."

Dann trat Captain Phillip Wolford, 35, auf, und der redete ein wenig irdischer. Wolford kommt aus Marysville in Ohio, er ging mit 19 zur U. S. Army, sein Vater war in Vietnam; Wolford spielte als Kind mit Plastiksoldaten den Zweiten Weltkrieg nach, er wollte nie etwas anderes werden als Soldat, er wollte immer für sein Land kämpfen. „Die Idee des Ganzen ist“, schrie Wolford, „dass wir, sobald wir an Saddams Arsch sind, an diesem verfickten Arsch dran bleiben, so lange, bis es vorbei ist oder bis der allerletzte von ihnen tot ist. Seine Stunde null ist da, und er weiß es.“

Und nun? Nichts. Sie warten. „Wir wollen zu 100 Prozent sicher sein“, sagt Captain Phillip Wolford, Chef der A-Kompanie der Task Force 4-64. „A“ wie „Assassin“, das heißt „Mörder“. Zurzeit killen die Soldaten von der Killer-Kompanie nicht, sie warten. Die Task Force 4-64 zerfällt in die A-, die B- und die C-Kompanie, und die Soldaten sagen Alpha, Bravo, Charlie oder eben „Assassin“ oder „Cyclone“ oder was ihnen sonst so einfällt.

„Es hieß, die Kerle, die da letzte Nacht zwischen den Bäumen herumsprangen, könnten Bauern gewesen sein, die ihre Ernte einbrachten“, sagt Private Robert Baxter in seinem „Bradley“, „aber um Mitternacht? Jeder, der um Mitternacht seine Ernte einbringt, sollte erschossen werden.“

Und jetzt fahren weiter vorn ein paar Pick-ups durch die Landschaft. Feuer? Nein, sagt Captain Wolford über Funk, „wir müssen wissen, ob das Feinde sind. Augen auf!“

„Scheiße, wir könnten längst töten“, sagt Lieutenant Nick Kauffeld.

Doch Private Baxter, der oben an der Kanone steht, sieht es: Da draußen sind wieder nur ein paar Bauern, die mit ihren Pick-ups ein paar Kühe durch die Gegend treiben. Und Männer mit Kamelen sind unterwegs.

Bisher ging es gut. Vorgestern hatte Wolford sich so gut wie entschlossen, ein Gebäude angreifen zu lassen, vor dem seine Leute gebückte Gestalten gesehen hatten. Im letzten Moment entschied er sich anders. Seine Männer warteten. Und am nächsten Morgen sahen sie die Kinder und ihre Eltern vor dem Gebäude.

Doch Wolford weiß, dass seine Männer ungeduldig sind.

Und was passiert, wenn durch sein Zögern ein Soldat stirbt?

Nassirija, im Haus des Militärarztes Dr. Ismail Kalil

„Was ist eine Rakete? Wer sind Amerikaner? Was bedeuten Bombardements und Panzer?" Schirin, Dr. Kalils dreijährige Tochter lernt neue Wörter. Wenn der Internist aus dem Militärhospital zu Hause BBC hört, wird er ständig von der Kleinen unterbrochen. Auch sie möchte verstehen, warum alle zu Hause sind, nicht mehr zur Arbeit gehen und so besorgt aussehen. Schirin und ihre einjährige Schwester haben die ganze Nacht geheult. Der Gefechtslärm dringt bis in das Wohnzimmer des kleinen einstöckigen Hauses vor. Hier schläft die ganze Familie, man will zusammenbleiben. Zumeist sind Schüsse aus leichten Waffen zu hören, oft in der Nähe, manchmal auch heftige Explosionen.

Kalil bewegt sich vorsichtig von Nachbar- zu Nachbarhaus, er versucht Informationen über die Lage in Nassirija zu sammeln. Telefon hat es in dem Viertel noch nie gegeben, auch Strom nicht. Die Familie des Arztes und ein paar Nachbarn haben vor vier Jahren privat einen großen Generator angeschafft. „So werden Schiiten eben behandelt", kommentiert der Major der irakischen Armee.

Ein befreundeter Arzt berichtet, Fedajin und ein paar Baath-Parteimitgliedern sei es gelungen, einen amerikanischen Versorgungskonvoi anzugreifen. Sie sollen vor allem auf die Reifen geschossen haben. Mehrere Fahrzeuge seien umgekippt. Eine Soldatin soll gefangen genommen worden sein und fast nackt in das Militärhospital und dann in das zivile Krankenhaus der Stadt gebracht worden sein. Kalil ist über das Ausmaß des Widerstandes erstaunt. „Das müssen Leute von außerhalb gewesen sein. In Nassirija hassen alle das Regime."

Ismail Kalils Frau Karima und seine Mutter kümmern sich um das Essen. Eine Aufgabe, die sie den ganzen Tag lang beschäftigt. Die Regierung hat vor dem Krieg Extra-Rationen Reis, Linsen, Tee und andere Grundnahrungsmittel ausgegeben. Frisches Obst und Gemüse gibt es nicht mehr zu kaufen. Karima tauscht mit Frauen aus der Nachbarschaft selbst Angebautes: eine Orange gegen zwei Tomaten. Wenn der Gefechtslärm etwas weiter weg ist, spielen die Mädchen im Vorgarten unter dem Zitronenbaum. Eine hohe Mauer und ein Stahltor bieten Schutz.

Südirak, vor Nadschaf,
bei der 2. Brigade der 3. Infanterie-Division

Der Reporter Christian Liebig ist Deutscher, und Deutsche mögen die Soldaten nicht. „Die meisten von uns waren in Deutschland stationiert, irgendwann, wir verstehen ja, dass Deutschland keine Kriege will. Aber die Häme, den Hass der Regierung, das verstehen wir nicht", so sagt es Major Mike Presnell.

„Fuck the Germans", sagen ziemlich viele Soldaten hier.

Der Reporter Christian Liebig, für „Focus" und „Focus Online" beim 26. Vorgeschobenen Versorgungs-Bataillon eingebettet, ist vermutlich der einzige Deutsche, den die Soldaten der 2. Brigade mögen.

„Er lacht, er fragt geschickt, und ehrlich gesagt: Er ist ganz einfach eine Abwechslung", sagt Captain William Glaser. Am Anfang war Liebig bei seiner Einheit geblieben, inzwischen lässt er sich hin und wieder ins mobile Tactical Operations Center fahren. Liebig mag die Gespräche mit Lieutenant Colonel Eric Wesley, und Wesley schätzt Christian Liebig. „Wir spielen Weltpolitik, ich spreche für Bush, er spricht für Schröder, und oft genug lachen wir am Ende beide", sagt Wesley.

Aber da ist noch etwas: Ein Versorgungs-Bataillon versorgt die Kämpfenden, viel mehr passiert dort nicht. Im Tactical Operations Center passiert der Krieg.

Im TOC blinken die Computer, im TOC fallen die Entscheidungen, und der größte Vorteil des TOC ist, dass man hier versteht, was in diesem Krieg warum geschieht. In einem Versorgungs-Bataillon erfährt man nur, wer gerade Benzin braucht. Dass für einen Reporter das TOC der bessere Platz ist, ist keine Frage.

Wenn er schreibt, setzt sich Liebig auf die Rückbank eines „Humvee" oder auf ein Feldbett oder auf einen Steinhaufen. Christian Liebig schreibt schnell, denn die Pausen sind kurz, und so ein Krieg ist keines dieser Ereignisse, bei denen man über jedes Wort nachdenkt.

Bagdad, Informationsministerium, 14 Uhr

Gestern führte das irakische Fernsehen gefangene Soldaten vor, heute hat es einen Hubschrauber vorgeführt. Es ist ein „Apache", gekapert an diesem Morgen in der Nähe von Kerbela, nahezu unversehrt und voll bewaffnet.

Informationsminister Sahhaf präsentiert sich im Fernsehen mit den Helmen der amerikanischen Soldaten. Dann erzählt er eine Geschichte, die sich anhört wie ein orientalisches Märchen. Es handelt vom Bauern Ali Ubeid, der, nur mit einem tschechischen Gewehr bewaffnet, den Hubschrauber vom Himmel geholt hat, ohne ihn dabei zu zerstören.

„Vielleicht“, sagt Sahhaf, „und nur, wenn es uns passt, werden wir auch die Piloten des Hubschraubers im Fernsehen zeigen. Vielleicht. Vielleicht auch nicht. Und auch dann werden diese Verbrecher wieder protestieren, weil wir angeblich gegen die Genfer Konvention verstoßen. Aber es sind ihre Hände, an denen immer noch vietnamesisches Blut klebt.“

Mohammed Saïd al-Sahhaf, 63 Jahre alt, das Haar schwarz-rot getönt, die Uniform frisch gebügelt, glaubt an die Kraft des guten Spin: jeder Bauer ein Held, jede Niederlage ein Sieg, jeder Verrückte ein Führer.

Und jeder Fernsehauftritt eine weitere Schlacht im Krieg der Lügen.

Heute Morgen kämpfte Saddam Hussein höchstselbst, ohne Brille diesmal und mit neu gewonnener Frische. Rund 20 Minuten dauerte seine Fernsehansprache, in seinem Rücken die irakische Fahne vor weißer Betonwand. Saddam hatte zwei Botschaften. Erstens: Saddam hat den Enthauptungsschlag überlebt. Zweitens: Die Iraker sollen möglichst vielen Amerikanern die Kehle durchschneiden.

Kaum hatte der Präsident zu Ende gesprochen, lud Tarik Asis, der stellvertretende Ministerpräsident, die Journalisten ins „Palestine Hotel“. Er ist 67 Jahre alt, er ist kein Muslim, sondern Christ, er raucht kubanische Zigarren, er verfolgt den Krieg auf CNN. Er ist der Bohemien des Regimes. „Sie wollten uns enthaupten“, sagt Asis, „als wären wir nur ein Haufen Hühner.“

Katar, Centcom der US-Truppen, 17 Uhr

General Tommy Franks tritt ans Mikrofon. Er sagt den ersten überraschenden Satz an diesem Ort: „Diese Bühne ist keine Bühne für Propaganda. Dies ist eine Bühne der Wahrheit.“

Prompt erhebt sich Paul Adams, der Militärkorrespondent der BBC in der ersten Reihe: „Könnten Sie uns bitte etwas mehr über die Operationen der Koalition im Westen und Norden des Landes sagen?“

General Franks: „Klar. Ohne zu sagen, ob diese Operationen, Sir, im Westen oder Norden stattfinden“ – Gelächter – „will ich Ihnen sagen, dass Spezialkräfte des Vereinigten Königreichs, Australiens und Amerikas in der Tat ihrem Geschäft nachgehen, links und rechts, oben und unten, im Westen und auch im Norden. Und sie haben ein paar wunderbare Dinge da draußen vollführt."

Was er meint, ist: Durch den Datenfluss von der Front in die Befehlszentralen haben die kommandierenden Generäle bei Doha Detailinformationen über Gefechte, Widerstand, Verluste und Feindpositionen wie in keinem Krieg zuvor. Spionagesatelliten, ferngesteuerte, mit Kameras ausgerüstete Flugzeuge und Aufklärungsflugzeuge mit hochauflösendem Radar schicken Informationen nicht nur ins JOC (Joint Operations Center) in Katar, sondern direkt zu den einzelnen Einheiten auf dem Schlachtfeld.

Aber Franks denkt natürlich nicht daran, das den Journalisten auf die Nase zu binden.

„Hello again, General", sagt Kelly O'Donnell, die Rothaarige von NBC in Reihe eins. „Über die Massenvernichtungswaffen – uns ist von diesem Podium aus erzählt worden, dass gefangene Iraker in den letzten Tagen Informationen geliefert hätten ..."

General Franks: „Richtig. Ich denke, dass – ich werde mein Bestes tun. Ich denke, wir haben in den letzten drei oder vier Tagen wahrscheinlich, oh, einige Hand voll Informationsteilchen bekommen über mögliche Standorte von Massenvernichtungswaffen. Einige in Gebieten, die wir kontrollieren, andere nicht. Wir werden die nächsten Tage abwarten."

Nassirija, Saddam-Hospital, nachmittags

Die gesamte südliche Hälfte der Stadt wird jetzt von nachrückenden Truppen der Marines kontrolliert. Im Norden steht das 1. Bataillon des 5. Marines-Regiments, die Alpha-Kompanie im Nordwesten, Charlie und Bravo im Nordosten. Dazwischen gibt es einen unbesetzten, breiten Streifen; die Iraker, die ihn verlassen und betreten, werden kontrolliert. In diesem Streifen liegt auch das größte Krankenhaus von Nassirija, das Saddam-Hospital. Krankenhäuser sind die Orte der Wahrheit im Krieg, hier wird Bilanz geführt über das unübersichtliche Töten.

Seit Tagen arbeiten die Mediziner im Saddam-Hospital mit wenig Personal. Die Mehrzahl der Ärzte und fast alle Schwestern sind nicht mehr zum Dienst erschienen, als in der Nacht vom 22. zum

23. März die Kämpfe um Nassirija begannen. Sie haben Angst, auf dem Weg zur Arbeit getötet zu werden oder vielleicht sogar im Hospital, „denn das Krankenhaus könnte mittlerweile zum Ziel der amerikanischen Angreifer werden“, sagt Direktor Ali Abd al-Sajjid. Im Keller und in den Verwaltungsräumen haben sich der Bürgermeister, seine engsten Mitarbeiter und die Sicherheitsfunktionäre von Nassirija verschanzt. In den anderen Räumen liegen Schwerverletzte, sterbend. Leichtverletzte werden sofort nach Hause geschickt. „Etwa tausend Todesurkunden wurden vom Krankenhauspersonal in den Kriegstagen ausgestellt“, sagt Direktor Ali Abd al-Sajjid.

Die verschleppte Soldatin Jessica Lynch ist inzwischen bei Bewusstsein, sie liegt immer noch allein in einem Zimmer.

Sie möchte Wasser und abgepackte Lebensmittel. Sie will beim Öffnen der Packungen zusehen. Sie fragt Dr. Hussanna, den Arzt, der sie betreut, was mit ihr passiert. Er kann es nicht sagen, er weiß es selbst nicht.

Am dritten Tag wird sie für eine erste Operation vorbereitet. Operieren wird Dr. Mahdi, ein 43-jähriger Orthopäde, der in den Kriegstagen bei irakischen Patienten etwa 50 Amputationen durchführen muss. Beine, Arme, Hände. Bei Jessica Lynch bestand diese Gefahr nie, sagt er später, wohl weil das Gerücht aufkommt, man habe ihr leichtfertig ein Bein abnehmen wollen. Sie ist schon am zweiten Tag nach ihrer Einlieferung in einem stabilen Zustand, sagt der Arzt. Ihre Glieder sind gut durchblutet.

Ein 18-jähriger Mann wird eingeliefert, der am Oberschenkel eine leichte Schrappnellwunde hat. Der junge Mann ist Bluter, sie können die Blutungen nicht stoppen, nach 24 Stunden nehmen sie ihm ein Bein ab. Aber er lebt noch.

146 Menschen sterben an diesem Tag im Krankenhaus, das Saddam Husseins Namen trägt.

Zentralirak, bei der 1. Brigade der 3. Infanterie-Division, abends

Es geht nicht vorwärts mit der Einheit von Sergeant Jennifer Raichle, der Aufklärerin.

Es geht darum, Schützengräben abzusuchen und Kriegsgefangene einzusammeln, es geht darum zu verhindern, dass sich von nun an ständig wiederholt, was heute Morgen passiert ist.

Specialist Gregory Sanders, 19 Jahre alt, stand neben seinem Panzer, als ihn ein Schuss in den Kopf traf. Natürlich erwiderte sein Platoon das Feuer, natürlich töteten die Soldaten zwei Iraker, und die restlichen nahmen sie fest, aber was für ein Sieg war das? Sanders ist der erste Tote in der Brigade von Sergeant Jennifer Raichle.

Es ist, als hätte es nun erst wirklich begonnen.

Ein Spiel war dieser Krieg für einige. Eine Art Wettkampf, so etwas wie Leistungssport, war dieser Krieg für die meisten. Bis heute. Sanders lag im Staub, und sofort kamen die Pioniere mit dem Leichensack, und dann war Sanders weg, ausgeflogen, und die anderen wissen, dass sie in dem Sack gelegen hätten, wenn sie auf diesem Hügel gestanden hätten, auf dem Specialist Sanders stand.

„Dieser Krieg ist echt", sagt Sergeant Jennifer Raichle.

Und dann fragt sie sich, ob sie nicht einen Fehler gemacht hat. Ob sie die Gefahr durch Scharfschützen, den Willen zum Widerstand, die ganze verdammte Lage hier im Süden nicht falsch, nämlich ein wenig zu optimistisch eingeschätzt hatte.

Die 1. Brigade ist ausgerüstet für den Kampf um Städte. Sie ist eine Infanterie-Brigade; der Unterschied zur „Heavy Metal"- und „Rock 'n' Roll"-Truppe der 2. Brigade ist ganz einfach: Die 2. ist für die Schlacht und den Bodenkampf gemacht, sie hat zwei Panzer-Bataillone und ein Infanterie-Bataillon, sie hat 116 „Abrams"- und 58 „Bradley"-Panzer; die 1. dagegen hat ein Panzer-Bataillon und zwei Infanterie-Bataillone, sie hat 58 „Abrams"- und 116 „Bradley"-Panzer. Und außerdem hat die 1. Brigade noch ein Artillerie-Bataillon, ein Pionier-Bataillon, ein Nachschub-Bataillon sowie ein Fernmelde-Bataillon, zuständig für Computer und Kommunikation, und natürlich Jennifer Raichles Aufklärungs-Kompanie.

Und heute hat diese 1. Brigade den Auftrag, eine Fabrikanlage im Norden von Nadschaf zu erobern und zu durchsuchen. Es ist ein ganz normaler Auftrag in einem Krieg wie diesem, aber zugleich ist es ein Auftrag von weltpolitischer Bedeutung: Die Anlage ist vier mal acht Kilometer groß, und sie soll so etwas wie Saddams Zentrallager für chemische Waffen sein. Die amerikanischen Soldaten wissen, dass ihre Regierung wenig so sehr braucht wie Beweise für Massenvernichtungswaffen.

Es geht beinahe alles gut. Die B-Kompanie erledigt den Auftrag. Sie nimmt 93 Kriegsgefangene. Sie sammelt Bomben und Minen ein, hebt Bunker und Schützengräben aus, zerstört Wachtürme und elektrische Zäune.

Ein Taxi fährt vor. Sie hätten einen Durchfahrtschein, sagen die beiden Männer. Zwei Gefangene mehr.

Ein Volvo fährt vor. Im Kofferraum finden die Soldaten 14 AK-47-Sturmgewehre. Noch zwei Gefangene.

Sie mussten nicht einen Schuss abgeben. Dann fahren zwei Spürpanzer des 51. Chemical Unit aus Fort Polk vor und machen sich ans Werk.

Jedoch: nichts. Keine Beweise für chemische Waffen, nicht mal der Hauch von Indizien. Das Einzige, was die 1. Brigade findet, sind ein paar Gasmasken. „Seht mal her", sagt Sergeant Jennifer Raichle, „die sind brandneu."

Südlich von Nadschaf, bei der Task Force 4-64, abends

Sonnenuntergang. 3000 Fahrzeuge kriechen über die Autobahn. „Es sieht aus wie ein Stau in Atlanta", sagt Captain Chris Carter, Chef der A-Kompanie der Task Force 4-64.

Captain Carter, einst ein Junge, der das Angeln und das Jagen liebte, dann Soziologiestudent, nun doch Soldat, weil schon der Vater Soldat gewesen war und die Uni so verdammt langweilig war, führt eine Kompanie von 160 Mann an, die A-Kompanie, sie haben 15 Panzer; die ganze Task Force besteht aus A-, B- und C-Kompanie. Die Task Force 4-64 ist die Eingreiftruppe der 2. Brigade der 3. Infanterie-Division.

Als sie die Grenze überquerten, sprach Captain Carter ins Mikro: „Gentlemen, we are now in Iraq." Sie waren ganz vorn in der „Heavy Metal"-Truppe mit ihren 70 „Abrams"-Panzern und 60 „Bradleys", und dann, weiter hinten, machte sich die „Rock 'n' Roll"-Truppe auf den Weg, rund 1900 Fahrzeuge.

„Bis die am Treffpunkt sind, können wir Ferien im Irak machen", sagte Carter.

Sie lachen oft in seinem „Bradley". Carter sitzt vorn rechts, und neben ihm sitzt Staff Sergeant Bryce Ivings, der Richtschütze aus Sarasota (Florida). Ivings hat einen lila Stoffhasen unter das Dach des „Bradley" geklebt, sein Maskottchen, und ungefähr einmal pro Stunde sagt Carter, dass er das Vieh gleich aus dem Fenster schmeißen wird.

Sie lachten ständig in diesem „Bradley“, und Chris Tomlinson, Reporter von AP und bei Carter eingebettet, lachte mit.

Aber dann begann der Krieg. Gestern Morgen um acht steckten die Kollegen der Task Force 1-64 im Schlamm fest, als sie von Pickups angegriffen wurden. Und als sie müde wurden, nach Stunden, erhielt die A-Kompanie den Auftrag, der 1-64-Truppe zu helfen.

Carter sagt: „Wenn ihr eine Silhouette mit einer Waffe seht, tötet sie. Wenn sie ein Gebäude benutzen, wenn ihr eine verdächtige Aktivität seht, schießt auf das Gebäude.“ Es dauert nicht lange, dann sind 15 Fahrzeuge zerstört und 100 irakische Kämpfer tot.

Ivings, der Richtschütze, beobachtet das Schlachtfeld durch sein Fernrohr, und in 1000 Meter Entfernung sieht er einen Mann, der mit einer Waffe um ein Geschäftshaus herumschleicht.

„Feuer!“

Ivings feuert mit seiner 25-Millimeter-Kanone, und er nimmt die besonders harte Uran-Munition. Dann fahren sie zu dem Geschäftshaus. „Wow, look at that“, sagt Ivings. Die Löcher im Gebäude haben die Größe von Fußbällen. Eine Mauer ist einfach umgefallen. „Irre“, sagt Ivings. Er kennt das nicht: Im Training nehmen sie die billigere, die schwächere Munition.

Bagdad, Kindi-Hospital

Die Alliierten fliegen Welle auf Welle über der Stadt, vier insgesamt von Mitternacht bis Mitternacht, gewaltige Bomben finden ihre Ziele im Palastgürtel Saddams am westlichen Tigris-Ufer. Die ganze Stadt bebt, umstanden von den Rauchsäulen brennender Gräben, die mit Öl gefüllt sind.

In der Notaufnahme des Kindi-Hospitals drängen sich Journalisten und Friedensaktivisten zwischen den Opfern. Dr. Baschir, der Leiter der Notaufnahme, hat anderes zu tun als sie davon abzuhalten. Er ist im Geschiebe der Turm. Umgeben von Leid. Von wehrlosen Opfern. 20 Verletzte werden es an diesem Montag im Kindi sein.

Baschir hört die Leute wüten in Gegenwart der Presseleute, er hört sie sagen: „Ich wünschte, Gott würde sich George W. Bush holen“, er hört sie schreien: „Was haben wir getan? Was haben wir den Amerikanern getan? Warum tun sie uns das an? Warum bringen sie unsere Kinder um?“ Und hier und jetzt, wo das Blut den Boden rutschig macht, wo jede Stunde neue Opfer bringt, stellt sich Dr. Baschir, der weltläufige Mohammed Baschir mit dem dicken Schnurrbart und den Lachfalten um die Augen, der in Paris gearbeitet hat, der die Welt kennt, ganz ähnliche Fragen.

Südirak, bei FARP Shell im Lager der 101. Airborne Division

Der „Forward Eagle", der kleine Kommandostab der 101. Airborne Division, landet bei starkem Sandsturm in FARP Shell. An Bord des „Black Hawk"-Schwarms befinden sich Major General (Generalmajor) David Petraeus, ein Dutzend seiner Offiziere, und auch Major Doris Garcia, zuständig für Logistik. Es sind die nächsten Schritte zu planen.

Der Stab kommt aus Kuweit mit schlechten Nachrichten. In der Nacht zum Sonntag, um 1.09 Uhr, hat ein durchgedrehter Sergeant der Minenräumer im Camp Pennsylvania Handgranaten in drei Zelte gerollt, dann mit dem Gewehr auf Fliehende geschossen, dabei zwei Kameraden getötet und 14 zum Teil schwer verletzt.

Die Aktion des offenbar verrückten Sergeants, ein Hassan Akbar, 31 Jahre alt, zum Islam konvertiert, ließ das Lager glauben, unter feindlichem Feuer zu stehen. Aber schließlich fanden sie Sergeant Akbar in einem Bunker versteckt. Er sitzt in Haft, unverletzt. Für ihn ist der Krieg vorbei. Und Camp Pennsylvania steht seither unter dem Regime von „Threatcon Delta", der höchsten Alarmstufe, die die US-Armee kennt.

FARP Shell steht im Sandsturm, der alle Pläne hinwegfegt. Jede Stunde in diesem Wetter vernichtet eine Stunde vorgeplanter Aktion. Major Garcia braucht Planen für die Helikopter. Sie braucht Farbe für die Rotorblätter, aber Farbe, die nicht mit dem Sand verklebt. Sie braucht Waschmaschinen für die Kleidung der dreckverschmierten Soldaten. Sie braucht Transportkapazität. Ihr fehlen 250 Trucks. Und jetzt, am Abend dieses Montags, da sie mit allen anderen festgenagelt im Sturm sitzt südöstlich von Nadschaf, brauchte sie ein Treffen mit ihrem Mann. Sie ist nicht allein in diesen Krieg gezogen. Sie kamen als Paar. Doris und Rick Garcia, sie Logistikerin, er Sanitäter, beide bei der 101. Airborne Division. Irgendwo da draußen ist er. Wer weiß, wo. Major Garcia weiß es nicht.

Bagdad, Karmelitenkloster, kurz vor Mitternacht

Tagebuch des Karmeliterpaters Michel de Myttenaere: „Schüsse um 3.11, davon einige nah. Keine Entwarnung. Schüsse um 12.24, um 14.30 bis 15.00 dann wieder um 15.34. Himmel immer noch genauso dunkel, schmerzhaft für die Bronchien und die Augen. 15. Luftalarm um 20.15, keine Entwarnung. Zahlreiche Explosionen zwischen 23.30 und 00.00."

Zu müde für jedes weitere Wort. Zu müde zum Lesen. Zu müde zum Beten.

Dienstag, 25. März

+++ Starker Wind behindert Luftangriffe +++ Trotzdem 1500 Einsätze, davon 700 für Luftschläge, der Rest für Aufklärung, Nachschub, Sicherung +++ Bomben auf irakische Stellungen im Nordirak sowie auf mutmaßliche Islamisten +++ F-16-Kampfjet beschießt versehentlich eigene Luftabwehrstellung +++ 1. Marines-Division sichert Brückenköpfe in Nassirija. Vorhut der 3. Infanteriedivision jetzt 130 Kilometer vor Bagdad +++ Artilleriegefechte bei Kerbela +++ Sandsturm bremst Vormarsch +++ Die Lage: Bisher war es die Strategie der Amerikaner, die Städte im Süden des Irak zu umgehen und Richtung Bagdad zu marschieren, dorthin, wo der Verteidigungsring der Republikanischen Garden vermutet wird. Es ist nicht nur der Sandsturm, der die Alliierten jetzt bremst und eine neue Strategie nötig macht. Die Bodentruppen müssen Hunderte Kilometer an Nachschublinien sichern – die Amerikaner waren auf die Guerilla-Taktik der Iraker längs ihrer Versorgungslinien nicht vorbereitet. Ehemalige Generäle kritisieren den US-Verteidigungsminister Donald Rumsfeld: Er habe für die Bodenoffensive zu wenig Truppen bereitgestellt.

Südirak, vor der Stadt Basra, Schiba-Flugfeld, im Lager der „Desert Rats"

So vieles ist verboten im Krieg.

Ein Soldat soll kein Tagebuch führen, denn die Heftchen, gefüllt mit privaten Hoffnungen und Ängsten und höchst offiziellen Positionen und Plänen, helfen dem Feind. Ein Soldat soll keine persönlichen Gegenstände mit sich tragen. Wird er gefangen genommen und verhört, hilft auch das dem Feind.

Und nie, niemals darf ein Soldat es wagen, besoffen in den Krieg zu ziehen.

Aber dieser Krieg ist der erste Krieg, den Tom Hubbard, Jim Hilton und Andy Wilson erleben, und so haben sie sich vorgenommen, ihn gebührend zu feiern. Die drei sind britische Berufssoldaten, sie sitzen in einem britischen Schützenpanzer, einem „Warrior“, und mit ihnen zog eine Flasche Schnaps in den Krieg. Sie stammt aus Deutschland, aus dem niedersächsischen Fallingbostel, und war ein Teil der Heimatpost. Sie ist klein, fast winzig, und in ihr schwappt „Berentzen-Apfelkorn“, nicht das Lieblingsgetränk von Tom, Jim und Andy. Aber man kann nicht wählerisch sein im Krieg.

Tom, Jim und Andy sind von den „Royal Scots Dragoon Guards“, einem Teil der britischen „Desert Rats“, der Wüstenratten, die während des Zweiten Weltkriegs den deutschen Generalfeldmarschall Rommel und sein Afrikakorps bei al-Alamein vernichtend schlugen.

Am 21. März haben sie zusammen mit 26 000 britischen Soldaten die niedergerissenen Grenzbefestigungen zum Irak überfahren und genau in diesem historischen Moment im Innern ihres „Warrior“-Schützenpanzers den Drehverschluss ihrer Flasche „Berentzen-Apfelkorn“ knacken lassen. Sie sind 50 Kilometer vorgerückt bis Basra, und nun liegen sie vor der zweitgrößten Stadt des Landes.

Basra besitzt weniger eine militärische, als eine politische Bedeutung. Die Planer des Krieges hoffen, dass die eine Million Einwohner nicht kämpfen werden, sondern dass sie auf den Straßen der Stadt stehen, begeistert winken und die alliierten Soldaten als Befreier willkommen heißen. In der Stadt leben fast ausschließlich Schiiten, die Saddam seit ihrem Aufstand im Jahr 1991 rücksichtslos verfolgen ließ. Die Fernsehbilder aus Basra sollen Europas Kriegskritiker schwächen und die Heimatfront stärken.

In diesem Plan haben Tom, Jim und Andy zwei wichtige Funktionen. Mit ihrem „Warrior“-Schützenpanzer werden sie die Stellungen des Feindes erkunden. Zu diesem Zweck ist ihr Panzer voll gestopft mit Nachtsichtgeräten und GPS-Empfängern, mit Wärmebildkameras und Laser-Entfernungsmessern. Platz für zusätzliche Infanteristen, die mit Schützenpanzern üblicherweise an die Front transportiert werden, bleibt nicht. Der „Warrior“ von Tom, Jim und Andy ist ein rollender Spähposten.

Die zweite Aufgabe lautet, Helikopter an ihre Ziele heranzuführen und Bomber und Artilleriebatterien mit genauen Zielkoordinaten zu versorgen. Arbeiten Tom, Jim und Andy fehlerhaft, bombardiert die mächtigste Streitmacht der Welt nicht ihre Feinde, sondern Zivilisten. Oder Wüstensand. Oder die eigenen Soldaten. Die drei sind Fluglotsen des Krieges.

Tom ist ein schmaler, durchtrainierter Bursche mit roten Haaren, der den letzten Golfkrieg knapp verpasste und der sich nun auf diesen Krieg freut, weil er glaubt, dass der Krieg sein Leben vervollständigen wird, ganz egal, wie er ausgeht.

Bis heute nagte an Tom die Sorge, dass er in ein paar Jahren aus der Armee ausscheiden wird, ohne in ein richtiges Gefecht verwickelt gewesen zu sein. Er fürchtete, nie zu erfahren, ob er dem Stress einer Schlacht, ihrer Komplexität und ihrem Horror gewachsen ist. Er fürchtete, wieder Zivilist zu werden, ohne jemals ein echter Soldat gewesen zu sein.

Jim wurde Soldat, weil die Männer in seiner Familie seit ziemlich genau 1000 Jahren keinen anderen Beruf ergriffen haben. Er habe keine andere Wahl gehabt, sagt er, und es ist nicht ganz klar, ob er das nur ironisch meint.

Und Andy ist hier, weil er die Welt sehen will.

Basra blieb ruhig, während der ersten Kriegstage wagten die Einwohner es nicht, sich gegen die Armee und die Miliz zu erheben. Zu gut erinnerten sich die Menschen an das Jahr 1991.

Damals, im Golfkrieg, hatten die Amerikaner die Schiiten ermuntert, sich gegen Saddam zu erheben. Sie taten es in der Hoffnung, dass die Amerikaner und Briten Saddam gefangen nehmen oder töten würden. Doch die Alliierten begnügten sich mit der Befreiung Kuweits, und als Saddam sich rächte, als er seinen Feldzug gegen die Schiiten im Südirak begann, teilte Marlin Fitzwater, der damalige Sprecher des US-Präsidenten, kühl mit: „Wir haben nicht die Absicht, uns in die inneren Angelegenheiten des Irak einzumischen."

Auch heute besitzen die Einwohner Basras nicht mehr als die martialischen Absichtserklärungen von Bush junior und Tony Blair. Und diese Worte reichen ihnen nicht. Vielleicht endet ja auch dieser Krieg vor der Stadtgrenze Bagdads. Vielleicht schließt Saddam einen Handel mit den Amerikanern. Vielleicht hat er das schon getan. Saddam kann man nicht trauen. Und den Amerikanern erst recht nicht.

Lieutenant Colonel Hugh Blackman, Kommandeur von Tom, Jim und Andy kann das Zögern der Einwohner Basras gut verstehen. Blackman war schon einmal im Südirak, während des letzten Golfkrieges, und in dem vergangenen Jahrzehnt hat ihn das Gefühl begleitet, die Menschen im Irak im Stich gelassen zu haben. Die Chance, diese Schuld zu tilgen, ist sein ganz persönlicher Grund, diesen Krieg willkommen zu heißen.

Während der vergangenen Tage, als Bomben auf ausgewählte Ziele in Basra fielen, saß Blackman auf dem Schiba-Flugfeld, etwa 25 Kilometer südlich der Stadt, und wartete auf das Ergebnis einer Diskussion, die von den Armeekommandanten in Katar und Washington geführt wurde. Die Diskussion drehte sich um eine Frage: Soll Basra angegriffen oder belagert werden?

Die Planer des Krieges kamen zu dem Schluss, dass eine Belagerung zu viele zivile Opfer kosten würde. Zu viele würden verdursten, vielleicht verhungern, zu viele abgemagerte Gestalten würden auf al-Dschasira zu sehen sein. Schon jetzt steht es schlecht um die humanitäre Lage in Basra. In den irakischen Medien wird behauptet, dass Bomben der Alliierten Pumpen der Trinkwasseranlagen zerstörten. 60 Prozent der Einwohner Basras sollen ohne sauberes Trinkwasser sein.

Der Befehl, von der Spitze der Militärpyramide heruntergereicht zu Blackman, lautet: Angriff. Aber es soll ein intelligenter Angriff sein, einer, der so viele Leben wie möglich schont.

Zu diesem Zweck werden Einheiten der 16. Air Assault Brigade, der Royal Marines, des 2. Royal Tank Regiments, des 1. Bataillons des Royal Regiments of Fusiliers und die Royal Scots Dragoon Guards Basra einkreisen.

Außerhalb der Stadt, auf den Hauptverbindungsstraßen, werden sie Sperren errichten, und dort werden sie diejenigen kontrollieren, die aus Basra hinaus oder nach Basra hinein wollen. Wer keine Waffen bei sich trägt, kann passieren. Die Stadt wird eingekesselt sein, aber nicht abgeschnitten. Die Briten wollen als Befreier gefeiert, nicht als Belagerer verflucht werden.

In der Stadt werden sich die britischen Truppen vor allem auf den Hauptverkehrsstraßen bewegen. Sie sollen versuchen, den Feind hierher zu locken, in den offenen Raum, den eine Großstadt auf ihren gut ausgebauten, mehrspurigen Straßen bietet. Kampfhandlungen in den eng bebauten und dicht besiedelten Wohngebieten sollen nur in Ausnahmefällen stattfinden. Zu viele Briten, zu viele Zivilisten könnten ihr Leben lassen.

Im neuen Plan der Briten ist die wichtigste Straße in Basra die Straße nach Subeir, von den Briten „Route red“ getauft. Hugh Blackman soll sie mit seinen „Desert Rats“ erobern.

Die „Route red“ scheint sich endlos zu strecken. Sie beginnt an einer Brücke im Süden Basras und zieht sich durch die Vororte, dann durch das Zentrum und die Altstadt, bis sie schließlich, nach 11,3 Kilometern, an die Sockel von über 50 Kommandeurs-Statuen stößt, die Saddam Hussein nach dem verlorenen Irak-Iran-Krieg am südlichen Ufer des Schatt al-Arab errichten und in Richtung Iran blicken ließ. Jede Statue zeigt mit ausgestrecktem Arm in das Land des Feindes, und die trotzige Prozession sollte den Iranern sagen: Wir werden wiederkommen, und dann werden wir siegen.

Die „Route red“ ist vierspurig, geteilt durch einen breiten, unbefestigten Mittelstreifen und gesäumt von Laternen, deren schlanke Pfähle sich weit über den Asphalt beugen.

Für die Eroberung der „Route red“ und der angrenzenden Stadtteile stehen Hugh Blackman 30 „Challenger 2“-Kampfpanzer, 40 „Warrior“-Schützenpanzer, 150 Pioniere und etwa 200 Infanteristen zur Verfügung. Ihm und den anderen britischen Einheiten stehen geschätzte 2000 irakische Soldaten, Milizionäre und eine unbekannte Anzahl Panzer gegenüber, die ständig ihre Stellungen wechseln werden, um nicht zum Ziel von Bomben und Granaten zu werden.

Die Übersicht über die Schlacht um Basra soll eine Karte garantieren. Sie misst etwa einen Meter mal einen Meter, an ihrem oberen Rand steht: vertraulich. Und darunter ist zu lesen: Operation Sinbad.

Auf der Karte sind markante Gebäude wie die Radio- und Fernsehstation hervorgehoben, ebenso militärische Einrichtungen und Gebäude der Baath-Partei. Rote Linien umfassen diese Ziele und grenzen sie von den umliegenden Häusern ab. Schwarze Linien trennen Häuserblocks, jeder Block trägt einen Namen.

Katar, im Centcom der US-Truppen

Das Oberkommando stellt sich der Presse. Ein Mann in vorderer Reihe: „Tom Fenton, CBS News …“

Major General Victor Renuart: „Schieß los, Tom.“

Fenton: „Okay, klar. General, dieser Feldzug sollte das Regime zu Fall bringen. Welchen Hinweis, wenn es denn einen gibt, haben Sie zum jetzigen Zeitpunkt, am sechsten Tag, dass so etwas passieren wird?"

Renuart: „Nun, ich denke, unser Plan war von Anbeginn nicht darauf ausgelegt, es in zwei Tagen zu schaffen. Er sollte schnell und synergetisch sein und einem Zeitplan folgen. Und wir erwarteten durchaus, dass das Regime nicht verschwinden und zusammenstürzen würde. Es geht nicht um eine bestimmte Person, es geht um eine Organisation, die dieses Land über 30 Jahre lang in Furcht und Schrecken regiert hat."

Frau: „Norwegisches Fernsehen. Können Sie Hinweise auf Massenvernichtungswaffen melden?"

Renuart: „Die Frage wird jeden Tag gestellt. Sind Sie das immer?"

Norwegerin: „Ja."

Renuart: „Okay. Ich kann Ihnen zur Stunde keine Berichte bestätigen, ich denke, wenn wir näher an Bagdad herankommen – Bagdad ist wirklich das Herz des Regimes, und ich möchte annehmen, dass sie ihre wertvollsten Schätze nah an ihrem Herzen halten werden.

Ich denke, wir haben Zeit für eine letzte Frage."

Chinesin: „Kathy Chin vom Phönix Satelliten-TV in Hongkong. Gestern hat der irakische Informationsminister weitere dunkle Tage für die britischen und US-amerikanischen Truppen versprochen. Ich frage mich, ob die Koalition diese so genannten dunklen Tage bereits getroffen hat?"

Renuart: „Großartige Frage. Ich denke, dass die dunklen Tage wohl für die dunkle Seite kommen werden, und Saddams Regime hat mehr dunkle Tage vor sich als wir."

Bagdad, Informationsministerium

Der Rauch des brennenden Öls aus den Gräben verdunkelt die Sonne. Und weil seit gestern der Sandsturm auch durch Bagdad fegt, tauchen das Schwarz des Öls und das Braun des Sandes die Stadt in ein schmutziges Kunstlicht. Es ist ein schönes Licht für Fotografen. Für alle anderen ist es deprimierend.

Die Iraker, die Radiogeräte haben und Englisch verstehen, hören BBC oder Voice of America oder Radio Monte Carlo, alle anderen Radio Teheran. Sie hören, dass die amerikanischen Truppen schon

130 Kilometer vor Bagdad sind. Sie hören auch, dass sie dort zum Stehen gekommen sind. Die Leute wissen nicht, ob das gut ist oder schlecht.

Auf der Pressekonferenz im villenartigen Anbau hinter dem Ministerium vermeldet Minister Sahhaf neueste Zahlen: 16 tote irakische Zivilisten, 95 Verletzte insgesamt, 3 tote Amerikaner bei erbitterten Kämpfen in Nassirija.

Das alles klingt klar, logisch, fast schon glaubwürdig.

Seine Pressekonferenz beendet Sahhaf heute mit einem Vortrag über die Wahrheit hinter der amerikanischen Strategie von „Shock and Awe“: Die Amerikaner würden so genannte Geräuschbehälter abwerfen. Container, die nur laut seien, aber nichts zerstören und deren Zweck es sei, die Moral der Iraker zu brechen. „Die Kämpfer aber, die Massen, die heroischen Söhne der irakischen Stämme haben dieses Spiel der Amerikaner durchschaut. So Gott will, können Sie sich auf ein paar Überraschungen gefasst machen. Das Spiel der Amerikaner wird nicht aufgehen.“

Psychologie? Oder ist es der Sandsturm?

Bagdad, Kindi-Hospital

Der OP-Bereich des Kindi-Krankenhauses ist nach sechs Kriegstagen kaum mehr steriler als eine Autowerkstatt. Sechs Säle sind in Betrieb, rund um die Uhr, über den Tischen werfen Berchtold-Chromophare-Scheinwerfer Stunde um Stunde taghelles Licht auf die Tische.

Die Ärzte haben alle Dienstpläne in den Wind geschrieben und versuchen ihre Pausen so zu organisieren, dass immer zwei Chirurgen, zwei Orthopäden und zwei plastische Operateure zur Verfügung stehen. Dr. Aradi arbeitet in Doppel- und Dreifachschichten. Er fühlt sich hellwach. Er hört nicht den brüllenden Lärm des Krieges in der Nachbarschaft, nicht das gelegentliche Husten der Luftabwehrkanonen, die Explosionen der Bomben, die die Instrumente auf den Rolltischen klirren lassen inmitten der Operationen.

Der Dienstag ist ein furchtbarer Tag. Die alliierten Bomben gegen Saddam verletzen 49 Zivilisten, größtenteils sehr schwer, es sterben im Lauf des Tages fünf Menschen im Kindi. Aradi muss Amputationen versorgen, Armstümpfe, er muss Kinder behandeln mit am Knie durchtrennten Beinen, alte Frauen mit tiefen Scharten im Kopf. Er operiert in stundenlangen Sitzungen. Er findet Kinderkörper gespickt mit Scherben, Männer mit aufgeplatzten Bäuchen, Frauen mit durchtrennter Brust. Er lernt an den Verletzungen die Waffen zu unterscheiden, die sie rissen. Er wird ein Experte des Krieges.

Vor Nadschaf, bei der 2. Brigade der 3. Infanterie-Division, 15 Uhr

Der Sand ist unten, oben, vorn, hinten. Die Sichtweite schwankt zwischen einem und drei Meter. Die Nachtsichtgeräte helfen nicht, denn mit den Nachtsichtgeräten sieht man auch nur den Sand. Die Panzer quälen sich, die „Humvees“ bleiben stecken, es ist Nachmittag, aber es ist dunkel wie in einer mondlosen Nacht.

„Okay, stop“, sagt Colonel David Perkins. „Okay, stop“, der Befehl geht von Fahrzeug zu Fahrzeug.

Am weitesten ist die Task Force 4-64. Sie bildet die Nordspitze der Front.

Im Funk hören die Soldaten, wie in Hollywood Michael Moores Oscar-Ansprache gegen den Krieg ausgebuht wird. „Yeah“, schreien sie.

„Wir bleiben hier, bis diese Scheiße vorbei ist“, sagt Task-Force-Kommandeur Lieutenant Colonel Philip deCamp.

„Okay, stop“, rufen Steve Barry und Phillip Wolford, Chefs der Cyclone- und der Assassin-Kompanien der Task Force 4-64.

Und dann stehen sie. Alle.

Und der Sandsturm wird dichter.

Nassirija, Saddam-Hospital, abends

Jessica Lynch geht es besser. Sie weiß nichts von ihren toten und gefangen genommenen Kameraden. Die fünf anderen gefangenen Marines der 507. Instandsetzungs-Kompanie wurden weggebracht nach Bagdad.

Die toten Amerikaner liegen im Keller des Krankenhauses. Es gibt immer wieder Stromausfall im Krankenhaus, die Kühlschränke im Leichenkeller tauen ab, und an diesem Tag hat der Krankenhausdirektor Ali Abd al-Sajjid beschlossen, die neun Leichen der amerikanischen Soldaten der 507. Instandsetzungs-Kompanie auf dem Fußballplatz neben dem Krankenhaus zu beerdigen. Er bezahlt drei Hilfsarbeiter, die in der Nacht zum 26. März die Gruben auf dem Sportplatz ausheben, dann legen sie die Soldaten hinein.

Bagdad, Schaab-Viertel, abends

Im Schaab-Viertel, einer Kleine-Leute-Gegend im Norden Bagdads, kommt Unruhe auf, es ist Dienstagnacht um 23 Uhr. Im Süden der Stadt donnert der Krieg, hier im Norden rangiert die irakische Armee mit schwerem Gerät. Schräg gegenüber von Ali al-Sudeinis Polsterei, schräg gegenüber vom Restaurant „Duleimi“, auf der anderen Seite der Hauptstraße, noch hinter den Häusern, vielleicht 300 Meter Luftlinie entfernt, richten sie ein Lager ein.

Lastwagen bringen Raketen und Geschützrohre, Kabeltrommeln werden entladen auf einer Brachfläche, die Armee arbeitet fast die ganze Nacht, bald stehen vier Luftabwehrgeschütze um das Gelände. Die Soldaten verscheuchen Schaulustige. Sie vertreiben ängstliche Nachbarn. Die Leute fragen: Was sucht ihr hier? Was soll die Aktion? Sie schreien: Warum bringt ihr Raketen in unser Viertel? Sie erhalten keine Antwort. Nur Befehle: Geht nach Hause! Hier gibt's nichts zu sehen! Haut ab!

Bagdad, Karmelitenkloster, gegen Mitternacht

Der erste Adrenalinschub des Krieges ist vorüber. Frère Michel hustet und ist müde. Krieg ist manchmal wie Gott. Er fordert die volle Aufmerksamkeit, duldet keine Pause.

Mariä Verkündigung – so steht es jedenfalls im liturgischen Kalender. Es ist die dritte Fastenwoche. In der Zelle von Pater Michel ist der Strom ausgefallen. Es gibt einen Vorrat an Kerzen. Und solange es Wein gibt und Benzin für das Motorrad unten im Hof ist auch noch Hoffnung. Ist das zynisch? Ist das ehrlich? Auf jeden Fall ist jetzt nicht die Stunde und der Ort für Sophisterei. Michel de Myttenaere zieht sein Schreibheft ins Licht der Funzel und notiert: „Explosionen und Angriffe zwischen 4.00 und 4.25. 7.50 Schüsse. Sandsturm seit dem Morgen, sehr heftig. Starke Explosion um 15.50. Stromsperre um 17.00. Leichter Regen um 18.00. 18. Luftalarm um 22.57.“

Mittwoch, 26. März

+++ Frühmorgens Bomben auf Informationsministerium, Telekommunikation und Fernsehstation +++ Etwa tausend Luftlandekräfte im Norden abgesetzt, 173. Airborne sichert Flugfeld für Nachschubflüge

+++ Neun Präzisionsraketen auf Wohngebiet in Bagdad abgefeuert, sollen Flugabwehrstellungen treffen +++ 13 Tote bei Cruise-Missile-Einschlag auf Marktplatz +++ Irakisches Fernsehen sendet wieder +++ 101. Airborne rückt auf dem Boden vor, Kampfhubschrauber wegen Sandsturm nicht einsatzfähig +++ Wetter bremst auch 3. Infanterie-Division bei Kerbela +++ Irak verlegt Truppen von Basra nach Süden, Briten bombardieren Konvoi +++ Die Lage: Donald Rumsfeld verteidigt in Washington seine Strategie. Er war davon ausgegangen, dass starke Luftschläge sowie relativ wenig Bodentruppen ausreichen sollten, den irakischen Widerstand zu brechen. Der Krieg laufe nach Plan, sagt er jetzt, die Gefechte im Süden des Landes seien kleinere Zwischenfälle, mit denen „wir auch in Afghanistan leben müssen". Die Truppen konzentrieren sich weiter darauf, ihre Nachschublinie zu sichern, das bindet etwa ein Drittel der 3. Infanterie-Division, also der Truppe, die am schnellsten und weitesten vorangekommen ist.

**Südirak, am Stadtrand von Basra,
vor Sonnenaufgang auf der „Route red"**

Der Himmel über der „Route red" ist noch nachtschwarz, als sich Tom, Jim und Andy, Späher der britischen „Desert Rats", bereitmachen für ihre erste Erkundungsfahrt durch die Vororte Basras. Sie wird hier beginnen, in diesem verlassenen Busdepot direkt am Stadtrand, das die „Desert Rats" bezogen, nachdem die Armeeführung entschieden hatte, dass Basra nicht belagert, sondern eingenommen werden muss.

Von diesem Busdepot aus werden Tom, Jim und Andy zu vielen, sehr vielen Fahrten aufbrechen, das steht jetzt schon fest, denn die Special Forces, die sich unter Basras Bevölkerung gemischt haben, und irakische Überläufer melden, dass sich die Soldaten der 51. irakischen Division und die Milizionäre in den bewohnten Vierteln entlang der „Route red" verschanzt haben, in ausgewählten Industriekomplexen, und meist sind nur wenige an einem Ort. Sie zu finden und zu töten, ohne zu viele Zivilisten umzubringen, wird eine langwierige Angelegenheit sein. Die irakische Regierung behauptet, bislang habe das Bombardement einzelner Gebäude, wie die Treffer in das Hauptquartier der Baath-Partei, 70 Zivilisten getötet und 360 verletzt.

Die Schlacht um Basra wird in keiner Weise dem Vorstoß der Amerikaner gleichen, die einen langen Korridor in den Irak getrieben haben und heute schon etwa 130 Kilometer vor Bagdad stehen. Die Geländegewinne in Basra werden nicht in Hunderten von Kilometern gemessen werden, sondern in Hunderten von Metern.

Es ist 5 Uhr am Morgen, als Tom, Jim und Andy das Busdepot in ihrem „Warrior"-Schützenpanzer verlassen. Vor ihnen liegt ein unbefestigter Weg, dann der steinerne Bogen einer Brücke, dann folgt die „Route red". Die Straße ist leer. Basras Einwohner verneigen sich zu dieser Zeit zum Morgengebet in ihren Häusern.

Jenseits der Brücke, ein paar hundert Meter entfernt, stehen die ersten Häuser Basras, Flachbauten aus grauem, schlecht gemischtem Beton, verbunden durch Sandpisten, umgeben von dürren Zäunen aus Holz und Metall. Plastiktüten, irgendwann einmal mit Müll gefüllt, dann in der Erde vergraben und vom Wind wieder freigelegt, treiben über die nackte Erde.

Auf verstreut stehende Flachbauten folgen in einiger Entfernung Hochhäuser, vertikale Slums, die sich die Menschen mit Ratten teilen. Zwischen den vielstöckigen Wänden klemmen unübersichtliche Straßen, in denen es sich schlecht kämpfen lässt.

Weiter im Norden, noch unsichtbar für Tom, Jim und Andy, die Altstadt Basras, ein Gewirr von Gassen, leicht zu verteidigen und schwer zu erobern.

Schaut man aus der Luft auf die Stadt, gibt es keine auffälligen Truppenkonzentrationen, keine Panzerverbände, es gibt Häuser, Zivilisten, Autos, und nur mit viel Glück ließe sich ein einzelner T-55 ausmachen, der unter dem Schutz eines Daches lauert. Satelliten und Aufklärungsdrohnen helfen hier nicht viel, und so sollen Tom, Jim und Andy und die Besatzungen anderer „Warrior"-Schützenpanzer heute genauere Informationen über feindliche Stellungen entlang der „Route red" einholen, und sie tun dies, indem sie ihre „Warrior" in Ziele verwandeln.

Tom nennt das „Informationsgewinnung auf die russische Art". Man fährt dem Feind entgegen, lässt sich von ihm beschießen und versucht herauszufinden, von wo genau er schießt.

Solange der Feind mit Handgranaten feuert oder mit 14,5 Millimeter starker Munition, ist alles in Ordnung. Fährt er stärkere Geschütze auf, „haben wir ein Problem", sagt Tom. Dann kann er nur hoffen, dass ein „Challenger“-Panzer in der Nähe ist und sofort zurückschießt.

Südirak, bei der Task Force 4-64, 7 Uhr

Gibt es gute Nächte zum Sterben? Diese jedenfalls war eine verdammt elende in der Geschichte der 2. Brigade der 3. Infanterie-Division.

Gegen 9 Uhr gestern Abend war Specialist Terrance Johnson, 26, Schütze eines „Abrams“-Panzers, aus dem Monstrum herausgeklettert, denn da konnte er den nächsten Panzer noch sehen. War 200 Meter weit weg, war keine Gefahr. Und Johnson wollte nur mal andere Gesichter sehen.

Die Luft war rot, der Sandsturm erreichte seinen Höhepunkt.

Und als Specialist Johnson aus Panama City (Florida) zehn Meter weit gegangen war, sah er nichts mehr. „Ich habe mich umgedreht, um zu meinem Panzer zurückzugehen, aber da war nichts. Ich hatte mich verirrt“, sagt Johnson.

Er entschied sich, dorthin zu gehen, wo er Alpha Alpha vermutete, den Versammlungsort der Kommandeure und Mechaniker und Ärzte, so viele Fahrzeuge, dass man sie gar nicht verfehlen kann.

Aber er fand sie nicht.

Und Johnson blieb nicht stehen, er wartete nicht, er ging immer weiter. Er wurde panisch.

„Scheiße, dachte ich, ich habe Angst. Mein Leben ist vorbei. Wir sind im Feindesland, im Irak. Ich dachte: Gott, ich will nicht, dass meine Mutter meinen geschundenen Körper im Fernsehen sehen muss“, sagt Johnson.

Es wurde Nacht, es stürmte, es regnete Schlamm, und Johnson sah seine Hände nicht mehr. Er setzte sich hin.

„Ich habe geweint, ich habe gebetet“, sagt Johnson, „ich komme ja aus einer gläubigen Familie, und darum ich habe ich Gott gebeten, den Sturm zu beruhigen.“

Gott half nicht.

Aber nach ein paar Stunden merkten seine Kameraden, dass Johnson verschwunden war. Über Funk, von Panzer zu Panzer, verständigten sich die Männer der Task Force, dann schalteten sie diese Bewegungsmelder ein, die Temperaturschwankungen registrieren und dafür da sind, menschliche Körper, feindliche Körper zu erkennen.

Nichts.

„Ich fuhr durch die Gegend, und ich sah nichts. Ein, zwei Meter weit vielleicht. Wir schlossen die Augen und öffneten sie wieder, es blieb gleich dunkel. Vielleicht sind wir direkt neben ihm her gefahren, wir haben ihn nicht entdeckt", sagt Lieutenant Mark Tomlinson.

„Ich habe meinen Kopf gehalten und geweint. Ich habe meine Pistole geladen und mir gesagt, wenn ich untergehe, dann kämpfend", sagt Johnson.

Es wurde kalt. In der Nähe wurde gekämpft. Artilleriefeuer. Johnson sah einen Panzer, verteufelt nah, es schien ihm wie ein irakischer Panzer.

Es wurde Morgen, es wurde ein wenig heller.

Und dann sah Specialist Johnson den „Humvee" von First Sergeant Reinaldo Ortiz. Winkend, schreiend lief er auf den Wagen zu.

Und nun steht er da, die Augen verkrustet, das Gesicht braun vom Sand, und überlebt hat er, weil er den Anzug zum Schutz gegen chemische Waffen trug. Das Ding hält warm. Johnson hat Hunger, er hat Durst, „und ich kann nicht glauben, dass ich zurück bin".

So wird er im Gedächtnis bleiben: als einer, der sich im Sandsturm verlaufen hat, in diesem Krieg.

Südirak, in Basra, auf der „Route red"

Tom, Jim und Andy, Späher der britischen „Desert Rats", rollen mit ihrem „Warrior" über die „Route red". Um die Position des Feindes zu lokalisieren, stehen ihnen genaue Karten ihres Einsatzgebietes zur Verfügung, sie besitzen zwei GPS-Geräte, einen Laser-Entfernungsmesser, Nachtsichtgeräte und Wärmebildkameras. Wenn alles ausfällt, was manchmal passiert, wird die Entfernung geschätzt. Das haben Tom, Jim und Andy in Kuweit tagelang trainiert.

Die Koordinaten, die im günstigsten Fall bis auf wenige Meter genau sind, werden per Knopfdruck in die Computer der Bomber eingespeist oder in die Rechner der Artillerie, die 15, 20 Kilometer hinter der Front stehen. Helikopter werden mündlich zum Ziel dirigiert:

„Sehen Sie das Haus mit dem Flachdach rechts neben der großen Halle, die an der Hauptstraße liegt?"

„Bestätige. Sehe die Halle, sehe das Haus."

„Ein weißer Pick-up passiert das Haus. Sehen Sie den weißen Pick-up? Ich wiederhole: Es geht um das Haus, an dem ein weißer Pick-up vorbeifährt."

„Bestätige. Sehe den weißen Pick-up, sehe das Haus."

„Das Ziel befindet sich in einem Raum auf der Westseite des Gebäudes, sehr wahrscheinlich in dem Stockwerk direkt unter dem Dach."

„Bestätige. Ziel befindet sich auf der Westseite des Gebäudes, im Stockwerk direkt unter dem Dach."

Um mit den Piloten kommunizieren zu können, tragen Tom und Jim Kopfhörer. Auf dem einen Ohr hören sie den Funkverkehr mit den Piloten, auf dem andern Ohr den der Artillerie, und dann ist da noch der Funk der Infanteristen, die ihre Positionen durchgeben, um nicht von den eigenen Bomben und Granaten getroffen zu werden. Manchmal fragt sich Jim, ob eine operative Trennung der Gehirnhälften seine Arbeit erleichtern würde. Sie ähnelt dem Versuch, dem Programm von drei Radiosendern zu folgen, während man in einer heißen, metallenen Kammer sitzt, in der ein Dieselmotor lärmt und an deren Außenwände Kugeln prasseln und Handgranaten explodieren.

Jim versorgt die Artillerie mit Zieldaten, er legt fest, ob die Geschosse, die eine Batterie abfeuern wird, in einem kleinen oder in einem größeren Gebiet einschlagen sollen. Meist besteht eine Salve aus acht Geschossen. In der Regel werden auf ein Ziel fünf Salven abgefeuert. Dann rollt der „Warrior" vor, Augen pressen sich auf Okulare, und es wird nachgeschaut, ob der Feind den Angriff überlebt hat.

In Momenten wie diesen ruht Jims linker Fuß auf einem Pedal. Tritt er es hinunter, beginnt das Maschinengewehr des „Warrior" zu feuern. Um keine Munition zu verschwenden, sagt Jim jedesmal, während er das Pedal hinunterdrückt: „Marilyn Monroe, let go." Diesen Satz hat er während seiner Ausbildung gelernt wie viele andere Richtschützen, die jetzt in Schützenpanzern in Basra und anderswo im Südirak hocken. Marilyn Monroe ist die Frau, deren Namen Großbritanniens Soldaten in diesem Krieg am häufigsten murmeln, und oft ist er ein Stoßgebet, das zwei, drei Sekunden dauert. Dann gibt der Fuß das Pedal frei, es schnellt nach oben, das Maschinengewehr verstummt, und ziemlich genau 25 Kugeln haben den Lauf verlassen.

Andy lenkt den „Warrior". Vor sich hat er ein Lenkrad wie in einem Auto, neben sich den Schalthebel. Ein „Warrior" hat vier

Vorwärtsgänge und einen Rückwärtsgang. Seine Höchstgeschwindigkeit beträgt 75 Stundenkilometer, rückwärts ist er 48 Stundenkilometer schnell. Je schneller er fährt, desto besser arbeitet seine Federung.

Um zu sehen, wohin er fährt, muss Andy den Kopf aus einer Luke halten oder durch ein Periskop starren. Fährt er rückwärts, sieht er nichts, dann hält Tom seinen Kopf aus seiner Luke und dirigiert ihn: „Links, links, links, rechts, rechts, rechts! Und jetzt geradeaus!"

Auch das wurde ausgiebig in Kuweit geübt, denn ein „Warrior" verlässt sein Einsatzgebiet oft im Rückwärtsgang. Die Hecktür des Panzers ist die schwächste Stelle der Hülle, und Besatzungen vermeiden es deshalb, sie dem Feind beim Rückzug zuzuwenden.

Tom ist der Kommandant des „Warrior", er versorgt die Bomber mit Koordinaten, sein Rang ist der eines Captains, Jim und Andy sind Sergeants.

Bagdad, Schaab-Viertel, vormittags

Der Himmel steht gelb und braun über dem Schaab-Viertel von Bagdad, es ist der schlimmste Sandsturm seit Jahren, es ist Tag sieben der Operation Iraqi Freedom. In der Nachbarschaft von Ali al-Sudeinis Autopolsterei lagern seit der Nacht Raketen und Material der irakischen Armee, aus unbekanntem Grund hergeschafft, höchstens 300 Meter Luftlinie entfernt, dazu Luftabwehr, Militärzelte, Laster.

Der Einzug des bedrohlichen Konvois ist Tagesgespräch an der Hauptstraße des Schaab-Viertels. Die Leute fluchen. Sie ängstigen sich. Sie beschwören die Gnade Gottes. Elf Uhr. Die Kellner im Restaurant „Duleimi" verrücken weiße Stapeltische Richtung Straße, aus dem Kebab-Grill schlagen Flammen, an den Tischen sitzen Arbeiter beim Tee. Die Nacht war wieder zerhackt von Bombenlärm und Sirenen. Die Menschen sind müde.

Vor Ali al-Sudeinis Garagenladen, „Schaab Shop – alle Marken, alle Arbeiten", liegt Farid al-Bauwi unter seinem aufgebockten Toyota Crown, das Auto ist in den Farben der Bagdader Taxis lackiert, hellbeige, die Kotflügel orange. Bauwi hantiert am Auspuff, während er auf den Polsterer wartet. Er will die zerschlissenen Sitze der Rückbank aufbessern. Auf der gegenüberliegenden Straßenseite steht ein weißer Fiat.

Hinter der Polsterei, über dem Dach des Ladens, sitzt die Nachbarsfamilie im ersten Stock ihres Hauses beim Frühstück, Abd al-Dschabbar, der Alte, 69, sein Sohn Ahmed, 26, sein Enkel Mustafa, fünf Monate, jüngstes Mitglied der Familie. Das Kind spielt auf dem Boden zwischen einem Dutzend Erwachsenen, Schwestern, Onkel, Schwägerinnen. Sie essen Brot, Rührei, dazu Tee. Gemüse ist kaum mehr zu bezahlen.

Aus dem Fenster ist die Hauptstraße des Schaab-Viertels zu sehen, vierspurig, drunten das Dach von Sudeinis Polsterei, drüben auf der anderen Seite der Straße ein weißer Fiat. Alltäglicher Verkehr, normales Leben, trotz Krieg. Aber die Amerikaner haben gesagt, sie führten nur Krieg gegen Saddam. Nicht gegen das Volk. Nicht gegen das Schaab-Viertel. Es ist Mittwoch. Der Krieg kommt ins Schaab-Viertel um genau 11.30 Uhr.

In einer gewaltigen Explosion reißt es den weißen Fiat in die Luft, das Auto wirbelt 60, 70 Meter weit über die ganze Breite der vierspurigen Hauptstraße und landet als gestauchter Blechhaufen vor dem „Duleimi"-Restaurant wie ein Sinnbild für die Gewalt dieser Bombe aus heiterem Himmel. Augenzeugen sehen Köpfe fliegen, Beine, die Luft ist voller tödlicher Splitter und schwirrender Teile, der Polsterer Ali al-Sudeini, am Bein und am Auge getroffen, sieht, wie Farid al-Bauwi unter dem Toyota Crown zerrissen wird, zerrissen von Splittern.

In einem Umkreis von 140, 150 Metern fährt die Bombe in alle Fassaden, alle Fenster und Türen gehen zu Bruch, die Druckwelle und ihre Fracht zerknüllen die Blechschilder über den Läden, sie legen das „Duleimi"-Restaurant in Trümmer, sie schlitzen wulstige Löcher in Autoblech. Dann Stille.

Im ersten Stock ihres Hauses sitzt die Familie von Abd al-Dschabbar schockstarr, im Frühstück liegen die Splitter des Zimmerfensters, in der Lunge haben sie beißenden Rauch, und über allem weht der Geruch von verbranntem Fleisch. Niemand spricht. Alle sitzen wie erfroren. Auch auf der Straße draußen steht die Welt still für Momente. Lange, leere Sekunden. Ali al-Sudeini, der Polsterer, steht neben seinem Laden mit Wassereimern in der Hand, einen links, einen rechts. Er steht so und bewegt sich nicht, wie ein Standbild seiner selbst.

Über ihm im Haus findet Sahda, 26, die Mutter von Mustafa, fünf Monate, als Erste die Bewegung wieder. Es ist 11.31 Uhr. Sahda bückt sich zu ihrem Sohn, er ist ihr erstes und bislang einziges Kind, sie bückt sich, um ihn in die Arme zu nehmen, als ein zweiter Schlag, noch näher als der erste, lauter, gewalttätiger, die Luft zerreißt, ein Schlag, der aufs Neue gegen die Fassaden brüllt, aufs Neue Menschen zerschlägt, und diese Explosion jagt wieder tausend Splitter durch die Luft, Scherben, Trümmer, Druckwellen, sie enthauptet Menschen, zerfetzt sie, und eine Scherbe fährt jäh in die Mitte der Familie beim Frühstück. Mustafa. Der Splitter trifft das Kind am Hals. In den Armen seiner Mutter. Der Junge ist sofort tot.

Auf der Straße liegt ein Auto auf dem Dach. Es brennt. Einige Männer zerren an den Türen. Vergebens. Sie müssen mit ansehen, wie im Inneren eine Frau und ihre drei Kinder lebendig verbrennen. Hischam Danun, der Verwalter eines Wohnblocks gegenüber, rennt zum Eingang und sieht den kopflosen Körper seines Angestellten Tahar. Am nächsten Tag erst wird er Tahars Hand finden, in den Fingern ein Stück Blechdach.

Es sterben: der Besitzer des Elektrogeschäfts, der Bettler, dem Danun jeden Tag sein Stück Brotfladen gegeben hatte, ein Lastwagenfahrer und ein junges Mädchen, das gerade über die Straße gehen wollte.

15 Zivilautos sind zerstört, 15 Menschen getötet, mindestens 30 verletzt.

Südirak, in Basra, auf der „Route red“

Während der Erkundungsfahrt der britischen „Desert Rats“ werden die „Warrior“ von „Challenger 2“-Kampfpanzern begleitet. Ihre Besatzungen kümmern sich vor allem um die irakischen T-55, die sich entlang der „Route red“ eingegraben haben. Die T-55 stammen aus der Sowjetunion, und die Ursprungskonstruktion ist ein halbes Jahrhundert alt. Gegen die „Challenger 2“, Ausstellungsstücke moderner Militärtechnologie, sind sie chancenlos. Treffen „Challenger“ und T-55 aufeinander, ähnelt das einem Boxkampf zwischen Woody Allen und Wladimir Klitschko.

Die Reichweite einer „Challenger“-Kanone ist deutlich größer als die eines T-55, und der „Challenger“ ist deutlich schneller. Ein „Challenger“ kann Kreise um eine Gruppe T-55 fahren und sie einen nach dem anderen zerstören, ohne auch nur in die Nähe ihrer Geschosse zu kommen.

Der Kommandant des „Challenger“ ist in der Lage, ein Ziel anzuvisieren, während der Panzer auf ein anderes schießt. Hat das 120-Millimeter-Geschoss das Rohr verlassen, drückt der Kommandant einen Knopf an einer Konsole, die einem Computer-Gamepad ähnelt, die Koordinaten werden in die Chips der Kanone geladen, der Turm dreht sich, und Geschoss Nummer zwei verlässt das Rohr.

Um seine Feinde zu töten, kann der Kommandant eines „Challenger“ zwischen zwei Munitionsarten wählen. Links von ihm, an der Innenwand des Panzers, hängen Geschosse mit einer Spitze aus abgereichertem Uran. Rechts von ihm und vor ihm befindet sich die normale Munition.

Die Urangeschosse sind durchschlagkräftiger als die Standardgeschosse. Sie durchschlagen die Panzerung und verwandeln das Innere in ein Stück Hölle auf Erden.

Die normale Munition des „Challenger 2“ schickt eine Schockwelle durch das Metall, die auf der Innenseite des Panzers Metallsplitter absprengt und die Kammer, in der die Besatzung hockt, in einen Fleischwolf verwandelt. Beide Geschossarten töten die Besatzung eines T-55 zuverlässig, und so präferiert Hugh Blackman, der Kommandant der „Desert Rats“, aus ökologischen Gründen die normale Munition: „Dann liegt hinterher kein Uran in der Gegend herum.“

Hoffnungslos unterlegen ist auch die Artillerie der Iraker, die Geschütze stammen aus der Sowjetunion wie der T-55. Feuern sie eine Salve auf einen britischen Panzerverband, tauchen ihre Geschosse auf dem britischen Waffenradar auf. Innerhalb von 30 Sekunden berechnen die Computer der britischen Artillerie den Ausgangspunkt der Salve, richten dann die Geschützrohre aus und schicken ihre Salve dem Feind hinüber. In diesem Krieg, wie schon im vergangenen Golfkrieg, sind die militärischen Großgeräte der Iraker keine Angriffswaffen, sondern Ziele.

Deshalb ist es kein Wunder, dass sich Teile der 51. irakischen Division, die Milizionäre und die Fedajin in die Stadt zurückgezogen haben und den Feind zwischen Häusern und Zivilisten erwarten.

Tom, Jim und Andy, die Späher der „Desert Rats“, haben die Brücke am Stadtrand von Basra hinter sich gelassen, alle Luken ihres „Warriors“ sind geschlossen, ihre Augen pressen sich auf Okulare, und die ersten Salven prasseln gegen die Panzerung. Sie kommen von links, vom Gelände der Technischen Hochschule, einem weitläufigen Komplex, der sich hinter einer Mauer verbirgt, und die Treffer klingen genauso, wie sie klingen sollen, harmlos. Es sind nur Kalaschnikows. Der „Warrior“ bleibt stehen, Tom will dem Feind ein besseres Ziel bieten, will ihn herauslocken aus seiner Deckung. Das Prasseln wird lauter, ein Einschlag erschüttert den „Warrior“. Eine Panzerfaust. Gefährlicher als Kalaschnikows, aber noch nicht bedenklich. T-55 sind bedenklich, wenn man in einem „Warrior“ hockt, aber von denen ist keiner in Sicht.

Rechts von dem „Warrior“, zwischen den Häusern einer Siedlung, rumpeln ein paar Toyota-Pick-ups herum. Auf ihre Ladeflächen sind Granatwerfer und schwere Maschinengewehre zu sehen. Ein Milizionär in einem schwarzen Overall klammert sich an das Maschinengewehr und hat Mühe, sich auf der Ladefläche zu halten. Der Wagen beschleunigt, fährt zickzack. Ein zwischen den Häusern fahrender „Challenger“ verfolgt ihn bedächtig.

Sekunden später ist der Toyota ein brennender Haufen Metall.

Weiter nördlich sind T-55 zu sehen, nahe den Straßenblöcken, die F1 und F2 getauft wurden. Mehrere „Challenger“ geben Gas, schwarzer Ruß steigt aus ihren Auspuffrohren. Ihre Kanonen nehmen die T-55 ins Visier. Es sind zwei. Sekunden später brennen auch sie.

Es ist ein ungleicher Kampf.

Am späten Vormittag kehren Tom, Jim und Andy von ihrer ersten Spähfahrt zurück und erstatten an einer Karte, in einer der Hallen des Busdepots, Bericht: Hier sitzen sie in der Technischen Hochschule, in der Siedlung rechts der Straße sitzen sie etwa hier, und hier, in dem Slum nahe der Altstadt. Von dort richtete sich viel Feuer auf sie.

Nordkuweit, Camp der 75. Exploitation Task Force

Die Waffenexperten der 75. Exploitation Task Force suchen nach dem Grund für diesen Krieg, suchen nach Saddams Massenvernichtungswaffen, chemisch, biologisch, egal.

Das heißt, sie würden es gern tun. Sehr gern würden sie mit ihren Biolabors und Gas-Chromatografen und Massenspektrometern zu einem der verdächtigen Fundorte fahren, nach Nadschaf zum Beispiel, das klingt vielversprechend: eine Fabrik in der Wüste, ein gut getarntes Gelände mit Pulvern und Fässern, eine Chemiewaffenfabrik, endlich? Der erste Beweis gegen Saddam?

Aber so einfach geht das nicht. Sie brauchen Hubschrauber, um dorthin zu kommen, sie können nicht mit ihren Gerätschaften durch die Wüste hoppeln und hoffen, dass das Zeug noch da ist, wenn das Team endlich den Fundort erreicht. Sie haben keine Hubschrauber, keine eigenen zumindest. Und wenn man welche braucht, dann gibt es keine. Oder es heißt, man könne nicht fliegen, weil die Lage am Fundort noch zu gefährlich sei.

Also sitzen sie in ihrem Camp und beschäftigen sich, nehmen Bodenproben, vielleicht nützen die ja irgendwann zu Vergleichszwecken, und prüfen die Berichte, die man ihnen schickt. Aus Nadschaf beispielsweise. Aus diesem Wüstengelände mit Bunkern und Elektrozäunen.

Aber es ist wenig, geradezu jämmerlich wenig, was das „Site Survey Team“ dort gefunden hat: einen Aufkleber an einer Holzpalette, der vor biologischem Gefahrgut warnt. An einer Kiste das Zeichen für CN-1-Gas, das Staatsorgane als Reizgas gegen Demonstranten verwenden. Etwas Wachs an einer Granate, wie man es an Chemiewaffen findet, manchmal jedenfalls. Und 40 Gasmasken sowjetischer Bauart, sonst nichts. Da raucht nichts. Da raucht kein Colt.

„Wir haben eben noch nie in solch einem Ausmaß im Krieg nach ABC-Waffen gesucht“, sagt einer der Experten zu Judith Miller von der „New York Times“, die als Biowaffenspezialistin ihre Tage bei der Task Force im Norden Kuweits verbringt. „Wir wursteln uns noch so durch.“

Ein irakischer General hat sich in Nadschaf ergeben, der könnte etwas über versteckte Waffen wissen. Aber mit dem können die Waffensucher nicht sprechen. Den hat der US-Geheimdienst, der behält ihn für sich.

Vor Nadschaf, bei der 1. Brigade der 3. Infanterie-Division, nachmittags

Gute Armeen haben Pläne, bessere Armeen sind in der Lage, ihre Pläne zu ändern, wenn es sein muss.

„Wir hatten den Plan, die Städte zu meiden und so schnell wie möglich nach Bagdad zu kommen, denn jeder Kampf um eine Stadt hält dich auf", sagt Sergeant Jennifer Raichle, die Aufklärerin der 1. Brigade.

Aber es geht nicht. Es ist zu gefährlich. Überall, an jeder Ecke, hinter jedem Sandhügel, liegen Iraker mit Maschinengewehren. Sie kommen mit Fahrrädern und Motorrädern, sie stehen auf den Ladeflächen von Pick-ups und den Dächern von Bussen. Sie haben keine Chance, aber sie halten den Vormarsch auf.

In Nadschaf, 150 Kilometer südlich von Bagdad, liegt die Grabstätte des Imam Ali Ibn Abi Talib, des Cousins Mohammeds. Nadschaf ist eine heilige Stadt der Schiiten, über 500 000 Menschen leben hier. Weil die Schiiten unterdrückt wurden im Irak Saddam Husseins, hatten die Amerikaner geglaubt, sie seien willkommen in Nadschaf. Ein Irrtum. Die Schiiten hier sind eher lethargisch, enttäuscht, weil die Vereinigten Staaten den Aufstand von 1991 zuerst gefordert und dann nicht unterstützt hatten, und müde sind die Schiiten nach drei Jahrzehnten der Verfolgung und der Massenmorde.

Und die Sunniten hier unten, Saddams Leute von der Baath-Partei und von den Fedajin, sind gut geschult.

Die Amerikaner wollen Nadschaf noch nicht wirklich erobern. Sie wollen es kontrollieren. Die Strategie ist simpel: Luftangriffe, Artilleriefeuer, und die Panzer der 1. Brigade erobern die drei Brücken über den Euphrat und kreisen Nadschaf ein.

Das wahre Leben ist zäher als die Strategie.

Als drei Panzer die erste Brücke überquert hatten, zündeten die Iraker Sprengsätze.

Als ein Panzer-Platoon auf die Stadt zufuhr, feuerten die Iraker russische Cornet-Raketen ab.

Als die Pioniere die erste Brücke repariert hatten und die nächsten Panzer auf die andere Seite fahren wollten, kamen ihnen zwei Pkw entgegen, voll besetzt mit schießenden Irakern – und der erste Panzer fuhr einfach über die Wagen hinweg, ohne einmal zu schießen.

Die Bilanz der letzten 72 Stunden: acht tote Amerikaner, unzählige tote Iraker.

Aber das Problem ist: „Wenn wir die Städte hier unten nicht halbwegs unter Kontrolle haben, wird das nicht aufhören, und dann wird es immer schwieriger, die Versorgungslinie nach Norden aufrechtzuerhalten", sagt Major Altman.

Südirak, FARP Shell, im Lager der 101. Airborne

Der Sturm behindert den Nachschub, stoppen kann er ihn nicht. Major Doris Garcia und ihre Logistiker von der 101. Airborne Division versorgen das gewaltige Wüstenlager Shell, 20 000 Mann, 154 Helikopter. Es pendeln jetzt Kolonnen zwischen Kuweit und Shell, sie nennen sie Eagle Express 1 und 2, sie fahren durch die Wüste wie eine gut geschmierte Spedition. Die Sache läuft, obwohl Major Garcia noch immer 250 Lastwagen fehlen.

Je weiter die US-Truppen Richtung Bagdad vorrücken, desto länger werden die Nachschublinien. Je schneller die Truppen vorrücken, desto unzureichender werden die Nachschublinien gesichert, desto anfälliger werden sie für Guerilla-Attacken. Sie sind auch verwundbarer, weil dies Donald Rumsfelds neuer, leichter Krieg ist.

Feldzüge früherer Tage kamen nicht aus ohne starke Bodentruppen, die sich allein um die Verteidigung des Nachschubs kümmerten. Noch im ersten Irak-Krieg standen Panzertruppen und Artillerieeinheiten um die Nachschublinien der Armee, vor allem in der Nähe von Städten und Dörfern. Diesmal sollen sie vorrangig aus der Luft gesichert werden, mit Hubschraubern, ohne großen Aufwand am Boden, es soll ein Krieg light sein, gewonnen durch schnelle, präzise Schläge weit vorn im Feindesland und nicht durch eine riesige, langsame Walze, die den Feind auf breiter Front unter ihrer Masse einfach begräbt.

Aus der Luft ähnelt die Front einem Schirmdrachen, der an einer langen Leine gehalten wird: Hinter den Linien gibt es einen Hauptbereich für den Nachschub, der nach vorn die Front mit Munition, Lebensmitteln, Treibstoff, medizinischer Hilfe und Ersatzteilen versorgt und nach hinten mit der Basis in Kuweit verbunden ist.

Der Treibstoff wird in Etappen an die Front gebracht. Der Fahrer der ersten Etappe startet in Arifdschan, einem amerikanischen Stützpunkt südlich von Kuweit-Stadt, und übergibt den Anhänger mit dem Treibstoff nach 14 Stunden Fahrt an den nächsten Fahrer, der ihn an seine Zugmaschine anhängt. Der erste Fahrer kehrt daraufhin zur Basisstation zurück, um den nächsten Hänger zu übernehmen. Ein Tankwagen fasst 19 000 Liter Treibstoff. Die Lastwagen sind stets im Konvoi unterwegs.

Die Nachschubkonvois können einige Kilometer lang sein. Um sie zu sichern, begleiten sie „Bradleys“, aber vor allem patrouillierende

Kampfhubschrauber über der Straße. Jeder Konvoi ist in der Lage, sich selbst zu verteidigen. Der M1093 Standard Cargo Truck beispielsweise kann mit einem Maschinengewehr ausgerüstet werden, um sich gegen Bodenangriffe zu verteidigen. Die „Humvees“ sind zum Teil mit einem 12,7-Millimeter-Maschinengewehr oder mit einem Granatwerfer ausgestattet.

Schon jetzt, am siebten Kriegstag, ist die Nachschublinie durch den Süden des Irak etwa 500 Kilometer lang: Entlang der Straße von Kuweit nach Nadschaf zieht sich ein endloser Konvoi von 50 000 Mann und rund 7000 Fahrzeugen. Die 3. Infanterie-Division allein benötigt jeden Tag 2,3 bis 2,8 Millionen Liter Treibstoff. Alle Panzer-Bataillone, Hubschrauber, Kampfflugzeuge, Einheiten der Marines und Kriegsschiffe der Verbündeten im Irak zusammengenommen benötigten 57 Millionen Liter Treibstoff pro Tag. Der Krieg bleibt schwer, auch wenn er mit leichteren Truppen geführt wird.

Ein Soldat im Einsatz benötigt pro Tag knapp zwölf Kilo an Versorgungsgütern, das meiste davon Wasser und Lebensmittel (und die Behälter, um beides zu transportieren). Das Wasser wird größtenteils in Tankwagen herangeschafft. Ziel der Versorgungsoffiziere ist es, Gerät bereitzustellen, mit der lokale Wasserreserven genutzt werden können.

Der moderne Krieg hat das Gewicht dessen, was der Soldat zum Kämpfen braucht, ständig ansteigen lassen. Während des Amerikanischen Bürgerkrieges benötigte ein Soldat (größtenteils Munition und Pferdefutter) 30 Pounds (13,6 Kilogramm) am Tag. Im Zweiten Weltkrieg waren es schon 60 Pounds (27,2 Kilo). Im Irak-Krieg muss die Logistik pro Soldat (Lebensmittel, Wasser, Munition, Werkzeuge und Treibstoff) rund 400 Pounds (181,4 Kilo) bereitstellen. Eine Division mit 20 000 Mann benötigt bis zu 2000 Tonnen Nachschub am Tag.

Im neuen, leichten Krieg nach Rumsfeld ist Major Garcia eine Schlüsselfigur. Der Dell-Computer ist ihre Waffe. Mit seiner Rechenkraft versorgt sie die 101. Airborne Division. Sie hat neue Pläne erstellt für den Nachschub ins Wüstenlager Shell und in den Leuten der 801. Bravo-Truck-Kompanie ihre Superstars gefunden. Die Männer fahren Sonderschichten, 600 Kilometer durch die Wüste, hin und her, wieder und wieder.

Die künstliche Kleinstadt im Wüstenkrieg, gegründet erst vier

Tage zuvor, sie kann überleben, sogar die Feldpost kommt regelmäßig an, tonnenweise Briefe, Päckchen, Kindermalereien aus der Heimat, minus 250 Lastwagen hin oder her.

Südirak, nahe Kut, in den Stellungen des II. Korps der irakischen Armee

Die Kompanie von Infanterist Ali Ahmed Ali muss zum Appell antreten. Die Offiziere verkünden: „Wir werden nach Bagdad verlegt. Wer krank ist oder nicht mitkommen will, soll sich melden und hier bleiben." Eine rhetorische Frage; kein Soldat bleibt zurück. Ali denkt: „Jetzt werde ich kämpfen und töten – vielleicht sterben. Aber auf jeden Fall werden wir siegen." Am Nachmittag kommen funkelnagelneue Laster der irakischen Armee und holen die Männer ab. Kurz vor Bagdad fahren die Soldaten an einem Kontrollposten vorbei über eine Brücke. Hier wird gehalten. Der Ort heißt Safaranija, und die Brücke spannt sich über den Dijala, einen Zufluss des Tigris. Der Befehl: Verteidigungspositionen ausgraben, Sandsäcke füllen und aufschichten. Danach beginnt wieder der monotone Wachdienst. Ali findet die Verlegung seines Zuges nach Bagdad überflüssig. Er glaubt den Propagandaparolen seiner Regierung: „Die Invasoren werden im Süden vernichtend geschlagen und niemals bis nach Bagdad vordringen."

Bagdad, Informationsministerium, 15 Uhr

Sahhafs Ritual bei den Pressekonferenzen sieht so aus: erst Bodycount, dann Psychologie.

Heute meldet der Informationsminister, dass es allein in Nassirija bis heute mehr als 500 Märtyrer gegeben habe und 200 Häuser zerstört worden seien. Er sagt, dass Amerikaner und Briten bei ihren Luftangriffen „in hysterischer Art und Weise Streubomben gegen zivile Ziele einsetzen".

So weit die Zahlen. Sie klingen übertrieben.

„In Umm Kasr sitzen die amerikanischen Söldner in der Falle. Sie sind dumm, sie sind Verbrecher. Wir werden sie exerzieren lassen. Das ist eine sehr gute Idee. Wir werden sie möglichst lange exerzieren lassen. Das ist exzellent."

Mohammed Saïd al-Sahhaf klatscht. „Schon jetzt ein Klassiker. Man sollte das an Militärschulen lehren."

Sahhaf schaut über den Rand seiner Brille in den Halbkreis der Journalisten. Er wartet auf Lacher.

„Wir alle haben gestern diesen Verbrecher Rumsfeld gehört. Er ist ein Kriegsverbrecher, einer der schlimmsten, den sie haben. Er sagt, sie würden sich verteidigen im Irak. Nun, Glückwunsch, Mister Gangster, wir werden dir zeigen, was verteidigen wirklich heißt."

Katar, im Centcom der US-Truppen, 16 Uhr

Das Oberkommando stellt sich der Presse. Brigadier General Vincent Brooks hat seinen ersten Soloauftritt. Bisher stand er im Hintergrund, bewegungslos bis auf den Adamsapfel und die hin und her tigernden Augen. Brooks sieht aus wie ein Junge, der auf den Befehl wartet, Tee bringen zu dürfen. Aber vermutlich ist er der bestausgebildete Mann im Saal. Militärakademie West Point, Stipendiat in Harvard, Einsätze in Panama, im Kosovo und in Korea. Ein perfekt geschliffenes Produkt. Jemand, der noch unter Folter nichts anderes sagen würde als „No, Sir!"

Die Presse erwartet mehr. Sie will wissen, weshalb der Krieg so lange dauert. Und weshalb heute vormittag im Schaab-Viertel in Bagdad 15 Zivilisten getötet worden sind.

Brigadier General Brooks: „Nun, zunächst einmal weiß ich nichts – ich habe davon gehört. Die Medien berichten darüber. Wir haben keinen Rapport, der das bestätigt, und so kann ich es auch nicht tun. Was ich Ihnen sagen kann, ist, dass wir ein sehr, sehr überlegtes Zielfindungsverfahren haben. Es ist anders als alle anderen Zielfindungsverfahren in der Welt. Es berücksichtigt die komplette Wissenschaft. Es berücksichtigt alle Möglichkeiten. Und wir tun alles physisch und wissenschaftlich Mögliche, um die Zielführung zu verfeinern und gleichfalls Nebeneffekte zu minimieren, ob es um Leute oder Strukturen geht."

Frage, auch ohne Mikrofon deutlich zu hören: „Sir! Vor ein paar Tagen hat General Franks hier gestanden und gesagt, dies sei eine Bühne der Wahrheit, nicht der Propaganda. Wann werden Sie uns nun Bilder zeigen davon, was passiert, wenn Präzisionsbomben nicht dort landen, wo sie sollen?"

Vincent Brooks: „Ich habe hier oben jeden einzelnen Tag gestanden, und ich kann Ihnen versichern, dass dies eine Bühne der Wahrheit ist."

Bagdad, Kindi-Hospital

Im Tagesverlauf kommen sechs neue Patienten ins Kindi-Krankenhaus, keine Sterbefälle an diesem Mittwoch. Im Krankenhaus wartet April Hurley, eine Ärztin aus Santa Rosa in Kalifornien, eine der letzten Friedensaktivistinnen, die ausgehalten haben im zerbombten Bagdad. Die Verwundeten erzählen ihr, sie seien am Morgen im Bus nach Bagdad gekommen und von einem „Apache"-Hubschrauber gezielt beschossen worden. Bei der Attacke seien mindestens 16 Menschen umgekommen. Die Armee weiß von diesem Vorfall nichts.

Hurley berichtet in ihrem Internet-Tagebuch von den Schreien eines syrischen Verwundeten im Kindi-Hospital, der gerufen habe: „Glaubt ihr, Jesus würde Bushs Handeln richtig finden? Das Öl macht Ungeheuer aus uns! Jedes Tier ist besser als wir Menschen!"

Es ist nur ein Tag im Kriegstagebuch einer Friedensaktivistin, und vielleicht liest das ja keiner, der zählt. Aber April Hurley schließt ihren Bericht vom Mittwoch mit den Worten: „Wir haben heute gehört, dass ein australischer Kampfpilot sich geweigert hat, ein ziviles Ziel zu bombardieren. Sind auch unsere Soldaten so klug und so heldenhaft?"

Bagdad, Karmelitenkloster, 21.40 Uhr

Seit Tagen keine Wäsche, das weiße Priestergewand des Frère Michel sieht allmählich aus wie ein Kohlensack. „Wieder ein Tag sehr dichten Staubs und Regens. Strom unterbrochen zwischen 13.30 und 18.30." Er ist sehr müde, notiert nur noch die Zeitpunkte der Einschläge, Schüsse, Telefonanrufe und versucht zu schlafen.

Donnerstag, 27. März

+++ Luftangriffe auf Bagdad in vier Wellen. Rund 30 Bombentreffer +++ B-52-Bomber unterstützen 3. Infanterie-Division bei Nadschaf. Irakischer Konvoi zerstört +++ Zwölf Marines bei Nassirija vermisst +++ Sichtweite im Kampfgebiet: 300 Meter +++ Koalition landet mit etwa 1000 Fallschirmjägern im Nordirak +++ Briten bestätigen: Heftiger Widerstand bei Basra +++ ABC-Schutzanzüge in verlassener irakischer Stellung gefunden +++ Die Lage: Der Feind kämpfe ein bisschen anders, als die Amerikaner das im Planspiel vorhergesagt haben, gibt das Oberkommando zu. Selbstmord- und Guerilla-Aktionen erweisen sich letztlich aber als militärisch unbedeutend: Sie stören, seien aber keine Bedrohung, heißt es. Die Ziele der Bombardements ändern sich: Air Force feuert jetzt auf die Iraker südlich von Bagdad – dort hatte der Irak während des Sandsturms Truppen zusammengezogen. Damit zielt mittlerweile ein Großteil der Luftangriffe nicht mehr darauf, die Strukturen der Führung in Bagdad zu zerstören, also Kommandozentralen oder Telekommunikation. Stattdessen werden nun direkt einzelne Einheiten der Republikanischen Garden vor der Hauptstadt bekämpft.

Bagdad, Stadtteil Dschamila

Mitten im großen Krieg gibt es kleine Kriege, kleine Rebellionen, kleine Siege. Es gibt Menschen wie Abbas al-Amari, 27 Jahre alt, Student der Politikwissenschaften in Bagdad.

Abbas al-Amari lauscht auf die gleichmäßigen Atemzüge seines kleinen Bruders, der im Bett neben ihm liegt und fest schläft. Amari ist hellwach, er hat einen Plan und Angst.

Abbas al-Amari sieht aus wie 17, großer Kopf, kleiner Körper, Mädchenarme, schmale Hände. Er ist ein frommer junger Mann, Schiit wie sein Vater, der auf dem Bau schuftet, um die sechs Kinder durchzubringen, vier Mädchen, zwei Jungs. Abbas ist der Älteste. Er raucht nicht, er hat – wie auch? – keine Freundin, er hat noch nie im Leben einen Tropfen Alkohol probiert; er hat eine andere Leidenschaft: Lernen. Abbas giert nach Bildung. Er ist ein Musterstudent, ein Pedant, manche seiner Kommilitonen halten ihn für einen Streber. Ihm blieb keine Wahl.

An der politikwissenschaftlichen Fakultät sind 95 Prozent der Studenten Kinder von hohen Baath-Funktionären. Sie werden bereits bei der Vergabe von Studienplätzen bevorzugt, sie kriegen während des Studiums für alles mehr Punkte – schon für die Mitgliedschaft im studentischen Baath-Komitee oder für die Teilnahme an einer Versammlung des studentischen Gewerkschaftsvereins. Abbas' Vater ist weder Baathist noch einflussreich. Um gegen die Konkurrenz zu bestehen, hatte Abbas nur eine Chance: fleißig sein.

Wissen ist die Waffe der Machtlosen. So viel hat Abbas begriffen.

In den Wochen vor dem Kriegsbeginn hat Abbas noch eine Zwischenarbeit geschrieben, über „Gewalt in der Sprache israelischer

Massenmedien", 30 Seiten, viele Beispiele, sogar im Internet hat Abbas dazu recherchiert, wenn auch mit Sondergenehmigung und unter Aufsicht. Trotz aller Mühe fand Abbas Zeit, an die Zukunft zu denken. Der Krieg würde kommen, also besorgte er sich eine Satellitenschüssel, dafür setzte er fast seine gesamten Ersparnisse ein: 325 Dollar kostete das Ding, auf dem Schwarzmarkt, aus Syrien eingeschmuggelt. Abbas hat das Gefühl, er hat zu viel gezahlt, aber mit diesen ausgebufften Schwarzmarkttypen zu handeln – das kann er nicht gut.

Jetzt liegt er im Bett, die weiße Schüssel, etwas mehr als ein Meter im Durchmesser, liegt darunter, inklusive Kabel, Abbas hat sich genau erklären lassen, wie er sie anschließt. Er weiß, damit bringt er die Familie in große Gefahr. Falls jemand dahinterkommt, wird man ihn und seinen Vater einsperren, als Spion verdächtigen, schlagen, vielleicht foltern, erschießen, es ist alles möglich. Andererseits stehen die Alliierten schon bei Kerbela, hat Abbas gehört.

Sein Vater wäre entsetzt, wenn er wüsste, was sein zarter Musterschüler-Sohn da treibt.

Aber Wissen ist eine Waffe.

Zwei Uhr nachts. Die Uni ist seit Kriegsausbruch geschlossen. Abbas verbringt diese Tage zu Hause, er liest Samuel Huntingtons „Clash of Civilizations", ein großartiges Buch, findet er, auch wenn Huntington kein Freund der Muslime ist. Abbas hilft seiner Mutter, er kümmert sich um die jüngeren Geschwister. Und in einem günstigen Moment ging er aufs Dach und hat sich alles genau angesehen.

Er horcht auf die gleichmäßigen Atemzüge, wartet noch einen Moment, dann steigt er aus dem Bett, streift sich einen Pullover über sein langes Nachthemd, denn er holt sich immer schnell einen Schnupfen, zieht leise die Satellitenschüssel unterm Bett hervor, schleicht zur Wohnung hinaus. Sie wohnen im vierten Stock. Im Treppenhaus ist es dunkel und ganz still. Abbas schleicht die Treppe hinauf aufs Dach.

Abbas' Traum: Er will Diplomat werden. Sprachen lernen, reisen, sein Land in der Welt vertreten, beweisen, dass die Iraker keine dumpfen Bestien sind, sondern Menschen mit Kultur und Verhandlungsgeschick.

Oben auf dem Dach, der Staub liegt fingerdick, hinter einem Gerümpelhaufen kauernd, installiert Abbas al-Amari die Schüssel, mit der er Arab-Sat, al-Dschasira, Dubai-TV und Kuweit-TV empfangen wird. Er wird sich informieren können, die Schüssel wird ihm Wissen schenken, ihn mit der Welt verbinden, und Abbas ist bereit dafür.

Es gibt kleine Rebellionen in diesem großen Krieg. Einer der Rebellen hat seinen kleinen Krieg gerade gewonnen.

Südirak, in Basra, auf der „Route red"

Tom, Jim und Andy, die Späher der britischen „Desert Rats", rollen mit ihrem „Warrior" über die „Route red". Plötzlich springt ein irakischer Milizionär auf. Er muss sich hinter dem Schrott und Abfall verborgen haben, der die Straße säumt. Der Mann ist etwa 30 Jahre alt, sein magerer Körper steckt in einem viel zu weiten Hemd und einer viel zu weiten Hose. Jim sieht das alles sehr genau, er ist hellwach und im Begriff, einen Menschen zu töten.

Der Iraker trägt keinen Helm, keine kugelsichere Weste. Sein Gesicht ist verzerrt, er schreit irgendetwas. Mit einem Arm fuchtelt er in der Luft herum, seine Hand ist geballt, in ihr hält er eine Granate.

Er wirft sie. Sie prallt auf den Turm des „Warrior", fällt zu Boden, rollt ein paar Meter und bleibt dann auf dem Asphalt liegen. Der Milizionär hat vergessen, den Sicherungsstift zu ziehen. Die Granate ist nicht scharf, sie ist nur ein Stück Metall. „Was für ein Idiot", sagt Jim und visiert den Iraker mit seinem Maschinengewehr an.

Alles läuft ganz automatisch ab. Jim hat es so oft geübt. Er muss an nichts denken. Er braucht nichts fühlen.

Der Iraker dreht sich um und rennt, mit langen, panischen Schritten, die Arme angewinkelt. Sein Hemd schlackert um seinen schmalen Oberkörper. Er trägt Halbschuhe.

Jim tritt das Pedal unter seinem linken Fuß hinunter. „Marilyn Monroe, let go." Das Maschinengewehr sprüht Kugeln. Die erste trifft den Iraker in den Oberschenkel. Jim kann das Loch sehen, das die Kugel reißt, und er wundert sich, dass kein Blut herausspritzt.

Der Iraker will weiterrennen mit der Kugel im Fleisch, aber das Bein knickt ein, und er fällt hart. Mit Hilfe des gesunden Beins und seiner Arme versucht er sich aufzurichten.

Jim feuert erneut. Nichts passiert. Seine Waffe hat Ladehemmung.

Zwei „Challenger"-Kampfpanzer, die rechts und links vom „Warrior" stehen, schwenken ihre Maschinengewehre und nehmen den Iraker ins Visier. „Marilyn Monroe, let go."

Der Mann sieht sehr klein und sehr verloren aus. Er versucht immer noch verzweifelt aufzustehen.

Es gelingt ihm nicht.

Bagdad, Schaab-Viertel

Ali al-Sudeini begeht humpelnd die Ruine seines Ladens, einen Verband um die rechte Wade, das linke Auge geschwollen. Die Rückwand des Schaab-Shops ist gestern bei dem Raketenangriff rausgerissen worden, alles Material und die Maschinen der kleinen Polsterei sind vernichtet nach 15 Jahren guter Geschäfte. Wovon sollen sie jetzt leben?

Sudeini sieht sich die Stelle an, wo der Toyota Crown seines Kunden Farid al-Bauwi stand. Versickertes Blut zeichnet den Boden. Der Polsterer holt immer wieder tief Luft durch die Nase, um den Geruch zu vertreiben, den er sich eingefangen hat im Moment der Katastrophe. Aber er wird ihn nicht los. Der Gestank hat sich festgebissen in den Nerven, der süßliche Dunst von verbranntem Menschenfleisch ist die größte Qual der Überlebenden. Sudeini fühlt sich, als hätte er Asthma. Atemnot. Beklemmungen.

15 Menschen starben am Vortag im Doppelschlag aus heiterem Himmel, vier Dutzend wurden verletzt, viele schwer. Die irakische Propaganda stürzt sich auf den Vorfall mit Hurra. Aber das Pentagon sagt, niemand wisse, ob im Schaab-Viertel wirklich fehlgeleitete „Cruise Missiles" eingeschlagen seien. Ein Sprecher stellt es als möglich dar, dass irakische Luftabwehr in den eigenen Reihen gelandet sei.

Das Hauptquartier in Doha (Katar) rechnet nach und gibt zu, zur Zeit der Explosion Raketenstellungen in Bagdad angegriffen zu haben. Vielleicht, sagt das Centcom, habe es dabei zivile Schäden gegeben, aber es lägen darüber keine Erkenntnisse vor. Im Schaab-Viertel selbst finden sie Trümmer mit englischen Schriftzügen; es heißt, sie stammten von den „Cruise Missiles". Irakische Luftabwehr? Amerikanische Raketen?

Für die Opfer spielt es keine große Rolle. Das Haus hinter Ali al-Sudeinis Laden, das Haus der Familie von Abd al-Dschabbar, ist halb leer. Den Alten haben sie mit gebrochener Schulter ins Kindi-Hospital gebracht, seine Frau wird dort behandelt wegen Splittern in Kopf und Brust. Die junge Mutter Sahda, die ihr einziges Kind verlor, Mustafa, fünf Monate alt, ist nicht ansprechbar und von

Splitterwunden gezeichnet. Der Schock hat sie stumm gemacht. Auch sie liegt im Krankenhaus, und sie wird dort lange bleiben.

Auf der Straße wüten sie bald. Ali al-Sudeini, andere Ladenbesitzer, die Kellner aus dem „Duleimi"-Restaurant. Sie umringen einen Reporter der „Washington Post", sie rufen: „Wie kann Amerika damit leben? Wie kann Bush damit leben? – Uns bringen sie um, nicht die Regierung. – Sie bringen die einfachen Leute um. – Was haben sie gesucht hier? Was war hier zu bombardieren? – Warum tun sie uns das an?"

Südirak, FARP Shell, bei der 101. Airborne Division

Der Krieg ist acht Tage alt, und der Hubschrauberschwarm der 101. Airborne Division hat noch immer keinen einzigen Schuss abgegeben. Im Wüstenlager Shell sinkt die Moral der Truppe, und sie meckert.

Es könnte mehr und bessere Telefonleitungen geben, die Soldaten in Shell warten jetzt sechs Stunden auf die Chance eines Anrufs in die Heimat, aber häufig kommen die Verbindungen dann doch nicht zu Stande. Der Sand, das Warten, die Isolation 11 000 Kilometer von der Heimat fressen an den Nerven.

Der Tag von Major Garcia, zwischen den Stabskonferenzen morgens um sieben und abends um neun, ist voll gepackt mit Telefonaten, E-Mails, Rechnereien, Kalkulationen, ständig aktualisierten Lageberichten und reden, reden, reden. Die Wassermacher im Lager Shell schaffen jetzt 40 000 Liter täglich, das ist sehr gut. Das Wasser, aus der Erde heraufgepumpt, lagert in silbrigen 5000-Liter-Behältern und wird für die Truppe auf Flaschen gezogen. Die Feldküchen stehen, die Zelte halten dem Wetter stand.

Sogar Nasszellen stehen im Sand, keine Toiletten, aber Duschkabinen aus Fertigbauteilen, 600 Kilometer in Feindesland geschafft. Am Abend stehen Soldaten davor in langen Schlangen, sandverklebt, müde von Staub, Schlamm und Sturm.

Major Garcia ist eine Heldin des neuen, leichten Kriegs, obwohl sie keinen einzigen Schuss abgeben wird. Ihre Haut ist trocken wie Papier in diesem Wüstenklima, ihre Hände spröde, sie bekommt am Abend dieses Donnerstags Meldung, dass sich die 3. Infanterie-Division weiter nördlich in Nachschubprobleme hineinsiegt. Die Panzertruppe ist zu schnell, sie verschießt zu viel Munition, sie braucht dringend Nachschub. Major Garcia konferiert mit dem Hauptquartier über Möglichkeiten einer Notaktion. Ihr fehlen schon jetzt 250 Laster. Aber so ist der Krieg. Voller Zufälle. Unfälle.

Ihr fehlen Laster, den Piloten fehlt der Krieg. Die „Apache"-Besatzungen sind müde vom Üben. Sie kennen ihren Auftrag im Schlaf: Zerstörung der 14. Brigade der irakischen Medina-Division rund um Kerbela, um der 3. Infanterie-Division den weiteren Vormarsch Richtung Norden, Richtung Bagdad zu erleichtern. Es ist eine angstbefrachtete Mission. Niemand weiß, was die Flieger in Kerbela erwartet. Die US-Armee fürchtet zu diesem Zeitpunkt, dass es Giftgasgranaten sein könnten.

Die Piloten und Gunner der „Apache" beugen sich wieder und wieder über Karten der Region, sie studieren die Geheimdienstberichte, die täglich neuen Wasserstandsmeldungen, die Lagebilder der Frontaufklärung, die Fotos von unbemannten Drohnen. Der Befehl zur Attacke steht seit zwei Tagen. Aber der Sandsturm hat sich mit Saddam verbündet.

Das Warten quält Duane Crawford, 38 Jahre alt, „Apache"-Pilot seit 15 Jahren, es quält Jeff Lamprecht, 31, Crawfords Bordschützen. Seit Wochen denken sie an nichts anderes als an den Schlag gegen die Medina-Division, ihren Schlag, ihren Krieg, und mit ihnen wartet die ganze 101. Airborne Division, die nicht länger Nachhut sein will.

Sie nennen sich die „Screaming Eagles", die schreienden Adler. Aber die Vögel stehen stumm und wie festgenagelt in der irakischen Wüste.

Jeff Lamprecht ist ein wuchtiger Mann mit Spott im Gesicht und kleinen, versteckten Augen. Er will kämpfen. Unbedingt. Sein Pilotenhelm ist mit einem aufgerissenen Maul bemalt wie das Filmplakat vom Weißen Hai. Zwischen die Zähne hat Lamprecht das Hauptwort des Krieges gemalt, seine Berufung: KILL.

Das Wetter hat sich gegen Jeff Lamprecht verschworen. Der „Apache"-Gunner verflucht die sandigen Böen. Er hat die Kriegsspiele am Computer satt, das Kartenstudium, die Analyse der Bodenreliefs und der erwarteten Feindaufstellung, das Trockentraining der Angriffsformation. Er fragt seinen Piloten Duane Crawford, einen ruhigen, schlanken Mann mit grauem Schnurrbart, ob womöglich alles umsonst war. All das Training. All das Warten. Wird die Mission abgeblasen?

Crawford beruhigt ihn. Er ist „Apache“ geflogen im Krieg von Kuweit, er fliegt die mattschwarzen Vögel seit 15 Jahren, er gilt als einer der besten, kühlsten Kampfpiloten der US-Armee. Crawford wird mit Lamprecht auf Position 1 fliegen. „Tip of the spear“, Speerspitze, „lead position“. Vorneweg in einem Schwarm von sieben „Apache“-Hubschraubern, 1000 Meter vor allen anderen.

Der „Apache“ AH-64D „Longbow“, 7,3 Tonnen schwer bei voller Bewaffnung und mit 1270 Litern Jetbenzin betankt, ist ein Computernetzwerk, das fliegen kann. An Bord jedes Helikopters, unter einer Klappe vorn rechts in der Schnauze, finden sich 14 Hauptcomputer für die Flug- und Waffensysteme plus einige kleinere Prozessoren für nicht lebenswichtige Funktionen. Ein „Apache“ kostet 22 Millionen Dollar. In FARP Shell, 35 Flugminuten südlich von Kerbela, stehen „Apache“ im Sandsturm für 1,6 Milliarden Dollar, 72 Stück, unter Planen mit Dreck überkrustet.

Wer sie bedienen kann, verfügt über den besten, wendigsten, schnellsten Hubschrauber aller Zeiten und ein Arsenal furchtbarer Präzisionswaffen. Das sind bei voller Montur 16 panzerbrechende „Hellfire“-Raketen, laser- oder radargesteuert, zwei mal 19 70-Millimeter-„Hydra“-Raketen und eine 30-Millimeter-Maschinenkanone, die pro Minute bis zu 625 Patronen verschießen kann.

Im Schnabel der Maschine ist die Optik verstaut, vom Cockpit aus links die Nachtseite mit Infrarotsichtgerät bis zu 5000 Meter Reichweite, rechts die Tagseite mit einer hoch auflösenden Zoomkamera. Alle Bilder werden direkt auf die Monitore und die Minibildschirme an den Helmen der Zwei-Mann-Besatzung gespielt.

Ein „Apache“-Pilot muss im Grunde nicht mehr aus den Cockpitfenstern schauen. Seine Instrumente übersetzen die äußere Welt in so plastische Bilder und interaktive Grafiken, dass das Fliegen „auf Sicht“ so gut wie unnötig wird. Der Hubschrauber selbst sieht alles und viel mehr, als ein Mensch mit Augen wahrnehmen kann. Die Geräte erschaffen ein perfektes Duplikat der Welt, angereichert mit tausend akkuraten Informationen über die sichtbaren und die unsichtbaren Gefahren, die in ihr lauern.

Auf dem Rotor sitzt, wie ein Pilz, das Radargerät, dahinter, Richtung Schwanz, das AN/ALQ-144, ein kleiner Zylinder wie aus Glas, der Wärmequellen, seien es Motoren oder Menschen, in fünf Kilometer Umkreis registriert. Im Schwanz des Hubschraubers sind zu beiden Seiten weitere Meldesysteme montiert, die auf feindliche Laserpeilungen anspringen. Der „Apache“ ist eine perfekte Waffe. Seine Wirkung auf den Feind ist in jeder Hinsicht verheerend. Er sieht nicht nur gefährlich aus. Er ist es. Wenn kein Sand bläst.

Nordirak, kurdischer Checkpoint bei Kalak, am Sab-Fluss

Am kurdischen Posten von Kalak, 40 Kilometer vor Arbil, sind sie vorsichtig geworden. Die kleine Altstadt am großen Sab-Fluss ist evakuiert, die Stellung an der Brücke verdunkelt.

Der kurdische Peschmerga Abu Asar sitzt auf dem Steinboden der Baracke, seine Mitstreiter und er teilen sich das Fladenbrot, die Frühlingszwiebeln, das kalte Huhn. Sie haben nur noch ein Glas und reichen den gesüßten Tee im Kreis. Radio oder Fernsehen gibt es nicht. Deshalb singt ein junger Kämpfer Volkslieder aus Arbil.

Abu Asar lauscht in die Dunkelheit und denkt an die Iraker auf der anderen Seite des Flusses, denn dort wird abends ebenfalls gesungen. „Manchmal können wir sie hören. Sie geben uns damit ein heimliches Zeichen“, sagt Nasar, der Sänger, „sie wollen uns sagen: Auch wir feiern, wenn ihr und die Amerikaner siegt. Erschießt uns nicht!“

Bagdad, Kindi-Hospital

Die Registratur der Notaufnahme verzeichnet den Tag über zwei neue Einlieferungen. Dr. Baschir, der Leiter der Notaufnahme, wundert sich über die geringe Zahl. Was geht vor draußen in der Stadt, die wieder und wieder von Explosionen erschüttert wird? Nehmen die vier anderen großen Krankenhäuser alle Verletzten auf? Schaffen es die Verwundeten nicht mehr in die Hospitäler? Werden die Toten nicht mehr geborgen? Oder treffen die Amerikaner doch so genau, wie sie es versprochen haben?

Katar, im Centcom der US-Truppen, 16 Uhr

Das Oberkommando stellt sich der Presse. Brigadier General Vincent Brooks: „Hier auf der linken Seite, Kelly, bitte.“

Es ist wieder die rothaarige Dame in der ersten Reihe: „Kelly O’Donnell, NBC News. Können Sie uns den Stand der Untersuchung über den Anschlag auf den Markt in Bagdad mitteilen? Gestern wurde zugestanden, dass die USA möglicherweise verantwortlich gewesen seien. Können Sie uns mehr sagen?“

Vincent Brooks: „Was ich über diesen besonderen Fall weiß, ist, dass wir eine Luftmission hatten, die Ziele nicht in diesem Gebiet, sondern in einem anderen angegriffen hat und auf Boden-Luft-Raketenfeuer traf. Gewöhnlich wird es durch Radar gesteuert, aber es ist riskant, sehr riskant, das Radar auf eines unserer Flugzeuge zu richten, und so hat das Bedienungspersonal sich entschieden, das Radar nicht anzuschalten und die Raketen ballistisch abzufeuern. Wir haben herausgefunden, dass sie sehr altes Material verwenden. Dieses Material ist unzuverlässig, die Raketen fliegen los und kommen wieder runter. Insofern glauben wir, dass tatsächlich eine irakische Rakete heruntergekommen ist. Oder – angesichts des jüngsten Verhaltens des Regimes – dass es sich um eine gewollten Angriff innerhalb der Stadt gehandelt haben könnte."

Im Mittelgang erhebt sich ein intellektuell aussehender Mann, der sich schon einige Male vergebens gemeldet hat: „Michael Wolf vom ‚New York Magazine'. Es liegt mir fern, mit meiner Frage taktlos erscheinen zu wollen. Aber ich frage mich nach dem Sinn dieser Briefings. Wir werden nicht mehr von Top-Offizieren gebrieft. Sofern wir Informationen bekommen, sind es meistens Informationen, die das Pentagon längst herausgegeben hat. Sie wissen vielleicht, dass ABC ihren Hauptkorrespondenten schon nach Hause geschickt hat. So frage ich mich: Warum sollen wir bleiben? Was bringt uns das, was wir in diesem Millionen-Dollar-Pressezentrum erfahren?"

Langer, allgemeiner Applaus.

Vincent Brooks verzieht keine Miene: „Ich habe schon mal Applaus bekommen. Es ist wunderbar. Ich weiß es zu schätzen. Erstens, ich würde sagen, das ist Ihre Sache. Wir wollen wahre Informationen liefern über das Operations Center, das diesen Krieg führt. Und wir werden Ihnen geben, was wir können. Aber wir dürfen nie vergessen: Wenn wir präzise sind über den Frontverlauf, die eingesetzten Einheiten und unsere Stärke, dann sind Sie nicht der Einzige, der Bescheid weiß."

Michael Wolf: „Aber können wir nicht General Franks mit einer gewissen Verlässlichkeit bekommen?"

Vincent Brooks: „Es tut mir Leid, wenn Sie enttäuscht sind. Vermutlich habe ich mir hier eine Lohnerhöhung verdient. General Franks kämpft gerade einen Krieg. Und er bat mich, ihm das hier abzunehmen."

Bagdad, Schaab-Viertel

Am Abend gerät das Schaab-Viertel an den Rand des Aufruhrs. Zwei Blocks hinter dem „Duleimi"-Restaurant, 150 Meter Luftlinie von Ali al-Sudeinis zertrümmerter Polsterei entfernt, rücken irakische Armeeeinheiten in die Samud-Grundschule ein, um dort Quartier zu nehmen. Die Nachbarn sind außer sich.

Vorneweg marschiert Ahmed, 26, der Vater des getöteten Mustafa, der Mann der verstummten Sahda, der Sohn seiner verletzten Eltern, er überwindet die Angst vor dem Regime, seine Wut trägt ihn über alle Furcht hinweg, er stellt Offiziere zur Rede, er pufft Soldaten vor die Brust, er flucht und ereifert sich.

Hinter ihm stehen zwei Dutzend, drei Dutzend, bald vier Dutzend aufgebrachte Leute, Nachbarn, sie gestikulieren mit ihm, sie schreien ihre Verteidiger an, sie betteln um ihren Abzug: „Warum bringt ihr uns in Gefahr?" – „Soll noch einmal dasselbe geschehen wie gestern? Noch mehr Bomben?" – „Verschwindet! Haut ab! Geht weg! Geht endlich weg!" Aber die Soldaten drängen sie ab, ohne Antworten zu geben. Berufen sich auf Befehle. Sichern ihr Lager. Nehmen Quartier in der Grundschule inmitten des Schaab-Wohnviertels am nördlichen Rand von Bagdad.

Bagdad, Karmelitenkloster, 23.28 Uhr

Nach den Schüssen um 2.33 Uhr ist die Nacht ruhig geblieben. Gott sei Dank. Der Sturm hat aufgehört, aber der Staub ist überall. Frère Michel hat sich die Schäden an der Kirche angesehen. Ein Fenster am Chor ist zerstört, ebenso drei Bänke, und über dem Altar sind einige Quadratmeter Decke heruntergefallen. Er schreibt in sein Notizbuch: „Kirche in einem jammervollen Zustand. Explosionen um 8.15 und 9.16, 9.42, 10.00, 10.30, 10.42, 11.09, 11.29, 11.57, 13.41, 14.09. Robert sagt, die Amerikaner seien 150 Kilometer von Bagdad entfernt. Sie würden die Stellungen der Garde bombardieren, rund um die Hauptstadt. Was soll mit der Osterwoche werden, die am 13. April beginnt, also in 15 Tagen?" Kurz vor Mitternacht spürt er ganz in der Nähe heftige Explosionen. Die Kirche hat etwas abbekommen. Frère Michel geht hinüber und hängt das Bildnis des Herrn ab.

Nadschaf und Kerbela
28. März bis 2. April

Freitag, 28. März

+++ Mindestens 35 Tote bei Bombeneinschlag in Bagdader Wohngebiet +++ Irakische Rakete trifft Einkaufszentrum in Kuweit-Stadt, zwei Leichtverletzte +++ U. S. Air Force zerstört Treffpunkte der Baath-Partei in neun Orten, darunter ein Krankenhaus in Rutba +++ 101. Airborne trifft im Euphrat-Tal auf Medina-Division der Republikanischen Garde +++ Bislang größte Luftoperation: 200 US-Hubschrauber verlegen Truppen ins Landesinnere +++ Marines bei Nassirija von Paramilitärs attackiert +++ Soldaten der 3. Infanterie-Division bei Kerbela angegriffen, beim Gegenangriff werden irakische Artillerie und gepanzerte Fahrzeuge zerstört +++ Die Lage: Wenn es an der Front nicht so schnell vorangeht wie erwartet, beginnt der Krieg der Worte: Verteidigungsminister Donald Rumsfeld beschuldigt Syrien, Nachtsichtgeräte an den Irak geliefert zu haben. Er droht mit ernsten Konsequenzen. Der Oberkommandierende Tommy Franks widerspricht von Katar aus den Meldungen über den überraschend zähen Widerstand der Iraker: Soldaten, die so etwas berichteten, würden nur ihre eigene strategische Lage sehen, sie hätten aber kein Gesamtbild vom Krieg. In Bagdad trifft zum zweiten Mal eine Rakete ein belebtes Wohngebiet und tötet Zivilisten – das eröffnet eine neue Front im Kampf um die öffentliche Meinung. Amerika muss nun erklären, wie präzise seine Präzisionsbomben wirklich sind.

Südlich von Kerbela, Task Force 4-64, 10 Uhr

Sergeant Oscar Casillas, Schütze in der C-Kompanie der Task Force 4-64, ist seit fünf Tagen Vater. Und jetzt erfährt er es. Ein Reporter hat Casillas sein Satellitentelefon geliehen, mit zitternden Fingern wählt er die Nummer, und dann hört er das Weinen seines Sohns.

„Ist es das, was ich glaube?“, fragt er, und seine Frau sagt ihm, das Baby sei gesund, Oscar Casillas Jr., 8 Pfund schwer. Schütze Casillas aus Perris in Kalifornien und seine Frau haben im Oktober geheiratet, und die beiden Nachrichten kamen in derselben Woche: dass sie schwanger war und dass er nach Kuweit musste.

„Ich bin so glücklich und so traurig“, sagt Casillas, 22 Jahre alt.

„Another Cyclone“, rufen die Soldaten von der C-Kompanie, C wie „Cyclone“, das ist der Spitzname, den die Kompanie sich gegeben hat.

Bagdad, Schaab-Viertel, 28. März

Das Trauerhaus der Familie von Abd al-Dschabbar im Schaab-Viertel im Norden Bagdads bekommt am Freitagvormittag Besuch. Vor der Tür stehen vier gut gekleidete Männer. Sie kommen von der Regierung. Sie kondolieren den Opfern des Raketenangriffs von vorgestern. Sie sagen, die Familie Hussein al-Tikriti, Saddams Familie, wisse, was die Familien des Irak leiden müssten und wie groß der Schmerz sei.

Ahmed, der sein einziges Kind verlor, Mustafa, fünf Monate, lässt die Männer ein. Ein Onkel holt eine Karaffe mit kaltem Wasser und Gläser, sie sitzen und rauchen. Die vier Männer von der Regierung sagen, das Leid sei nicht umsonst. Saddam wolle sorgen für sein Volk. Der Verlust des Kindes sei zwar nicht gutzumachen. Aber für die Zerstörungen am Haus, für die ausgerissenen Türen, für die eingedrückten Fenster, die zerschossenen Mauern, sollen sie Geld haben.

Die gut gekleideten Männer zeigen Ahmed Bündel mit Schecks, die sie an Kriegsopfer verteilen in der ganzen Stadt. Sie versprechen ihm und seiner Familie 15 Millionen Dinar als Ausgleich für die materiellen Schäden. Er könne das Geld bald abholen, sagen die Männer, spätestens Mitte April, alles werde gut.

Ahmed bedankt sich bei ihnen. Er geleitet sie hinaus. Er könnte das Geld gut gebrauchen. Aber er ahnt an diesem Vormittag, dass er ein leeres Versprechen bekommen hat.

Safaranija, bei Bagdad,
in der Stellung des II. Korps der irakischen Armee

Drei Tage lang haben die Männer von Ali Ahmed Alis Einheit, frisch verlegt von Kut in Richtung Bagdad, monotonen Wachdienst an der Brücke verrichtet. Heute morgen um zehn Uhr herrscht jedoch plötzlich Aufruhr. Ein Eilbefehl wird übermittelt: Die Kompanie wird wieder verlegt – in die Bagdader Vorstadt Habija.

Doch die Verteidigungsstrategie der irakischen Armee ist bereits im Chaos versunken. Kaum sind die Soldaten an ihrer neuen Position angekommen, wird die dringende Order aufgehoben und die sofortige Umkehr befohlen, zurück nach Safaranija. Vor der Hauptmoschee des Ortes wird Verpflegung ausgeben, Reis mit Bohnen. Anschließend beziehen die Infanteristen wieder genau die Positionen, die sie am Vormittag verlassen haben. Doch die Situation hat sich dramatisch verändert: auf der anderen Flussseite sind amerikanische Truppen gesichtet worden. „Ich habe mit meiner AK-47 geschossen. Die Amerikaner haben mit Gewehrfeuer geantwortet. Ich glaube, niemand hat getroffen, weder die Amerikaner noch wir." Die GIs ziehen sich zurück. Ali vermutet, es handle sich nur um einen Aufklärungstrupp.

Plötzlich kommen Flugzeuge, werfen aber keine einzige Bombe ab. Die Kampfjets fliegen nur immer wieder im Kreis über den Verteidigungspositionen – vielleicht zur Warnung. Die irakischen Pioniertruppen versuchen, die Brücke in die Luft zu jagen. Aber sie sprengen nur mehrere Löcher in den Beton.

Südirak, FARP Shell, im Lager der 101. Airborne Division

In der Stille nach dem Sturm liegt das Heerlager der 101. Airborne Division rötlich überpudert von Staub und Schlamm wie eine Marslandschaft. Das Wetter hat sich beruhigt nach fast 70 Stunden Aufruhr, die Sicht ist gut, der Himmel blau. Die Kampfflieger Duane Crawford und Jeff Lamprecht stehen mit Technikern an ihrem „Apache"-Hubschrauber. Heute wird ihr Krieg beginnen.

Der Divisionsstab gibt ihnen das „Go". Zwei mal sieben „Apache" werden starten, besetzt mit zwei mal sieben Piloten und sieben Bordschützen, bestückt mit insgesamt 112 „Hellfire"-Panzerbrechern, 532 Stück 70-Millimeter-Raketen und 17 000 Schuss 30-Millimeter-Munition.

Sie beugen sich über die Karten, ein letztes Mal. Holen sich die letzten Wetterberichte. Gehen die letzten Geheimdienstrapporte durch. Besprechen noch einmal die Formation, den Ablauf, die Ausweichbewegungen im Krisenfall, das Muster dieser „Deep Attack" tief im Gebiet des Feinds. Aber sie sprechen nicht nur. Sie spielen im Sand am späten Nachmittag dieses Freitags. Sie stellen sich auf im Wüstenlager FARP Shell, 28 Männer in Zweiergruppen, sie spielen Krieg.

Hinter Jeff Lamprecht, dem Bordschützen, steht Duane Crawford, der Pilot, sie stehen so, wie sie in ihrem „Apache“ sitzen werden, hintereinander: front station, rear station. Beide gehen und rennen bei dieser letzten Übung ganz vorn, so wie sie fliegen werden, hinter sich die Besatzungen der anderen Helikopter in zwei Dreierreihen. Lead position.

Sie laufen Kreise im Sand, Ellipsen, sie drehen gedehnte Runden wie auf einer Rennbahn, wieder und wieder, ziehen Schleifen, machen Kehren, Kurven, alle Muster, nach denen sie aus dem nachtschwarzen, mondlosen Himmel über Kerbela kommen werden. Die Choreografie ist so festgelegt wie im klassischen Ballett. Aber wer hier aus der Reihe tanzt, stört nicht nur schöne Bilder. Er bringt die ganze Truppe in Lebensgefahr.

Crawfords und Lamprechts Helikopter wird das erste Ziel der feindlichen Luftabwehr sein, deren genaue Stärke und Schlagkraft niemand kennt. Pilot und Gunner werden sehr allein sein da draußen, 1000 Meter vorneweg im feindlichen Himmel. Jeder im Lager weiß: Dort vorn darf nur fliegen, „wer niemals wackelt“.

Sie essen. Reis, Gemüse aus der Feldküche. Birnenkompott mit Süßstoff. Sie schreiben Briefe. E-Mails. Sie pinseln Botschaften auf die Schäfte ihrer Raketen: „To Saddam. With Love“, „Helter Skelter“, „Go to Hell“, „Rick the animal was baba“.

Nordirak, bei Arbil

Hoch auf dem Berg, oberhalb der Stadt Arbil, steht eine Kolonne weißer Landcruiser bereit für den berühmten Kommandanten Wadschih Barsani. Bewaffnete Elitesoldaten der Kurdischen Demokratischen Partei (KDP) sichern ihm den Weg. Ein Offizier stürzt herbei und berichtet von einem Angriff in Arbil. Barsani nickt nur unmerklich. Mit Krieg ist er aufgewachsen. Er kennt nichts anderes.

Das Handy klingelt. Ein terroristischer Anschlag auf dem Markt, heißt es. Barsani bleibt ruhig. „Ich habe so viele Schlachten überlebt“, sagt er, „jetzt mit den Amerikanern kann der Frieden endlich kommen.“ Er steigt in einen Geländewagen und fährt hinunter zu den neuen Freunden, die gerade in seinem Land gelandet sind.

Tagelang hat es geregnet im Tal von Baschur. Die Felder und Wiesen des provisorischen Flugplatzes Baschur stehen unter Wasser. Auf der Straße vor dem Checkpoint des amerikanischen Lagers warten

20 Lastwagen mit dem Adlerkopf, dem Wappentier der Barsanis, auf den Türen.

Verdreckte und verfrorene Fallschirmjäger der 173. US-Luftlande-Brigade sitzen auf den Ladeflächen und ritzen den Schlamm aus ihren Stiefelsohlen, mit verkrusteten Händen schrubben sie Matsch und Lehm. „Wir wussten gar nicht, wohin genau es geht“, sagt Sergeant First Class Bryant, der sich mit einem Elektrorasierer die Stoppeln am Kinn rasiert und ins Gegenlicht blinzelt. „Die machten nur die Tür auf und riefen ‚jump, jump!‘“ Dann sprangen die Soldaten hinunter in das Land der Kurden.

Bagdad, Informationsministerium, 12 Uhr

Zum ersten Mal seit Kriegsbeginn sind die Telefonleitungen in Bagdad tot.

„Die Amerikaner“, sagt Sahhaf auf der Pressekonferenz, „behaupten, dass sie vor drei Tagen Ausrüstung zum Schutz vor Massenvernichtungswaffen bei irakischen Soldaten gefunden hätten. Sie glauben, dass wir diese Waffen nicht nur besitzen, sondern sie auch bald einsetzen werden. Ich aber frage sie“, Sahhaf macht jetzt eine seiner langen Pausen, erst schaut er sehr lange auf seine Papiere, dann hebt er leicht den Kopf und blickt schließlich mit dem Hauch eines Lächeln über den oberen Rand seiner Brille in die Runde der Journalisten. „Wieso sollten irakische Soldaten auf etwas verzichten, was Soldaten überall auf der Welt mit in die Schlacht nehmen? Das ist alles nur psychologische Kriegsführung, und sie ist auch ein Grund dafür, warum die Amerikaner überall auf der Welt so verachtet werden. Rumsfeld hat gestern behauptet, dass die Iraker ihren Leuten die Zungen abschneiden würden, dass sie sie erschießen. Das muss in einem Moment des Irrsinns gewesen sein. Ich weiß auch, warum: weil sein Freund Richard Perle als sein Berater zurückgetreten ist. Die Gang, die diesen Krieg wollte, sie fällt auseinander.“

Frage eines Korrespondenten an Sahhaf: Glauben Sie wirklich, dass der Irak diesen Krieg gewinnen wird?

„Aber selbstverständlich.“

Body count? Sahhaf spricht von insgesamt mehr als 1000 Märtyrern seit dem 20. März, 116 allein in Basra.

Südirak, nördlich von Basra

Fünf gepanzerte Erkundungsfahrzeuge der britischen Armee rollen über eine Straße 45 Kilometer nördlich von Basra. Ihre Besatzungen haben den Befehl, nach Minen und feindlichen Stellungen zu suchen. Sie sind die Vorhut. Kampfpanzer und Helikopter sollen ihnen folgen.

Die Straße liegt innerhalb der „Household Cavalry battlefield control line", was bedeutet, dass alle militärischen Aktionen in diesem Gebiet der Kontrolle der Kommandeure der britischen „Household Cavalry" und dem mit ihnen kooperierenden US-Air-Controller unterliegen.

Auf den Dächern der Wagen sind große, rot fluoreszierende Plastikschilder befestigt, sie sollen garantieren, dass amerikanische und britische Piloten den Konvoi als „freundliche Einheit" erkennen.

Im ersten Wagen sitzt Corporal Matty Hull. Er hockt direkt hinter dem Fahrer. Es ist eng hier, es ist laut, und es stinkt nach Diesel und Öl. Rechts von ihm ist ein Hebel, mit dem er den Turm schwenkt. Links von ihm ist ein schwarzer Griff, mit dem er von Granatenfeuer auf das Maschinengewehr umschaltet. Direkt vor ihm ist sein Visier. Seine Füße stemmen sich gegen die Lehne der Fahrersessels. Links neben ihm und hinter ihm stapelt sich die Munition für das Maschinengewehr.

Seit dem frühen Morgen, seit die Wagen ihre Operationsbasis im Süden verlassen haben, kauert er in der metallenen Kammer. Und plötzlich hören er und die anderen, dass sich Flugzeuge nähern.

Es sind zwei amerikanische A-10, wegen ihrer gedrungenen Form „Warzenschweine" genannt. Sie wurden gebaut, um feindliche Panzer zu zerstören. Ihre Bordkanonen sind mit panzerbrechender 30-Millimeter-Munition bestückt. Treffen diese Kugeln auf menschliche Körper, reißen sie verheerende Wunden.

Die beiden A-10 fliegen sehr tief und versetzt. Sie halten auf den Konvoi zu. Noch sind sie 2000 Meter entfernt. Dann 1000 Meter. 500 Meter. Sie eröffnen das Feuer auf die beiden führenden Fahrzeuge des Konvois.

Eine Kugel durchschlägt die Panzerung des Führungsfahrzeugs und tötet Matty Hull.

Die Kommandanten der Schützenpanzer schreien in ihre Mikrofone: „Stoppt den Angriff, wir werden von freundlichen Einheiten beschossen!"

Ein „Forward Air Controller“, ein Fluglotse des Militärs, schreit: „Feuer einstellen, Feuer einstellen!“

Die Notrufe werden im Hauptquartier der 16. Air Assault Brigade empfangen. Die Soldaten dort sind verwirrt. Niemand weiß, warum sich die beiden amerikanischen A-10 in diesem Gebiet aufhalten. Sie haben hier nichts zu suchen.

Während im Hauptquartier der Brigade nach einer Lösung gesucht wird, wenden die beiden A-10, um den Konvoi ein zweites Mal zu attackieren. Die Briten stürzen aus ihren Schützenpanzern. Am Straßenrand sitzen zwei Iraker. Sie sind unbewaffnet und schwenken eine weiße Fahne.

Die beiden A-10 erreichen den Konvoi und eröffnen das Feuer ein zweites Mal. Die Iraker, die weiße Fahne immer noch in der Hand, werden getötet. Mehrere Briten werden schwer verletzt.

Unbeeindruckt wenden die beiden A-10 und bereiten ihren dritten Angriff vor. Bevor sie die Briten erneut unter Beschuss nehmen können, erreicht sie der amerikanische Forward Air Controller, der die Luftangriffe in diesem Sektor koordiniert. Die beiden A-10 brechen den Angriff ab.

Hubschrauber nähern sich, um die Verletzten und den toten Soldaten zu bergen. Statt den Helikoptern Deckung zu geben, drehen die beiden A-10 ab und fliegen davon.

Matty Hulls Wagen brennt. Sein Körper, eingeklemmt in dem Wrack, kann nicht geborgen werden. Er ist der fünfte Soldat, den die Briten durch „freundliches Feuer“ verloren haben. 14 Soldaten starben bei Unfällen. Vier tötete der Feind.

Südirak, FARP Shell, im Lager der 101. Airborne Division

Major Garcia sitzt an ihrem Laptop im Kommandozelt von FARP Shell, als die beste Nachricht des Tages am frühen Abend plötzlich vor ihr steht. Es ist Rick, ihr Mann, Sanitäter von der 3. Brigade. Seine Einheit ist verlegt worden ins Wüstenlager Shell, sie haben ihre Zelte jetzt nur ein paar Kilometer voneinander entfernt.

Aber ihre Hände bleiben still. Kein Kuss, keine Umarmung, keine Berührung. Es wäre unprofessionell. So stehen sie, Doris und Rick Garcia, der Captain und der Major, Mann und Frau, verheiratet seit 18 Jahren, nach Tagen der Ungewissheit über das Schicksal des anderen in der Wüste und strahlen sich nur an.

Den Kindern geht es gut. Ja, den Kindern geht es gut. Doris Garcia hat eine E-Mail bekommen von den Schwiegereltern in Fort Campbell, Kentucky, 10 798 Kilometer entfernt. Kelly, die Tochter, 7 Jahre alt, hat eine Plüschmaus in die Feldpost gegeben. Garrick, der Sohn, 9 Jahre alt, fragt, wann sie wiederkommen.

Vor dem Abmarsch haben sie den Kindern erklärt, dass sie keine Angst haben müssen. Warum auch: „Mom sitzt an ihrem Computer, und Dad hilft kranken Leuten." Das ist die Sprachregelung der Familie Garcia im Krieg.

Während die beiden Garcias sich lächelnd gegenüberstehen, verlassen die „Apache"-Besatzungen in der Dämmerung ihre Zelte Richtung Flugfeld. Zwei mal 14 Mann, Piloten, Bordschützen. Sie legen sich in dünnen Schlafsäcken neben ihre Helikopter und schlafen, ruhen für ein, zwei Stunden. Crawford und Lamprecht legen sich zu ihrem „Apache", auf dessen linker Flanke „Donna's Dark Magic" steht. Donna ist der Name von Lamprechts Frau.

Die Cockpits des „Apache"-Hubschraubers sehen aus wie der Kindertraum von einer Spielhölle. Geradeaus schimmern nebeneinander zwei Computer-Displays, umgeben von Tastenfeldern, Kippschaltern, weichen Hebeln und Instrumentenblättern, aus der Mitte stakt der Steuerknüppel, aus dem weitere Schalter und Regler stacheln, wie ein Morgenstern.

Der graue, stumpfe Knopf auf dem Knüppel links oben heißt WAS. Das steht für Weapons Activating Selection und erlaubt dem Bordschützen die Auswahl seiner Waffe: „Hellfire" oder „Hydra"-Rakete oder Maschinenkanone. Der WAS-Knopf entscheidet über die Art des Todes, den der Feind sterben wird. Er ist kaum größer als eine Erbse.

Die Bildschirme sind Touch Screens, die sich auf Berührung verändern. Pilot und Gunner können durch Hunderte von Bildschirmseiten blättern, können Informationen abrufen über Zeitabläufe, Entfernungen, Reichweite, Munitionsbestand, Flughöhe, Horizontverlauf, Bodenreliefs, sie können die Temperatur der Turbinenabgase abrufen, Textmeldungen verschicken, sie können ihre Kameras bedienen, Radarbilder sehen, sie können sich durch Infrarotaufnahmen zappen und durch ihre vielen Funkfrequenzen.

Sie sind Gefesselte. In voller Montur, mit Splitterweste, Kampfanzug, Schutzunterwäsche, Pilotenhelm können sich die Besatzungen in ihren „Stations“ nicht bewegen. Wer im Cockpit sitzt, sieht seine Füße nicht. Und er sieht, umbaut von den Geräten, von der Welt draußen nur schmale Streifen. Im Cockpit eines „Apache“ fühlt sich der Krieg an wie ein Spiel im perfekten Cyberspace.

In die lange Reihe der „Apache“ auf dem Flugfeld von FARP Shell kommt Bewegung. Techniker stehen an offenen Klappen und nehmen die mit Drähten gesicherten Rotoren vom Haken. Piloten gehen unter Flutlicht um ihre Maschinen herum und treten gegen die Fahrwerke wie Gebrauchtwagenhändler.

Duane Crawford entfernt sich von der Truppe für einen Moment. Er geht hinaus in die Dunkelheit, möglichst weit weg vom Getriebe des Lagers. Es ist stockfinster. Kein Mond. Die Wüste liegt schwarz. 30 Minuten noch.

Crawford macht sich bereit zum großen Töten, das er anführen wird. Lead position. Wie vor jedem Kampfeinsatz stellt er sich allein unter den großen Nachthimmel, fern von allem. Meditiert. Atmet tief. Hört in den Himmel hinauf. Er schließt, sagt er, Freundschaft mit der Nacht.

Sein Bordschütze Lamprecht bleibt am „Apache“. Er versenkt sich vor dem Abflug in die Geschichte seiner Familie. Er holt aus der Brusttasche über dem Herzen seinen Glücksbringer, sein „Goodluck-piece“, das ihn unverwundbar macht. Es ist ein halber Dollarschein, eingeschweißt in Plastik, ein magisches Ding mit einer Geschichte wie aus einem Film.

Sie beginnt bei Lamprechts Großvater, der 1940 in den Krieg zog, aus Eden, Illinois, um von England aus B-17-Bomber über Hitlers Deutschland zu fliegen. Sie zerrissen – er und sein bester Freund, der ebenfalls in den Weltkrieg zog – eine Dollarnote mit dem gegenseitigen Versprechen, sich wiederzusehen und den Dollar wieder ganz zu machen. Aber der Freund kam nicht zurück, er fiel, und der alte Lamprecht blieb mit dem halben Dollar zurück.

Als der Vietnam-Krieg kam und sein Sohn in den Krieg zog, gab er die halbe Dollarnote weiter an ihn, und der Sohn versprach, sie wiederzubringen. Das war 1968. Lamprecht der Jüngere flog Hubschrauber über dem Dschungel, zwei volle Jahre in Indochina, und er überlebte und brachte den halben Dollar wieder nach Hause. Das magische Ding hatte gewirkt.

Dann war sein Sohn an der Reihe, Jeff Lamprecht, „Apache“-

Gunner, er zog in den Irak-Krieg, er startete in Fort Campbell, Kentucky, von der Basis der 101. Airborne Division. Aber auch er durfte nicht gehen ohne den halben Dollar, der der Familie seit über 60 Jahren Glück gebracht hatte. Der Vater gab ihn weiter an den Sohn, auf dass auch er ihn wieder heil nach Hause bringe.

Den halben Schein, in Plastik eingeschweißt, dreht Jeff Lamprecht in den Fingern kurz vor dem Start. Das magische Ding zaubert die Angst weg.

Bagdad, Kindi-Hospital

Zehn verwundete Menschen kommen im Kindi-Krankenhaus an. Wieder sind die meisten Kinder. Dr. Baschir, Chef der Notaufnahme, registriert sie in seinem Buch, Spalte um Spalte, Name, Alter, Diagnose. Es sind Frakturen und Verbrennungen, Fleischwunden, Platzwunden, Kreislaufschwächen, Hämatome.

Aber Baschir will sich fast erleichtert fühlen für einen Moment, weil der Krieg weniger furchtbar zu verlaufen scheint als erwartet. Zehn Verletzte an diesem Freitag, es könnte schlimmer sein. Aber der Arzt ruft sich zur Ordnung. Er weiß es besser. Er hat den Irak-Iran-Krieg als Arzt erlebt und den Krieg um Kuweit. Er weiß, dass er immer nur Momentaufnahmen vor sich hat. Mit jeder Sekunde, die der Krieg läuft in und um Bagdad, kann über das Kindi-Krankenhaus die Katastrophe kommen.

Bei Kifl, 1. Brigade der 3. Infanterie-Division, abends

Man kann das Töten nicht hinterfragen, das hält man nicht aus. Wenn man damit nur anfängt, mit diesem einen Gedanken zum Beispiel, dass in irgendwelchen Häusern zwei, fünf, acht Kinder sitzen und auf ihre Väter warten, die Soldaten sind. Oder wenn man über die Zufälle nachdenkt: Er wurde im Irak geboren, ich in den USA, darum hat er eine Scheißwaffe, und ich sitze im Panzer, darum darf ich leben und er …

Sergeant Mark N. Redmont ist 26 Jahre alt, stammt aus der Nähe von Gainesville (Florida), ist verheiratet und seit drei Jahren bei der amerikanischen Armee. Er ist Scout in der 1. Brigade, der Brigade von Sergeant Jennifer Raichle. Gestern hat er seinen ersten Iraker erschossen.

Und noch einen.

Und immer mehr. Sergeant Redmont hat mit so ziemlich allem geschossen, was er hatte: mit dem 12,7-Millimeter-Maschinengewehr, dem M4-Gewehr, dem Granatwerfer. Nur mit der Panzerfaust hat er nicht gefeuert.

Und die Iraker schrien und warfen die Arme zurück und sackten zu Boden und waren tot.

Es ist nicht so, dass Sergeant Redmont eine Wahl gehabt hätte. Er war mit seinem „Humvee" exakt in der Mitte der Brücke, als die Iraker ihre Sprengsätze zündeten. Er spürte, wie es vibrierte, und er fühlte sich ziemlich allein. Er wusste, dass es ein Fehler gewesen war, die Scouts im „Humvee" vorauszuschicken. Aber nun musste er sich verteidigen, irgendwer musste sterben, sie oder er.

Es ist bloß so, dass es nicht so einfach ist, einen Menschen zu töten.

„Ich meine", sagt Sergeant Redmont, „ich habe eine Frau und Kinder, zu denen ich zurückwill, und ich möchte nicht, dass sie denken, ich sei ein Killer."

Er stand oben auf der Brücke, er ließ sich zurückfallen, und dann begann die Schlacht. Eine absurde Schlacht. „Wir bewerten das Leben eines Soldaten so unglaublich viel höher als sie", sagt Redmont, „ich würde das nicht Mut nennen, was sie taten." Denn die Iraker kamen mit AK-47-Sturmgewehren, und spätestens nach den ersten 20 Toten mussten sie wissen, dass sie nicht gewinnen konnten. Aber es kamen immer mehr.

Und jetzt liegen sie im Staub, in schwarzen Plastiksäcken, Sack neben Sack neben Sack.

Und Sergeant Redmont und ein paar andere Soldaten haben sechs Stunden lang mit Major Mark Nordstrom gesprochen, dem Kaplan der 1. Brigade. „In den letzten Tagen haben wir viele getötet", sagt Nordstrom, „aber nichts bereitet dich darauf vor, einen Menschen zu erschießen, nichts lehrt dich, wie es ist, einen Menschen mit einem Maschinengewehr zu zersieben."

Und Sergeant Redmont sagt: „Wenn ich nach Hause komme, werden sie mich wie einen Helden behandeln wollen, aber ich bin kein Held. Wenn ich den anderen töten muss, mache ich das, aber deshalb bin ich noch lange kein Held."

Südlich von Kerbela, Task Force 4-64, abends

Es ist still in der Wüste. Der Himmel abendblau. Und die Sonne versinkt im Sand.

„Es ist surreal“, sagt Lieutenant Nick Kauffeld, „in Momenten wie diesem ist es schwer zu verstehen, dass wir im Krieg sind und dass irgendwo da draußen Menschen liegen, die mich umbringen wollen.“

Und Kauffeld öffnet sein Meal ready to eat, Rindfleisch, er isst fast immer Rindfleisch. Die Amerikaner wollen diesen Krieg schnell gewinnen, und darum wollen sie ihn wendig, flexibel, überraschend führen. Das ist das Neue hier: Früher gewannen die Amerikaner durch schiere Übermacht, durch gewaltige Bombardierungen, „wer mehr tötete, hatte gesiegt“, sagt Lieutenant Colonel Eric Wesley vor der 2. Brigade. Wer Kriege gewinnen wollte, das war militärische Grundregel, brauchte eine personelle Überlegenheit von drei zu eins. „Das ist vorbei“, sagt Wesley, die Amerikaner sind im Verhältnis eins zu drei unterlegen, aber was Verteidigungsminister Donald Rumsfeld als „transformation“ seiner Streitkräfte bezeichnet, meint das, wofür in diesem Krieg die Task Force 4-64 stehen soll: kurze, präzise Einsätze, unterstützt von Luftwaffe und Artillerie, geführt durch Computer und Kommunikationsmittel, mit denen die Iraker nicht mithalten können.

Die Task Force ist eine Eingreiftruppe, die ständig neue Aufträge und Informationen erhält, die ständig in Bewegung, ständig auf der Suche nach dem Feind ist.

Die Task Force teilt sich auf in A-, B- und C-Kompanie, und die A-Kompanie teilt sich noch einmal auf in Platoons, und das Rote und das Weiße Platoon haben jeweils acht Panzer. Das Rote Platoon ist aufgebrochen und nun in der Wüste unterwegs.

Sergeant Jonathan Lustig, Panzer Red Four, getauft auf den Namen „Achtung Baby“, sieht zwei gebückte Gestalten, und die Gestalten rennen durch die Wüste zu der Ruine eines Wachturms. Lustig spricht sich mit Lieutenant Maurice Middleton in Panzer Red One ab, sie feuern gleichzeitig, und jetzt ist die Ruine nicht mal mehr eine Ruine, jetzt ist sie einfach ein Haufen Staub.

Dann melden die Späher einen Tankwagen, der sich ziemlich schnell nähert, und alle Soldaten müssen ihre ABC-Schutzkleidung anziehen – könnte ja sein, dass der Tankwagen Giftgas durch die Wüste fährt.

Sie ziehen sich an, sonst müssen sie nichts tun.

Die Bomben fallen vom Himmel, es ist praktisch, wenn man eine Air Force hat. Der Tankwagen ist nichts mehr als eine schwarze Wolke, und die Soldaten können ihre Schutzkleidung schon wieder ausziehen.

Lieutenant Nick Kauffeld isst sein Dessert. Apfelkompott. Ekelhaft süß.

Und dann wäscht er sich die Haare, zum ersten Mal seit dem Sandsturm, zum ersten Mal seit einer Woche.

Und wie alle anderen hier will Nick Kauffeld, dass es endlich weitergeht.

Das Problem der Task Force ist, dass sie zu schnell zu weit vorgedrungen ist; sie sind am weitesten vorn, die anderen Einheiten kämpfen sich von Haus zu Haus und von Straße zu Straße vor, und darum muss die Task Force 4-64 warten.

Das „A" steht für „Assassin", und das klingt wie ein schlechter Witz für die Soldaten der Task Force.

Am Sonntag waren sie in Nadschaf, nach 40 Stunden und 360 Kilometer „Heavy Metal and Rock 'n' Roll". Eine Nacht lang haben sie dort gekämpft, und dann kam der Auftrag, Richtung Nordwesten aufzubrechen, Richtung Kerbela. Dann kam der Sandsturm, und nun hocken sie immer noch hier in der Wüste.

Die Aufgabe der A-Kompanie ist der Schutz der westlichen Flanke des Lagers. Captain Chris Carter hat seine „Bradleys" im Abstand von 100 Metern platziert. Und immer wieder nehmen die Männer ihre Waffen auseinander, legen die Einzelteile vor sich auf Decken, putzen und ölen sie.

Nun wird es Nacht, und über Funk hören sie, dass die Republikanische Garde ihre Truppen rund um Kerbela zusammenziehe.

Bagdad, im Stadtteil Nasr

Auf dem Arme-Leute-Markt al-Nasr („Der Sieg") hat trotz eines Feiertags der Schlachter seinen Laden geöffnet, ebenso der Schuhmacher in der Bude nebenan. Der Bezirk Schula liegt im Nordwesten der Stadt, ein Viertel, in dem überwiegend Schiiten leben, die Entrechteten des Regimes von Saddam Hussein. Vertriebene aus dem Süden des Landes, jene, die sich gegen ihn erheben sollen.

Niemand hört den Kampfjet. Vielleicht sehen ein paar einen Streifen hoch über ihnen durch den Himmel ziehen, in Richtung Süden.

Ein weißer, völlig geräuschloser Kondensstreifen. Für den Schuhmacher könnte es das letzte Bild in seinem Leben sein.

Die Rakete schlägt vier Meter vor seinem Laden in den Lehmboden und hinterlässt ein halbmetertiefes Loch zwischen den Müllhaufen, Blechständen und Backsteinverschlägen. Sie schlägt unmittelbar neben dem 15-jährigen Marwan Hussein ein, der davon träumte, Judokämpfer zu werden, und nur kurz hinüberlaufen wollte zu seinem Bruder Assad.

Die Explosion zerfetzt die Körper und schleudert sie über die Verkaufsstände. Erst am nächsten Tag werden die Körperteile eingesammelt. Darunter die Überreste eines elfjährigen Mädchens.

Ein Mann namens Rassul Hamid Nadschid steht vor seinem Haus, von Weinkrämpfen geschüttelt, steht vor einem Reporter von Sky News und sagt: „Nach diesem Verbrechen wünschte ich, Bush zu sehen. Um ihn mit meinen Zähnen in Stücke zu reißen.“ Nadschid hat seinen fünfjährigen Sohn verloren.

Das irakische Informationsministerium spricht noch am Abend von einem „Terrorangriff“ der Alliierten und von mindestens 35 Toten und 47 Verletzten. Das US-Centcom in Katar erklärt, es habe zum fraglichen Zeitpunkt keine Flugzeuge in dem Bereich gehabt. Es könne sich um fehlgeleitete Flugabwehrraketen der Iraker gehandelt haben.

Ein älterer Ladenbesitzer nimmt ein handtellergroßes Stück mit nach Hause. „OPNAVINST C5513.2B-30“ steht darauf geschrieben. Und: „Declassify on: OADR“. Manche Buchstaben sind nur spiegelverkehrt zu erkennen. Kann man für russische Zeichen halten, sind aber seitenverkehrte englische Buchstaben. Für den Mann der Beweis, dass es sich um eine russische Rakete handeln müsse. Er erzählt es im ganzen Viertel weiter: „Saddam hat uns bombardiert!“

Südirak, FARP Shell, im Lager der 101. Airborne Division, abends

Die Adler steigen auf. Die „Screaming Eagles“ der 101. Airborne Division, zweimal sieben „Apache“-Helikopter, sind in der Luft um 21.31 Uhr, sie werden schnell unsichtbar in der Schwärze der Nacht. Alpha- und Bravo-Kompanie wenden sich Richtung Norden und nehmen Kurs auf Kerbela, 167 Kilometer weit entfernt, 35 Flugminuten. Sie fliegen schnell, 250 Kilometer pro Stunde und mehr, die

Hubschrauber in 1000 Meter Abstand hintereinander, in 3000 Meter Abstand nebeneinander.

Duane Crawford sitzt leicht erhöht im Pilotencockpit hinter Jeff Lamprechts „front station“, beide sind eingeschnürt im Stockfinsteren, die Bordbeleuchtung ist ausgeschaltet, auch die Monitore bleiben schwarz bei diesem Nachtangriff aus dem Nichts, die Hubschrauber werden für den Feind nur Grauen erregend plötzlich zu hören sein, sehen wird er sie nie.

Alle Informationen, alles, was sonst die Monitore und die Displays zeigen, sehen die Flieger in ihrem „Monokel“, das ist ein Fünf-Mark-Stück-großer Kleinbildschirm, am Helm befestigt, der vor dem rechten Auge sitzt. Jeff Lamprecht sieht darin die grau-grüne Welt der Infrarotkameras. Alles Kalte schimmert schwarz; alles Warme scheint grün, je wärmer, desto giftiger. Auf dem Flug huschen matte Punkte vorbei, Beduinenlager, Schafherden in der irakischen Wüste. Alles ruhig.

Duane Crawford hat die Instrumente im Monokel, dazu taktische Karten, Flugdaten, aufbereitet in Grafiken und Diagrammen. Sein rechtes Auge nimmt in jeder Minute des Fluges Hunderte Informationen auf, es dauert Jahre, diese Routine zu erlernen, es ist Gehirnartistik, das linke und das rechte Auge derart zu trennen.

Zusätzlich laufen im Helmkopfhörer fünf Funkfrequenzen gleichzeitig, die Flieger hören ihre Gunner in den Cockpits, sie hören ihren Kompaniechef in der Luft, den Kommandostab am Boden, sie hören die Luftleitzentrale, und sie stehen in Kontakt mit Awacs-Aufklärungsmaschinen, die die Mission mit weiteren Informationen decken. Der Stress eines hochtechnisierten Nachtangriffs im Krieg ist mit Worten schwer zu fassen.

Um 22 Uhr sind sie im Zielgebiet. Die tödliche Schwadron mit „Donna's Dark Magic“ an der Spitze jagt von Südwesten her nach Kerbela hinein, die Überraschung glückt, der Feind schläft, er hustet nur ein paar hilflose Schüsse in den schwarzen Himmel, die Amerikaner fliegen in rasendem Tempo ihre einstudierten Ellipsen, ihr „race track pattern“, sie fliegen sehr niedrig, 50, 60 Meter tief, sie schockieren die Iraker allein durch den Lärm ihres dröhnenden, unsichtbaren Balletts.

Die „Screaming Eagles“ kommen herab, sie suchen nach Zielen, aber Jeff Lamprecht, der Schütze im vordersten „Apache“, bekommt von seinem Radar falsche Signale, er bekommt Meldungen über Fahrzeuge, wo keine sind, er zappt sich im Sekundentakt durch seine Kamerabilder, Infrarotbilder, Radarbilder, Frontbilder, 360-Grad-Bilder, dann ist ein Feind identifiziert, nach zwei, drei Runden, das heißt, nach zwei, drei Minuten jagendem Tiefflug durch das schwarze Nichts – es stehen Panzer am Highway nach Kerbela hinein, irgendwo da unten muss eine ganze Reihe Fahrzeuge stehen, jetzt hat er sie im Visier. Lamprecht startet die Automatik vor dem Schuss.

Er sagt zu Crawford: „Ziel in Sicht" – Crawford fragt: „Welche Peilung?" Lamprecht gibt die Daten. Crawford bringt den „Apache" in Position. Lamprecht spielt am WAS-Knopf. Er wählt seine Waffen, überprüft seine Systeme zur Zielidentifikation, er fällt viele Entscheidungen in diesen komprimierten Sekunden, er stellt viele Rechnungen auf und Gegenrechnungen, er checkt die Informationen, er treibt sie durch ein System aus „double checks", es sind Entscheidungen über Leben und Tod, immer wieder geübt, im Schlaf beherrscht, von störendem Zweifel gereinigt.

Der Schütze sagt noch zum Piloten über die ausgewählte Rakete: „Kommt von rechts", „Kommt von links", das ist eine Warnung. Der Pilot dreht den Kopf weg, zur anderen Seite. Er darf nicht ins Triebwerk der Rakete schauen, sonst wäre er für ein paar Sekungen geblendet.

Die „Hellfire"-Rakete beschleunigt binnen Sekunden auf Mach 1,7, das sind 2088 Kilometer pro Stunde, 480 Meter pro Sekunde. Im Augenblick des Abfeuerns wird es im Cockpit des „Apache" heiß von der Höllenglut des Raketenantriebs. Das Geschoss ist so schnell, dass Abfeuern und Einschlag für die menschliche Wahrnehmung fast in eins fallen. Die „Hellfire", sagt Jeff Lamprecht, „ist eine wunderschöne Waffe". Sie trifft immer genau ins Zentrum des Ziels.

Crawford, im hinteren Pilotensitz, leicht erhöht über Lamprecht, sieht den Einschlag mit dem linken Auge durch die Frontscheibe, er sieht einen aufplatzenden Feuerball in der finsteren Nacht, er sagt: „Das war ein Kill." In das Stimmengewirr auf den Funkkanälen mischt sich kurzes, gestoßenes Johlen. „Kill!" – „Yes!" – „Gotcha!"

Es folgt nun Runde auf Runde über dem südwestlichen Stadtrand von Kerbela, sieben „Apaches" jagen auf versetzten Kreisbahnen von einem Kilometer Durchmesser durch die Nacht, am Boden muss sich das anhören, als sei der Himmel voller Rotoren.

Auf Jeff Lamprechts ersten Schuss folgt das Dauerfeuer aus sieben Helikoptern, sie verschießen „Hellfires“, Kanonenmunition, sie treffen Luftabwehrstellungen, Artilleriegeschütze, Lastwagen, Radaranlagen. Und jetzt, eine Viertelstunde nach Beginn der Attacke hier im Südwesten, nach Ankunft von „Donna’s Dark Magic“ im Zielgebiet, fällt die Bravo-Kompanie, noch einmal sieben „Apaches“, von Norden her nach Kerbela ein, der Kriegslärm ängstigt die Menschen zu Tode, auch die Soldaten, ein unsichtbarer Feind fällt über sie her, es klingt wie tausend Hubschrauber, sie sind überall.

„Donna’s Dark Magic“ dreht ab nach 30 Minuten Aktion, Crawfords und Lamprechts „Apache“ klinkt sich aus der Formation aus, der Sprit geht zur Neige. Der Pilot holt sich die Daten für den Heimflug aufs Monokel, Vektoren zeigen ihm den Weg, es geht Richtung Süden, Richtung FARP Shell, zurück zum Wüstenlager, das sich nun auf einmal anfühlt wie ein Stück Heimat in der Fremde.

Lamprecht hat vier „Hellfires“ in feindliche Stellungen geschickt, dazu 24 „Hydra“-Raketen. Was genau er getroffen hat, weiß er nicht, er weiß nur, dass es viele „Kills“ gewesen sein müssen, viele harte Schläge gegen die 14. Brigade von Saddams Medina-Division. Mission erfüllt, nach monatelanger Vorbereitung, nach Wochen des Trainings, nach drei Tagen quälenden Wartens im Sand.

In Lamprechts Körper verebbt das Adrenalin, er hat kaum geschwitzt, weil er sein Cockpit per Klimaanlage immer herunterkühlt. Er ist müde. Kein Giftgas. Wenig Abwehrfeuer.

Er wird den halben Dollarschein nach Hause bringen. Wie sein Großvater aus dem Himmel über Hitler-Deutschland. Wie sein Vater aus dem Dschungel von Vietnam.

Bagdad, Karmelitenkloster, 23 Uhr

Frère Michel geht mit dem Temperament einer Buddha-Statue durch sein Kloster, aber in seinem Inneren fangen die Nerven allmählich an zu vibrieren – der Krieg arbeitet an ihnen wie mit einer Kettensäge. „Fünf sehr starke Explosionen im Viertel. Um 2.56 mehrere Raketen. Ich spüre, wie mein Bett zittert! Und ich auch! 24. Luftalarm um 8.16. Detonationen den ganzen Vormittag (in der Ferne), wahrscheinlich auf Positionen der Republikanergarde. Keine Entwarnung, keine Kreuzgangsandacht.“

Samstag, 29. März

+++ Vier schwere Explosionen in Bagdader Regierungsviertel. Informationsministerium getroffen +++ Protest nach Fehlschüssen: Kriegsschiffe im Roten Meer feuern jetzt nicht mehr über saudi-arabisches Hoheitsgebiet hinweg +++ Irakische Rakete schlägt in Einkaufszentrum in Kuweit ein +++ Irakische Rakete vor Kuweit von „Patriot"-Abwehrwaffe zerstört +++ Vier Soldaten der 3. Infanterie-Division sterben durch Selbstmordattentat bei Nadschaf +++ 101. Airborne soll 3. Infanterie-Division rund um Nadschaf ersetzen +++ 25 irakische Panzer zerstört, 55 Soldaten getötet +++ Wasser, Treibstoff und Lebensmittel für 1. Marines-Divison bei Nassirija wird knapp. +++ Die Lage: In Camp David fällt die wichtigste Entscheidung in dieser Phase des Krieges: George Bushs Kriegskabinett berät, ob der Vormarsch auf Bagdad gebremst werden soll. Dann könnten weitere Truppen nachrücken und zum Beispiel die 101. Airborne entlasten, die für den Kampf um Bagdad gedacht ist, im Moment aber beim Sichern der Städte an der Strecke aushilft. Bush weist den Vorschlag zurück. Das Ziel ist Bagdad, und es soll so schnell wie möglich erreicht werden.

Safaranija, vor Bagdad, in der Stellung des II. Korps der irakischen Armee

Kurz nach Sonnenaufgang greifen die amerikanischen Flugzeuge an. Was für Jets es sind, weiß Ali Ahmed Ali nicht. Dutzende von Bomben fallen, keine trifft die irakischen Positionen, sie explodieren entweder rechts oder links daneben.

„Die Amerikaner wollen uns warnen", denkt Ali, er ist noch immer siegessicher. Die Angriffe hören auf – die Ruhe vor dem Sturm. Dann bricht die Hölle los: Die Amerikaner gehen zum Dauerbombardement über. „Solche Angst habe ich noch nie gehabt", wird er später erzählen. „Überall explodierte es. In der Nachbarschaft heulten unterbrochen die Sirenen von Krankenwagen. Ich wusste gar nicht, dass es so viele Flugzeuge gibt!"

Im Südirak, FARP Shell, im Lager der 101. Airborne

Der Stab der 101. Airborne Division hatte schon in der Nacht erste Zweifel am Erfolg der Aktion. Der Funkverkehr während des „Apache"-Angriffs klang zu müde, die Zahl der gemeldeten „Kills" zu klein. Nun steht Major General David Petraeus, zwei Sterne auf dem Helm, bei der Morgenlage im Kommandozelt und hat Gewissheit. Die „Deep Attack“ gegen die in Kerbela verschanzte Medina-Division war ein ziemlicher Fehlschlag.

Seine „Apaches“ haben sieben Luftabwehrstellungen ausgehoben, sie haben drei irakische Artilleriegeschütze demoliert, fünf Radaranlagen, dazu 25 Panzer und ein paar Jeeps, sie haben ein paar hundert Feinde getötet. Aber das ist zu wenig. Zu wenig für eine monatelang vorbereitete Attacke, für einen perfekt geplanten Überraschungsschlag. Wo war der Feind? Wo war die 14. Brigade der Medina-Division? Wo liegt der Fehler?

Petraeus verbirgt seine Enttäuschung vor den Offizieren. Er ist ungefähr das Gegenteil dessen, was sich ein deutscher Pazifist unter einem amerikanischen Soldaten vorstellt. Ein dünner Mann von 50 Jahren, mit den Augen eines Kaplans, einem beruhigenden Lächeln und einem Doktortitel aus Princeton im Fachgebiet Internationale Politik. Seine Doktorarbeit befasst sich mit Vietnam, mit den Lehren aus dem Vietnam-Krieg, allerdings nicht den politischen, sondern den militärstrategischen.

Petraeus weiß, wie wichtig gut inszenierte Auftritte für einen militärischen Führer sind. Der 50-Jährige gibt seinen Leuten Stoff für Legenden, eine geht unter seinen Soldaten um seit elf Tagen, es ist eine Anekdote aus der Zeit der Truppenverlegung, es ist eine Geschichte, die Soldaten mögen.

Petraeus stand am Pier in Kuweit, es war der 17. März, und eines der sechs Materialschiffe seiner 101. Airborne erreichte eben das Zielgebiet. Der General war da mit Empfangskomitee, um die Ankömmlinge nach drei Wochen auf hoher See zu begrüßen, unter ihnen den GI Jonathan Aleshire, einen 19-jährigen Infanteristen. Sei es, dass der General einer plötzlichen Eingebung folgte, sei es, dass er das Ganze geplant hatte, bald jedenfalls lagen Petraeus und der Private lang hingestreckt auf dem Pier von Kuweit und lieferten sich einen Wettkampf um die meisten Liegestütze.

Ein Reporter der „New York Times“ zählte mit. Bei 26 ging dem Infanteristen die Luft aus. Petraeus aber, 30 Jahre älter als sein Kontrahent, legte noch 20 Liegestütze drauf, ein dünner, großer Mann, der sich bei einem Fallschirmunfall einst das Becken brach und der bei einem Schießunfall einen Teil der Lunge verlor.

Stand danach auf ohne jeden Anflug von Anstrengung. Sagte mit nüchterner Mimik zum jungen Soldaten: „Zieh das von deiner Einkommensteuer ab als Bildungsausgabe." Der Pier, voll mit Soldaten, pfiff und johlte. Soldaten lieben Wettkämpfe.

An diesem Morgen nach dem Angriff auf Kerbela zeigt Petraeus seine Enttäuschung nicht, er unterstreicht seine Freude darüber, dass es keine Verluste in den eigenen Reihen gab, nur Blechschäden. Ein „Apache" wurde angeschossenen vom Feind, kehrte aber heil wieder. Ein Hubschrauber wurde beim Wüstenstart demoliert, einer bei der Rückkehr, es ist der Erwähnung kaum wert. So ist der Krieg. Voller Unfälle, voller Zufälle. Wie das Leben.

Aber wo waren die Iraker? Haben sie sich zurückgezogen Richtung Norden, um näher bei Bagdad zu stehen? Hat die Aufklärung Mist gebaut? Sind Informationen falsch bewertet worden? Generalmajor Petraeus, ein Mann mit einer Frisur wie ein kleiner Junge, schaut seinen zuständigen Offizieren lange und klar in die Augen. Nach der Sitzung ist er sich sicher: Es hat nicht an uns gelegen. Die Aktion war gut ausgeführt. Die „Apache"-Flieger taten ihr Bestes. Aber so ist der Krieg. Voller Zufälle. Voller Rätsel.

Basra, auf der „Route red", gegen 10 Uhr

Viele Jahre lehrte Hamid Mathlum, Ehemann und Vater dreier Kinder, an der Technischen Hochschule von Basra. Er ist ein Mechaniker, er liebt seinen Beruf und sein Werkzeug.

Er will sie holen, die Schraubenschlüssel, die Zangen, die Schraubenzieher, die er bei seiner überstürzten Flucht in einer Halle der Hochschule zurückließ. Deswegen sitzt er in seinem weißen VW-Pick-up und steuert den Wagen durch die Seitenstraßen der „Route red". Auf der Hauptstraße zu fahren wagt er nicht. Britische Panzer patrouillieren da, und immer wieder ist zu hören, wie einer oder mehrere ihre Kanonen abfeuern. Hamid Mathlum liebt seine Familie, er hat seiner Frau, die ihn nur widerwillig gehen ließ, versprochen, heil und unverzehrt zurückzukehren. Sie will nicht, dass er wegen einer Tasche voller Schraubenschlüssel stirbt.

Hamid Mathlum ist nicht mehr weit entfernt von der Mauer, die das Grundstück der Technischen Hochschule umfasst, als er gezwungen ist, die Seitenstraßen zu verlassen und direkt neben der „Route red" auf einem unbefestigten Weg zu fahren.

Der VW zieht eine lange Staubfahne hinter sich her, wie jeder Wagen, der über diese Art Straße rollt. Vielleicht ist es diese Staubschleppe, die den Kommandanten eines „Challenger“ auf den weißen Pick-up aufmerksam macht, der kurz davor ist, durch das Tor der Technischen Hochschule zu fahren.

Weiße Pick-ups, gefertigt von Toyota, sind die bevorzugten Fortbewegungsmittel der irakischen Milizionäre. Die Gebäude der Technischen Hochschule sind regelmäßige Treffpunkte der Milizionäre.

Dass der Wagen kein Toyota ist, sondern ein VW, ist schwer zu erkennen. Der Kommandant des Panzers sieht keinen Lehrer auf dem Weg zu seiner Schule, er sieht einen Feind.

Das 120-Millimeter-Geschoss des „Challenger“ trifft zuverlässig.

Hamid Mathlums Freunde, Lehrer wie er, treffen sich später auf dem Gelände der Hochschule. Sie sind wütende Männer, die ihre angeblichen Befreier verfluchen und vor dem Metallknäuel trauern, das einmal der Wagen ihres Kollegen war. Der einzige Trost, der ihnen gebelieben ist, lässt sich in vier Worte fassen: „Hoffentlich starb er schnell.“

Südlich von Kerbela, Task Force 4-64

Es ist ein Zauberspruch für Soldaten, es sind gleichsam heilige Worte, und sie kommen über Funk in jeden Panzer: „Mail is ready for pickup.“

Es gibt Post. Ein Lkw ist eingetroffen, aus Kuweit, ein ganzer Lkw voller Briefe für die Soldaten.

Es gehört einfach dazu für GIs, die in der Ferne sind, dass sie sich ständig Gedanken machen über fremdgehende Ehefrauen, über Freundinnen, die womöglich daheim mit Offizieren im Bett liegen. Und es gehört dazu, dass alle ganz solidarisch sind, wenn es wieder einem passiert ist – und zugleich schadenfroh. Es gibt Einheiten, die eine so genannte Spitting wall, eine Spuckwand mitführen; darauf kleben die Fotos der untreuen Liebsten.

Und darum gibt es sechs Sorten Post, in einer aufsteigenden Skala von eins bis sechs:

1. Schriftliche Trennungen; nichts ist in der Welt der Soldaten peinlicher als Soldaten, die bei der Lektüre eines Briefes von daheim vor allen anderen in Tränen ausbrechen.

2. Keine Post; das ist nicht schön, Grund für Spekulationen, aber es passiert jedem mal.

3. Anonyme Briefe von unbekannten Patriotinnen, geschrieben an „any soldier"; es soll ja sogar Liebesgeschichten geben, die so entstanden, erlebt hat so etwas allerdings noch keiner hier.

4. Nüchterne Berichte über Wetter und das Leben im Heimatort; auch das ist Grund genug für Spekulationen, aber immerhin ist es ein Brief.

5. Liebesschwüre, Treueversprechen, Schilderungen sehnsüchtiger Träume; und da grinsen sie dann.

6. Slips und Nacktfotos; hey, gibt es Schöneres als diese Blicke der Kameraden?

Und nun hält Specialist Luke Edwards aus Raleigh (North Carolina) einen parfümierten Brief hoch und grinst und sagt: „Meine Frau ist in einen Fitnessclub eingetreten und hat einen besseren Job gefunden. Nichts könnte besser sein. So ein Brief ist fast so gut wie der Heimflug."

Specialist Shaun Urwiler, 26, hat Briefe von seiner Verlobten und von seinen Eltern aus Tampa (Florida), und jede Menge Fotos liegen bei. Von den Eltern, vom Cockerspaniel Sparky und natürlich von der Verlobten.

Captain Chris Carter hat einen Stapel Zeitschriften gekriegt, „Sports Illustrated", auch nicht schlecht, die Basketballsaison geht langsam zu Ende, Dallas und New Jersey sind die Favoriten.

Autobahn 9, nördlich von Nadschaf,
1. Brigade der 3. Infanterie-Division, 11.30 Uhr

Ist dies der Moment, der den Krieg verändert? Ihn grausamer macht, willkürlicher, mörderischer? Und die Amerikaner gnadenlos?

Es ist Mittag an einem ganz normalen Checkpoint auf der Autobahn 9, zwei Spuren nach Norden, zwei nach Süden, die 1. Brigade von Sergeant Jennifer Raichle, der Aufklärerin, kontrolliert die Autos. Es geht darum zu verhindern, dass irakische Einheiten Nadschaf verlassen und dass Nachschub zu ihnen nach Nadschaf durchdringt.

Es ist 38 Grad heiß, ein paar Palmen sorgen für ein wenig Schatten, es ist ziemlich voll rund um den Checkpoint, ziemlich unübersichtlich.

Ein Kleinbus fährt vor und zurück, die Soldaten haben ihn nicht durchgelassen, er wendet.

Ein weißer Pick-up steht auf dem Mittelstreifen. Der Fahrer schreit, er will durch, er will nicht zurück.

Ein Fahrradfahrer nähert sich.

Und dann das Taxi, es ist eine weiße Limousine mit orangefarbenen Heckflügeln.

Ohne Passagiere, nur der Fahrer sitzt in dem Taxi, vielleicht 50 Jahre alt, ein Mann mit Schnauzbart und schwarzen Haaren.

Ein Soldat der 1. Brigade hebt die Hände, „wait there", ruft er, und vier Soldaten gehen auf das Taxi zu. Es ist Routine: Sie befehlen dem Fahrer auszusteigen. Sie sehen unter den Vordersitzen nach und unter der Rückbank, und dann befehlen sie dem Fahrer, den Kofferraum zu öffnen.

Weiß der Fahrer, was er nun tut?

Oder wurde das Taxi ohne sein Wissen präpariert?

Er öffnet den Kofferraum, und die Bombe explodiert. Eine Flamme, weißer Rauch, es ist eine gewaltige Explosion. Und Staff Sergeant Chad Urquhart, der Führer des Platoons, kann nichts mehr tun für seine Männer. Er sinkt auf die Knie, einer seiner vier Soldaten lebt noch. Er hat eine Wunde am Hals, Urquhart legt seine Hand auf die Wunde, bis der Mann tot ist.

Das Taxi wurde 15 Meter weit durch die Luft geschleudert. Ein Bulldozer schiebt Sand auf das Wrack, Soldaten stellen ein Schild auf den Hügel, „verstorbener Iraker", dazu Längen- und Breitengrad.

Und natürlich fragen sich die Amerikaner nun, nach welchen Regeln dieser Krieg geführt wird. „Das ist keine Kriegshandlung mehr, das ist Terrorismus", sagt Andrew Valles, Offizier für zivile und militärische Angelegenheiten, also eine Art Sprecher der 1. Brigade, „ein Mann, der sich in einem Zivilfahrzeug an einem Checkpoint in die Luft sprengt – das ist Terrorismus."

Der heldenhafte Taxifahrer sei der Soldat Ali Hammadi al-Namani gewesen, sagt der irakische Vizepräsident Taha Jassin Ramadan, und viele weitere Selbstmordattentate würden folgen.

Gestorben sind der Taxifahrer, der Fahrradfahrer und vier amerikanische Soldaten. Private First Class Michael Creighton-Weldon, Specialist Michael Curtin, Private First Class Diego Rincon und

Sergeant Eugene Williams. Für alle vier war es der erste Krieg und die erste Reise in den Nahen Osten, keiner von ihnen war älter als 25.

Und ja, definitiv: Dies ist der Moment, der den Krieg verändert. Die Invasoren werden nervöser, Zivilisten leben nun noch gefährlicher.

Bagdad, Informationsministerium, 15.30 Uhr

Gestern gab es die Warnung vom Pentagon, es könne das Informationsministerium getroffen werden, heute Nacht, um 1.15 Uhr, die Raketen. Ziel war es, die Satellitenantennen auf dem Dach zu zerstören. Ein Krieg als ganzer kann nicht chirurgisch sauber und präzise sein, dieser Angriff aber war es. Außer den zerstörten Satellitenanlagen sind nur ein paar Fensterscheiben im Ministerium kaputt gegangen. Das ist die eine, die saubere Seite des Krieges. Vielleicht ist sie zu sauber und zu präzise.

Am Morgen nun stehen Sicherheitsleute vor dem Ministerium, sie sind mit Kalaschnikows bewaffnet. Davor demonstriert eine wütende Menge. Ein paar Dutzend Männer, ein paar Frauen tanzen und jubeln vor den Kameras, preisen Saddam, verfluchen Bush, ihre Wut wirkt wie angeschaltet. „Die Amerikaner wollten durch diesen Angriff verhindern, dass die Welt die Wahrheit erfährt", sagt Sahhaf auf der Pressekonferenz. „Aber das wird ihnen auch nicht helfen. Sie sind wie eine Schlange, die 500 Kilometer lang ist. Wir werden diese Schlange in Stücke schlagen."

Er meint den Selbstmordanschlag bei Nadschaf. Der Anschlag ist die Antwort auf den sauberen Krieg des übermächtigen Feindes. Vizepräsident Ramadan wird mit weiteren Selbstmordattentaten drohen und den Heiligen Krieg verkünden. „Sie werden in den nächsten Tagen noch mehr gute Nachrichten hören. Bataillone von arabischen Kämpfern sind unterwegs nach Bagdad."

Informationsminister Sahhaf saß in seinem Büro heute Nacht; er beschließt, dass Teile des Ministeriums in das „Palestine Hotel" verlegt werden. Sahhaf bedankt sich bei griechischen Journalisten, die in der Nacht im Ministerium waren. Sie haben ihm geholfen, die letzten Akten wegzutragen. Ein paar Beamte ziehen mit ihren Familien ins sichere Hotel.

Katar, im Centcom der US-Truppen, 16 Uhr

Das Oberkommando stellt sich der Presse. Bebrillter Vertreter einer Wochenzeitung: „Stimmt es, dass Sie in der Offensive bis zu sechs Tage Pause einlegen werden? Und fühlen Sie sich von uns, den internationalen Medien, unter Druck gesetzt, den Angriff zu beschleunigen?"

Generalmajor Victor Renuart versucht, witzig zu sein: „Ich habe General Franks um sechs Tage Urlaub gebeten. Er hat mir die Erlaubnis erteilt weiterzuarbeiten. Und ich denke, das macht jeder auf dem Schlachtfeld so. Was die internationalen Medien hier angeht, so genieße ich es, Sie hier zu haben. Ich denke, es ist eine gute Erfahrung, und ich bin guter Hoffnung, sie zu überleben."

Paul Hunter, TV-Korrespondent aus Kanada: „Wie werden Sie entscheiden, wer von den Kriegsgefangenen zu militärischen und wer zu paramilitärischen Einheiten gehört?"

Renuart: „Sobald sie gefangen sind, werden sie – werden Verhöre bestimmen, was ihr angemessener Status sein wird."

Hagerer, verschwitzter Korrespondent des Schweizer Fernsehens: „Wissen Sie, dass es nicht erlaubt ist, Gefangene zu verhören?"

Renuart: „Es ist was?"

Schweizer: „Nicht erlaubt, Gefangene zu vernehmen. Sie brauchen nur ihren Namen zu sagen, das ist alles."

Renuart: „Absolut. Und wir werden versuchen, alle Informationen, die sie uns geben, mit dem abzugleichen, was unsere Dienste haben."

Bagdad, Kindi-Hospital

In der Notaufnahme des Kindi-Hospitals kommen 28 Verletzte an, ein Mann wird tot eingeliefert. Die Belegschaft des Hospitals hat trotz 24-stündigen Notdienstes bei chronischer Unterbesetzung eine Routine entwickelt, eine Routine des Ausnahmezustands. Die Schwestern und Pfleger, die wenigen, die ihren Dienst verrichten, vielleicht 80 Leute, ein Fünftel nur des normalen Personalbestands, leisten mehr, als man eigentlich leisten kann. Sie leben im Takt der Stromausfälle, im Takt der Sirenen, die den Tag-Nacht-Rhythmus abgelöst haben.

Bagdad, Karmelitenkloster, 23.50 Uhr
Ist es ein Wunder oder Gottes Schutz, dass das Karmelitenkloster noch steht – ringsum versinkt ein ganzes Stadtviertel in Dreck und Staub. Aber es geht weiter – Schüsse, Raketeneinschläge, entfernte Explosionen den ganzen Tag. Das Motorrad lässt Frère Michel ebenso unangetastet wie den Whisky. Aber er schreibt: „Telefonleitungen in Bagdad gestört. Drei Telefonzentralen seien vorgestern zerstört worden. Schüsse 18.15, 19.18, 20.26, 20.35, 20.47, 22.36, 23.31, 23.47 (sehr stark)."

Sonntag, 30. März

+++ U. S. Air Force fliegt 1800 Einsätze über Irak, davon 800 Kampfeinsätze auf 200 Ziele, vor allem Republikanische Garde südlich Bagdad. Die anderen Einsätze: Tankflugzeuge, Truppentransporte, Aufklärung +++ Irak meldet Hubschrauberabschuss und Tod der Besatzung +++ Gefangener General führt Amerikaner zu 26 irakischen Luftabwehrraketen +++ Abu al-Chasib bei Basra eingenommen +++ 3. Infanterie-Division besetzt Euphrat-Brücke bei Hindija, 101. Airborne nimmt Flugfeld bei Nadschaf ein +++ Die Lage: Die Militärdoktrin der Amerikaner sieht vor, relativ kleine Versorgungslager in Schlachtfeldnähe zu errichten, die in der Lage sind, die kämpfenden Verbände mit Nachschub zu versorgen. Zum Teil nutzen die Amerikaner dafür eingenommene Flugfelder der Iraker – hier könne Transportflugzeuge und Hubschrauber den Nachschub direkt abliefern. Diese Lager können schnell aufgelöst werden, wenn die Front weiterzieht. Gefahr droht den Nachschubfliegern nur vom Boden: Eine irakische Luftwaffe existiert praktisch nicht, die Luftüberlegenheit der Amerikaner ist erdrückend.

30 Kilometer südlich von Nadschaf, im 212. Feldlazarett, 9.30 Uhr
Es ist Dr. John Chos erster Krieg. Er ist hier, um zu kämpfen, aber er tötet nicht. Dr. Cho, 40, wartet auf dem Rollfeld, bis sich der aufgewirbelte Wüstensand gelegt hat. Seine Helfer heben den verwundeten Soldaten aus dem Bauch des Medevac-Helikopters und schnallen ihn auf die Trage. Dann läuft Cho los, sie zerren die Trage durch den Sand, Cho hält die Infusionsflasche mit den Schläuchen, die

im Arm des Soldaten stecken. Noch 10 Meter bis zu den neun olivgrünen Zelten, die sie hufeisenförmig in den Sand gepflockt haben. Noch 10 Meter bis zu der 3,5 Meter mal 5 Meter großen, tarnfarbenen Box. Darin ein winziger Operationssaal mit zwei OP-Tischen und einem Aufwachraum – das 212. MASH, Mobile Army Surgical Hospital, Dr. Chos Reich für knapp vier Wochen.

John Cho, Einwandererkind von Südkoreanern, verheiratet mit einer irischstämmigen US-Amerikanerin, streng katholisch und Vater von drei Kindern, ist Chef des am weitesten vorgeschobenen mobilen Krankenhauses im Irak-Krieg. Ihm unterstehen zehn Ärzte, ein Dutzend Pfleger und Schwestern, er verwaltet 36 Krankenbetten und ist verantwortlich für das Überleben der Soldaten der 3. Infanterie-Division und der 101. First Airborne.

Am 26. März hat Chos Truppe die chirurgische Sofortversorgung 80 Kilometer hinter den Kampflinien aufgebaut, die Medevac-Helikopter brauchen 10 Minuten von der Front ins 212. MASH. Cho, eigentlich Herzspezialist, ist bereit für die Verwundeten, die die Armeeführung erwartet, wenn sie ihre Soldaten durch die Front von Kerbela Richtung Bagdad schickt. Genaueres weiß Cho nicht, es ist nicht wichtig. Die Army hat sein Medizinstudium bezahlt, er schuldet ihr zwölf Jahre. Seit ein paar Wochen protzt Chos Sohn James, neun Jahre alt, zu Hause in Potomac bei Washington, DC, vor seinen Freunden: „Mein Daddy ist Doc. Jetzt ist er auf einem Businesstrip, da rettet man Leben."

Dr. Cho schneidet dem Verwundeten die Uniform vom Körper. Soldat Frederic von der 3. Infanterie-Division hat einen Splitterbruch, er saß im Panzer irgendwo bei Kerbela, er war müde und abgekämpft und quetschte sich den rechten Oberschenkel. Dr. Chos Anästhesist betäubt Frederic, dann schrauben sie vier Stahlkeile in seine Knochen, eine komplizierte Operation, aber keine große Sache im Krieg.

Dr. Cho ist ruhig. Er ist bestens ausgerüstet, und er ist sicher: Das medizinische Versorgungssystem der US-Armee ist das fortschrittlichste der Welt. Landet ein Soldat auf seinem Tisch, hat dessen „battle buddy" alles gegeben, oft waren auch die mobilen Notärzteteams vor Ort: Im modernen Krieg warten Ärzte nicht mehr in Militärhospitälern Hunderte von Kilometern hinter den Linien wie noch in Vietnam. Im Irak-Krieg kommt das Lazarett zum Kämpfenden. Ärzte operieren aus ihren Rucksäcken heraus und können in der Zeit, die früher gebraucht wurde, den Verwundeten unter feindlichem Beschuss zum Operationstisch zu fliegen, Leben retten.

Die kleinste Versorgungseinheit im Irak-Krieg besteht aus zwei Soldaten. Jeder Soldat trägt ein „first aid kit“ am Körper und ist einem anderen aus seiner Truppe zugeteilt. Jeder ist des anderen „battle buddy“.

Wird ein Soldat verwundet, beginnt die „golden hour“, die über Tod und Leben entscheidende erste Stunde nach der Verwundung. Noch im letzten Golfkrieg verblutete die Hälfte der verwundeten Soldaten, bevor man sie aus der Kampfzone evakuieren konnte. Ab sofort muss der „battle buddy“ die Blutungen mit einfachen Stau-Binden oder mit eigens für den Irak-Krieg entwickelten, 1000 Dollar teuren „super bandages“ stillen, 10 Zentimeter breiten Wundverbänden aus Chitosan oder Fibrin, die den Prozess der Blutgerinnung beschleunigen.

Hat der „battle buddy“ seinen Dienst am Verwundeten geleistet, greift der „combat lifesaver“ ein. Seine Aufgabe ist es, ihn so lange am Leben zu halten, bis er stabil genug ist, transportiert zu werden. Der „combat lifesaver“ trägt seine Ausrüstung in tarnfarbenen Rucksäcken, im Irak-Krieg sind die nicht mehr mit einem rotem Kreuz gekennzeichnet, weil sie die Träger in vergangenen Kriegen zu Zielscheiben gemacht hatten. Zur Ausrüstung einiger „combat lifesaver“ sowie jedes Marines und der Special Forces gehört erstmals das an Yorkshire-Schweinen getestete Blutgerinnungsmittel „QuickClot“. Die Wunder-Medizin sieht aus wie Katzenstreu, kostet 7000 Dollar pro Packung und soll selbst Wunden heilen, die früher zu 100 Prozent tödlich waren. Wird „QuickClot“ auf die Wunde gestreut, saugt es die flüssigen Blutanteile auf, so dass der Rest innerhalb von wenigen Sekunden verklumpt.

Innerhalb der zweiten Versorgungsstufe bringen bewaffnete Ambulanzen, manchmal auch einfache Pick-ups, den Verwundeten zum „Forward Surgical Team“. FSTs sind kleine Teams von fünf Notärzten und Unfallchirurgen, vergleichbar mit der Besatzung einer Notaufnahme in einem städtischen Krankenhaus. Jedes Kampf-Bataillon führt sein FST so nah wie möglich an seinen Kampflinien mit sich, es ist innerhalb einer Stunde auf- und abbaubar und lässt sich in fünf rund 20 Kilogramm schweren Rucksäcken tragen.

Dr. Cho arbeitet an der Schnittstelle zwischen mobilem Ärzteteam an der Front und den Leuten des „Combat Support Hospital“ außerhalb der Kampfzonen. Cho legt los, wenn die „golden hour“ längst vorüber ist. Er kann komplizierte Bauch- und Kopfschusswunden operieren, er wird unterstützt von Fachärzten wie Herzspezialisten, Orthopäden, Internisten, Gynäkologen und von klinisch ausgebildetem Pflegepersonal. Cho verfügt über Sauerstoffgeneratoren, Röntgen- und Beatmungsgeräte, Ultraschallgeräte, groß wie Kassettenrekorder, sowie computerisierte Mini-Labore, die Blutwerte in nur wenigen Minuten ermitteln.

Innerhalb von 48 Stunden muss Cho den Verwundeten aus dem mobilen Operationssaal entlassen und ihn zum nächsten Hospital schicken. Für einen Schwerverletzten wie Soldat Frederic gilt die Sechs-Stunden-Grenze: Innerhalb eines halben Tages muss er auf dem Operationstisch des „Combat Support Hospital“ liegen, des 300-Betten-Militärlazaretts an der Grenze zu Kuweit. Von dort wird er zur postoperativen Nachbehandlung in das sechs Flugstunden entfernte größte Militärkrankenhaus außerhalb der USA, das „Landstuhl Regional Medical Center“ bei Ramstein, Deutschland, ausgeflogen oder in das 1000-Bettenschiff der US-Navy „USNS Comfort“ im Persischen Golf.

Um 11 Uhr zieht John Cho den Mundschutz über den Kopf und steigt aus seinem blutverschmierten Kittel. Soldat Frederic, sein einziger Patient für heute, schläft im Aufwachraum, bald kommt der Helikopter und bringt den Patienten nach Kuweit, von dort fliegt ihn ein Medevac-Jet nach Ramstein. Cho geht duschen, dann teilt einer seiner Chirurgen das Abendmahl aus, roten Traubensaft in Plastikbechern und Hostien. Heute ist Sonntag, Dr. Cho betet: für die Verwundeten im Krieg und für den baldigen Sieg.

Vor Kerbela, 2. Brigade der 3. Infanterie-Division, mittags

Im Tactical Operations Center, dem TOC, da spürt man den Krieg, da erfährt man alles. Und sicher ist es dort auch, jedenfalls so sicher, wie es sein kann im Krieg. Im TOC sitzt Lieutenant Colonel Eric Wesley, im TOC hat die 2. Brigade ihre teuersten, ihre besten Geräte – nichts wird so gut bewacht wie das TOC.

Gerade weil es ziemlich weit vorn ist.

„Focus“-Redakteur Christian Liebig, bisher ziemlich weit hinten beim 26. Versorgungs-Battaillon der 2. Brigade, will vorn sein und mehr erfahren als in den bisherigen zehn Kriegstagen, er will vorn im TOC mitfahren.

„Natürlich“, sagt Wesley, denn er mag den Deutschen.

Und darum erzählt Wesley ihm, worum es nun geht. Heute, sagt er, haben die Task Forces 1-15 und 3-15 ein paar Häuser und vor allem ein paar wichtige Straßenkreuzungen vor Habanija erobert. Leichte Kämpfe, Schießereien, kein Amerikaner starb. Und hier, westlich von Habanija, haben sie „Objective Spartan II“ eingerichtet, einen Stützpunkt für die gesamte Brigade, einen Sammel- und Ruhepunkt, so weit nördlich, wie es ging. Es ist ein wichtiger Ort, es kommen ja wichtige Tage: Sie sind jetzt 16 Kilometer südlich von Kerbela, 80 Kilometer südlich von Bagdad, und die Schlacht von Kerbela könnte die entscheidende dieses Krieges werden, denn auf der anderen Seite der Enge von Kerbela erwarten die Amerikaner drei irakische Divisionen, die Medina-, die Bagdad- und die Hammurabi-Division. Darum ließen amerikanische und britische Jets heute schon mal 500 Bomben rund um Kerbela zu Boden fallen.

„Den ganzen Tag über sind A-10-Flugzeuge vom Flughafen Talil bei Nassirija gestartet, um den Boden für uns zu bereiten. Wir wollen so schnell wie möglich durch die Enge“, sagt Wesley.

„Hier werden sie ihre Einheiten zusammenziehen. Sie wären dumm, wenn sie es nicht täten“, sagt Wesley.

„Hier könnten sie Giftgas einsetzen. Wenn irgendwo, dann hier“, sagt Wesley.

Südirak, bei den Waffensuchern der 75. Exploitation Task Force in Talil

Der Krieg schüttelt das Land, schlägt Schneisen in die Städte, frisst Menschen zu Tausenden. Den Grund für diesen Krieg suchen immer noch die Waffenexperten der 75. Exploitation Task Force, sie suchen nach Saddams Massenvernichtungswaffen, chemisch, biologisch, egal.

Das heißt, sie würden es gern tun. Sie warten. Seit Tagen. Und dann endlich: Das mobile Einsatz-Team „Bravo“ zieht in den Irak.

Eine riesige Airbase bei Talil sollen sie durchsuchen, reichlich Bunker und schäbige Schuppen, es dauert drei Stunden, bis sie das Gelände einmal abgefahren sind. Sie finden Tausende von Munitionsladungen, Tonnen von Waffen, sie finden Uralt-Modelle aus dem

Zweiten Weltkrieg, achtlos durcheinander geworfene Granaten, Gasmasken, ein paar neuere Exemplare Artillerie – einen Waffenfriedhof. Keine Spur von Biowaffen, keine Spur von Chemie.

In der Nacht jagen Spezialisten die erste Ladung Waffen in die Luft. Und die Task-Force-Leute reden von Bagdad, wahrscheinlich, so trösten sie sich, wird man das chemische oder biologische Zeug näher an Bagdad finden. Da gibt es noch mehr Fabriken. Und da gibt es die Experten für Waffenproduktion, die wohnen gern in Bagdad und pendeln ungern weit.

Nordirak, vor Altun Kupri

Viel Platz haben sie nicht. Eng aneinander gelehnt hocken kurdische Peschmerga-Kämpfer im Niemandsland, sie sitzen im Kreis und teilen sich ihr Mittagessen aus Linsensuppe und Fladenbrot, sie halten still, eine falsche Bewegung wäre tödlich.

Ein Stück Wiese haben sie dem geflohenen Feind abgerungen. Nicht mehr. Den ganzen Vormittag lang hat ein Spezialtrupp Minen geräumt, und auf dem Asphalt der Straße liegen immer Minen, 300 oder mehr.

Die Amerikaner sind im Nordirak, aber ohne Befehl dürfen die Kurden nicht an ihrer Seite kämpfen. „Wir rücken nur vor, wenn die Iraker Posten und Gebiete evakuieren“, sagt Nasr al-Din Mustafa, der Kommandeur einer Einheit namens „Spi Kirkuk“. Mit einer Kolonne von Landcruisern und 20 bewaffneten Kämpfern fährt er zur letzten geräumten Stellung der Iraker.

Er schaut aus dem Fenster: Das Gebiet von Kosch Tepe, über Altun Kupri bis hin zur kurdischen Hauptstadt Kirkuk, liegt vor ihm und seinen kampfbereiten Soldaten. Aber Mustafa weiß, dass dies der erste Sieg sein könnte, den die Kurden kampflos erringen.

Die irakische Armee ist erschöpft von den Bombardierungen, die Grenze ist porös geworden. Jeden Tag rücken die irakischen Linien nun einige hundert Meter zurück – und formieren sich neu. „Wenn die Amerikaner uns wollen – wir sind bereit.“

Bagdad, im Informationsministerium, mittags

Heute berichtet Mohammed Saïd al-Sahhaf auf der Pressekonferenz von Kämpfen im Süden des Irak, in Subeir, südlich von Basra. Vier Panzer seien zerstört und die Panzersoldaten begraben worden.

„Wir können sie nicht aufbewahren, weil wir keine Kühlung haben. Also haben wir sie in Absprache mit dem Ministerium für religiöse Angelegenheiten entsprechend ihren Riten und Traditionen begraben."

Glauben Sie, fragt jemand, dass das Selbstmordattentat von gestern bei Nadschaf nicht auch irakische Zivilisten gefährden könnte, weil amerikanische Soldaten nicht mehr unterscheiden werden zwischen Uniformierten und Zivilisten?

„Die Amerikaner werden jeden Tag hysterischer, weil sie immer wieder Niederlagen einstecken müssen. Hysterie ist das Ergebnis von Frustration."

Sahhaf, der Psychologe.

Ein Journalist sagt, dass das Centcom bei Doha jede Beteiligung an den Treffern auf Wohnviertel in Bagdad der vergangenen Tage abstreitet.

„George W. Bush könnte aus Zaire kommen, so dumm ist das. Manchmal bringen diese Lügner einen wirklich zum Staunen. Das will eine Supermacht sein? Da läuft doch was schief, das passt doch alles nicht zusammen. Sie bombardieren irakische Zivilisten, und dann sagen sie, dass es die Iraker waren? Das ist doch Schwachsinn."

Katar, im Centcom der US-Truppen, 17 Uhr

Das Oberkommando stellt sich der Presse. Der dicke, strenggescheitelte Mann in Reihe eins steht wieder auf: „Tom Mintier von CNN."

General Franks: „Klar, Tom."

CNN-Mann: „Gestern hat offenbar ein Selbstmordattentäter vier Soldaten der 3. Infanterie-Division getötet."

Tommy Franks: „Richtig."

CNN-Mann: „Was können Sie uns über diesen jüngsten Zwischenfall sagen?"

Franks: „Es ist nicht erstaunlich, denke ich, dass ein sterbendes Regime zu solchen Taktiken wie Selbstmordbomben greift. Erstaunlich dagegen ist die Verbindung bis hoch zur Spitze des Regimes, wo, wenn mein Arabisch mich nicht im Stich lässt, dieser Angriff gutgeheißen worden ist."

Junge Frau von AP: „Sie nennen das Terrorismus. Ich hätte gern eine Definition, denn gewöhnlich richtet sich Terrorismus gegen

Zivilisten. Das beabsichtigte Ziel hier war eindeutig das Militär. Sie sind im Irak, sie (die Iraker) leisten Widerstand."

Tommy Franks: „Gewiss, gewiss."

Junge Frau von AP: „Ist das dann nicht legitimer Widerstand?"

Tommy Franks: „Oh, ich habe nichts darüber gesagt, ob es legitim ist oder nicht. Ich denke, dass hängt vom Betrachter ab."

TV-Journalist von NewsHour: „Stimmt es, dass die Iraker in abgelegenen Gebieten immer noch vereinzelten Widerstand leisten?"

Tommy Franks: „Richtig. Welchen Grad von Bedrohung bedeutet das? Zieh mal die Karte raus, Vince." Auf den Plasmaschirmen erscheint die Karte des Irak. „Von hier bis hier, grob 400 Kilometer weit, finden wir Todesschwadrone, Strauchdiebbanden, Terroristen, Paramilitärs und so weiter. Die haben die Zentren von Städten wie Basra, Nassirija, Diwanija, Nadschaf und Samawa besetzt. Und so sind sie in der Lage, die Iraker in diesen Dörfern und Städten zu terrorisieren und sich entlang unserer Verbindungslinien zu bewegen, um unseren Nachschub zu verhindern. Das ist ihnen nicht gelungen. Unser Nachschub hat die 400 Kilometer geschafft, und wird es weiterhin tun."

Nördlich von Nadschaf, Autobahn 9, 1. Brigade der 3. Infanterie-Division, abends

Das Schild ist riesig, es kündigt die Straßensperre an und die Schüsse. „Roadblock ahead" steht auf dem Schild, „leave the area or we will fire." Und das Gleiche noch mal auf Arabisch.

Gestern war die Straße nach Nadschaf noch offen für alle, die keine Waffen trugen. Aber dann kam das Attentat, dann starben vier Amerikaner.

Es wurden ja noch drei weitere Fahrzeuge mit Sprengkörpern gefunden, die „Bradleys" der 1. Brigade erwischten sie. Es sollte, daran zweifeln Sergeant Jennifer Raichle und die anderen Aufklärungsoffiziere nicht mehr, ein Simultan-Anschlag an vier Orten werden.

Und darum ist jetzt nichts mehr wie vorher.

Die Zurückhaltung ist verschwunden, die alten Regeln gelten nicht mehr, die Angst, dass es Zivilisten erwischen könnte, ist weg. Lieber Zivilisten als Amerikaner.

Die neuen Regeln sind einfach. „Fünf Sekunden", sagt Lieutenant Colonel Scott Rutter, „sie haben genau fünf Sekunden, um sich umzudrehen und zu verschwinden. Wenn sie nach fünf Sekunden noch hier sind, sind sie tot.“ Lieutenant Colonel Rutter war der Vorgesetzte der vier Ermordeten. Mit dem rechten Fuß malt er Kreise in den Staub, und er knetet seine Hände.

Major General Buford Blount, Kommandeur der 3. Infanterie-Division, sagt: „Wir sind in der Hoffnung hergekommen, dass wir die Kollateralschäden und die Gewalt gegen Zivilisten auf ein Minimum beschränken könnten. Aber das lassen die Iraker nicht zu.“

Und Lieutenant Colonel Steven Landis, Kommandeur im TOC der 1. Brigade, sagt: „Meine Leute waren natürlich zögerlich. Da kamen Iraker in Kleinwagen auf uns zu, und da will man einfach nicht schießen. Es ist nicht fair. Es hat gedauert, bis meine Leute wirklich begriffen haben, dass diese Iraker in diesen Kleinwagen auf uns schießen, wenn wir nicht schießen.“

Es ist nicht zu übersehen: Es hat sich etwas verändert in diesem Krieg. Seit sechs Tagen sind die Männer und Frauen von der 1. Brigade nun in der Gegend von Nadschaf, und es geht nicht voran. Sie wollten die Städte im Süden und im Zentralirak meiden, sie wollten nach Bagdad. Und nun müssen sie hier unten in Nadschaf Palmen und Eukalyptusbäume niederwalzen, damit die Panzer freies Schussfeld haben.

„Es widerspricht jeglichem Menschenverstand“, sagt Sergeant Jennifer Raichle, „sie schicken die Republikanische Garde nicht. Nicht mal Panzer. Sie kämpfen einen Guerilla-Krieg ohne jede Aussicht auf einen Sieg.“

Ein Auto nähert sich. „Stop right there“, sagen die Soldaten über Lautsprecher, ein Dolmetscher übersetzt ins Arabische. Der Fahrer stoppt nicht. Feuer.

Dann sieht man nichts mehr, nur schwarzen Rauch, der Mann ist tot.

Sergeant Raichle raucht Newport Menthol und sagt: „Das ist der Satz, den sie jetzt auf CNN sagen werden: And then everything blew up. Das ist der Satz aller Sätze, wenn sie den Krieg im amerikanischen Fernsehen zeigen.“

Ein anderes Auto hatte vorher schon versucht, durch die Blockade hindurchzurauschen. Ein Mann und eine Frau saßen darin, vermutlich wollten sie nur nach Hause. Vermutlich dachten sie, die neuen Regeln seien nicht so ernst gemeint.

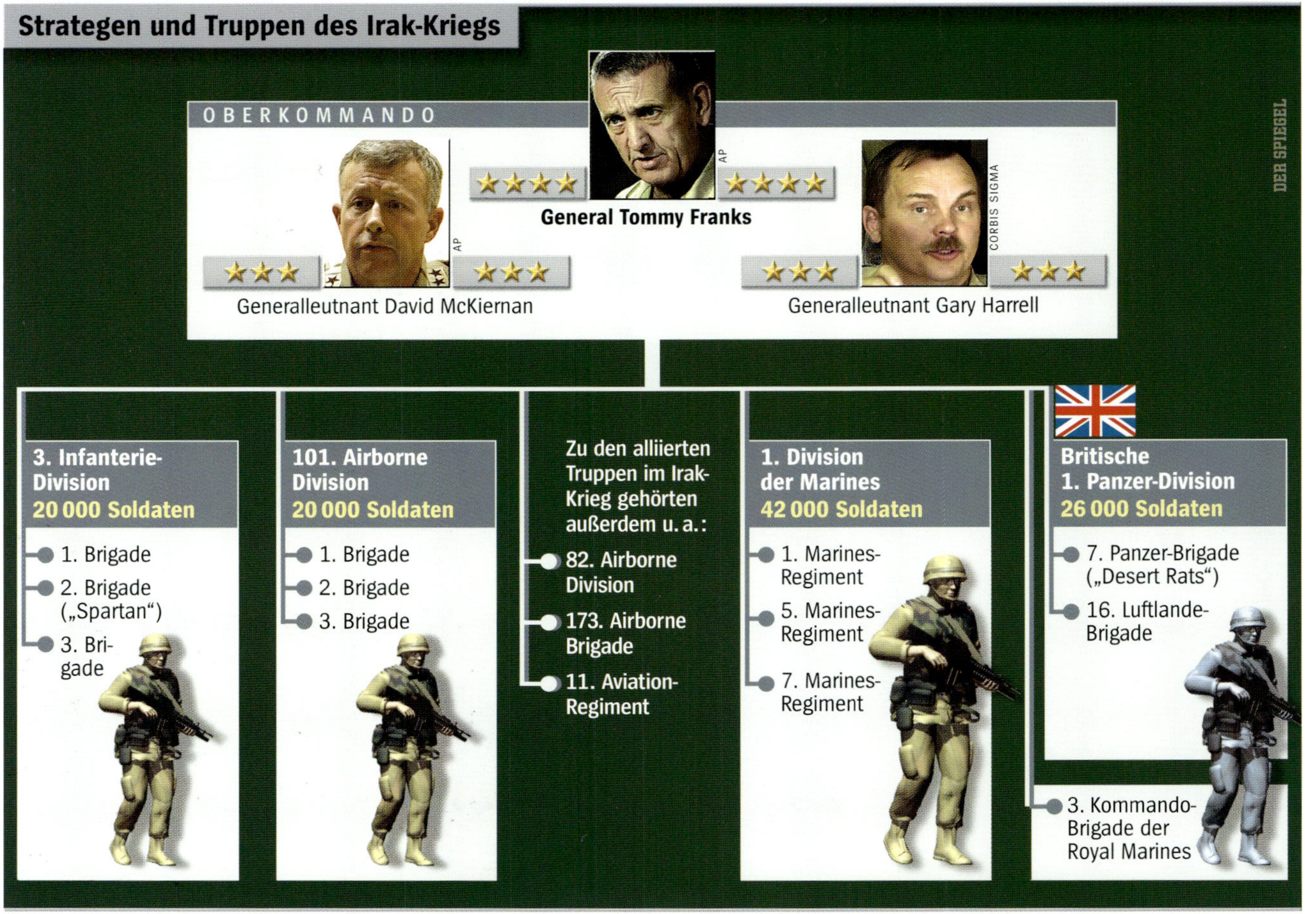
Strategen und Truppen des Irak-Kriegs
OBERKOMMANDO
General Tommy Franks
AP
Generalleutnant David McKiernan
AP
Generalleutnant Gary Harrell
CORBIS SIGMA
3. Infanterie-Division
20 000 Soldaten
1. Brigade
2. Brigade („Spartan“)
3. Brigade
101. Airborne Division
20 000 Soldaten
1. Brigade
2. Brigade
3. Brigade
Zu den alliierten Truppen im Irak-Krieg gehörten außerdem u. a.:
82. Airborne Division
173. Airborne Brigade
11. Aviation-Regiment
1. Division der Marines
42 000 Soldaten
1. Marines-Regiment
5. Marines-Regiment
7. Marines-Regiment
Britische 1. Panzer-Division
26 000 Soldaten
7. Panzer-Brigade („Desert Rats“)
16. Luftlande-Brigade
3. Kommando-Brigade der Royal Marines
DER SPIEGEL

Aufmarsch und Angriff

Britische Truppen vor dem Angriff

FOTO: REUTERS / E-LANCE MEDIA

Die 2. Brigade der 3. Infanterie-Division

genannt „Spartan“ (Spartaner), ist weltweit die schwerstbewaffnete Brigade einer Schnellen Eingreiftruppe. Sie umfasst wenigstens 4400 Soldaten. In Friedenszeiten gehören zur Brigade nur die Einheiten „China“, „Desert Rogues“, „Tusker“ und „Titans“. Bei Kriegseinsätzen wie im Irak werden den Panzer- und Infanterieverbänden zur Unterstützung weitere Einheiten zugeteilt. Rund 2000 Fahrzeuge umfasst dann das Kriegsgerät. Motto der Blitztruppe: „Send me!“.

2 SEND ME

nicht abgebildet: 1. Aufklärungsbataillon

1. Bataillon, 9. Feldartillerie-Regiment (1–9) „Battlekings“

Fünf Batterien, **Aufgabe:** Artillerie-Unterstützung der Panzereinheiten, u. a. **18 M109A6-„Paladin“-Panzerhaubitzen**

Task Force 3–15 „China“

Fünf Kompanien: **800 Soldaten**
Fahrzeuge: u. a. **58 M2-„Bradley“-Schützenpanzer**

Task Force 1–64 „Desert Rogues“

Vier Kompanien: **720 Soldaten**
Fahrzeuge: u. a. **58 M1-„Abrams“-Kampfpanzer**

26. Nachschub-Bataillon

Drei Kompanien, **Aufgabe:** Versorgung der Kampftruppen mit Munition, Betriebsstoff, Ersatzteilen und Verpflegung
Großes Kontigent an Transportfahrzeugen, u. a. 60 große Tanklaster

123. Fernmelde-Bataillon „Voice of the Rock"

Vier Kompanien, **Hauptaufgabe:** Computersysteme und Kommunikation

10. Pionier-Bataillon

Drei Kompanien, **Aufgabe:** Überwinden von Hindernissen durch Hilfsbrücken, Minenräumung u. a.
12 M60-Brückenlegepanzer, 21 M9-ACE-Pionierpanzer

Task Force 4–64 „Tusker"

Vier Kompanien: **720 Soldaten**
Fahrzeuge: u. a. **58 M1-„Abrams"-Kampfpanzer**

Stabskompanie „Titans"

u. a. **6 gepanzerte Gefechtsstandfahrzeuge M577**

Soldaten der 1. Marines Division

FOTO: CHRIS MADDALONI

FOTO: CHRIS MADDALONI

Captain Daniel Wittnam, Kompaniechef im 1. Bataillon des 2. Marines-Regiments (oben)
First Lieutenant Michail Sobieszczyk, Kommandeur eines Nachschub-Platoons (unten)

FOTO: VOLKER CORRELL

Lieutenant Colonel Fred Padilla,
Kommandeur der 1. Bataillons

Der Beginn der Bodenoffensive
Alliierter Vormarsch bis zum 2. April
100 km
TÜRKEI
SYRIEN
IRAN
3. US-Infanterie-Division
AIRBORNE
101. Airborne Division
1. Division der Marines
Britische 1. Panzer-Division
Gefechte
Ölförderung
Flugfeld von Harir
Mossul
Kalak
Arbil
kurdisches Autonomie-gebiet
Kirkuk
Suleimanija
Tikrit
Euphrat

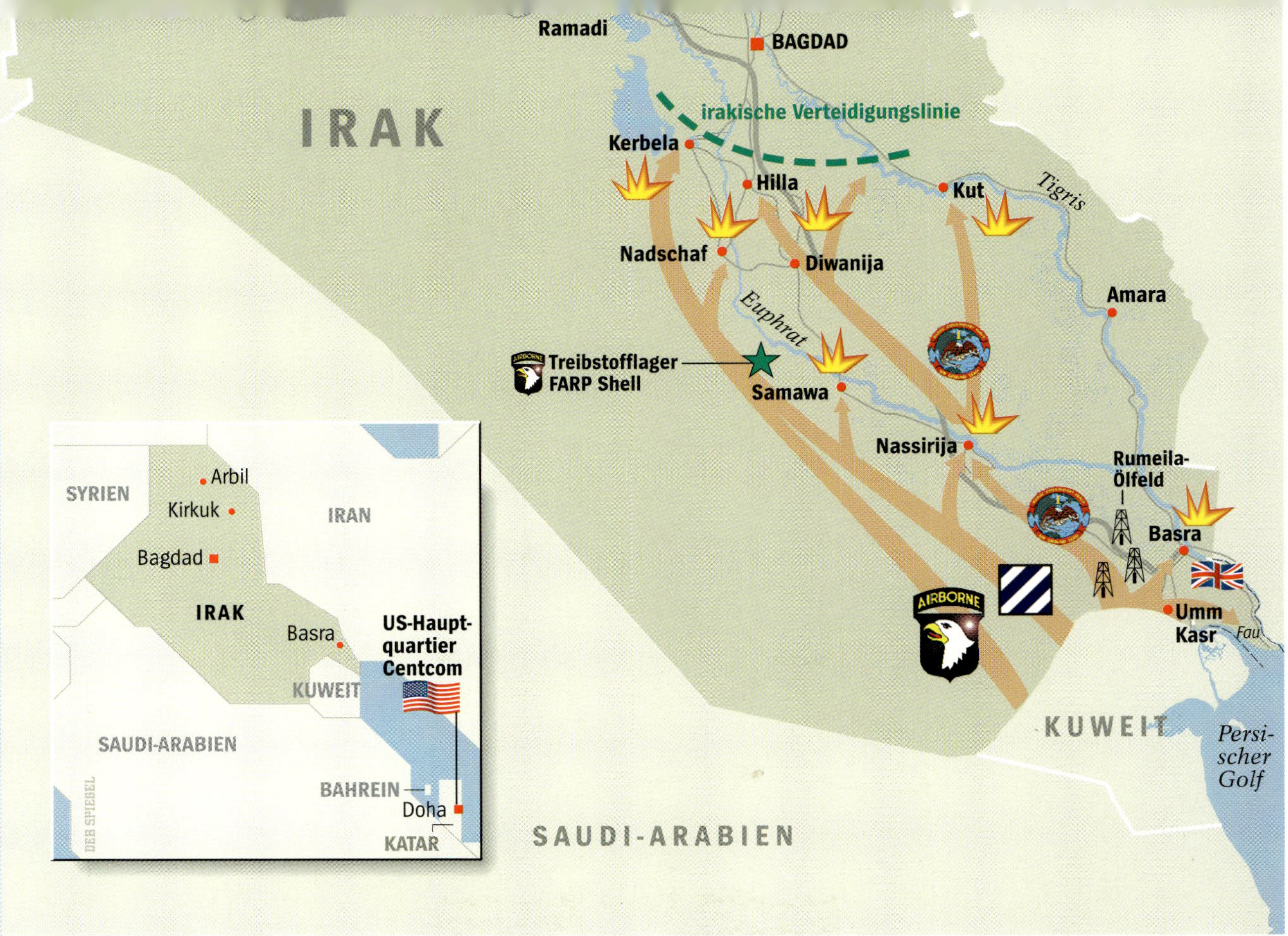

Ramadi
BAGDAD
IRAK
irakische Verteidigungslinie
Kerbela
Hilla
Kut
Tigris
Nadschaf
Diwanija
Amara
Euphrat
Treibstofflager
FARP Shell
Samawa
Nassirija
Rumeila-
Ölfeld
Basra
Umm
Kasr
Fau
KUWEIT
Persi-
scher
Golf
SAUDI-ARABIEN
SYRIEN
Arbil
Kirkuk
IRAN
Bagdad
IRAK
Basra
US-Haupt-
quartier
Centcom
KUWEIT
SAUDI-ARABIEN
BAHREIN
Doha
KATAR
DER SPIEGEL

Soldaten der 101. Airborne Division

FOTO: THOMAS GRABKA

**Major Doris Garcia,
Cheflogistikerin der 101. Airborne Division**

FOTO: THOMAS GRABKA

FOTO: THOMAS GRABKA

Major General David Petraeus (links), Kommandeur der 101. Airborne Division, und Colonel Joe Anderson, Kommandeur der 2. Brigade (oben)
„Apache"-Kampfpiloten Duane Crawford (links), Jeff Lamprecht (unten)

Vormarsch und Angriff einer Brigade

1 Kommandozentrale Führungsstäbe planen und koordinieren die Angriffsbewegung der Truppen. Rückwärtige Artillerie bekämpft feindliche Stellungen aus der Ferne mit Geschützen und Raketen.

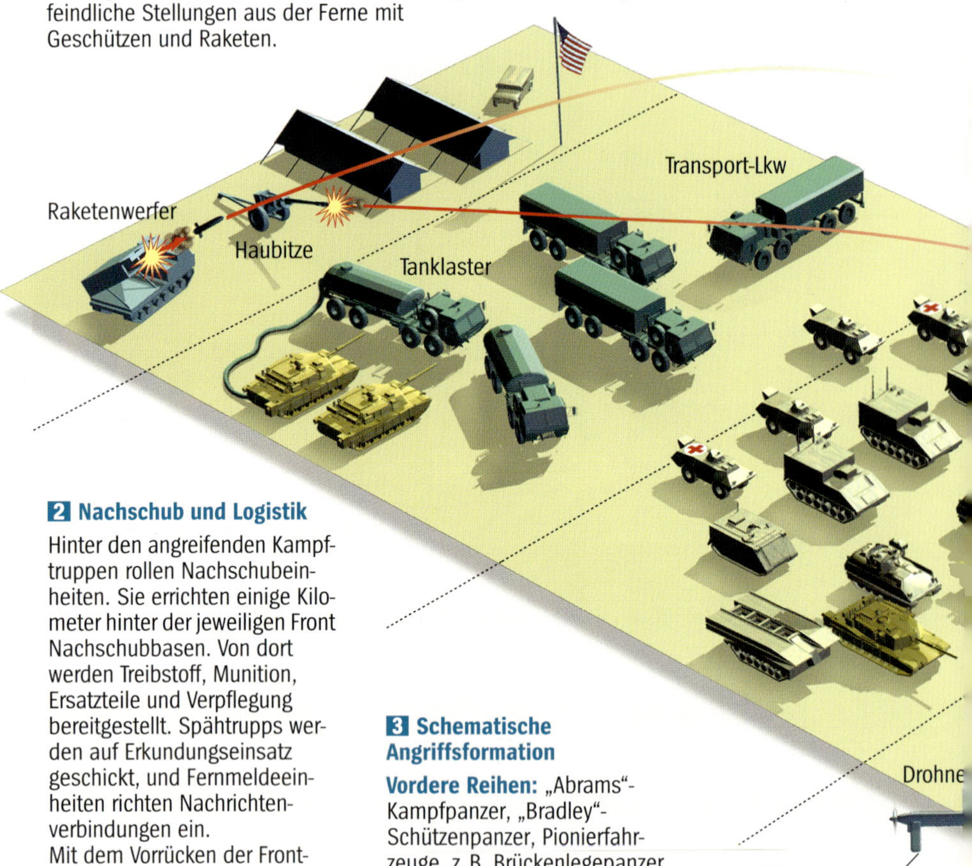

2 Nachschub und Logistik

Hinter den angreifenden Kampftruppen rollen Nachschubeinheiten. Sie errichten einige Kilometer hinter der jeweiligen Front Nachschubbasen. Von dort werden Treibstoff, Munition, Ersatzteile und Verpflegung bereitgestellt. Spähtrupps werden auf Erkundungseinsatz geschickt, und Fernmeldeeinheiten richten Nachrichtenverbindungen ein.
Mit dem Vorrücken der Fronttruppen müssen auch die Nachschubbasen ständig neu verlegt werden.

3 Schematische Angriffsformation

Vordere Reihen: „Abrams"-Kampfpanzer, „Bradley"-Schützenpanzer, Pionierfahrzeuge, z. B. Brückenlegepanzer

Mitte: Führungsfahrzeuge, Granatwerfer und Bergungspanzer

Hintere Reihen: Gepanzerte Transporter, Sanitäts- und andere Versorgungsfahrzeuge

Aufklärung

Der Streitmacht voraus, sondieren Spähtrupps oder Aufklärungsdrohnen das Gelände, sichten Aufstellung und Stärke des Gegners, um nötigenfalls die lange vor der Schlacht gesammelten Daten der Feindaufklärung zu korrigieren.

DER SPIEGEL

Luftunterstützung Flugzeuge und Kampfhubschrauber greifen mit Bomben und Raketen die feindlichen Stellungen an.

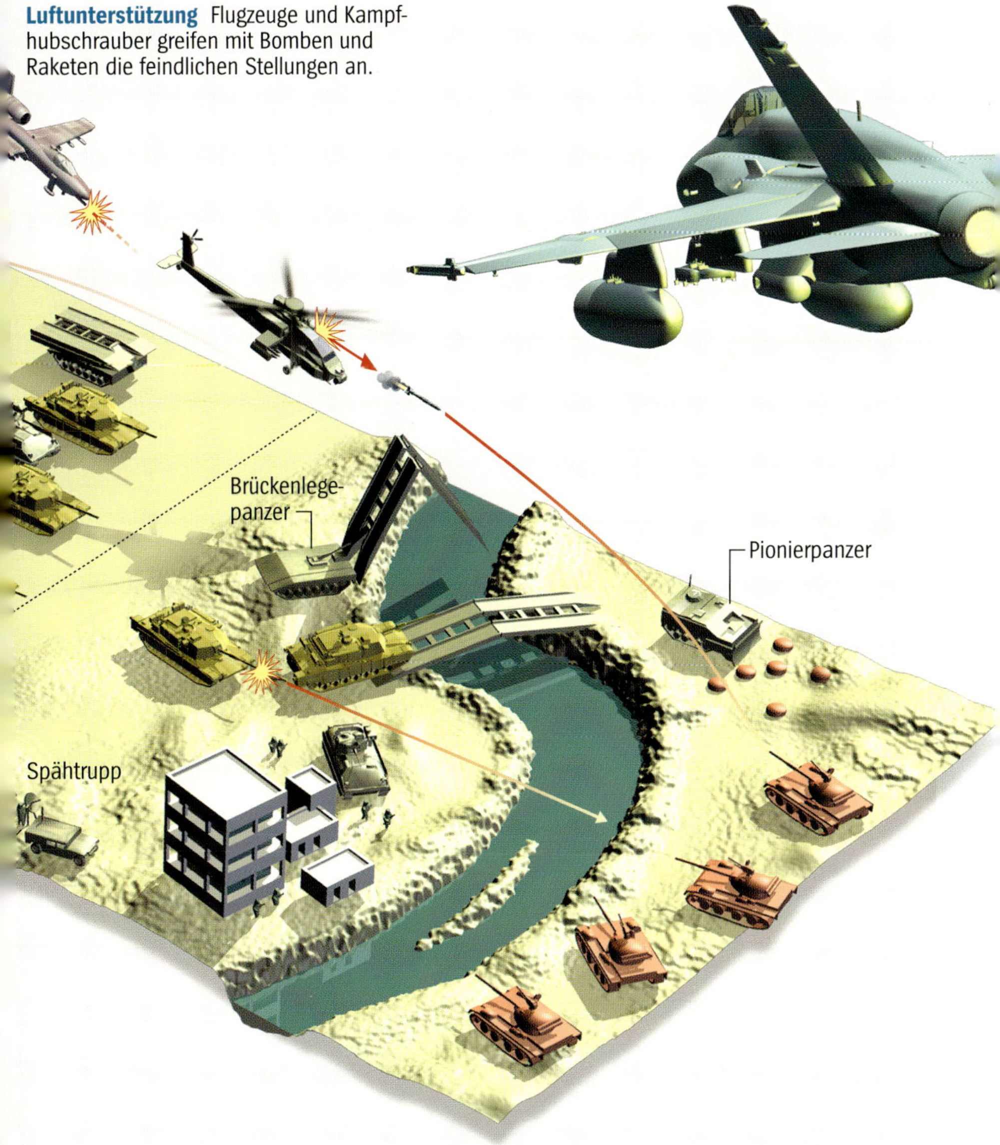

Kampfpanzer M1-„Abrams"

1980 in Dienst gestellt. Der 63 Tonnen schwere Panzer erreicht mit 1500 PS eine Geschwindigkeit von fast 70 km/h. Mit seiner Nachtsichtfähigkeit und dem lasergestützten Entfernungsmesser gilt der „Abrams" als einer der besten Panzer weltweit. Bestückt ist er mit einer 120-Millimeter-Glattrohrkanone aus der deutschen Waffenschmiede Rheinmetall, die von den Amerikanern in Lizenz gebaut wird. Der Panzer hat vier Mann Besatzung und verschießt Uran-Munition vier Kilometer weit. Außerdem ist der „Abrams" mit einem 12,7-Millimeter-Maschinengewehr ausgerüstet und mit zwei 7,62-Millimeter-MG.

M2A3-„Bradley"-Schützenpanzer

Der „Bradley" fährt die Infanteristen zum Gefecht. Außerdem kann er mit seiner 25-mm-Kanone 200 Schuss panzerbrechende Munition abfeuern oder Raketen gegen Panzer einsetzen. Wird zudem für Erkundungsfahrten eingesetzt. Ausgerüstet mit einem 7,62 mm-Maschinengewehr, das bis zu 950 Schuss pro Minute abfeuern kann. 6,6 m lang, 61 km/h Höchstgeschwindigkeit, zehn Mann Besatzung.

Schützenpanzer „Warrior“

Mitte der achtziger Jahre für die britische Armee entwickelt, wurde der „Warrior“ bereits im Golfkrieg 1991 und in Bosnien eingesetzt. Der Schützenpanzer bietet Kommandant, Fahrer, Richtschützen und sieben Infanteristen Platz, die er mit einer Maximalgeschwindigkeit von 75 km/h transportieren kann. Selbst rückwärts fahrend, ist das Fahrzeug noch rund 48 km/h schnell. Im Irak kamen mehrere Varianten des „Warrior“ zum Einsatz, unter anderem ein Aufklärungsfahrzeug, das keine Infanteristen aufnehmen kann und stattdessen mit moderner Überwachungstechnik ausgerüstet ist.

Amphibienpanzer AAVP7A1 „Amtrack“

Ursprünglich entwickelt als kleines Landungsfahrzeug, das Truppen von Kriegsschiffen zur Küste befördert, wird der „Amtrack“ seit Mitte der achtziger Jahre mehr und mehr als gepanzerter Transporter für Landoperationen eingesetzt. Der kettengetriebene Panzer kann bis zu 25 Marines in voller Kampfausrüstung befördern. An Land ist der „Amtrack“ über 70 km/h schnell, im Wasser schwimmend erreicht er rund 13 km/h.

Soldaten der 3. Infanterie-Division

FOTO: THOMAS GRABKA

FOTO: THOMAS GRABKA

Lieutenant Colonel Eric Wesley, Kommandeur der 2. Brigade (oben)
Sergeant Jennifer Raichle, Aufklärerin der 1. Brigade (unten)

FOTO: THOMAS GRABKA

Colonel David Perkins,
Kommandeur der 2. Brigade

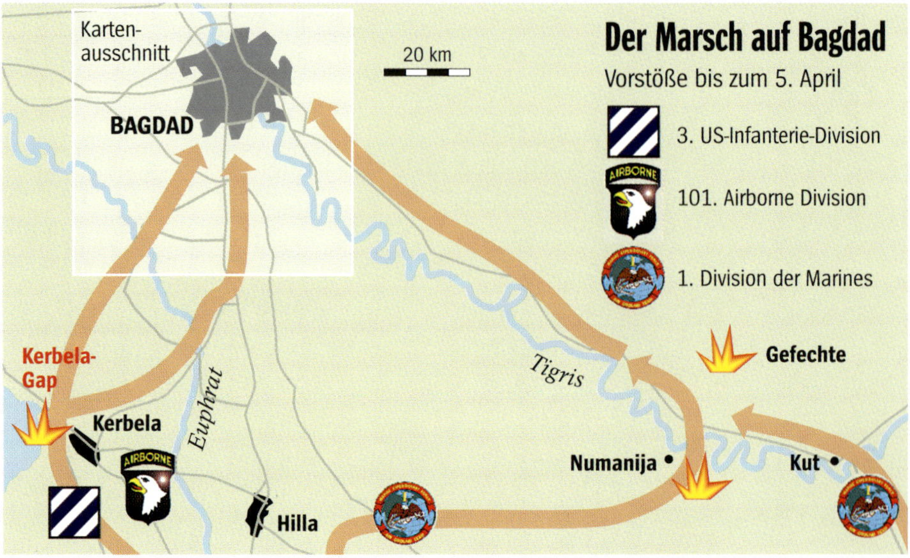
Der Marsch auf Bagdad
Vorstöße bis zum 5. April
3. US-Infanterie-Division
101. Airborne Division
1. Division der Marines
Gefechte
20 km
Karten-
ausschnitt
BAGDAD
Kerbela-
Gap
Kerbela
Euphrat
Tigris
Numanija
Kut
Hilla
AIRBORNE

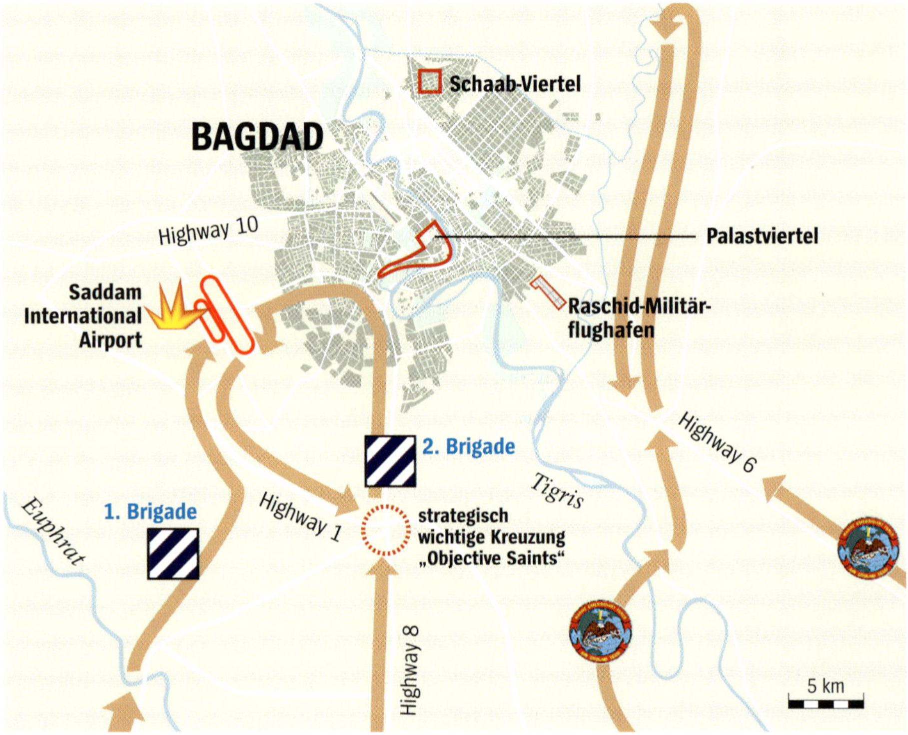
Schaab-Viertel
BAGDAD
Highway 10
Palastviertel
Saddam
International
Airport
Raschid-Militär-
flughafen
2. Brigade
Highway 6
Tigris
1. Brigade
Highway 1
strategisch
wichtige Kreuzung
„Objective Saints“
Euphrat
Highway 8
5 km

Ausrüstung eines Soldaten (am Beispiel der 101. Airborne Division)

Aufklärungshubschrauber OH-58D „Kiowa Warrior“

Für leichte Angriffe und bewaffnete Aufklärung gleichermaßen geeignet. 1991 in Dienst gestellt. Das hervorragende Navigationssystem versetzt ihn in die Lage, mögliche Ziele bei Tag und Nacht zu lokalisieren. Der „Kiowa Warrior“ fliegt mit zwei Mann Besatzung und ist rund 230 km/h schnell. Er ist mit „Hellfire“- und „Stinger“-Raketen bestückt, außerdem mit 70-mm-„Hydra“-Geschossen und schwerem Maschinengewehr.

Kampfhubschrauber „Apache“

Mitte der siebziger Jahre entwickelt. Seit 1983 in Serienproduktion, wurde der „Apache“ in den vergangenen Jahren grundlegend modernisiert. Der modifizierte „Longbow“-Typ ist mit bis zu 16 panzerbrechenden, radargesteuerten „Hellfire“-Raketen bestückt und verfügt zudem über eine 30-Millimeter-Maschinenkanone sowie ungelenkte Geschosse. Der Hubschrauber kann mit seinen Radarsystemen über 128 Ziele orten, identifizieren und die 16 gefährlichsten einschätzen. Er leitet diese Informationen dann an andere „Apache“-Hubschrauber, an Kampfbomber oder an Bodentruppen weiter und beginnt mit dem Angriff – das Ganze in weniger als 30 Sekunden. Er bekämpft Panzer aus über sieben Kilometer Entfernung und hat zwei Mann Besatzung.

B-2A „Spirit“

Tarnkappenbomber für Langstrecken, der sowohl konventionelle als auch Atomwaffen tragen kann. Er ist durch seine Konstruktionsform und Oberflächenbeschichtung vom gegnerischen Radar kaum auszumachen. Die pro Stück etwa zwei Milliarden Dollar teuren Maschinen tragen bis zu 80 Präzisionsbomben, darunter die „Bunker Buster“ genannten BLU-113 „Penetrator“. Sie dringen zuerst tief in feindliche Ziele ein, bevor 1800 Kilogramm Sprengstoff gezündet werden.

F-117A „Nighthawk“

Zweistrahliges, einsitziges Kampfflugzeug, das ebenfalls die „Stealth“-Technologie nutzt, um für Radaranlagen unsichtbar zu bleiben. Die Triebwerke sind zudem gegen Infrarot-Erfassung abgeschirmt. Die F-117 ist mit Laser-Bomben und Lenkwaffen bestückt. Im Irak-Krieg startete der F-117 von der al-Udeid Air Base in Katar und lud EGBU-27 Bomben auf Bagdad ab. Die EGBU-27 (Enhanced Guided Bomb Unit-27) wurde eigens für die F-117 entwickelt. Sie steuert ihr Ziel entweder per Laserstrahl oder per GPS an und kann bei jedem Wetter eingesetzt werden. Vier dieser 900-Kilo-Bomben wurden zu Beginn des Krieges auf jenen Bunker in Bagdad abgefeuert, in dem Saddam Hussein vermutet wurde.

B-52H „Stratofortress“

1952 erstmals geflogener achtstrahliger Bomber, der, stetig modernisiert, bis mindestens 2030 im Dienst bleiben soll. Die B-52 ist der größte Bomber der USA. B-52 tragen bis zu 45 Bomben oder bis zu 20 Marschflugkörper (31,5 Tonnen Bombenlast). Das Flugzeug ist 48,5 m lang, hat eine Spannweite von 56,4 m und erreicht eine Höchstgeschwindigkeit von 1045 km/h. Reichweite mit einer Tankfüllung: 14 000 Kilometer.

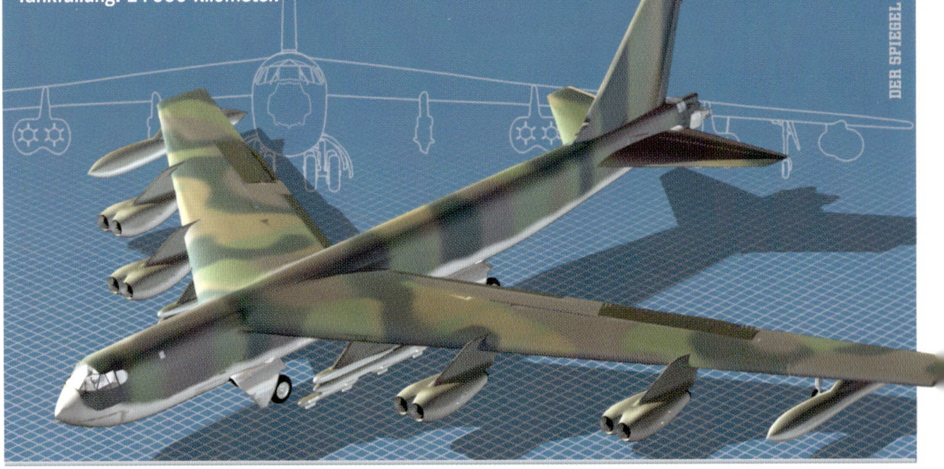

Kampfflugzeug A-10 „Thunderbolt“

Einsitziger Kampfjet, von den Piloten „Warthog“ (Warzenschwein) genannt. In die Entwicklung der A-10 gingen Erfahrungen des Vietnam-Krieges mit ein. Er wird seit 1975 in Serie gefertigt. Die „Thunderbolt“ wird gegen Panzer und zur Luftunterstützung der Bodentruppen eingesetzt. Im Irak-Krieg verschossen A-10 die berüchtigten panzerbrechenden Granaten mit einem Kern aus abgereichertem Uran. Das Flugzeug hat eine Höchstgeschwindigkeit von rund 700 km/h und einen Aktionsradius von bis zu 750 Kilometern.

Präzisionsbombe JDAM

JDAM steht für Joint Direct Attack Munition. Ab 1998 in Dienst gestellt. Es handelt sich hierbei um einen Aufrüstbausatz, mit dem eine „dumme“ Fallbombe in eine „intelligente“ GPS-Gleitbombe verwandelt, also lenkbar gemacht wird. Die Kosten sind mit etwa 20 000 Dollar pro Bausatz relativ niedrig.

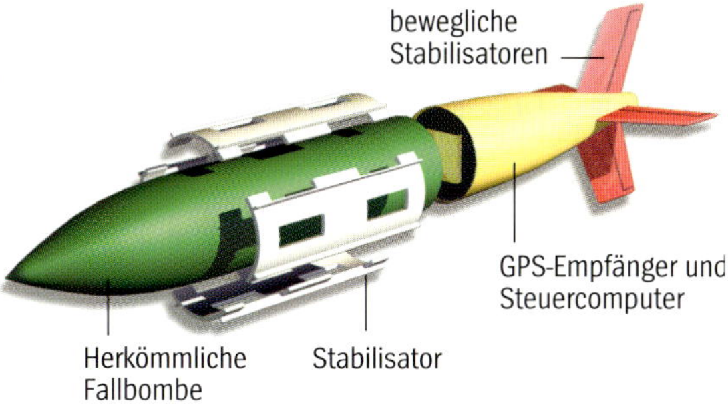

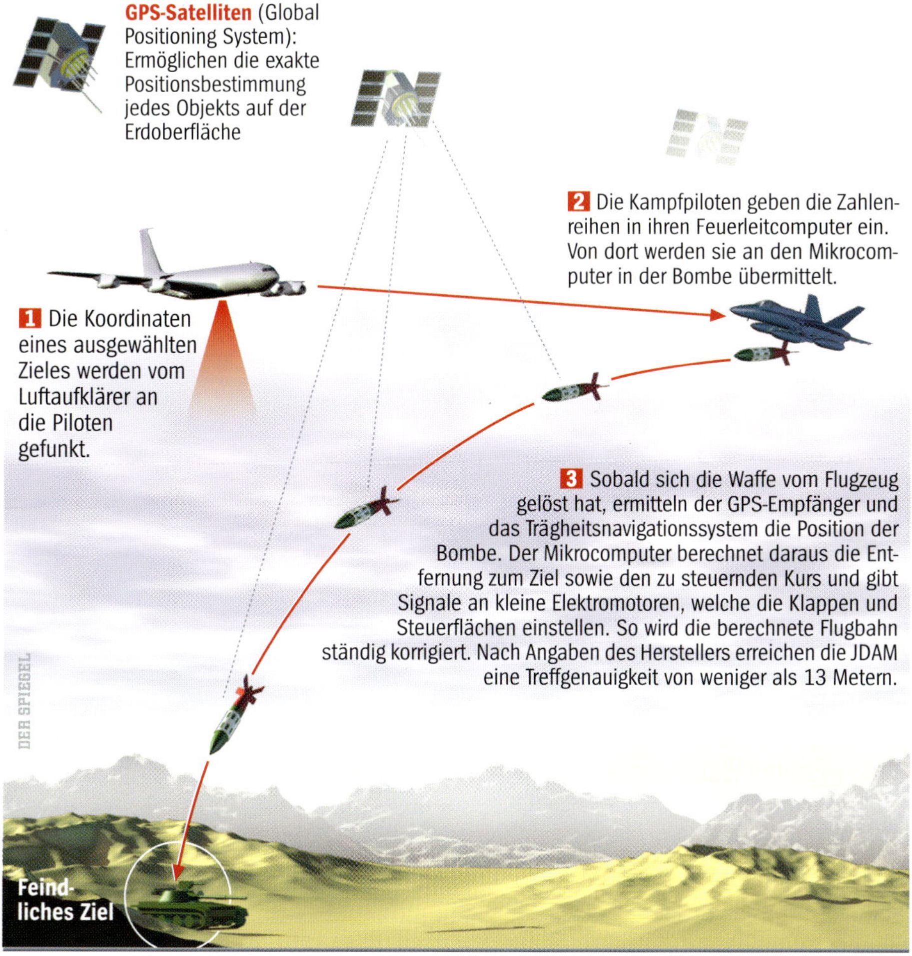

Soldaten der britischen 7. Panzer-Brigade

Captain Tom Hubbard, Kommandant eines „Warrior"-Schützenpanzers in Basra (oben)
Sergeant Jim Hilton (Mitte), Richtschütze in Basra (unten)

FOTOS: YOLA MONAKHOV / PANOS PICTURES (2)

Soldaten der U.S. Task Force 4-64

Oberstleutnant Philip deCamp,
Kommandeur der Task-Force 4-64

Captain Phillip Wolford, verantwortlich für den Beschuss des „Hotel Palestine" in Bagdad

Captain Chris Carter, Kriegsheld, vorgeschlagen für einen Silver-Star-Orden

FOTOS: THOMAS GRABKA (3)

Wichtige Angriffsziele – durch Luftangriffe schwer beschädigte Gebäude

11
18
AUSSCHNITT
Tigris
12
Straßenkreuzung, an der die Familie Chatschaturian in ein Feuergefecht gerät
17
Wohnhaus der Familie Chatschaturian
1. Neuer Präsidentenpalast
2. Palast der Republik: Saddams Kommandozentrale, Bunker
3. Denkmal des unbekannten Soldaten
4. Ministerrat
5. Hauptbahnhof
6. Militärflughafen
7. „Hotel Raschid“
8. Baath-Parteizentrale
9. Geheimdienstzentrale
10. Große Moschee
11. Verteidigungsministerium
12. Märtyrer-Denkmal
13. Informationsministerium
14. Universität Bagdad
15. Telekommunikationszentrum
16. Saddam Int. Airport
17. „Hotel Palestine“
18. Altstadt
19. Radio-, TV-Stationen
14
DORA
Tigris
3
Saddams Kommando-zentrale
Vorstöße bis zum 10. April
5 km
3. US-Infanterie-Division
1. Division der Marines
Schaab-Viertel
Präsidentenpalast mit Imam-al-Adham-Moschee
BAGDAD
3. Brigade
Palastviertel
Saddam International Airport
1. Brigade
Raschid-Militär-flughafen
2. Brigade
Tigris
Tactical Operations Center der 2. Brigade

„Patriot"-Raketen

Boden-Luft-Raketen, die gegnerische Kurzstrecken-Raketen und Flugzeuge abfangen und in der Luft vernichten sollen. Die „Patriots", ursprünglich zur Fliegerabwehr entwickelt, wurden 1991 überstürzt als Antiraketen-System eingesetzt. Die im Irak-Krieg erstmals eingesetzte „Patriot 3" ist eine wesentlich verbesserte Version. Sie wiegt nur ein Drittel der „Patriot 1" und fliegt fast doppelt so schnell wie diese. Zudem ist sie mit sehr viel mehr Computertechnik ausgerüstet, die Treffgenauigkeit ist entsprechend gestiegen.

MOAB: Die derzeit größte konventionelle Bombe

Massive Ordnance Air Blast (oder auch: Mother of all Bombs), im März 2003 in Florida erstmals getestet. Wiegt 9,8 Tonnen und hat die Sprengkraft einer kleinen Atombombe. Die Moab enthält gut 8000 Kilogramm konventionellen Sprengstoff. Hitze und Druckwelle löschen alles Leben in weitem Umkreis aus, die Explosion verbraucht darüber hinaus fast allen Sauerstoff in der Nähe, so dass Menschen, die sich in einem Umkreis von 500 m um den Einschlagspunkt aufhalten, ersticken. Die Moab entwickelt eine Rauchsäule, die dem Atompilz ähnelt.

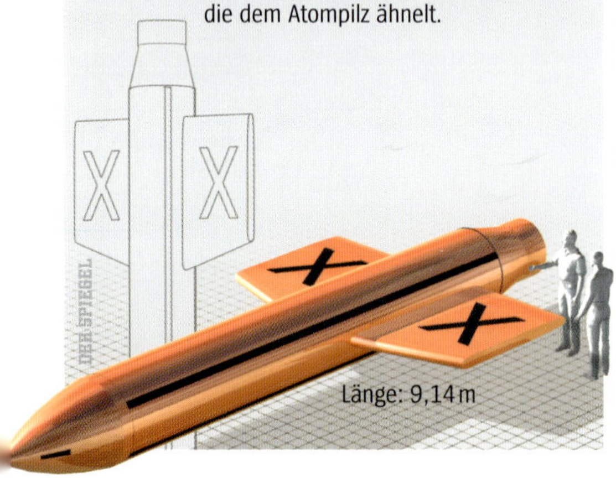

BGM-109 „Tomahawk"

Selbst lenkender Langstrecken-Marschflugkörper mit Düsenantrieb. Im Irak-Krieg wurden sie rund 800-mal von Schiffen aus abgefeuert. Die neueste Variante ist fünfeinhalb Meter lang und 1,3 Tonnen schwer und wird über GPS-Satelliten und ein eigenes Radarsystem gesteuert, welches das überflogene Gelände mit eingespeicherten Daten vergleicht und sich bei einer Geschwindigkeit von 880 km/h in 15 bis 100 Meter Flughöhe selbständig den Weg zum Ziel sucht. Reichweite: bis zu 1600 km.
Weil sie so extrem niedrig fliegen, bleiben die Marschflugkörper für feindliches Radar nahezu unsichtbar.

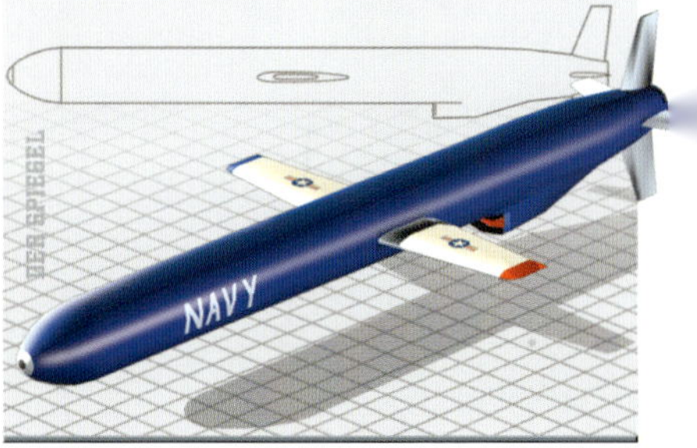

Mehrfachraketenwerfer MLRS

Multiple Launch Rocket System, von den Amerikanern als Flächenfeuerwaffe und gegen Einzelziele eingesetzt. Ältere MLRS-Raketen fliegen etwa 30 Kilometer weit. In Salven von sechs bis zwölf Stück abgefeuert, werden sie gegen Truppen und gepanzerte Fahrzeuge eingesetzt. Ein Projektil übersät eine 200 Meter mal 100 Meter große Fläche mit 644 Splitterbomben oder Minen. Neue Varianten sind GPS-gelenkt und können Punktziele wie Flugabwehrstellungen oder Gefechtsstände zerstören oder sogar bewegliche Ziele, etwa mobile Startrampen für „Scud"-Raketen, treffen.

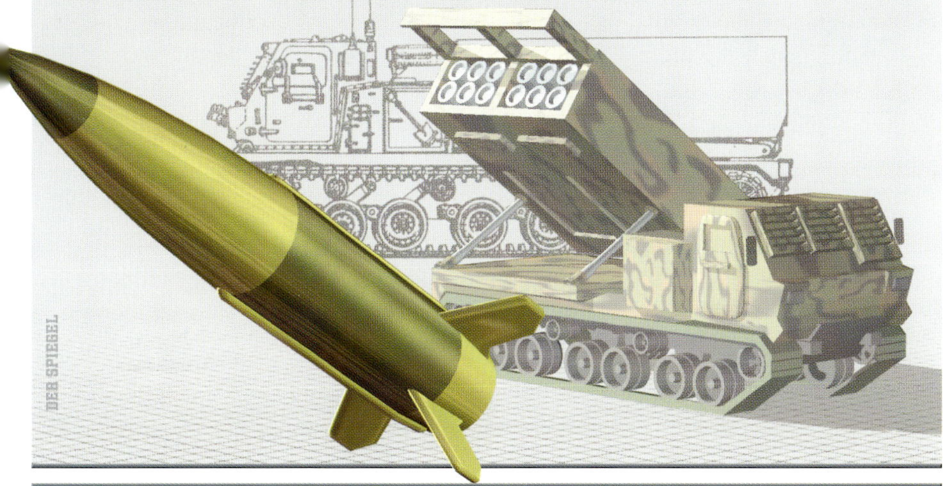

Cluster Bomb Unit (CBU-87)

Streubombe, die zu Beginn des Krieges über irakischen Stellungen im Süden abgeworfen wurde. Sie besteht aus einem Behälter, der über dem Ziel 202 Minibomben ausstößt, die dann an Fallschirmen zu Boden schweben. Damit kann eine Fläche von 200 Meter mal 400 Meter belegt werden. In der Regel sind fünf bis zehn Prozent der Sprengkörper Blindgänger mit jahrelanger Lebenszeit.

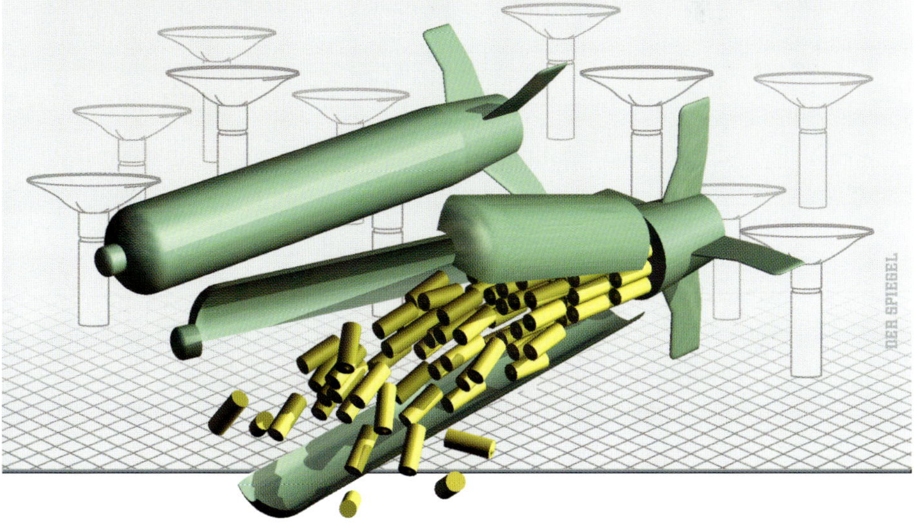

Irakische Zivilisten

Bombenopfer Abid Hassan Hamudi in seinem zerstörten Haus in Basra

FOTOS: YOLA MONAKHOV / PANOS PICTURES

FOTO: THOMAS GRABKA

FOTO: ERWIN DECKER

Muhsin Chadim, Wächter des Nationalmuseums in Bagdad

Mohammed Ridda, Polizist im Kriegsdienst

FOTO: THOMAS GRABKA

FOTO: THOMAS GRABKA

Mohammed Baschir, Chef der Notaufnahme des Kindi-Hospitals in Bagdad (oben)
Bruder Michel, Mönch im Karmelitenkloster in Bagdad (unten)

Irakische Zivilisten

FOTO: THOMAS GRABKA

FOTO: THOMAS GRABKA

Thulamija Salman und ihr Cousin Abid betrauern den Tod von Angehörigen in Bagdad (oben)
Margaret Chatschaturian (rechts), Kriegswitwe, mit Tochter und Schwiegertochter in Bagdad (unten)

Die Soldaten schossen sofort.

And then everything blew up.

„Seine Frau sah ihn sterben“, sagt Lieutenant Colonel Rutter, die Frau überlebte.

Und nun setzen sich die Aufklärungsoffiziere zusammen. „Wir haben das falsch eingeschätzt“, sagt Major John Altman, „wir haben die Selbstmordattentate in Bagdad erwartet, aber nicht hier unten.“

„Wahrscheinlich geht es darum, dass die Existenz des irakischen Regimes gleichbedeutend ist mit der Existenz dieser Leute“, sagt Altman, „in Wahrheit verteidigen sie ihre Art zu leben.“

Bagdad, Karmelitenkloster

Es hat keinen Sinn mehr, die Stellung im Kloster zu halten. Niemand sucht mehr Schutz außer Mäusen und Stubenfliegen. Frère Michel will weg. Mit oder ohne Motorrad. Er schreibt: „Schüsse die ganze Nacht. Luftalarm Nr. 28 um 8.02. Keine Abendmesse. Schüsse um 15.53 und 16.10 (sehr heftig). 17.30: Ich ziehe um in den Sitz des Erzbischofs.“

Montag, 31. März

+++ Bomben auf Republikanische Garde rund um Bagdad und Tikrit, auf das Hauptquartier der Fedajin sowie auf Palast von Kussei Hussein +++ Seit Kriegsbeginn rund 8000 Präzisionswaffen eingesetzt, 3000 davon in den letzten drei Tagen +++ Saddam-Video im irakischen Fernsehen +++ US-Soldaten erschießen zehn Zivilisten an Kontrollpunkt bei Nadschaf: Ihr Wagen hatte nicht angehalten +++ Erste Einheiten der 3. Infanterie-Division erreichen Hilla nahe dem historischen Babylon +++ Den ganzen Tag über Schlacht um Nadschaf +++ Die Lage: Drei Divisionen der Republikanischen Garde stehen südlich von Bagdad: Die Hammurabi-, die Bagdad- und die Medina-Division. Die Republikanische Garde galt immer als Saddams Elite-Truppe, als dem Diktator treu ergeben. Niemand weiß, wie stark sie wirklich ist. Die Amerikaner wollen die Medina-Division erst dann ernsthaft angreifen, wenn ihre Kampfkraft um etwa die Hälfte geschrumpft ist – in den letzten Tagen hat die Air Force deshalb unaufhörlich Stellungen der Division bombardiert. Jetzt berichten Aufklärer, die Medina-Division sei nur noch zu 20 Prozent einsatzbereit.

Südirak, FARP Shell, im Lager der 101. Airborne Division, 7 Uhr

An diesem Montag wird Lieutenant Colonel Stephen Schiller die Einsatztaktik der 101. Airborne Division im Alleingang umschreiben.

Schiller kommandiert die „Kiowas", 24 kleine Hubschrauber, die niedlich wirken neben den dunklen, bedrohlichen „Apaches", aber sie sind es nicht. Schiller ist „Apaches" geflogen, er weiß, dass sie „gut aussehen und gefährlich sind" und dass die Armeeführung und vor allem die Politiker in Washington die teuren Vögel ganz besonders lieben. Aber er weiß auch, dass der „Kiowa" in vielen Situationen, vor allem im Städtekrieg, die bessere Waffe ist.

Er hat es seinen Oberen wieder und wieder gesagt. In den Monaten der Kriegsplanung vor dem D-Day hat er bei jeder passenden und weniger passenden Gelegenheit auf die Vorzüge des „Kiowa Warriors" hingewiesen, auf die Schnelligkeit und Wendigkeit des OH-58D, auf die Treffsicherheit seiner schweren Maschinenkanone, die Schlagkraft seiner „Stinger"-Raketen, seiner 70-Millimeter-Geschosse.

Aber der „Kiowa" wurde für die Operation Iraqi Freedom wieder nur als Unterstützer der „Apaches" eingeteilt, wurde wieder nur für die Feindaufklärung verplant, für die Konvoibegleitung, die Zielmarkierung, für eher defensive Aufgaben. Schiller, 40 Jahre alt, ein Zigarrenraucher mit Spiegelbrille und dem Gang eines übertrainierten Ringers, wurde komplett und regelmäßig überhört. Aber das wird sich an diesem Montag ändern.

Der Divisionsstab bespricht die Lage morgens um 7 Uhr. Die Offiziere sind versammelt unter den Zeltplanen des Kommandostabs von Major General David Petraeus, sie analysieren die Lage in Nadschaf, eine sehr komplizierte Lage.

Die jahrtausendealte Stadt ist voll gestopft mit Schreinen und Minaretten, die alle auf der „No-Target"-Liste ganz oben stehen. Ein Schuss auf das prächtige Grabmal von Mohammeds Schwiegersohn Ali, dem Urvater der Schia, wäre eine politische Katastrophe. Der Feind könnte sagen, seht her, Muslime dieser Welt, schaut auf Alis Grab, die Amerikaner führen Krieg gegen uns alle, gegen den Islam.

Nadschaf ist keine Stadt für die „Hellfire"-Raketen der „Apaches". Es ist keine Stadt, in die man ATACMS-Raketen schießen kann, die bei Einschlag ein ganzes militärisches Planquadrat, also eine Fläche von einem Quadratkilometer, zerstört. Es ist keine Stadt für schwere, große Waffen. Schiller sagt: „Es ist eine Stadt für meine ‚Kiowas'."

Er hat das schon so oft gesagt, dass er an diesem Montagmorgen ein wenig Spott in die Stimme legt, als würde er absichtlich einen alten Witz wiederholen. Aber sein Satz hört sich anders an diesmal, nicht wie ein Witz, nicht wie ein altes Lied, in dieser Situation klingt er in den Ohren der anderen Offiziere wie eine gute Idee, ja, wie ein lange ersehnter, brillanter Vorschlag.

Major General Petraeus nimmt ihn auf. Er sieht Schiller gerade ins Gesicht, als sähe er ihn zum ersten Mal und hörte die Sache mit den „Kiowas" zum ersten Mal. Er sagt: „Ich will das sehen, Stephen."

Vor Kerbela, Task Force 4-64, 11 Uhr

Es ist ein Spiel. Schlau waren die Iraker ja nicht bisher, aber können sie tatsächlich so dämlich sein?

Die Task Force 4-64 hat den Auftrag, eine falsche Spur zu legen. Es ist ein Täuschungsmanöver.

Noch immer ist die 2. Brigade der 3. Infanterie-Division westlich des Euphrat, und da will Colonel David Perkins auch noch eine Weile bleiben. „Ich will, dass die Iraker denken, dass wir aus dem Süden geradeaus und direkt nach Bagdad kommen – und dass wir in Wahrheit westlich hochfahren, bis wir fast parallel zur Hauptstadt sind, und dass wir dann erst nach Bagdad vorstoßen", sagt Perkins seinen Leuten.

Darum hat Perkins heute früh in der Morgendämmerung die 2. Brigade gevierteilt. Die Task Forces 1-15 und 3-15 sichern die Straßen, die nach Habanija führen, und die Task Force 1-64 bewacht den Stützpunkt der Brigade, „Objective Spartan II".

Die A-Kompanie der Task Force 4-64 soll eine Brücke über den Euphrat überqueren. Richtung Bagdad. Und die Panzer sollen schießen, sie sollen ja bemerkt werden.

Ob die Finte klappt? Die Kommunikation der Iraker ist langsam, da kann es schon dauern, bis sie begriffen haben, was die 2. Brigade macht.

Die A-Kompanie wird zur Brücke geschickt, um das Täuschungsmanöver einzuleiten. Um so zu tun, als wollte die gesamte 2. Brigade diese Brücke überqueren.

Eine schlichte, ziemlich wacklige Stahlbrücke ist das, unbeachtet in Friedenszeiten, aber nun ein Symbol, es ist die Brücke nach Bagdad. Und auf der Westseite stehen zehn „Bradleys“ und vier „Abrams“, und auf der Ostseite, 80 Meter entfernt, liegen die Iraker. Mit Maschinengewehren und Granaten.

Im „Bradley“ des Lieutenant Nick Kauffeld sagt der Schütze: „Ich sehe welche. Eine Menge Leute rennen die Straße runter.“

Und Kauffeld, der nun auch steht und aus dem Guckloch schaut: „Ich würde auch rennen.“

Dann, als er Schüsse hört: „Oh, fuck! RPG!“, er sieht Panzerfäuste.

Schütze Williams: „Feuer?“

Kauffeld: „Yeah, Feuer.“

Und dann Kauffeld: „Jetzt sehe ich niemanden mehr rennen.“

Und Sergeant First Class Lustig, etwas weiter vorn in seinem Panzer namens „Achtung Baby“, meldet, dass sich ein Auto nähere und nicht auf die Warnschüsse reagiere.

Pause.

Schüsse.

Dann Lustig: „Engaged and destroyed. Jetzt hat er die Botschaft verstanden.“

Soldatensprüche.

Kriegswitze.

Specialist Johnny „Smitty“ Smith, dessen Vertrag nur noch bis Juni läuft, sagt: „Geil. Ich verlängere.“

Dann untersuchen die Techniker die Brücke. Keine Sprengsätze.

Vorsicht, sagen die Aufklärer, die Iraker könnten Frauen und Kinder als Schutzschild benutzen.

Ein blaues Auto rast über die Brücke. Routine für die Schützen in den Panzern.

„Sie feuern Granaten von drüben“, sagt Colonel David Perkins, „lasst uns ein wenig Artillerie dorthin schicken.“ Vier Serien feuern sie, 155-Millimeter-Granaten, danach lässt der Widerstand nach.

Und nun, es ist 11 Uhr, beginnen die Minuten, die Captain Chris Carter, 32 Jahre alt, aus Watkinsville im Bundesstaat Georgia, diesen ruhigen Kerl, der diesen Krieg nur überleben und dann mit seiner Freundin ein Bier trinken will, zu dem machen, was Vorgesetzte und Medien „Held“ nennen.

„Ich schlage ihn für den Silver Star vor“, wird sein Kommandeur, Philip deCamp, sagen.

„Hero of the war“ wird CNN ihn nennen. Und Journalisten werden seine Eltern besuchen und sie fragen, wie man ein Kind zu einem Helden erzieht.

Die Geschichte von Captain Chris Carter wird eine ganz und gar amerikanische Geschichte werden. Amerikaner, das ist die Botschaft der Geschichte von Chris Carter, sind großartige, mutige Menschen, die hin und wieder Kriege führen müssen, weil die Welt so schlecht ist, aber sie führen diese Kriege mit Hingabe und Überblick.

„Das alles ist ein wenig übertrieben“, das wird nach dem Krieg Chris Carters Kommentar zu seiner eigenen Geschichte sein.

Die Geschichte beginnt, als die Panzer der Task Force 4-64 vor der Brücke stehen und feuern, feuern, feuern. Und drüben, auf der anderen Seite, liegen die Männer der Fedajin und der Republikanischen Garde und feuern zurück. Und die Brücke liegt in Dunst und Rauch, und diese Silhouette dort oben, mitten auf der Brücke, ist kaum erkennbar.

„Feuer, Sir?“

„Warte“, ruft Captain Carter.

Es ist eine Frau, eine alte, gebrechliche Frau mit Kopftuch und im Tschador, dem schwarzen Umhang der Musliminnen.

Und die Frau steht einfach da, guckt nach hinten und nach vorn, und dann sackt sie zu Boden und kauert sich auf den Asphalt.

„Was macht die da?“, ruft ein Soldat.

„Ich glaube, sie wollte noch schnell auf die andere Seite, bevor es losging“, ruft einer zurück.

Und dann liegt sie flach auf dem Boden, und die Männer von 4-64 denken, sie sei tot. Sie kümmern sich nicht mehr um die Frau, sie müssen ja ihren Krieg führen. Doch dann schießt niemand mehr, das ist nicht unwichtig, wenn es um die Wahrheit geht, aber dieses Detail der Geschichte wird in Amerika eher beiläufig beachtet werden.

Es ist vorbei, 4-64 hat die Brücke erobert. Da winkt die Frau und schreit, „Hilfe“, schreit sie.

Und Captain Carter sagt seinem Fahrer, er solle den „Bradley“ langsam auf die Brücke rollen, und Carter duckt sich und läuft hinterher. Und Carter wirft eine Rauchbombe, um noch mehr Deckung zu haben, und sehr vorsichtig geht er zu der Frau.

Sie zeigt auf ihre Hüfte, sie hat eine Schusswunde. Das Blut macht dicke Flecken auf dem Umhang.

Und Carter winkt die Ärzte herbei, sie legen die Frau auf eine Bahre und dann in den Krankenwagen, und dann fahren sie. Und Carter hält sein M16A4-Sturmgewehr schussbereit und gibt dem Krankenwagen Feuerschutz.

Es war eine mutige Tat, das sicherlich.

Es war eine „dumme Tat", das wird Carters Kommandeur, Philip deCamp, später sagen, „denn Carter hat seine Truppe zu führen und nicht auszusteigen".

Aber wen interessiert das? Ein Fotograf von Associated Press hat ein Bild gemacht, und der Reporter Chris Tomlinson war eingebettet in Chris Carters Panzer, und das Bild und der Text werden um die Welt gehen, und dazu wird die Geschichte von Chris Carter erzählt werden, der im Bombenhagel eine Irakerin vor irakischen Kugeln rettet.

Als es vorbei ist, hat die A-Kompanie der Task Force 4-64 also eine Irakerin gerettet, eine wilde Schlacht gewonnen und keinen Mann verloren, aber es war eng. Und heftig. Und die Soldaten von 4-64 sind nicht ganz sicher, was dieser Auftrag sollte. Und ob sich da nicht irgendwer, ziemlich weit oben, ein wenig verrechnet hat, als er die Idee mit der Finte hatte.

„Eine strategisch wichtige Brücke mit einer Kompanie zu erobern, die nur zwei Platoons hat, ist eine Höllenmission", sagt Lieutenant Colonel Philip deCamp, der Kommandeur der Task Force 4-64.

Bagdad, Kindi-Hospital

Bombentreffer im Zentrum Bagdads erschüttern das Kindi-Krankenhaus. Die Notaufnahme stößt an diesem Montag wieder an ihre Grenzen. Im Tagesverlauf finden 61 Verwundete den Weg zu Dr. Baschir und seinen Leuten, Baschir steht im Chaos wie der Turm. Von den 61 Eingelieferten überstehen 6 den Tag nicht und sterben. Baschir sieht aufgeplatzte Bäuche, er schaut in offene Schädel. Der Krieg schlägt grauenhafte Wunden. Er verwandelt Menschen in blutendes, brüllendes Fleisch.

Mit den irakischen Ärzten im Kindi spricht François Calas über die Verletzten, aber nicht über den Krieg und nicht über Politik. Er und seine Kollegen von „Ärzte ohne Grenzen" fühlen sich im Krankenhaus noch am sichersten. Aber es bleibt ein Misstrauen. Im irakischen Fernsehen haben sie gesagt, ein britischer Pilot sei in Bagdad versteckt worden. „Der Feind ist also schon in der Stadt“, haben sie gesagt. Das schürt den Verdacht gegen jeden Ausländer. Es ist unheimlich.

Zumal der Apparat noch bestens funktioniert. Die Ministerien mögen umgezogen sein. Die Staatsmaschine mag zerlegt worden sein. Aber jedes ihrer Räder läuft weiter. Auch die verschiedenen Geheimdienste. Gerade die Dienste. Jetzt, mitten im Krieg, in die Fänge eines der Sicherheitsdienste zu geraten – das ist Calas' größte Angst.

François Calas ist der Missionschef der „Ärzte ohne Grenzen“ im Irak. Ein kräftiger Franzose mit kurz geschorenem Haar und Titanium-Brille. Er ist 43 Jahre alt und leitet jetzt seit 15 Jahren humanitäre Einsätze, in Iran, Afghanistan, Pakistan. Er war in Peschawar, als die Flugzeuge ins World Trade Center einschlugen. Über die Berge erreichte er die Nordallianz. Zu Hause in Paris halten ihn manche für einen Helden und manche für einen Verrückten. Hier in Bagdad halten ihn viele, zu viele für einen gefährlichen Spion. Das ist seine größte Sorge.

Und jetzt ist er ohne Visum, es ist abgelaufen. Sie sind zu fünft in Bagdad. Der Chirurg kommt aus Italien, der Logistiker aus dem Sudan, dabei ist ein österreichischer Anästhesist, und Morten Rostrup, der Notarzt aus Norwegen, zurzeit amtierender Präsident von „Ärzte ohne Grenzen“. Eine internationale Brigade.

Einen Teil der Medikamente konnten sie über Syrien ins Land schleusen. Schließlich waren sie „Ärzte ohne Grenzen“. In den Metallkisten liegen Betäubungsmittel, Schmerzmittel, orthopädisches Gerät, Katheter, Seren, genug, um 150 Leichtverwundete zu versorgen.

Die Krankenhäuser in Bagdad sind gut ausgestattet. Anders als in der Provinz. Offenbar gehen die Behörden davon aus, dass in Bagdad die große Schlacht geschlagen wird. Das große Schlachten. Aber bis dahin ist noch viel Zeit.

Luftraum über Nadschaf, 101. Airborne Division, vormittags

Nadschaf liegt 20 Flugminuten nordwestlich von FARP Shell. Es ist eine breit hingestreute, verwinkelte Stadt mit einem der größten Friedhöfe der Welt, eine Stadt mit einer Silhouette aus Minaretten.

Die Amerikaner machen sich bereit, sie einzunehmen. Die Luftlandeeinheiten der 101. Airborne Division haben Nadschaf erst umzingelt, dann von der Welt abgeschnitten, der Ring ist geschlossen seit dem frühen Morgen. Sie sind bereit, jetzt Haus für Haus hineinzugehen. Die Zahl der Gegner wird auf bis zu 2000 Mann geschätzt, Fedajin-Kämpfer, keine regulären Truppen.

Überall ist mit „pockets of resistance“ zu rechnen, wie die Amerikaner sagen, mit Widerstandsnestern, gut getarnt unter Palmen, versteckt in Gassen, in Gräbern, in Tempeln, in Schulen, im Gewimmel von Märkten. Der Feind spielt, sagen die Amerikaner, nicht nach den Regeln. Aber so ist der Krieg. Es gibt Regeln, aber man kann niemanden zwingen, dass er sich daran hält.

Am Vormittag sind zwei „Kiowa Warriors“ über den südlichen Vororten der Stadt, sie werden eine Stunde bleiben. Sie kommen, was am Boden niemand ahnt, zu einer Präsentation. Es ist ein Test. Die „Kiowas“ kommen mit prominenter Besatzung.

An Bord des einen, rechts im Pilotensitz, zieht Lieutenant Colonel Schiller im schnellen Tiefflug Kreise über der Stadt, an Bord des anderen folgt, als „Wingman“, der Kommandeur der 101. Airborne Division, Major General Petraeus, der Oberboss persönlich, zwei Sterne auf dem Helm, mitten im feindlichen Feuer, an vorderster Front.

Schiller grast die Viertel ab. Er fliegt tief und schnell, ein paar Meter nur über den Hausdächern, über den Baumwipfeln, immer verfolgt, in einer halben Minute Abstand, von seinem General. Im Kopfhörer läuft die Kakophonie des Kriegsfunks, Schiller hält Kontakt zu den Bodentruppen am Stadtrand, er hält Kontakt zur Luftleitzentrale, zu den Aufklärern, zu den „Apaches“, er spricht mit Petraeus.

Endlich entdeckt er, hineingezwängt in eine schmale Gasse, unter einem aufgespannten Laken versteckt, eine Luftabwehrstellung. Das ist seine Chance. Die Chance für eine neue Sicht auf den „Kiowa Warrior“. Für eine neue Doktrin des Städtekriegs mit kombinierter Streitmacht.

Sie drehen eine Runde, noch eine Runde, das reicht, der „Kiowa“ ist kein so kompliziertes Gerät wie der „Apache“, man muss nicht Computer füttern und sich durch Bildschirme zappen, um endlich schießen zu dürfen, man muss eigentlich nur auf das Ziel zufliegen, aus dem Fenster schauen, zielen und abdrücken.

Schiller kippt in Runde drei über der Flak seinen „Kiowa“ steil nach unten, die Maschine stürzt gefährlich tief auf die Flak zu, die Maschinenkanone knattert kurz in schnellem Takt, das gegnerische Feuer geht fehl, Schiller kommt wieder hoch, der „Kiowa“ ist unversehrt, aber zwischen den Häusern drunten, wo der Feind war, raucht ein Trümmerhaufen.

Nördlich von Nadschaf,
1. Brigade der 3. Infanterie-Division, mittags

Elf Tage Krieg sind es nun. Heute vor elf Tagen haben sie die Grenze zum Irak überquert, es ist ein anderes Leben seitdem. Heute vor acht Tagen kamen sie nach Nadschaf, und seitdem hocken sie hier, nördlich von Nadschaf, in der Wüste. Sie schlafen auf den Dächern der Panzer und neben ihren „Humvees“, mal 20 Minuten und mal, „wenn wir Glück haben, eine Stunde“, sagt Sergeant Jennifer Raichle, Aufklärerin der 1. Brigade, und sie essen dieses elende Tütenessen, morgens, mittags, abends.

Sie wollen nach Bagdad.

Aber es gab die Kämpfe in Nassirija, in Samawa und hier in Nadschaf, es war alles ein wenig anders als erwartet.

Die Kommandeure der Brigade haben die Leute von der Aufklärungseinheit sanft kritisiert. Und Jennifer Raichle, die Unteroffizierin, die jeden Tag den Krieg vorhersagen muss, sucht nach einer Begründung.

„Ich hatte wirklich gehofft, die Iraker würden nicht kämpfen“, sagt sie später, im Nachhinein sei das wohl ein „best-case scenario“ gewesen und leider erstaunlich weit weg von der Wirklichkeit. „Es waren gar nicht mal so viele, es waren keine besonders guten Waffen, aber trotzdem haben sie uns aufgehalten mit den Schießereien“, sagt Raichle.

Sechs Männer hat die 1. Brigade bisher verloren. „Die Leute zu Hause werden so ängstlich, wenn ein Soldat stirbt“, sagt Sergeant Raichle, „aber man muss sich das große Ganze ansehen. Nur diese

Erwartung, dass es rasend schnell geht und ohne Tote – die kann sich nicht erfüllen."

Wenn sie an die USA denkt, dann vermisst sie das Chicken Steak mit Kartoffelpüree ihres Lieblingsrestaurants „Denny's".

Aber sie hat sich an den Krieg gewöhnt. Sogar an die vielen Leichen, auch wenn Raichle hofft, „so etwas nie wieder sehen zu müssen".

Die Vorhersage ihres Vaters („Momente des Terrors, Stunden der Langeweile, Momente des Terrors") hat sich erfüllt. Niemand hat auf sie geschossen bis heute, aber es gab die Momente des Terrors: Einmal war ABC-Alarm, und Raichle konnte ihre Stiefel nicht finden; das war dilettantisch, aber es war falscher Alarm. Und dann, nach dem Attentat, vorgestern auf der der A 9, musste sie den Kommandeur, Colonel William Grimsley, zum Ground Zero, dem Ort des Anschlags, begleiten. Sie fanden ein paar Fetzen, die Reste einer Uniform der 1. Brigade.

„Ich will gar nicht weiter darüber nachdenken", sagt Sergeant Raichle.

Südirak, auf der Autobahn nach Nassirija

Unser Konvoi hat 20 Fahrzeuge, und als Journalist vom SPIEGEL sitze ich zusammen mit einem Sergeant in einem „Humvee". Das 565. Pionier-Bataillon, dem ich zugeteilt bin, wird nach Bushmaster verlegt. Bushmaster ist der Tarnname für den Hauptsitz der 130. Pionier-Brigade im Irak. Bushmaster liegt nördlich von Nadschaf, gut 100 Kilometer vor Bagdad.

Zwischenzeitlich war ich für einige Tage in Kuweit, im Lager der Pioniere, jetzt geht es weit in den Irak hinein. Statt auf Heckenschützen treffen wir auf hungrige Kinder und bettelnde Frauen am Straßenrand.

Wir fahren auf einer sechsspurigen Autobahn Richtung Norden, den Einheiten der 3. Infanterie-Division hinterher. Die Landschaft ist flach, sandig und trist. Ab und zu steigen am Horizont dunkle Rauchsäulen in den Himmel, brennende Ölquellen oder Pipelines. Der Ruß schwärzt den Horizont.

Außer Militärfahrzeugen ist fast niemand unterwegs. Nur wenige Iraker trauen sich auf die Straße, an ihren Autos haben sie weiße Fahnen befestigt. Ein paar Nomaden halten leere Wasserflaschen hoch. Aber den Soldaten ist verboten, Nahrungsmittel aus den Wagen zu werfen. Damit würde man nur Menschenaufläufe produzieren und eine unsichere Lage schaffen, heißt es zur Begründung.

Viele Menschen winken unserem Konvoi zu. Aber kaum ein Soldat winkt zurück. Die Truppe ist ziemlich verunsichert, die Angst vor Selbstmordattentätern groß.

„Da draußen ist alles voller Terroristen“, so hat uns die Anführerin unseres Konvois, Lieutenant Rose Guerrero, vorher eingestimmt. „Wenn ein Kind auf die Straße läuft – nicht stoppen. Es könnte ein Trick sein. Wir halten nicht an, wenn wir erst mal im Irak sind. Auch unter Beschuss fahren wir weiter.“

Fast zehn Stunden wird die Fahrt durch die Wüste dauern. Manchmal sind verlassene Stellungen der Iraker zu sehen: zerschossene Flaks, ausgebrannte Panzer, verbrannte Mannschaftswagen. Zerstörte US-Fahrzeuge kann ich dagegen gar nicht ausmachen; nur einen Truppentransporter mit einem Platten.

Um die Städte des Südirak macht der Konvoi trotzdem große Bogen, das kostet Zeit. Die Nachschubrouten der Armee laufen nicht durch größere Ortschaften, die Gefahr von Anschlägen ist zu groß.

Südlich von Kerbela,
2. Brigade der 3. Infanterie-Division, 17 Uhr

Die Kämpfe heute waren hart, die Iraker hatten zum ersten Mal richtig gute Waffen.

„Sie hatten russisches, französisches und belgisches Zeug“, sagt Lieutenant David Chen, „und wer war noch mal gegen diesen Krieg?“

Die Soldaten sitzen zusammen und diskutieren, was sich verändert hat.

„Die Ideale sind weg“, sagt einer.

„Die Vorsicht, die Rücksicht“, sagt einer.

„Welche Ideale, welche Vorsicht, welche Rücksicht?“, fragt der dritte, „verdammt, ich will diesen Scheißkrieg überleben, und, ja, verdammt, ich will verfickte Iraker töten.“

Als der „Focus“-Redakteur Christian Liebig, „embedded“ bei der 2. Brigade, in der Heimat anruft, sagt er: „Die Herzen der Menschen gewinnt man so nicht.“

Den Reportern, die die 2. Brigade begleiten, ist es längst aufgefallen, und es geht ihnen zunehmend auf die Nerven: Es gibt hier

Soldaten, die den Krieg als Spiel begreifen, die durch die Gegend ziehen und Iraker abknallen wollen, die ihre Treffer zählen und damit nicht Menschen verbinden.

Es sind nicht alle, es ist nicht mal die Mehrheit, aber es sind genug. Man kann sagen, dass sich die Einstellung mit den Hierarchiestufen ändert: Die meisten Offiziere sind ziemlich klug, und sie können differenzieren – der eine oder andere Specialist oder Private dagegen will schießen und töten und nichts weiter mitbekommen von diesem Land.

Hätte das, was heute südlich von Nadschaf passierte, also sein müssen?

Ein blauer Toyota fuhr auf einen Checkpoint zu.

Die Soldaten schossen.

Zehn Zivilisten sind tot.

Sie hätten nicht angehalten, sie hätten die Warnschüsse nicht registriert, nach den Selbstmordanschlägen hätten die Soldaten keine andere Wahl gehabt, sagen die Sprecher der U. S. Army.

Eine der verletzten Frauen heißt Sina Dschabar. Sie ist 22 Jahre alt. Sie saß mit ihrer Familie und Verwandten im blauen Toyota Minivan. Zu fünfzehnt hatten sie sich hineingequetscht. Sie wollten nach Kerbela auf der Staatsstraße 9, weil sie sich nicht mehr sicher fühlten in ihren Heimatdörfern.

Um 16.30 Uhr näherte sich der Minivan dem Kontrollposten der 3. Infanterie-Division.

„Warnschuss abfeuern", befahl Captain Ronny Johnson seinem Vorposten per Funk. Es gab Feuer aus MGs, Kaliber 7,62-Millimeter, ein paar Schüsse in die Luft, ein paar auf die Motorhaube.

Der Toyota kam näher.

Johnson brüllte: „Stopp messing around", unternehmt endlich was. Dann: „Stoppt ihn! Alarmstufe Rot! Stoppt ihn!"

Johnsons Vorposten feuerte 12 Schüsse aus der 25-Millimeter-Bordkanone des „Bradley"-Schützenpanzers.

Johnson starrte durch sein Fernrohr. „Feuer einstellen!" Dann: „Verdammt, ihr habt soeben eine Familie getötet!"

Laut „Washington Post", deren Reporter Zeuge der Aktion war, sind 10 der 15 Iraker sofort tot, unter ihnen 5 Kleinkinder. Sie sterben, weil sie die Warnschüsse nicht gehört haben. Sie dachten, die US-Soldaten würden sie durchwinken, sie winkten zurück.

30 Kilometer südlich von Nadschaf, im mobilen 212. Feldlazarett

Die Helfer schieben vier Iraker in die OP-Box von Dr. John Cho, zwei Männer und zwei Frauen. Splitter haben sich in Gesicht und Rücken der einen Frau gebohrt. Die andere blutet leicht, sie ist im neunten Monat schwanger. Dem älteren der beiden Männer hängen der rechte Arm und das linke Bein in Fetzen vom Körper. Bekommt Militärarzt Cho mehrere Verwundete gleichzeitig auf den Tisch, muss er entscheiden, wer am schwersten verwundet ist, wen er sofort operieren muss. Cho säubert die Wunden der Frau, seine Kollegen versuchen, den Zustand des schwer verletzten Mannes zu stabilisieren.

Chos Übersetzer, ein stämmiger Kuwaiter, den sie Jay-Jay nennen, fragt auf Arabisch: „Wie heißen Sie? Können Sie sich bewegen?“ Wer die Iraker um Himmels Willen so zugerichtet hat, fragt Jay-Jay nicht. Sein Chef will es nicht wissen. Gegen Mitleid schützt sich jeder Arzt, ein Arzt im Krieg erst recht. Dr. Chos Kollegen amputieren dem älteren Iraker ein Bein und einen Arm, dann brechen sie seinen Brustkorb auf. Dr. Cho massiert sein offenes Herz. Aber um 20.45 Uhr stirbt der Mann. Sie tragen den ersten Toten des 212. MASH zum „refrigerator“, der Totenkammer im Tiefkühl-Lkw.

Die Frau auf Chos Tisch stöhnt, Dschabar sagt sie, Sina Dschabar, 22 Jahre alt. Grundsätzlich gilt: Verwundete werden entsprechend ihrem Verletzungsgrad behandelt, nicht entsprechend ihrer Uniform. 40 Prozent von Chos schwer Verletzten waren Kriegsgefangene, Saddams Soldaten meist oder Fedajin, Dschabar ist seine erste Zivilistin. Sie krümmt sich unter ihren Schmerzen, Cho muss sich beeilen. Mit einer gebogenen Zange beginnt er, die Splitter aus ihrem Fleisch zu ziehen, ein paar der Geschosse haben ihr Zwerchfell verletzt, im Bauch klafft eine sieben Zentimeter tiefe Wunde.

Nach zwei Stunden hat Cho die Frau zusammengenäht. Die Schwestern schieben Dschabar zu ihren Verwandten in den Aufwachraum. Dschabar starrt jetzt an die Zeltdecke über ihrem Kopf, ihre Augen wirken wie tot. Der verbundene Mann neben Dschabar sagt, dieses Jahr hätten sie mit einer guten Gemüseernte gerechnet, sie wären voller Hoffnung gewesen. Die Schwangere fragt, warum sie jetzt noch ein Kind bekäme, ihr Leben sei doch vorbei.

Später erfährt Dr. Cho, durch wen Dschabar und ihre Familie verwundet wurden und wie. Die Nachricht läuft auf CNN.

Noch später telefoniert Dr. Cho mit seiner Familie in Potomac bei Washington, DC. Sein Sohn James, neun Jahre alt, der gerade seine Erstkommunion hinter sich hat, hat Fernsehen gesehen und die Titelzeilen der Zeitungen, obwohl ihm das verboten ist, wenn Daddy auf Geschäftsreise ist. Er hat jetzt eine Frage, auf die Daddy keine Antwort weiß. „Daddy", fragt James, „was passiert mit den Toten, bringt ihr die bis zum Himmel?"

Im Südirak, FARP Shell, im Lager der 101. Airborne Division

Die Kunde vom Sieg, von der Zerstörung der Artilleriestellung in Nadschaf, verbreitet sich schnell in den Reihen der „Kiowa"-Piloten. Die Soldaten im Lager des Bataillons der 101. Airborne Division, Schillers Leute, 350 Mann, sind hysterisch guter Laune. Ihr Boss hat es endlich allen gezeigt. Die „Kiowas" rücken auf in die erste Reihe der Schlacht. Im gleichen Atemzug genannt mit den „Apaches", endlich.

Es sind spezielle Typen, die im Wüstenlager Shell feiern. Sie tragen schwarze Cowboy-Hüte zur Uniform und begrüßen sich gegenseitig mit „Howdy". Die Hüte lassen sie aussehen wie Schauspieler eines Films, in dem um Forts gekämpft wird und um Wagenburgen. Aber sie fliegen Kampfhubschrauber, die wie Indianer heißen: „Kiowas".

Und nun, da Lieutenant Colonel Schiller den kommandierenden General von ihrer Schlagkraft überzeugt hat, rücken sie einen Schritt weiter vor an die Front. Ihr Motto „Out Front!" erfüllt sich.

Major General David Petraeus, der Kommandeur der 101. Airborne Division, kam begeistert zurück von seinem Ausflug als Schillers Wingman im „Kiowa". Er gratulierte dem Lieutenant Colonel zur Demonstration. Perfekt nicht nur die Attacke auf die in enger Gasse versteckte Flak-Stellung. Perfekt auch, wie Schiller danach noch ein Waffenlager ins Visier nahm und per Rakete in die Luft jagte.

Petraeus sah aus dem Vollglas-Cockpit des „Kiowa" zu. Und er sah vor allem, was er aus dem verbauten Cockpit des „Apache" überhaupt nicht hätte sehen können: Er sah die Stadt unter sich liegen, die Menschen darin, er hatte einen perfekten Überblick, und er verstand, dass der „Kiowa" gut ist zur direkten Truppenunterstützung im Häuserkampf.

Der General teilt an diesem Abend Nadschaf in zwei Teile. Er entwickelt mit seinem Stab ein Konzept, dass sie „innerer Ring, äußerer Ring“ nennen. Außen werden die „Apaches“ in der Luft sein und der Bodentruppe von Fall zu Fall aus der Ferne „über die Schulter“ schießen mit grober Gewalt. Innen aber werden die „Kiowas“ kreisen, direkt über den Häusern und den Köpfen der Truppe, und sie werden schnell reagieren auf alle Gefahren, die vor der Bodentruppe auftauchen und sich ansonsten ihre Ziele suchen ohne lange Vorbereitung.

Nordirak, bei Altun Kupri

Die kurdische Spezialeinheit „Spi Kirkuk“ sitzt an einem Fluss und wartet. Auf den Fährmann. Auf die Überfahrt im überfüllten Kahn. Auf den Kampf an der Front gegen die zurückziehenden Iraker. Eine Brücke gibt es über den grün-braunen Sab nicht, nur ein kleines brüchiges Holzboot liegt am lehmigen Ufer.

„Die amerikanischen Piloten führen einen technisch leichten Krieg“, sagt einer namens Sarhad, und die anderen nicken. „Uns bremst schon ein Fluss.“ Hinüber will Sarhad, auf die andere Seite, in die weiten Felder und Wiesen zwischen Altun Kupri und Kirkuk, aus denen früher die kurdischen Familien deportiert wurden. Zurück will er in die zerstörten kurdischen Dörfer, die Saddam mit Baggern aufbrechen und verscharren ließ.

Der Fährmann schöpft mit einem Plastikbecher das eingelaufene Wasser aus dem Kahn, dann ruft er die nächste Ladung Kämpfer zu sich. Sarhad packt eine zusammengerollte Wolldecke vom staubigen Boden, steigt ins wackelnde Boot und treibt den Bootsführer an, der die Kämpfer ans andere Ufer bringt, in den Krieg.

Bagdad, „Hotel Palestine“, circa 17 Uhr

Heute Morgen, um kurz nach sieben, vor zehn Stunden also, hat es das Informationsministerium zum zweiten Mal innerhalb von zwei Tagen erwischt. Diesmal haben die „Tomahawks“ nicht nur die restlichen Satellitenanlagen abgeräumt und die Flak-Stellung auf dem Dach, sondern auch das Gebäude zum Teil erheblich beschädigt.

Deswegen ist inzwischen das komplette Pressezentrum ins „Hotel Palestine“ umgezogen. Auch das Fernsehen funktioniert wieder; die irakischen Fernsehtechniker sind gut vorbereitet auf diesen Krieg. Sie finden immer neue Wege, ein Programm auszustrahlen.

Es werden neue Bilder von Saddam Hussein gezeigt. Sie sollen gestern aufgenommen worden sein. Sie zeigen Saddam Hussein im Kreise seiner Söhne und seiner Militärberater, die Stimmung scheint prächtig.

Schaut man nicht auf den Bildschirm, sondern durchs Fenster hinaus auf den Tigris und die Stadt, sieht man eine riesige Rauchsäule, die aus dem Palast der Republik, dem Weißen Haus von Bagdad, emporsteigt. Er ist wieder mal getroffen worden. Der Rauch muss kilometerweit zu sehen sein.

Und während nun Informationsminister Mohammed Saïd al-Sahhaf in einer seiner frisch gewaschenen Uniformen den neuen Konferenzraum im Erdgeschoss des „Hotel Palestine" betritt, hört man von draußen immer noch die Bombenexplosionen. Sie sind laut, zu laut, um so zu tun, als ob man sie nicht hörte.

Sahhaf hat einen neuen Raum für seine tägliche Show, er hat aber auch ein neues Bühnenbild: eine etwas reduzierte bläuliche Weltkarte. Das Ritual ist das alte. Fast.

Heute spricht Sahhaf nicht von irakischen Märtyrern, sondern von getöteten Soldaten der Koalition. In den vergangenen 36 Stunden seien 43 von ihnen auf dem Schlachtfeld zurückgeblieben und 13 Panzer zerstört worden. „Die Schlange steckt fest im Sumpf", sagt Sahhaf, und er benutzt das englische Wort „quagmire" für Sumpf. Die Amerikaner kennen es noch aus den Pressekonferenzen während des Vietnam-Krieges.

„Wir haben", sagt Sahhaf, „die Entscheidung getroffen, dass sie nicht mehr schlafen werden."

Wäre jetzt, fragt ihn ein Journalist, nicht Diplomatie der richtige Weg, um diesen Krieg zu beenden?

„Die richtige Diplomatie besteht darin, sie zu treffen. Die richtige Diplomatie ist es, sie auf dem Schlachtfeld zu töten."

Minister Sahhaf, sind Sie zufrieden mit dem Verlauf des Krieges?

„Sehr zufrieden. Wir konnten die Pläne der Invasoren durchkreuzen." Ein kurzer Blick über den oberen Rand seiner Brille. „Der Sturz von Präsident Bush, diesem Verbrecher, ist nahe."

Katar, im Centcom der US-Truppen

Das Oberkommando stellt sich der Presse. Korrespondent in der zweiten Reihe: „Wenn jetzt Tausende von Selbstmordattentätern auf dem Schlachtfeld auftauchen – was hat das für eine militärische Bedeutung?"

Brigadier General Vincent Brooks: „Nun, wenn die in der Lage sind, eine Ladung auszulösen, ist das wie jede andere Waffe, auf die eine Truppe trifft. Es ist schwierig, irgendeinen Grad von Massenwirkung damit zu erreichen. Das ist eine Taktik des Terrors. Sie wird uns nicht aufhalten. Sie wird uns nicht aufhalten."

In der dritten Reihe des Presseraums meldet sich Kathy Chin aus Hongkong: „Wir alle wissen, dass die Zahl der Opfer steigen wird, wenn der Krieg in der Stadt geführt wird. Meine Frage: Ist Häuserkampf unvermeidlich? Und sind die Truppen der Koalition darauf vorbereitet?"

Brigadier General Vincent Brooks holt tief Luft: „Wir werden militärische Operationen so durchführen, wie wir es für angemessen halten, wobei wir immer auf unser Ziel fokussiert bleiben und dabei die Anstrengung und Verantwortung tragen, möglichst angemessen zu reagieren, insbesondere bezüglich des Schadens für Zivilisten oder andere, nahe gelegene Gebäude." Die Journalisten holen tief Luft und verdrehen die Augen. Brooks sagt: „Sie haben schon einige Beispiele gesehen, wie wir in städtischem Umfeld arbeiten. Wir suchen uns sehr genau aus, wohin wir gehen. Und offen gestanden, die irakische Bevölkerung sagt uns genau, wohin wir gehen sollen."

Jeff Schaeffer von AP-Fernsehen: „General, wie schätzen Sie die irakische Luftwaffe zurzeit ein? Und warum bleibt die seit Kriegsbeginn am Boden?"

Vincent Brooks: „Ganz einfach, Jeff. Wenn sie fliegen, sterben sie."

Südwestlich von Diwanija, Platoon von Sergeant Kurtz

Es gibt viele amerikanische Soldaten in diesem Krieg, die denken und reden so kriegslüstern, wie es Kriegsgegner gern haben. Sie reden so, wie Soldaten in Hollywood-Filmen reden. John Kurtz ist so einer, seine Einheit, ein Platoon von „Bradley"-Panzern der 2. Brigade der 3. Infanterie-Division, ist dazu auserkoren, „die Speerspitze des Unternehmens" zu bilden und „vor allen anderen in Bagdad zu sein". Zumindest, was die Geschwindigkeit angeht, scheint der „Bradley" das richtige Fahrzeug zu sein für solch ein Vorhaben.

John Kurtz ist ein Mann, der sich selbst als „Adrenalin-Junkie" beschreibt. Adrenalin versetzt ihn in einen Rauschzustand, und die

Army war definitiv das größte High, das er in seinem Leben bislang gefunden hatte. Er hatte als Schweißer und Automechaniker gearbeitet, war von einem zivilen Job zum nächsten gedriftet, ehe er vor zehn Jahren zur Army fand. Auch hier arbeitete er erst einmal fünf Jahre als Mechaniker, bis er es nicht mehr aushielt und sich zur Infanterie meldete. Er trainierte noch einmal fünf Jahre.

Der Irak soll nun der Höhepunkt seiner bisherigen Laufbahn sein. „Armee ohne Schlacht ist wie Sex ohne Orgasmus“, sagt Kurtz. „Du pumpst und pumpst und darfst niemals kommen.“

John Kurtz' Platoon kampiert an diesem Abend neben einem Kanal, etwa 16 Kilometer südwestlich von Diwanija. Kurtz unterhält sich mit dem Soldaten Watts. Watts sagt, dass er sich wünsche, dass sich die Einheit schneller bewege, weil er nach Hause wolle zu seinem Mädchen. Plötzlich fliegt eine Panzergranate zwischen beiden hindurch. Beide sehen sich an und sagen: „Oh, fuck.“ Dann: „Panzergranaten, aufstehen.“

Kurtz beginnt, mit seinem 203-Granatwerfer zu feuern. Dazu feuert der „Bradley“. Kurtz blickt durch sein Nachtsichtgerät und sieht Kühe mit acht Beinen. Der Feind schleicht sich hinter Kühen an, Kühe als Deckung. Kurtz hält voll drauf. Tötet erst die Kühe, dann die Soldaten. „Ich habe in dieser Nacht zwölf Soldaten getötet und drei bis vier Kühe“, sagt Kurtz. „Ich wurde zum Arschloch. Die haben auf mich geschossen, und das mag ich nicht. Also sagte ich: Fuck them. Lass uns diese Typen vom Antlitz des Erdbodens wischen.“ Kurtz hat nach dem Kampf das Adrenalin-Hoch. „Ich fühlte mich wie ein Kind an Weihnachten, wenn es sein Fahrrad unter dem Christbaum auspackt.“ Die Soldaten setzen sich, kochen Kaffee, rauchen zufrieden und sagen: „Endlich hat der verdammte Krieg begonnen.“ Am nächsten Tag werden sie drei zerschossene Granatwerfer und 40 tote irakische Soldaten zählen.

Im Camp Ladder bei Nassirija

Am Abend campieren wir in einem nur dürftig bewachten Lager mitten im Irak auf offenem Gelände. Als Journalist bin ich eine beliebte Informationsquelle, mein Radio meldet auf BBC, in Nassirija werde gekämpft, die Marines hätten die Stadt noch immer nicht unter Kontrolle. Die Stadt Nassirija ist nicht weit, wir können Explosionen und Schüsse hören.

Wenn ich zur vollen Stunde die Nachrichten anknipse, hören manchmal 30 Soldaten und Offiziere zu.

„Uns wird doch nichts erklärt. Wir wissen nicht, wohin wir fahren, wie lange es dauern wird und welche Gefahren unterwegs lauern", beschwert sich Carl Trautman, ein Mechaniker, den ich auf der Fahrt kennen gelernt habe.

Carl Trautman sieht ungefähr so aus wie Jake, der Dicke aus „Blues Brothers". Nur trägt er keinen schwarzen Anzug, sondern eine ockerfarbene Uniform. Sein Lkw ist randvoll mit allem, was hier in der Wüste als Luxusware gilt: Klappstühle, Chips, Schokolade, Coca Cola. Kaffee gefällig? Kein Problem. Es gibt zwar keinen Campingkocher, doch mit einem Bunsenbrenner bringt Trautman in einem Metallbehälter Mineralwasser zum Sieden.

Trautman verflucht den Tag, an dem er seinen Armeedienst verlängerte. Bevor Bush an die Regierung kam, hat er sich 1999 noch mal für fünf Jahre verpflichtet. Damals sah es so aus, als wäre Mechaniker bei den Pionieren ein krisensicherer Job.

Trautman ist mit einer Deutschen verheiratet und lebt mit ihr und seinem kleinen Sohn in Hanau. Er hat Heimweh. Seine Frau ist im fünften Monat schwanger. Zur Geburt darf er nicht zurück.

Ich biete ihm mein Satellitentelefon an, weil er seit Wochen nicht mit seiner Familie sprechen konnte. Er schaut traurig. „Das darf ich nicht. So was ist streng verboten. Dafür stecken sie dich in den Bau."

Deswegen rufe ich bei Trautman zu Hause an und bestelle seiner Frau viele Grüße von ihrem Mann. Trautman steht ein paar Meter entfernt und winkt.

Bagdad, Sitz des Bischofs, 22.40 Uhr

Frère Michel hat das Motorrad zurückgelassen, aber er hat den ganzen Tag nichts anderes getan, als in seiner Zelle im Bischofssitz den Einschlag der Raketen zu notieren. Von Mitternacht an, alle 20 bis 30 Minuten, mal in der Ferne, mal sehr nah, mal schwächer, mal stark. Er liegt in seinem Bett und schreibt: „22.36 (sechs sehr starke Schläge, das Bett zittert). In der Kathedrale sind Glasfenster zerbrochen. Kein Alarm, keine Flak."

Dienstag, 1. April

+++ Bomben auf Palastanlagen von Saddam und Kussei Hussein +++ Saddams Familie angeblich geflohen, irakisches Fernsehen dementiert +++ Hubschrauberangriff auf Hilla: 33 tote Iraker, etwa 300 Verletzte +++ Ein toter Brite bei Basra, der 26. seit Kriegsbeginn +++ Hundert Luftschläge gegen Iraker bei Nassirija +++ 3. Infanterie-Division räumt Euphrat-Brücke bei Hindija von irakischem Sprengstoff +++ Panzer der 101. Airborne in Nadschaf +++ In der Nacht Befreiung der Soldatin Jessica Lynch aus dem Krankenhaus in Nassirija +++ Die Lage: Der Krieg tritt in eine neue Phase. Was bisher geschah, kann man als Aufmarsch bezeichnen, erst furios und überraschend schnell, dann gebremst durch Sandsturm und irakischen Widerstand in den Städten. Nun der nächste Schritt: Die 3. Infanterie-Division marschiert westlich an Kerbela vorbei, die 1. Marines-Division, die östlich von der Infanterie-Division liegt, zieht nun noch weiter Richtung Osten – auf eine Karte gemalt sieht das aus wie die Ausholbewegung einer Schere. Später wird es aus zwei Richtungen auf Bagdad zugehen.

Safaranija vor Bagdad, in der Stellung des II. Korps der irakischen Armee, 2 Uhr morgens

Ali Ahmed Ali, den Soldaten aus dem II. Korps, überkommt Panik. Die Befehlskette seiner Einheit ist zusammengebrochen: „Als Erstes sind die Offiziere abgehauen, die haben wir nicht mehr gesehen", erzählt er später.

Die Soldaten flüchten im Schutz der Dunkelheit in die von der Zivilbevölkerung verlassenen Häuser Safaranijas. Lediglich ein paar männliche Bewohner sind zurückgeblieben. Sie patrouillieren Straße für Straße und versuchen, die Häuser ihrer Familien und Nachbarn gegen Plünderer zu schützen. Die Zivilisten helfen den Soldaten. „Wenn die Amerikaner wie echte Männer kämpften, dann hätten wir eine Chance, aber die bombardieren ja nur", sagt sich Ali.

Er ist froh, endlich mal wieder in einem Bett zu schlafen.

Autobahn nach Bagdad, im „Bradley" von Sergeant Kurtz

Sergeant Kurtz und seine Soldaten fahren die Autobahn 8 Richtung Bagdad. Wenig Gegenwehr. Nur drei Motorradfahrer mit Typen auf dem Rücksitz, die versuchen, Panzerabwehrraketen abzufeuern. Kurtz und seine Männer lachen. „Was für verdammte Idioten", sagen sie. „Versteht jemand diese Logik. Die verzichten auf jeden Schutz oder Rüstung. Sie sind nackt." Dann schießt einer der „Bradleys" die Motorradteams ab.

Kurtz und seine fünf Männer sitzen im Innern des „Bradley" und werden ausgeladen, sobald der Panzer die gröbsten Hindernisse beseitigt hat. Sie sind für den Häuserkampf in Bagdad vorgesehen.

Die irakische Gegenwehr ist kläglich, die Geschosse prallen von den „Bradleys" ab. Im Innern klingt es, als würde jemand mit einem Hammer draußen vorsichtig anklopfen: pling, pling. Durch die Periskope sehen Kurtz und seine Leute, was ihr Feuer anrichtet. Rauchende, ausgebrannte Fahrzeuge, fünf bis sechs verkohlte Leichen, zum Teil verstümmelt, Körperteile. Reste der irakischen Armeefahrzeuge, die die Autobahn 8 Richtung Bagdad säumen, zerstört von den Panzern, die die Spitze von Kurtz' Einheit bilden. Einer von Kurtz' Soldaten fotografiert einen irakischen Soldaten ohne Kopf. „Gutes Foto", sagt Kurtz.

So schießt und scherzt sich Kurtz wie viele seiner Kameraden durch diesen Krieg, geschützt durch die Panzer, stark durch die Waffen. Kurtz erwischt einen Iraker mit einer Granate, nimmt ihm beide Arme und das halbe Gesicht und macht ein Foto. Ein paar Tage später wird er in Bagdad sein, durch einen der Paläste von Saddam streifen und in einem bananenförmigen Swimmingpool landen. Das Wasser ist ihm zu kalt, „ich fror mir die Eier ab", er verzieht sich auf die prunkvollen Toiletten des Diktators und wird seinen Kameraden danach erzählen, „einmal auf einem von Saddams goldenen Klos sitzen, darum ging es in diesem Krieg".

Bagdad, Kindi-Hospital

Die Ärzte im Kindi-Krankenhaus besprechen sich im Zimmer von Dr. Aradi. Der Chirurg mit seiner ruhigen Art wächst hinein in die Rolle des Krisenmanagers, die anderen kommen zu ihm, hoffen auf seinen Rat oder wenigstens auf ein gutes Wort. Er gibt den Leuten Energie.

Es könnte bald ein Problem mit den Toten geben, sagt Dr. Baschir, der Leiter der Notaufnahme. Die zwei Leichenkühlschränke des Krankenhauses füllen sich. Jeder ist für 12 Tote gedacht, das macht 24 Plätze. Nach 12 Tagen Krieg lagern im Kindi-Hospital 17 Leichen. In den Kriegswirren können sie nicht bestattet werden, das heißt, die Plätze im Kühlhaus werden nicht für neue Tote frei. Ein weiterer schwerer Angriff, und der Engpass ist da. Wohin dann mit den Leichen?

Der französische Arzt François Calas, der im Kindi hilft, bekommt die Nachricht, dass die beiden Lastwagen der „Ärzte ohne Grenzen“ die Grenze passieren durften und gegen Abend in Bagdad eintreffen müssten. Letzte Woche hatte Saddam Hussein noch erklärt, er brauche keinerlei ausländische Hilfe. Nun verlangt das Ministerium, dass die Ladung sofort ins staatliche Depot gebracht wird. Das kommt nicht in Frage. Calas ist stolz darauf, dass die „Ärzte ohne Grenzen“ innerhalb von 48 Stunden an jedem Ort der Welt einsetzbar sein können. An fast jedem Ort. Bagdad ist die Ausnahme. Jedes Medikament muss von dem Uno-Sanktionsausschuss in New York genehmigt werden. Es bedurfte drei Monate Nerven raubender Verhandlungen, bis die Iraker ein „Memorandum of Understanding“ unterschrieben.

Jeder hat sein eigenes Interesse. Der Krieg wird daran so bald nichts ändern. Im Gegenteil. Jeden Tag rufen ausländische Journalisten an. Sie wollen wissen, wie viele Tote es schon gegeben hat.

Calas hat Zahlen. Aber die müssen nicht stimmen, auch wenn sie von offizieller Stelle kommen. Natürlich liegt es im Interesse des Regimes, möglichst hohe Zahlen von Zivilopfern herauszugeben. Fünf bis zwanzig Einlieferungen gibt es täglich im Kindi. Splitterverletzungen. Sehr viele Herzprobleme, sehr viel psychischer Stress. Calas geht zurück ins „Abradsch-Hotel“.

Das Krankenhaus wird er lange Zeit nicht wieder sehen.

Bagdad, Nationalmuseum

Irgendwer hat ein Pappschild gemalt, mit Folie überzogen und draußen an das Eisentor gehängt: „Wegen des amerikanischen und britischen Überfalls bleibt das Museum, Hort irakischer Kultur, geschlossen, zum tiefen Bedauern aller Mitarbeiter.“

Die meisten der rund 200 Mitarbeiter bedauern daheim, Museumschef Dschabir Chalil hat sie nach Hause geschickt; nur einen Notdienst hat er dabehalten, 22, manchmal 24 Mann, die sich in drei Schichten abwechseln. Muhsin Chadim, ein kleiner, eifriger Sachbearbeiter aus der Antikenabteilung, führt die Truppe an. Chadim hat seine zwei Frauen und acht Kinder bereits vor dem Krieg nach Dijala, nördlich von Bagdad, verfrachtet. Er übernachtet jetzt im Pförtnerhäuschen. Er hat sich eine Kalaschnikow besorgt. Und er hat einen Spezialauftrag: Schätze verstecken.

Südirak, FARP Shell, im Lager der 101. Airborne Division

Major Doris Garcia fehlen 250 Laster. Sie fehlen jetzt, da sich die 101. Airborne Division im Krieg aufsplittert, wie nie zuvor. Die Hauptmacht der 1. und der 2. Brigade ist am Morgen nach Nadschaf vorgestoßen, sie haben die Stadt isoliert und verstricken sich in Häuserkämpfe. Es stehen Einheiten am „Objective Jenkins“, einer Brücke bei Kifl über den Euphrat, es stehen Platoons südlich von Hilla an der Autobahn 8, dazu hat sie Aufklärungseinheiten westlich vom See bei Kerbela stehen, zwischen Phase Line „New York“ und Phase Line „Utah“, wo sie vielleicht FOB 6 hochziehen werden, ein weiteres Basislager, eine „Forward Operation Base“.

Die 3. Brigade verteilt sich entlang der Nachschublinie von Kuweit nach FARP Shell, die „Black Hawks“ und „Chinooks“ durchfliegen den ganzen Süden des Landes, sie beliefern auch die Marines im Osten und die 3. Infanterie ganz vorn, fast schon in Bagdad, es ist jetzt ein sehr verwirrendes Muster. Es wird ein Puzzlespiel mit immer mehr Teilen, die Teile zerfallen wieder in Teile, und Major Garcia muss immer das ganze Bild erkennen, muss immer verstehen, wie die Teile zusammengehen, um nicht die Kontrolle zu verlieren.

Sie verarbeitet mit ihren Leuten Informationen aus Hunderten Quellen, die Lage ändert sich von Stunde zu Stunde, manchmal ist binnen Minuten alles ganz anders, als eben noch geplant, die Truppenbewegungen sind nicht vorherzusehen, und noch weniger, wie sich der Feind verhält.

Sicher ist nur: Bald werden die zu versorgenden Einheiten noch kleiner sein, wenn die Kompanien in Platoons und die Platoons in Squads zerfallen, wenn sich die 101. Airborne Division in Nadschaf festsetzt, immer acht bis zwölf Mann, Squads, verschanzt in Schulgebäuden, Parteizentralen, Fabriken, Palästen. Wie kriegen die ihr Wasser? Wie bringt sie denen drei warme Mahlzeiten am Tag? Munition? Feldpost?

Sie braucht sichere Landezonen. Sie braucht Verbindungswege von A nach B, am besten mitten hinein in die Stadt. Sie braucht exakte Lagebilder. Aber ihr fehlen Laster. „Ich habe große Mengen", sagt sie, „aber ich bringe sie nicht zu den Leuten."

Zentralirak, in Nadschaf, bei der 101. Airborne Division

Die Luftlandetruppen der 101. Airborne Division arbeiten sich in das Häusermeer von Nadschaf hinein. Am frühen Morgen, beim ersten Tageslicht, fuhr eine Vorhut zur Demonstration der amerikanischen Überlegenheit mit Panzerunterstützung und unter Deckung von „Apache"-Helikoptern am Stadtrand ins Zentrum der Stadt hinein und wieder heraus. „Thunder run" nennen sie so etwas. Eine Demonstration der Macht.

Kurz zuvor hatte die Air Force, noch in die Dunkelheit der Nacht, drei fast tonnenschwere Bomben abgeworfen. Als sich Rauch und Staub lichteten, waren in der Altstadt Menschen zu sehen mit weißen Fahnen, die viele Gesten machten, und es sah so aus, als wollten sie den Amerikanern zeigen, wo sich die irakischen Kämpfer versteckt halten.

Jetzt sind die Bodentruppen in der Stadt, sie kommen von Süden und von Norden, es ist eine Pressbewegung, 1. und 2. Brigade der 101. Airborne, sie drücken den Feind in der Mitte zu den Seiten weg und greifen im Osten und Westen den Belagerungsring an. Über den Köpfen fliegen „Kiowa"-Teams, immer zwei Maschinen, über ihnen fliegt an diesem Morgen Lieutenant Colonel Schiller in seiner kleinen Maschine, die er „Old Betsy" getauft hat, so sagen sie in seiner Heimat zu den Milchkühen.

Er fliegt niedrig, er fliegt Kreise, er fliegt große Achten, er bewegt seinen Vogel stetig, um nicht selbst zum Ziel zu werden. Im Kopfhörer die kratzenden Stimmen der Truppe am Boden. Schiller fühlt sich für sie verantwortlich. Er sagt, sie brauchen seinen Schutz. Viele von ihnen sind noch halbe Kinder, 18, 19 Jahre alt, er könnte ihr Vater sein, sie sind nur wenig älter als sein eigener Sohn Calvin, der ist 16.

Es kommen Schüsse von den Dächern, aus Fenstern, vereinzelte Attacken. Schiller sieht Männer in Zivil, in Kaftanen, die aus dem Rock mit hektischen Bewegungen Maschinenpistolen ziehen und abdrücken, er sieht Heckenschützen in Schulgebäuden, auf belebten Plätzen.

Es mag Krieg sein in Nadschaf, aber es gehen trotzdem Menschen zur Arbeit. Und es gehen Menschen zum Gebet in die Moschee. Und zum Einkaufen an den Gemüsestand. Die Stadt ist eine einzige Ansammlung möglicher Kollateralschäden; der Gegner sucht die Deckung der Zivilisten.

Schiller überfliegt den Friedhof. Alles ruhig dort. Die gewaltige Totenstadt streckt sich endlos hin. Er sieht einen Mann drunten, vielleicht einen Gärtner, einen Grabpfleger, wer weiß. Der Mann winkt. Er winkt aufgeregt. Noch aufgeregter. Er zeigt. Er winkt. Schiller zieht Kreise.

Der Mann zeigt nach Süden. Schiller sieht nichts im Süden. Er zieht Achten. Jetzt läuft der Mann, Schiller sieht ihn rennen, schnell, Richtung Süden, 100 Meter, 200, dort hält er an, zeigt wieder, nach Westen jetzt, in eine Gasse hinein zwischen großen Gruften. Schiller versteht endlich. Es sind große, helle Tücher gespannt in der Gasse, aber darunter schimmert dunkles Metall, es ist ein großes Geschütz. Schiller erkennt eine 57-Millimeter-Kanone, er entdeckt eine kleine Luftabwehrbatterie, getarnt zwischen Gräbern.

Schiller zögert. Es ist heikel, in einen Friedhof hineinzuschießen. Er führt darüber kurzen Funkverkehr mit dem Divisionskommando. Sie sagen: Es ist die Wahl des Gegners, nicht unsere. Schiller drückt seinen „Kiowa" tiefer, lässt die Maschine auf die Stellung zustürzen, zielt, drückt ab. Treffer. Kill.

Katar, im Centcom der US-Truppen

Das Oberkommando stellt sich der Presse. Der Korrespondent von Reuters hat eine Meldung der „New York Times" mitgebracht: „Hier sagen zwei Divisionskommandeure des letzten Golfkriegs – General McCaffrey und General Griffith –, sie hätten zwei oder drei zusätzliche Divisionen und mehr Artillerie eingesetzt. McCaffrey sagt: ‚Ihre Annahmen waren falsch.'"

Brigadier General Vincent Brooks: „Nun, ich denke, General Franks hat sehr klar gesagt, dass wir sehr zufrieden sind mit den zur Verfügung gestellten Truppen. Wir haben die Kräfte, die es braucht, um die Arbeit zu tun, sowohl in der bisherigen Operation als auch in der künftigen."

Dann meldet sich der Mann von „USA Today": „US-Truppen sind außerordentlich schnell bis vor Bagdad gekommen, ohne die Städte auf dem Weg zu sichern. Was war der Grund, so durchs Land zu rasen, ohne die Versorgungslinien zu sichern?"

Vincent Brooks: „General Franks hat beschrieben, dass wir manchmal Operationen hintereinander durchführen, manchmal gleichzeitig. Was den Beginn der Operation betrifft, so hatten wir eine sehr rasche Bewegung an den Städten vorbei, um eine Stellung zu erreichen, von der aus wir die Führung der Republikanischen Garde bedrohen konnten und können. Ohne von der Arbeit aufgehalten zu werden, die es bedeutet, eine Stadt von Bedrohungen zu säubern. Das verlangt Geduld und Handwerk, wie man in Basra, Nassirija und anderswo sehen kann. Wir glauben, das bleibt ein sehr effizienter Plan, um den Job zu erledigen."

Camp Bushmaster bei Nadschaf

Der Konvoi der Pionier-Brigade, mit dem ich, Journalist beim SPIEGEL, auf dem Weg nach Nadschaf bin, ist fast am Ziel.

Es dämmert, meine Pritsche habe ich neben dem „Humvee" aufgebaut. Wir warten darauf, dass man uns endlich in das Camp Bushmaster hineinlässt.

Plötzlich geht das Gehupe wieder los. Also: Gasmaske auf, Raketen im Anflug. Ein Sergeant rasiert sich erst zu Ende und trocknet sich ab, bevor er sich seine Maske überzieht. Bisher ist ja nie was passiert.

Und dann kommt plötzlich ein Unteroffizier von der Militärpolizei und brüllt: „Positive Testergebnisse. Saddam setzt Giftgas ein!"

Ich sehe, wie ein Soldat bleich wird. Er kommt mit seiner Maske nicht zurecht, die Gummibänder haben sich verhakt.

Ich checke die Ösen meines Schutzanzugs, setze mich in den „Humvee" und schließe meine Augen. Ich zähle meine Atemzüge, mehr fällt mir nicht ein, um mich abzulenken. Ein Soldat hat mich gestern angestarrt wie einen Irren, als ich ihm sagte, ich wäre freiwillig hier.

Nach ein paar Stunden gibt es Entwarnung. Der Alarm basierte auf einer Fehlmessung des ABC-Trupps, der ständig seine Testampullen in den Wind hält.

Eigentlich könnten wir jetzt in das geschlossene Lager fahren. Da wäre es etwas sicherer als hier. Bushmaster wurde zwar in den vergangenen Tagen mit Mörsergranaten beschossen; getroffen wurde niemand. Außerdem ist das Camp mit Stacheldraht, Sandwällen und

Gräben vor Überfällen gesichert. Hier draußen in der Wüste sind wir ungeschützt.

Aber wir dürfen nicht rein. Wieso wir warten sollen, wissen die Offiziere nicht. Befehl ist Befehl.

Irakisches Fernsehen, circa 20 Uhr

Es war eine Rede von Saddam Hussein angekündigt worden. Und dann sitzt doch nur Mohammed Saïd al-Sahhaf im Studio. Es verliest eine Aufforderung zum Heiligen Krieg. „Schlagt sie, bekämpft sie“, liest er vor. „Dieser Krieg ist ein Angriff auf unseren Glauben, auf unsere Bodenschätze, auf unsere Ehre und auf unser Leben.“

Fast 30 Grad in Bagdad. Immer noch liegt dunkler Rauch über der Stadt. Bagdad erinnert an eine traurig-graue Ostblock-Stadt, und Sahhafs Verlautbarungen klingen wie Mitteilungen aus George Orwells Wahrheitsministerium.

Informationsminister Sahhaf wurde an diesem Tag bei der Pressekonferenz im „Hotel Palestine“ gefragt, warum die amerikanische Regierung seiner Meinung nach derzeit einen so zufriedenen Eindruck mache.

„George W. Bush, dieser Verbrecher, ist es gewöhnt, die Fakten, wann immer es geht, zu ignorieren. Er sagt, er sei glücklich, obwohl er es nicht ist. Wenn er glücklich ist mit den Leichen seiner Soldaten, dann soll er glücklich sein. Die amerikanischen Politiker sind Faschisten, die ihr Volk belügen.“

Bis heute, sagt Sahhaf, seien im Irak seit dem 20. März 587 Zivilisten gestorben.

Kerbela, 1. Brigade der 3. Infanterie-Division, 20 Uhr

Sie versteht die Iraker nicht mehr, jetzt endgültig nicht mehr, aber was soll's? Sergeant Jennifer Raichle, die Aufklärerin, muss die Iraker vielleicht gar nicht verstehen, um diesen Krieg zu gewinnen.

Der „Kerbela Gap“, die Enge von Kerbela, das war einer dieser Orte, den die 4000 Leute von der 1. Brigade ganz besonders gefürchtet haben. Fünf Kilometer westlich von Kerbela liegt der Rassasa-See. Eine Armee, die von Süden kommend nach Bagdad will, muss durch dieses fünf Kilometer schmale Nadelöhr.

Nirgendwo wird es so gefährlich wie hier. Dachten die Amerikaner.

Wenn Saddam Giftgas einsetzen würde, dann hier. Dachten sie. Und selbst wenn nicht: Dann würden natürlich seine Armeen hier warten, denn nirgendwo hätten sie es so leicht wie hier.

„Wir haben uns schon wieder getäuscht", sagt Sergeant Jennifer Raichle, von der Aufklärungseinheit der 1. Brigade.

Sie sind einfach hindurchgefahren.

Die Artillerie war bereit, Helikopter und Flugzeuge waren bereit, aber sie alle wurden kaum gebraucht. Um sechs Uhr täuschten ein paar Panzer der 1. Brigade einen Angriff auf Kerbela an, dann fuhren sie weiter nach Norden.

Der Widerstand war gering: eine Barriere auf der Straße und ein Minenfeld – eine halbe Stunde Arbeit. Die Iraker jagen keine Dämme oder Brücken in die Luft, sie setzen keine chemischen Waffen ein, es gibt kaum noch Hinterhalte. „Vielleicht wollen einige nicht für Saddam kämpfen, vielleicht haben sie auch eine veraltete Befehlsstruktur", sagt Raichle, und sie meint die zentralistische Führung der irakischen Armee. Alle Informationen gehen nach Bagdad, alle Anweisungen kommen aus Bagdad, das ist ein träges System. Es ist ziemlich genau das Gegenteil der „netzwerkzentrierten Kriegführung", die das Pentagon propagiert.

Nassirija, Saddam-Hospital

Am Morgen dieses Tages, der nun zu Ende geht, sind der Bürgermeister von Nassirija und seine Leute hastig aus dem Krankenhaus verschwunden. Sie ließen sogar drei ihrer neuen japanischen Geländewagen vor der Klinik stehen. Wenig später versuchte ein irakischer Krankenwagen, Jessica Lynch zu einem amerikanischen Checkpoint zu fahren, aber er wurde von Marines beschossen. Der Fahrer kehrte zurück mit der prominenten Patientin.

Doch jetzt holen ihre Landsleute sie hier raus.

„Wir hatten erstklassige Informationen, das hat uns schließlich bewogen, das Gebäude zu stürmen", sagt Lieutenant Colonel Rick Grabowski, Kommandeur des 1. Marines-Bataillons. Er schickte die Panzer der Alpha-Kompanie, um die Aktion abzusichern. Eine weitere Kompanie ist in Alarmbereitschaft.

Kurz vor 23 Uhr schaltet eine Einheit der Special Forces den Strom in Nassirija ab. Es ist jetzt stockdunkel. Panzer geben ein paar Schüsse ab, um den Feind abzulenken. Es ist kein Feind zu sehen.

Ein Truck-Konvoi mit Elitesoldaten der Navy Seals und Army Rangers rollt auf der Hauptstraße aufs Krankenhaus zu. Helikopter schweben über dem Krankenhaus.

Jessica Lynch wird nicht bewacht, keine irakischen Soldaten verteidigen sie, nur aus dem Nachbargebäude hört man gelegentlich einen Schuss. Soldaten seilen sich aus den Helikoptern aufs Klinikdach ab, über ihnen kreisen „Cobra"-Kampfhubschrauber zur Absicherung.

Zehn Minuten dauert die gesamte Aktion. Zum ersten Mal seit 1945 wird ein amerikanischer Soldat aus der Gefangenschaft „befreit". Über 400 Soldaten sind beteiligt, die Militärführung beobachtet alles live auf Bildschirmen im Hauptquartier in Katar.

Bagdad, Sitz des Bischofs, kurz vor Mitternacht

Tagebuch des Karmeliterpaters Michel de Myttenaere: „Ruhe bis Mittag, als in der Entfernung wieder Einschläge zu hören sind. Ruhig nach 14.30 bis 16.15. Ich gehe zurück zum Kloster, um einige Akten zu holen und das Geld im Refaktorium in Sicherheit zu bringen. 22.55, sehr entfernte Schüsse."

Mittwoch, 2. April

+++ 900 Kampfeinsätze der Luftwaffe +++ 40 Präzisionsbomben zerstören Militär-Lagerhalle in Bagdad. Explosionen in Präsidentenpalast +++ Im Landesinneren erstmals neuartige Streubombe eingesetzt +++ „Black Hawk"-Helikopter bei Kerbela abgeschossen +++ Soldatin Jessica Lynch nach Deutschland ausgeflogen +++ 100 Einheimische unterstützen 1. Marines-Division bei Einsätzen in Schatra nördlich von Nassirija +++ 1. Marines-Division überquert bei Kut erstmals den Tigris. Von hier geht es Richtung Norden nach Bagdad +++ 3. Infanterie-Division und die 1. Marines-Division jetzt in der „roten Zone": Hier wird irakischer Chemiewaffeneinsatz befürchtet +++ 101. Airborne zerstört bei Nadschaf Artillerieanlagen der Iraker +++ Die Lage: Die irakische Militärführung hat in den vergangenen Tagen einen strategischen Fehler begangen: Immer wieder hat sie versucht, die angegriffenen Stellungen der Republikanischen Garde zu verstärken. Die Truppenbewegungen, die dabei entstehen, sind aber leicht auszumachen, vor allem, wenn der Gegner die Lufthoheit besitzt. Die

Angriffe der Amerikaner zerstören Material und Moral der Iraker. Die Republikanische Garde leistet nur sehr wenig organisierten Widerstand. Viele Soldaten fliehen und verstecken sich in den Städten, andere ziehen einfach die Uniform aus und rennen davon.

Bei Nadschaf, Camp Bushmaster

Unser Lager wird im Morgengrauen offenbar angegriffen. Jedenfalls ist plötzlich Einzelfeuer zu hören. Von den US-Soldaten hat niemand gefeuert, also gibt es sofort wieder Alarm.

Während die Soldaten links und rechts mit ihren durchgeladenen Waffen in Stellung gehen, krieche ich unter den „Humvee“. Alle sind bewaffnet, ich als Journalist habe bloß einen Schreibstift.

Wir warten etwa eine Stunde. Wer auch immer gefeuert hat, er muss gleich wieder abgehauen sein. Man kann so eine Armee auch mit geringem Einsatz auf Trab halten.

Das Lager macht einen brauchbaren Eindruck. Das Zentrum besteht aus einem verlassenen Industriegebäude, in dem das 94. Pionier-Bataillon seinen Stab eingerichtet hat. Um das Gebäude herum wird auf Wüstensand Zelt neben Zelt errichtet.

Ich bekomme eine Luxussuite im Industriebau, einen 15 Quadratmeter großer Raum, den ich mir mit drei Männern teile. Nachts werde ich nicht mehr so frieren, tagsüber ist es nicht so heiß.

Es gibt natürlich kein fließendes Wasser. Aber an das Waschen mit feuchten Baby-Wischtüchern habe ich mich schon fast gewöhnt. Wahrscheinlich stinken wir hier längst alle wie Ochsen, aber es fällt niemandem mehr auf.

Die Pioniere haben sogar schon Latrinen aufgebaut. Dafür sollten sie Orden bekommen.

Ich treffe Scott Figlioli wieder, mit dem ich an der Grenze war. Er lädt mich sofort in seinen „Humvee“ ein. Seine Bulldozer sind schon wieder unterwegs, sie verbreitern die Straße nach Bagdad. Der Job ist gefährlich, denn die Gegend links und rechts der Piste ist stark vermint.

Kerbela, Task Force 4-64, morgens

Es war eine lange Nacht. So wie diese Nacht war noch keine in diesem Krieg.

Vorwärts, immer weiter, und Feuer, immer wieder.

Aber jetzt ist die Task Force 4-64 der 2. Brigade der 3. Infanterie-Division durch, die Kerbela-Enge liegt hinter ihnen, und nach Bagdad sind es nur noch 80 Kilometer.

Das ist die so genannte rote Zone, das Zentrum der Macht.

Irakische Luftabwehrgeschütze feuerten die ganze Nacht hindurch, aber die B-52-Bomber waren zu hoch und zu schnell. Sie legten Bombenteppiche über die Stützpunkte der Fedajin und der Republikanischen Garde.

Und dann kamen die Panzer der Task Force 4-64.

Die machen das immer so, dass Sergeant First Class Lustig vorneweg fährt.

Hinter ihm fährt der „Bradley" von Nick Kauffeld und seinen Männern, zur Unterstützung.

„Lustig", sagt Private Robert Baxter, Fahrer des „Bradley", „ist wie der verdammte Satan. Er zögert nicht, diese Hurensöhne wegzublasen. Darum habe ich ihm gesagt: ‚Wenn wir in die Hölle gehen, um den Teufel zu bekämpfen, Sergeant Lustig, dann würde ich mit Ihnen gehen.' Er sagte: ‚Danke, Private Baxter, ich weiß das zu schätzen.'"

Lustig ist nett, wenn man mit ihm redet, er ist schüchtern, ruhig, ernst, er sagt, dass er seine Familie liebe und dass sein Vater ihm gesagt habe: „Junge, bewahre dir die Fähigkeit, Leidenschaft zu spüren." Leidenschaft – Lustig denkt darüber nach. Dann sagt er: „Wenn du die Leidenschaft verloren hast, bist du verloren. Du musst brutal sein können, wenn es nicht anders geht, aber du darfst nie deine Leidenschaft verlieren, sonst hast du alles verloren."

Amerikanischer Kitsch?

Oder ist das einer dieser Sätze, die es leichter machen, so einen Krieg zu überstehen?

Er mache sich Sorgen um die Jungs in seinem Panzer, sagt Lustig schließlich. „Sie sind nahe genug dran, die Gesichter der Iraker, die sie töten, zu sehen. Ich sage meinen Männern immer: Ihr müsst das nicht mögen, aber ihr müsst es tun. Es ist der Weg nach Hause."

Bagdad, Nationalmuseum, morgens

Dschabir Chalil, der Leiter des Nationalmuseums, besitzt einen fast neuen Chevrolet Blazer, cremeweiß und Baujahr 2001, sein Stellvertreter Donny George besitzt eine beinahe neue Digitalkamera, außerdem einen Laptop: Das alles hat er schon am Vortag gut verpackt, nebst Reisetasche, die beiden Museumsleute brechen früh auf. Besonders Chalil drängt zur Eile. Je schneller sind loskommen, desto rascher sind sie wieder da.

Ihre Inspektionstour soll sie nach Mossul, Samarra und Tikrit führen, auch nach Assur, in die alte Assyrerstadt, nach Hatra und nach Kirkuk. Vier bis fünf Tage haben sie eingeplant, Chalil fährt nur sehr ungern, aber er fühlt sich verpflichtet. Denn er ist nicht nur Leiter des Nationalmuseums in Bagdad, sondern als Vorsitzender des Aufsichtsgremiums über die irakischen Museen auch eine Art oberster Museumsdirektor des Landes. In halben Andeutungen haben er und sein Mitarbeiter George sich darüber verständigt, dass der Krieg nicht mehr lange dauern kann, das Regime wird stürzen – und was kommt dann?

Das Chaos.

Also wollen die zwei Museumsleute, solange sie noch Autorität haben, die Bestandslisten prüfen. Sie wollen die Archive in den diversen Museen und den Stand der Ausgrabungen dokumentieren, zur Sicherheit auch fotografieren. George wird digitale Sicherheitskopien anfertigen, Hightech ist seine Spezialität.

Muhsin Chadim, der Angestellte aus der Ausgrabungsabteilung, bleibt zurück, sein Auftrag lautet, die Exponate in Bagdad zu sichern. Aber wo beginnen? Bei den Kalksteinstatuen aus Ninive, datiert auf 200 v. Chr., oder den Flachreliefs aus Elfenbein, mindestens 700 v. Chr.? Es gibt Becher aus Bergkristall, kupferne Stiere und Löwen, eine rekonstruierte goldene Harfe aus der Gegend von Ur. Manches davon ist allerdings schon vor dem letzten Krieg versteckt worden, etwa der Goldschatz des Assyrerkönigs Assurnasirpal II. Oder Kronen und Ohrringe aus den Königsgräbern von Ur und Nimrud. Sie lagern in einem Tresorkeller unter der Nationalbank.

Schätzungsweise 170 000 Artefakte besitzt das Nationalmuseum in Bagdad, verteilt auf 28 Galerien. Gibt es über die Exponate genaue Inventarlisten? Ja. Sind diese Aufstellungen vollständig und exakt? Ja – und nein. Vielleicht. Wahrscheinlich aber nicht.

Eichhörnchen, heißt es, sorgen den Sommer über vor, sie legen unermüdlich Nahrungsdepots an; doch im Winter finden die Tiere einen großen Teil ihrer versteckten Vorräte nicht mehr wieder. Was jetzt im Nationalmuseum in Bagdad passiert, wird nach dem Krieg im Westen für Aufregung sorgen. Zunächst werden sich Kunsthistoriker in aller Welt über die Plünderung des Nationalmuseums empören. Die Feuilletonisten, wutentbrannt, werden die stumpfen, kulturlosen Amerikaner geißeln, die die Plünderung zugelassen, vielleicht sogar provoziert haben, während sie das Ölministerium von der ersten Stunde an beschützten, typisch.

Und dann, sobald sich herausstellen wird, dass wahrscheinlich alles auf ein Missverständnis hinausläuft, dass keineswegs 170 000 Exponate verschwunden sind, sondern allenfalls 32 oder 42 oder höchstens einige hundert – dann wird die Empörung umschlagen und sich gegen die irakischen Museumschefs wenden. Weil die die westliche Öffentlichkeit hinters Licht geführt haben.

Dabei geht es einfach nur drunter und drüber in diesen letzten Tagen im Nationalmuseum von Bagdad. Der Chef und sein kluger Mitarbeiter George sind auf Inspektionstour; die übrigen Leute packen hier was ein, schleppen dort was in den Magazin-Keller oder transportieren es zum Tresor der Nationalbank, leider hat niemand mehr den logistischen Durchblick. Es gibt viel mehr Inventarnummern als Artefakte. Es gibt beispielsweise Listen, auf denen ein Satz kupferner Nähnadeln, wahrscheinlich einige tausend Jahre alt, zusammengefasst wurde; es gibt Zusatzlisten, die jede Nadel einzeln aufführen, und es gibt Zusatzlisten zu den Zusatzlisten. Was es nicht gibt in diesen Tagen, ist jemand, der das alles klar überblickt. Muhsin Chadim wirbelt mal hier, mal dort, aber ihn als systematischen Menschen zu bezeichnen wäre übertrieben.

Und außerdem herrscht Krieg.

Jede Nacht fallen Bomben, niemand weiß, ob er morgen noch lebt.

Zentralirak, Escarpment, im Lager der 101. Airborne Division

Der Kommandostab der 101. Airborne Division verlegt sich von FARP Shell in Richtung Norden, sie nennen den Ort „Escarpment“, das heißt Klippe, Steilwand, es ist ein Lager nördlich von Nadschaf, am Rand der Hochebene, wo die westliche Wüste abfällt ins grüne Tal des Euphrat.

Das Organisationspuzzle von Major Doris Garcia bekommt immer neue, immer kleinere Teile: 1. und 2. Brigade sind jetzt vollends zersplittert, Truppenteile kämpfen südlich von Hilla, die Hauptmacht rückt vor in und um Nadschaf, sie sichert östlich der Stadt drei Brücken, aber vor allem sind die Leute jetzt verteilt über die ganze Stadt, eine verwinkelte 500 000-Einwohner-Stadt voller Moscheen und Friedhöfe. Einzelne Squads sind zu versorgen, Platoons brauchen Wasser, Major Garcia, Nachschub-Offizierin der 101. Airborne Division, braucht einen stabilen Zugang in die Stadt.

FARP Shell ist jetzt die größte Tankstelle des Krieges, dort landen die Helikopter im Minutentakt, starten und landen, es kommen „Apaches" zum Zwischenstopp, um sofort wieder abzufliegen in die Schlacht, es kommen „Black Hawks" von „Hero Flights" zurück, das heißt, sie bringen Verwundete, es kommen „Chinooks" mit Material, mit Nahrung, mit Munition, mit allen Gütern des Nachschubs.

Die Welt von Major Garcia ist in 10 Klassen geteilt, Klasse 1 für Verpflegung und Wasser, Klasse 3 für Treibstoff, Klasse 5 für Munition, Klasse 10 für Ersatzteile, alles ist sauber getrennt, und alles kommt ausreichend an, der „Eagle Express" aus Kuweit läuft schnell und gut, es fehlen nur Lastwagen zur weiteren Verteilung, die Fahrer der vorhandenen arbeiten über jeden Plan hinaus, Tag und Nacht, Major Garcia nennt sie ihre „Superstars".

Auch „Humvees" lässt sie mit dem Nachschub bestücken, die Geländewagen werden voll gestopft mit dem Nötigsten, vor allem mit Wasser und Munition, die Wagen fahren mitten hinein nach Nadschaf, über die leidlich gesicherte Hauptstraße. Dort zeigen sich jetzt immer mehr winkende Iraker, lachende Menschen, aber das muss nicht viel heißen. Jede Fahrt in die Stadt hinein ist lebensgefährlich. Zu viele Schüsse aus dem Hinterhalt.

Nadschaf, bei der 101. Airborne Division

Die 101. Airborne Division hat Nadschaf im Griff. Und an diesem Mittwoch bekommt Präsident Bush endlich die Bilder, die er sich schon so lange erhoffte. Die Menschen winken. Sie lachen. Sie verlassen ihre Häuser, gehen fröhlich auf die Soldaten zu, und alle sind dabei. CNN. BBC. Die „New York Times". Die „Chicago Tribune". Die „Los Angeles Times". Die Iraker rufen: „Good! Good!" „Welcome!", und sie bespucken vor laufenden Kameras die Staatsporträts des Saddam Hussein.

Es wird noch immer geschossen. Aber die Schützen verteidigen offensichtlich nicht mehr die Bevölkerung der Stadt, sondern vor allem sich selbst und die Reste des alten Regimes. Saddams Ordnung bricht zusammen. Saddams Ordner verlieren ihre Macht über Nadschaf.

Am Nachmittag um 14 Uhr macht sich Major General David Petraeus, der Kommandeur der 101. Airborne Division, zu einer neuerlichen Demonstration der Stärke auf. Er lässt sich im „Black Hawk“ an den Stadtrand fliegen und fährt dann im „Humvee“-Konvoi in die Stadt hinein. An den Geländewagen flattern rot-weiß-blau kleine Stars-and-Stripes-Fahnen. Es ist ein wichtiger Moment psychologischer Kriegführung, nicht anders als auf den Schlachtfeldern früherer Jahrhunderte. Auch der moderne Krieg braucht Symbole des Sieges, er braucht die Posen des Siegers. Die Anwesenheit von Petraeus in Nadschaf sagt dem Feind: Es ist vorbei. Gebt auf. Der Sieg ist unser.

Über dem Generalskonvoi kreisen Schillers „Kiowas“. Am Stadtrand lauern die „Apaches“. Sie decken den Kommandeur, doppelt konzentriert. Es ist der Tag der Entscheidung in Nadschaf. Der Kampf wird weitergehen, noch zwei Tage lang, aber die Stadt ist eingenommen in diesen Augenblicken, am Mittwoch, 2. April.

35 Kilometer südlich von Bagdad,
1. Brigade der 3. Infanterie-Division, 12.30 Uhr

Es geht voran, das Ziel rückt näher, und das fühlt sich gut an. Die Prognosen von Sergeant Jennifer Raichle, der Aufklärerin, werden immer einfacher.

Die Panzerkolonnen der 1. Brigade fahren auf der sechsspurigen Autobahn Richtung Bagdad, die Stadt ist noch 35 Kilometer entfernt. Sie fahren langsam, vielleicht zehn Stundenkilometer schnell. Sie kommen an eine Brücke, von der Westseite auf die Ostseite des Euphrat. „Sechs Spuren nach Bagdad“, ruft Lieutenant Colonel Thomas P. Smith.

Das allerdings ist ein wenig verfrüht.

Elf Pfeiler tragen die Brücke, und als der erste Panzer über dem letzten Pfeiler ist, gehen die Sprengsätze hoch.

Sie kennen diese Geräusche inzwischen, aber sie zucken zusammen.

Doch auch so etwas haben sie trainiert. In den TOC-Fahrzeugen, etwas weiter hinten, funken sie die „Apache“-Hubschrauber an. Die

Pioniere, wie immer ganz vorne, machen die Schlauchboote klar. Und die Panzer sind ja sowieso da.

Sie alle tragen Spitznamen. Die Panzer der A-Kompanie des Bataillons 3-69 heißen „Aftershock“ oder „Ashes to Ashes“, ein Panzer der C-Kompanie heißt „Change of Regime“.

Und nun erklingt das, was die Amerikaner verharmlosend gern „Waffenorchester“ nennen. Artillerie, „Apaches“ und „Abrams“ legen die Ostseite des Euphrat in Schutt und Asche. Knappe zwei Stunden dauert das Konzert.

Um 14.30 Uhr kommen die A-10-Flugzeuge und lassen 500-Pfund-Bomben auf flüchtende irakische Autos fallen.

Um 15.00 Uhr sammeln sich die Amerikaner an der Ostseite des Euphrat.

Der Kommandeur der 3. Infanterie-Division meldet sich über Funk und fordert, dass die 1. Brigade so schnell wie möglich auf die andere Seite kommt.

So etwas lässt sich Colonel William Grimsley, Kommandeur der 1. Brigade, nicht gern sagen, von niemandem, auch nicht von seinem General.

Er klopft mit den Fingern auf sein Funkgerät, und er presst die Lippen zusammen.

Um 15.15 Uhr sind die Pioniere fertig: Sie haben die restlichen Sprengkörper auf der Brücke entschärft.

Die „Apache“-Piloten melden, dass sie kaum noch Iraker sehen.

Um 15.30 Uhr überquert der erste Panzer die Brücke.

Und die Brücke hält.

Aber da sind noch Iraker, sie liegen in Löchern, sie verstecken sich in Steinhäusern, und eine Kuh läuft davon, sie blutet.

Um 17.30 Uhr ist es vorbei. Der Weg nach Bagdad ist frei, die 1. Brigade hat die Brücke erobert.

Die Iraker kämpfen hart. Sie haben ein paar gute Waffen. Aber sie haben keine Kommandostruktur und keine Kommunikation. Da kämpft jeder für sich.

Bagdad, „Hotel Palestine“

Immer noch kontrolliert die Polizei den Straßenverkehr. Autobesitzer waschen ihre Autos am Tigris. Die Amerikaner stehen 30 Kilometer vor der Stadt.

Und Dschamal, der mausgesichtige Kassierer des Informationsministeriums, will bei dpa-Korrespondent Gregor Mayer die Schulden eintreiben.

Mayer ist 42 Jahre alt, er ist seit dem 20. Januar in Bagdad. Jeden Tag sind ihm 120 Dollar für die Dienste des Aufpassers in Rechnung gestellt worden, und 100 Dollar dafür, dass er sein Satelliten-Handy benutzen darf. 14 200 Dollar soll er zahlen und 3 550 000 Dinar. In bar.

Mayer ist nicht der Einzige. Deswegen hat der Abteilungsleiter im Informationsministerium beschlossen, neue Presseausweise auszugeben; einen neuen bekommt nur, wer bezahlt.

Kassierer Dschamal kriegt das Geld. Die Dinar in kleinen 250er Scheinen, es sind ein paar Plastiktüten voll.

Informationsminister Mohammed Saïd al-Sahhaf ist vor allem mit Dementis beschäftigt: Nein, die Amerikaner hätten den Tigris nicht überschritten. Nein, sie seien auch nicht in die Städte Nadschaf und Kerbela eingedrungen.

Katar, im Centcom der US-Truppen

Das Oberkommando stellt sich der Presse. Mann in vorderer Reihe: „Adi Rival, ABC News. Zu den beiden Explosionen auf den Märkten in Bagdad: Können Sie irgendwas sagen, ob Koalitionskräfte dafür verantwortlich waren oder nicht? Danke, Sir."

Brigadier General Vincent Brooks: „Wir haben unsere Flüge überprüft und unsere Waffensysteme, die zum fraglichen Zeitraum der Explosionen verwendet worden sind. Wir haben auch, so gut es ging, verfügbares Bildmaterial untersucht, um die Größe der Krater, die Richtung der Explosion, die Spuren auf umstehenden Gebäuden zu bestimmen. Und da gibt es absolut nichts, was auf eine Aktion der Koalition schließen lässt."

Der Mann von AP bekommt seine Frage: „Ich hätte gern eine Definition dieser berühmten roten Linie oder roten Zone."

Brigardier General Brooks: „Was wir als rote Zone oder roten Linien beschreiben, ist schlicht ein Begriff, der eine Auslöserlinie kennzeichnet. An der das Regime seine Bedrohung für so stark erachtet, dass es Massenvernichtungswaffen einsetzt. Waffen, von denen wir wissen, dass sie verfügbar sind."

Paul Hunter vom kanadischen Fernsehen. „Und was ist die gängige Ansicht, weshalb keine Chemiewaffen eingesetzt worden sind?"

Vincent Brooks: „Paul, das ist eine gedachte Linie. Da draußen gibt es keine physische Linie, die ein absoluter Auslöserpunkt ist. Wir haben Kräfte, die schon jenseits von einigen dieser roten Linien sind. Warum die Waffen nicht eingesetzt wurden? Nun, wir können nicht wirklich spekulieren. Sicher können wir nur sagen, dass wir erfolgreich gegen einige der Trägersysteme gewesen sind. Wir waren auch wirksam gegen die Entscheidungsträger. Wir haben jene über die Folgen ihres Tuns aufgeklärt, die am Auslöseknopf sitzen. Die Fortsetzung der Geschichte kennt nur das Regime. Wenn wir erfolgreich sind, werden die Waffen nie eingesetzt, und diese rote Linie wird nur eine Vorstellung gewesen sein, nichts Wirkliches. Und das ist gut so."

Nordirak, Kalak, zwischen Arbil und Mossul, abends
Heute haben sich 20 irakische Deserteure ergeben, es werden jetzt immer mehr, die das Chaos auf der irakischen Seite nutzen, um die Waffen zu strecken. Und außerdem gab es Geländegewinne der Alliierten, vor allem bei Dschamdschamal und Kifri, im Südabschnitt der Nordfront. Aber auch in der Gegend um Mossul ziehen, zermürbt nach den Bombardements der vergangenen fünf Nächte, die Iraker sich zurück, haben aber den Abschnitt vermint; ein BBC-Kameramann ist heute bei einem Minenunfall tödlich verletzt worden.

Angeblich errichten die Iraker jetzt einen zweiten Verteidigungsring um Mossul, die drittgrößte Stadt des Irak, nur noch 40 Kilometer von der Front entfernt. Wobei die Amerikaner sich mit einem neuen Problem konfrontiert sehen: Was, wenn die irakischen Linien plötzlich zusammenbrechen? Wenn eine Massenflucht einsetzt, Plünderungen, Panik? Die Amerikaner haben über 1000 Fallschirmjäger im Nordirak – viel zu wenige, um allein die Ölfelder bei Mossul und Kirkuk zu sichern, von den Städten ganz zu schweigen. Ihren kurdischen Verbündeten wiederum wollen oder können die Amerikaner nicht die Befehlsgewalt über einzelne Städte überlassen – abermals haben die Türken mit Einmarsch gedroht, falls die Kurden Anstalten machten, einen eigenen Staat zu gründen. Also muss die amerikanische Strategie das politisch angemessene Tempo finden, sie müssen siegen; aber nicht zu schnell.

Enge von Kerbela, 2. Brigade der 3. Infanterie-Division

Die Probleme schafft nicht der Feind, die Probleme schaffen sie sich selbst.

„Unsere Fehler, eindeutig unsere Fehler“, sagt Colonel David Perkins, der Kommandeur der 2. Brigade, der Erfinder von „Heavy Metall“ und „Rock 'n' Roll“.

Sie wussten, dass die Kerbela-Enge einer der gefährlichsten Schauplätze dieses Krieges sein würde. Dass sie in diesem Nadelöhr nur langsam vorankommen und deshalb wunderbare Ziele abgeben würden. Dass hier mehr als anderswo Giftgas Sinn machen würde, weil sie hier dicht gedrängt beieinander sein würden und nicht fliehen könnten.

Sie wussten das alles, und trotzdem haben sie diese Fehler gemacht.

Sie haben die Karten gelesen und die Routen geplant, klar, das ist Routine. Aber sie hätten mehr tun müssen: jede Straße überprüfen, Luftaufnahmen machen, Einheimische befragen. Sie haben es nicht getan, keiner versteht, warum, und nun stecken sie fest.

Die 1. Brigade kämpft rund um Kerbela, die 3. bildet einen Kordon an den Rändern, es sind 22 000 Mann in der Enge von Kerbela.

Und wenn eine Brigade wie die 2. in solch einem Gewusel erst einmal feststeckt, dann dauert es, bis sie wieder rollt.

Die Task Force 1-15 sollte den Treck anführen. Alle anderen sollten folgen.

Und nun das: Sie haben eine Straße rund um Kerbela gewählt, aber die Straße ist gruselig. Die Panzer versinken im Sand. Die „Humvees“ bleiben in Schlaglöchern hängen. Es geht nicht voran, sie müssen zurück und anders herum. „Die Karten sahen sehr gut aus, aber ich hätte Leute vorausschicken müssen, Spähtrupps“, sagt Colonel David Perkins.

2000 Fahrzeuge umzudrehen ist nicht ganz einfach.

Aber die Offiziere der 2. Brigade sind ziemlich gut, wenn sie solche Aufgaben zu lösen haben. Lieutenant Colonel Eric Wesley, der 1b der 2. Brigade, sagt, dass er genau diese Situationen mag. Wenn es eng wird. Und gefährlich. Wenn dazu noch die Müdigkeit kommt, die 2. Brigade ist ja seit 24 Stunden unterwegs.

„Diese konzentrierte Angst, diese Spannung“, so nennt Wesley das, „dieser Kitzel“.

Und in diesem Moment, als die gesamte Brigade wenden muss, kommen auch noch die Berichte der Aufklärer rein, und da heißt es: Irakische Truppen sind auf dem Weg Richtung Süden, sie bewegen sich Richtung Kerbela, es sieht so aus, als stünde eine gewaltige Schlacht bevor.

„Ein dramatischer Moment, ganz klassisch“, sagt Wesley, „ein Kommandeur gegen einen anderen Kommandeur, sie bewegen sich aufeinander zu, und wer macht was?“

Darum setzen sie sich zusammen, Wesley und Perkins und die Kommandeure ihrer Task Forces.

„Es geht um zwei Dinge, zwei große Entscheidungen“, sagt Perkins, „wir müssen uns aufteilen, schon wieder. In vier Teile. Und gleichzeitig müssen wir die Bewegung beibehalten, wir dürfen nicht anhalten, und das heißt, dass wir weiter angreifen müssen.“

Perkins sagt: „Okay, Leute, 1-15 ist das Lead-Bataillon und macht auf dem alten Weg weiter. 1-64 dreht um 180 Grad und bewegt sich nördlich um Kerbela herum. 4-64 geht ein Stück zurück, Richtung Westen. Und 3-15 geht ganz außen um Kerbela herum, hier“, er zeigt die Strecke auf der Karte, „auf der Straße 28. Okay?“ So machen sie es.

Die Task Force 1-64 nimmt die Nordroute und überrennt auf dem Weg die 2. und die 10. Brigade der Republikanischen Garde. Es ist eine Frage von Stunden, dann funken die Männer „mission completed“, Auftrag ausgeführt.

Die Task Force 4-64 zerstört auf der Westroute die Hauptquartiere der Medina-Division.

Die Task Force 3-15 hat den weitesten Weg und schafft es dennoch, unterwegs die Hauptquartiere der 2. irakischen Brigade in Schutt und Asche zu legen.

Und Perkins selbst ist mit der Task Force 1-15 auf direktem Weg in Richtung Bagdad. Er sitzt in einem Fahrzeug vom Typ M 113, ein bewaffneter Wagen ist das mit dicken Wänden und einem 50er Maschinengewehr. Perkins sitzt auf dem Beifahrersitz, bei ihm gibt es keinen Schnickschnack, keine Sprüche oder Maskottchen, bei ihm gibt es Funkgeräte und Telefone und vor allem das Wunderding namens FBCB2, das Bildschirme und Satellitenverbindung hat und alles kann, was Perkins jetzt braucht.

E-Mails schreiben zum Beispiel, die dann über Satellit zu den Kommandeuren der anderen Einheiten gejagt werden.

„Wie läuft es“, das fragt Perkins heute öfter als sonst. Natürlich weiß er, dass die U. S. Army ihm zutraut, diesen Krieg zu gewinnen, deswegen håben sie ihn geschickt. Er weiß, dass er General werden kann oder einer der wirklich Wichtigen im Pentagon. Aber er weiß auch, dass schon eine falsche Entscheidung, irgendetwas, was zum Beispiel den Tod von 50 Männern verursacht, alles ändern kann. Es gibt Offiziere, die haben einen Fehler gemacht und waren erledigt.

Es ist kurz vor Mitternacht, da sind alle durch. Es gab keine Giftgasangriffe, die Iraker haben nichts Koordiniertes hingekriegt, es gab die üblichen Schüsse vom Straßenrand.

Und jetzt haben sie die Enge von Kerbela hinter sich. Und mit ihr die Wüste. Vor ihnen liegt ein Fluss, vor ihnen ist es grün.

Es ist nur der Euphrat, aber sie fühlen sich, als kämen sie ins Paradies. Oder „in die Karibik“, wie Captain William Glaser sagt. Denn nach neun Monaten Sand sehen sie Palmen, Seen, Wälder, und sie sehen Geschäfte und Dörfer und am Horizont eine große Stadt.

Die Wüste liegt hinter der 2. Brigade, hinter dem Euphrat beginnt der fruchtbare Teil des Irak. Und der furchtbare? „Im Paradies wartet die Spezielle Republikanische Garde“, sagt Glaser, das sind jene Einheiten im Militärapparat von Saddam Hussein, 15 000 Mann stark, die als besonders loyal und kampfstark gelten.

Bagdad, Kindi-Hospital

Der Krieg bringt am Mittwoch 21 Verletzte ins Kindi-Krankenhaus, ein lebloses Kind wird eingeliefert, es stirbt. Der Krieg, das ist zu fühlen, gewinnt wieder an Gewalt. Es ist zu hören, gegen alle Propaganda von der eigenen Seite, dass die Amerikaner nicht mehr weit sind. Es ist zu spüren, dass der Krieg bald in die Stadt kommt, am Boden, mit Truppen und Panzern, nicht nur mit Bomben aus der Luft.

Dr. Aradi arbeitet neben dem dauernden Operieren, 12, 13 Operationen jeden Tag, an der Frage der Leichenkühlung. Er lässt herumfragen, ob sich ein Lastwagenanhänger besorgen ließe, ein Kühlanhänger, nur für den Fall. In den beiden für 24 Tote vorgesehenen Kühlschränken des Krankenhauses sind jetzt 18 Tote eingelagert. Niemand holt sie ab. Niemand will sie bestatten mitten im Krieg.

Bagdad, „Abradsch-Hotel", 22.15 Uhr

François Calas sitzt in seinem Zimmer vor dem Computer und versucht, seine E-Mails zu lesen. Seine vier Kollegen von „Ärzte ohne Grenzen" sind noch im Kindi, Ibrahim Junis, der Logistiker ist unten in der Lobby.

Es ist verboten, ein Satellitentelefon zu besitzen. Sein Team hat zwei Inmarsat-Apparate ins Land schaffen können. Eines liegt versteckt unter dem Schrank, das zweite steht vor ihm. Dann klopft es.

Sie sind zu dritt. Offenbar Leute vom Muchabarat, dem Geheimdienst. Einer in Uniform, alle drei mit Pistolen. „Folgen Sie uns", sagt einer. Es gibt nichts zu diskutieren. Sie gehen hinunter in die Lobby. Junis, der sudanesische Logistiker, versucht, mit den Männern auf Arabisch zu reden, ihnen zu sagen, wer sie sind, dass sie sich geirrt haben müssten. Es gibt nichts zu diskutieren. Die Männer legen ihnen Handschellen an, zerren sie in einen Wagen vor dem Hotel und drücken sie auf den Rücksitz. Es ist 22.30 Uhr. Es ist der Moment, den François Calas mehr gefürchtet hat als alles andere.

Bagdad, Sitz des Bischofs

Frère Michel, der Karmeliterpater, hat kein Kriegsprotokoll geschrieben an diesem Tag.

Vor den Toren Bagdads
3. April bis 5. April

Donnerstag, 3. April

+++ Bomben treffen Fernsehsender in Bagdad, TV-Programm unterbrochen +++ Von 850 Einsätzen der Luftwaffe zielen 85 Prozent auf Bodentruppen der irakischen Armee +++ Special Forces nehmen den Tharthar-Palast 90 Kilometer nördlich von Bagdad ein +++ Briten setzen bei Basra Streubomben ein +++ Vorhut der 3. Infanterie-Division wenige Kilometer vom Bagdader Flughafen entfernt +++ 1. Division der Marines kämpft bei Kut und auf der Straße von Kut nach Bagdad +++ Drei US-Soldaten sterben bei „friendly fire" durch einen F-15-Kampfjet +++ Die Lage: Um den Einmarsch in Bagdad vorzubereiten, setzen die Amerikaner Spezialtruppen ein, kleine Einheiten, kaum mehr als zwölf Mann stark. Ein Transportflugzeug setzt sie auf der Autobahn 6 ab, der zum Raschid-Flughafen führt. Ihre Aufgabe ist nicht nur, Informationen über irakische Stellungen zu sammeln und an die Air Force weiterzugeben – ihre Anwesenheit soll Verwirrung, vielleicht sogar Panik erzeugen: „Wir sind überall", lautet ihre Botschaft. Der irakische Widerstand soll so weit geschwächt werden, dass nicht das eintritt, was die Strategen am meisten fürchten – ein langer und verlustreicher Häuserkampf.

Abu Ghureib, Geheimdienst-Gefängnis, 1 Uhr morgens

François Calas, der Arzt ohne Grenzen, von den Irakern gekidnappt, hat den Kopf gesenkt halten müssen während der Fahrt. Nur einmal konnte er kurz aufblicken. Er sah ein Autobahnschild. Offenbar fuhren sie Richtung Westen, aus Bagdad heraus. Dann hielt der Wagen vor dem Gefängnis in Abu Ghureib.

Die Zelle ist zwei mal zweieinhalb Meter groß. Geld, Kleidung, die Dokumente vom Roten Halbmond haben sie ihm abgenommen. Neben Calas hockt ein junger Kurde, ein Busfahrer aus Mossul, der beim Übertreten der Demarkationslinie verhaftet worden ist. Calas versucht, den Karton vor dem Fenster beiseite zu drücken. Der Kurde springt auf: „Nein! Die Wärter!"

Calas spürt, wie die Panik langsam in ihm aufsteigt. Keiner der Kollegen weiß, wo er ist. Es gibt keine Botschaft seines Landes mehr. Es ist Krieg, und die Geheimpolizei wird sich im Klaren darüber sein, dass sie nichts mehr zu verlieren hat. Schon gar nicht einen guten Ruf. Sie wird bis zum letzten Tag beweisen wollen, dass sie arbeitet. Und ihre Arbeit ist, Feinde des Regimes zu fangen und zu vernichten.

Dann holen sie ihn zum Verhör. Der Offizier ist korrekt. „Bei Ihnen sind 20 000 Dollar gefunden worden. Warum haben Sie das Geld nicht auf die Bank gebracht?" Weil er es ebenso gut in den Tigris hätte werfen können. Das weiß auch der Offizier. „Sie haben zwei Satellitentelefone in den Irak geschmuggelt. Das ist illegal." – „Wir wollten sie anmelden", sagt Calas, aber er weiß, dass der Besitz von Satellitentelefone kein kleines Vergehen im Staat Saddams ist.

Vielleicht hatten die Leute im Hotel gehört, wie er in seinem Zimmer telefoniert hatte, und ihn denunziert. Wer ein Satellitentelefon hat, der hat Kontakt mit dem Ausland. Der ist ein Spion.

Der junge Kurde sagt, dass dieses Gefängnis den Ruf habe, nur Eingangstüren zu haben, keinen Ausgang.

Basra, an der „Route red", bei Sonnenaufgang

Seit neun Tagen patrouillieren die Panzer der „Desert Rats" auf der „Route red", seit neun Tagen stoßen sie von der Straße immer wieder in die angrenzenden Viertel vor. Sie orten die Positionen des Feindes, beschießen sie, zerstören sie, aber der Feind scheint durch die Verluste nicht geschwächt oder demoralisiert zu sein.

Immer noch rennen irakische Kämpfer mit nur einer Handgranate bewaffnet auf britische Panzer zu, als wäre ihr Ziel nicht der Sieg über die Briten, sondern der Einzug ins Paradies. Immer noch kriechen sie auf die Panzer zu, eine Mine hinter sich herzerrend. Immer noch rumpeln Milizionäre und Fedajin in ihren Toyota-Pick-ups zwischen den Häusern entlang der „Route red" herum und verschwenden ihre Munition bei dem Versuch, einen „Challenger" mit Kugeln aufzuhalten, die 7,62 Millimeter messen.

All diese Männer werden getötet. Kugeln treffen sie, Explosionen verzehren sie. Und die Lücke, die der Tod in ihre Reihen reißt, wird scheinbar ohne Zögern von neuen Kämpfer gefüllt.

Es ist ein sinnloser Tod, in den die Männer sich stürzen, und Lieutenant Colonel Hugh Blackman hat aufgehört, die toten Feinde zu zählen.

Es gibt Gerüchte, die erklären, warum sich die irakischen Kämpfer wie menschliche Lemminge verhalten: Die Fedajin, Saddams Terrortruppe, sollen sie mit vorgehaltener Waffe in den Kampf zwingen. Saddam soll versprochen haben, ihren Familien im Fall ihres Todes 25 000 Dollar zu zahlen. Die Fedajin sollen drohen, die Frauen, Kinder und Eltern der Kämpfer zu liquidieren, falls die Männer nicht bereit sind, für Saddam zu sterben.

Hugh Blackman hat gesehen, wie irakische Kämpfer Hunderte von Zivilisten an einer Straßensperre nahe der Altstadt zusammentrieben haben und sie dann vor sich herjagten, um im Schutz der Körper britische Panzer zu attackieren. Er hat gehört, dass irakische Kämpfer eine Frau an einer Straßenlaterne erhängten, weil sie es gewagt hatte, britischen Soldaten zuzuwinken. So etwas gehört sich nicht, nicht einmal im Krieg, und deshalb hält sich Blackmans Mitleid für den Feind in Grenzen: „Die irakischen Kämpfer können ja fliehen. Die Straße Nummer sechs im Norden Basras wird offen gehalten. Sie müssen sich nicht von uns töten lassen. Sie können sich einfach umdrehen und gehen. Aber wenn sie sich für den Kampf entscheiden, ist ihr Tod ihr Problem, nicht meines."

Auch aus der Technischen Hochschule, blau gestrichenen Wellblechhallen nahe der „Route red", hätte sich der Feind zurückziehen können, in den vergangenen Tagen patrouillierten britische Panzer auffallend häufig in der Nähe des Komplexes. Doch die Soldaten und die Milizionäre trafen sich weiterhin in dem Gebäude, und nun werden sie für ihren Starrsinn büßen. Die Hallen dienen den irakischen Soldaten und Milizionären als Operationsbasis. Überläufer berichten, dass sich die Kommandeure einzelner Einheiten hier täglich treffen, um die Lage und das weitere Vorgehen zu besprechen. Auf den Dächern liegen häufig irakische Scharfschützen, die britische Einheiten ins Visier nehmen. Und Granatwerfer schicken ihre Geschosse von dort oben in das 2,2 Kilometer entfernte Busdepot, in das Lager der britischen „Desert Rats". Ein, zwei Granaten schlagen jeden Tag im Depot ein, und es ist ein Wunder, dass bis heute kein Brite von ihnen getötet wurde. Die Technische Hochschule stand seit Beginn der Schlacht um Basra auf der Abschussliste von Blackman.

„Cobra"-Hubschrauber sind aus dem Süden des Irak gekommen und haben sich in Position gebracht.

Dann feuern sie ihre Waffen ab. Druckwellen zerreißen Metall, Panzer rollen durch das Tor, Infanteristen folgen ihnen, die Gewehre fest an die Wange gepresst.

Der Donner von Explosionen rollt durch die Viertel der Stadt, dringt durch Wände, Türen, Fenster, reißt die Bürger Basras aus dem Schlaf und weckt auch Abid Hassan Hamudi.

Basra, Altstadt,
in der Wohnung von Abid Hassan Hamudi

Er hat die Nacht wie alle anderen Nächte des Krieges auf dem gefliesten Boden seines Bades verbracht. Es ist ein hartes, unbequemes Lager, das Abid Hassan Hamudi sich gewählt hat, aber dieser kleine Raum ist der sicherste, den sein Haus zu bieten hat. Keine Fenster, die splittern können, und zwei Wände, gemauert aus schwerem Stein, trennen ihn von der Außenwelt. Andere Familien in anderen Häusern verteilen sich zu Beginn der Nacht auf viele Zimmer und hoffen, dass nach dem Einschlag einer Bombe genügend Familienmitglieder unversehrt bleiben, um den Verletzten zu helfen und die Toten zu bergen. Hamudi versteht diese Logik, aber er kann sich nicht dazu durchringen, seine Söhne, seine Tochter und ihre Kinder in Räume zu schicken, die unsicherer sind als dieses Bad.

Wenn er sich dazu entschließen würde, die Familie zu trennen, statt sie in einem Raum zu versammeln, seine Söhne, seine Tochter, seine Enkel würden ihm wohl folgen, denn er ist der Patriarch, er wird respektiert, auch wenn Hamudi allzu unnachgiebig Gehorsam, gute Manieren und ein gepflegtes Äußeres fordert. Ein Krieg ist seiner Meinung nach kein Grund, ein dreckiges Hemd zu tragen.

Hamudi ist jenseits der 80, ein alter Mann, den das Leben nicht gebeugt hat, feste Überzeugungen leiten ihn. Der größte Schatz, den ein Mensch besitzen kann, ist seine Bildung, daran glaubt er, und diesen Glauben vererbte er an seine Kinder, die Ärzte wurden, Lehrer, Ingenieure, Apotheker. „Sie sind die Zukunft dieses Landes", sagt er stolz, „sie sind wichtiger als all das Öl."

Seit Beginn des Krieges leben sie alle hier, in diesem Haus, zwölf Personen, die sich jede Nacht auf dem Fußboden eines Badezimmers zur Ruhe begeben. Sie glauben, dass sie hier sicher sind. Sie glauben, dass ihnen die Bomben der Aliierten hier nichts anhaben können. In 48 Stunden werden sie erleben müssen, dass in diesem Krieg kein Haus sicher ist.

Basra, Technische Hochschule, 14 Uhr

Vor dem zerbombten Gebäude der Technischen Hochschule am südlichen Stadtrand von Basra sieht Paolo Pellegrin, 39 Jahre alt und Kriegsfotograf aus Rom, einen Fedajin-Kämpfer. Sein Körper ist zerfetzt, neben ihm liegen unbenutzte Panzerfäuste, Überreste der längst verlorenen Schlacht gegen die Briten. Die Sonne knallt vom Himmel, der Gestank des Todes ist kaum zu ertragen. Pellegrin harrt aus, bis ein klappriger Pick-up am Straßenrand hält. Eine schwarz verhüllte Irakerin steigt aus und vier Männer. Sie binden sich Tücher um ihre Münder, versuchen den Leichnam, der immer wieder herunterfällt, auf einen mit Blumen bestickten Gebetsteppich zu betten. Paolo Pellegrin fotografiert die Trauernden, eine Familie vielleicht, die Mutter, die Brüder, wie sie den Toten durch den Wüstensand tragen und begraben.

In seinen Bildern der vergangenen Tage sieht man rechts die Flüchtenden aus Basra, links schwarze Rauchsäulen, in der Mitte einen Strommast, der wie ein Fingerzeig zum Himmel weist. Man sieht menschliches Leid in schrecklich schönen Landschaften.

Seit zehn Tagen ist Paolo Pellegrin, ein stiller, großgewachsener Mann, der preisgekrönte Bilder macht statt großer Worte, auf der Suche nach dem Krieg von unten. Gegenkraft will er sein in einer Gesellschaft, die sich für Desert Rats begeistert und für „Challenger"-Tanks. Pellegrin ist keiner, der mit der Tank-Cam durch die Wüste rast und „Wow" schreit, „wir kommen!" Pellegrin ist Magnum-Fotograf, er war in Uganda, im Kosovo, in Kambodscha, im Gaza-Streifen. Er kann es sich nicht leisten, vom irakischen Informationsministerium durch Bagdad kutschiert zu werden. Er gehört zur anderen Sorte von Journalisten in diesem Krieg: non-embedded.

In Rom hatte sich Paolo Pellegrin von seiner Freundin Daniela und seiner Mutter verabschiedet. Es wird dauern, hatte er gesagt, mindestens drei Monate. Mit dem letzten Flieger war er am 19. März mit einer schusssicheren Weste, einer Gasmaske, einem Paar Turnschuhen und Wanderstiefeln, sechs Kameras und 800 Filmrollen in Kuweit-Stadt gelandet. Er war spät dran, für 1500 Dollar die Woche hatte sich Pellegrin einen der letzten Geländewagen geliehen, einen blauen Mitsubishi Pajero, ihn mit 240 Litern Benzin, 200 Litern Wasser, Konserven und Keksen beladen. Auf der Autobahn 80 war Pellegrin Richtung Grenze gefahren. Vor den Straßensperren war er in die Wüste abgebogen und im Zickzack um die Checkpoints gekurvt.

Dass er am zweiten Kriegstag frühmorgens den Südirak erreicht hatte, wusste er, als er die Menschen sah: Sie huschten durch diese trügerische Stille, sie starrten ihn an, als sei er der Angreifer, nicht Beobachter. Paolo Pellegrin hat es bis hierher geschafft, alles, was jetzt zählt, ist durchhalten.

Bei Nadschaf, im Camp Bushmaster

Das Zimmer im Steinbau teile ich mir mit einem anderen Journalisten. Er arbeitet für ein Techniker-Magazin und heißt Tom Sawyer, er heißt wirklich so. Er stammt aus New York und ist gut ausgestattet. Tom besitzt eine Mini-Satellitenanlage, die er nur an seinen Computer zu stöpseln braucht; schon kann er ins Internet.

Außerdem schläft Ali, ein Dolmetscher aus Kuweit, den ich schon im Camp Virginia kennen gelernt habe, in dem kleinen Raum.

Ali hatte sich freiwillig gemeldet für diesen Einsatz. Er lebt in Kuweit-Stadt und wird wegen des ständigen Alarms und der Überfälle auf Konvois von Tag zu Tag ängstlicher. „Ich bin Zivilist. Ich darf Angst haben!“, sagt er.

Außerdem kommt er jeden Abend rabenschwarz von seinen Einsätzen zurück. Die US-Armee hat ihm einen uralten Chemieschutzanzug verpasst, der einen Ölfilm auf der Haut und den Kleidern hinterlässt. Ali ist genervt. „Wenn die mir morgen keinen anderen Anzug geben, haue ich ab nach Kuweit.“ Ali bekommt seinen Job nicht mal bezahlt, er arbeitet für die Amerikaner, „weil sie uns damals von Saddam befreit haben“.

Dolmetscher sind unentbehrlich. So wie Ali, der mit mir das kleine Zimmer im Camp Bushmaster bewohnt. Nicht nur wegen der Sprachprobleme. Viel wichtiger ist, was Ali weiß.

Die meisten Soldaten haben noch nie vom Unterschied zwischen Sunniten und Schiiten gehört. Sie wissen nichts über die Heiligtümer in Kerbela und Nadschaf. Ali warnt: „Wenn ihr die Schiiten beleidigt, gibt es eine Revolution!“

Mils Greenberg, Ende 20, hört gespannt zu. Seit gestern will er die Iraker besser verstehen lernen. Er will mehr über die Leute wissen, die versuchten, ihn zu töten.

Gestern durchsuchte Greenberg mit anderen Soldaten ein Munitionsdepot in der Nähe von Camp Bushmaster. „Wir liefen durch das verlassene Gelände. Es war bestimmt 20 Quadratkilometer groß."

Greenberg und der Stoßtrupp fanden jordanische Minen, Granaten und jede Menge Munition. Plötzlich schrie jemand: „Halt!" Greenberg sah nach unten. Er hatte gerade eine Tretmine um fünf Zentimeter verfehlt, eine von den fiesen Dingern, die auf Hüfthöhe hochspringen, bevor sie detonieren.

„Fünf Zentimeter", sagt Greenberg abends und atmet tief durch.

Nachts wache ich auf, weil Greenberg sich unruhig auf seiner Pritsche hin und her wälzt. Er redet im Schlaf: „Yes Sir. Very well Sir. No Sir. Attack! Huuaa!"

Nordirak, bei Kalak

Viel Brennbares gibt es nicht mehr in den Trümmern des irakischen Postens von Kalak, aber die Flammen der kurdischen Sieger suchen nach Nahrung. Die Lasche eines schwarzen Schnürstiefels. Einen Karton mit zerbrochenen Eiern, die in der Morgensonne gammeln. Ein Erste-Hilfe-Handbuch mit Anleitungen, wie ein schwer Verletzter geschultert werden muss.

Ein Kurde lädt die letzten verwertbaren Wellblechstücke auf seinen Pick-up. Auch die zwei grauen irakischen Helme nimmt er mit. „Für die Kinder. Zum Spielen." Dann setzt er einen auf, lacht und blickt auf die schwarzen Rauchpilze der Explosionen, vorn an der Front. Der Krieg ist noch nicht zu Ende. Nicht heute.

Kommandeur Babery Sarbast liegt zwischen seinen Soldaten der kurdischen „Spi 17"-Einheit im lehmigen Boden und flucht in sein Funkgerät. Nur drei kleine Erdwälle und zwei Gräben neben der Straße dienen als Deckung gegen den Artilleriebeschuss der Iraker.

150 Meter vor ihm kracht eine Mörsergranate nieder und peitscht das Erdreich hoch. „Diese verdammten Iraker leisten Widerstand", knattert es aus dem Funkgerät von der vordersten Linie, 200 Meter weiter Richtung Khasra, der strategisch wichtigen Stadt auf dem Weg nach Mossul.

Am letzten kurdischen Posten drücken sich seine Männer flach ins Erdreich, ineinander gekeilt liegen sie hinter dem winzigen Wall, während die irakischen Kugeln unsichtbar über ihre Köpfe pfeifen.

Dabei hatte der Morgen so gut begonnen. Den Posten bei Kalak hatten die Iraker kampflos zurückgelassen. Gemeinsam mit den amerikanischen Special Forces waren die Kurden auf der Straße nach Khasra vorgerückt. Mehrere Kilometer Land hatten sie schon gewonnen. Kurdisches Land, wie der Kommandeur betont. Nun brauchen die Peschmerga Hilfe von den neuen amerikanischen Freunden, die mit ihnen an der Straße hocken.

Die Unterstützung kommt aus der Luft – und auf Bestellung. Per Funk dirigieren amerikanische Soldaten ihre Kameraden von der Air Force. Mit Bomben soll die irakische Artillerie ausgeschaltet werden. Dann können die Peschmerga weiter. „Es ist das erste Mal in der kurdischen Geschichte, dass wir Flugzeuge Bomben abwerfen sehen, die nicht uns treffen sollen, sondern unsere Feinde“, sagt Wadschih Barsani, Kommandeur der Eliteeinheiten der Demokratischen Partei Kurdistans (KDP), der an die Front gekommen ist, um seine Truppe zu besuchen. Er klopft seinem Kommandeur Babery zuversichtlich auf die Schulter. Ein Knall unterbricht ihn. Die Druckwelle lässt die Erde beben.

Bagdad, „Hotel Palestine“, 15 Uhr

Der Krieg klingt heute anders. Bisher hörte man nur das Kreischen der Kampfjets oder das Fauchen der „Cruise Missiles“ oder die Explosionen der Bomben und Raketen. Heute ist es Gefechtslärm, der aus dem Süden in das Zentrum vordringt. Leichte Artillerie, manchmal sogar Maschinengewehrsalven.

Auch Informationsminister Mohammed Saïd al-Sahhaf müsste merken, dass sich der Krieg heute anders anhört.

Aber vielleicht ist es dieser Tag, der 3. April 2003, an dem er endgültig beschließt, nur noch das wahrzunehmen, was ihm passt.

„Heute“, sagt Sahhaf, „haben wir ihnen eine Lektion erteilt. Und das Wort ‚schwer‘ beschreibt die Zahl von Verlusten, die wir ihnen heute zugefügt haben, nur unzureichend.“

„Diese Verbrecher sagen, sie wären in der Nähe von Basra-City. Das ist eine Lüge. Amerikanische und britische Truppen haben versucht, die Stadt einzunehmen. Was für ein dummes Vorhaben. Sie wurden vom 422. Regiment der irakischen Armee gestellt. Sie haben viele Männer verloren, und sie sind weggelaufen."

Die amerikanischen Truppen, sagt einer der Journalisten, sollen schon am Flughafen von Bagdad sein. Es sind die Special Forces. Kleine Einheiten, die kurz am Flughafen gewesen sind und Verwirrung stiften wollten. Es ist ihnen gelungen. Niemand im „Palestine" weiß wirklich, was los ist.

„Die Lügen der Amerikaner sind nicht sehr einfallsreich."

Was können Sie über die Einheiten der Republikanischen Garde sagen, die Bagdad verteidigen sollen?

„Ich werde Ihnen natürlich nicht sagen, wo sie sind. Aber eines ist sicher: Die Amerikaner sind noch nicht mal 160 Kilometer vor Bagdad. Sie sind nirgendwo. Sie sind auf dem Mond. Sie sind eine Schlange in der Wüste."

Ein kleines Blitzen im Gesicht, der Blick über die randlose Brille.

„Sie haben noch nicht mal Umm Kasr unter Kontrolle. Glauben Sie ihnen nicht. Sie stecken in der Falle, überall. In Umm Kasr, in Basra, in Nassirija, überall. Und wir werden sie in Bewegung halten."

Sind amerikanische Truppen auch am Flughafen von Bagdad in der Falle?

„Das entbehrt jeder Grundlage. Das ist nicht wahr. Fahren Sie hin, gucken Sie nach! Das ist einfach nur dumm."

Mohammed Saïd al-Sahhaf, 63 Jahre alt, die Haare schwarz getönt mit einem leichten Stich ins Rote, die Uniform der Baath-Partei auch heute frisch gebügelt, Anhänger Saddams seit fast 40 Jahren, die lauteste Stimme seines Herrns, Sahhaf lacht.

Es klingt wie ein sehr nervöses Lachen.

Am Abend wird in Bagdad das erste Mal der Strom ausfallen.

Bagdad, Saddam International Airport, 1. Brigade der 3. Infanterie-Division

Sie hatten sich ans Ufer des Euphrat gesetzt, heute Nachmittag, und noch mal alles gelesen, was Sergeant Jennifer Raichle und die anderen Aufklärer aufgeschrieben hatten über den Flughafen.

Dass er einer der beiden Schlüssel dieses Krieges sei, neben dem Palastbezirk im Zentrum.

Dass Saddam von hier fliehen würde, wenn er könnte.

Dass er phantastisch zu verteidigen sei und schwer zu erobern.

„Wegen all der Gänge und Winkel und Bunker und unterirdischen Waffenlager", wie Sergeant Jennifer Raichle sagte.

„Was können wir erwarten", hatte ihr Boss, Major John Altman, beim letzten Meeting gefragt und natürlich selbst geantwortet: „Ein Luftabwehr-Bataillon. Ein Infanterie-Bataillon. Natürlich Panzertruppen, mindestens von der Stärke eines Bataillons. Giftgas? Vielleicht."

Und nun das.

Es ist 19.30 Uhr, und nach zwei Kriegswochen brechen die ersten Panzer der 1. Brigade durch die Steinwand, die rund um Saddam International Airport gezogen ist. Sie fahren einfach durch. Und: nichts. Der Flughafen ist dunkel, und niemand schießt.

„Das ist seltsam", sagt Colonel William Grimsley, der Kommandeur der 1. Brigade der 3. Infanterie-Division, „das ist gespenstisch seltsam."

Die Panzer besetzen den südlichen Teil des Flughafens. Dann arbeiten sie sich hoch in den nördlichen Teil.

Es fallen Schüsse, ein paar. Da liegen Iraker in Erdlöchern, es wirkt, als hätten sie geschlafen, jetzt kriechen sie hervor und beginnen zu feuern, und die Panzer lassen ihnen keine Chance.

Grimsley ruft die Air Force, und die Piloten lassen ihre Präzisionsbomben, die lasergesteuerten, auf die Kasernen der Republikanischen Garde und der Speziellen Republikanischen Garde fallen.

Und der Widerstand ist gering, nicht effektiv. „Die müssen entweder desertiert sein oder tot, nach zwei Wochen Bombardierung", sagt Colonel Grimsley. 500 Granaten der Artillerie und 90 Raketen und vier 2000-Pfund-Bomben hatten allein den heutigen Panzerangriff vorbereitet. Es scheint, als hätte das gereicht.

Da, auf einmal: sechs Luftabwehrraketen, sie fliegen über das Gelände und landen im Erdboden, nichts passiert.

Dann wieder Ruhe.

Über Funk meldet ein Soldat ein Zivilflugzeug auf dem Rollfeld.

„Es versucht doch nicht zu starten, oder?", fragt Grimsley.

„Negativ."

„Nicht feuern, solange es nicht versucht zu starten."

Monatelang hatte die 1. Brigade für diesen Tag trainiert. Die Eroberung des Flughafens war ihre Mission in diesem Krieg.

Und das war es für heute.

Katar, im Centcom der US-Truppen

Das Oberkommando stellt sich der Presse. Diesmal hat Paul Martin von World News die erste Frage: „Darf ich fragen, welche Hinweise Sie darauf haben, wer in Bagdad noch am Ruder ist?“

Brigadier General Vincent Brooks: „Können wir nicht sagen. Ich fürchte, die Iraker selbst wissen es auch nicht. Und wir haben Anzeichen dafür, dass die irakischen Streitkräfte auch nicht wissen, wer am Ruder ist. Wir haben feststellen können, dass Kommunikationswege beeinträchtigt wurden. Wir sehen Hinweise dafür, dass es keine zusammenhängende, einheitliche Befehlsstruktur gibt. Und wir haben die Gesichter dieser Leute schon ziemlich lange nicht mehr gesehen, und die Iraker wohl auch nicht.“

Der Korrespondent des russischen Staatsfernsehens hat die ganze Zeit in seinen Laptop getippt. Dann sagt er: „Die militärischen Operationen erinnern mich an die Invasion Libanons durch Israel 1982. Werden Sie die Hauptstadt umzingeln und die Stadt weiter bombardieren, bis das Regime zusammenbricht?“

Vincent Brooks: „Nun, diese Operation ist einzigartig in der Militärgeschichte. Wir haben alle Lektionen berücksichtigt. Ich würde gern dagegen angehen, was Sie als Bombardierung der Stadt Bagdad beschrieben haben. Ich habe Ihnen Tag für Tag gezeigt, dass alle unsere Angriffe Präzisionsangriffe sind. Anders als in früheren Kriegen der Geschichte gibt es kein Städtebombardement, kein Bombardement der Bevölkerung. Das ist hier nicht passiert.“

Autobahn 1, Task Force 4-64, auf dem Weg nach Bagdad

Die 14 Panzer der C-Kompanie der Task Force 4-64 haben Löcher. Und Dellen. Treibstoff tropft aus den Tanks. Die Rucksäcke, die die Soldaten an die Seitenwände gebunden haben, sind durchsiebt. Und die Soldaten stehen da und schnaufen und sagen: „Scheiße, das war knapp.“

So klingt eine Kompanie, so sieht eine Kompanie aus, die in einen Hinterhalt geraten ist.

Um 11.15 Uhr war der Krieg noch ein fröhlicher Krieg; die Soldaten stiegen aus ihren Panzern und posierten für Fotos. Specialist Jamie Gandy vor dem Straßenschild „Bagdad Airport 8 Kilometers“, welches Souvenir.

Dann fuhren sie weiter, in Formation, vier Panzer des Red Platoons vorneweg, der Rest hinterher. Es war eine ziemlich enge Straße, vielleicht sieben Meter breit, links und rechts Bäume und Sträucher, viele Schlaglöcher, viele Kurven.

Und dann: Schüsse.

Und: Schreie über Funk, alle durcheinander.

Die Iraker hatten sich unter den Auffahrten zu einer Brücke versteckt, und sie schießen mit Panzerfäusten und mit AK-47-Sturmgewehren. „Ich hatte ein Platoon an einer Sperre auf dem Highway zurückgelassen, und unsere Aufgabe war die Aufklärung der Gegend in Richtung Süden“, sagt Captain Steve Barry. „Ich selbst fuhr direkt hinter meinem ersten Platoon“, sagt er. Und dann rekonstruieren Barry und seine Männer, was in jenen Minuten passierte.

„Wir kriegen Feuer“, schrie Staff Sergeant Jason Engler.

„Siehst du, wo sie sind?“, fragte Second Lieutenant Edward Williams.

„Red Four, mein Panzer Nummer zwei ist unter Beschuss, ich muss ihm helfen.“

Die Reporter, die bei der C-Kompanie „embedded“ sind, protokollieren diese Wortwechsel. Captain Steven Barry, Chef der Kompanie, schaltete sich ein und versuchte, seine Soldaten zu beruhigen.

„Red Platoon“, sagte er, „ihr habt die besten Männer da draußen. Versucht, weiter nach vorn zu gelangen.“

Staff Sergeant Engler sah ein paar weiße Lastwagen und brüllte: „Soll ich die abschießen? Wollen Sie, dass ich diese Kerle abschieße?“

Keine Antwort.

Eine Granate flog über Englers Panzer. Und nebenan explodierte ein irakisches Fahrzeug. Das Problem bei diesem Hinterhalt war diese verdammte Enge: Man musste schon sehr genau zielen, um Freund und Feind auseinander zu halten.

Sergeant First Class Jonathan Lustig vom Red Platoon meldete sich beim Chef der Kompanie: „Assassin Six, wir haben Kontakt, wir haben ein ziviles Fahrzeug angegriffen, zuerst mit Warnschüssen, dann haben wir es zerstört.“

Ein Auto raste auf seinen Panzer zu, Lustig feuerte.

„Sergeant Lustig hat den Kopf des Typen weggeblasen, er ist einfach explodiert“, schrie Fahrer Robert Baxter im „Bradley“ nebenan.

„Der Mann war vermutlich nur auf dem Heimweg von seiner Arbeit“, sagte Staff Sergeant David Williams.

„Er hätte eben nicht mit diesem Tempo auf Sergeant First Class Lustig zufahren sollen“, sagte Baxter.

Sie rollten vorsichtig weiter.

„Ich mag diese Wälder rechts nicht“, sagte Kauffeld im „Bradley“.

„Ich mag die Wälder rechts und links nicht“, sagte William, „oh, fuck! Runter! RPG!“ RPG bedeutet Panzerfaust.

Natürlich feuerte Lustig mit der dicksten Kanone, die er hat, in den Wald, aber Captain Phillip Wolford befahl: „Stopp. Da sind zu viele von uns unterwegs.“

Und dann, nach ein paar Sekunden des Nachdenkens, ordnete Wolford an: „Wir fahren zurück zur letzten Kreuzung und blockieren sie.“

Und dann meldete sich Major Mark Jewell, der Marine Air Naval Gunfire Liaison Officer, also ein Verbindungsmann zwischen den Einheiten, und sagte: „Versucht, 500 Meter weit wegzukommen, dann seid ihr okay.“

Und er rief die F-16-Kampfjets herbei, und die ließen ihre 500-Pfund-Laser-Bomben fallen, und dann war es vorbei.

Nach zweieinhalb Stunden Todesangst, zweieinhalb Stunden Lärm, zweieinhalb Stunden Geschüttel, Druckwelle auf Druckwelle.

Und überall auf dem Weg lagen Iraker, von den Soldaten abfällig „Hadschis“ genannt. „Oh, gut durchgebratener, toter Hadschi“, rief Kauffeld in seinem „Bradley“, „wenn die U.S. Army in die Stadt kommt, sollte man wissen, dass das nicht die beste Zeit ist, um zum Supermarkt zu gehen.“

Und jetzt sitzt Specialist Gandy auf dem Asphalt der Autobahn und isst. „Ich denke, wir haben eindrucksvoll ‚Hi‘ gesagt“, sagt Gandy, „und jetzt esse ich mein erstes Dinner auf dem Mittelstreifen einer Autobahn.“

Bagdad, al-Dschasira-Büro, nachmittags

Diar al-Umari, der Korrespondent des TV-Senders al-Dschasira, nimmt zwei Stufen auf einmal, in seinem Büro wartet Arbeit. Die letzten Tage haben ihn noch mehr in Trab gehalten als zu Kriegsbeginn. Das Tempo des Krieges beschleunigt sich, das Regime wankt, die letzte Schlacht naht. Er muss Ankündigungen schreiben, ungeschnittenes Material durchsehen, der Drehplan für morgen – da sieht er einen Geheimdienst-Mann, den er kennt.

Im ersten Stock des al-Dschasira-Gebäudes, gleich an der Treppe, gibt es einen Pausenraum. Ein paar abgenutzte Sessel, eine schwarze Kunstledercouch, ein riesiger, nagelneuer Fernseher. Links in der Ecke steht ein elektrischer Samowar. Und vorn an der Tür sitzt der Mann, den Umari vom Sehen her kennt. Er trinkt Tee, unterhält sich, lacht sogar – seltsam.

Besuch vom Geheimdienst ist so normal wie unangenehm. Meist geht es um Drehgenehmigungen, mal wollen die Geheimdienstler aber auch Beiträge vorab sehen, dann war ihnen der Bericht von gestern nicht recht – jedes Mal zähe Auseinandersetzungen. Dass ein Geheimdienstler sich in den Pausenraum setzt, ein Glas Tee trinkt, ist für Umari ein Besorgnis erregendes Zeichen, ein Hinweis, dass die alten Regeln nicht mehr gelten. Umari bleibt stehen, winkt dem Geheimdienstmann, der stellt die Tasse ab, kommt.

Sie stehen auf dem Flur. „Der Flughafen", beginnt Umari leise, „ich bin natürlich nur ein militärischer Laie, aber eben war ich dort, und der Flughafen ist ungeschützt, die Amerikaner werden ihn angreifen …"

Journalisten sollen berichten über den Krieg, aber sich niemals einmischen. Umari hat diese Regel seinen Leuten immer wieder eingebläut, auch für ihn selbst war sie heilig.

„Was soll das heißen?", fragt der Geheimdienstmann stirnrunzelnd.

„Ich glaube", Umari rudert zurück, „ich meinte, darauf hinweisen zu müssen, dass der Flugplatz vielleicht besser gesichert werden sollte, weil es doch denkbar wäre, dass die Amerikaner versuchen …" Er verstummt.

Der Geheimdienstmann blickt ihn ausdruckslos an. „Der Präsident", sagt er dann, „Allah möge ihm ein langes Leben schenken, wird alles Nötige getan haben." Blickt auf seine Armbanduhr. „Ich muss gehen, der Friede sei mit dir." Eine knappe, formelle Verbeugung, er stapft davon.

Umari starrt ihm nach. Der Krieg, denkt er, ist verloren.

Bagdad, Kindi-Hospital

Neue Einschläge in der Stadt bringen 44 Verletzte ins Kindi-Krankenhaus, 11 davon sind so schwer verwundet, dass sie im Tagesverlauf sterben. Jetzt ist der Engpass da. Das Hospital hat 29 Leichen zu lagern, aber nur 24 reguläre Plätze in den Kühlschränken. Die überzähligen 5 Körper können auf keinen Fall lange an der Luft liegen. Schon jetzt umschwirren Fliegenschwärme sie. Sie müssen weg.

Pfleger legen die Toten auf Bettlaken, in denen sie die Körper tragen, weil Bahren und Betten fehlen. Sie bringen die Leichen zu den Kühlschränken. Sie schauen hinein. Die Schränke sind 2,50 Meter breit, 3 Meter tief, 2 Meter hoch, amerikanische Fabrikate, rechts neben der Tür steht: „Americooler, Walk-in-Refrigerators, Miami, Florida“.

Im Innern sind Blechregale wie Stockbetten rechts und links an die Wand gestellt. Die Ablagen sind mit je zwei Leichen belegt, unbedeckte Leiber, es gibt im Krankenhaus keine Leichensäcke mehr. Die Regale sind voll. Aber es müssen noch fünf Tote hinein. Die Pfleger diskutieren. Sie rauchen. Dann nehmen sie die überzähligen Körper vorn und hinten, an Händen und Füßen, heben sie auf von den Laken und werfen sie hinein. Irgendwohin. Die Toten bleiben liegen, wo sie landen.

Bagdad, Sitz des Bischofs

Es gibt keinen Eintrag an diesem Tag im Kriegsprotokoll des Karmeliterpaters Frère Michel.

Freitag, 4. April

+++ 1850 Lufteinsätze, davon 700 Kampfeinsätze. Rund-um-die-Uhr-Bombardement auf die Republikanische Garde jetzt den siebten Tag in Folge +++ Lasergeleitete Bomben auf Treibstoffdepot am Bagdader Flughafen +++ Strom und Fernsehen in Bagdad funktionieren wieder +++ Saddam tritt zweimal im irakischen Fernsehen auf +++ 2. Brigade der 3. Infanterie-Division mit Panzervorhut am Stadtrand Bagdads +++ Schwere Kämpfe am Flughafen. 400 Iraker tot, 10 000 sollen Waffen niedergelegt haben +++ Die 101. Airborne Division bringt Truppen per Helikopter zum Flughafen +++ Die Lage: Die Amerikaner nehmen den internationalen Flughafen Bagdads ein. Militärisch wichtiger ist im Moment aber die Kontrolle über die Ein- und Ausfallstraßen Bagdads. Südwestlich des Flughafens hält die 3. Infanterie-Division die Kreuzung der Autobahnen 1 und 8 besetzt, im Norden kontrollieren Special Forces die Zufahrt zur Stadt. Und im Südosten ziehen die Marines von der Autobahn 6 aus Richtung Norden. In ungefähr 15 Kilometer Entfernung vom Stadtzentrum ziehen sie auf einem Kreisbogen um die Stadt herum. Bagdad soll erst umzingelt werden, bevor der Angriff auf die Stadt beginnt.

Basra, an der „Route red", im Dorf der Ingenieure

Abd al-Rahman Raschid hat gelernt, Gefallen zu finden an den unfreiwillig komischen Seiten der Diktatur Saddams. Etwas anderes blieb ihm auch nicht übrig, ihm und all den anderen, die am Rand der „Route red" in einfachen Häusern wohnen, in besseren Schuppen, ohne fließend Wasser, ohne funktionierende Kanalisation.

Empfängt Raschid Gäste, bittet er sie, sich umzudrehen, bevor sie das Haus betreten und sich die Siedlung anzuschauen, in dessen Mitte sein Haus steht. Zu betrachten sind unbefestigte Wege, zerborstene Rohre, aus denen übel riechendes Wasser sickert, windschiefe Zäune und Plastiktüten, die aus der unfruchtbaren Erde wachsen wie Unkraut.

Haben die Gäste die Szenerie in sich aufgenommen, beschreibt Raschids Arm einen Halbkreis, der all das umfasst, und dann sagt er, böse lächelnd: „Darf ich vorstellen, das Dorf der Ingenieure, ein Geschenk des großen Saddam, der ihm auch diesen Namen gab."

Seit Beginn der Kämpfe auf der „Route red" ist Raschid ein Zuschauer des Krieges. Sein Haus steht in der ersten Reihe, und von hier aus hat er freie Sicht auf die Kämpfe. Und was er sieht, bestärkt ihn in dem Glauben, dass die Welt ein irrsinniger Ort sein muss.

Da schieben sich Panzer die Straße entlang, ihre Geschütztürme wandern drohend von links nach rechts, von rechts nach links, und zwischen ihnen laufen Menschen, Zivilisten. Esel trotten die Straße hinauf, angeschirrt mit groben Stricken und hinter sich einen Karren mit einem Greis, der seine Tomaten unbedingt jetzt und ausgerechnet auf dieser Straße von hier nach da bringen muss.

Manchmal strömt ein Meer von Menschen die Straße hinunter, eine Kaskade aus Leibern, Autos und Karren, wie sie auch Hugh

Blackman, der Kommandeur der „Desert Rats“ aus seinem Panzer beobachtet hat. Manchmal schießen die irakischen Milizionäre in die Menge, steigern die Panik und feuern dann auf britische Panzer, deren Besatzungen den Befehl haben, das Feuer nur dann zu erwidern, wenn sie ein freies Schussfeld haben. Über dem Chaos schweben Kampfhubschrauber, schwarz und drohend, und „Spectre“-Gunships, schwer gepanzerte fliegende Festungen, ziehen träge ihre Kreise.

Während der ersten Kriegstage konnte Abd al-Rahman Raschid den Irrsinn des Krieges durch seine Fenster betrachten, dann schlug ein Geschoss ganz in der Nähe in den Boden ein, sprengte ihm die Scheiben aus den Fensterrahmen und nahm ihm seinen Logenplatz. Bretter versperren ihm seit diesem Tag den Blick und verwandeln das Wohnzimmer in eine dunkle Höhle.

Seit die Bombe sein Haus erzittern ließ, wagt sich Raschid nur noch selten hinaus, und auch seinem Sohn Asis untersagte er, den dürftigen Schutz der Mauern leichtfertig zu verlassen.

Sein Nachbar lebte unbesorgter und bezahlt seine Leichtfertigkeit nun mit schlaflosen Nächten. Kadim Hardan ist der Vater von Abbas, einem lebhaften Jungen, den es nie lange im Haus seiner Eltern hielt. Es war dort langweilig und öde, Abbas zog es immer nach draußen. Auch an diesem Nachmittag spielt er vor dem Haus, sein Vater erlaubt es, es wird schon nichts passieren.

Es ist eine Granate, bestimmt für einen von Saddams Kriegern, die neben dem 13-Jährigen vom Himmel fällt und sich in seinen Oberkörper frisst.

Abbas überlebt die Explosion und liegt am Abend schwer verletzt im Allgemeinen Krankenhaus der Stadt.

Sein Vater betet für ihn.

Und für sich.

Umm Kasr, morgens

Der Kriegsfotograf Paolo Pellegrin ist mit seinem Mitsubishi Pajero von Basra das kurze Stück nach Umm Kasr gefahren und versucht, ins Zentrum der Hafenstadt zu kommen. An den Checkpoints vor der Stadt tippt er mit der rechten Hand an die Stirn, zeigt den Briten seinen US-Presseausweis, hält ihnen seine Kamera hin. Sie lassen ihn nicht durch. „Turn around“, keine Störenfriede, keine Irren.

In diesem Krieg hat Paolo Pellegrin gelernt, was es heißt, Flüchtender zu sein, gehasst von beiden Seiten. Fast täglich wird sein Wagen beschossen von Saddams Milizen. Und vor fünf Tagen hatten britische Soldaten ihn und ein Dutzend Journalisten aus Europa und den USA von einem Autobahnkreuz, 30 Kilometer südlich von Basra, vergrault.

Sie hatten dort campiert, unter einer Brücke. Er versuchte in seinem Wagen zu schlafen. Er hatte Fieber, und er hatte sich das Konservenfutter aus dem Leib gekotzt, weil er sich irgendwo eine Lebensmittelvergiftung geholt hatte. Und britische Soldaten setzten die Journalisten unter Druck. Morgen komme die Baath-Partei und hole ihn. Pass auf, wohin du fährst, alles vermint, die Straßengräben voll von lauernden Fedajin.

Es wurde unangenehm, Pellegrin verließ den Platz unter der Brücke. Mitten in der Nacht war er im Schritttempo durch die Wüste geirrt, inmitten von Sandstürmen, ohne Landkarte, ohne Licht, ohne zu wissen, wo er war. Seine Kollegen waren zurückgekehrt nach Kuweit. Unter diesen Umständen, hatten sie gesagt, könne man nicht arbeiten. Dass sie Angst hatten, Todesangst, sagten sie nicht.

Bei Nadschaf, im Camp Bushmaster

Wir dürfen endlich die ABC-Anzüge ausziehen, auch wir Journalisten. Die Iraker sind nicht mehr in der Lage, Raketen abzufeuern, heißt es. Ihre Kommando- und Koordinationszentren sind zerstört.

Ich fahre mit Captain Scott Figlioli, dem Herrn der Bulldozer, ein paar Posten Richtung Norden ab. Es ist nicht viel los. Unterwegs sehe ich Mils Greenberg in einem „Humvee“. Immer wenn ein Kind an der Straße steht, fährt er rechts ran und verteilt Bonbons und Wasser. Offiziell ist das noch verboten. Aber Greenbergs Vorgesetzter hält überhaupt nichts von dem Freundlichkeitsverbot.

„Wenn uns die Kinder trauen, kommen auch die Erwachsenen zu uns. Und die sagen uns dann, wo die Minenfelder sind und die Chemiewaffen liegen.“

Von Saddams Massenvernichtungswaffen fehlt bisher jede Spur.

Und was passiert, wenn Saddam in letzter Minute, beim Kampf um Bagdad, doch noch Biowaffen gegen amerikanische Truppen einsetzt?

Abends diskutiere ich mit ein paar Soldaten darüber. Sie sind überzeugt: Wenn die Iraker Chemie einsetzen, antwortet Bush mit Atombomben.

1. Brigade der 3. Infanterie-Division, Bagdad International Airport, morgens

Die 1. Brigade und Sergeant Jennifer Raichle, die Aufklärerin, haben ihr Kriegsziel erreicht: den Flughafen erobert, „Saddam International" zu „Bagdad International" gemacht, ihre Mission erfüllt.

Und die Soldaten staunen immer noch darüber, wie einfach es war. Das Panzer-Bataillon war vorneweg gerollt, und die Infanteristen von 2-7 und 3-7 folgten, und ziemlich schnell waren die Männer und Frauen von der 1. Brigade die neuen Herrscher des Flughafens.

Die Panzertruppe 3-69 verbrachte die Nacht mitten auf den Rollfeldern, die Kollegen von 2-7 sicherten die Ostseite des Flughafens, das ist die, die in Richtung Bagdad zeigt, und die Männer von 3-7 gingen in die Terminals.

Und jetzt, gegen 8 Uhr, sind 80 Prozent des Flughafens „secure", unter Kontrolle.

„Vermutlich sind die Iraker aufgewacht, und da ging es ihnen wie General Custer, als er sagte: Woher kommen auf einmal all die Indianer? Wir haben sie ganz einfach überrascht und überrollt", sagt Colonel William Grimsley, der Kommandeur der 1. Brigade. Es gab ein bisschen Widerstand, ein paar Panzer auf der Autobahn, Typ T-72, sowjetische Bauart, die konnten Grimsleys Männer mit Panzerfäusten stoppen und zerstören. Und dann war es vorbei.

„Warum habe ich nicht das Gefühl, näher an zu Hause zu sein?", fragt Master Sergeant Russell Carpenter. Es könnte daran liegen, dass der Krieg noch nicht zu Ende ist und schon gar nicht klar ist, was nach dem Krieg kommt.

Bagdad, Studio des irakischen Fernsehens, mittags

Informationsminister Sahhaf verliest im irakischen Fernsehen eine Botschaft von Saddam Hussein. „Sorgt dafür", liest Sahhaf vor, „dass das Land der Muslime ihre Füße und ihre Gesichter verbrennt, wo auch immer sie vorbeikommen. Gott hat die Kraft, ihre Bäuche für immer in der Hölle zu braten. Unsere Märtyrer werden ins Paradies einziehen."

Bagdad, „Abradsch-Hotel“

Es gibt keine Zeugen, natürlich. Niemand im Hotel will etwas gesehen haben. Wen die Kollegen von François Calas, dem verschleppten Leiter von „Ärzte ohne Grenzen“, auch fragen, alle zucken die Schultern.

Zunächst haben sie geglaubt, Calas und sein Kollege Junis hätten das Hotel früh verlassen, um sich um die Lastwagen zu kümmern. Als Calas am Abend immer noch nicht aufgetaucht war, schlugen sie die Scheibe seines Hotelzimmers ein. Der Raum war leer, die Telefone fort, die Pässe des ganzen Teams verschwunden.

Die „Ärzte ohne Grenzen“ beschließen, die Arbeit im Kindi-Krankenhaus aus Protest zu beenden und in eines der internationalen Hotels umzuziehen. Morten Rostrup, der Norweger und zurzeit Präsident von „Ärzte ohne Grenzen“, geht zum Gesundheitsministerium, um zu protestieren, um zu fragen, um zu bitten. „Ich will sehen, was ich tun kann“, sagt ihm der Vizeminister. Nichts kann er tun. Die Amerikaner sollen schon beim Flughafen sein, und jede Behörde denkt nur daran, irgendwie durchzukommen.

Bagdad, Kindi-Hospital

Dr. Hamid al-Aradi, Chirurg und Chefarzt des Kindi-Hospitals, hat das Krankenhaus am Morgen verlassen und sich mit dem Auto nach Dora aufgemacht, ein Viertel am Stadtrand Bagdads. Er bewohnt dort ein Haus mit kleinem Garten, in dem rot blühende Büsche stehen. Sein Vermieter ist einer von Saddams steinreichen Geheimdienstoffizieren. Aradi leidet unter der Tatsache, dass der mafiose Geheimdienstler ein Dutzend Häuser hat, während er die 70 000 Dollar für ein ordentliches Haus nie zusammenbrachte. Dr. Aradi hasst Saddam.

Aradi hat das Kindi-Hospital verlassen, um seine Familie zu holen, Resab, seine Frau, Barak, seinen 16-jährigen Sohn, Dilal, den Erstgeborenen, 21 Jahre alt. Er will die Familie vereinen, um mit ihr zu überleben oder mit ihr zu sterben.

Er fährt hinaus nach Dora, er meidet die Schnellstraße, er quält sich durch Nebenstraßen. Er sieht, nach zwei Wochen im Operationssaal, die Stadt zum ersten Mal wieder. Sie raucht an vielen Ecken. An den Rändern brennen die Ölquellen. Aradi hasst das Regime, nicht die Amerikaner.

Draußen in Dora findet er alle wohlauf. Die Frau, seine Söhne, sie feiern Wiedersehen für einen Moment, eine Feier unter Tränen, dann raffen sie das Nötigste zusammen und fahren wieder zurück in die Stadt, durch den Krieg, ins Kindi-Hospital.

Aradi muss zurück. Er empfindet es als Pflicht. Er versteht die Kollegen nicht, die gleich bei Kriegsausbruch den Kittel ablegten und mit ihren Familien aufs Land flohen. Wie mögen sie sich fühlen dort?

Im Hospital nimmt ein schlechter Tag seinen Lauf. 40 Verwundete werden eingeliefert, 5 Menschen sterben. Pfleger werfen die Körper, mit jeder Leiche achtloser, in die überfüllten Kühlschränke. Dort liegen jetzt 34 Tote, wo unter Wahrung der Totenwürde höchstens 24 liegen sollten.

Bagdad, „Hotel Palestine", circa 18.30 Uhr

Alles nur eine Frage der Perspektive. Alles nur ein Spin. Und ein bisschen Psychologie.

„Diese Verbrecher sind gestern von Flugzeugen über dem Flughafen von Bagdad abgesetzt worden", sagt Informationsminister Sahhaf. „In der vergangenen Nacht haben wir sie nach sechs Gefechten vollständig umstellt und isoliert. Nach unserer Einschätzung wird es schwierig für irgendeinen von ihnen, da lebend rauszukommen. Das Beste ist, sie geben schnell auf."

Warum haben die irakischen Soldaten den Flughafen nicht vorher verteidigt?

Informationsminister Mohammed Saïd al-Sahhaf schaut hoch von seinen Papieren, schaut wieder runter, er wirft ein paar Blicke über den Rand seiner Brille, nach links, nach rechts, schließlich sagt er: „Ich beantworte keine Fragen zur Taktik."

Es ist das erste Mal seit dem 19. März, dass Informationsminister Mohammed Saïd al-Sahhaf, sprachlos ist. Er ist es nur kurz.

„Der einzige Weg, wie man mit diesen Söldnern umgeht, ist, dass man sie im Dunkeln und mit unkonventionellen Maßnahmen bekämpft."

Wie meinen Sie das?

„Die Nacht wird unkonventionell. Ich rede von einer ganz neuen Art von Kriegführung, von ungewöhnlichen Märtyrer-Operationen. Und da gibt es sehr, sehr viele Wege, dies zu tun."

Meinen Sie den Einsatz von Massenvernichtungswaffen?

„Nein."

In Washington, sagt einer der amerikanischen Journalisten, redet man schon von der Nachkriegszeit.

„Saddam Hussein ist der Führer des Irak. Der Irak hat schon vor 1000 Jahren existiert, und nichts wird ihn verändern."

Katar, im Centcom der US-Truppen

Brigadier General Vincent Brooks kann es nicht verhindern. Der rosahäutige, sommersprossige Besserwisser hat sich als Erster gemeldet: „Geoff Meade von Sky News. Man würde doch erwarten, dass ein Flughafen wegen seines psychologischen Werts heftiger verteidigt würde, als es offenbar jetzt geschieht. Ich frage mich, ob Sie dazu eine Ansicht haben. Und können Sie uns sagen, wie Sie den Flughafen nutzen werden?"

Vincent Brooks: „Wir werden diese Einrichtung umbenennen. Wir werden sie nach Ihnen benennen."

Der Korrespondent der „Irish Times" fragt nach Clusterbomben: „Wir haben gehört, dass die Farbe dieser Bömbchen, wie sie genannt werden, dieselbe sei, wie die Farbe der Nahrungsmittelpäckchen."

Brooks: „Cluster-Munitionen werden eingesetzt, um situative Hindernisse zu schaffen, in taktischer Absicht. Wenn wir zum Beispiel die Bewegung von Truppen der Republikanischen Garde verhindern wollen. Dann können wir solche oder ähnliche Munition einsetzen, um ihre Bewegung zu behindern oder sie zur späteren Vernichtung am Platz halten. Die humanitären Tagesrationen haben eine andere Farbe bekommen. Wir haben einige Lektionen aus Afghanistan gelernt."

Heute ist es am Vertreter des georgischen Rundfunks, die unvermeidliche, die tägliche Frage zu stellen: „Werden Sie Massenvernichtungswaffen in der Hauptstadt finden?" Inzwischen der Running Gag jedes Briefings.

Vincent Brooks verzieht keine Miene: „Massenvernichtungswaffen – wir glauben, dass dieses Regime Massenvernichtungswaffen besitzt. Wir bleiben davon überzeugt. Wir wissen, dass einige von ihnen in das Gebiet Bagdad zurückgezogen worden sind, sowohl Trägersysteme wie mögliche Lagersysteme. Aber vergessen wir nicht, dass dieses Regime seit Jahrzehnten eine Leugnungs- und Täuschungskampagne betreibt und darin sehr wirksam gewesen ist. Und so erwarten wir nicht, dass wir einfach über irgendwelche Massenvernichtungswaffen stolpern werden."

Vor Bagdad, bei den Waffensuchern der 75. Exploitation Task Force im Industriekomplex Ka-Kaa

Tausende von Fläschchen, Kisten mit weißem Pulver, dazu reichlich Dokumente auf Arabisch, in denen augenscheinlich chemische Kriegführung diskutiert wird – ist er das, der Beweis? Der Beweis für Saddams Chemiewaffen, der Fund, der Kriegsgrund, den die Bush-Regierung so dringend braucht?

Eine Einheit der 3. Infanterie-Division hat diese Fabrik eingenommen auf ihrem Weg nach Bagdad, eine verdächtige Anlage, den UN-Waffeninspektoren ist sie seit langem ein Begriff. Seit den frühen neunziger Jahren schon war Ka-Kaa mehrfach von Uno-Inspektoren überprüft worden, zuletzt im März, weil es Hinweise auf Chemiewaffenproduktion zu geben schien. Auf Befehl der Inspektoren wurden Wärmetauscher, Tanks und Brennöfen zerstört.

Die Waffensucher testen, hoffnungsvoll. Aber das weiße Pulver ist nur Sprengstoff, sie finden Atropin und Pralidoxim, das klingt aufregend, ist aber nur ein Medikament, mit dem man Nervengas- und Pestizidvergiftungen behandeln kann.

Weniger als ein Dutzend der wichtigsten Verdachtsorte sind bisher durchsucht worden, und Hunderte davon soll es geben. Meist sind es Zufallsfunde, auf die hin Alarm geschlagen wird, ein bisschen weißes Pulver, ein paar Fässer – nicht wirklich ein Grund für die hoch gerüsteten, hoch spezialisierten Experten, die mit ihren Biolabors und Gas-Chromatografen auf Einsätze warten.

Es gibt den Erfolgsdruck der Militärs. Den der Wissenschaftler gibt es auch, und die 75. Exploitation Task Force beginnt ihn zu spüren.

„Wir sind losgezogen", so sagt einer vom Team, „um den Bären zu jagen. Wir haben den Bärentöter. Aber wo ist der Bär?"

Irakisches Fernsehen, abends

Das Programm wird unterbrochen. Diesmal ist Saddam Hussein auf den Straßen von Bagdad zu sehen, in Mansur und in verschiedenen anderen Vierteln der Stadt. Er macht eine Tour. Er schaut sich die Bombenschäden an. Er schüttelt Hände, wechselt Worte mit den

Bürgern, küsst Kinder. Die Menge ruft: „Unser Blut und unsere Seele opfern wir dir, Saddam."

Zwölf Minuten dauert der Film, sein Assistent Abd al-Hamid Hamud al-Tikriti ist die ganze Zeit an seiner Seite. Die Bilder sind ganz offensichtlich während dieses Krieges entstanden. Man sieht den Rauch der brennenden Ölgräben über der Stadt, zerstörte Gebäude. Vielleicht sind die Bilder sogar heute gemacht worden, der Himmel ist bewölkt, er war es nicht in den vergangenen Tagen. Vielleicht ist es ein Doppelgänger.

Wer immer auch zu sehen ist: Es ist jemand, der wirkt, als fühle er sich nicht wohl in seiner Haut.

Abu Ghureib bei Bagdad, in den Kasernen der Republikanischen Garde, Einheit 90095, abends

Mohammed Abdullah ist 32 Jahre alt und seit 14 Jahren bei der Republikanischen Garde, weil er sein Land liebt und weil es ein Beruf ist, der das Leben ordnet. In Friedenszeiten. Dann gibt es regelmäßig Geld, dann gibt es Aufgaben, dann gibt es Freunde, dann gibt es einen Sinn.

Leider ist der Frieden vorbei.

Abdullah ist Hauptmann der Republikanischen Garde, er ist verantwortlich für Computer und Technik, für Informationen aller Art, für die Kommunikationssysteme. Er ist der Telefonmann der Republikanischen Garde. Er ging sechs Jahre auf die Volksschule, sechs Jahre aufs Gymnasium, machte mit 16 Abitur, dann ging er für drei Jahre auf die Militärakademie. Er lernte alles über Kriegführung, über Waffen, über die Feinde Israel und Amerika, die Strukturen der Armeen der Feinde und ihre Taktik.

„Was haben wir da alles studiert", sagt Abdullah, „und wenn man dann sieht, was in diesem Krieg passiert, dann sieht man, dass wir in Wahrheit in all den Jahren keine Ahnung hatten."

Sie haben seit neun Monaten trainiert, wie man Fallschirmjäger vom Himmel holt. „So kommen die amerikanischen Hurensöhne", das sagten ihnen die Vorgesetzten, „sie lassen sich über der Stadt absetzen und kommen zu Tausenden vom Himmel, und da schießen wir sie ab."

Es gab tatsächlich mal amerikanische Fallschirmjäger hier, das war im letzten Irak-Krieg, aber vielleicht hätten sie dennoch eine zweite oder sogar eine dritte Art der Verteidigung üben sollen.

„Diesmal gab es keine Fallschirmjäger", sagt Abdullah, „und jetzt sind die Panzer nah, und mit Panzern in Bagdad haben wir ganz einfach nicht gerechnet."

Mohammed Abdullah hat kurze stoppelige Haare, einen schwarzen Schnauzbart, dicke, schwarze Augenbrauen, er trägt blaues Hemd und blaue Stoffhose, er wurde in Bagdad geboren, er will Bagdad verteidigen, an diesen Auftrag glaubt er.

Die verdammte Frage ist: wie?

500 Mann haben sie in der Einheit mit der Nummer 90095, 3000 Mann haben sie in ihrer Brigade in Bagdad, 350 000 haben sie im ganzen Land. „Aber wir waren vom ersten Tag an hilflos", sagt Abdullah.

Am ersten Tag, am 20. März, fielen morgens um halb sechs die ersten Bomben auf Kasernen der Republikanischen Garde.

Am zweiten Tag wurde Mohammed Abdullahs Kaserne getroffen, es gab Tote, Abdullah wurde bewusstlos, und als er wieder erwachte, war ziemlich viel von seiner Technik kaputt. „Das war unfassbar, das war beängstigend", sagt Abdullah, „sie haben exakt unseren Operationsraum getroffen."

Aber die Offiziere sagten immer noch: „Unsere Feinde werden sterben. Der Boden unserer Heimat ist unser Freund, auf diesem Boden werden unsere Feinde sterben. Je länger der Krieg dauert, desto teurer und mörderischer wird er, und das halten unsere Feinde nicht durch."

Mohammed Abdullah, der Telefonmann, ist nicht überzeugt. „Fallschirmspringer kamen gar nicht, die Panzer sind schon da", sagt er, „und der Krieg ist erst zwei Wochen alt."

Bagdad, Sitz des Bischofs, Mitternacht

Tagebucheintrag des Karmeliterpaters Michel de Myttenaere: „7.19 Flugzeuge, 7.35 Explosionen (2), den ganzen Vormittag Flugzeuge und Schüsse. Luftalarm Nr. 30 um 15.40. Nach 22.00 zahlreiche Explosionen, sehr intensiv. Schüsse von 22.19 bis 22.35, andauernd und heftig. 23.03 (stark), 23.07 (sehr stark, aber entfernt)."

Samstag, 5. April

+++ US-Jets patrouillieren 24 Stunden über Bagdad. +++ Luftangriffe auf Kerbela +++ 1. Marine-Division kontrolliert den Korridor von Samanpak nach Bagdad +++ 101. Airborne Division jetzt im Stadtzentrum von Nadschaf +++ In Hilla verteidigen Iraker noch immer das linke Euphrat-Ufer +++ Zwei Marines sterben bei Hubschrauberabsturz +++ 3. Infanterie-Division greift Truppenunterkünfte der Republikanischen Garde im Südwesten Bagdads an +++ Präzisionsbombe trifft das Haus von „Chemical Ali", dem Cousin Saddams, in Basra +++ Die Lage: Mit etwa 60 gepanzerten Fahrzeugen rollen Soldaten der 3. Infantrie-Division erstmals ins Zentrum Bagdads ein. Nach drei Stunden ziehen sie sich wieder zurück. Das entspricht einer erprobten Taktik und hat gleich mehrere Vorteile: Die Straße zwischen Flughafen und dem Camp der Division wird freigekämpft, die Amerikaner testen die Stärke des irakischen Widerstands und vor allem: Sie gewinnen wertvolle Informationen. Der Vormarsch zwingt die Iraker zu reagieren, sie müssen ihre Truppen bewegen, die Verstecke verlassen und Funksprüche absetzen – die von den Amerikanern abgehört werden. Das ist das Vorspiel zum Kampf um Bagdad.

Basra, nahe der „Route red", gegen 5 Uhr morgens

Abid Hassan Hamudi, 82, hat unruhig geschlafen auf dem gefliesten Boden seines Badezimmers in Basra. Maschinengewehrsalven und das schwere Donnern der Panzerkanonen begleiteten ihn und die Mitglieder seiner Familie durch die Nacht. Wie all die Nächte zuvor drängen sie sich auf dem Fußboden des Badezimmers und fühlen sich einigermaßen sicher in diesem Raum, der keine Fenster hat, die splittern können, und den zwei schwere Steinwände von der Außenwelt trennen. Zwölf Personen sind es, die sich hier drängen.

Etwa 30 Kilometer entfernt von diesem Raum sitzt Major Chris Parker in einem Zelt, im Hauptquartier der britischen 7. Armored Brigade, der Brigade von Tom, Andy und Jim. Er ist der „Chief of Staff", einer der Offiziere, die die Strategie der Schlacht um Basra entwarfen und sie Tag für Tag dem Kampfverlauf anpassen.

Vor einer Dreiviertelstunde erhielt Parker, Anfang 40 und ein jungenhafter Mann, die Meldung, dass sich Ali Hassan al-Madschid, genannt „Chemical Ali", Kommandeur der irakischen Streitkräfte in dieser Region, in der Stadt aufhalte. Er habe die Nacht in einem weiß gestrichenen Neubau verbracht. Das Haus stehe im Norden der Stadt, nahe den zerbombten Gästehäusern der irakischen Regierung, und habe zwei klassizistische Säulen vor dem Eingang.

Seitdem Parker die Nachricht erhalten hat, versucht er verzweifelt, einen Bomber aufzutreiben, der das Haus in Trümmer legen kann. Normalerweise befinden sich mehrere Maschinen der Amerikaner in der Luft und in Rufbereitschaft. Aber jetzt ist keine aufzutreiben.

Dann, endlich, erhält Parker die Mitteilung: „Ein Bomber ist gefunden", die Koordinaten werden übermittelt, die Maschine fliegt ihr Ziel an, und eine Bombe klinkt aus.

Hamudi ist mittlerweile aufgestanden. Nach der Nacht auf den harten Fließen schmerzt sein Rücken. Er geht im Haus umher.

Auf dem Nachbargrundstück steht ein weißer Neubau mit Säulen vor dem Eingang. Er wurde vor einem halben Jahr fertig gestellt und soll hin und wieder hohe Mitglieder der Regierung beherbergen.

Die Bombe ist mit einem Chip ausgestattet, der sie ins Ziel lenken soll, aber sie besitzt keinen eigenen Antrieb. Wird sie vom Flugzeug getrennt, gleitet sie Richtung Erde. Kursabweichungen, verursacht durch Windböen, kompensiert ihr bewegliches Leitwerk, dessen Flügel vom Chip gesteuert werden.

Manchmal arbeitet dieser Mechanismus fehlerhaft, dann verfehlt die Bombe ihr Ziel.

Hamudi schreckt zusammen, als ein paar Straßenblöcke entfernt eine Bombe einschlägt. Sein Haus zittert. Im Badezimmer beginnen die Kinder zu weinen. Hamudi erwartet weitere Einschläge, aber es bleibt ruhig.

Major Chris Parker ist außer sich vor Wut, als er erfährt, dass die Bombe das Ziel nicht getroffen hat. Falls sich „Chemical Ali" noch in dem Haus befindet, ist er jetzt gewarnt. Parker verlangt einen zweiten Angriff.

Wenige Minuten später fällt eine weitere Bombe Richtung Erde. Hamudi sitzt nun vor dem Badezimmer, einer seiner Söhne liegt im Flur auf einer Couch. Nach der Detonation hat er es im engen Bad nicht mehr ausgehalten.

Die zweite Bombe trifft das Ziel.

Die Wucht der Explosion verwandelt den weißen Neubau in einen Steinhaufen. Dann brandet die Druckwelle gegen Hamudis Haus.

Mehrere Quadratmeter der Außenwand kippen ins Innere und bringen die Wand des Badezimmers zum Einsturz. Kureija, Hamudis Frau, wird erschlagen. Und Wisam, sein Sohn. Ihab, seine Tochter. Seinab, Sina und Nura, seine Enkelinnen. Sein, Mustafa, Hassan und Ammar, seine Enkel.

Hamudi selbst bleibt unverletzt. Er gräbt verzweifelt und mit bloßen Händen.

Auch der Sohn auf der Couch überlebt die Katastrophe. Die Couch wird von der Druckwelle durch den Flur getrieben, fort von den tödlichen Steinen.

In den Trümmern des weißen Neubaus werden menschliche Überreste gefunden. „Chemical Ali", der Mann, der 5000 Kurden in Halabscha vergasen ließ, soll tot sein. Das melden die Briten wenig später.

Major Chris Parker: „Wir waren so erleichtert, als die Bombe das Haus traf. Dieser Treffer war wirklich entscheidend für den Fortgang der Schlacht um Basra."

Major Chris Parker wird den Morgen des 5. April nie vergessen.

Abid Hassan Hamudi auch nicht.

Südirak, 20 Kilometer südlich von Basra, 12 Uhr

Der Kriegsfotograf Paolo Pellegrin, seit Kriegsbeginn auf eigene Faust unterwegs im Südirak, sitzt im Geländewagen und erblickt das wahre Antlitz des Krieges. Vor ihm stehen 200, 300 Männer. Sie halten Stöcke in den Händen und Steine. Sie stürmen ihm entgegen, sind 20 Meter entfernt, 10 Meter, 5 Meter. Jetzt haben sie ihn umzingelt. Er versteht nicht, was sie brüllen, er sieht ihre hassverzerrten Gesichter und wie sie die Steine werfen gegen die Windschutzscheibe, wie sie auf das Blech eindreschen wie Tiere.

Der Kriegsfotograf weiß: Der Mob sieht nicht die Leica, die ihm um den Hals hängt. Sein Friedensangebot, keine Waffe. Es ist dem Mob egal, ob er Soldat ist, Beobachter, Alliierter oder Italiener. Pellegrin ist weiß, und er ist Christ. Ein Feind, so wie der Pilot im Flugzeug, das jetzt am Himmel kreist und Bomben wirft.

Pellegrin ist wie gelähmt, sein in vielen Kriegen geschultes Orientierungssystem funktioniert nicht mehr. Er vergisst, aus welcher Richtung er gekommen war, an welche Kreuzungen er sich erinnern wollte, damit er wieder herausfindet aus dieser Stadt, wo Saddams

Bildnis noch 100fach von den Mauern lächelt. Er vergisst, weswegen er gekommen war, das Massengrab, das man angeblich gefunden hatte. In letzter Sekunde tritt Paolo Pellegrin das Gaspedal durch.

Er hat es gefunden, das enthüllende Bild dieses Krieges, dem er seit 20 Tagen hinterherjagt. Aber er hat es nicht festgehalten. Er hat nicht den Auslöser gedrückt. Seine Angst war zu groß.

Kerbela, bei der 101. Airborne Division, 11 Uhr

Die Schlacht um Kerbela beginnt um Punkt 11 Uhr, Lieutenant Colonel Schiller kreist in seinem „Kiowa“ über der Stadt, die Bodentruppen der 101. Airborne Division, am Vorabend aus Nadschaf Schwarm für Schwarm eingeflogen, kommen am Boden schlecht voran.

Es ist eine gewaltige Streitmacht. Um die Stadt stehen an diesem Samstagvormittag 36 Kompanien amerikanischer Infanterie, dazu Panzereinheiten, Pioniere, Artillerie, Fernmelder, Nachschubzüge, alles in allem führen zehn Bataillone den Angriff, über 7000 Mann, sie kommen von Norden, von Westen, von Osten.

Die Luftwaffe hat den Kampf am Boden vorbereitet mit einem massiven Bombardement am frühen Morgen. Jetzt schießt die Artillerie vom Stadtrand aus 105-Millimeter-Rauchgranaten ins Zentrum hinein, sie hüllt Kerbela in weißen Nebel, die Kommandeure nennen das: dem Gegner Angst machen. Und dann aus dem Nebel vorstoßen wie aus dem Nichts.

Es ist schon lange kein Krieg mehr Armee gegen Armee. Die Amerikaner haben es mit Fedajin-Leuten zu tun, Baath-Parteigängern, mit Heckenschützen, Einzelkämpfern und kleinen Guerilla-Trupps, die sich verzweifelter und unberechenbarer wehren als eine reguläre Armee. Diese Männer kämpfen nicht mehr für Saddam. Sie verteidigen ihr Leben wider die Einsicht, dass das Spiel vorbei ist.

Wider das Wissen auch, dass die Armee in Wirklichkeit längst aufgegeben hat in und um Kerbela. Saddams Truppen desertieren, sie fliehen vor der Übermacht des Feindes, sie verweigern dem untergehenden Regime den Gehorsam, sie brechen ihren Eid, sie retten ihre Haut.

Die irakischen Luftabwehrbatterien, die Panzerfahrzeuge, die Geschützstellungen, die Militärbasen der Diktatur: Sie liegen verlassen. Pilot Schiller in seinem „Kiowa“ kann sie anfliegen fast wie Übungsziele.

Auf einem Platz in der Innenstadt findet die 101. Airborne Division 31 Panzerfahrzeuge. Sie stehen betankt, bewaffnet, abfahrbereit in der Stadt. Kein Soldat weit und breit. Geisterkrieg. Auf irakischer Seite nur noch geführt von Männern in Trainingsanzügen und Kaftanen, Einzelkämpfern in Turnschuhen, paramilitärischen Gruppen.

Doch die Fedajin, die Baath-Leute, die Sniper machen den Amerikanern in Kerbela Angst. An diesem Samstag erwerben sich sieben Amerikaner das „Purple Heart"-Abzeichen.

Das Oberkommando hat Angst vor Szenen und Szenarien wie in Somalia. Vor Bildern wie aus „Black Hawk Down". Jede Tür ein Risiko. Jedes Haus ein möglicher Hinterhalt. Und an diesem Samstag steigt die Temperatur im Zentralirak zum ersten Mal über 100 Grad Fahrenheit, fast 38 Grad Celsius. Die Soldaten spüren jedes Gramm ihrer 150-Pfund-Ausrüstung. Sie trinken im Tagesverlauf sechs Liter Wasser.

Der Kampf in Kerbela wird sich, von allen Schlachten im Irak, „am allermeisten anfühlen wie Somalia". Und in den Zeitungen steht, dass Kerbela eine Art Generalprobe ist für die monatelangen Kämpfe, mit denen in Bagdad zu rechnen sei.

Bagdad, Kindi-Hospital

Die Leichen stinken. Die Leichen brauchen Kühlung. Ein Pfleger hat seine familiären Beziehungen spielen lassen und einen Schmitz-Cargo-Bull-Kühlanhänger beschafft. Sie stellen den weißen Lkw-Aufleger links des Haupteingangs in die Nähe der beiden Kühlhäuser.

Der Krieg fordert täglich mehr Opfer, die Notaufnahme schwirrt von Verwundeten und ihren Familien. 69 Verletzte zählt Dr. Baschir an diesem Samstag, im Chaos werden seine Bucheinträge lückenhaft, er ruft Kalim, einem Pfleger, der die Notaufnahme seit Kriegsbeginn nicht verlassen hat, die Namen und Diagnosen zu, er steht im Elend wie ein Turm, das Gesicht käsig vom bläulichen Neonlicht, er spürt seine Müdigkeit in diesen Momenten nicht.

Fünf Tote heute. Für sie wird der Schmitz Cargo Bull als dritter Leichenkühlschrank eröffnet, obwohl er sehr viel Strom verbraucht. Die Waschmaschinen des Hospitals haben sie längst stillgelegt, weil sie zu viel Elektrizität fraßen. Es gibt deshalb im Hospital keine frischen Handtücher mehr. Auch keine Laken. Sie haben begonnen, die schmutzige Wäsche gegen nicht ganz so schmutzige auszutauschen. Das geht, im Krieg.

Im Ärztehaus hat sich die Familie Aradi eingerichtet, auch andere Ärzte haben ihre Frauen und Kinder geholt. Rasab al-Aradi und ihre beiden Söhne campieren in einem engen, verdreckten Zimmer. Barak, der 16-jährige Junge, ängstigt sich sehr, er zweifelt an seinem Traumberuf Arzt. Lang werden jetzt die Tage, sehr lang, lang auch die Nächte, unterbrochen vom Lärm immer neuer Explosionen, ferne und nahe, und immer durchsetzt von Schreien aus der Notaufnahme gegenüber.

Kerbela, im Hubschrauber von Lieutenant Colonel Schiller

Pilot Schiller zieht seine Spuren über dem Südwesten Kerbelas, fliegt seine schnellen Kreise, großen Achten, in der Luft sind Geschosse aus Panzerfäusten, Gewehrkugeln, sie kommen von den Dächern drunten, aus Fenstern, sie kommen aus dem Nichts. Schiller feuert zurück aus dem „Kiowa", mit der Maschinenkanone, er schießt Raketen hinein. Wieder und wieder überfliegt er die Verteidiger, schießt Hindernisse aus dem Weg für die Bodentruppe, und bei dieser Arbeit ist er jede Sekunde in großer Gefahr.

Nach 20 Minuten Einsatz durchbricht ein Geschoss den Boden seines „Kiowa", eine großkalibrige Kugel platzt in den Hubschrauber mit scharfem Knall, der Treffer sitzt genau zwischen Pilot und Kopilot, der Stahl fährt durchs Cockpit und schlägt in der Decke unter dem Rotor ein. Schiller denkt: „Ich werde zu alt für diesen Shit." Er sagt, in den Funk: „Das war knapp."

Aber er bricht die Mission nicht ab. Schiller fliegt weiter, nach einem kurzen Systemcheck, fliegt tief über den Straßen, haarscharf an gespannten Stromleitungen vorbei, er schießt Feindstellungen ab, bringt Gegner um, schützt die eigenen Leute.

Bagdad, im Stadtteil Dora

Eigentlich ist Mohammed Ridda Polizist. Eigentlich trägt er eine elegante blaue Polizeiuniform. Aber seit dem 20. März trägt er jeden Tag den groben grünen Kampfanzug der irakischen Armee. Und jeden Tag ist er dorthin geeilt, wo amerikanische Bomben und irakische Raketen eingeschlagen sind, besonders gern zu denen, die nicht explodiert sind. Er sichert die Einschlagstellen und verhindert Schlimmeres. Das ist sein Kriegsdienst. Nachts sitzt er in seinem nagelneuen Polizeiauto am Autobahnkreuz von Dora und wartet darauf, dass es kracht und man ihn ruft.

An diesem Morgen ist in der Ferne der Lärm von schweren Geschützen zu hören. Sein Fahrer spielte die ganze Zeit mit dem Autoradio, wechselte zwischen Monte Carlo, der BBC und dem irakischen Staatsrundfunk. Wem zu glauben ist, weiß keiner mehr so richtig.

Der Lärm von Kanonen und Maschinengewehren kommt näher.

„Eine amerikanische Panzerkolonne versucht nach Bagdad vorzudringen“, berichtet ein flüchtender Soldat in Zivil.

Mohammed Ridda bekommt den Befehl, sich hinter die Linien der irakischen Armee am Schnellstraßenkreuz von Dora zurückzuziehen. Die Polizisten sollen allen zivilen Verkehr stoppen. Nur Fedajin in Pkw werden durchgelassen. Ausgebrannte Fahrzeuge und Trümmer versperren das Autobahnkreuz Dora und die Autobahn 8. Die Polizisten ziehen sich in ein Wohnviertel von Dora zurück und machen zwei Stunden Pause. Immer noch sind die meisten Geschäfte offen. Dann fahren sie wieder auf die inzwischen menschenleere Mualemin-Straße. Nur eine weinende Schwangere mit ihrem Mann kommt den Polizisten zu Fuß entgegen. Die Irakerin hatte versucht, zur Entbindung ins Krankenhaus zu gelangen. Der Vater der Frau schaffte es noch, mit dem Auto der Familie bis zur Schnellstraße zu kommen. Dann geriet der Wagen ins Kreuzfeuer. Der Fahrer starb im Auto. Das Paar konnte sich mit einem weißen Tuch winkend retten. „Wir wussten weder, wie wir die Leiche des Vaters bergen sollten, noch, wie wir die Frau ins Krankenhaus bringen sollten, wir konnten ihr nur sagen, wo der nächste Arzt wohnt“, sagt Ridda.

Bagdad, „Hotel Palestine“, 13.30 Uhr

Es ist heute deutlich dunkler als sonst im Konferenzraum des „Hotel Palestine“.

„Ich weiß“, sagt Mohammed Saïd al-Sahhaf, „Sie machen sich Sorgen um den Strom. Aber ich versichere Ihnen, dass wir uns darum kümmern.“

Informationsminister Sahhaf wirkt forsch, konzentriert, er scheint sich heute viel vorgenommen zu haben.

„Wir haben es mit folgender Situation zu tun: Die Wende ist da. Wir zerfleischen sie, vor allem am Saddam International Airport. Wie ich ihnen schon gestern gesagt habe, haben fünf Einheiten der Kriegsverbrecher und Söldner den Flughafen angegriffen, aber inzwischen haben wir sie umstellt. Es hat eine erbitterte Schlacht gegeben, und sie wurde auf sehr innovative Weise geführt. Inzwischen ist das Gebiet des Flughafens frei von amerikanischen Soldaten. Der Flughafen ist unter Kontrolle der Republikanischen Garde. Zwar versuchen sie immer noch, ihn mit Artillerie zu beschießen und zurückzuerobern, aber das wird nicht gelingen. In einer halben Stunde können wir Sie mit unseren Bussen dort hinausfahren."

Zwischendurch mal ein kurzer, lauter Lacher.

„Der ganze Trend hat sich umgekehrt. Ich glaube, wir werden bald siegen. "

Sind amerikanische Truppen in Bagdad?, fragt jemand.

„Schauen Sie sich um in der Stadt, dort ist nichts, überhaupt nichts. Haben Sie den Film ‚Wag the Dog' gesehen? Ein paar der amerikanischen Aktionen erinnern mich an das, was in ‚Wag the Dog' passiert."

„Wag the Dog". Ein Hollywood-Film, Robert De Niro spielt einen Spin-Doctor, der ablenken soll von einer Sexaffäre des Präsidenten und einen Krieg in Albanien inszeniert. Einen Krieg ohne Bomben, ohne Raketen, der Krieg ist eine einzige Inszenierung für das Fernsehen. Er findet nicht statt. Dustin Hoffman spielt einen Hollywood-Produzenten. Es ist ein sehr lustiger Film. Robert De Niro könnte Sahhafs Vorbild sein.

„Und wenn wir es schaffen, sie weiterhin zu isolieren", sagt Sahhaf, „dann werden sie ein zweites Dien Bien Phu erleben."

Dien Bien Phu. Das liegt in Nordvietnam, da haben 1954 die Franzosen die entscheidende Schlacht verloren und sich dann zurückgezogen aus Indochina. Sahhaf hat da etwas durcheinander gebracht.

Katar, im Centcom der US-Truppen

Das Oberkommando stellt sich der Presse. Jonathan Marcus, rundlich, kahl, bebrillt und wie immer von seinem Stammplatz am Mittelgang aus: „BBC. General, einige Statements von Presseoffizieren hier waren heute ziemlich vage. Sie reden von Downtown Bagdad, von US-Kräften im Zentrum der Stadt. Wir haben unsere Leute im

Stadtzentrum, und die haben eindeutig niemanden gesehen. Was ist los?"

Major General Victor Renuart: „Es war eine Operation, die von zwei Trupps der 3. Infanterie-Division durchgeführt worden ist. Tatsächlich sind sie im Süden der Stadt gewesen und haben einen Spähtrupp durch die Stadt geschickt, in nördlicher Richtung bis zum Fluss Tigris und dann weiter westlich in Richtung Flughafen. Ich weiß nicht, weshalb Ihre Kollegen das nicht vom Stadtzentrum aus gesehen haben. Aber ich weiß ziemlich sicher, dass man in einigen Teilen von Downtown London nicht sieht, was in anderen Teilen von Downtown vor sich geht."

Von ganz hinten wieder diese Stimme: „Jeff Reed von Sky News! Manchmal, Sir, klang Ihr Bericht wie eine Siegesrede. War es das? Und darf ich die tägliche Massenvernichtungswaffen-Frage stellen? Es sind keine eingesetzt worden. Es sind keine entdeckt worden. Wird dieser Krieg in die Geschichte eingehen als ein Krieg, der zu Ende war, bevor man seinen Grund gefunden hat?"

General Major Renuart: „Eine gute Frage. Lassen Sie mich zuerst sagen, dass keine meiner Aussagen als Siegesrede verstanden werden sollte. Der Sieg kommt, ohne jeden Zweifel. Aber der Kampf ist noch lange nicht vorbei. Was die Massenvernichtungswaffen betrifft, ich denke, wir werden weiter überall im Land Orte anschauen."

Bagdad, al-Dschasira-Büro, 15 Uhr

„Es ist gefährlich", sagt Diar al-Umari, Bürochef von al-Dschasira, zu seinem Kollegen Tarik Adschub. „Schau, zwei Häuser links sitzen jetzt seit ein paar Tagen die Leute vom Informationsministerium. Und direkt vor uns haben wir die Brücken. Die Dschumhurija-Brücke und die Sinak-Brücke sind die strategisch wichtigsten – und wir sitzen gleich davor, wenn die Amerikaner kommen."

Adschub und Umari kennen sich seit vier Jahren, sie sind befreundet. Adschub ist 32, drei Jahre jünger als sein Chef, ein Palästinenser aus dem jordanischen Amman. Er ist ein präziser Fernsehmann und gehört zu den draufgängerischsten im Bagdader al-Dschasira-Team. Was Umari an seinem Freund jedoch am meisten mag, ist dessen Naturell: Adschub verbreitet auch dann gute Laune, wenn es keinen Grund dazu gibt.

„Die Amerikaner sind da", sagt Adschub lässig.

„Woher weißt du das?", Umari ist geschockt.

„Na ja, sie haben mich beschossen", antwortet Adschub, „vorhin, als ich am Damaskus-Platz vorbeifuhr, aber sie haben mich nicht getroffen, ich konnte Gas geben." Er grinst. Adschub fährt einen hellen Kia Sportage, er liebt schnelle Autos.

„Wir sollten umziehen, evakuieren", sagt Umari.

„Nein, Unsinn", sagt Adschub und zupft ihn behutsam am Hemdärmel. „Bitte, Diar, übertreib's nicht, auf uns kommen die spannendsten Tage zu, das wirst du mir doch nicht verderben wollen." Er lächelt wieder. „Uns passiert nichts", sagt er, „glaub mir."

Südlich von Bagdad,
2. Brigade der 3. Infanterie-Division, 16 Uhr

Es ging um eine Strecke von 25 Kilometern, mehr nicht. Von „Objective Saints", diesem Kreuz der Autobahnen 1 und 8 im Süden Bagdads, wollten sie hinauf in die Stadt, nach links zum Flughafen und wieder zurück. In zwei, drei Stunden. Ohne zu stoppen, ohne Pausen, einfach hinein und wieder heraus.

„Wir nennen es ‚Thunder run'", sagt Colonel David Perkins.

Es ging um zweierlei: Die Amerikaner wollten sehen, wie Bagdad tatsächlich aussieht und wie sie in die Stadt gelangen können, welche Gegenwehr es gibt – und sie wollten Stärke zeigen. Demonstrieren, dass sie hier sind, dass sie tun können, was sie tun wollen, dass niemand sie stoppt.

„Das Ganze ist ein Propagandakrieg geworden", sagt Lieutenant Colonel Eric Wesley, der Mann hinter Perkins, „und diese ganzen Geschichten, dass wir nicht hier seien, sind unglaublich gefährlich. Damit sorgt die irakische Regierung dafür, dass die irakische Bevölkerung diesen Krieg vollkommen falsch einschätzt, dass Kinder auf die Straße gehen, dass Familien ins Kreuzfeuer geraten."

Darum der „Thunder run". „Am besten", sagt Wesley, „wäre es, wenn Sahhaf seine Reden hält und hinter ihm gerade ein amerikanischer Panzer durchs Bild fährt."

Der „Thunder run" wird ein Spektakel, das nach drei Stunden vorbei ist.

Und nach diesen drei Stunden war die 2. Brigade im Zentrum von Bagdad, nach diesen drei Stunden war sie am Flughafen, nach diesen drei Stunden sind 1000 Iraker tot und 100 Fahrzeuge zerstört, schätzen die Soldaten. „Da lagen überall Menschen am Straßenrand, ich konnte sie nicht mal zählen“, sagt Specialist Joshua Kinnison.

Einen Panzer-Kommandanten haben die Amerikaner verloren, er stand oben im Ausguck und wurde im Gesicht getroffen, und einen Panzer hat es erwischt. Ein Sergeant erzählt, dass der Iraker, der den Panzer mit einer Handgranate traf, ein alter Mann ohne Beine war. „Der lag am Straßenrand und starb im Maschinengewehrhagel.“

Es ist Nachmittag, die Soldaten sind zurück aus der Stadt, treffen sich am Autobahnkreuz. Die 2. Brigade hat eine alte Fabrik zu ihrem Hauptquartier gemacht, ein Dreieck mit vier Meter hohen Mauern und einer Lagerhalle und Räumen, in denen die Offiziere ihre Feldbetten aufstellen können. Die Fabrik haben sie gesäubert, den ganzen Müll nach draußen getragen, nur die vielen Haufen von zusammengeschnürten roten Plastiksäcken ließen sie liegen, leere Reissäcke vermutlich. Und dann haben sie hier das Tactical Operations Center (TOC) aufgebaut, die Autos mit dem Heck zur Mauer geparkt und die Zelte aufgebaut und verbunden.

Und hier, in dieser ehemaligen irakischen Fabrik, steht nun Christian Liebig, der „Focus“-Reporter, und notiert die Geschichten vom „Thunder run“. Er fragt ruhig, er schreibt mit, er ist neugierig, und manchmal lächelt er Lieutenant Colonel Wesley zu.

Christian Liebig schickt weniger Texte nach Deutschland in diesen Tagen, es ist hektisch, er kommt nicht dazu, er will sich auf die großen Reportagen für „Focus“ konzentrieren. Und die militärischen Details darf er ja ohnehin nicht verraten.

Also notiert er und wartet ab.

„Es ist unglaublich, wie sehr die Amerikaner mir vertrauen. Ich kenne alle Pläne, und sie vertrauen darauf, dass ich erst hinterher darüber schreibe“, sagt Christian Liebig am Telefon.

Er ruft auch seltener zu Hause an. Beatrice, seine Freundin, ist auf einer Messe, sie verkauft Schmuck, er kann sie dort nicht erreichen.

Aber heute setzt er sich dann doch wieder hin. Und Christian Liebig, vor sechs Tagen 35 Jahre alt geworden, schickt seine letzte E-Mail an „Focus“-Online: *Liebe Kollegen, das ist das erste Mal, dass ich einen Artikel schreibe und drei Meter von mir entfernt ein Leichensack mit einem getöteten Soldaten liegt. (Ich befinde mich in einem Zelt, in dem eigentlich Patienten nach der Operation eine Weile liegen, hier habe ich Strom).*

Abu Ghureib bei Bagdad, in den Kasernen der Republikanischen Garde, Einheit 90095, 18 Uhr

Mit amerikanischen Fallschirmspringern hatten die Iraker gerechnet, die hätten sie abgeschossen, darauf waren sie vorbereitet.

Dann machten die Amerikaner sogar Witze, „sie haben mit uns gespielt", sagt Hauptmann Mohammed Abdullah, der Telefonmann der Einheit 90095 der Republikanischen Garde. Als die ersten Einheiten in Abu Ghureib auftauchten, vor zehn Tagen war das, ließen die Amerikaner tatsächlich Fallschirme vom Himmel fallen, aber an den Fallschirmen hingen Puppen. Und die Iraker schossen natürlich die Puppen ab, und die Amerikaner sahen, woher das Feuer kam, und dann schossen die Amerikaner die Iraker ab.

Abu Muneissir heißt der Stützpunkt, in dem Mohammed Abdullah für diesen Krieg vorbereitet wurde, eine ehemalige Käse- und Milchfabrik, an einer Kreuzung der Autobahn 6 und der alten Landstraße zum Flughafen.

Es sind nur 30 Minuten bis zum Flughafen, und sie sind hier zu Hause, sie kennen sich aus, es ist ja ihr Land, ihr Boden, ihr Freund. Es hätte niemals so kommen dürfen, wie es gekommen ist.

Am Vortag, sagt Abdullah, begann das Chaos. Alle in seiner Einheit, alle, vom letzten Soldaten bis zum General, dachten, der Flughafen sei sicher. Da seien genügend Einheiten, um ganze Armeen abzuwehren, da sei die Luftabwehr, da sei Artillerie, da seien Hunderte von Panzern. Niemand könne es deshalb wagen, den Flughafen anzugreifen.

Und dann plötzlich kam der Befehl: „Alle Mann zum Flughafen. Die Amerikaner kommen!"

„Was ist das für eine Koordination", sagt Abdullah, „wer hatte bei uns eigentlich das Kommando?"

Also fuhren sie zum Flughafen. Über die Autobahn. Das heißt, sie wollten zum Flughafen fahren, aber als sie auf der Autobahn waren mit ihren 100 Panzern, Typ T-72, 60 Stundenkilometer Höchstgeschwindigkeit, da kamen ihnen auf der anderen Seite die Amerikaner entgegen, und die Bomben kamen von oben und trafen natürlich nur die irakische Seite der Autobahn.

„Wunderwaffen", sagt Abdullah.

Oder mehr als Wunder? „Sie müssen Waffen mit Strahlung verwendet haben", sagt Abdullah, „denn man kriegt unsere Panzer kaum kaputt. Aber die Amerikaner haben hindurchgeschossen wie durch Käse."

Und so wurde die Hälfte ihrer Einheit getötet, 250 Mann also, und die andere Hälfte rettete sich in die Kaserne, und jetzt sind sie hier noch 100, denn die anderen sind weggelaufen. „Einfach abgehauen", sagt Hauptmann Abdullah, und die Frage heißt: Ist Sterben wirklich besser als Desertieren?

Bagdad, Sekretariat der Baath-Partei

Schriftlicher Befehl aus dem Sekretariat der Baath-Partei: „Präsident Saddam Hussein ordnet Folgendes an: Wer einen Spion oder Agenten verhaftet oder Informationen über ihn weitergibt, soll eine Belohnung von zehn Millionen irakischen Dinaren erhalten."

Nordirak, bei Arbil

Abends sitzt der Kurdenführer Wadschih Barsani in seiner beigefarbenen Uniform auf dem Sofa vor einem gedeckten Tisch. Die Hitze des Tages erlischt auf dem Berg Salahuddin, hoch oberhalb der Stadt Arbil. Drei Stunden hat er nur geschlafen, seit Wochen schon lebt Barsani für den Krieg.

Selbstmitleid ist ihm fremd. Dazu ist er nicht erzogen worden. Anonym und unter falschem Namen wurde er zur Härteprüfung in die militärische Grundausbildung geschickt. Ohne Rücksicht und Schonung wurde der vermögende Spross des berühmten kurdischen Clans von den Offizieren malträtiert wie jeder andere Rekrut. „Der schlimmste Ausbilder war eine Frau", sagt Barsani lachend und greift in die Schale mit halb geöffneten iranischen Pistazien. Diesen Krieg hat er herbeigesehnt, wie alle Kurden. Trotz Ruhm und Reichtum hat die feudale Familie das gleiche Leid erfahren wie die ärmsten Kurden: Mitglieder der Familie wurden vertrieben, verjagt, deportiert und getötet.

Mit Gewalt und Vertreibung ist er aufgewachsen, für Krieg und Widerstand ist er ausgebildet und geschult worden, und doch hat er sich nie daran gewöhnen können. „Ich möchte ein normales Leben haben", sagt er, und dann erzählt er wehmütig von der ausstehenden Reise nach Berlin, wo seine kleine Tochter mit ihm hin möchte, dessen Plätze und Bars er so mag.

Abu Ghureib, Geheimdienst-Gefängnis, nachts

Neun, zehn, elf, zwölf ... – François Calas, der verschleppte Leiter von „Ärzte ohne Grenzen", sitzt in seiner Zelle und zählt die Sekunden zwischen Mündungsknall und Einschlag. Die Intervalle werden kürzer. Gestern waren es 15 Sekunden, jetzt nur noch 12. Die Amerikaner kommen näher. Er ist sich nicht sicher, ob das eine gute Nachricht für ihn ist.

Auf dem Dach des Gefängnisses ist eine Flak-Stellung untergebracht. Ein ohrenbetäubendes, hartes Geräusch. Hoffentlich wissen die Amerikaner, dass hier ein Gefängnis ist. Manchmal, wenn ein Bomber seine Last abgeworfen hat, zittert das Gefängnis. Abu Ghureib liegt 20 Kilometer westlich von Bagdad, etwas nördlich vom Flughafen.

Es ist vollkommen dunkel. Das Schlimme sind die Schreie. Bei jedem Einschlag rufen die anderen Gefangenen in ihren Zellen „Allahu akbar". Calas stellt fest, dass er kein einziges Gebet kennt.

Bagdad, Sitz des Bischofs, 23.49 Uhr

Tagebucheintrag des Karmeliterpaters Michel de Myttenaere: „0.12 (2, stark), 0.14 (2, entfernt), 0.17 (stark), 3.02 (3, entfernt), 3.10, 3.17, 3.20, 3.23, 3.30, 3.37, 3.47, 3.51, 4.50 und 4.52 (stark); 5.30, 5.44, 5.50 (sehr stark), 6.03, 6.05 (sehr viele), 6.16 (stark), 6.20 (2, stark), 6.22, 6.31, 6.37 (zahlreiche), 6.50 (stark), dann fast pausenlos. Der Saddam-Flughafen ist eingenommen und in ‚Internationaler Flughafen Bagdad' umgetauft worden. Die Amerikaner sollen in Jarmuk sein. Nachmittag und Abend ruhig. Mehrere Überflüge."

Der Sturz des Diktators
6. April bis 10. April

Sonntag, 6. April

+++ Luftschläge jetzt hauptsächlich im Nordirak +++ Autobahnen in und um Bagdad geschlossen +++ Britische Panzer im Stadtzentrum von Basra, drei Briten sterben +++ 3. Infanterie-Division stößt stundenweise ins Stadtgebiet von Bagdad vor. Vormarsch in den Nordosten der Stadt versucht +++ 1. Marines-Division legt Operationsbasis im Südosten Bagdads an +++ Zivilisten fliehen aus Bagdad +++ Die Lage: Eine neue Phase des Krieges beginnt, die letzte. Von Anfang an war das Ziel, so schnell wie möglich Bagdad zu erreichen und einzunehmen. Der Irak ist zentralistisch regiert, das Militär streng hierarchisch organisiert. Wenn die Hauptstadt fällt, wenn die Truppen führerlos sind, wird der Widerstand auch in Tikrit, Mossul oder Basra schnell zusammenbrechen. Bagdad ist jetzt eingekreist, erstmals landen auf dem Flughafen jetzt amerikanische Transportflugzeuge. Der Nachschub kann nun direkt bis in die Hauptstadt geflogen werden. Der Flughafen wird zum Stützpunkt, rund 7000 Soldaten kampieren hier.

Zentralirak, bei Kalaa Sukkar

Massenvernichtungswaffen? Öl? Frieden im Nahen Osten? Warum auch immer dieser Krieg geführt wird, der Iraker Kudeir al-Amari weiß es nicht, aber er weiß, dass dieser Krieg für ihn geführt wird. Er hat in seinem Schlafsack die Nacht über auf dem harten Lehmboden gelegen, aber das war es nicht, was ihn schlecht schlafen ließ. Die Unruhe, welche ihn plagt, hat einen anderen Grund, und Amari kann diesen Grund riechen: Es sind die Kamele in der Nähe und die schwere sumpfige Luft des Flusses Gharraf. Es ist über zwölf Jahre her, dass al-Amari diesen Geruch zuletzt in der Nase hatte – damals, als er hier in seiner Heimat Kalaa Sukkar einen Aufstand gegen Saddam anführte und fliehen musste.

Er floh unter der Plane eines Lastwagens, an seiner Seite sein Bruder Mohammed, den eine Kugel der Republikanischen Garde in die Brust getroffen hatte. Mohammed starb auf dem Weg. Amari gelangte mit Glück in ein Lager in Saudi-Arabien. Zusammen mit 50 000 anderen Flüchtlingen lebte er in Zelten. Fünf Jahre. Zwischendrin baute er sich eine Art Imbiss auf, wo er Essen servierte. Aber nach dreieinhalb Jahren walzten die saudi-arabischen Wächter seinen schäbigen Kiosk mit einem Bulldozer platt. „Danach hatte ich genug“, sagt Amari, „ich setzte mich für anderthalb Jahre ins Zelt, trank Tee, aß Reis.“

Er hatte bereits resigniert, als ihm die Amerikaner Asyl gaben. Am 23. Januar 1995 stieg er in ein Flugzeug Richtung Seattle. Ein paar Tage später verdiente er in der Wäscherei eines Hotels acht Dollar pro Stunde. Er war gerettet. Er war allein. In Kalaa Sukkar warteten seine Frau und seine drei Söhne auf ihn.

Er kann die Heimat bereits riechen.

Amari mochte Amerika, aber es war stets klar für ihn gewesen, dass er zurückkehren würde in den Irak, sobald Heimkehr nicht mehr nur ein anderes Wort für Selbstmord wäre. Jahrelang saß er zu Hause in seinem Einzimmerapartment in Seattle und starrte auf die Nachrichten in CNN. Nach dem 11. September ging sein Restaurant, welches er zärtlich „Rosmary“ getauft und mit seinen Ersparnissen von 65 000 Dollar finanziert hatte, bankrott. Niemand kam mehr. Aber dafür tauchte Saddams Name jetzt immer öfter auf CNN auf. Amari wusste, dass die Chancen, seine Frau und seine drei Söhne wieder zu sehen, nicht schlecht standen. Er nahm Kontakt zum Irakischen Nationalkongress, einer Dachorganisation von Exil-Irakern, auf. Im November 2002 bekam er ein Bewerbungsformular für die FIF – die „Free Iraqi Forces“; im Januar ging es zum Training nach Fort Worth (Texas). Danach nach Tasar in Ungarn. „Ungarn war hart“, sagt al-Amari. „Eis zwei Fuß hoch, 12 bis 14 Stunden Drill pro Tag.“ Er wollte „Civil Affair Officer“ werden, den Krieg um das Bewusstsein der Leute führen, von der Gewalt der Waffen hatte er genug gesehen – sieben Jahre an der Front im Krieg des Irak gegen den Iran.

Jetzt lernte Amari seine neue Lektion. Er lernte, dass die Amerikaner nicht des Öls wegen in den Irak gekommen seien. Dass sie gekommen seien, um das Regime Saddams zu bekämpfen und nicht das irakische Volk. Dass sie die Freiheit brächten und nicht den Tod. So in etwa sollte al-Amari seinen Leuten die Mission der USA erklären, wenn jene mit schwerem Gerät auf irakische Dörfer zurollten. Er war den Marines zugeteilt worden, sollte für sie übersetzen.

Aber bis jetzt hatte er nicht groß Aufklärung betreiben müssen. Nach dem Aufbruch in Kuweit waren sie links an Basra vorbei durch die Wüste gefahren, unbemerkt. Nur am Stadtrand von Nassirija wurden sie in Kämpfe verwickelt. Saddams Krieger schossen aus Zivilfahrzeugen, suchten Deckung zwischen Frauen und Kindern. Amari hasste es. Er war froh, endlich in einem „Humvee" Platz nehmen zu können und die Autobahn 7 hinaufzufahren. Zu seinem Dorf, zu seiner Familie, zu seinem Fluss, zu seinen Kamelen.

Basra, auf der „Route red", vor Sonnenaufgang

Lance Corporal Ian Malone und Piper Christopher Muzvuru sind Kameraden von Tom, Jim und Andy, dem britischen Trio, das den Grenzübertritt am Kriegsbeginn mit „Berentzen-Apfelkorn" zelebriert hatte. Sie sitzen mit anderen Infanteristen im Heck eines „Warrior"-Schützenpanzers, der auf der „Route red" Richtung Stadtmitte rollt. Sie tragen ihre Helme, ihre schusssicheren Westen, und sie sind nervös. Lieutenant Colonel Hugh Blackman, ein Panzerkommandeur der britischen „Desert Rats", hat ihnen vor dem Ausrücken mitgeteilt, dass heute die Hochschule für Literatur einzunehmen sei, ein unübersichtlicher Gebäudekomplex, in dem sich immer noch viele irakische Kämpfer verschanzt haben.

Malone und Muzvuru wurden schon oft aus diesen Gebäuden beschossen, und sie hatten großes Glück, diese Ecke der Stadt immer wieder lebendig verlassen zu können.

Malone ist 28 Jahre alt, ein lustiger Ire mit widerborstigen Haaren, der schon in Polen, Kanada, Oman und Deutschland Dienst tat. Dieser Krieg ist sein erster Krieg, und er ist froh, wenn er vorbei ist.

Christopher Muzvuru ist 21 Jahre alt, stammt aus Simbabwe und trat erst vor zwei Jahren in die Armee ein.

„Challenger 2"-Kampfpanzer geben Malone, Muzvuru und den anderen Infanteristen Deckung, als sie den „Warrior" verlassen und über den Hof hasten. Tote irakische Kämpfer liegen auf dem Boden, neben den Körpern Kalaschnikows und Granatwerfer. Malone und Muzvuru ignorieren sie, rennen weiter, als plötzlich zwei der Toten zum Leben erwachen, sich erheben und das Feuer eröffnen. Malone und Muzvuru sterben schnell.

Sie sind die letzten britischen Soldaten, die bei der Eroberung Basras fallen. 120 „Challenger 2"-Kampfpanzer, 100 „Warrior"-

Schützenpanzer und etwa 3000 Infanteristen machten sich an diesem Morgen auf den Weg in die Innenstadt, sie machen sich bereit, Basra zu erobern, endlich, nach zwölf Tagen voller Vorstöße, Erkundungsfahrten und Gefechte. Der Kommandostab der britischen 7. Panzer-Brigade glaubt, dass die irakischen Kämpfer durch die Nachricht vom Tod ihres Anführers „Chemical Ali" demoralisiert sind.

Die „Desert Rats" stoßen auf der „Route red" vor, die „Black Watch Battlegroup", die 1. Royal Fusiliers und das 2. Bataillon des Royal Tank Regiment rollen weiter nördlich ins Zentrum der Stadt. Einheiten der Royal Marines haben den Auftrag, im Südosten Basras einen Ablenkungsangriff zu starten.

Schon um 10 Uhr stehen Panzer der „Black Watch Battlegroup" in der Nähe des Tigris, schwenken nach Süden und rollen zweieinhalb Stunden später durch das Zentrum der Stadt. Der Widerstand der irakischen Truppen ist implodiert.

Am Abend haben die Briten rund 80 Prozent der Stadt eingenommen. Am nächsten Morgen liegen eilig abgestreifte irakische Uniformen in der Stadt, an Straßenecken verlassene Maschinengewehre.

Außer Ian Malone und Christopher Muzvuru starb an diesem Tag auch Kelan Turrington, 18 Jahre alt, Mitglied des Royal Regiment of Fusiliers.

Die drei sind die einzigen Briten, die während der tagelangen Kämpfe um Basra fallen.

Etwa 200 Zivilisten sollen ihr Leben verloren haben.

Die Zahl der toten irakischen Soldaten und Milizionäre ist nicht bekannt.

Die Schlacht um Basra ist vorbei.

Das Plündern beginnt.

Irakisches Fernsehen, 11 Uhr

Wie immer, wenn Informationsminister Mohammed Saïd al-Sahhaf einen Auftritt im Fernsehen hat, um eine Rede Saddam Husseins oder eine eigene vorzulesen, verzichtet er auf seine randlose Brille. Wahrscheinlich hat er sich Kontaktlinsen eingesetzt. Er sieht ohne Brille etwas jünger aus.

Seine Rede heute gibt einen neuen Ton vor: nichts zu hören von Hunden, Dieben, Feiglingen, Gangstern. Was Sahhaf heute sagt, hört sich an wie Mitteilungen ans Volk in höchster Not.

„Iraker, haltet Ausschau nach den Feinden“, sagt Sahhaf. „Und wenn ihr sie seht, meldet es unverzüglich den irakischen Soldaten.“

„Glaubt nicht den Gerüchten, die der Feind streut, weil er glaubt, damit Verwirrung zu stiften. Er lügt, wenn er behauptet, seine Fallschirmspringer seien in dieser Stadt gelandet.“

Außerdem bittet Sahhaf die Iraker, dass sie ihre Waffen nicht mehr sinnlos abfeuern. Sie sollten lieber zur Front gehen und auf den Feind zielen.

Jeder, sagt Sahhaf, der einen Panzer oder einen Truppentransporter oder ein Artilleriegeschütz zerstört, bekommt 15 Millionen Dinar (rund 5000 Euro).

Und ein Soldat, der in der Schlacht seine Einheit verloren hat, solle sich einer neuen anschließen.

Abu Ghureib bei Bagdad, in den Kasernen der Republikanischen Garde, Einheit 90095, 14 Uhr

Ein irakisches Sprichwort sagt: „Kenne deinen Feind, und du besiegst ihn. Kennst du ihn nicht, gewinnst du nie.“

Hauptmann Mohammed Abdullah ist in Abu Ghureib, 20 Kilometer vor Bagdad stationiert, um die Hauptstadt zu verteidigen gegen die amerikanischen Fallschirmspringer. Die kamen nie, und jetzt sind die amerikanischen Panzer da.

„Wir haben den Feind vollkommen falsch eingeschätzt, wir wussten nichts“, sagt Abdullah, „und die hatten sehr gute Informationen über uns.“

Der Hauptmann, der der Telefonmann war in seiner Einheit und der Beauftragte für Computer und für alles, was mit Kommunikation zu tun hat, erzählt, dass er seinen Kommandeuren angeboten habe, ihnen Informationen aus dem Internet zu besorgen. „Brauchen wir nicht“, sagten die.

Aber im Internet steht sogar, welche Einheiten der Amerikaner welche Waffen haben und wie viele Soldaten. Da stehen wichtige Dinge, sagte Abdullah.

„Brauchen wir nicht“, sagten die Kommandeure.

Sie wollten nichts hören, nichts lesen, nichts sehen, und so besiegt sich diese Diktatur am Ende selbst.

Hauptmann Abdullah hat heute morgen seinen letzten Kampf überlebt. Sie hatten keine Panzer mehr, sie waren noch 60 Mann, sie fuhren mit Lastwagen hinaus in die Schlacht. „Wir haben eine hohe Moral“, sagt Abdullah, „Gott, das Land, der Führer, für diese drei Dinge kämpfen wir.“ Aber dann wurden sie schon wieder bombardiert, bevor sie den ersten Amerikaner sahen.

Und dann waren sie noch 30, und diese 30 setzen sich jetzt zusammen, und jeder blickt in die Runde, und nun ist Mohammed Abdullah, Hauptmann mit drei Sternen, der ranghöchste Offizier. Kein anderer ist mehr da, alle Kommandeure sind geflohen.

Also ergreift Abdullah das Wort. „Unsere Vorgesetzten sind weg“, sagt er, „es gibt keine Befehle mehr, es gibt nichts mehr zu tun. Warum sollen wir zu Fuß gegen Panzer anrennen und sterben, wenn uns das keiner befiehlt?“

Er steht auf und gibt den anderen die Hand.

Er zieht die Uniform aus und geht nach Hause.

Zentralirak, Escarpment, im Lager der 101. Airborne Division

Major Garcia hat Waschtage angesetzt für die drei Kampf-Brigaden der 101. Airborne Division. Die Männer stecken seit über zwei Wochen in ihren Anzügen, verdreckt von Staub, Sand, Schweiß. Im Lager nördlich von Nadschaf sind drei Slicker-Teams bei der Arbeit, die Wasch-Brigaden der US-Armee. Sie bereiten tonnenweise Wasser auf für ihre gewaltigen Waschmaschinen und haben eine lange Reihe Duschen in die Wüste gestellt.

Die 1. Brigade duscht. Ihre Kampfanzüge sind in der Wäsche. Die Männer, die eben von der Schlacht um Kerbela kommen, laufen in T-Shirts und kurzen Hosen durch die Wüste. Sie genießen die Feldküche. Es ist ihr erstes wirklich heißes Essen nach zehn Tagen Tütennahrung, nach zehn Tagen „Chicken Cavatelli“, „Beef Enchilada“, „Chicken Thai-Style“, Käsecreme auf Crackern.

Der Zeitplan ist gedrängt. Major Garcia kann nur die 1. Brigade waschen. Die Männer der 2. und der 3. kommen nicht einmal mehr zu einer Dusche. Marschbefehl für Hilla, für Iskanderia. Marschbefehl Richtung Bagdad. Über den Schwärmen der „Black Hawks“ am Rand des Lagers stehen himmelhoch aufgewirbelt Staub und Sand.

Doris Garcia ist seit vier Tagen im Lager Escarpment, das heißt, sie ist seit vier Tagen wieder von Rick getrennt. In FARP Shell hat sie ihren Mann täglich gesehen, sie besuchten sich in freien Stunden mit den kleinen Armeefahrzeugen, die wie Kinderspielzeug aussehen und „Gator" heißen. Sie redeten nur und hielten sich ansonsten an die Regeln. Kein Kuss, keine Umarmung im Wüstenkrieg. Keine Sentimentalitäten mitten im Ernstfall.

In der Feldpost fanden sie Grüße der Kinder. Garrick und Kelly schickten Plüschtiere, Malereien, ein paar wackelige Zeilen. Der Captain und der Major machten ein Bild von sich, in der Hand die Geschenke, und schickten es per E-Mail nach Hause, Fort Campbell (Kentucky). Die Kinder sollen sehen, dass alles in Ordnung ist. Dass „Mom an ihrem Computer sitzt und Dad kranken Leuten hilft".

Aber es ist nicht alles in Ordnung. Es landen 19 000 Liter Jetbenzin an Außenposten, die eigentlich auf 19 000 Liter Diesel warten. Es werden „Black Hawks" für den Truppentransport abgezogen, die eigentlich Ersatzteile ausfliegen sollten. Es werden „Chinooks" an andere Armeeteile ausgeliehen und zu spät zurückgegeben.

„Von 181 Fehlern, die im Krieg passieren", sagt Major Garcia, „ist 180-mal der Transport schuld." Sie sagt das im Scherz. Aber es ist nicht zum Lachen. Die Arbeitstage der Logistikerin sind gemacht aus „pain and angst". Eine Truppe, der das Wasser ausgeht, ist verloren. Eine Truppe ohne Sprit wird zur leichten Beute des Feindes. Ein Krieg ohne gute Logistik ist nicht führbar.

Kerbela, bei der 101. Airborne Division

Der „Kiowa"-Pilot Stephen M. Schiller führt Buch über seine Missionen, jeden Tag. Es ist eine kleine, schwarze Kladde, eine Art Logbuch, in Spalten geteilt, es enthält Stichworte über Schillers Arbeitsleben seit 1987. Er braucht nicht viel Platz für die Einträge. Er hält die Orte fest, das Datum, die Kills. Er steckt sich dazu eine „Cuban Sandwich" an und pafft weißen Rauch in die trockene Luft. Es sind in Schillers Kladde eine Menge Kills hinzugekommen seit Ende März.

Auch an diesem Sonntag. Lieutenant Colonel Schiller fliegt den „Kiowa" über Kerbela, die Stadt drunten ist fast besiegt. In zwei 12-Stunden-Schichten haben die Bodentruppen der 101. Airborne Division die Stadt Haus für Haus überprüft, haben viele Gefangene gemacht, viele Gegner erschossen, viele Gebäude gesichert. Jede Schule, deren Tür sie eintraten, war ein Waffenlager. Auch die 24 Schulen von Nadschaf waren nichts anderes als 24 Waffenlager. In

Kerbela steht kaum ein öffentliches Gebäude, das nicht irgendwie militärisch genutzt war.

Schiller schießt aus der Luft eine verlassene Radaranlage in Trümmer, er zerstört ein Maschinengeschütz auf der Ladefläche eines Pick-up, er feuert in Häuser hinein, aus deren Fenstern Heckenschützen auf die US-Armee anlegen.

Kerbela wird an diesem Sonntag erobert. Colonel Joe Anderson, Kommandeur der 2. Brigade, Angriffsführer bei der Schlacht um Kerbela, Angriffsführer bei der Schlacht um Nadschaf, Angriffsführer bei der ersten Schlacht um Hilla, Angriffsführer bei drei Schlachten in acht Tagen, meldet seinem General David H. Petraeus den Erfolg der Mission.

„Es ist“, sagt Colonel Joe Anderson, ein Glatzkopf mit scharfen Augen, „genau wie im Football. Oder wie im Baseball. Wenn du verlierst, warst du in der Regel selbst schuld.“

Bagdad, „Hotel Palestine“, 13 Uhr

„Unsere Einheiten“, sagt Informationsminister Sahhaf, es ist weiterhin ziemlich dunkel im Konferenzraum des „Hotel Palestine“, „sind im Gebiet um den Saddam International Flughafen auf der Jagd nach dem Feind. Hier die Zahlen: Wir haben sechs Panzer zerstört, und wir haben zehn weitere unschädlich gemacht. Und wir haben 50 Soldaten getötet.“

Er zeigt fünf Finger mit einer Hand, mit der anderen formt er einen Kreis aus Zeigefinger und Daumen, er lächelt. Er sagt: „Fünf, null, fünfzig.“

Außerdem hätten irakische Truppen die Amerikaner erneut vom Gelände des Flughafens vertrieben.

Aber wie, fragt ein Journalist, erklären Sie sich die Bilder von amerikanischen Soldaten im Terminal des Flughafens?

„Ganz einfach. Weil einzelne dieser amerikanischen Söldner, Leute einer Spezialeinheit, in einer Feuerpause kurz in den Flughafen zurückgekehrt sind, um diese Aufnahmen zu machen. Auch ich habe die Bilder gesehen, die Ihnen die Amerikaner geliefert haben. Sie Journalisten sollten der Welt sagen: Das sind nicht die Vororte von Bagdad. Der Feind versucht, die Welt zu täuschen. Er will vertuschen, dass er am Flughafen und anderswo vernichtend geschlagen worden ist.“

Nach dem Ende der Pressekonferenz stehen draußen ein paar Busse bereit. Die Journalisten werden in den Süden der Stadt gefahren, dort wo sich der Flughafen-Zubringer und die Autobahn nach Hilla kreuzen. Auf der Straße stehen nur noch Wracks: Lastwagen und Geschütze, Privatautos, Taxis. Und ein „Abrams"-Panzer der 3. Division. Im Turm des Panzers ein großes Loch.

Der Offizier, Mohammed Dschassim, sagt, dass dies einer von fünf Panzern sei, die hier in der Schlacht gestern zerstört worden sind. Die anderen vier seien abtransportiert worden, um die Autobahn wieder frei zu kriegen.

Ein paar irakische Soldaten und ein paar Funktionäre der Baath-Partei klettern auf den Panzer. Sie jubeln, sie singen. Sie sagen, sie seien bereit, für ihren Führer zu sterben.

Auf dem Weg hinaus und wieder zurück in die Stadt zählt John Burns, Reporter der „New York Times", mindestens 30 zerstörte Panzer. Und er sieht Wracks aller Art: Transporter, Lastwagen, Pick-ups, Artilleriegeschütze.

Im Stadtzentrum, auch dort, wo vor Tagen kaum Vorbereitungen für einen Verteidigungskampf zu erkennen waren, stehen nun Panzer, bewaffnete Autos und Geschütze. Soldaten und Fedajin heben Unterstände aus.

Saddams letztes Aufgebot.

Bagdad, im Stadtteil Dora

„Nach dem Chaos gestern war fast alles wieder normal, die Straßen waren wieder voller Leute", wundert sich Mohammed Ridda, der Polizist, der seit Kriegsbeginn im grünen Kampfanzug der irakischen Armee herumlaufen muss. Der Innenminister spricht im Staatsfunk: „Die glorreichen irakischen Streitkräfte haben die amerikanischen Ungläubigen geschlagen, Allah wird dem irakischen Volk den Sieg gewähren." Die Befehlskette der Bagdader Polizei ist weiterhin intakt. Noch mehr Streife fahren, die Bevölkerung beruhigen und ihr zeigen, dass das Regime die Situation unter Kontrolle hat – so lautet der Tagesbefehl.

Außerhalb der Wohnviertel von Dora ist die Situation allerdings alles andere als normal. Auf dem Autobahnkreuz und der Schnellstraße schwelen Dutzende von Fahrzeugwracks. „Unter all den zerstörten Fahrzeugen war nur ein zerstörter amerikanischen Panzer, und ich glaube ein Truppentransporter", sagt Leutnant Ridda. Ringsherum steht eine Meute ausländischer Journalisten und Fernsehteams. Die Polizisten haben strengstes Verbot, mit Journalisten zu sprechen.

Im Auto wird über die militärische Lage debattiert. Die einfachen Streifenpolizisten auf der Rückbank halten es für unmöglich, dass die Amerikaner die Republikanische Garde geschlagen haben und am Flughafen sind. Leutnant Ridda und sein Fahrer glauben an das Ende. Die Hälfte der Polizei von Dora macht sich am frühen Abend aus dem Staub. Ridda bleibt – nicht aus Pflichtbewusstsein, sondern aus der Angst umgebracht zu werden, falls Saddam wieder Erwarten an der Macht bleibt. Und sollte das Gegenteil passieren, sollten die Amerikaner gewinnen – Ridda ist auch dafür gerüstet. Er hat Zivilkleider von zu Hause geholt.

Nordirak, vor Dibaga

Gegen Mittag macht sich der Kurdenführer Wadschih Barsani mit seinen engsten Vertrauten und Bodyguards und zwei amerikanischen Trucks in einem Konvoi auf den Weg zu den kurdischen Stellungen vor Dibaga. Am Morgen hatten sich die Iraker mit sieben Panzern zurückgezogen. Nur ein altes sowjetisches Modell vom Typ T-54 war auf der Straße liegen geblieben, sie hatten es im Graben zurückgelassen.

Seit Stunden liegen kurdische Kämpfer in den Hügeln von Dibaga in Stellung. Nun werden sie plötzlich von einem Gegenangriff der verbliebenen Iraker überrascht. Zweimal hintereinander gelingt es den Peschmerga gemeinsam mit den amerikanischen Special Forces, die Iraker abzuwehren. Schließlich ruft der amerikanische Funker nach Hilfe bei der Air Force. Sie seien unter Beschuss geraten. Irakische Panzer bewegten sich auf ihren Hügel zu. Fünf Kilometer vor Dibaga, das sind die Koordinaten der eigenen Position.

Der Konvoi von Wadschih Barsani nähert sich der Kreuzung kurz vor Dibaga. Auf den Dächern der Geländewagen kleben große, leuchtend orange Warndreiecke, die in diesem Krieg von neutralen Journalisten oder den kurdischen Koalitionspartnern verwendet werden, damit die Angreifer aus der Luft ihre Freunde erkennen können.

Soldaten der Special Forces feuern eine Patrone zur Orientierung ab, damit der Pilot im Kampfjet die freundlichen von den feindlichen Linien unterscheiden kann. Sie landet in der Ebene zwischen dem steinigen Posten an der Kreuzung vor Dibaga, hinter dem Kurden und Amerikaner sich verschanzt haben, und den angreifenden irakischen Panzern. Doch die Patrone brennt nicht richtig durch. Der Rauch verzieht schneller als vorgesehen.

Wadschih Barsani und seine Begleiter steigen an der Kreuzung neben dem zurückgelassenen T-54-Panzer aus. Zwei US-Kampfjets nähern sich der Kreuzung. „Ich sah zwei F-15E-Jagdbomber, die tief über uns kreisten," berichtet John Simpson Minuten später für die BBC, „und ich hatte ein schlechtes Gefühl." Als Barsani gerade um die Wagen herumgeht, werfen die amerikanischen Piloten der F-15E die Bomben auf den Konvoi neben dem Panzer. „Es ist ein Bild der Hölle vor mir: Brennende Körper liegen um mich herum", ruft John Simpson live in das Mikrofon, während ihm ein Blutrinnsal aus dem Ohr läuft. Der Brite schreit die amerikanischen Special Forces an: „Sagt ihnen, sie sollen abziehen. Sagt ihnen, dass wir ihre Leute sind. Lasst sie nicht noch eine Bombe abwerfen."

Die kurdischen Kämpfer hören die gewaltigen Explosionen in ihrem Rücken. Der erschrockene amerikanische Funker weist sofort den Abbruch der Bombardierung der eigenen Leute an. Die Wagen brennen lichterloh, riesige Metallstücke und Glassplitter, abgerissene Körperteile, blutgetränkte Patronengürtel liegen im Umkreis mehrerer Meter verteilt. Durch umherfliegende Splitter explodiert auch noch die Panzerfaust auf dem Rücken eines Bodyguards von Wadschih Barsani.

Dem Übersetzer von John Simpsons Team reißt die Bombe seine Beine ab, und der junge Kurde verblutet, bevor er noch das 36 Kilometer weit entfernte Krankenhaus von Arbil erreichen konnte. „Die Sanitäter haben alles versucht", berichtet Simpson, „sie haben sich immer wieder entschuldigt, als ob es ihr Fehler gewesen wäre." Die herbeieilenden Helfer finden in dem Chaos aus Schreien und Wimmern schließlich Wadschih Barsani auf dem Boden. Ein metallenes Geschoss hat sich durch den Kopf des jungen Kurdenführers gebohrt. Schwer verwundet wird er nach Arbil gebracht und noch in der Nacht in ein amerikanisches Militärhospital nach Deutschland ausgeflogen. Ob der Kurdenführer je wieder mit seiner Tochter Berlin besuchen kann, ist ungewiss.

Autobahnkreuz im Süden Bagdads,
im Lager der 2. Brigade der 3. Infanterie-Division, 17 Uhr

35 Leute der 2. Brigade der 3. Infanterie-Division sitzen zusammen, alle Kommandeure, die Journalisten sind dabei, und es spricht Colonel David Perkins.

Er spricht leise, die anderen sind still. Das ist *der* Auftrag, das wissen sie, das wird *die* Schlacht dieses Krieges, morgen Abend werden viele Menschen gestorben sein, und vielleicht ist dieser Krieg morgen Abend vorbei.

General Blount, der Kommandeur der 3. Infanterie-Division, hat Perkins den Auftrag gegeben, morgen nach Bagdad vorzudringen, und Perkins sagt: „Wenn es geht, werden wir bleiben. Zumindest halten wir uns die Option offen."

Alle wichtigen Gebäude, die Paläste und Ministerien und Kasernen und vor allem die Brücken über den Tigris und über die Autobahnen sollen sie erobern. Die Task Force 4-64 wird sich um die Paläste und den Regierungsbezirk kümmern, sagt Perkins, 1-64 um die Innenstadt und die Parks, und 3-15 wird folgen und die Versorgung sichern. Denn wenn sie bleiben wollen, wird es genau darum gehen: dass ihnen Munition und Treibstoff nicht ausgehen.

Um 5 Uhr morgen früh soll es losgehen. „The big day", sagt Perkins, „die Entscheidung."

Und als die Sitzung vorbei ist, fragt Eric Wesley den „Focus"-Redakteur Christian Liebig, ob er mitfahren wolle. Und Liebig überlegt. Er spricht mit seinen Kollegen; die einen wollen fahren, die anderen wollen bleiben, Liebig ist unsicher. Er hat seiner Freundin und seinen Eltern versprochen, niemals nach ganz vorn zu gehen. Keine Risiken einzugehen, die nicht wirklich nötig sind.

Andererseits: Der 7. April wird *der* Tag dieses Krieges, das steht fest.

Liebig spricht noch einmal mit Wesley, er fragt nach Details, danach, was Wesley erwartet von der Schlacht um Bagdad.

Und dann entscheidet Christian Liebig sich, den 7. April hier im TOC zu verbringen, in dieser alten Fabrik, und nicht in einen der Panzer zu steigen und in die Schlacht zu fahren. Er entscheidet sich für seine Sicherheit.

Und dann ruft Christian Liebig Helmut Markwort an, seinen Chefredakteur, und sagt, er habe gerade die wichtigste Entscheidung seines Lebens getroffen.

Bagdad, Sekretariat der Baath-Partei

Die letzten schriftlichen Befehle aus dem Büro der Baath-Partei: „Wir haben erfahren, dass eine große Ansammlung arabischer Freiwilliger außerhalb des ‚Hotel Sadir' gesehen wurde. Das könnte zu Angriffen von Agenten oder zu Luftangriffen führen. Sie sollten sich nicht außerhalb des Hotels versammeln."

Ein zweiter Brief, gerichtet an die Bagdader Parteispitze, zeigt, wie verzweifelt die Lage ist: „Von Präsident Saddam Hussein an alle Kämpfer der großen Baath-Partei und an das Volk: Friede sei mit euch! Wo immer ihr eine Waffe findet, die von Soldaten zurückgelassen wurde, gleich welcher Art, so sollt ihr sie an euch nehmen und benutzen, wenn sie euch im Kampfeinsatz dienlich sein kann. Falls ihr nicht wisst, wie man die Waffe bedient, so sollt ihr andere Parteisektionen um Hilfe bitten, Parteimitglieder oder einfache Bürger, damit ihr die Fähigkeit gewinnt, solche Waffen einzusetzen. Falls ihr glaubt, dass niemand von euch die Waffe bedienen kann, so sollt ihr sie verwahren unter eurer Kontrolle. Allah ist groß."

Bagdad, Platz der Gerechtigkeit

Am Spätnachmittag wird Ali Maschid, dem General, der seit Kriegsbeginn mit seinen Männern auf dem Platz der Gerechtigkeit Wache schiebt, per Bote eine persönliche Anordnung Saddam Husseins überbracht: Sämtliche Beschilderungen in Bagdad sollen abmontiert oder zerstört werden. Priorität haben die Schnellstraßen. Den Amerikanern soll so die Orientierung erschwert werden. Der General trommelt Freiwillige zusammen: „Das war völlig sinnlos. Zeitlich war das gar nicht mehr zu schaffen – außerdem sind die Amerikaner wohl kaum auf Schilder angewiesen", sagt der General. Kaum ist die Ausführung des verzweifelten Führerbefehls auf den Weg gebracht, kommt es auf dem Platz der Gerechtigkeit zu einer Sensation: Ein weißer Toyota Landcruiser, ein Auto das nur der obersten Führung vorbehalten ist, fährt auf den Platz. Aus dem Fahrzeug steigen Mussa Kadim, ein hoher Baath-Verantwortlicher, und der gestern von den Engländern totgesagte Ali Hassan al-Madschid. „Chemical Ali" erkundigt sich bei den Offizieren nach der Lage und verlangt eine Truppe Freiwilliger für eine Kommandoaktion.

Bagdad, Kindi-Hospital

Der Krieg ist in der Stadt. Am Flughafen sollen Amerikaner sein. In der Stadt ihre Panzer. Am südlichen Rand Bagdads Kämpfe. Im Kindi-Krankenhaus häufen sich die Stromausfälle, der Generator macht ausgedehnte Pausen. Die Flure des Komplexes liegen fensterlos und finster.

Die Kühlung der Leichen mit dem Schmitz-Cargo-Bull-Kühlanhänger funktioniert nicht, wie sie soll. Der Anhänger steht in der prallen Sonne und erwärmt sich schnell, wenn der Strom ausfällt. Sieben Tote zusätzlich bringt dieser Sonntag, in der Notaufnahme kommen 96 Verletzte an, zu viele für die Betten von Dr. Baschir, sie schieben die Leute auf die Flure.

Der Krieg in Bagdad verändert sich. Die Opfer tragen nicht mehr vor allem Splitterwunden davon, es werden jetzt vermehrt Menschen gebracht, denen Arme oder Beine fehlen.

Dilal al-Aradi, der älteste Sohn des Chefarzts, ein Student der Computertechnik, geht im Krankenhaus herum und hilft, wenn er kann. Nahe an der Notaufnahme erwischt es ihn hart. Es muss ein Mann verlegt werden in den OP, dem bei einer Bombenexplosion die Beine abgetrennt wurden. Der Mann liegt betäubt und mit offenem Bauch in einem Bett auf Rollen, es ist Geschiebe, Gerenne auf dem Flur, es sind nicht genügend Pfleger da. Dilal hört seinen Namen rufen. Dilal! Er schaut zu dem Bett mit dem verstümmelten Mann. Seine Beine liegen neben dem Bett. Der Pfleger sagt: „Dilal! Nimm die Beine! Komm schon! Hilf mir." Dilal al-Aradi hilft. Die Beine sind schwer. Dilal weiß nicht, wie und wo er sie anfassen soll. Es ist, sagt er später, der furchtbarste Augenblick seines Lebens.

Falludscha, Polizeigefängnis

In völliger Panik haben die Wärter das Geheimdienstgefängnis in Abu Ghureib geräumt. Offenbar hatten sie keinen Kontakt mehr mit ihrer Zentrale und beschlossen in ihrer Unsicherheit, erst einmal zu verschwinden und die Gefangenen als Geiseln mitzunehmen.

François Calas, der verschleppte Leiter der „Ärzte ohne Grenzen", wurde in einen fensterlosen Transporter geschoben, in dem schon Junis saß, der Logistiker der Hilfsorganisation. Offenbar waren die Wärter mit ihm weniger sanft umgegangen. Konnten ihm wohl nicht verzeihen, Arabisch zu sprechen und für die Ausländer zu arbeiten.

Die anderen Männer im Wagen können es nicht fassen, dass sie das Gefängnis verlassen durften. Sie fühlten sich wie Wundergeheilte. Sie sind ungefähr eine Stunde gefahren, immer nach Westen, wie er jetzt weiß. Nach Falludscha, etwa 50 Kilometer entfernt von Bagdad.

Hier ist es besser. Die Bomben sind nicht mehr so nah. Und er ist nicht mehr allein. François Calas sitzt jetzt zusammen mit 175 anderen Gefangenen in einem Raum mit einem Wasserhahn und einem Abtritt.

Einmal wird ein Mann mit blutendem Gesicht in die Zelle geworfen, die Hände noch auf dem Rücken gefesselt. Dennoch fühlt Calas sich besser. Die Furcht vor Krankheit ist leichter zu ertragen als die Angst vor den Bomben oder vor der Hinrichtung durch Geheimdienst-Desperados.

Basra, gegen 23 Uhr

Ein paar Stunden nach Sonnenuntergang fährt der Kriegsfotograf Paolo Pellegrin die Hauptstraße nach Basra entlang. Alle 500 Meter stoppt er den Geländewagen Pajero, er hört Schüsse, Rauchsäulen ragen in den rötlich-blauen Himmel. Pellegrin spürt, dass etwas passiert ist in dieser Nacht. Die Frontlinien sind offen, keiner der zahlreichen Checkpoints, an dem sie ihn bis gestern zurückschickten, versperrt ihm den Weg.

Basra ist in den Händen der Briten, nach zwei Wochen Straßenkampf. Pellegrin ist der erste journalistische Zeuge, non-embedded.

Hinter den Panzern fährt Pellegrin bis ins Zentrum von Basra. Mit der linken Hand hält er das Steuerrad, mit der rechten fotografiert er aus dem Fenster. Später wird er sehen, wie die britischen Soldaten aus ihren Panzern stürmen und auf die Straßen und Marktplätze robben. Sie werden ihre Gewehrläufe auf Männer in Schlafanzügen richten, auf Frauen und Kinder. Paolo Pellegrin wird sich in den Staub hocken, damit er auf Augenhöhe der Kinder ist. Er wird die Plünderer sehen, die mit Bollerwagen über die Straßen von Basra ziehen und aus der Universität Möbel schleppen und technische Geräte. Im Leichenschauhaus wird er Fedajin in ihren Blutlachen knipsen, ihre Augen aufgerissen, die uralten Gewehre noch umklammert. Pellegrin wird fotografieren wie im Rausch, er wird das Gefühl haben, zur richtigen Zeit am richtigen Ort zu sein.

Er wird seine Fotos über Satellitentelefon in die Welt senden. Auf einer Doppelseite wird „Newsweek“ sein Bild des Krieges drucken, das Foto eines barfüßigen Mädchens, umzingelt von Soldaten.

Bagdad, Stadtteil Mutanabi, 23 Uhr

Morgen ist Montag, also ist es die 19. Kriegsnacht, rechnet Hikmat Jakub im Stillen nach, während er an den schwelenden Feuern vorüberstapft. Zu der Bürgerwehr hat sich Jakub, 46 Jahre alt, überzeugtes Mitglied der Baath-Partei, etwa eine Woche vor Kriegsausbruch gemeldet. Die Patrouille soll Plünderer und Einbrecher abschrecken, viele Häuser in Mutanabi sind unbewohnt, das lockt Diebe an. Viele Leute haben in den ersten Kriegstagen ihre Autos gepackt, Schmuckschatullen, Kochtöpfe, ganze Kommoden aufs Autodach gewuchtet, zusammengerollte Teppiche, Fernseher, Konserven, Kerzenständer, Benzinkanister, Paletten mit Milchpulverdosen, dann haben sie ihre Familien hinterdrein gequetscht, und dann sind sie aufs Land gefahren. Geflohen. Jakub hat aber keine Verwandten auf dem Lande, zu denen er ziehen könnte, und eine Wohnung irgendwo zu mieten, würde zu viel Geld kosten. Und zweitens – warum soll er davonrennen? Was hat er getan? Wo ist ein einziger Amerikaner, der behaupten könnte, er, Hikmat Jakub, Kopiergerätemechaniker, habe ihm ein Leid getan?

Jakub denkt daran, dass er den verdammten Schulterriemen noch nicht ausgewechselt hat. Die Kalaschnikow hat er vom Ortsgruppenchef der Baath-Partei gekriegt. Es ist ein ziemlich altes Gewehr. Aber irgendwie passt es zu Jakub, der viel älter aussieht als 46, mit seinen scharfen Furchen um die Mundwinkel und dem schütteren Haar und dem eisgrauen Vollbart.

Andererseits ist ein Gewehr nur eine Maschine, und Jakub ist Mechaniker; also hat er als Erstes die verdreckte Waffe zerlegt, Staub und Sand weggewischt, den Lauf geölt, und eines Abends, auf dem aufgerissenen Sandplatz, wo sonst die Kinder kreischend hinterm Ball herrennen, ein paar Mal vorsichtig in die Luft geschossen, nur zur Probe – zumindest knallte das Ding noch. So gibt ihm das Gewehr ein gutes Gefühl.

Jakub, klein, stämmig, krummbeinig, marschiert an der Spitze. Fünf Mann folgen ihm. Sie patrouillieren durch die windigen, unbeleuchteten Straßen seines Viertels, der Schulterriemen scheuert.

Ansonsten sind die Straßen menschenleer. Die Feuer, die Jakub und seine Leute hier und da angezündet haben, um ein bisschen Licht zu haben, schwelen vor sich hin, der beizende Qualm mischt sich, sobald der Wind nachlässt, mit dem Gestank von Müll. Wann war die Müllabfuhr zuletzt hier? Jakub weiß nur, dass die streunenden Hunde die Plastiktüten aufgerissen und alles auf der Straße verteilt haben, auf der Suche nach Fressen. Die verfluchten Hunde. Aber Menschen mit Gewehren gehen die Rudel aus dem Weg.

Die Männer marschieren schweigend die Suk-Markasi-Straße hoch, bis zur Ruwad-Eisdiele, die jetzt zugemauert ist. Jakub denkt daran, dass er seinem Sohn Raïd wieder Eis kaufen wird, sobald der Krieg vorbei ist. Dann klappern sie einen Teil der 14.-Ramadan-Straße ab, spähen in die Fenster, ob jemand gerade einbricht, gehen wieder links runter, durch die kleinen Gassen des Suk, kreuz und quer durch Mutanabi.

Jeder der sechs Männer in Jakubs Trupp ist bewaffnet. Aber bislang hat noch keiner einen Schuss abgegeben, auf wen denn auch? Jakub ist erleichtert darüber. Er will es sich nicht anmerken lassen, aber er hält das alles kaum noch aus: sein panikartiges Verlangen, seine Kinder und seine Frau zu beschützen, die Angst, es nicht zu können, die nächtlichen Patrouillengänge.

Die Männer treffen sich abends gegen 20 Uhr. Morgens um 6 gehen sie auseinander, fahl im Gesicht und ziemlich wortlos. Jeder will dann nichts als heim, wo die Frau das Frühstück bereitet hat. Mit Tee nach irakischer Art, so stark, dass er fast sämig ist, dazu Chubs, Fladenbrot, etwas Bohnenmus. Anschließend schlafen sie ein paar Stunden, dann erledigen sie ein paar Besorgungen, der eine braucht Kerzen, ein Nachbar benötigt ein Seil, dann spielen sie mit ihren Kindern, dann ziehen sie wieder los.

Es sind insgesamt etwa 20 Männer, die die Bürgerwehr von Mutanabi stellen. Sie sind nicht jung, die ältesten sind Mitte 50, sie gehen in drei Gruppen, jeweils zu sechs oder sieben Mann. Die April-Nächte sind kühl, die Männer tragen Pullover, keine Stahlhelme, die sind schwer zu kriegen. Sie reden wenig, rauchen viel. Jakub zündet sich eine Benson & Hedges an und inhaliert gierig. Er steckt sich für jede Patrouillennacht mindestens eine Schachtel ein. Zwar hat er sich vor dem Krieg mit Vorrat eingedeckt, aber demnächst, denkt er, wird er auf eine weniger vornehme Marke umsteigen. Er gähnt verstohlen. Von Zeit zu Zeit bleiben die Männer stehen, lauschen auf das stets gleiche Geräusch, einen dumpfen, dröhnenden Schlag, dem ein langes Rollen folgt: die amerikanischen Bomben, die auf die Stadt niedergehen.

Wie steht es um den Krieg? Jakub lebt mitten in Bagdad, aber im Grunde weiß er gar nichts. Jakubs Füße brennen. Und morgen wird er den verdammten Riemen kürzen.

Es ist lächerlich.

Es ist ungerecht.

Es ist Politik. Den Amerikanern wurde ihr World Trade Center zerstört, aber die meisten Attentäter waren Saudis, und speziell der Chaldäer Hikmat Jakub hat mit dem Anschlag nicht das Geringste zu tun. Doch weil Bush ein Verrückter ist, fallen sie über den Irak her, und deshalb stolpert er, Jakub, seit 19 Nächten mit einer Kalaschnikow auf dem Rücken durch Straßen. Falls die Amerikaner tatsächlich kommen – eine bizarre Vorstellung! –, dann sollen Jakub und seine Leute Alarm schlagen. So lautet die Anweisung von oben. Wo sollen sie Alarm schlagen? Und wie? Und dann? Sollen sie kämpfen? Werden sie, können sie kämpfen? Welche Chance haben sie? Niemand weiß das so genau, also am besten nicht darüber reden.

Gibt es nicht so etwas wie einen Internationalen Gerichtshof? Hikmat Jakub will den amerikanischen Präsidenten verklagen.

Am ersten Kriegstag haben Jakub und seine Leute in den Gassen rund um den Suk, den Markt, Straßensperren errichtet, primitive Barrikaden aus ein paar klobigen Steinen. Sie haben ein paar Schubkarren mit Sand, Erde, Müll hingekarrt, eine mottenzerfressene Matratze darüber geworfen, ein Ölfass mit Steinen beschwert. Die Barrikaden können einen Radfahrer aufhalten, aber keinen „Abrams"-Panzer. Die Anweisung dazu kam von der Baath-Partei, also haben sie auch hier nicht lange nach dem Sinn des Ganzen gefragt.

Hikmat Jakub trat bereits unter Saddams Vorgänger Bakr in die Partei ein. Die Einigkeit aller Araber, der Säkularismus, das Gerechtigkeitsversprechen des Sozialismus – Jakub wollte seinen Beitrag leisten, für eine bessere Welt.

Die Schicht geht zu Ende, Hikmat Jakub denkt über sein Leben nach. Er hat nicht viel Glück gehabt: Zwei Jahre hat er in Deutschland gelebt, in Frankfurt-Bornheim, Ende der Siebziger. Er wollte studieren, aber das hat nicht geklappt. Er kann noch ein paar deutsche Brocken: „Warum“ und „Bitte sehr“ und „Scheißausländer“.

Dann kam er zurück in den Irak, heiratete die blonde, schöne Iman, gründete ein Geschäft, Import-Export. Vor drei Jahren wollte er einen großen Coup landen, 250 Pumpen importieren, Pumpen der Firma „Odesse“ aus Oschersleben bei Helmstedt. Aber der Deal blieb stecken in dem zähen Hin und Her von Embargo, Ausnahmeanträgen, Staatsbürgschaften. Was Jakub blieb, waren Schulden, etwa 50 000 Dollar. Er hatte gerade noch genug Geld, um seine Ein-Mann-Firma zu starten, Reparatur von Kopiergeräten. Er hat sich auf Geräte der Firma Ricoh spezialisiert. Er mag Kopierer, sie sind so sinnreich und klug konstruiert, Walzen, Brennlampe, Toner, Papiereinzug, und sie sind so nützlich. Kopiergeräte reparieren, das ist Jakubs Beitrag zu einer besseren Welt.

Der Morgen graut. Die Bombardements waren in dieser Nacht heftiger als in den vorangegangenen Nächten, die Angriffe konzentrierten sich auf den Südwesten der Stadt, wo der Flughafen liegt. Hikmat Jakub schlurft nach Hause. Vielleicht kann er ein bisschen schlafen, um zehn soll er bei seiner Cousine Thulamija sein. Sie wollen beraten, ob sie fliehen vor dem Krieg und wohin. Jakub hat ein schlechtes Gefühl.

Bagdad, Sitz des Bischofs

Frère Michel, der Karmeliterpater, hat nichts in sein Tagebuch geschrieben an diesem Tag.

Montag, 7. April

+++ 500 Angriffsflüge, davon die meisten auf Anforderung der Bodentruppen +++ Kämpfer der 1. Marines-Division schießen über den Bijala-Fluss im Südosten der Stadt und zerstören T-72 Panzer der Iraker +++ Briten errichten eine Basis im Stadtgebiet von Basra +++ US-Soldaten nehmen Präsidentenpaläste in Bagdad ein +++ Die Lage: Die 2. Brigade der 3. Infanterie-Division rollt jetzt in Bagdad ein – und die Taktik der Iraker geht nicht auf. Die Hisb Allah im Libanon und die Kämpfer in Somalia hatten Saddam gezeigt, wie erfolgreich Guerilla-Taktik im Städtekampf sein kann. Doch Bagdad ist anders. Die Fedajin, die Elitesoldaten, sind traditionell nicht in die normale militärische Befehlsstruktur eingebunden, das erschwert jetzt das Zusammenwirken mit der regulären Armee. Ihr Widerstand besteht aus heftigen, aber unkoordinierten Einzelaktionen. Offenbar gibt es kaum noch Kommunikation zwischen den einzelnen Einheiten. Der irakische Informationsminister leugnet die Anwesenheit der Amerikaner – das, so sagen US-Offiziere, habe ihre Soldaten erst recht angestachelt.

Bagdad, im Lager der 2. Brigade der 3. Infanterie-Division, 5 Uhr

Eines der Rituale der 2. Brigade ist, dass die Offiziere sich morgens um 5.30 Uhr rasieren und einen Kaffee kochen und dann zusammenkommen, um Punkt 6 Uhr die Nachrichten der BBC zu hören.

Sie befolgen ihr Ritual auch am Tag der Entscheidung, heute allerdings eine Stunde früher.

Und um 5.30 Uhr setzt sich die Kolonne, die Bagdad erobern soll, in Bewegung.

Die Autobahn 8 führt direkt zum Zentrum, es sind 10 Kilometer.

Unterwegs zu Saddams Palästen sind 70 „Abrams"-Panzer und 60 „Bradley"-Panzer. A-10-„Warthog"-Flugzeuge begleiten sie in der Luft, und Drohnen fliegen als Aufklärer vorweg.

„Ich hoffe, dies wird den Irakern klar machen, dass es vorbei ist und dass sie nun ihre neue Freiheit genießen können", sagt Colonel David Perkins, der Kommandeur der 2. Brigade.

Lieutenant Colonel Eric Wesley, sein Vize, bleibt zurück.

Captain William Glaser bleibt zurück.

Christian Liebig, der „Focus"-Redakteur, bleibt zurück.

Denn in der alten Fabrik neben dem Autobahnkreuz liegt das TOC, das Tactical Operations Center. Hier werden sie die Schlacht um Bagdad verfolgen und, das ist jedenfalls Wesleys Aufgabe, die Luftwaffe und die Artillerie dirigieren.

Perkins vorn in der Schlacht, Wesley hinten, das hat sich auf dem Vormarsch von Kuweit nach Bagdad bewährt, so soll es nun ein letztes Mal sein.

Und hier, hinter den gelben Mauern der alten Fabrik mit den vielen roten Reissäcken, ist der perfekte Platz, um die Brigade zu dirigieren und die Tankwagen loszuschicken, die die Kämpfer versorgen sollen. Nach fünf Stunden wird die Entscheidung fallen, ob Perkins in Bagdad bleiben kann; falls nicht, muss er sich nach fünf Stunden auf den Rückweg machen, damit ihm der Sprit nicht ausgeht.

Wesley nimmt vor den Bildschirmen Platz, an der Wand hängen Karten und Satellitenfotos, Funkgeräte und Telefone stehen auf den Tischen.

Christian Liebig setzt sich an den Rand.

Dies hier, davon sind beide überzeugt, ist ein guter, ein aufregender, ein sicherer Ort an diesem entscheidenden Tag.

Auf der Autobahn 8 nach Bagdad, 2. Brigade der 3. Infanterie-Division, 7 Uhr

Zunächst führt die Task Force 1-64 den Zug nach Bagdad an, aber sie biegt nach sechs Kilometern nach Westen ab zum Zoo und zu den Parks, wo die Waffen der Republikanischen Garde versteckt sein sollen.

Nun müssen die 640 Männer und 58 Panzer der Task Force 4-64 den Krieg entscheiden. „Die Panzer der A-Company fahren voraus", sagt Lieutenant Colonel Philip deCamp, der Kommandeur der Task Force 4-64, „und alle anderen folgen. Unser Job ist es nicht, alle Iraker zu töten, die wir sehen. Unser Job ist es, so schnell wie möglich zu den Palästen zu kommen und im Vorbeifahren all die zu töten, die uns angreifen. Klar?"

Und dann steigt deCamp, seit 23 Jahren dabei, Soldat in vierter Generation, Sohn eines Generals und Ehemann einer Krankenschwester der U. S. Army, in seinen Panzer.

Eng ist es und heiß, 45 Grad, während des Kampfes werden es 55. Eine Gasmaske baumelt herum, die GPS-Empfänger liegen bereit, die Brandschutzmasken auch. Rechts ist deCamps Computer, daneben der Schalter „vehicle master power", hinten die Tür zur Munition. Und überall hier drinnen sind Polster, die bei rumpeliger Fahrt und bei Detonationen Verletzungen verhindern sollen.

Specialist Brannen steigt ein, der Fahrer.

Sergeant Smith, der Schütze.

Und Staff Sergeant Baker, der Panzerführer.

„Hannibal" heißt Philip deCamps Panzer. Und dann brechen sie auf.

Es wird nicht einfach, aber es wird auch nicht so schwierig, wie sie befürchtet hatten. Die Iraker verstecken sich hinter Pfeilern und

Autos, aber sie sind nicht besonders gut bewaffnet. Es ist ein hitziger Widerstand, aber er ist nicht organisiert und deshalb unterlegen.

In einem der „Bradleys“ sitzt der Journalist Jules Crittenden vom „Boston Herald“, und einmal fragt der Kommandant des Fahrzeugs aufgeregt: „Wo sind die Drecksäcke?“ Und Crittenden sagt: „Da sind die Drecksäcke.“ Sekunden später sind drei Iraker tot.

Crittenden schreibt später im „Herald“: „Einige in unserem Berufsstand könnten denken, dass ich als Reporter und nicht als Kämpfer hier war. Um zu beobachten. Da ich nun zum Tod von drei Menschen beigetragen habe in diesem Krieg, den ich beschreiben soll, bin ich sicher, dass einige Leute nun meine Ethik, meine Objektivität etc. in Frage stellen. Ich fasse mich kurz. Sie können mich mal, sie waren nicht dabei. Aber sie sind herzlich willkommen, mich beim nächsten Mal zu begleiten, wenn sie gern ihre Professionalität testen wollen.“

Es gibt vier kritische Orte während der kurzen Fahrt in die Hauptstadt, und das sind vier Autobahnbrücken. Jede Brücke hat vier Zufahrten, und das ergibt 16 Punkte, an denen viele Iraker und noch mehr Syrer, auf Army-Amerikanisch „TCNs“ („Third Country Nationals“) genannt, auf die Angreifer warten. Hier haben sie sich untergestellt und vergraben, damit die Air Force sie nicht erwischt, hier müssen deCamps Männer ohne Pause und aus allen Rohren schießen.

Es sind etwa 80 Verteidiger pro Brücke, das sind nach drei Stunden Kampf über 300 Tote.

„Es war heiß in den Panzern und laut“, sagt einer der Soldaten, „es war bedrohlich wie nichts zuvor in meinem Leben.“

„Wir schießen, sie sterben, wir siegen“, sagt Lieutenant Colonel deCamp.

Und ganz vorn, im Panzer namens „Achtung Baby“, fühlt sich Sergeant Jonathan Lustig, als lebte er im Jahr 1945, als würde er gerade nach Berlin fahren. „Es war, als würden wir in die Reichskanzlei rollen“, sagt er, „die Iraker waren zwar nicht unbedingt die SS, aber sie haben hart gekämpft, bis zum Ende. Ich bewundere sie dafür.“

In der alten Fabrik im Süden Bagdads, im TOC der 2. Brigade der 3. Infanterie-Division, 7.30 Uhr

Die fünf Fahrzeuge zeigen mit dem Heck zur Mauer der alten Fabrik. Das ist Zufall. Wenn sie anders herum geparkt wären, mit dem Heck zum Zentrum der alten Fabrik, dann würden hier heute nicht 5 Menschen sterben, sondern 20 oder 30.

Die Fahrzeuge zeigen also mit dem Heck zur Mauer, und dort sind die Zelte aufgebaut, die die Männer von der 2. Brigade zusammengehängt haben. Das ist ihr Tactical Operations Center.

Das TOC ist vielleicht 10 mal 25 Meter groß. Hier stehen ein paar Tische und 20 Klappstühle, Karten und Fotos hängen an den Wänden, Neonröhren spenden Licht, die Generatoren brummen draußen. Hier drinnen gibt es die Empfangsgeräte des „E-8 Joint Surveillance and Target Attack Radar System", einer Radaranlage, die alle Bewegungen auf dem Schlachtfeld überwacht; die eigenen Panzer sind die blauen Punkte auf den Bildschirmen, die irakischen Panzer sind rote Punkte. Und hier drinnen gibt es diesen Kasten namens „RC-135 Rivet Joint", der immer knistert und brummt; hiermit werden feindliche Funksprüche abgefangen.

Und jetzt sind 20 Menschen hier.

Captain William R. Glaser hat seinen Panasonic CF-28 mitgebracht, der Computer ist kriegssicher, solange ihn die Bomben nicht direkt treffen. Wenn Glaser ihn einschaltet, erscheint seine Frau, beim Golfen in Atlanta. Glaser ist ein Mann mit braunen Augen und schwarzem Igelschnitt; tagsüber trägt er Kontaktlinsen und abends Brille; den ganzen Tag über raucht er, es sei denn, Colonel Perkins, sein Boss, ist in der Nähe, „dann traue ich mich nicht", sagt Glaser.

Lieutenant Colonel Eric Wesley, wie alle anderen hier im braunen T-Shirt, darüber die grünliche Tarn-Jacke, hat nichts mitgebracht, sogar sein Satellitentelefon hat er draußen im „Humvee" gelassen. Wesley kommuniziert mit den Kämpfenden meist über Satelliten-E-Mail, aber er geht auch gern mal raus, er ist ganz gern allein, wenn er seinen Kompagnon Perkins anruft. Und jetzt setzt er sich auf einen der Klappstühle hier, vor einen Tisch, der mit einem Stadtplan überzogen ist, und Captain Glaser sitzt ihm gegenüber. Die Funkgeräte stehen links von Wesley, er muss schnell sein mit den Dingern, er hat jeden Handgriff trainiert.

„Focus"-Redakteur Christian Liebig trägt die olivgrüne Hose, die so praktisch ist wegen ihrer großen Seitentaschen, Block, Kuli, Zigaretten, alles passt hinein. Er trägt ein kurzes schwarzes Hemd und braune Wildlederschuhe. Er ist unrasiert, da sind die Reporter nicht so streng wie die Soldaten. Liebig sieht dünn aus und abgemagert, vor allem aber ziemlich konzentriert, es gibt ein Foto, einen Schnappschuss, der ihn auf dem Weg ins TOC zeigt. „Christian war aufgeregt wie wir alle", sagt Captain William Glaser, „verdammt, die 2. Brigade war die größte Show der Stadt, es war ja der wichtigste Tag mit der wichtigsten Einheit beim wichtigsten Ereignis dieses Krieges – jeder Journalist auf der Welt wäre in diesen Stunden gern an Christians Stelle gewesen."

Bagdad, auf dem Vordach des „Hotel Palestine", kurz nach 9 Uhr

Es wird die berühmteste Pressekonferenz des ganzen Krieges. Sie ist etwas improvisiert. Warum, weiß kein Mensch.

Sie findet auf dem Vordach des „Hotel Palestine" statt, dort, wo die Fernsehsender ihre Kameras aufgebaut haben, um die Aufsager der Korrespondenten zu filmen. Man hört dort die Maschinengewehre, die leichte Artillerie auf der anderen Seite des Tigris. Man hört, dass dort hinten amerikanische gegen irakische Soldaten kämpfen.

Pok, pok, pok.

Vor ein paar Stunden haben die Journalisten von ihren Balkonen aus die Schlacht auf dem anderen Ufer des Tigris beobachten können. Sie haben gesehen, wie Iraker fliehen, wie sie am Ufer entlanglaufen, ihre Uniformen ausziehen, ihre Waffen wegwerfen, wie ein paar von ihnen sogar in den Fluss springen.

Saddam Husseins Informationsminister Mohammed Saïd al-Sahhaf wirkt gehetzt, aber die Uniform ist auch heute frisch gebügelt.

Die Sätze, die er an diesem Morgen in die Mikrofone spricht, werden weltberühmt.

„There are no British or American troops in Bagdad." Es gibt keine feindlichen Truppen in Bagdad.

Pok, pok, pok, hämmert es von der anderen Seite des Tigris herüber.

Dort, wo sonst die großen Militärparaden abgehalten wurden, steht der eingebettete Fox-Reporter Greg Kelly. Er ist live auf Sendung. Die amerikanische TV-Station Fox hat für die Zuschauer daheim den Bildschirm gesplittet. Auf der einen Seite Sahhaf, auf der anderen Kelly bei den amerikanischen Panzern. „Er ist nur ein paar Straßen weiter", sagt ein Soldat zu Kelly. „Wir könnten einfach zu ihm rübergehen und mit ihm reden."

Pok, pok, pok.

„Ich applaudiere", sagt Sahhaf, „den Bewohnern von Bagdad für ihren Widerstand."

Er klatscht Beifall.

Pok, pok, pok.

„Ich versichere Ihnen: Bagdad ist sicher."

Ein kurzer Blick über den Rand seiner Brille hinweg.

Pok, pok, pok.

„Wir haben in der Morgendämmerung alle Feinde zurückschlagen können. Die Amerikaner haben begonnen, vor den Toren Bagdads Selbstmord zu verüben. Sie tun das zu Hunderten, und ich ermutige sie, die Rate zu erhöhen."

Pok, pok, pok.

„Der Allmächtige grillt sie in der Hölle."

Ein Lächeln.

Pok, pok, pok.

„Diese Hunde sagen, sie sind mit 65 Panzern in der Stadtmitte, und ich sage Ihnen, das ist nicht wahr."

Pok, pok, pok.

„Das ist Teil ihres kranken Spiels, das sie spielen. Wir haben drei Viertel von ihnen geschlachtet. Wir haben ihnen Gift gegeben und ihnen eine Lektion erteilt, die in die Geschichte eingehen wird."

Pok, pok, pok.

Wie fühlen Sie sich?

„Meine Gefühle? Wie immer: Wir werden sie alle schlachten."

Ein Lächeln.

Pok, pok, pok.

Bagdad, im Haus der Familie Salman

Um 10 Uhr morgens sitzt die Sippe von Hikmat Jakub, Mitglied der Bürgerwehr Bagdads, im Wohnzimmer von Thulamija, der Cousine von Jakub, weil die Familie entscheiden muss, ob sie bleibt oder flieht. Der Krieg kommt nach Bagdad. Hikmat Jakub hat es gespürt auf seinem Patrouillengang in der Nacht.

Sie beraten: Wo sind sie sicher? Wo werden die Amerikaner ihre Bomben werfen?

Abid, Jakubs Schwager, ist dagegen, die Stadt zu verlassen. Sein Chef hat ihn gebeten, auf seine Wohnung aufzupassen, sie liegt in einer Seitenstraße der 14.-Ramadan-Straße, neben dem Restaurant Saa. Abids Chef hat die Schnapsvorräte aus dem Laden in die Wohnung geschafft, aus Angst vor Plünderern. Es sind Dutzende von Arrak-Flaschen, Feigenschnaps, russischer Wodka, aber auch vier Flaschen „Dimple“. Abid hält die Wohnung für sicher – kein Palast in der Nähe, kein Kraftwerk, kein Ministerium. Die Wohnungstür ist schwer und stabil, drei Schlösser. In der Wohnung können sie alle, sollte der Kampf um Bagdad toben, unterkriechen.

Vielleicht hat Abid Recht? Thulamija und Hikmat schauen sich an. Zumindest könnte man die Kinder in die Wohnung bringen, wenn die so sicher ist.

Im Zentrum Bagdads, 2. Brigade der 3. Infanterie-Division, 10 Uhr

Und dann sind die Panzer der 2. Brigade im Regierungsbezirk, und hier ist alles anders als im restlichen Irak. Die Straßen sind exzellent und sehr breit, der Rasen an den Rändern ist penibel gestutzt, und überall gibt es Torbögen und Statuen und natürlich Marmor. Jede Menge Marmor. Es gibt Treppen, Plätze, Denkmäler, alles aus Marmor.

Und in diesem Palastkomplex haben sich die Männer von der Speziellen Republikanischen Garde in Erdlöchern vergraben. Sobald sie den Kopf heben, schießt Sergeant Dan Howison. Der steht in einem M-113-Schützenpanzerwagen und feuert mit einem 12,7-Millimeter-Maschinengewehr.

„That takes care of him“, sagt Howison, wenn er wieder einen Menschen erschossen hat.

Ein weißer Lastwagen, voll beladen mit Guerilla-Kämpfern, rast auf die Panzer zu; eine Salve, viele Treffer, der Lastwagen explodiert.

Sie kommen zu einer Statue Saddams, und Colonel Perkins höchstselbst schießt sie zu Klump. Dann sagt er zu seinen Männern: „Es bricht mir ja das Herz, das zu sagen, aber bitte hisst keine Flaggen! Dreht eure rechte Schulter zu den Irakern, aber bitte keine Flaggen.“ Auf der rechten Schulter tragen alle Soldaten ein US-Fähnchen.

Der Kommandeur der 3. Infanterie-Division, Buford Blount, meldet sich bei Perkins und sagt: „Wenn Sie eine Rede halten, fassen Sie sich bitte kurz."

„Es wird keine Reden geben, Sir", sagt Perkins.

Und als die Amerikaner kurz vor den Palästen sind, springen ein paar nackte Iraker in den Tigris, Soldaten vermutlich, die ihre Uniformen ausgezogen und aufgegeben haben. Ein paar aber sind geblieben und schießen von oben, aus diesem Turm mit der gewaltigen Uhr, dem höchsten Gebäude hier. Die Panzer bringen den Turm zum Einsturz.

Sie sind mittendrin im Machtzentrum ihres Gegners. Sie dürfen das Sternenbanner nicht schwenken, es ist eine Frage des Respekts gegenüber den Menschen, die sie befreien und nicht besiegen sollten; also schwenkt Captain Chris Carter die Flagge der Universität von Georgia, rot und schwarz mit einem großen G.

„Der Kollaps des Regimes ist eine Frage von Tagen, nicht Wochen", sagt ein Offizier über Funk.

Es ist 10 Uhr, als der Regierungsbezirk unter amerikanischer Kontrolle ist. „Saddam Hussein sagt, er besitze Bagdad. Falsch. Wir besitzen Bagdad", sagt Colonel David Perkins. „Sieht so aus, als könnten wir heute baden", sagt Captain Phillip Wolford von der Task-Force 4-64.

Colonel David Perkins parkt seinen Panzer vor dem Neuen Präsidentenpalast und steigt aus.

In der alten Fabrik im Süden Bagdads,
TOC der 2. Brigade der 3. Infanterie-Division, 10.20 Uhr

Die Männer grinsen. Egal, wie lange es noch dauert, bis sie nach Hause kommen, diesen Krieg werden sie nicht mehr verlieren.

Jeder Panzer, der da draußen unterwegs ist, hat einen Sender, deshalb sehen die Männer im TOC nun, dass die Panzer am Ziel sind. Die Panzer sind blaue Punkte auf den Bildschirmen hier, und ein blauer Punkt ist jetzt direkt vor dem Neuen Präsidentenpalast.

„We are on top of our game", sagt Lieutenant Colonel Eric Wesley, „wir spielen auf höchstem Niveau." Und: „Das ist ein gewaltiger Moment."

Und dann nickt Lieutenant Colonel Eric Wesley dem „Focus"-Redakteur Christian Liebig zu, und der geht hinaus. Seit zwei Stunden hat er auf dieses Nicken gewartet. Sein Notizblock ist voll, er weiß so viel, aber er musste bis jetzt damit warten, seine Geschichte durchzugeben.

Das Nicken heißt: Du hast die Freigabe, sende nach Deutschland, was du senden willst.

Der „Focus"-Redakteur verlässt das TOC und geht durch die alte Fabrik; auf der anderen Seite sind drei „Humvees" geparkt, der von Perkins neben dem von Wesley und daneben der von General Blount. Und hinter den „Humvees" sind die Stapel von zusammengeschnürten roten Reissäcken, auf denen man gut sitzen kann. Christian Liebig hat seinen Computer dabei und sein Satellitentelefon, als er sich auf den Stapel setzt, er sitzt nun fünf Meter hinter Wesleys „Humvee".

Und Lieutenant Colonel Eric Wesley bleibt noch einen Moment drinnen im TOC sitzen, für ihn geht es nun darum, die Versorgungslinie zu den Panzern nicht abreißen zu lassen. Er fordert Verstärkung von der 1. Brigade der 3. Division an, er erhält die Task Force 2-7, und die sichert die Autobahn 8.

Es ist der letzte Eintrag in Wesleys Kriegstagebuch: „10.15: 2-7 attached to 2nd Brigade to help us hold the line of communication."

Im Neuen Präsidentenpalast,
2. Brigade der 3. Infanterie-Division, 10.26 Uhr

Diese Marmortreppe vor Saddams Palast ist grotesk. Die Stufen sind breit wie Tische.

Colonel David Perkins steigt hinauf.

Er weiß, er darf auch jetzt keinen Fehler machen, nicht zu protzig auftreten, nicht die Hymne pfeifen.

In der alten Fabrik im Süden Bagdads,
TOC der 2. Brigade der 3. Infanterie-Division, 10.26 Uhr

Er möchte David Perkins gerne persönlich gratulieren. Es gehört sich so unter Offizieren, das ist klar, aber er mag David Perkins auch.

Und darum verlässt Lieutenant Colonel Eric Wesley das TOC in der alten Fabrik und geht über den Platz zu seinem „Humvee". Dort liegt sein Satellitentelefon.

Eric Wesley legt seinen Helm auf die Motorhaube.

Er legt seine Schutzweste neben den Helm.

Er nickt Christian Liebig zu, der hinter dem „Humvee" sitzt, und überlegt nur kurz, eher unbewusst, ob er sich in den „Humvee" setzen soll. Oder zu dem deutschen Journalisten. Oder ob er sich gegen das Fahrzeug lehnen soll. Aber er schlendert gerne herum, wenn er telefoniert, und deshalb nimmt Lieutenant Colonel Eric Wesley sein Telefon aus dem „Humvee" und geht durch das Gelände der alten Fabrik, während er die Nummer seines Kompagnons wählt.

Im Neuen Präsidentenpalast,
2. Brigade der 3. Infanterie-Division, 10.29 Uhr

„Yeah?", sagt Colonel David Perkins.

Er steht vor dem Haupteingang von Saddams Palast, als Eric Wesley ihn anruft.

In der alten Fabrik im Süden Bagdads,
TOC der 2. Brigade der 3. Infanterie-Division, 10.30 Uhr

Wesley sagt: „Congratulations, Sir." Er sagt: „Großartig, das war die Entscheidung, es ist ein phantastischer Tag."

Perkins sagt: „Danke, Eric, das ist das, was wir uns erhofft hatten."

Und dann hören sie es beide.

Perkins, vor Saddams Palast, hört es durch das Telefon. Und Wesley, in der alten Fabrik, hört es mit dem freien Ohr.

Dieses Geräusch. Das lauter wird. Das klingt wie ein tief fliegender Jet. Ein viel zu tief fliegender Jet.

Und dann hört Lieutenant Colonel Eric Wesley nichts mehr, dann reißt es ihn um, dann wird er ohnmächtig.

Die Missile ist tief geflogen, weniger als einen Kilometer über dem Erdboden. Sie hat einen 200-Pfund-Sprengkopf, sie ist mit ziemlicher Sicherheit GPS-gesteuert; das ist seltsam, weil die Iraker während des Krieges eigentlich keinen Zugriff auf das Satellitensystem hatten, aber anders geht es nicht, sagen die Pioniere von der 2. Brigade, denn per Zufall trifft niemand zum perfekten Zeitpunkt das perfekte Ziel. Die Missile kommt aus dem Nordwesten, das sagen die meisten Zeugen aus. Sie ist vermutlich in rund 15 Kilometer Entfernung gestartet worden, ihren Treibstoff hat sie noch nicht verbraucht, was vermutlich ein Vorteil ist, denn deshalb bohrt sie sich tiefer in den Erdboden. Sie bohrt sich vier Meter tief, der Krater ist vier Meter breit.

„Ground Zero“, sagen die Soldaten der 2. Brigade später.

Denn diese Missile, die offenbar einzige GPS-gesteuerte Rakete, die im gesamten Krieg auf die 2. Brigade abgefeuert wird, schlägt exakt in Lieutenant Colonel Eric Wesleys „Humvee“ ein. Dort, wo sein Helm und seine Weste liegen, dort wo er gerade noch stand.

Fünf Meter neben dem Stapel aus Reissäcken, auf dem Christian Liebig sitzt.

Christian Liebig ist sofort tot.

Im Neuen Präsidentenpalast,
2. Brigade der 3. Infanterie-Division, 10.30 Uhr

Colonel David Perkins hört die Explosion über Telefon. Ist Wesley tot? „Eric, bist du noch da?“, fragt Perkins, aber niemand antwortet.

„Irgendwas hat das TOC getroffen“, sagt Perkins seinen Leuten. Später sagt er: „Das waren Triumph und Tragödie im selben Augenblick.“

In der alten Fabrik im Süden Bagdads,
TOC der 2. Brigade der 3. Infanterie-Division, 10.31 Uhr

Sie haben so etwas trainiert, immer wieder, und trotzdem haben sie Angst. Oder sogar Panik.

Die Angst, die Panik hat ihren Grund ja gerade darin, dass sie so etwas so oft geübt haben. Sie wissen: Wenn eine Missile kommt, kommen drei weitere. Keine Armee der Welt greift mit nur einer Rakete an. Man feuert Serien, eins, zwei, drei, vier. So machen es die Amerikaner selbst, so machen es alle.

Und mit dieser Angst, mit dieser Panik müssen die Überlebenden nun das Chaos in den Griff kriegen.

Die alte Fabrik ist ein Schlachtfeld. Autos wurden durch die Luft gewirbelt, die Zelte des TOC sind zerfetzt, Leichenteile liegen herum, und überall flattern diese verdammten roten Reissäcke herum, die Feuer gefangen haben und nun alles in Brand setzen. Eine gewaltige Rauchwolke bildet sich.

„Die Fahrzeuge haben uns vor der Druckwelle geschützt. Wenn die Zelte anders herum gestanden hätten, wären wir jetzt alle tot“, sagt Captain William Glaser später.

Glaser war im TOC, als es passierte. Die Zelte stürzten ein, es wurde dunkel, die Druckwelle presste alle zu Boden.

Und jetzt kann Glaser nichts entscheiden, er braucht noch ein paar Minuten, er schaut nur zu. Er kriecht ins Freie, und dort sieht er durch einen Nebel, wie ein paar Soldaten mit Tragen herumlaufen. Wie sie einen Sammelpunkt einrichten, den CCP, das heißt „Casualty Collection Point", Verwundetensammelplatz.

Er sieht die Ärzte vom Forward Surgical Team, die sich um Verletzte kümmern.

Und dann sieht er Lieutenant Colonel Wesley.

Wesley lebt. Wesley, der seine Ausrüstung genau dort abgelegt hat, wo Sekunden später die Rakete einschlug, hat Staub im Gesicht und ein paar Kratzer, sonst nichts. „It's gonna be all right", sagt Wesley.

Sie pflegen einen seltsamen Umgang mit dem Tod bei der U.S. Army. Sie funktionieren. Sie machen weiter, sie sind stolz darauf, wenn sie alles im Griff haben. Nur so kann man einen Krieg durchstehen.

Sie reißen die Mauer ein, damit sie die Fahrzeuge hinausbringen können. Sie löschen das Feuer.

Und dann beginnen sie zu zählen.

Es sind 17 Verletzte.

Es sind 15 zerstörte Fahrzeuge.

Und es sind 5 Tote.

Christian Liebig ist tot. *Die Soldaten haben das „al-Raschid-Hotel" umstellt und eine US-Flagge auf einem Denkmal gehisst,* das waren die letzten Sätze, die er heute morgen an „Focus"-Online durchtelefonierte; dann gab er dem Radiosender FFH ein Interview; dann rief er seine Eltern an, um ihnen zu sagen, dass sie ihr Radio einschalten sollten. Das war kurz nach 10 Uhr, eine halbe Stunde vor dem Einschlag der Rakete.

Liebigs Kumpel Julio Anguita Parrado ist tot, der Korrespondent von der spanischen Tageszeitung „El Mundo". Dreimal hatte Parrado heute morgen noch Nachrichten an die Online-Redaktion seiner Zeitung durchgegeben, zum letzten Mal um 9.30 Uhr.

Corporal Henry Brown, 21, ist tot, der Fahrer des Kommandeurs Colonel David Perkins, der Spaßvogel der Truppe.

Specialist George Mitchell, 32, ist tot, der, wo auch immer er nächtigte, links vom Bett ein Bild seiner Großeltern aufhängte, rechts ein Bild seiner Frau und seiner Kinder und über dem Bett die amerikanische Flagge.

Private Anthony Miller, 19, ist tot, der Jüngste der Kompanie, ein Mechaniker.

Die Überlebenden identifizieren die Toten, das ist nicht einfach. Die Nachricht geht ans Lagezentrum nach Kuweit und weiter nach Washington und von dort nach Fort Stewart. Dort machen sich Offiziere auf den Weg zu den Angehörigen. Eine Lebensversicherung über 250 000 Dollar hat die U. S. Army für jeden Kriegsteilnehmer abgeschlossen.

Ein Mitarbeiter des Pentagon ruft bei „Focus“ an.

Und hier, in der alten Fabrik, geht Lieutenant Colonel Wesley noch einmal zu Ground Zero. Unter dem verkohlten Motorblock seines „Humvees“ findet er die Bibel, die sein Vater ihm mitgegeben hat in diesen Krieg, ein bisschen versengt, aber immer noch lesbar.

Und erst jetzt fällt den Überlebenden auf, dass die zweite, die dritte und die vierte Rakete niemals kamen.

„Die Iraker hatten nur diese eine“, sagt Captain Glaser, „eine andere Erklärung habe ich nicht. Mein Gott, es ist unfassbar, ich glaube wirklich, das war die einzige Cruise Missile, die sie in diesem Krieg hatten.“

Im Neuen Präsidentenpalast,
2. Brigade der 3. Infanterie-Division, 11 Uhr

Die Task Forces sind draußen auf der Straße, Colonel David Perkins ist hier drinnen und muss sich entscheiden. Jetzt.

Wollen sie in Bagdad bleiben? Oder zurück zum Autobahnkreuz, dorthin, wo irgendetwas mit dem Lagezentrum seiner Brigade passiert ist?

Die Panzer haben die Hälfte ihres Sprits verbraucht, und Perkins fragt den Kommandeur der Task Force 3-15, ob die Autobahn so sicher sei, dass die Tankwagen bis in die Stadt fahren können.

„Nein, das kann ich noch nicht garantieren, Sir“, ist die Antwort. Zwei Tankwagen sind gerade beschossen worden, zwei Soldaten sind tot.

„Verdammt, verdammt“, sagt Perkins, als sie ihm erzählen, dass die Rakete im TOC auch seinen Fahrer erwischt hat. „Okay“, sagt er dann, „wir müssen weitermachen.“

Kein Sprit, das TOC außer Gefecht, mehr Tote in seiner Brigade als zuvor im gesamten Krieg, die Bedingungen sind nicht gut. Aber

Perkins will nicht zurück. „Ich will nicht den gleichen Kampf zweimal austragen, ich will bleiben“, sagt Perkins.

„Ich auch, Sir“, sagt Philip deCamp, Kommandeur der Task Force 4-64, „denn meine Panzer sind in schrecklicher Verfassung. Den erneuten Kampf sollten wir ihnen nicht zumuten.“

Und darum holt Colonel Perkins bei den Chefs seiner Panzer-Kompanien die „sit reps“ ein, das heißt „situation reports“ (Lageberichte), und dann weist er die Chefs an, die Panzer an Brücken und Kreisverkehren so zu platzieren, dass einer dem anderen Feuerschutz gibt und dass sie zusammen immer ein Blickfeld von 360 Grad haben. „Und dann schaltet die Motoren ab“, sagt Perkins.

Der Nachteil ist, dass ohne Motor die Türme mit den Bordkanonen nicht mehr funktionieren; die Besatzungen müssen sich gegenseitig Feuerschutz mit Maschinengewehren geben. Der Vorteil ist: Perkins gewinnt Zeit, denn er spart Sprit. Zeit, in der Perkins in Ruhe planen kann. Zeit, in der die Task Force 3-15 die Autobahn sichern kann. Zeit, die Perkins' Männer nutzen, um den Palast zu erkunden.

Wann hat Saddam den Neuen Präsidentenpalast zuletzt bewohnt? Die Soldaten finden keine frischen Lebensmittel. Aber sie finden weiche Betten. Und, endlich mal wieder, Toiletten aus Porzellan. Und Telefone und eine Videoanlage, die alle Zimmer versorgt, als wäre Saddams Haus eine Fünf-Sterne-Herberge. Es gibt „Les Miserables“ und „The Assassination of Trotsky“. Und so finden die Soldaten alles, was sie brauchen, und sofort werfen die Pioniere die Generatoren an, und schon nach wenigen Stunden hat die 2. Brigade eine neue Zentrale.

„Hotel Saddam“, sagen die Soldaten.

Und sie lachen, denn dieser Bau ist auch Beweis für Paranoia und Wahnwitz des Diktators. Waffen liegen hier herum, die in einem Bond-Film besser aufgehoben wären: Koffer, mit denen man schießen kann, Spazierstöcke, mit denen man schießen kann. Die Fenster haben eine Sorte kugelsicheren Glases, die Colonel Perkins noch nie gesehen hat. „Kanonenkugelsicher“, sagt er. Und jedes Zimmer hat einen geschlossenen Stromkreis, so als habe Saddam selbst hier ständig auf der Hut sein müssen.

Ziemlich schnell richten sich seine Männer ein. Hin und wieder nähern sich Iraker und winken, aber nach dem ersten Warnschuss verschwinden sie.

Und jetzt, endlich: Jubel. Zigarren. Abklatschen. „I do believe this city is freakin' ours", schreit Captain Chris Carter.

Der Präsidentenpalast ist sandfarben, er hat riesige Fenster und Bögen und eine blaue Kuppel. Im Garten, zum Tigris hin, wachsen lila-weiße Blumen, einen Teich gibt es hier, einen Steg und natürlich einen Zugang zum Fluss. Die rechte Hälfte des Palastes ist zerstört, Staub und Schutt überall: Missiles oder Bomben haben den Palast erwischt. Steine liegen herum und Kabel, die Treppen sind eingestürzt.

Und mit den Generatoren starten die Soldaten nun die Fernseher, und dann sitzen sie in Saddams Palast und sehen, wie der irakische Informationsminister Mohammed Saïd al-Sahhaf auf dem Dach des „Hotel Palestine" steht und sagt: „Seien Sie versichert, Bagdad ist sicher und großartig. Es gibt keine amerikanischen Einheiten in der Innenstadt Bagdads, überhaupt keine." Und endlich können auch Colonel Perkins und seine Leute lachen über Comical Ali.

„Steht auf gegen Unterdrückung und Tyrannei", fordert schließlich ein Sprecher im staatlichen Rundfunk, „schlagt des Schwert des Rechts in die Gesichter des Unrechts."

Zu spät.

Denn ein junger Fahrer, „ein echter Held", wie Perkins sagt, schafft es mit seinem Tankwagen ganz allein bis zum Palast. Er hat sich geduckt, er wurde beschossen, aber jetzt ist er da. Und damit ist klar: Die 2. Brigade bleibt in Bagdad.

„Ich glaube, dass es den amerikanischen Soldaten ein gutes Zeugnis ausstellt", sagt Colonel Perkins, „nach 17 Tagen, über 800 Kilometern und heftigen Kämpfen endlich hier zu sein, das ist eine großartige Leistung."

Bagdad, im Stadtteil Mutanabi, Restaurant Saa, 12 Uhr

Das Restaurant Saa, was so viel bedeutet wie „Zur Stunde", ist Bagdads Antwort auf McDonald's. Hier isst man billig und schnell: Weil der Laden üblicherweise, in Friedenszeiten, rappelvoll ist, kann man davon ausgehen, dass das Fleisch frisch ist. Spezialität im „Saa" ist Schawarma, eine Art Gyros, es gibt auch Pizza, belegt mit Schafskäse, Hamburger, Pommes Frites, manchmal sogar Ketchup.

In einer Wohnung neben dem Restaurant haben Hikmat Jakub, Mitglied der Bürgerwehr, und Abid, sein Schwager, ihre Familien untergebracht.

Abid hat seine Verwandten, die Sippe von Hikmat Jakub, hierher gebracht. Thulamija und Sanaa haben das Mittagessen gekocht, Fleischklöße mit Reis, Brot.

Sie wollen Bagdad jetzt nicht mehr verlassen, sondern die letzten Tage gemeinsam durchstehen. Lange kann der Krieg ohnehin nicht mehr dauern. Zehn Personen haben sich zum Mittagessen eingefunden, Hikmat Jakub liegt zu Hause in seinem Bett, erschöpft vom nächtlichen Patrouillengang.

Abid ist blass und schweigsam, er gibt sich Mühe, seinen Töchtern gegenüber unbefangen zu sein, er spielt mit dem kleinen Raïd. Nach dem Mittagessen, um kurz nach eins, verlassen Abid und seine Cousine Thulamija die Wohnung, um nachzuschauen, ob zu Hause alles in Ordnung ist – am späten Nachmittag wollen sie wieder kommen.

Kaum eine Stunde später, gegen zwei Uhr, wird draußen in der Nähe des Restaurants Saa ein Telefonat geführt werden. Ein sehr wichtiger Anruf, der eine Kette von Ereignissen auslöst.

An das Restaurant grenzt der Stadtteil Mansur, ein Wohngebiet für die Reichen, für die Elite des Landes. Seit Wochen schon sind CIA-Mitarbeiter in Mansur unterwegs: Amerikaner arabischer Herkunft sowie Iraker, die der CIA zuarbeiten.

Einer dieser Iraker sieht – oder glaubt zu sehen –, wie Saddam Hussein und seine Entourage ein Gebäude betreten, das als Treffpunkt des irakischen Geheimdienstes gilt und das direkt neben dem beliebten Restaurant Saa liegt. Er ruft seinen CIA-Verbindungsmann an.

Über dem Westirak, an Bord des B-1-Bombers von Captain Sloan Hollis, etwa um 14.50 Uhr

Zu den schwierigsten Abschnitten eines Fluges gehört das Auftanken in der Luft: Das Tankflugzeug muss Höhe und Geschwindigkeit genau halten.

Das Manöver erfordert höchste Konzentration, aber Sloan Hollis, der Pilot, hat es Dutzende Male hinter sich gebracht. Der Einsatz eines B-1-Bombers über dem Irak dauert zwischen 7 und 17 Stunden, da ist das Auftanken tägliche Routine. Außer dem glatzköpfigen Captain Hollis sind noch drei Mann an Bord: Chris Wachter, der Commander, sowie Joe Runci und Fred Swan, die beiden Waffenoffiziere. Unter ihnen befinden sich 24 Bomben vom Typ GBU-31, jede etwa 900 Kilogramm schwer.

Die B-1 trägt am Heck die offizielle Kennziffer 86-0138, ist aber in der 34. Bomberstaffel besser unter einem Spitznamen bekannt: „Seek and Destroy" heißt der Jet, „Suche und zerstöre". Die Mannschaft soll Luftunterstützung bieten, wo es gerade nötig ist: Raketenstellungen treffen, Radaranlagen zerstören, Fahrzeuge bombardieren. Im Moment hat sie kein besonderes Ziel, jedenfalls noch nicht.

Das Prinzip ist ganz einfach, erklärt der Kommandant am Boden: „Wir haben immer ein Flugzeug in der Luft, eins, das gerade startet und eins, das gerade zurückkommt. Man muss sich das vorstellen wie den Auftrag einer Polizeistreife: bei Alarm schnell vor Ort sein und auf die Bösen schießen."

Es ist kurz vor 15 Uhr, als Commander Wachter an Bord des B-1-Bombers einen Alarmruf bekommt: „Priority Leadership Target", das bedeutet: Vorrang für das Ausschalten von Führungskräften. Fred Swan, der Waffenoffizier an Bord, soll zwei Bomben bereitmachen. Er denkt: „Das könnte das ganz große Ding werden."

Die B-1-Mannschaft bekommt ihre Befehle von einem Awacs-Flugzeug übermittelt, das sind die Boeings mit dem großen Radarpilz auf dem Dach, fliegende Leitstände. Die Awacs hat die Daten des Vorrangziels aus Saudi-Arabien, dort befindet sich eine Kommandostelle der Luftwaffe. Die Soldaten in der Kommandostelle wissen durch die CIA von dem Haus in Bagdad neben dem Restaurant Saa. Seit der ersten Geheimdiensterkenntnis über Saddams Aufenthaltsort bis jetzt sind kaum mehr als 30 Minuten vergangen. Die „Seek and Destroy" schwenkt nach Osten, sie fliegt knapp sieben Kilometer hoch und 800 Stundenkilometer schnell. Es sind zwölf Minuten bis Bagdad.

Der Waffenoffizier Fred Swan tippt die Zielkoordinaten für die Bomben in den Computer. Ein „Priority Leadership Target" – so etwas gibt ihm einen Adrenalinstoß. Er versichert sich nicht zweimal, sondern dreimal, dass er die richtigen Daten eingegeben hat. Außerdem soll er jetzt nicht zwei, sondern vier Bomben programmieren. Da will jemand ganz sicher gehen.

Der Himmel über Bagdad ist bewölkt, von oben lässt sich das Ziel nicht ausmachen. Aber die Bomben werden per Satellitennavigation gesteuert, da spielen Wolken keine Rolle.

Es sind bunkerbrechende Bomben vom Typ GBU-31. Sie lassen den Boden erzittern. Die Buchstaben GBU stehen für „Guided Bomb Unit“ – Lenkbombe. Die Lenkung der Bombe ist neu, eine Weiterentwicklung der Smart-Bombs aus dem letzten Golfkrieg. Damals wurde das Ziel mit einem Laserstrahl angepeilt, ein Zielsystem orientierte sich an der Reflexion des Strahls. Der Nachteil: Wolken oder der Rauch anderer Einschläge konnten das Ziel verdecken, die Bombe fiel dann gleichsam orientierungslos.

Bei der neuen Version übernimmt ein neu eingebautes, satellitengestütztes Navigationssystem die Lenkung. Die Zielkoordinaten kann der Waffensystemoffizier noch während des Fluges eingeben.

Anders als die Freifallbomben, die auch im Zweiten Weltkrieg eingesetzt wurden, können die Smart-Bomben mit Hilfe eines Leitwerks in einen Gleitflug übergehen. Die 900 Kilo schweren Sprengkörper fliegen ihr Ziel direkt an – und treffen in genau dem Aufschlagwinkel, der die meiste Zerstörung hervorruft. Ein Brückenpfeiler beispielsweise wird von der Seite angegriffen, ein Bunker direkt von oben. Swan, der Waffenoffizier, kann die Arbeit dem Computer überlassen.

Gegen 3 Uhr nachmittags gibt der Rechner die ersten beiden Bomben frei. Es sind Bunkerbrecher, sie dringen drei bis sechs Meter in den Boden ein, bevor sie explodieren.

Drei Sekunden später fallen die Bomben drei und vier, präzise auf das gleiche Ziel ausgerichtet. Die beiden explodieren sofort, 25 Millisekunden nach dem Aufschlag.

Bagdad, Stadtteil Mutanabi, 15 Uhr

Um kurz nach drei erschrickt Chalid, Kassierer im Restaurant Saa. Der Häuserblock wird von mehreren aufeinander folgenden Schlägen erschüttert. Die Wände beben, von der Decke kracht der Putz in tischtuchgroßen Placken. In der Küche fällt scheppernd das große Wandregal um, die Pfannen und Töpfe kollern über den Fliesenboden, Teller und Gläser zerplatzen, ein heftiger Wind faucht durchs Restaurant, in der kleinen, schlauchförmigen Backstube erlischt das Ofenfeuer. Das Restaurant ist zu etwa einem Drittel besetzt, die Gäste sind schreiend aufgesprungen, die meisten rennen zum Ausgang, manche kriechen unter die Tische, einige kauern sich auf den Boden und beten laut.

Der Kassierer Chalid zwängt sich durch das Knäuel der Gäste, die sich am Ausgang drängeln, sich schieben, stoßen, behindern und die Tür versperren, es gelingt Chalid, die schwere Holztür aufzureißen, die Menschen taumeln auf die Straße.

Der Manager, der Kassierer, die Gäste, alle stehen jetzt draußen vor dem Restaurant. Viele starren in den Himmel, der jetzt qualmverhangen ist. Viele knien auf dem Bürgersteig, die Hände vors Gesicht geschlagen, andere rennen auf und ab, schreien nach ihren Freunden, ihren Angehörigen. Vielen läuft der Schweiß in Strömen über das Gesicht, die Luft ist brennend heiß.

Das Bombardement, schätzungsweise zwei Tonnen Sprengstoff, hat einen etwa zehn Meter tiefen Krater gerissen. Wo die drei Kühlräume des Restaurants Saa waren, immer noch zu gut einem Drittel gefüllt mit Vorräten an Rindfleisch, Geflügel, Gemüse, ist ein tiefes Sandloch. Von den zwei angrenzenden Häuserblocks ist nichts mehr übrig als Schutt, Steine, Staub. Abids Frau liegt unter den Trümmern, seine Töchter Mariam, 10, und Lana, 6, Thulamijas Tochter Lawa und auch Hikmat Jakubs drei Kinder und seine Frau Iman.

Über Bagdad, an Bord des B-1-Bombers von Captain Sloan Hollis

In den nächsten 15 Minuten wirft der B-1-Flieger noch sechs Bomben über Bagdad ab, dann erhält die Crew neue Koordinaten in Tikrit genannt. Eine Viertelstunde später sind sie dort.

Zwei Wochen später werden die vier Soldaten das Fliegerverdienstkreuz erhalten, eine bronzene Auszeichnung an blau-weiß-rotem Band. Zur Begründung heißt es, ihr Einsatz über Bagdad habe den Beginn des Zerfalls von Saddam Husseins Regime markiert. Und Chris Wachter, der Kommandant des Fluges sagt: „Es ist ein gutes Gefühl, die Bomben abzuwerfen. Weil du weißt, mit jedem Treffer hilfst du jemandem, irgendwo da unten."

Bagdad, im Stadtteil Mutanabi, 17 Uhr

Zwei Stunden nachdem die Häuserblocks neben dem Restaurant Saa in Schutt verwandelt worden sind, erwacht Hikmat Jakub davon, dass es völlig still ist bei ihm zu Hause. Jakub wäscht sich, zieht ein frisches Hemd an, trinkt einen Kaffee, wartet. Als es klingelt und zwei Nachbarn vor der Tür stehen und er in ihre betretenen Gesichter blickt, weiß er schlagartig, dass etwas Schreckliches passiert ist.

Jakub holt Abid, seinen Schwager, und rast mit ihm in einem geliehenen roten Passat in Richtung Saa. Die Straße ist abgesperrt, sie lassen das Auto stehen, rennen zu Fuß weiter. Zwängen sich zwischen den Soldaten und Polizisten, die den Krater absperren, hindurch, schreiend, weinend, niemand hält sie auf. Jakub stolpert an dem riesigen Krater entlang, ruft immer wieder nach seinen Kindern, seiner Frau.

Er spürt nichts mehr, weiß nichts mehr.

Niemand kann ihn von dem qualmenden Krater wegziehen, er will nichts trinken, sich nicht ausruhen, er sucht seine Frau, seine Kinder. Die ersten Stunden kratzt Jakub mit bloßen Händen durch Sand und Schutt, er merkt nicht, dass seine Fingernägel zersplittern, dass seine Hände aufgerissen sind und bluten; später kommt Abid mit zwei Schaufeln, auch Thulamija ist da, sie sprechen kaum ein Wort miteinander, nur wenn einer von ihnen vom Weinkrampf gepackt wird, umarmen die anderen ihn.

Insgesamt sind 15 Zivilisten ums Leben gekommen. Neben Jakub, Thulamija und Abid suchen noch andere nach Überresten ihrer Familienangehörigen, getrieben von der aberwitzigen Hoffnung, vielleicht jemanden schwer verletzt, aber lebend aus den Trümmern zu zerren.

Bagdad, im Fau-Palast,
1. Brigade der 3. Infanterie-Division, mittags

„Baden“, sagt Sergeant Jennifer Raichle, Intelligence Officer bei der 1. Brigade, „Sir, dürfen wir wirklich baden?“

Colonel William Grimsley nickt, und Raichle und ihre Kameraden ziehen die Uniformen aus, dann springen sie in Saddam Husseins Swimming-Pool. Und hüpfen herum und klettern raus und springen wieder rein und tauchen einmal durchs Becken und drücken sich gegenseitig unter Wasser.

„It is goddamn fucking cold“, kreischt Raichle, „and it feels so goddamn fucking good.“

Sie bekamen gestern den Befehl, Saddams Paläste rund um den Flughafen zu sichern; der größte liegt zwei Kilometer östlich vom Flughafen, vermutlich war es ganz praktisch, wenn Saddam einmal warten musste auf einen Staatsgast. Er heißt „Fau-Palast“, liegt auf einem Hügel in der Mitte eines künstlichen Sees, er ist gelb und drei Stockwerke hoch, er hat Türmchen, er hat kugelsichere Fenster. Und drinnen gibt es eine Menge Marmor und vertäfelte Wände und Bilder vom Besitzer.

Saddam hatte ungefähr 50 Paläste und Villen, und dieser hier hat ungefähr 45 Zimmer. Und eine Staubschicht bedeckt alles, und es sieht so aus, als sei schon seit Monaten niemand mehr hier gewesen.

Brücke des Boulevard des 14. Juli, Task Force 4-64, 16 Uhr

Ein Wahnsinniger? Ein Held?

Die Task Force 4-64 soll die Brücke halten, die vom Stadtzentrum herüber zu den Palästen führt, „blockieren und verteidigen, das ist mein Auftrag“, sagt Captain Steven Barry, und die Feinde kommen natürlich von drüben. Sie schwimmen, sie paddeln, oder sie rasen mit Autos heran, wie dieser Held, der wahnsinnige.

Fünf Fahrer haben es schon versucht, fünf sind gescheitert und tot, und jetzt kommt er.

Der Mann sitzt in einem weißen Chevrolet Caprice Classic und hat keine Chance. Er kommt von der Nordseite des Tigris, die Amerikaner warten an der Südseite, und die Brücke ist 500 Meter lang.

Captain Steven Barry lässt mit Maschinengewehren feuern, erst Warnschüsse und dann scharf, auf Motorblock und Windschutzscheibe. Es reicht nicht, der Fahrer beschleunigt. Und nun lässt Barry den Wagen mit der 120-Millimeter-Kanone anvisieren, und die feuert glatt durch den Wagen hindurch, mit dieser mörderischen Munition, die die Amerikaner „High-explosive anti-tank“, also „Heat“ nennen. Der Wagen kracht gegen einen Laternenpfahl. Und geht in Flammen auf.

Und der Fahrer kriecht aus dem Wrack und schwenkt ein Handtuch. Er krabbelt über den Asphalt und bleibt liegen, das Gesicht schwarz, die Beine zerschossen. Aber er lebt.

„200 Schüsse durch die Scheibe aus 500 Metern! Ein Heat-Schuss aus 175 Metern! Allah hat heute an diesen Mann gedacht“, sagt Sergeant Derrick January, der Schütze des Panzers.

Und dann verbindet Sergeant Luther Robinson die Wunden des Mannes. Robinson: „Das ist der glücklichste Kerl, den ich im ganzen Irak gesehen habe.“

Zentralirak, bei Kalaa Sukkar

Kudeir al-Amari, der Übersetzer, der frisch aus Amerika zurückgekommen ist, hat wieder schlecht geschlafen in dieser Nacht. Er roch sein Zuhause, aber was, wenn ihn seine Stadt so empfängt wie Nassirija, wo Saddams Soldaten ihn mit Guerilla-Taktiken bekämpften? Wie werden seine Frau, seine Söhne aussehen? Wie sein Besitz – ein Restaurant, eine Schlachterei, ein Ledergeschäft –, Betriebe, die ihm 1991 weggenommen und Mitgliedern der Baath-Partei überschrieben wurden?

Amari ist unterwegs im „Humvee", zusammen mit zwei Soldaten. Sein Wagen ist Teil einer Kolonne, die Marines sollen seine Stadt befreien. Tränen steigen in seine Augen, als er die ersten schmutziggrauen Häuser seiner Stadt sieht. Sie stoppen am Ortseingang, wo die Polizei und die Geheimpolizei zwei Anwesen unterhalten, die einen runden, staubigen Platz umrahmen. Die Gebäude scheinen leer und verlassen, die Peiniger geflohen. Die Marines stürmen aus ihren Fahrzeugen, sichern die Straßen. Aus einem ihrer Autolautsprecher tönt in arabischer Sprache die Botschaft: „Achtung, Achtung! Die Koalitionskräfte führen eine Sicherheitsoperation durch. Nähert euch nicht den Militärfahrzeugen und den Soldaten. Falls sich jemand nicht daran hält, werden wir von der Waffe Gebrauch machen."

Einige Männer und Jungen zeigen sich auf der Straße. Viele winken, aber sie wirken gehemmt. Amari läuft in die Zentrale des Geheimdienstes, findet im Büro des Leiters Akten mit seinem Namen. Er wurde als Nummer eins geführt, zwei seiner neun Brüder als Nummer drei und Nummer vier.

Als Amari nach draußen tritt, die Akten unterm Arm, erwarten ihn Menschen, die ihn anstrahlen. Einige rufen: „Stay, stay, USA." Aus der Menge schält sich ein junger Mann. Und dann, nach zwölf Jahren im Exil und einem Krieg, erfährt Kudeir al-Amari, dass sein Sohn vor ihm steht. Amari beginnt zu weinen. Der Junge ist jetzt 16 Jahre alt. Er war vier, als der Vater fliehen musste. Für Kudeir al-Amari ist der Krieg vorbei. Er hat ihn gewonnen.

Bagdad, Kindi-Hospital

Es kommen Verletzte, Stunde um Stunde, es werden 113 sein bis zum Abend. Dr. Baschir hat schon viele Wunden gesehen und viele

Verwundete. Aber die Bilder dieser Apriltage übertreffen alles Gesehene, das Ausmaß der schweren Verletzungen ist entmutigend.

In der Nacht, am frühen Morgen, haben sie Ali Ismail Abbas gebracht, einen zwölfjährigen Jungen. Eine Rakete riss ihm um Mitternacht beide Arme ab. In der Explosion starben seine Mutter, sein Vater, sein Bruder, eine Tante und drei Cousins. Ali wird zum Symbol für die Leiden dieses Krieges, sein Bild wird zu sehen sein rund um die Welt, ein Kind ohne Arme, mit weiß bandagierten Stümpfen links und rechts. Und weltweit werden seine Sätze zu lesen sein. „Könnt ihr mir meine Arme zurückgeben? Können die Ärzte mir ein neues Paar Hände geben? – Wenn nicht“, sagt der Zwölfjährige, „bringe ich mich um.“

Dr. Baschir trägt vier Tote in seine breite Kladde ein, es muss etwas geschehen mit den Toten, es geht so nicht weiter, es liegen jetzt schon Leichen im Empfang am Haupteingang, sie können dort nicht bleiben. Sie werden zu warm in der Hitze, und auch in den Kühlschränken liegen sie jetzt aufgedunsen, aufgeblasen von den Faulgasen der Verwesung, der Strom bleibt zu oft weg, es muss etwas geschehen.

Dr. Aradi schlägt vor, die Toten noch einmal zu registrieren und dann fortzuschaffen, irgendwie. Man muss einen Laster besorgen. Jemand muss einen Laster besorgen. Pfleger und Ärzte ziehen die Toten aus den Kühlschränken, aus dem Schmitz Cargo Bull, es ist ein furchtbarer Anblick und ein entsetzlicher Geruch.

Sie entkleiden die Toten und fotografieren sie neben den persönlichen Sachen, die die Verstorbenen im Augenblick ihres Todes am Leibe trugen. Sie legen ein Fotoalbum an für Angehörige, die vielleicht kommen werden nach dem letzten Schuss, auf der Suche nach Brüdern, Vätern, Müttern. Aber es geht auch um die Würde der Gestorbenen. Um die Totenruhe.

Sie haben einen Laster aufgetrieben, irgendwer, irgendwoher, angeblich von der Müllabfuhr, keiner weiß es genau. Sie laden die Leichen auf wie auf eine Pestkarre, übereinander geworfen, nicht Menschen, nur noch totes Fleisch. Dr. Aradi schärft den Leuten ein, die Toten wirklich zu bestatten, er legt Strenge in seine Stimme, er droht den Arbeitern. Dann bewegt sich der Leichenwagen. Richtung Norden. Am Stadtrand dort werden die Toten beerdigt, irgendwo.

Falludscha, im Polizeigefängnis

François Calas, dem verschleppten Leiter von „Ärzte ohne Grenzen“, fällt auf, dass die Wärter heute in Zivil gekommen sind. Sie tragen immer noch die Schlauchstücke in der Hand, mit denen sie schlagen. Aber die Uniformen sind verschwunden.

Und auch die Gefangenen verändern sich. Sie sprechen mehr miteinander. Zum ersten Mal hört Calas jemanden sich über das Regime beklagen. Jemand sagt, er hoffe, dass die Amerikaner endlich kämen.

Einige sind wegen Geldfälschung eingesperrt, andere, weil sie von den Amerikanern GPS-Geräte bekommen hatten, um Ziele auszuspionieren. In der Zelle sind ein verstoßener Cousin von Saddam Hussein und ein tunesischer Geschäftsmann, der sich ein wichtiges Dokument selbst ausgestellt hatte. Ein Luftwaffengeneral und ein junger Palästinenser, der festgenommen worden ist, weil er sein jordanisches Handy dabeihatte.

Ein Mann hat ein Radio in die Zelle geschmuggelt. Man kann das arabische Programm von Radio Monte Carlo empfangen. Sein Mitgefangener Junis sagt ihm, in den Nachrichten sei von ihnen die Rede: „Immer noch keine Nachricht von den zwei verschwundenen Ärzten.“

Katar, im Centcom der US-Truppen

Das Oberkommando stellt sich der Presse. Geoff Reade von Sky News unternimmt den Versuch, ins Innere von Brigadier General Vincent Brooks’ Herz vorzustoßen. „Können Sie uns eine Vorstellung Ihrer Gefühle geben, was Sie gefühlt haben beim Betrachten der Bilder der Panzer, die in Bagdad rollten, gleich am Fluss, auf der Paradestrecke? Was macht das – was löst das in Ihnen aus?“

Vincent Brooks: „Nun, zunächst, auch hier bekommen wir Dinge mit, aus der Entfernung. Und der große Wert von eingebetteten Reportern ist, dass man Dinge genauso sieht, wie sie sich vor den Augen der Soldaten da draußen abspielen. Ich denke, das meiste haben die beteiligten Soldaten schon erzählt. Der Begriff, den ich vor ein paar Tagen benutzt habe, war: ‚vorsichtiger Optimismus‘.“

Der Korrespondent von BBC: „General, viele von uns in diesem Raum sind fasziniert gewesen von den diversen Verlautbarungen des irakischen Informationsministers. Vermutlich erreichte er den surrealen Höhepunkt, als er im Fernsehen erklärte, er sehe keine Amerikaner. Und zwei Minuten später erklärte einer unserer Kommandanten, er sei auf der anderen Straßenseite und sollte vielleicht einmal herübergehen und hallo sagen. Warum tun Sie es nicht und bringen ihn herein?"

Es ist zweifellos eine andere Stimmung heute als sonst im Briefing-Raum. Nur Vincent Brooks ist ganz der Alte: „Nun, wir haben bei verschiedenen Gelegenheiten gesagt, dass es nicht um Individuen geht. Und wir haben gesagt, dass wir Tatsachen liefern. An anderen Orten haben wir Verfälschungen von Tatsachen erlebt, manchmal in krasser Deutlichkeit. Unsere Operationen sind auf diesen einen Zweck ausgerichtet, die von den Kommandeuren vor Ort formuliert werden ..."

Bagdad, im Stadtteil Mutanabi, 23 Uhr

Am Bombenkrater haben Hikmat Jakub und die anderen Feuer angezündet, um Licht zu haben, auch Scheinwerfer werden aufgestellt. Mit langen Brechstangen und Schaufelstielen hebeln sie die Steinbrocken beiseite, schippen und scharren durch den Schutt. Vergebens: sie finden nichts – keinen Fetzen Kleidung, der zu ihrer Tochter gehörte, keine abgerissene Hand, keinen Schuh. Abid findet ein paar Plastiksplitter. Es kommt ihm so vor, als gehörten sie zu einem Spielzeug, das Mariam bei sich hatte, er steckt die Plastikreste in seine Tasche.

Bagdad, Sitz des Bischofs, Mitternacht

Frère Michel notiert in sein Tagebuch, während draußen in regelmäßigen Abständen Detonationen zu hören sind: „Hat der Angriff auf Bagdad begonnen? Nach Auskunft von Monseigneur J. haben die Amerikaner das Informationsministerium besetzt, etwa 500 Meter vom Kloster entfernt. Die Mehrzahl der Milizen vor der Schule St. Josef haben ihre Posten am Nachmittag verlassen. Das sieht aus wie eine Aufgabe! Neue Schüsse um 20.30, in der Ferne, dann 21.35 bis 23.37 (5)."

Dienstag, 8. April

+++ Bomben auf Informationsministerium, Hauptquartier der Baath-Partei, Hauptquartier der Republikanischen Garde +++ 101. Airborne in heftige Gefechte bei Hilla verwickelt, etwa 80 Kilometer südlich von Bagdad +++ Briten kontrollieren 80 Prozent von Basra +++ 1. Marines-Division kämpft bei Amara und in Bagdad +++ Die Lage: Die Amerikaner ziehen ihre Truppen jetzt nicht mehr zum Flughafen von Bagdad zurück. Sie bleiben in der Stadt. Alle vier Brücken im Stadtzentrum geraten unter amerikanische Kontrolle, die Marines nehmen den Raschid-Militärflughafen ein. Der Krieg ist jedoch noch nicht zu Ende: C-17-Transportflugzeuge verlegen Panzer in den Nordirak. 100 000 Iraker sollen angeblich die Nordfront bei Mossul und Kirkuk halten – falls sie bereit sind zu kämpfen. An der Grenze zu Syrien sind jetzt amerikanische Spezialtruppen eingesetzt. Sie sollen eine Flucht Saddams ins Nachbarland verhindern.

Bagdad, Nationalmuseum, 10.40 Uhr

Hubschrauber, immer wieder überfliegen sie das Museum, sie fliegen tief, und ihr Rotoren-Geknatter ist so bedrohlich und laut, dass man sein eigenes Wort nicht verstehen kann, die drei Männer ziehen unwillkürlich die Köpfe ein. Sie haben sich ins Chef-Büro zurückgezogen: Dr. Dschabir Chalil sitzt hinter dem Schreibtisch und gibt sich Mühe, seine Nervosität zu verbergen. Sein Adlatus Donny George läuft im Raum auf und ab, der treue Muhsin Chadim steht an der Tür. Chadim war eben noch draußen, nur kurz, um zu gucken. Amerikanische Panzer, sagt er, sind jetzt die Abd-al-Nasser-Straße heruntergekommen. Sie stehen auf dem Alawi-Platz. Gleich an der Busstation. Könnte sein, sagt er zögernd, dass sie schießen.

Um kurz vor elf schlägt in der Vorderfront des Nationalmuseums eine Granate ein. Der dumpfe Knall dröhnt durchs Gebäude, man hört Glas zersplittern. Dann das Aufbellen eines Maschinengewehrs, kurz, heiser. Die drei Männer rühren sich nicht. Dann springt der Museumschef Chalil von seinem Schreibtischstuhl auf.

„Wir ... wir stecken mitten im Kampfgebiet“, sagt er, seine Stimme ist nicht sehr fest, „wir müssen hier weg, hier raus ...“

„Herr Direktor“, sagt Muhsin Chadim, Sachbearbeiter der Antikensammlung, „wenn ich darf, würde ich gern bleiben.“ Muhsin Chadim hat eine Mission.

Brücke des Boulevard des 14. Juli, Task Force 4-64, 11.45 Uhr

Die Amerikaner haben die Journalisten in diesen Krieg gebracht, weil sie den Krieg für gerecht hielten und sicher waren, dass sie ihn gewinnen würden.

Die Amerikaner hatten gehofft, dass das Konzept der „eingebetteten Journalisten“ vielleicht ein paar kritische Texte, aber auf alle Fälle eine Menge von begeisterten Reportagen über tapfere amerikanische Soldaten produzieren würde. Die Hoffnung trog nicht.

Und nun sind sie so gut wie am Ziel, nun haben sie gewonnen, nun können sie ihre Orden abholen und die Heldengeschichten lesen, und ausgerechnet jetzt machen sie einen solchen Fehler.

Um 4 Uhr morgens begann der Kampf um die sechs Brücken, die über den Tigris führen. „Er ist intensiver als alles, was wir bisher gesehen haben“, sagt Captain Phillip Wolford. Denn die Iraker konnten sich vorbereiten, sie haben Schutzwälle gebaut und Schießstände, sie haben gute Positionen für ihre Scharfschützen.

Und die Amerikaner werden hektisch. Sie werden beschossen, seit knapp fünf Stunden schon. Ein paar tausend Schuss wird Captain Phillip Wolford, Kampfname „Assassin Six“, am Ende des Tages abgegeben haben, es ist eine Orgie der Gewalt. Einmal sieht Wolford Männer auf dem Triumphbogen, und darum schießt er ein gewaltiges Loch in das Denkmal. Den Kommandanten eines Panzers trifft eine Kugel in die Schulter, und die Verletzung ist ziemlich ernst.

Zwei Panzer der Task Force 4-64 stehen auf der Brücke, ein dritter steht dahinter. Und wenn die Panzer ihre Kanonen nach rechts drehen, zeigen die auf zwei Türme, die gut einen Kilometer entfernt sind: rechts das „Sheraton“, links das „Palestine“. Es sind Türme, die keiner übersehen kann, „Türme wie früher die Twin Towers“, sagt ein Soldat hinterher. Das „Palestine“ ist 17 Stockwerke hoch, und oben prangt die Aufschrift „Hotel Palestine“. Vielleicht kann das nicht jeder Soldat von der Brücke aus mit bloßen Augen erkennen; mit Fernglas allerdings kann niemand daran vorbeilesen.

Die Kämpfe werden heftiger, und Captain Phillip Wolford bittet um Unterstützung aus der Luft.

Wolford, 35 Jahre alt, Kontaktlinsenträger, seit 14 Jahren verheiratet, Vater von drei Kindern, ist einer der vielen Soldaten hier, die nie etwas anderes werden wollten als Soldat. Es sind Tage wie dieser, der 8. April 2003, die Phillip Wolford erleben wollte. Vor diesem Krieg.

Sein Vater war in Vietnam, er war einer der Soldaten, die niemals über das sprachen, was sie erlebt hatten. Phillip Wolford sagt, dass genau dies ihn zur Armee gebracht habe: Er wollte wissen, wie es ist, er las Bücher, sah sich Filme an, als Kind spielte er Krieg. Und jetzt ist er hier, und er mag es.

Die Kämpfe werden noch heftiger, und ein Aufklärer meldet, dass es irgendwo auf der anderen Seite des Tigris einen irakischen Späher gebe, einen so genannten Forward Observer, einen vorgeschobenen Beobachter, dessen Job es sei, den Kämpfern die Ziele vorzugeben.

Forward Observers sind wichtige Männer im Bodenkampf: Sie dirigieren, sie korrigieren, jede Armee der Welt versucht deshalb, die gegnerischen Forward Observers zu erwischen.

„Wir waren unglaublich in Sorge“, sagt Jules Crittenden vom „Boston Herald“, eingebettet bei der A-Company der Task Force und als einziger Reporter an diesem Morgen am Schauplatz. „Alle versuchten herauszukriegen, wo dieser Späher saß – ehrlich gesagt, ich suchte auch nach ihm. Wir hatten alle die Sorge, dass uns eine Artillerie-Salve erwischen würde, und natürlich wollten wir nicht, dass das passiert.“

Zwei andere Reporter, Chris Tomlinson von AP und Greg Kelly von Fox, sind an diesem Morgen im Neuen Präsidentenpalast und hören die Funksprüche mit.

Und dort geht Colonel David Perkins zu Tomlinson, jedenfalls erzählt Tomlinson das so, und Perkins sagt, dass sie die Air Force herbeirufen würden. Perkins weiß, dass irgendwo auf der anderen Seite das „Hotel Palestine“ liegt, er weiß nur nicht genau, wo. Seine Satellitenkarten, so erzählt jedenfalls Tomlinson, sind zehn Jahre alt, die einzelnen Gebäude sind darauf nicht markiert.

Es wird hektisch.

Perkins bittet Tomlinson um Hilfe. Wegen der anstehenden Luftangriffe. Kann der AP-Reporter nicht seine Kollegen anrufen und herausfinden, wo exakt das „Palestine“ ist? Tomlinson versucht es. Er ruft das AP-Büro in Doha an und will erreichen, dass die Kollegen im Hotel endlich Transparente aus den Fenstern hängen, auf denen „Press“ oder „TV“ steht.

Das haben sie vergessen.

Das ist der einzige Fehler der Journalisten im „Palestine“.

Bagdad, „Hotel Palestine“, 11.50 Uhr

Sie haben die Luftangriffe überstanden. Und den Sturm auf Bagdad.

Was sie nun sehen, ist die letzte Schlacht dieses Krieges, da sind sie sicher.

Etwa 100 Journalisten wohnen im „Hotel Palestine“, ein paar von ihnen sind erst gestern hierher gekommen, als die Amerikaner das „Hotel al-Raschid“ angriffen.

Das „Palestine“ ist kein besonders gutes Hotel, die Zimmer sind klein und teuer, das Essen ist kalt und teuer, die Bar ist grell und teuer. Aber das „Palestine“ ist Bagdads Nachrichtenbörse, weil sie alle hier sind: die Agenturen, die großen Fernsehsender und die Kriegsfotografen, Männer wie der Magnum-Fotograf James Nachtwey.

Viele von ihnen haben den ganzen Morgen auf den Balkonen verbracht. Sie filmten und fotografierten, einige schauten auch einfach nur zu, denn die Balkone des „Palestine“ sind die Haupttribüne des Krieges: Von hier sieht man die Brücke, auf der drei amerikanische Panzer stehen, und man sieht die Iraker in ihren Schützengräben.

„Ich habe den ganzen Morgen Fotos gemacht“, sagt AFP-Fotograf Patrick Baz. Und alle hier sind sicher, dass die Amerikaner wissen, dass sie hier sind. „Sie konnten uns genauso sehen, wie wir sie sehen konnten“, sagt Baz.

„Die Kämpfe waren intensiv von 6 Uhr bis 11.20 Uhr, dann wurde es ruhig“, sagt Caroline Sinz von France 3.

Darum sind die meisten jetzt in ihren Zimmern. Geschichten schreiben, Fotos senden, mit den Redaktionen daheim telefonieren. Journalistenalltag.

Nur im 14. Stock dreht der spanische Kameramann José Couso noch.

Und eine Etage darüber, im 15. Stock, sitzt Taras Protsyuk, Kameramann für Reuters, auf dem Balkon jener Suite, die die Nachrichtenfirma gemietet hat. Protsyuk, gebürtiger Ukrainer, hat seine Kamera aufgebaut, aber er dreht nicht.

Sie denken, dass sie sicher sind.

Brücke des Boulevard des 14. Juli, Task Force 4-64, 11.55 Uhr

Chris Tomlinson, der AP-Reporter, versucht noch immer, seine Kollegen zu erreichen.

Die Männer in den Panzern sind schneller.

„Ich sehe den Forward Observer“, sagt einer der Panzerkommandanten, Sergeant Shawn Gibson, über Funk, dort drüben, auf der Ostseite des Tigris, sei der Kerl.

Wie schnell geht es dann?

Es gibt zwei Versionen.

Captain Phillip Wolford sagt, er habe sofort den Befehl gegeben zu feuern. „Ohne zu zögern, so ist die Regel“, sagt Wolford.

Sergeant Shawn Gibson aber sagt, dass er seinen Vorgesetzten den Späher gemeldet habe, und erst zehn Minuten später habe er den Befehl zu feuern erhalten.

Und dann schießt er.

Er schießt auf den Balkon, auf dem er den Mann mit dem Fernglas gesehen hat.

Und er trifft.

Bagdad, „Hotel Palestine“, 11.57 Uhr

Die Journalisten glauben nicht, dass sie angegriffen wurden. „Ich habe überhaupt nicht reagiert, ich habe gar nicht registriert, was passiert ist“, sagt Patrick Baz von AFP, „ich dachte, es sei das Gebäude nebenan gewesen.“

Und dann kommt die Panik. Die Schreie, die fliehenden Menschen, die Hilferufe. Und natürlich, gerade hier, gibt es auch welche, die sofort das tun, was sie gelernt haben: drehen, fotografieren, auf Sendung gehen.

Getroffen wurde der Balkon im 15. Stock. Taras Protsyuk, der Kameramann von Reuters, liegt bewusstlos auf dem Rücken. Kollegen rennen zu ihm, öffnen mit Gewalt seinen Mund, versuchen es mit Beatmung. Sie bringen Protsyuk in ein Krankenhaus, aber er stirbt.

Und eine Etage tiefer treffen die Splitter und Trümmer den spanischen Kameramann José Couso. Er hat tiefe Wunden in den Beinen und im Gesicht, er wird ins Krankenhaus gebracht, er stirbt.

Und drei Mitarbeiter von Reuters werden verletzt: der Techniker

Paul Pasquale, der Golf-Büroleiter Samia Nakhoul und der Fotograf Faleh Kheiber.

Brücke des Boulevard des 14. Juli, Task Force 4-64, 12 Uhr

Es hätte nicht passieren dürfen, es ist passiert. Und die Kommandeure der Task Force 4-64 können es nicht fassen.

Lieutenant Colonel Philip deCamp greift sich das Funkgerät in seinem Panzer und schreit: „Wer hat gerade das Palestinian Hotel beschossen?" Er sagt tatsächlich „Palestinian", also „Palästinenser-Hotel".

Und dann richtet sich deCamp direkt an Captain Phillip Wolford. „Did you just fucking shoot the Palestinian Hotel?", fragt er. „Hast du verdammt noch mal das Palästinenser-Hotel beschossen?"

Wolford schweigt. Er braucht ein paar Minuten.

Dann sagt er: „Ja, ja. Wir hatten einen Späher dort oben entdeckt."

Und deCamp sagt: „Ihr dürft nicht auf das Hotel schießen. Das ist ernst."

Und dann fährt deCamp mit seinem Panzer zum Schauplatz und spricht für ein paar Minuten persönlich mit Wolford.

Und der AP-Reporter Chris Tomlinson sagt zu Colonel David Perkins, dass es nun wohl zu spät sei.

„Ich weiß, ich weiß", sagt Perkins, „ich habe gerade den Befehl gegeben, dass unter gar keinen Umständen mehr irgendjemand auf das ‚Hotel Palestine' schießen darf, selbst wenn wir von dort beschossen werden."

Es ist ein verheerender Unfall, und es ist einer dieser Unfälle, die alles zunichte machen können, den Triumph, die Nachrichten, das Image.

Und die Amerikaner reagieren nicht gut. Brigadier General Vincent Brooks zum Beispiel sagt, dass seine Leute nur auf Feuer geantwortet hätten, dass von der Lobby gekommen sei. Warum haben sie dann auf die 15. Etage gezielt?

Das weiß Brooks nicht.

Colonel David Perkins, der Kommandeur der 2. Brigade, sagt, dass nicht die Amerikaner das Hotel in Bedrängnis gebracht hätten, sondern der Kerl, der von dort Granaten abgefeuert habe. Welche Granaten? „Es gab keine andere Wahl, als das Feuer zu erwidern und unsere Männer zu beschützen." Außerdem, so Perkins, seien die Journalisten gewarnt worden, dass es gefährlich sei, im von Irakern besetzten Teil Bagdads zu bleiben.

Es klingt nicht sehr souverän. Und ziemlich kalt.

Sie müssten ja nur die Wahrheit sagen: dass sie einen furchtbaren Fehler gemacht haben.

Sie waren schlecht vorbereitet, das ist im Grunde die ganze Geschichte.

Er habe ganz einfach nicht gewusst, dass in diesem Hotel Journalisten wohnen, sagt Captain Phillip Wolford. Das „Commitee to Protect Journalists" (CPJ) fordert eine Untersuchung durch das Pentagon, aber die gibt es nicht.

In einer internen Untersuchung der U. S. Army wird Captain Phillip Wolford ziemlich schnell freigesprochen. Und sein Kommandeur Philip deCamp schlägt ihn für den Silver Star vor wegen der glorreichen Schlachten um die Brücke des Boulevard des 14. Juli.

Bagdad, auf dem Parkplatz vor dem „Hotel Palestine", kurz nach 12 Uhr

Vor wenigen Minuten erst ist das Hotel von dem amerikanischen Panzer getroffen worden, und schon steht draußen auf dem Parkplatz Informationsminister Mohammed Saïd al-Sahhaf.

„Die Situation ist unter Kontrolle. Unsere Panzer sind im Einsatz und auch Saddams Fedajin. Wir werden sie zurück in ihre Panzer drängen und dann ganz aus der Stadt. Sie feuern auf zivile Wohnungen. Und sie haben das ‚Palestine' beschossen. Sie sind hysterisch."

Wäre es nicht Zeit aufzugeben?, fragt ein englisch sprechender Journalist.

„Sie werden aufgeben, oder sie werden in ihren Panzern verbrennen."

Er blickt über den Rand seiner Brille, er lächelt. Es ist ein anderes Lächeln diesmal. Es ist so ein Lächeln, das sagt: Ich weiß, dass ihr wisst, dass ich weiß. Es ist ein verzweifeltes Lächeln. Es sagt auch: Ich kann nicht anders.

Sie haben keine Angst?

„Überhaupt nicht. Gar nicht. Und auch Sie, Sie müssen keine Angst haben. Wir werden sie attackieren und zerstören. Machen Sie sich keine Sorgen."

Wieder dieses neue Lächeln.

Ein Reporter macht ihn darauf aufmerksam, dass drüben auf der anderen Seite des Flusses amerikanische Panzer zu sehen sind.

„Ich mache Sie", sagt Sahhaf, „darauf aufmerksam, dass Sie sich nun etwas weit weg bewegen von der Realität."

Sahhaf hat viele Sätze in diesem Krieg gesagt, dies war sein letzter öffentlicher.

Schon um 11 Uhr haben Radio und Fernsehen den Sendebetrieb eingestellt, einige Mitarbeiter des Informationsministeriums sind gar nicht mehr zur Arbeit erschienen.

Zusammen mit ein paar Journalisten macht Sahhaf noch eine Begehung des „Hotel Palestine". Dann steigt er in sein Auto, einen weißen Pick-up, und fährt weg.

Bagdad, im Stadtteil Sajuna, 13.30 Uhr

Margo Chatschaturian, eine armenische Hausfrau, gießt gerade heißes Spülwasser in die Plastikschüssel, als sie ein merkwürdiges Surren hört. Wie ein Ventilator, der heiß läuft. Flapp-flapp-flapp-flapp-flapp. Es wird lauter.

Und dann schlägt im Haus nebenan eine Bombe ein.

Margo heißt mit vollem Namen Margaret Marie Chatschaturian. Sie ist Mitte 50, eine kleine, feste Person, freundliche Augen, Angestellte in einer Kosmetikfirma. Ihr Mann James importiert Elektrospulen für Stromgeneratoren. Die Chatschaturians sind Armenier, vermögende Leute, sie wohnen eigentlich im Westen Bagdads, im wohlhabenden Viertel Amin. Aber als dort vor drei Tagen die ersten Granaten einschlugen, packten sie zwei Autos voll und fuhren zu Margos Schwager. Emanuel Baba, genannt Amu, ist der ehemalige Trainer der irakischen Nationalelf. Hier, in Amu Babas Haus, im Stadtteil Sajuna, im Südosten von Bagdad, seien sie sicher, entschied James.

Margo Chatschaturian versteht nichts von solchen Sachen. Aber sie begreift jetzt, dass James sich geirrt hat.

Die Explosion reißt das Nachbargebäude in zwei Stücke. Haut den vorderen, flachen Teil weg, der zerfetzte Rest des Daches stürzt ein, Margo hört ein grauenvolles Knirschen, als die Eisenträger nachgeben, Erde, Gesteinsbrocken, Möbelreste fliegen 30, 40 Meter weit.

Krachend fährt die Druckwelle in die umliegenden Häuser: Margo Chatschaturian torkelt in der Küche, schlägt mit der Schulter gegen einen Schrank, der Kessel mit dem heißen Spülwasser fliegt ihr aus der Hand und scheppert über den Boden, die Wände zittern und knacken bedrohlich, und weil alle Fenster mit einem Schlag zerplatzen, prasselt ein Splitterregen durchs Haus. Eine Staubwolke hängt in der Luft, gelblich, weißlich.

Sie rennt ins Wohnzimmer, wo der Kinderwagen steht – Sami, ihr Enkel, schreit, blutet an der linken Wange und am linken Arm, wo ihn Splitter getroffen haben. Margo hebt den Säugling aus dem Wagen, drückt das Kind an ihre Brust, redet beruhigend auf Sami ein, während sie Arme und Beine betastet, ob etwas gebrochen ist.

Ihre Söhne Edmund und Nicolas stürzen aus dem Garten ins Haus. Sie sehen aus wie Gespenster, die Gesichter weiß vom Mörtelstaub, aber sie sind unverletzt. Amu Baba humpelt herein, er saß ebenfalls im Garten, bei seinen Kanarienvögeln, er hustet, aber auch ihm ist nichts passiert. James poltert die Treppe runter, unverletzt sind auch Nora, die Tochter, und die Cousine Dina, sie haben ihre Putzeimer umgestoßen, das Wischwasser bildet eine schlierige Pfütze auf dem Marmorboden. Nur Edmunds Frau, Anahid, hat eine Fleischwunde am Bein. Edmund pinselt Mercucrom auf das Bein seiner Frau, verbindet die Wimmernde. Margo beruhigt Micky, der wie wahnsinnig kläfft, ein grauer, kleiner Mischlingsrüde. Dann trägt sie den kleinen Sami ins Badezimmer, um die Wunden auszuwaschen.

James lässt sich auf einem Sessel im Wohnzimmer nieder, er zittert, ihm ist schlecht, der Schock. Nach und nach kommen die anderen hinzu, keiner ist ernsthaft verletzt; aber was jetzt?

Sie sehen sich um. Überall Glassplitter, die Wände haben Risse.

„Packt alles ein“, sagt James. „Wir fahren zurück nach Amin.“

Bagdad, al-Dschasira-Büro, 14.30 Uhr

Die Amerikaner kommen vom Norden her. Starke Panzerverbände sind gegen 12 Uhr die Raschid-Straße, auf der anderen Seite des Tigris, entlanggerollt, dann sind sie rechts abgebogen auf die Sinak- und die Dschumhurija-Brücke, und die halten sie seitdem. Von den Brücken aus kann man beide Ufer unter Feuer nehmen, seit 14 Uhr haben sie auch ein paar Mal das Gebäude des arabischen TV-Senders al-Dschasira beschossen. Etwa 20 Menschen befinden sich im

Haus, die meisten sitzen im Pausenraum, manche in den Büros. Tarik Adschub, der Kameramann, ist auf der Dachterrasse. Es ist staubig hier oben, acht mal acht Schritte, in der Mitte steht eine Art Zelt aus Aluminiumstangen und einer alten Militärplane, an den Dachrand hat Umari ein paar Sandsäcke stapeln lassen. Von hier aus überblickt man das Tigris-Ufer nach Nordwesten und Südosten, außerdem die beiden Brücken. Adschub dreht für einen Drei-Minuten-Bericht: Vormarsch der Amerikaner. Er hat eine Splitterschutzweste angelegt, schwarz und schwer, er hasst das Ding.

Sein Chef und Freund Diar al-Umari, der Leiter des Büros, kommt die schmale Treppe hinauf aufs Dach, er winkt Adschub zu sich.

„Komm jetzt runter", befiehlt er.

„Was ist mit der Kamera", sagt Adschub, „wir können sie doch nicht hier lassen."

„Komm runter", wiederholt Umari gereizt, er schiebt den anderen vor sich her.

Bagdad, Platz der Gerechtigkeit

Für den General Ali al-Mussawi, der seit Kriegsbeginn auf dem Platz der Gerechtigkeit den Zivilschutz des Viertels organisiert, ist dieser 8. April „der Tag der großen Konfusion". Gegen 8 Uhr hat sich der irakische Informationsminister zum letzten Mal per Staatsfunk gemeldet: „Die US-Panzer werden zu den Särgen der GIs." Mussawi weiß, Sahhaf lügt. Trotzdem bewundert er den Minister: „Das waren patriotische Lügen. Sahhaf war noch da, als alle anderen Bonzen schon abgehauen waren."

Gegen Mittag fährt er nach Hause, wechselt die Generalsuniform gegen eine ohne irgendwelche Rangabzeichen und kehrt auf seinen Posten zurück. Auf dem Adli-Platz ist kaum noch Verkehr. Nur wenige Autos und ein paar Fußgänger sind unterwegs. „Das war die Republikanische Garde in Zivil. Darunter waren viele Offiziere, die erkenne ich an den Pistolen." Mussawi versucht, einen der Garde-Offiziere nach der militärischen Lage zu fragen: „Ich gehe jetzt nach Hause, wenn dir das nicht passt, knalle ich dich ab", ist die Antwort.

Der General möchte auch nur noch heim – er bleibt dennoch: „Ich bin Offizier, ich tue meine Pflicht." Befehle bekommt er keine mehr. Gegen 6 Uhr abends lässt auch Mussawi sich endlich nach Hause fahren. Seine Hoffnung auf eine ehrenhafte Niederlage hat sich nicht erfüllt. „Da ist nicht alles mit rechten Dingen zugegangen. Hätte es wirklich eine Schlacht um Bagdad gegeben, dann hätte das Wochen und nicht Tage gedauert. Es muss Verrat gegeben haben."

Bagdad, Nationalmuseum, 14 Uhr

Muhsin Chadim, der Wächter aus der Ausgrabungsabteilung, hat sich Gesicht, Hände und Füße gewaschen, dann gebetet, anschließend etwas Käse und Kekse gegessen, jetzt sitzt er auf einem Stuhl. Er sitzt in der Vorhalle des Nationalmuseums, wo sich sonst Besuchergruppen, Schulklassen, Touristen drängen, sonst ist hier immer Geschrei, Geschiebe, Stimmengewirr, Garderobe, Postkartenverkauf, Taschenabgabe, aber jetzt sitzt nur der kleine, stämmige Mann auf einem abgeschabten Holzstuhl, die Kalaschnikow quer über seinen Knien.

Das Schießen draußen hat für einen Moment aufgehört. Chadim lauscht, er weiß nicht, worauf, aber ihm ist, als ob eine innere Stimme sagte: Hier gehörst du hin.

Sein oberster Chef, der Museumsdirektor Dschabir Chalil und dessen Adlatus Donny George haben um kurz nach 11 Uhr das Museum durch einen der Hinterausgänge verlassen – als die Kämpfe näher kamen, als nebenan Granaten einschlugen. Muhsin Chadim blieb.

Er ist der Letzte hier. Hüter der Schätze, Wächter über 170 000 Kostbarkeiten.

Chadim ist ein korpulenter Mann, 59 Jahre alt, Sohn eines Bauern aus der Nähe von Babel. Von klein auf hatte Chadim nur ein Interesse, nur eine Leidenschaft: Altertümer. Etwas zu finden, auszugraben, das andere Menschen vor 1000 Jahren benutzt haben, eine Tontafel, ein Werkzeug, ein Amulett, es behutsam abzustauben, es in eine Vitrine zu stellen, wo niemand es berühren, aber alle es bestaunen können – das ist für Muhsin Chadim das Abenteuer seines Lebens.

Und deshalb ist Muhsin Chadim, Sachbearbeiter in der Antikenabteilung des Nationalmuseums, bereit, dieses Museum zu verteidigen, auch mit seinem Leben.

Bagdad, im Stadtteil Sajuna, 15.10 Uhr
Los jetzt. James Chatschaturian, der vor zwei Stunden den Einschlag einer Bombe knapp überlebte, drängt zum Aufbruch. Vielleicht schicken die Amerikaner gleich noch eine zweite, eine dritte Bombe hinterher. Die Chatschaturians schleppen alles zu ihren Wagen: Decken, Milchpulver, Lebensmittel, die Tasche mit den Pässen, den Beutel mit dem Gold, dem Schmuck, den Dollarnoten. Amu Baba verlangt, dass seine Kanarienvögel mitkommen, er hat neulich erst zwei Vögel hinzugekauft, für 70 000 Dinar, rund 36 Dollar. Also schleppen Edmund und Nicholas die neun Käfige mit insgesamt 17 Vögeln zu dem weißen Nissan Pick-up. Die jungen Männer zurren mit einer Schnur die Käfige mit den aufgeregt tschilpenden Vögeln auf der Ladefläche fest. Margo hat das Baby, den kleinen Samuel.

James steuert den Pick-up, er fährt voran, langsam, vorsichtig, Nicholas folgt im blauen Mercedes 200 E, Edmund steuert den weißen Mercedes 190. Von Sajuna aus sind es etwa 20 Minuten zu ihrem Haus im Stadtteil Amin.

Die Straßen in Sajuna sind menschenleer. Sie fahren vorbei an kleinen, ockerfarbenen Villen mit Gärtchen, rechts vorbei an der Wahib-Faradsch-Moschee, links an der Hadschi-Schule, dann wieder rechts, James will auf den Zubringer zur Stadtautobahn abbiegen, aber das geht nicht.

Fedajin, irakische Soldaten, haben einen Lkw quer gestellt, den Zubringer verbarrikadiert und sich mit Maschinengewehren verschanzt. Einer der Männer kommt auf sie zu. Margo schreit auf.

Aber der Fedajin-Kämpfer winkt sie nur nervös weiter.

Sie fahren geradeaus weiter, ein kleiner Umweg, aber es sind höchstens noch sieben, acht Minuten zu ihrem Haus.

Zu ihrem Haus, wo sie in Sicherheit sind.

Margo betet stumm: Gott im Himmel, Du hast uns vor der Bombe beschützt, beschütze meine Familie auch weiterhin, das Kind, das ich in meinen Armen halte, es hat niemandem etwas getan, wir danken Dir für Deine Güte.

Da vorn, etwa 100 Meter weiter, müssen sie rechts auf die Baladija-Straße abbiegen, dann noch einmal rechts, dann sind sie da. Margo blickt aus dem Fenster: ein freier Platz, die Erde ist aufgewühlt. Was Margo Chatschaturian übersieht, sind die Köpfe der

Fedajin, die sich auf dem freien Feld eingegraben haben. James fährt weiter, auf die Kreuzung zu, als die Amerikaner das Feuer eröffnen.

Es sind Marines, 2. Bataillon, 23. Regiment, sie kommen vor allem aus Las Vegas und Salt Lake City – sie nennen sich „The Sinners and the Saints“, Sünder und Heilige, eine Anspielung auf die Spielerstadt Las Vegas und die Mormonen-Metropole. Die US-Soldaten halten seit etwa zwei Stunden den Gebäudekomplex an der Kreuzung Maschat- und Baladija-Straße. Ihnen gegenüber verschanzt in Schützengräben und hinter Sandsäcken liegen die Iraker. Es ist heiß an diesem Nachmittag und totenstill, wie ausgestorben, als die drei Wagen der Chatschaturians langsam auf den Gebäudekomplex zusteuern. James Chatschaturian in dem weißen Pick-up voran, gefolgt von Nicholas und Edmund. Sie fahren etwas mehr als Schritttempo, James will vor dem Gebäude rechts abbiegen.

Doch dann knallen Schüsse.

Die Marines zielen auf die Fahrer.

40 Kilometer südöstlich von Bagdad, Verteidigungsstellung des 1. Bataillons des 5. Marines-Regiments

Lieutenant Colonel Fred Padilla fährt mit seinem „Humvee“, begleitet von zwei Marines, durch einen Vorort von Bagdad, auf der Suche nach einem geeigneten Quartier für das zentrale Kommando der Marines. Es ist eine ihrer Aufgaben, so einen Ort am Rande Bagdads ausfindig zu machen. Südöstlich der Hauptstadt sind sie nun gelandet, die Marines des 1. Bataillons, die am 20. März als erste US-Soldaten von Kuweit aus in den Irak gezogen waren. Seit Second Lieutenant Childers an jenem ersten Kriegstag starb, hatten sie keine größeren Gefechte mehr zu überstehen.

Der Bataillonskommandeur Padilla durchsucht in diesem südöstlichen Vorort von Bagdad ein verlassenes Gefängnis, findet zwei offene Tresore mit Resten irakischen Geldes. Als er das Gebäude verlässt, bittet ihn eine Gruppe von Einheimischen, ihnen zu folgen. Padilla setzt sich in den Jeep und fährt ihnen langsam hinterher. Nach zehn Minuten kommen sie zu einem Gebäude, das ebenfalls aussieht wie ein Gefängnis. Padilla ist jetzt umringt von etwa hundert Einheimischen, die auf ihn einreden. Er hat nur seine Pistole dabei, er überlegt umzukehren, aber sie drängen ihn zu einer Tür. Sie ist nicht verschlossen. Er zieht sie auf und Hunderte Kinder und

Jugendliche zwischen 10 und 16 Jahren strömen ihm entgegen. Padilla hat zufällig ein Kindergefängnis befreit. Die Einheimischen haben sich das noch nicht getraut. Wofür die Jugendlichen eingesperrt wurden, weiß Padilla nicht, aber er hat ein gutes Gefühl, als er wieder zurück in das Lager der Marines an der Straßenkreuzung fährt. Er hat was getan.

„Ich mochte diesen Krieg nicht so sehr wie den letzten Golfkrieg. Die Fronten waren nicht so klar. Ich habe wenig Leute getroffen, die sich wirklich über uns zu freuen schienen. Da sind solche Erlebnisse natürlich schön", sagt Padilla.

Im Lager erfährt er, dass sie in der Nacht vom 9. zum 10. April nach Bagdad sollen, einen der noch nicht eroberten Paläste von Saddam Hussein stürmen. Er soll bewacht sein von seinen besten Soldaten. Am ersten Kriegstag zogen seine Soldaten als Erste in den Krieg, und nun sollen sie die letzte Bastion des Diktators in Bagdad stürmen.

Padilla empfindet das als gute Nachricht.

Bagdad, Maschat-Straße, 15.35 Uhr

James Chatschaturian im weißen Pick-up wird dreimal getroffen: in die Wange, in die Stirn, in die Brust, er lebt nur noch Minuten.

Sein Sohn Nicholas im blauen Mercedes stirbt auf der Stelle, getroffen in Mund, Hals und Brust. Margo, neben Nicholas auf dem Beifahrersitz, drückt das Baby in den Fußraum, kauert sich darüber. Die drei jungen Frauen auf dem Rücksitz, Nora, Dina, Anahid, die eine Fleischwunde am Bein hat, ducken sich. Ein lautes Krachen direkt neben dem Wagen, Nora spürt heftige Stiche in ihrer linken Schulter, es sind Granatsplitter. Sie tastet zu ihrer Schulter, die ist ganz warm und nass. Kugeln durchsieben eine Tüte mit Lebensmitteln, Nudeln und Milchpulver rieseln auf die Frauen.

Nur Dina ist unverletzt. Sie springt aus dem Wagen. Sie trägt ein weißes T-Shirt, darunter einen Büstenhalter, sie reißt sich das Shirt vom Leib, schwenkt den weißen Stoff über ihrem Kopf und schreit. „No more killing!", schreit sie, so laut sie kann, in die Richtung, aus der die Schüsse kamen, wo sie die Amerikaner vermutet, und: „Peace! Peace! We are civilians!"

Margo drückt die Autotür auf, krabbelt ebenfalls aus dem Wagen, schreit, ihre Stimme überschlägt sich: „We have a baby! We are women! Peaceful people!"

Stille. So plötzlich, wie das Schießen begonnen hat, hört es wieder auf. Margo und Dina stehen neben dem Wagen. Margo stolpert zu dem Pick-up vor, fällt gegen die Heckklappe, auf der Ladefläche die neun Vogelkäfige, darin 17 panische Kanarienvögel, Margo taumelt zur Fahrerkabine, sieht ihren Mann, Blut läuft aus seiner Wange, aus seinem Mund, aber er lebt noch.

„James, bitte, bitte ...“, flüstert Margo Chatschaturian.

„Die – Jungfrau – Maria ...“, sagt James noch, dies sind seine letzten Worte.

Etwa 30 Meter weiter hinten steht der dritte Wagen, der weiße Mercedes. Edmund lebt. Er ist so tief wie möglich hinter das Lenkrad gerutscht, er weiß nicht, was er machen soll. Er muss jetzt alle retten, aber wie? Vorsichtig gibt er Gas, fährt vor bis neben den Wagen seines toten Bruders, er streckt den Kopf aus dem Wagenfenster, ruft Dina zu, sie sollen sofort bei ihm einsteigen, nichts wie weg hier. In diesem Moment setzt das Schießen wieder ein.

18 Schüsse peitschen ins Auto. Acht Kugeln durchschlagen die Windschutzscheibe des weißen Mercedes 200 E, fünf die Motorhaube, zwei das Dach, drei die Holme. Edmund stirbt auf der Stelle.

Auf der Ladefläche des Nissan Pick-up, verteilt auf neun Käfige, flattern 17 Kanarienvögel auf und ab, die meisten sind gelb.

Bagdad, al-Dschasira-Büro, 16.58 Uhr

Eine Panzergranate rast direkt vor dem Gebäude des Fernsehsenders al-Dschasira in den Fußweg, Sand, Schilf, Schlamm spritzen weithin. Zwei Minuten später kracht eine Bombe in das Nebengebäude, die Detonation zerstört einen der letzten regierungseigenen Stromgeneratoren und erschüttert das al-Dschasira-Haus. Tarik Adschub ist im Büro seines Chefs Umari.

„Die Kamera“, Adschub springt zur Tür, „ich muss aufs Dach, die Kamera wieder einrichten ...“

Er rennt hinaus.

„Bleib hier“, brüllt Umari.

„Bin gleich wieder da“, ruft Adschub. Er trägt noch die kugelsichere Weste. Adschub läuft über die Dachterrasse. Die Kamera stand am Rand bei den Sandsäcken, das Stativ ist durch die Explosion umgefallen, Adschub hebt die Kamera aus dem Staub, als ihm ein Granatsplitter durchs Armloch seiner Weste fährt. Der Splitter reißt ein Loch in Adschubs Brustkorb, etwa so groß wie eine Kinderhand. Adschub wird zurückgeschleudert, mehr als drei Meter weiter, mit dem Rücken gegen eine Zeltstange. Dort bleibt er liegen, versucht zwar noch, sich an der Zeltstange aufzurichten – später werden seine Kollegen die blutigen Handabdrücke auf dem Aluminiumrohr sehen –, doch wahrscheinlich reicht dafür seine Kraft nicht mehr aus. Tarik Adschub, 32, verblutet.

Umari findet seinen Freund und Kollegen etwa um 17.10 Uhr. Gemeinsam mit zwei anderen Männern trägt er den Toten hinunter, sie legen ihn auf den Fußboden im Aufenthaltsraum, fast alle weinen. „Ich habe ihn gebeten, nicht hochzugehen", sagt Umari gepresst, mehr zu sich als zu den anderen. Er denkt daran, was seine Frau seit Kriegsbeginn ständig zu ihm sagt: Wenn wir sterben, dann alle zusammen.

Katar, im Centcom der US-Truppen

Für Vincent Brooks wird es heute eine schwere Stunde werden, beim Presse-Briefing. Er könnte jetzt an dem dunkelhaarigen kleinen Mann rechts vor ihm vorbeischauen. Aber Brooks ist Soldat. Er geht an die Front: „Bitte, Hassan."

„Hassan Bashidi von al-Dschasira. Heute hat Ihr Flugzeug das al-Dschasira-Büro in Bagdad getroffen." Zu diesem Zeitpunkt weiß man in Doha noch nicht, dass es wohl ein Granatsplitter und kein Flugzeugangriff war. „Einer unserer Kollegen ist bei dem Angriff getötet worden. Das Büro von Abu-Dhabi-TV ist ebenfalls getroffen worden, ebenso wie das ‚Hotel Palestine', in dem viele Journalisten wohnen. Bedeuten diese Angriffe, dass Sie Ihre Angriffe auf Bagdad verstärken und keine Journalisten mehr gebrauchen können, die über dieses Blutbad berichten? Danke."

Vincent Brooks: „Nun, Hassan, wenn ich darf, lassen Sie mich zuerst sagen, dass wir den Verlust von Leben der Korrespondenten bedauern und auch der Familie Ihres Kollegen unser Beileid ausdrücken, genauso wie den Familien der anderen Journalisten, die ihr Leben in diesem Konflikt eingebüßt haben. Es ist wirklich zutiefst unglücklich. Wir sind uns sicher, dass wir nicht auf Journalisten zielen. So etwas tun wir nicht."

Bagdad, Maschat-Straße

Weg hier, die Chatschaturians können auf der Straße nicht bleiben, Dina ist die Erste, die das begreift, die erkennt, dass sie auf dieser breiten, menschenleeren Straße völlig ungeschützt sind, hinter sich die irakischen Soldaten, vor sich, ebenfalls unsichtbar, die Amerikaner. Aus den Motorhauben der Autos steigt Rauch. Dina hört das Baby schreien, eigentlich nur noch krächzen. Es riecht nach Benzin und Metall. Dina hat plötzlich Filmszenen vor Augen, in denen die Autos explodieren.

Das Kind. Sie müssen hier weg. Wohin? Dina schaut sich um. Hinter ihnen, links an der Palestine Road, stehen zweistöckige Häuser, aber bis dort sind es zehn Minuten, mindestens.

Schaffen sie nie.

Also geradeaus und quer über die Kreuzung. Dorthin, woher die Schüsse kamen, zu jenem Wohnkomplex, in dem sich die Amerikaner verschanzt haben, vielleicht gibt es da ja nicht nur Menschen, die schießen, sondern auch jemanden, der hilft. Sie müssen es riskieren. Es gibt keine andere Möglichkeit.

Dina rennt zu Margo, die neben ihrem toten Mann am Pick-up steht, erstarrt wie eine Fotografie, sie führt sie, schiebt sie weg von dem Wagen, redet auf sie ein. Sie hilft Nora, sie zieht Anahid aus dem Wagen. Bis zu den Häusern sind es knapp 80 Meter, 50 Meter bis zur Kreuzung, dann nochmals 30 Meter bis zu den Gebäuden. Margos Lippen sind zerbissen. Aber sie trägt jetzt das Baby, sie krümmt sich schützend über den kleinen Körper.

Dina stützt Nora, deren linke Schulter ein einziger Fleisch- und Blutbrei ist. Amu Baba hilft der humpelnden Anahid. Vier Frauen, ein Säugling, ein Fußballtrainer: die Überlebenden der Familie Chatschaturian, tot sind Margos Ehemann und die beiden Söhne.

Das Kind hat aufgehört zu schreien. Kein Laut ist zu hören, kein Mensch zu sehen. Noras Gesicht ist so weiß, dass es leuchtet. Sie ist vorhin in Ohnmacht gefallen, als Dina sie aus dem Mercedes zog, sie verliert ein zweites Mal das Bewusstsein, als sie mitten auf der Kreuzung sind. Beide Male kann Dina sie halten und behutsam zu Boden lassen. Nach ein, zwei Minuten kommt Nora wieder zu sich.

Und weiter. Wie in Zeitlupe, so kommt es Dina vor.

Niemand schießt.

In dem Haus, das die Chatschaturians als erstes erreichen, sind an der Vorderfront und im Erdgeschoss kleine Geschäfte, sie sind jetzt leer, die Rollläden und Eisengitter sind heruntergelassen. Die Chatschaturians wanken und fallen gegen die Wand, ratlos, da sieht Margo einen Mann, der ihnen entgegeneilt. Er ist groß, stark und dick und trägt eine gelbe Ghalabia, ein langes, hemdartiges Gewand.

Der Mann heißt Hassan Nassir Hussein, seine Familie und er leben in einer kleinen Erdgeschosswohnung an der Rückseite des Gebäudes, und Hussein hilft ohne Zögern. Er hebt Nora, die einer Ohnmacht nahe ist, auf wie ein Kind, geleitet die Familie in seine Wohnung. Seine Frau holt Wasser, Tücher, Anahid wird aufs Sofa gelegt, ihr Blut sickert in den rotgeblümten Bezug, Nora wird auf eine Matratze gebettet. Hussein rennt los, um jemanden mit einem Auto zu suchen.

Allah will, dass man Menschen hilft, die in Not sind.

Hussein kommt schnell zurück, im Schlepptau einen amerikanischen Sanitäter, der hinter dem riesigen Araber aussieht wie ein Schuljunge. Der Sanitäter verbindet Anahid, versorgt Noras Schulter mit Kompressen. Hussein ist wieder losgelaufen, nun bringt er den Fahrer eines Krankenwagens. Nora wird ins Ibn-Anafis-Krankenhaus gebracht.

Zwei der drei Wagen der Chatschaturians, die verlassen auf der Kreuzung stehen, werden noch in derselben Nacht geplündert, die Diebe brechen die Radios heraus, finden den Schmuck, das Gold, die Papiere, sie schnappen sich sogar die Käfige mit den Kanarienvögeln. Doch an den weißen Mercedes, den Edmund zuletzt fuhr, hat ein Unbekannter einen großen Zettel unter die Scheibenwischer geklemmt, darauf steht auf Arabisch: Wisset, dass Allah das Plündern und Stehlen verbietet.

Die Plünderer lassen die Finger von diesem Wagen.

Bagdad, Studiogelände des irakischen Rundfunks, 17.30 Uhr

Der irakische Informationsminister Sahhaf sitzt mit Dr. Abd al-Kadir al-Dilami in einem Übertragungswagen, der im Hof des Rundfunkgebäudes geparkt ist. Dilami ist 60 Jahre alt, er hat an der Freien Universität in Berlin promoviert. Thema: „Die Entwicklung der irakischen Literatur nach 1960“. Er kehrte Mitte der achtziger Jahre zurück in den Irak, auch auf Betreiben seines alten Freundes Mohammed Saïd al-Sahhaf. Er ist Dozent für Kommunikationswissenschaften, und er ist einer der Berater, mit denen sich Sahhaf bisher jeden Morgen getroffen hat, um die Lage zu erörtern. Heute Morgen haben sie sich nicht getroffen. Es ist zu spät für neue Tricks und Psychologie.

Der Minister isst ein spätes Mittagessen. Sahhaf wirkt gut gelaunt, er macht sogar Witze. Sie plaudern, es gibt keinen Auftrag für Dilami, später wird er erzählen, dass Sahhaf wohl nur ein wenig Gesellschaft wollte. „Du bist ein Antidemokrat“, sagt Sahhaf schließlich. „Vergiss das nie.“

Dilami versteht das als Drohung: Sahhaf könnte ihn verraten im neuen Irak.

Hilla, bei der 101. Airborne Division

Die 101. Airborne Division hat sich zum zweiten Mal nach Hilla gewandt und gewinnt an diesem Dienstag endlich die Kontrolle über die Stadt. Major Doris Garcia kann nun auch diese Stadt in den Versorgungsplan ihrer Division aufnehmen. Neun Tage zuvor, beim ersten Angriff, als die Armeeführung noch meinte, schnell und ohne große Zwischenstopps nach Bagdad durchmarschieren zu können, waren die Gefechte hier hart und fordernd.

Nun bietet sich den vorrückenden Truppen und den Helikoptern über ihren Köpfen das mittlerweile übliche Bild. Die Armee des Gegners hat sich aufgelöst. Saddams Männer sind desertiert. Die Artilleriestellungen liegen verlassen, die Luftabwehr schweigt. Nur noch Einzelne stemmen sich, mit Pistolen und Gewehren in den Fäusten, gegen den amerikanischen Sieg.

Nun ist Bagdad nah. Und eine Vorhut der 101. Airborne Division unterstützt schon die 3. Infanterie-Division rund um den Flughafen der Hauptstadt. Major Garcias „Eagle Express“ fährt täglich weitere Wege. Mit jedem Vorrücken fahren die Laster ein Stück weiter von und nach Kuweit. Bald werden sie regelmäßig wie eine gut organisierte Spedition bis Bagdad fahren.

Und wenn Bagdad fällt, wird der Rest, der ganze irakische Norden, nur noch eine Formsache sein. Major Garcia freut sich auf Bagdad. Sie wird dort, was sie in diesen Augenblicken noch nicht weiß, ihren Mann Rick wiedertreffen, den Sanitäter, nach zwölf Tagen großer Ungewissheit.

Major Garcia und die Kommandeure führen Buch über das Kriegsgeschäft ihrer Division, nicht Geld bilanzieren sie, sondern Munition und Kills.

Die Hubschrauber der 101. Airborne Division, die „Apaches“ und die „Kiowas“, verschießen in diesem Irak-Krieg während 6000 Flugstunden im Kampf 20 207 Schuss 30-Millimeter- und 25 000 Schuss 50-Millimeter-Munition, dazu 10 radar- und 260 lasergesteuerte „Hellfire“, 456 „High Explosive“- und 298 andere Raketen, davon 61 des Typs „Flechette“.

Die „Flechette“ ist eine moderne Waffe mit archaischer Füllung. Sie trägt 1180 größere und 1440 kleinere Stahlpfeilchen, alle so lang wie ein Fingerglied und dünner als ein Streichholz, sie sehen genauso aus, wie Kinder Pfeile malen. Im Moment des Einschlags schwirren sie los in einer vernichtenden Wolke und reißen die Welt in 40 Metern Umkreis in Stücke.

Die 101. Airborne Division reißt in den Städten des Irak vieles und viele in Stücke und macht große Flächen dem Erdboden gleich. Niemand weiß, wie viele Menschen durch den Beschuss mit Raketen sterben, wie viele von Saddams Soldaten ums Leben kommen, wie viele Zivilisten es trifft. Keiner zählt sie. Gezählt wird allein der Verlust an Material, der Verlust des Gegners an Ausrüstung und Waffen, an materieller Kampfkraft. Die 101. Airborne fügt dem Gegner große Verluste zu, sie erstattet dem Oberkommandierenden präzise Bericht.

In den zwei Schlachten um Hilla trifft es 58 Luftabwehrsysteme, 51 Artillerieposten, 10 Radaranlagen, 373 Panzer, Laster, Jeeps.

In Nadschaf sind es 22 Luftabwehrbatterien, 6 Artilleriestellungen, 10 Ausrüstungslager, 8 Radareinheiten und 230 Fahrzeuge aller Art.

In Kerbela zerstört die 101. Airborne aus der Luft 76 Abwehrkanonen, eine Artilleriestellung, 86 Militärgebäude, 7 Radaranlagen, 38 Fahrzeuge.

In der „Lücke von Ramadi“, westlich Bagdads, vernichten die Raketen 14 Luftabwehrbatterien, 18 Artillerieeinheiten, 20 Waffen- und Munitionsdepots, 4 Radargeräte, 15 Panzer, die Reste von Saddams Hammurabi-Division.

In der Zone „Destiny“ im Südosten Bagdads vernichten die Helikopter der 101. Airborne 16 Luftabwehrstellungen, 19 Artillerieeinheiten, 60 Bunker und andere Anlagen, 80 Fahrzeuge.

Die Militärs nennen jeden dieser Treffer einen Kill. Die 101. Airborne killt insgesamt 256 Luftabwehrstellungen, 110 Artillerieeinheiten, 47 Radaranlagen, 287 Stück Militäreinrichtungen der unterschiedlichsten Art und 838 Jeeps, Laster, Panzer, Kettenfahrzeuge. Alle Zahlen zusammengerechnet sammelt sie 1549 Kills.

Der Preis dafür ist erstaunlich niedrig. Die Iraker treffen 22 Hubschrauber der 101. Airborne Division, ohne einen davon wirklich abzuschießen. Ein halbes Dutzend Helikopter geht bei Unfällen zu Bruch, immer bei Starts und Landungen in den widrigen Verhältnissen der Wüste. Vier Soldaten der 101. Airborne Division sterben, verletzt werden sechs, sieben Dutzend. Diese Verluste sind, in der Logik eines Donald Rumsfeld, angesichts eines schnell gewonnenen Kriegs, angesichts der Eroberung eines Landes von der Größe Frankreichs in kaum drei Wochen, eigentlich nicht der Erwähnung wert. Das ist ein Krieg nach seinem Geschmack – schnell, risikolos, erfolgreich.

Major Garcia wird sich in Bagdad ihr größtes Problem vom Hals schaffen. Sie wird Lastwagen kaufen. Nicht einfach beschlagnahmen, weil nur staatliches Eigentum des Feindes einfach beschlagnahmt werden darf. Nein, sie wird Geld in die Hand nehmen und einkaufen gehen. Sie wird bei einem Händler 40 Laster finden und bei einem anderen 60, das macht 100 Stück. Major Garcia wird 100 schöne, gute Lastwagen zusätzlich haben, 7,5-Tonner, Sattelschlepper, sie wird nach Wochen des quälenden Mangels in Transportkapazitäten schwimmen. Es wird ein Fest sein. Und es wird sich anfühlen für Doris Garcia, als hätte sie ihre Schlacht am Ende gewonnen.

Bagdad, Kindi-Hospital

Die Scheiben des Krankenhauses klirren von nahen Explosionen. Der Krieg reduziert die Belegschaft im Kindi immer weiter, täglich kommen weniger Schwestern, weniger Pfleger, weniger Ärzte zum Dienst, der keinerlei Regeln mehr folgt. Im Ärztehaus wohnen jetzt fünf Arztfamilien. Dr. Aradi operiert ohne Pause inmitten des Schlachtfelds, das Bagdad in diesen Stunden ist. „Theatre of operations", so heißt Schlachtfeld auf Englisch. Operationssaal heißt: „operation theatre". Die Szenen drinnen und draußen gleichen sich an. Überall Krieg.

Der Krieg steht in der Notaufnahme, grauer Terrazzo-Boden, zwölf mal acht Meter, an diesem Dienstag sind es 142 Verletzte, die hereinkommen, so viele waren es noch nie. Dr. Baschir, der Leiter der Notaufnahme, teilt sie auf wie ein Arzt aus alter Zeit auf dem Schlachtfeld, nach dem Verfahren der Triage: Er kümmert sich nicht mehr um die Leichtverletzten, er kümmert sich nicht mehr um die zum Tode Verurteilten; er konzentriert sich nur noch auf die Schwerverletzten, die vielleicht noch zu retten sind. Es sind zu viele, viel zu viele, und es sind kaum noch Ärzte da, die Medikamente werden knapp, es fehlt sauberes Wasser, saubere Wäsche, es fehlt an allem, es wird sehr eng jetzt.

Falludscha, im Polizeigefängnis

Wieder werden François Calas, der verschleppte Leiter der „Ärzte ohne Grenzen", und sein Mitgefangener aus der Zelle geholt, in Busse gesteckt und nach Ramadi gekarrt, diesmal, 100 Kilometer westlich von Bagdad. Alle Gefangenen haben ihre Kleider und Utensilien zurückerhalten, einer sogar seinen Privatrevolver. Nur François Calas muss weiter in dem Gefängnispyjama und den Schlappen herumlaufen. Ein Wärter sagt. „Ihr werdet bald frei sein." Ein anderer: „Manche werden bald freikommen." Und alle sollten ihre Decken mitnehmen.

In dem neuen Gefängnis werden sie in zwei Gruppen aufgeteilt und in zwei Räume gesperrt. Es ist sehr eng. Die Gefangenen sind gereizt. Calas denkt: „Was, wenn die Wärter verschwinden und uns zurücklassen?" Die Vorstellung, irgendwann nach Ende des Krieges gefunden zu werden, verdurstet, mit zerschundenen Fingern vom Kratzen an der Mauer. Unter einem Berg von anderen Körpern. Nicht daran denken. Nicht denken.

Neuer Präsidentenpalast,
2. Brigade der 3. Infanterie-Division, abends

Colonel Perkins war heute auf Sightseeing-Tour. Er sah sich diese Brücke bei Hindija noch einmal an, jenes wacklige Ding aus Beton und Stahl, wo Captain Chris Carter zum Helden Amerikas wurde, als er die alte Frau rettete. Jene Brücke, auf der mit einem Täuschungsmanöver am 31. März der Angriff auf Bagdad begann.

Und Perkins ist ziemlich stolz.

In vier Tagen schafften vier Brigaden der U.S. Army 80 Kilometer und drei Regimenter der Marines 150 Kilometer, sie verloren keine zehn Soldaten im Kampf, und sie gewannen den Krieg.

Das Ganze begann auf drei Wegen: Teile der 1. Marines Expeditionary Force war in der Mitte unterwegs, zwischen Euphrat und Tigris. Weiter östlich bewegte sich der Rest dieser Truppe. Weiter westlich schlug die 3. Infanterie-Division ihren Bogen, unterstützt von der 101. Airborne Division. Der Stundenplan des Krieges war immer gleich: In der Nacht bombardierte die Air Force die Ziele, die die Bodentruppen am Morgen ansteuerten.

Am 1. April kamen die Marines nach Diwanija und die Infanteristen nach Kerbela; am 2. April waren sie durch die Kerbela Gap hindurch; am 3. April waren die Marines in Kut, die Infanteristen begannen mit dem Angriff auf Bagdad, und deren 1. Brigade stürmte den Flughafen. Dann kreisten all die Einheiten Bagdad ein, und am 7. April eroberte die 2. Brigade das Zentrum.

„Grandios“, sagt Colonel Perkins nach seinem Kurzreferat. Die 2. Brigade hat das Papier, in dem sie ihre Missionen und Erlebnisse zusammenfasst, mit einer nicht gerade feinsinnigen Überschrift versehen: „Operation Iraqi Freedom or: How to own a country in 30 days or less“.

Bagdad, im Stadtteil Mutanabi,
am Bombenkrater des Restaurants Saa, 23 Uhr

Hikmat Jakub wühlt immer noch im Schutt des Bombenkraters. Er merkt nicht, dass die Amerikaner in das Regierungsviertel eingerückt sind, er weiß nicht, dass Bush, bei einem Treffen mit Tony Blair, gesagt hat, im Irak breche ein neuer Tag an. Für Jakub gibt es keinen neuen Tag – nach zwei weiteren Tagen wird er den verbrannten Körper seiner Frau Iman finden. Jakub wird dann vor Schmerz kaum noch zurechnungsfähig sein; er wird, obwohl Abid ihn hindern will, die Tote zum nächstgelegenen Krankenhaus, dem Jarmuk-Hospital, schleppen. Er wird die Ärzte anflehen, seiner Frau zu helfen. Er wird noch Tage brauchen, um sich langsam zu beruhigen.

Während Hikmat, Thulamija, Abid nach ihren Angehörigen suchen, kommt ein Gerücht auf. In dem Kraterschutt seien Regierungsakten gefunden worden, hochgeheimes Material – das gilt als Beweis, dass Saddam hier tatsächlich eine seiner vielen konspirativen Wohnungen hatte und womöglich wirklich da war. Ist er tot? Hat er das Gebäude rechtzeitig verlassen, so dass nur Unschuldige starben?

Und wenn schon. Thulamija Sultan, Cousine von Hikmat Jakub, 43 Jahre alt und Witwe seit dem Krieg zwischen dem Irak und Iran, sagt: „Von diesem Krieg weiß ich nur eines – dass meine Tochter nicht mehr lebt."

Bagdad, Sitz des Bischofs, Mitternacht

Ein heftiger, aber kurzer und fast trockener Sturm hat draußen, vor der Kathedrale, getobt. Frère Michel schreibt seine Notizen weiter, füllt eine halbe Seite mit den Zeitpunkten der Detonationen. „Das ‚Hotel Palestine' (ex ‚Méridien') ist getroffen: ein Journalist getötet, andere verletzt. Die Iraker sollen dort Flak eingerichtet haben (hat sich als falsch erwiesen). Ich werde morgen gehen und die Schwester M., die Brüder RB und RC besuchen. Schüsse und Überflüge den ganzen Nachmittag."

Mittwoch, 9. April

+++ Bombenangriffe nur noch im Nordirak +++ In Hilla geht 101. Airborne gegen vereinzelten Widerstand vor +++ 1. Marines-Division in der Nähe der Universität unter Beschuss. Ein Marine stirbt. Hauptstraßen von Bagdad gesichert +++ Panzer rollen auf den Platz vor dem „Hotel Palestine". Saddam-Standbild gestürzt +++ Hauptquartier der Geheimpolizei in Bagdad durch Amerikaner besetzt +++ Beginn von Plünderungen +++ Die Lage: Das System in Bagdad existiert nicht mehr. Die 3. Infanterie-Division hat Bagdad von Nordwesten eingenommen, die Marines von Osten her. Bei Amara nehmen die Marines das Hauptquartier der 10. Division der irakischen Streitkräfte ein – völlig ohne Widerstand. Im Norden marschieren die Kurden weiter vor. Im Bagdader Präsidentenviertel gibt es noch kleine Widerstandsgruppen, und die 101. Airborne Division kämpft immer wieder gegen Reste der Republikanischen Garde bei Kerbela, Hilla und Nadschaf. Aber der Irak hat Bagdad und damit den Krieg verloren.

Bagdad, Stadtzentrum, Task Force 4-64, morgens

Was tun amerikanische Soldaten, wenn die Schüsse aus einer Moschee kommen? „Moscheen sind geschützte Zonen, aber wenn unsere

Truppen in Gefahr sind, müssen wir auch auf eine Moschee schießen", sagt Captain Chris Carter von der Task Force 4-64.

Und das taten sie. Es war vier Uhr heute früh, als der Angriff aus der Moschee begann. Syrische Mudschahidin hatten sich dort verschanzt.

Es war fünf Uhr heute morgen, als der Angriff abgewehrt war. Und nun beginnen die Leute von der Task Force 4-64 mit den Arbeiten für die Zeit nach dem Krieg. Sie bauen Checkpoints, richten sich ihre Quartiere ein, und Phillip Wolford, Kommandant der A-Kompanie, ist gerührt und sagt: „Dieser Eifer und die Konzentration der Soldaten faszinieren mich. Kaum haben wir den Angriff abgewehrt, da reinigen sie schon ihre Waffen, und dann organisieren sie die Wachen. Mann, das ist die großartigste Armee, die die Welt je gesehen hat."

Das sieht nicht jeder so.

Als die A-Kompanie der Task Force 4-64 durch die Straßen von Bagdad fährt, reine Routine, Patrouillen eben, da winken zunächst die Kinder, und die Eltern lächeln milde. Aber das ändert sich schnell.

Keiner weiß, woher die Granate kommt. Es ist auch nicht wichtig, wichtig ist, *dass* sie kommt. Es gibt Explosionen. Die Panzer schießen zurück. Es ist die erste Straßenschlacht, die eine Vorahnung gibt auf den Krieg nach dem Krieg.

„Fahrt weiter! Weiterfahren!", ruft Captain Chris Carter, denn das wäre der Alptraum: eingezwängt zu sein zwischen Kindern und Autos und gleichzeitig unter Feuer.

Der Konvoi fährt weiter und dreht an der nächsten Kreuzung um. Eine zweite Granate! Sie trifft einen „Abrams", bleibt aber stecken, seine uranverstärkte Panzerung hält eine Menge aus. Eine dritte Granate! Kinder kreischen, Eltern kreischen, die Panzer richten ihre 120-Millimeter-Kanonen auf die Häuser an der Kreuzung, zwei Regierungsgebäude sind das.

Dann eine Schießerei. Iraker ballern aus Fenstern, Amerikaner aus Panzern. Carter schickt ein paar Männer hinaus, und die stürmen die Häuser.

Und dann sehen Carters Leute die drei Männer, die mit dem Angriff begonnen haben. Dort oben, auf einem Balkon, hocken sie. Die „Bradleys" feuern mit hochexplosiver Munition, die Granaten gehen durch das Haus hindurch, von dem Balkon ist nichts mehr übrig.

Und dann sind die Kinder und die Eltern zurück. „Down with Saddam“, rufen sie.

Der Frieden kann für Soldaten einer Besatzungsmacht gefährlicher sein als der Krieg.

Bagdad, in einem Fernsehstudio, circa 8 Uhr

Vielleicht will der Informationsminister Sahhaf eine neue Ansprache aufnehmen, eine neue Botschaft Saddam Husseins verlesen. Was immer er will, es ist nicht mehr möglich.

Die meisten Techniker sind nicht mehr zur Arbeit gekommen. Vor ein paar Tagen waren es noch zehn, heute sind es drei. Und auch die stehen nur müde herum, sie wollen nach Hause. Sahhaf nickt seinem alten Freund Dilami, mit dem er jeden Morgen die militärische Lage beraten hat, zu und verschwindet.

Eigentlich will er an diesem Morgen wie immer ins „Hotel Palestine“. Doch er muss umkehren, zu viele amerikanische Soldaten auf den Straßen von Bagdad.

Seine Mitarbeiter sind auch nicht zur Arbeit erschienen. Zum ersten Mal seit Jahrzehnten dürfen sich Journalisten frei in Bagdad bewegen.

Sahhaf ist abgeschnitten vom Regime. Es gibt keine Anweisungen mehr, keine Befehle. Reiba Hassan ist den ganzen Tag in seiner Nähe. Er ist der Manager der Hikmat-Studios.

Am Abend wird ein Kurier ein Band bringen mit Saddams angeblich letzter Ansprache. Eine handschriftliche Notiz liegt bei: das Band soll immer wieder abgespielt werden. „Siehst du“, sagt Sahhaf zu Hassan, „das ist Saddam, das ist die Regierung, alles ist normal.“ Draußen auf der Straße fallen Schüsse aus Maschinengewehren.

Im Neuen Präsidentenpalast,
2. Brigade der 3. Infanterie-Division, mittags

Die Soldatin Brown singt die Nationalhymne.

Und dann tritt Captain William Glaser nach vorne. Seine Stimme stockt. Es ist die Trauerfeier für die Toten vom 7. April, für Christian Liebig und die vier anderen, die mit ihm starben, und Glaser ist der Chef der Headquarters Company, und darum muss er reden.

Glaser sagt: „Welcher Tag ist heute? Montag, Dienstag, Mittwoch, ich weiß es nicht. Seit wie vielen Tagen sind wir im Krieg? Ich bin nicht sicher, sie gehen alle ineinander über. Aber an den 7. April 2003 werde ich mich immer erinnern. An diesem Tag verloren wir fünf großartige Männer, drei davon waren unsere Waffenbrüder.

Wie seltsam, dass diese fünf zusammen starben, diese drei Soldaten und die zwei Reporter hatten nichts gemeinsam. Corporal Brown aus Mississippi, Specialist Mitchell aus West Virginia und Private Miller aus Texas – was haben sie gemeinsam mit zwei Journalisten aus Spanien und Deutschland? Vermutlich nichts, aber dies ist die Sache, die sie zusammenbrachte. All diese Brüder hatten sich, so wie du und ich, auf eine ehrenvolle Mission eingelassen. Sie wollten die Welt zu einem besseren Ort machen. Und diese zwei Journalisten wollten der Welt die Geschichten von Soldaten wie Corporal Brown, Specialist Mitchell und Private Miller erzählen. Sie waren großartige und mutige Männer, und auch sie werden immer in unseren Gebeten sein."

Bagdad, Kindi-Hospital, mittags

Die Plünderer kommen mittags um eins. Sie sind mit Gewehren bewaffnet und stürmen den Krankenhauskomplex, sie zerren Verwundete aus den Betten und nehmen die Matratzen mit, die Gestelle, die Nachttische, die Kopfkissen, die Stühle, Schläuche, Schalen, alles.

Die Belegschaft flieht. Die Ärzte fliehen. Die Schwestern laufen verzweifelt zu Dr. Aradi, sie hängen sich an ihn, sie sagen, sie flehen: „Können Sie uns beschützen? Wer kann uns beschützen?" Aradi wehrt sie ab. Er kann niemanden beschützen. Nicht vor den Amerikanern, nicht vor dem irakischen Mob. Der Krieg ist aus, der Bürgerkrieg beginnt. Er rät den Schwestern, den Pflegern, sich in Sicherheit zu bringen.

Seit dem Morgen bis zum Mittag sind wieder 80 Verwundete gekommen, aber nun bricht alle Versorgung zusammen. Sterbende liegen in der Notaufnahme, Schwerverletzte finden keinen Arzt mehr. Dr. Baschir und die Pfleger sind von bewaffneten Dieben verjagt, mit vorgehaltener Waffe aus dem Hospital gezwungen, die Plünderer hacken inmitten von Kriegsopfern Lampen aus der Wand, sie rumpeln Schränke nach draußen, sie räumen Medizinlager aus, es ist ein verrückter Akt der Zerstörung, ein Blutrausch gegen Sachen.

Dr. Aradi gibt auf. Er holt seine Frau und die beiden Söhne aus dem Ärztehaus, er bringt sie zur Schwester seiner Frau. Um 2 Uhr nachmittags verlassen sie das Klinikgelände, vorbei an Schildern, grün bemalt, „Kindi-Hospital, Bagdad, Lehrkrankenhaus". Hier hat Dr. Aradi drei Wochen lang Menschen gerettet. Jetzt rettet er sich.

Die Plünderer werden vom Kindi nur noch eine Hülle stehen lassen, ein totes Haus, gefüllt mit Kranken und Verwundeten, sie werden ihnen die Betten unter dem Körper wegstehlen. Und jede Stunde kommen neue Opfer an. Aber dort, in der Notaufnahme des Kindi, steht kein Arzt mehr. Dort wird geschossen. Und nichts Bewegliches bleibt an seinem Platz.

Katar, im Centcom der US-Truppen

Das Oberkommando stellt sich der Presse. Eine Journalistin, die ihren Namen nicht nennt: „Danke, General. Wir haben heute Bilder von Plünderungen in Bagdad gesehen. Das haben wir vorher bereits in Basra erlebt. Wie sind Sie darauf vorbereitet? Stellt Sie das vor neue Gefahren und Probleme?"

Brigadier General Vincent Brooks: „Wir haben immer Probleme, wenn sich ein gewisses Maß an Unordnung, ziviler Unordnung ergibt. In diesem Fall sehen wir eine Menge Jubel. Leute, die über Jahre und Jahre hinweg unterdrückt waren, haben plötzlich Möglichkeiten. Wir glauben, das wird sich in Bälde legen."

Ein Herr in der vierten Reihe: „General, tanzen die Leute auf den Straßen, weil sie Sie lieben oder weil sie Angst vor Ihnen haben?"

Vincent Brooks: „Nun, ich verspüre hier gerade eine Menge Liebe, und so weiß ich Ihre Frage zu schätzen. Ich denke, es geht nicht um uns, sondern um das Regime. Was Sie als Jubel auf den Straßen sehen, ist die Anerkennung, dass dieses Regime weg ist und nicht mehr zurückkehren wird. Es kann nie wieder so werden, wie es war. Das sehen die Leute."

Zwischen Bagdad International Airport und Bagdad, Autobahn 8, 1. Brigade der 3. Infanterie-Division, mittags

Die Pioniere haben die lausigen Aufgaben, das ist immer so, sagt Sergeant Jennifer Raichle. Wer Pionier bei der U.S. Army ist, ist meistens zu Fuß unterwegs, Barrieren wegräumen, Minen wegräumen, Leichen wegräumen.

Es ist vorbei. Gestern gab es nochmal Kämpfe zwischen Autobahn und Flughafen, verzweifelte Angriffe, Selbstmordanschläge. Die Männer von der 1. Brigade saßen in ihren Panzern und nahmen alles ins Visier, was ihnen entgegenkam. Es war wie Tontaubenschießen, es war brutal und absurd.

Und jetzt sind die Pioniere ausgeschwärmt und säubern die Schlachtfelder dieses Krieges.

Minen liegen auf der Autobahn 8, da hatten sie Glück. Am Montag, als die 2. Brigade hier hindurchstürmte bei ihrem Thunder run, gab es noch keine Minen, irgendwer muss sie in der Nacht verteilt haben. Italienische Fabrikate, gewaltig genug für die amerikanischen Panzer und tödlich für alle in bis zu 30 Meter Entfernung. „Perfekte Soldaten“ nennt ein Sergeant die Minen, „du platzierst sie hier, und hier bleiben sie. Sie schlafen nicht ein, sie kriegen keinen Hunger.“

Doch die Autobahn ist aus Asphalt, und auf dem Asphalt sind Minen natürlich leicht zu finden. Es dauert eine Stunde, dann ist das Feld frei.

Das Einsammeln der Leichen dauert länger, es sind zu viele. Sie liegen in Schützengräben und Fahrzeugen, in Ruinen und Tümpeln, sie liegen überall. Und die Pioniere stecken sie in schwarze Säcke und hängen Zettel an die Säcke, Datum und Fundort, „to whom it may concern“. Und dann sinken die Pioniere in den Staub. Erschöpft, wie alle hier. Und nachdenklich.

Es ist der erste Tag, an dem sie wirklich Zeit haben zu hinterfragen, was in den vergangenen drei Wochen passiert ist, was die 3. Infanterie-Division mit ihren 15 000 Soldaten, 240 „Abrams“-, 290 „Bradley“-Panzer und 150 Hubschraubern hier eigentlich getan hat.

Der Geistliche zum Beispiel. „Dieses Land hat so viele Armeen marschieren sehen“, sagt Kaplan Major Mark Nordstrom, „aber dieses Land hat noch nie eine Armee marschieren sehen, die die Menschen dieses Landes befreit hat.“

Oder die Strategen. Brigadier General Lloyd Austin sagt, dieser Krieg sei eine Kombination aus Zweitem Weltkrieg, Vietnam und dem letzten Golfkrieg gewesen.

Die Bewegung und Versorgung, das war wie der Zweite Weltkrieg.

Die Guerillakämpfe und Selbstmordanschläge, das war wie in Vietnam.

Und das Zusammenspiel der Waffen, die Kombination von Luftwaffe, Infanterie und Artillerie, das funktionierte wie im Golfkrieg von 1991.

„Es ist surreal, die ganze Sache", sagt Captain Jared Robbins, „der ganze Krieg war surreal. Und es wird schwierig sein zu begreifen, dass es vorbei ist."

Und jetzt?

„Das", sagt Lieutenant Colonel Ernest Marcone, „ist die Eine-Million-Dollar-Frage: Was jetzt?"

Bagdad, Kreisverkehr vor dem „Hotel Palestine", 18.49 Uhr

Mehr als eine Stunde lang haben die Iraker es selbst versucht. Sie haben die Statue mit Schuhen bearbeitet, mit Hämmern, sie haben versucht, Saddam Hussein einen Strick um den Hals zu legen. Und dann brauchen die Iraker doch noch Amerikaner dafür, um eine Statue umzulegen.

Knapp 100 Iraker feiern auf diesem Platz die Niederlage von Saddam. Aber weil diese Statue jetzt endlich mal fallen muss, die Welt guckt zu, schicken die Amerikaner einen Bergepanzer der Marines. Edward Chin, 23 Jahre alt, Gefreiter im Kommando Bravo der Marines, klettert hoch, legt dem Bronzenen erst die amerikanische, dann die irakische Flagge auf den Kopf.

Und dann liegt Saddam endlich im Dreck.

Ein paar der Journalisten aus dem „Hotel Palestine" stehen auf dem Platz und schauen zu. Nirgendwo sonst wird auf der Straße gefeiert.

Die Journalisten haben drei Wochen lang Informationsminister Sahhaf und dessen Inszenierungen erlebt. Sie sind skeptisch geworden. Ist das hier eine Inszenierung der neuen Zeit? Und wer führt Regie?

Nordirak, Arbil

Der Kurde Ali Heidar, 47, hat alle sieben Kinder aus den Betten geholt. Schlafen können sie auch später. Fein anziehen sollen sie sich für dieses nächtliche Fest. Herausgeputzt und übermüdet sitzen sie schließlich zusammengepfercht in seinem Wagen. Rajan, die in ihrem Seidenkleidchen bei Heidar auf dem Schoß sitzt, ist erst zweieinhalb Jahre alt, aber sie soll ihn erleben, diesen historischen Tag der Freude.

Wenige Minuten waren nur vergangen, seit die Bilder von der herabstürzenden Statue des verhassten Diktators aus Bagdad über die

Fernsehstationen in den Norden des geteilten Landes übertragen worden waren, und schon stürzte eine Flut jubelnder Kurden auf die Straßen der nördlichen Provinz und feierte den späten Triumph.

Auf dem Ring um die Festung von Arbil, der Hauptstadt im Nordirak, steht Haidar nun in einem hupenden Autokorso, einem Meer aus rot-weiss-grünen Fahnen, und weint lautlos: „Meine Familie soll mich endlich einmal glücklich sehen," sagt der Kurde und reibt sich die Augen. Die Kinder drängeln sich auf der Rückbank des Toyota und starren auf die Szenen des Freudentaumels: Uniformierte Soldaten fallen schwarz gekleideten Witwen um den Hals, auf den Bürgersteigen vor dem Basar spielen mitten in der Nacht Musiker zum Tanz auf, und bunte Halbkreise bewegen sich rhythmisch zum Gesang des Vorsängers und schwingen ihre Halstücher im Takt, halb nackte junge Männer lehnen aus dem offenen Schiebedach ihrer Wagen und strecken Bilder von George W. Bush und Tony Blair in den Himmel: „Dies ist das Ende der kurdischen Angst", sagt Haidar.

Ramadi, im Polizeigefängnis

Das Ende des Krieges erleben François Calas, der verschleppte Leiter von „Ärzte ohne Grenzen", und Junis, der Logistiker der Hilfsorganisation, im Stadtgefängnis von Ramadi, einem Ort 100 Kilometer westlich von Bagdad. Es wird noch zwei Tage dauern, bis die Wärter das Tor aufschließen und alle Gefangenen mit dem Bus ins Stadtzentrum fahren. Dort sollen sie aussteigen. Calas sieht, dass Gebäude geplündert werden, Lagerhallen, Ämter. Alle laufen durcheinander, jeder schleppt etwas mit sich. Auch die Leute, die er kennen gelernt hat. Für François Calas ist nicht mehr zu unterscheiden, wer Wärter gewesen ist und wer Gefangener.

40 Kilometer südöstlich von Bagdad, im Lager der Marines

Am Abend, kurz vor Einbruch der Dunkelheit ruft Kompanieführer Captain Blair Sokol seine vier Platoonführer zusammen. Er hat von Fred Padilla, dem Bataillonskommandeur, die Aufträge für den morgigen Einsatz erfahren. Das 1. Bataillon des 5. Marines-Regiments soll den letzten noch nicht eroberten Palast Saddams stürmen. Nach der Befreiung des Ölfeldes von Rumeila am 20. März, am ersten Kriegstag, ist dies erst die zweite größere Kriegsaktion des 5. Marines-

Regiments. Von Rumeila aus sind die Marines am Ufer des Tigris nach Norden gezogen, überquerten ihn am 3. April und steckten dann auf der Autobahn 6 Richtung Bagdad im Stau der US-Panzerkonvois. Am 6. April bekamen sie den Befehl, Bagdad von Osten her anzugreifen. In den Außenbezirken der Stadt lagern sie jetzt.

Captain Sokol breitet die Karten auf der Motorhaube seines „Humvee" aus und erklärt ihnen den Weg nach Bagdad. Am anderen Ende der Straßenkreuzung beendet der Bataillonskaplan Carey Cash für 20 Soldaten der Charlie-Kompanie eine letzte Andacht vor der Schlacht. Plötzlich nähert sich auf der Straße, die die Marines kontrollieren, ein weißer Geländewagen. Aus dem Geländewagen wird geschossen. Die meisten der Marines des 1. Bataillons erinnern sich an den ersten Morgen des Krieges, als Second Lieutenant Childers starb, an einer Pumpstation des Rumeila-Ölfeldes.

„Als ich Amen sagte, fiel der erste Schuss", sagt Kaplan Cash. Sein Fahrer reißt ihn zu Boden. Cash ist der einzige im Regiment, der unbewaffnet ist.

Marines aus seinem Regiment beschießen den heranrasenden irakischen Geländewagen sofort, er geht in Flammen auf. Zehn Minuten später beugen sich Sokol und seine vier Platoonführer wieder über die Karte.

Bagdad, Sitz des Bischofs, 23.41 Uhr

Tagebucheintrag des Karmeliterpaters Michel de Myttenaere: „1.06, 6.00 (2 sehr starke Schläge), 6.52, 7.11, 7.15, 7.21, 7.33, 8.28, 8.31. Fortwährend in der Ferne. Ständige Überflüge, den ganzen Tag. 10.14 Schüsse, den ganzen Morgen hindurch. Die Amerikaner sollen Karch genommen haben. Das Kloster ist unerreichbar. 16.47, es werden Szenen von Plünderungen gemeldet: Informations-, Innenministerium, olympisches Komitee. Auch in Basra (auf Euronews gesehen). Nachmittag. Die Amerikaner werden von der Bevölkerung mit Freude empfangen. Sie durchsuchen die Schule St. Josef, die mit Waffen voll gestopft ist. Sie werden sofort von einem Panzer zerstört. 21.26 Explosion, auch 21.31, 21.40, 23.01, 23.30, 23.37, 23.41 (starke Schläge). Die Amerikaner ziehen gegen 22.30 ab."

Donnerstag, 10. April

+++ Kampfflugzeuge über Kirkuk im Nordirak +++ Kurden nehmen Kirkuk ein +++ Selbstmordanschlag bei Checkpoint in Bagdad +++ Special Forces greifen Iraker nahe der syrischen Grenze an +++ Öffentliche Ordnung im Irak bricht zusammen +++ Irakisches V. Korps kapituliert bei Mossul +++ 101. Airborne trifft in Hilla und Kerbela auf nur noch geringen Widerstand +++ 3. Infanterie-Division übernimmt Polizeifunktion in Bagdad, stellt sieben Raketen und acht Lkw mit Munition sicher +++ Bush und Blair halten Ansprachen im irakischen Fernsehen +++

Bagdad, Hikmat-Studios, kurz nach Mitternacht

Amerikanische Soldaten patrouillieren in den Straßen von Adhamija, einem Viertel von Bagdad. Auch Informationsminister Mohammed Saïd al-Sahhaf hört sie.

Er ist seit 40 Jahren Mitglied der Baath-Partei. Er hat 1968 den Putsch mitgemacht. Er war erst Chef des Radios, dann Direktor des irakischen Fernsehens. Er hat sein Land als Botschafter in Indien vertreten, in Italien und schließlich bei den Vereinten Nationen in New York. Er war neun Jahre lang Außenminister des Irak. Er war Mitglied des Revolutionären Kommandorates.

Er hat in diesen 21 Tagen des Krieges sein Land verteidigt und seinen Glauben an Saddam Hussein und den arabischen Sozialismus.

Eigentlich wollte Mohammed Saïd al-Sahhaf Englischlehrer werden.

Sahhaf nimmt sein schwarzes Barett vom Kopf. Er entfernt die Epauletten von seiner Uniform. Er bindet sich einen rot-weißen Schal um seinen Kopf. Und dann, erzählt Studiochef Hassan, ordnet er an, noch bis 3 Uhr morgens weiterzusenden.

Vielleicht war Sahhaf in diesen 21 Tagen nur ein wenig verrückt. Oder vielleicht nur ein Lügner aus Verzweiflung.

„Lügen“, hat er in diesem Krieg einmal erzählt, „sind verboten im Irak. Saddam Hussein toleriert nur Wahrhaftigkeit, er ist ein integrer, ehrenvoller Mann.“

Sahhafs Waffe waren seine Worte, er hatte keine Chance gegen Amerikas Raketen und Bilder.

Nach dem Krieg wird Mohammed Saïd al-Sahhaf nicht auf der amerikanischen Liste der 55 meistgesuchten Iraker sein. Er wird sich den Amerikanern trotzdem stellen. Sie werden ihn nicht haben wollen.

Noch nicht mal das.

Am Morgen dieses 10. April erscheint in London die „Times“ mit einer kleinen Meldung über Sahhaf: Eine britische Website habe innerhalb von wenigen Stunden 250 T-Shirts mit Sahhafs Gesicht und dem Spruch „Wir haben alles unter Kontrolle“ verkauft.

40 km südöstlich von Bagdad, im Lager der Marines, nachts

Um zwei Uhr nachts beginnt das 1. Bataillon des 5. Marines-Regiments seinen Marsch auf den letzten Palast des Regimes in Bagdad. Regimentskommandeur Fred Padilla hat seinem Kompanieführer erläutert, dass im Präsidentenpalast mit heftigem Widerstand zu rechnen ist. In die Regimentskolonne haben sich die „Humvees“ eingereiht, in ihnen sitzen Soldaten der Special Forces, schweigsame Gestalten in Zivilkleidung, schwer bewaffnet, mit langen Haaren und Vollbärten. Über deren besondere Aufgaben hat Padilla kein Wort verloren.

Die Alpha-Kompanie von Captain Sokol fährt ganz vorn. Seine Soldaten nennen ihn „hard dick“, in einer Mischung aus Bewunderung und Verachtung.

Hinter Sokols Alpha-Kompanie fährt die Bravo-Kompanie, dahinter die Charlie-Kompanie.

Am Ende der Alpha-Kompanie rollen zwei „Humvees“ mit Munition und Wasser. In einem sitzen Corporal Brandon White und der Fahrer Private First Class Bonner, im anderen Corporal Mike Cash, Fahrer Private Garcia und der Sergeant Jeffrey Bohr, ein kleiner drahtiger Schreihals. Bohr ist seit 20 Jahren bei den Marines, niemand mag ihn so richtig. Der Spieß ist nur gut, wenn man ihn hasst, heißt es. Bohr hat seinen drei Stabssoldaten vorhin angeboten, im Lager zu bleiben. Sie sind ungeschützt in den „Humvees“, sie könnten später nachkommen.

„Was meinen Sie, Marines?“, hat er sie gefragt.

„Wir sind nicht so weit gefahren, um bei der entscheidenden Sache nicht dabei zu sein“, sagt Corporal White. Die anderen sehen es genauso. Wahrscheinlich war es eine rhetorische Frage. Sie sind dabei.

Bagdad ist dunkel, es fällt schwer, sich auf den Karten zu orientieren. Nicht zum ersten Mal ärgern sich die Marines über ihre Aufklärung. Sie sind in diesem Krieg sinnlos hin und her gefahren, weil die Informationen, die sie hatten, falsch waren oder unvollständig. Es gab Straßen, wo keine sein sollten, sie versanken auf Boden, der angeblich befahrbar war, sie standen vor kippligen Brücken, die stabil sein sollten. Auch an diesem Morgen verirren sie sich in den engen Straßen Bagdads, weil es Kreuzungen gibt, die auf ihren Karten nicht eingezeichnet sind. Irgendwann beginnt das irakische Feuer. Es hört für fünf Stunden nicht auf. Sie werden aus den Häusern, von Brücken und Dächern mit allem beschossen, was sie kennen, Granaten, Panzerabwehrraketen, Maschinengewehren.

Corporal White, im vorletzten „Humvee“, sieht die Leuchtspuren der Geschosse wie beim Feuerwerk. Er sitzt mit seinem Maschinengewehr auf dem Beifahrersitz seines „Humvees“ und bemerkt, wie sein Arm zittert, sein ganzer Körper wackelt, vibriert, er hat Angst. Über ihm ist nur eine Plane, er ist praktisch ungeschützt. Er sieht nichts, fängt aber erst mal an zu schießen.

Die Alpha-Kompanie fährt auf eine falsche Brücke, Captain Sokol bemerkt es erst am Ende der Brücke und dreht um. Sie fahren jetzt, während sie schießen, den folgenden Kompanien ihres Regimentes entgegen, auch die schießen. Dann bleibt auch noch mitten auf der Brücke das Kommandofahrzeug von Captain Sokol mit Kettenschaden stehen.

Bataillonskommandeur Padilla, der in seinem Fahrzeug hinter der Alpha-Kompanie fährt, überholt und gibt auch den anderen beiden Kompanien das Kommando, an Sokol vorbeizufahren. Die Alpha-Kompanie ist nun die letzte im Regiment, Captain Sokol kocht, seine Kompanie wartet auf der Brücke. White und Cash, die Soldaten aus dem vorletzten „Humvee“, geben den Mechanikern, die die Kette reparieren, Feuerschutz.

Eine knappe halbe Stunde brauchen die Instandsetzer, um das Führungsfahrzeug von Captain Sokol zu reparieren. White zittert nicht mehr. Die Fahrzeuge der Bravo-Kompanie und der Charlie-Kompanie sind nicht mehr zu sehen, als die Alpha-Kompanie schließlich weiterfahren kann. Der Palast ist etwa zwei Kilometer von hier entfernt. Die Bravo-Kompanie hat ihn bereits erreicht, es ist jetzt etwa 5.30 Uhr.

Lieutenant Colonel Padilla erhält über Funk die Information, dass sich Saddam Hussein in der Imam-al-Adham-Moschee, eine Meile östlich vom Palast, versteckt halten soll. Padilla schickt Sokols Alpha-Kompanie zur Moschee. Padilla selbst greift mit der Bravo-Kompanie den Präsidentenpalast an.

Captain Sokol rollt mit seiner Alpha-Kompanie gerade von der Brücke, als er den neuen Befehl bekommt. Sie biegen in eine schmale Straße, wie sie glauben in Richtung auf die Moschee.

Cash, Garcia, Bohr, Bonner und White sind die Letzten, die mit ihren beiden „Humvees" in die Straße fahren. Sie ist dunkel, am Ende sehen die Soldaten eine Brücke. Die beiden Panzerwagen vor ihnen bleiben unentschlossen stehen. Die „Humvees" fahren an ihnen vorbei, links und rechts stehen mehrgeschossige Wohnhäuser, es gibt kleine Seitenstraßen, in einer dieser Straßen gibt es eine irakische Stellung, die sie zu spät sehen. Ein Maschinengewehrschütze hockt hinter einem Stapel Sandsäcke. White, der Soldat aus dem vorletzten „Humvee", glaubt einen einzelnen Schuss zu hören, er sieht den Mann in dem Moment, in dem er getroffen wird. Die Kugel durchschlägt seinen Unterarm, zerfetzt Muskeln, Knochen und Sehnen, fliegt weiter und bleibt in der kugelsicheren Weste seines Fahrers Bonner stecken. Sie hat noch genug Kraft, um Bonner einen starken Bluterguss in der Hüfte zu verursachen. Aus Whites Arm schießt Blut, Bonner tritt aufs Gaspedal.

„Scheiße, Bonner", ruft Brandon White, ein Junge aus Los Angeles, der zu den Marines wollte, um seinen Leben mehr Sinn zu geben.

Im anderen „Humvee" sitzt Bohr auf dem Beifahrersitz, Cash schießt von hinten. Im Zehn-Sekunden-Abstand fragt Bohr nach hinten, ob alles in Ordnung ist. Bis ihn eine Kugel in den Kopf trifft, sie tritt ins Auge ein und zerschlägt das Genick. Bohr ist sofort tot.

Sein Fahrer Garcia rast dem anderen „Humvee" hinterher. Bonner hat neben einem der wartenden Schützenpanzerwagen angehalten, White springt aus dem Auto, klopft an den „Bradley". Sie lassen White ein.

„Corporal White blutet stark."

Cash steht auf der Straße und schießt mit seinem Maschinengewehr in alle Richtungen, dann springt er zum toten Sergeant Bohr zurück in den „Humvee" und folgt dem „Bradley". Ein Sanitäter im Inneren des Schützenpanzers bindet Whites Arm ab und gibt ihm Morphium.

Eine halbe Stunde später liegt Corporal Brandon White am Verwundetensammelpunkt im prächtigen Innenhof von Saddam Husseins Präsidentenpalast. Fünf Meter neben ihm liegt der tote Bohr unter einer Plane. Nur die Füße schauen heraus.

75 Marines werden in dem fünfstündigen Gefecht verwundet. Wie viele wurden getötet? Die Verletzten tragen die Soldaten zu einem Sammelpunkt hinter einer Mauer im Hof des Palastes, wo es einen großen, leeren Swimmingpool gibt.

Captain Shawn Basco ist der Air Controller des Bataillons, ein ehemaliger Pilot, der für die Zusammenarbeit der Infanterie mit der Luftwaffe zuständig ist, er beordert Helikopter in den Innenhof des Palastes. Es ist ziemlich riskant, aber die Helikopter kommen, vielleicht auch, weil Basco so schreit. Er ist aufgedreht. „Wir nennen ihn schon an normalen Tagen ‚Spazz', weil er immer agiert, als hätte er gerade vier Tassen Espresso getrunken. Bei Spazz muss immer alles ganz schnell gehen", sagt Bataillonskommandeur Padilla.

Jetzt glüht Shawn „Spazz" Basco. 75 Verwundete. Alle müssen raus. Sechs- oder siebenmal landet und startet ein Helikopter auf sein Kommando. Die ganze Zeit über werden die Marines im Palast aus den umliegenden Gebäuden beschossen. Doch alle der alten CH-46-Helikopter überstehen die Rettungsaktion. Basco springt zwischen den Verwundeten und den Hubschraubern hin und her. Er merkt nicht, dass er am Unterschenkel getroffen wird. Als ihn ein anderer Offizier auf das Blut an seinem Bein aufmerksam macht, sagt Basco: „Das ist von einem der Verwundeten." Lieutenant Colonel Padilla muss ihn zwingen, in den letzten Hubschrauber zu springen. Die Verletzten werden erst nach Kuweit und von da aus in Krankenhäuser auf der ganzen Welt geflogen. Captain Shawn Basco wird später in Landshut vor die Presse treten und von dem Kampf vor dem Präsidentenpalast erzählen. Er wird ein Medienstar, auch in Deutschland.

Sokol und seine Leute suchen inzwischen in der nahen Moschee nach Saddam Hussein. Die Moschee wird noch heftiger verteidigt als der Palast. Das deutet darauf hin, dass sie richtig sind.

Die Soldaten der Alpha-Kompanie stürmen die Moschee.

Drinnen ist nur schwaches Licht, sie sehen kaum etwas. Sie kämpfen sich von Raum zu Raum. Nach zwei Stunden haben sie die Moschee eingenommen. Sie setzen etwa 20 Leute fest, Saddam Hussein ist nicht dabei. Später erfährt Bataillonskommandeur Padilla, dass eine Aufklärungsdrohne der Army gefilmt hat, wie zwei große Limousinen von der Moschee wegfuhren, 20 Minuten bevor seine Soldaten die Türen aufstießen.

Um 9.30 Uhr sind alle drei Kompanien des 1. Regiments im Palast vereint. Nur die Spezialeinheiten, die Zivilisten mit den langen Haaren, sind im Feindesland verschwunden und kommen auch nicht wieder zu Padillas Truppe zurück. Die Jagd auf Saddam Hussein geht weiter, der Guerilla-Krieg beginnt.

Bagdad International Airport, bei der I. Brigade der 3. Infanterie-Division, morgens

Der Blitzkrieg ist vorbei, und die Soldaten, die ihn gewonnen haben, wissen nicht, was in den drei Wochen passiert ist. „Im Fernsehen hätte ich mehr mitbekommen“, sagt Private First Class Steven Jones.

Das Problem ist, dass die Soldaten zu nah dran waren. Für sie ging es um Hunger und Durst, Leben und Sterben, sie schwitzten und stanken, sie schlangen ungenießbare Mahlzeiten mitten im Sandsturm hinunter, sie sahen viele Iraker sterben, aber das Gesamtbild konnten die Wenigsten erkennen.

„Krieg ist seltsam“, sagt Sergeant Jennifer Raichle, die Aufklärerin, „es ist wie eine Reduzierung auf wesentliche Instinkte. Du erledigst den Auftrag und wartest auf den nächsten. Du fährst durch eine Kurve und denkst erst dann an die nächste. Du denkst nicht voraus und nicht zurück, du willst nur gewinnen und lebend nach Hause kommen.“

Am Ende, vorgestern, hätte Raichle beinahe noch einen Iraker erschossen. Ein Mann war das, der auf ihr Auto zukam, sie hatte ihn bereits im Visier und den Finger am Abzug, da schrie einer: „Stopp!“ Der Mann hatte sich längst ergeben, aber Raichles Kameraden hatten vergessen, ihr das mitzuteilen.

„Leben und Sterben, das kann so verdammt knapp beieinander liegen“, sagt Sergeant Raichle.

Und da sitzt sie nun, und der Krieg ist vorbei, und die braunen Haare hat Sergeant Raichle wie immer zum Zopf gebunden. Eine Cola hat sie in der Hand, „hey, what's up?“, ruft sie jedem Kameraden zu, der vorbei kommt. Wie war Ihr Krieg, Sergeant Raichle?

„Schlaflos, vor allem war der Krieg schlaflos", sagt sie, „und dann war der Krieg beängstigend. Ich hatte ein paar Mal verdammte Angst. Ich habe Bilder gesehen, die ich nie wieder sehen will, so viele Leichen. Aber insgesamt? Insgesamt war der Krieg einfacher, als ich gedacht hätte. Man funktioniert einfach in so einem Krieg."

Bagdad, Nationalmuseum, 15 Uhr

Die Schießereien draußen hört Muhsin Chadim, einziger Hüter der Schätze des Museums, schon gar nicht mehr, er steht morgens sehr früh auf, betet, bereitet sich Frühstück, Wasser, Kekse, Oliven, dann schultert er die Kalaschnikow und macht die Runde. Er wandert durch die Tontafel-Abteilung, die Skulpturen, die Kupfergeräte, Altbabylon, Ninive, Ur, so schlendert er durch die historischen Galerien, und alle paar Stunden späht er nach draußen. Auf dem Alawi-Platz stehen seit vorgestern amerikanische Panzer, manchmal zwei, manchmal vier oder fünf, sie sind immer noch da, man hört auch immer wieder Schüsse. Muhsin Chadim, 59, ist seit eineinhalb Tagen oder 41 Stunden allein im Museum, seit seine Chefs weggefahren sind. Tee kocht er sich selten, er geht sparsam mit dem Kerosin-Vorrat um, wer weiß, wie lange er hier noch verbringen muss, der Bewacher von 170 000 Kostbarkeiten, Wächter versunkener Reiche.

Als er wieder hinausschaut, um kurz nach 15 Uhr, sind die Panzer verschwunden. Wenig später hört er Geräusche, ein Rumpeln, Klirren, arabische Satzfetzen. Er reißt die Kalaschnikow von der Schulter und rennt los.

Palast von Udai Hussein, Task Force 4-64, abends

Sie liegen in den Sesseln und gucken Videos, sie trinken eiskalte Cola, sie sehen sich um. Und sie finden Champagner und Schmuck und ein Schwimmbad und Elfenbein und Waffen. Die Task Force 4-64 hat sich in Udais Palast einquartiert, die Feldbetten stehen in den Gästezimmern, den Schlafzimmern, überall.

„Ich konnte nicht glauben, was ich sah", sagt Sergeant First Class Michael Bailey, „da war Napoleon Brandy. Chivas Regal in Magnum-Flaschen. Parfum. Uhren. Zigarren. Stapel von Unicef-Paketen. Und Stereoanlagen. Ich weiß nicht, ob ein Palast wirklich 50 Stereoanlagen braucht."

Vor allem aber gibt es hier sehr sonderbare Waffen. Es gibt AK-47-Gewehre aus Gold, Walter-Pistolen aus Gold, Winchester-Repetiergewehre und allerlei Knarren aus aller Welt. „Uday Hussein's Weapons Store“, steht auf dem Büchlein, in dem das ganze Zeug verzeichnet ist.

Kühl ist es in Udais Palast, das ist das Schönste nach neun Monaten in der Wüste. Es ist die richtige Temperatur für Reflexionen.

Sergeant First Class Jeff Lujan denkt an diese eine Nacht am Tigris. Ein Taxi kam auf die Soldaten zu, und der Fahrer ignorierte die Warnschüsse. Lujan schoss. Und als es dämmerte, fand er ein Mädchen und eine Frau im Taxi, beide tot. „Wer sie wohl begraben hat?“, fragt Lujan.

Major Kent Rideout denkt an den Befehl, der Captain Edward Korn, 31, das Leben kostete.

Sie wollten bislang nicht darüber reden bei der Task Force 4-64, sie konnten bisher nicht darüber reden, sie mussten ja weiterziehen, weiter töten, immer weiter mussten sie bis nach Bagdad, aber jetzt sind sie angekommen. Und jetzt, endlich, erzählen sie die schlimmste Geschichte ihres Krieges.

An jenem 4. April fand das Platoon, mit dem der Major Rideout und der Captain Korn unterwegs waren, rund 24 Kilometer südöstlich von Bagdad einen Panzer, sowjetisches Fabrikat, T-72. Sie feuerten, der Panzer explodierte.

Und dann, erzählt Rideout, dann muss Korn zusammen mit einem Soldaten ausgestiegen sein. Und auf die Bäume zugegangen sein, wo der Panzer stand. Und dort muss Korn nach Irakern in Schützengräben gesucht haben.

Captain Korn sah einen zweiten Panzer. Er schickte seinen Soldaten zurück, um eine Granate zu holen. Captain Korn trug ein braunes T-Shirt, eine Splitterschutzweste und keinen Helm, sagt Major Rideout.

Keinen Helm …

Wieso nur hatte er keinen Helm auf dem Kopf?

Während Captain Korn also den Wald durchkämmte, stand Major Rideout in seinem Panzer und hatte keine Ahnung, dass der Kamerad zu Fuß im Wald unterwegs war. „Ich sah Kaffeegeschirr, Schlafsäcke, Hühner“, sagt Rideout, „ich habe zwei und zwei zusammengezählt: Das war der Platz, wo eine Einheit lebte. Und ganz plötzlich sahen wir eine Bewegung. Jemand fiel hin, so, als ob er schießen wollte, dann stand er auf und verschwand hinter einem T-72."

Und direkt neben Rideout stand sein Fahrer, Specialist John Durst, mit seiner M16 und sagte, da sei ein Feind.

„Und ich sagte: ‚Yeah, ich sehe ihn auch, Feuer frei'", erzählt Rideout. Durst schoss nur einmal. Der Feind war fast 200 Meter weit weg. Der Feind fiel um. „Und ich klopfte Durst auf den Kopf und sagte ihm: ‚Das ist der beste Schuss, den ich je gesehen habe.'"

Vermutlich war Captain Korn sofort tot. Dann eröffnete ein „Bradley" das Feuer, und dessen 25-Millimeter-Kanone teilte den Captain der U. S. Army, den alle für einen Feind hielten, in zwei Hälften.

Und erst jetzt schaffte es der Soldat, der mit Korn unterwegs gewesen war, zurück zu den Panzern und schrie: „Stopp, stopp, Captain Korn ist da draußen."

Und dann schickten sie einen Suchtrupp hinaus und holten ihren toten Kameraden zurück, Captain Korn, Veteran des letzten Golfkriegs, nun als Freiwilliger wieder dabei, von seinen Leuten erschossen.

„Das war der schlimmste Tag meiner Armee-Karriere", sagt Major Rideout, „kein Zweifel, der schlimmste Tag. Damit muss ich nach Hause fahren. Damit muss ich den Rest meines Lebens irgendwie klarkommen."

Major Rideout wird zur Navy wechseln, nach San Diego, wenn er zurückkommt. Vorher aber muss er noch mal nach Fort Stewart und mit Captain Korns Mutter sprechen, der Mutter des Kameraden, den er erschießen ließ.

Gästehaus von Udai Hussein, Task Force 4-64, abends

Was bleibt? Für einen wie Phillip Wolford sind alle Krieger der Vereinigten Staaten Helden. „Diese Kerle werden Sergeants", sagt Wolford, „und die Lieutenants werden Captains und Colonels und vielleicht Generäle. Denn sie wissen nun, wie es funktioniert."

Es? Das Kriegführen? Oder das Töten?

Leutnant Mark Tomlinson sagt: „Das Bild, das besonders hängen geblieben ist, ist das Bild des Soldaten, den ich da drüben getötet habe." Tomlinson zeigt auf die Straßen vor den Palästen. „Er schlich sich heran, wir sahen ihn durch die Nachtsichtgeräte. Ich werde mich immer daran erinnern, wie ich vier Kugeln in seinen Körper jagte. Dann hörte er auf, sich zu bewegen. Normalerweise kämpfen wir mit unseren Panzern aus der Distanz. Wir sehen die anderen nicht, wir wissen, dass sie da sind, vielleicht sehen wir hinterher die Leichen. Dies hier war anders.“

Wie war es?

„Ob ich mich schlecht fühle?“, fragt Tomlinson. „Nein“, antwortet Tomlinson, „er war Soldat, er hätte mir das Gleiche angetan. Ich bin Soldat, und Töten gehört zu meinem Beruf. Ich genieße es nicht. Ich bin nicht hergekommen, um Menschen zu töten, sondern um die Iraker zu befreien.“

So ähnlich sprach auch Lieutenant Colonel Tim Collins, ein Brite, als er in Kuweit mitten unter seinen Soldaten stand und *die* Rede dieses Krieges hielt: „Einige unter uns“, rief Collins, „werden das Ende dieser Kampagne nicht erleben. Wir werden sie in ihre Schlafsäcke legen und zurückschicken. Es wird keine Zeit geben zu trauern. Der Feind sollte nicht daran zweifeln, dass wir seine Nemesis sind und ihm den verdienten Untergang bringen. Da gibt es regionale Kommandeure, die haben schwarze Flecken auf ihrer Seele, und sie schüren das Feuer der Hölle für Saddam und seine Kräfte. Die Koalition wird sie für das, was sie getan haben, vernichten. Wenn sie sterben, werden sie wissen, dass es ihre Untaten waren, welche sie dahin gebracht haben. Zeigt ihnen kein Mitleid.

Wir kommen, um zu befreien, nicht, um zu erobern. Die einzige Fahne, die in diesem alten Land wehen darf, ist die der Menschen hier. Erweist dieser Fahne euren Respekt. Wenn ihr wild seid im Kampf, vergesst nie, auch großherzig zu sein im Sieg. Wer unser Regiment oder seine Tradition beschmutzt durch Überenthusiasmus im Töten oder durch Feigheit, soll wissen, dass es seine Familie ist, die darunter leiden wird. Verfehlungen werden euch bis in die Nachwelt hinein verfolgen.

Irak ist reich gesegnet mit Geschichte. Hier war der Garten Eden, die Sintflut, hier stand Abrahams Wiege. Leicht sei euer Schritt. Ihr werdet weit gehen müssen, um anständigere, großzügigere und aufrechtere Menschen anzutreffen als die Iraker es sind. Wenn einige von ihnen zu Opfern des Krieges werden sollten, vergesst nie: Als sie am Morgen aufstanden und sich ankleideten, hatten sie nicht die Absicht, an diesem Tag zu sterben. Gewährt ihnen Würde im Tod. Begrabt sie, wie es sich gehört, und markiert ihre Gräber. Was uns angeht, lasst uns den Irak besser zurücklassen, als wir ihn vorfanden. Nun zu unserer Aufgabe – nach Norden."

Für seine Rede wird Tim Collins später ein Schreiben von Charles, dem Prinzen von Wales, erhalten. Sie sei „außergewöhnlich mitreißend, zivilisiert und menschlich" gewesen.

Nach dem Krieg wird gegen Tim Collins, genannt „Nails", der Nagelharte, eine Untersuchung eingeleitet werden. Wegen Misshandlung von Gefangenen und Einschüchterung von Zivilisten.

Bagdad, Nationalmuseum, 23 Uhr

Muhsin Chadim, der letzte Wächter über das Nationalmuseum, schimpft, droht, jammert, es nützt nichts. Er bittet, bettelt und appelliert an ihren Anstand, an ihre Furcht vor Allah, dem Allmächtigen, die Plünderer lachen ihn aus. Chadim stellt sich ihnen in den Weg. Brüllt sie an, fuchtelt mit seiner Kalaschnikow, droht, sie zu erschießen, jawohl, wenn sie nicht verschwinden, augenblicklich umdrehen, seine Stimme ist ganz heiser vom vielen Brüllen – dann glotzen sie, murren, machen kehrt, trotten davon. Um nach einer halben Stunde wieder aufzutauchen, in einem anderen Trakt.

Und während er 3 verjagt, kommen 30 andere.

Schwer zu sagen, wie viele es insgesamt sind, sie kommen übers Haupttor, durch drei Nebeneingänge, die sie aufgebrochen haben, sie klettern über die Mauern, ein paar hundert sind es bestimmt. Seit dem späten Nachmittag hat es sich ziemlich schnell herumgesprochen, dass die Amerikaner weg sind, dass es im Museum Schätze abzugreifen gebe, eine Flut von Plünderern zieht marodierend durch den Riesenbau – und er, Muhsin Chadim, ist ganz allein.

Seit vier, fünf Stunden, mit Anbruch der Dämmerung, ist alles noch viel schlimmer geworden. Es gibt ja keinen Strom. Und der riesige Museumsbau liegt im Dunkeln. Außerdem ist Chadim auch schon Ende 50, ein kleiner Mann, kurzatmig, während die meisten Plünderer junge Burschen sind, starke, ruppige Kerle. Manche haben Schubkarren. Vorhin waren ein paar da, die einen Handwagen hinter sich herzogen. Viele haben Eisenstangen, Hämmer, mit denen sie im Westflügel die Vitrinen zertrümmern, viele demolieren einfach nur um des Demolierens willen, mit sinnloser Wut, sie nehmen Rache für irgendwas, rächen sich am Regime, am Leben; aber das sind nicht mal die Schlimmsten.

Am meisten fürchtet Chadim die Schattenhaften, die Leisen, wahrscheinlich sind das professionelle Diebe. Die den Aufruhr und das Chaos nutzen, um gezielt zu stehlen, womöglich die wertvollsten Exponate.

Er kann ja nicht überall zugleich sein. Und diese verfluchte Dunkelheit. Was gäbe er für ein paar Scheinwerfer.

Chadim hat ein paar Mal in die Luft geschossen. Aber nur, um sich Respekt zu verschaffen. Er würde keinen Menschen erschießen, nicht mal einen Plünderer, da hört er auf sein Gefühl, es wäre falsch, nur Gott bleibt es überlassen, einen Menschen zu sich zu rufen. Wenigstens wissen das diese Kerle nicht.

Er ist müde und allein, am liebsten würde er schnell ein paar Freunde herbeiholen, die ihm helfen würden, die Kulturschätze zu verteidigen gegen den Mob. Aber er traut sich nicht, das Museum auch nur für eine Stunde zu verlassen. Außerdem hat er kein Auto. Und die Amerikaner? Er kennt sie nicht, mag sie nicht, spricht auch ihre Sprache nicht. Ja, Dr. George müsste hier sein, er spricht wunderbar Englisch und ist außerdem sehr klug. Aber Chadim ist allein.

Ganz allein muss er das Museum bewachen, muss brüllen, betteln, jammern, drohen, hierhin rennen, dort ein paar Halbwüchsige verscheuchen, die ganze Nacht hindurch, ein Sachbearbeiter, klein, etwas stämmig, kurze Beine, ein anspruchsloser Charakter, einer der Helden in diesem Krieg, und einer der Verlierer.

Epilog I
12. April, morgens, Samarra, 120 Kilometer nördlich von Bagdad, 3. Regiment der 1. Marines-Division

Drei Wochen nachdem sich die 507. Versorgungskompanie am Stadtrand von Nassirija verfuhr, endet die Irrfahrt der vermissten fünf Soldaten 120 Kilometer nördlich von Bagdad. Jessica Lynch ist längst in Deutschland, aber sie sind Kriegsgefangene und werden von ihren irakischen Bewachern durch das Kriegsland gefahren.

Gegen 10 Uhr an diesem 12. April bekommt Captain Gordon Miller, Kommandeur des 3. Regiments der 1. Marines-Division, von seinem Vorgesetzten die Information, dass sich die vermissten Soldaten in einem Wohnhaus in Samarra aufhalten sollen. Ein Bürger von Samarra habe sich gemeldet und das Haus beschrieben.

Der Informant behauptet, dass die Leute, die die Gefangenen bewachen, sich kampflos ergeben werden. Sie würden einfach dasitzen, sie hätten zu viel Angst, um einfach wegzurennen, weil man ja nie wisse, wie stark Saddams Leute noch seien. Aber sie würden sich nicht wehren. Die Marines sollten dreimal an die Tür klopfen. Sie wissen die Straße und die Hausnummer.

20 Marines, 3 Schützenpanzer und ein Sanitätswagen rollen in die Stadt. Es dauert etwa zehn Minuten bis sie die Straße gefunden haben, sie stürmen die 13 – aber die 13 ist leer. Vom Dach eines Hauses zeigt ein Mann auf die gegenüberliegende Straßenseite. Da ist die 31, die Marines haben die Nummern verwechselt. Sie drehen um.

Es ist ein zweistöckiges Einfamilienhaus, mit einem kleinen Garten davor. Im Garten stand David Williams, einer der Kriegsgefangenen. Williams sieht blass aus und hat einen Dreitagebart. Er winkt ihnen zu. Private First Class Chris Castro stürzt sich auf den Gefangenen und reißt ihn zu Boden.

Vier Marines springen in den Garten, klopfen dreimal an die Tür, aber es bewegt sich nichts. Zwei Meter weiter ist noch eine Tür. Die ist offen.

Sergeant Ron Peterson ist der Erste, der ins Haus rennt. Er sieht eine kleine, halbdunkle Diele, in der Shoshana Johnson steht, die schwarze Köchin der 507. Versorgungskompanie.

„Hallo", sagte sie. „die anderen sind dahinten. Nicht schießen. Sie waren nett zu uns." Sie zeigt auf eine Tür am Ende des Flures.

Die Marines öffnen sie. Die anderen Amerikaner sitzen da in Schlafanzügen, neben ihnen vier verängstigte irakische Wachen. Sie haben ihre Waffen auf den Fußboden gelegt, um zu zeigen, wie ungefährlich sie sind. Die amerikanischen Gefangenen sehen nicht unterernährt aus, nicht misshandelt, nur ein bisschen müde.

Second Lieutenant Eubank bietet den vier Wächtern politisches Asyl an. Sie bedanken sich, aber sie wollen lieber in Samarra bleiben. Sie hätten Angst um ihre Familien, sagen sie. Die Partei würde sich an den Familien rächen, wenn sie fliehen.

Eubank lädt die befreiten Amerikaner in zwei Panzerwagen, sie rauschen aus der Stadt und schließen die Brücken über dem Tigris hinter sich wie eine Tür.

Die ganze Aktion hat 30 Minuten gedauert.

Epilog 2
13. April, mittags, vor Tikrit, 180 Kilometer nördlich von Bagdad, bei der Republikanischen Garde

Abu Musch, Major in einer Kompanie der Republikanischen Garde, mit 270 Mann und 30 Offizieren, steht vor Tikrit, um die Stadt zu verteidigen. Seine Einheit verfügt über sieben Luftabwehrkanonen Kaliber 57 Millimeter, sechs sowjetische BTR-60-Schützenpanzer, sechs alte Artilleriegeschütze, 300 AK-47-Sturmgewehre, dazu Jeeps und einen Ambulanzwagen. Drei solcher Kompanien sind ausersehen, Tikrit, die Heimatstadt Saddams und Saladins, zu verteidigen. 900 Mann gegen Amerika.

Saddams Elite, 20000 Mann Spezialkräfte, Garde, Palastwachen sind schon seit Wochen nicht mehr da, abkommandiert nach Bagdad.

Vor drei Tagen hat sich Abu Musch, der nicht Abu Musch heißt, aber so genannt werden will, mit seiner Garde vor Tikrit eingegraben, an jenem Tag, als der Feind begann, die Stadt mit Feuer zu belegen, als der erste Sturm über die Steppe ging, und aus dem Himmel Bomben fielen, als Raketen schleuderten, pausenlos, tonnenweise.

Abu Musch traf es nicht. Abu Muschs Kompanie blieb verschont in den sechs Stunden der Angriffswellen, keine Bombe, kein „Tomahawk“ fand die 300 Männer der Republikanischen Garde. Eilig hat sich die Kompanie nach Süden bewegt, vor die Stadt, wie es der Oberbefehlshaber verlangt hat. Ein Kurier brachte die Order mit dem Auto vorbei. Seit dem 6. April funktionierten die Telefone nicht mehr.

Die Offiziere fragten sich: Wo bleibt die irakische Luftwaffe? Ist Bagdad schon gefallen? Ist Saddam noch mit ihnen? Die Kompanie ist kleiner geworden. Drei Dutzend Männer sind in der Nacht von der Fahne gegangen. Die Soldaten verloren darüber kein Wort. Sie bauten ihre Stellung aus.

Ein paar Kilometer vor Tikrit zogen sie Luftschutzgräben in die hart gebrannte Erde, die Kanten bewehrten sie mit einer doppelten Lage Sandsäcke. Sie stellten die Zelte weit voneinander auf und noch weiter weg die Panzer. Am Abend des 10. April flog der Feind neue Angriffe. Die Soldaten hockten im Graben, die Hände über dem Helm.

Am Morgen danach waren sie, ohne dass ein Einziger gefallen wäre, nur noch ungefähr 200 Mann. Und kein Funkkontakt zu den anderen Einheiten, die Tikrit, Saddams Heimatstadt, verteidigten. Abu Musch dachte sich, länger schon: Game over.

„Aber ich bin Soldat", dachte er auch. „Ich habe die Verantwortung für meine Männer."

13. April, seit drei Tagen liegen sie vor Tikrit, ein 40-jähriger Offizier macht seinen Zug verrückt, er weint vor seinen Männern, ihm gehen die Nerven durch aus Angst um seine Familie in Bagdad. Er fragt herum, was den Seinen zugestoßen sein mag, er verflucht die Amerikaner und den ganzen Krieg. Seine Soldaten versuchen ihn zu beruhigen, einen Offizier der gefürchteten Republikanischen Garde. Dazwischen immer neue Bombenwellen.

Am nächsten Tag, 14. April, sind die Verteidiger Tikrits, obwohl niemand getötet wird, nur noch 25 Offiziere und höchstens 140 Mann. Die Garde, die den Eid schwor, bei all ihrem Tun Allah, die Revolution und das Land „bis zum letzten Tropfen ihres Blutes" zu verteidigen, wirft die Gewehre hin. Sie stehlen sich davon in der Nacht, Raketenbeschuss hin oder her.

Am 15. sind sie, Offiziere und Mannschaft, noch 45. Seit dem Vortag geht in den Gräben Gerede um. Bagdad sei gefallen, Saddam tot, der ganze Krieg längst verloren. Irak in der Hand des Feindes. Die Offiziere sind machtlos dagegen.

Am Vormittag des 16. April zählt die Stellung innerhalb von zwei Stunden 45 Einschläge. Jetzt müssen die Amerikaner, die Briten irgendwo in der Nähe sein. Dies sind keine Bomben aus dem Himmel. Dies sind Boden-Boden-Raketen, teils gewöhnliche Artillerie. Granaten. Niemand aus Abu Muschs Truppe ist verletzt oder stirbt. Wann wird die Infanterie des Feindes anrücken?

Der Regionalkommandeur fährt am Nachmittag im Dienstwagen die Stellungen ab. Er gibt keine Auskunft über die Lage. Ja, ja, auch die anderen beiden Kompanien stünden noch ein für Tikrit. Die Amerikaner? Es sei mit ihrer Ankunft jetzt bald zu rechnen. Bagdad? Möge Allah beschützen. Der General befiehlt Abu Muschs Leuten, 45 Mann, ihre Position aufzugeben und sich näher an der Stadt neu aufzustellen. Die Truppe ist erleichtert.

Sie packen. Sie sagen, am Abend des 16.: „Wir könnten doch nach Hause gehen und nachsehen, ob noch alle leben." – „Wir könnten sehen, ob unsere Häuser noch stehen." – „Wir könnten einmal duschen!" – „Etwas Gutes zu essen holen!" So gehen die Männer auseinander. Fest verabredet, sich am neuen Standort wiederzusehen. Verschworen, dem Feind nicht freies Feld zu überlassen. Vereidigt, Gott, Revolution und das Land zu verteidigen.

Am Morgen des 17. sind sie noch 14. Abu Musch, der Vize, ein Major, ist jetzt der ranghöchste Offizier. Der Kompaniechef, ein Oberstleutnant, ist nicht mehr zum Dienst erschienen. Nördlich von Tikrit, unsichtbar für sein Dutzend Republikanischer Gardisten, unerreichbar ohnehin, landen amerikanische Fallschirmjäger. Der Feind nimmt Position am Rand der Heimatstadt Saladins und Saddams. Er zieht einen Ring um Tikrit.

Jetzt, nach einer Woche Geisterkrieg, bekommt Abu Musch zum ersten Mal eine sichtbare Ahnung vom Feind. Über der Steppe im Süden stehen Staubwolken. Sie kommen auf mehreren Kilometern Breite. Es müssen sehr viele sein. Zwischen ihnen und Tikrit steht der Major mit 14 Mann.

Er und seine Leute wissen nicht, dass einer der vier großen Scheichs der Region den Amerikanern mit weißer Fahne am Auto entgegenfährt. Er will die Stadt kampflos übergeben. Tikrit kapituliert ohne Wissen seiner Verteidiger und ohne dass sie einen einzigen Schuss auf den Feind abgefeuert haben.

Die Kompanie der Republikanischen Garde schmilzt weiter. Im Laufe des Tages sind sie bald nur noch ein Dutzend. Dann zehn Mann, dann acht. Abu Musch versucht nicht mehr, die Leute aufzuhalten. Game over. Das Spiel ist aus.

Am Nachmittag des 17. April ist er allein. Saddams letzter Mann in Tikrit. Die Amerikaner nehmen die Stadt ein. Sie brauchen dafür keine Panzer, keine „Abrams", keine „Bradleys". Aus dem Lager der Fallschirmjäger wird im Laufe des 17. eine Basis. Ohne Widerstand rückt Infanterie nach in die Stadt.

Sie besetzen den zentralen Festplatz und bauen ihn aus zur Kommandostellung in Tikrit, Saddams und Saladins Heimatstadt. An den Wänden steht: „Saddams Geburtstag ist der Geburtstag des irakischen Volkes." An den Panzerfahrzeugen der Amerikaner steht, in Schablonenbuchstaben: „Blitzkrieg Bop".

Vor Abu Musch erstreckt sich die Steppe. Hinter ihm duckt sich Tikrit, voll gebaut mit 16 Palästen des Führers. Abu Musch erwägt die Lage. Er sagt sich: Tikrit zu halten bedeutet nicht, den Krieg zu gewinnen. Er fragt sich, warum er mit seinen Männern den Häuserkampf geübt hat, wochenlang, auf Befehl von ganz oben, auf Geheiß von Saddam. Er fragt sich, warum sie Ende März dreimal ausrückten, um den Landkrieg zu üben.

Es wird sechs Uhr abends am 17. April, im Licht der sinkenden Sonne geht Abu Musch in der verlassenen Stellung herum und zerstört die Kalaschnikows, um sie nicht dem Feind zu überlassen.

Er sieht sich um. Einen Dienstwagen hat er nicht mehr. Sein Fahrer ist mit dem Auto schon zwei Tage zuvor getürmt, alle anderen Fahrzeuge, bis auf eines, sind fortgefahren oder von Raketen zerschlagen. Nur der Ambulanzwagen bleibt noch. Der Schlüssel steckt. Jetzt gibt Abu Musch auf, auch er, Saddams letzter Mann.

Setzt sich ans Lenkrad.

Fährt heim.

Kapitel 3

Folgen eines schnellen Sieges

Die Stunde null im Irak

+++ Ab 9. April schwere Plünderungen in Bagdad und Basra +++ Kindi-Hospital in Bagdad ausgeraubt +++ 55 irakische Führungsmitglieder zur Fahndung ausgeschrieben +++ Russland, Deutschland und Frankreich verlangen tragende Rolle für die Uno beim Wiederaufbau +++ US-Truppen nehmen Tikrit ein +++ Großbritannien zieht erste Kampfflugzeuge ab +++ Am 15. April zehn Tote bei Demonstration gegen die neue Zivilverwaltung +++

Es ist 7 Uhr morgens, es ist der 17. April, und als Hischam Scharaf in den Spiegel schaut, weiß er nicht, wo er die Kraft hernehmen soll für noch einen Tag der Freiheit.

Er macht das Radio an. Das arabische Programm von Radio Monte Carlo. Seit ein paar Tagen sendet auch Radio Bagdad wieder, aber es heißt jetzt anders, irgendetwas mit „frei" im Namen, und Scharaf kann den Optimismus von Freiheit & Demokratie nicht ertragen. Nicht um 7 Uhr morgens.

Hischam Scharaf leidet an Bluthochdruck. Er glaubt, das komme vom Krieg. Oder von den Sanktionen, von den Plündereien. Von dem ganzen Ärger. Von allem, was einem gestandenen Mann von 38 Jahren 20, 30 Kilo Übergewicht auf die Hüften wuchten kann.

Vom Aussehen her könnte er Hammelverkäufer sein oder einer der Karpfenbrater vor den Fischbuden abends am Ufer des Tigris. Aber Scharaf leitet das Nationale Symphonieorchester von Bagdad.

Er ist Vizedirektor der Musikakademie der Arabischen Liga. Er ist vermutlich Iraks bester Klarinettist, hat nebenher Mathematik studiert und unterrichtet. Er spielt im Kammermusikorchester und leitet Bagdads Schule für Volksmusik und Ballett. Scharaf ist ein Musiker. „Ich bin ein Nichts", sagt Scharaf. „Was ist ein Musiker ohne Orchester?"

Scharaf hat in der vergangenen Woche mehr mitgemacht als die Musiker eines Orchesters gewöhnlicherweise zusammen in ihrem ganzen Leben. Es fällt ihm schwer, das Haus zu verlassen. Nicht allein, weil er keinen Grund mehr dafür hat, irgendwohin zu gehen, ohne Arbeit. Es ist die Furcht vor der nächsten Katastrophe. „Bei jedem Gang durch die Stadt sehe ich ein neues geplündertes Gebäude. Jedes Mal, wenn ich einen meiner Musiker wieder treffe, tut sich ein neuer Abgrund auf. Der Cellist ist pleite, der erste Geiger wird denunziert, die Flötistin traut sich aus Angst vor den Islamisten nicht mehr auf die Straße."

In seiner Familie ist man Musiker, seit Generationen. Sein Onkel Munir Baschir war ein Virtuose auf der Ud, der arabischen Laute; er war Vizepräsident des Unesco-Musikrats, Generalsekretär der Arabischen Musikakademie und zeigte seinen Neffen die Nadel der Ehrenlegion, die ihm in Paris angesteckt worden war.

Als Leiter des Nationalorchesters hat Scharaf 30 000 Dinar verdient. Das sind rund 100 Dollar. Dazu gab es einen weißen Dienst-Toyota. Den Wagen hat er behalten, als Trost dafür, dass sich sein Gehalt genauso in Nichts aufgelöst hat wie sein oberster Dienstherr.

Scharaf ist unverheiratet. Er sagt, er habe keine Zeit gehabt. Dann setzt er sich in seinen Toyota und fährt dorthin, wo er in den vergangenen zehn Jahren die meiste Zeit gelassen hat.

Gegenüber vom Saura-Park auf der Westseite Bagdads liegt der ehemalige Militärflughafen und jetzige Bauplatz der größten Moschee der Welt. Von der Straße aus sind schlanke Betonbögen zu sehen und einige bewegungslose Kräne. Scharaf quält seinen Wagen auf den Bürgersteig und hält vor dem Gitter eines niedrigen Gebäudes: „Bagdad-Schule für Volksmusik und Ballett" steht über dem Gitter.

Die Scheiben sind eingeschlagen, auf dem staubigen Rasen steht ein Klavier, und unter Scharafs linkem Schuh liegt ein Rest Partitur für Fagott, „Highlights from Mary Poppins".

Scharaf rüttelt an der Tür. „Dann gehen wir übers Nachbargrundstück." Die ehemalige Kinderbücherei. Im Eingang steht ein Tisch mit dem Bildnis eines weißbärtigen Imam, drei bewaffnete Männer sind damit beschäftigt, eine Satellitenschüssel zu montieren, und wollen von Scharaf wissen, was er auf dem Gelände zu suchen habe. „Ich bin der Leiter der Schule." – „Zeig uns den Ausweis!"

Zwei Tage nach der Befreiung ist Scharaf zusammen mit seinem Bruder und dem Stimmführer der zweiten Geigen, seinem Jugendfreund Madschid al-Ghasali, zum ersten Mal wieder in seine Schule gekommen. Er sah, wie Männer auf dem Dach der Instrumentenwerkstatt hockten und Bleche abrissen. Er sah, wie jemand mit einem Ventilator auf den Schultern aus dem Ballettsaal kam. Er spürte, wie zehn Jahre seines Lebens zusammenschnurrten wie ein brennender Lampion.

„Erst habe ich geweint. Dann schrie mich mein Bruder an, wir müssten sie vertreiben. Aber ich bin Musiker und kein Kämpfer."

Er läuft an zerfetzten Ballettkleidchen vorbei, sieht Zeugnisse auf dem Boden liegen. Auch das Porträt Saddam Husseins liegt zertreten im Dreck, zwischen Noten, einem Dreiviertel-Violinenkoffer und Zetteln, an die Passbilder von Kindergesichtern angeheftet sind.

„Es waren Leute aus Saddam City, dem Slum. Ich sagte ihnen: Nehmt von mir aus die Instrumente. Nehmt sie mit und spielt darauf. Aber tretet sie nicht kaputt. Das ist unsere Kultur. Sie sagten, sie seien arm und ich sei reich, Bagdad sei am Ende, und deswegen müssten sie das tun."

Sie haben die Violinen zertreten, die Celli zerschlagen, die Hämmer aus dem „Kithar de Damas" gerissen, dem, so sagt er, einzigen Vierteltonflügel im Nahen Osten. „Jetzt gibt es keinen mehr. Und auch kein Cembalo. Wir hatten das einzige Instrument im Irak. Ich verstehe es nicht. Es muss irgendetwas dahinter stecken. Irgendwer muss ein Interesse daran haben, die Kultur des Irak zu zerstören." Ghasali und er gingen zu einer Patrouille von US-Soldaten. „Wir baten sie, die Schule zu schützen. Sie sagten, das sei nicht ihr Job, und schickten uns fort."

Sie waren 38 Lehrer und 420 Schüler. Die Musikschule am Saura-Park war die einzige ihrer Art im Nahen Osten. Man konnte das Abitur machen und einen Abschluss als Musiker oder Tänzer. Scharaf selbst hat hier als kleiner Junge angefangen. Für ihn ist die Schule ein heiliger Ort. „Hier in der Bücherei ist nie geredet worden, nur geflüstert", sagt er und schiebt mit dem Schuh einige penibel beschriftete Karteikarten aus dem Weg.

„Hier haben wir die erste klassische CD des Irak aufgenommen", sagt er und zeigt in den Ballettsaal, zerbrochene Spiegel, eine herausgerissene Stange. Es sei mitten im Sommer gewesen, bei 50 Grad unterm Dach. Einmal flatterte während der Aufnahme eine Taube hinein, und sie mussten von vorn beginnen. „Ich habe meinen Musikern immer gesagt, morgen wird es schon besser sein. Das sage ich jetzt nicht mehr. Heute ist genauso schlecht wie gestern. Wir haben zehn Jahre lang geprobt und gearbeitet und unterrichtet. Alles umsonst. Ich bin 38 Jahre alt, vielleicht auch 37. Auf alle Fälle bin ich müde."

Im Eingang liegt ein Fagott, unberührt: „Sie haben es nicht angefasst. Wahrscheinlich hielten sie es für eine Panzerfaust."

Mit seiner plumpen Statur, dem Hundeblick erscheint Scharaf wie der geborene Verlierer. Doch er kann Fotos aus einem Karton herausholen, auf denen er im Smoking zu sehen ist, neben einer spanischen Sopranistin, zusammen mit Botschaftern oder neben einem Mann mit Barett und Uniform: dem Kulturminister. Scharaf war erfolgreich im alten Regime. Genau wie sein Bruder, der Trainer der irakischen Volleyballfrauen. Keiner war in der Baath-Partei, beide hielten genug Abstand zu den höheren Ebenen der Macht.

Für Leute wie Scharaf haben die USA 250 000 Soldaten einmal rund um den Globus geschippert. Sie gehören zu der intellektuellen, technischen Mittelschicht, von der sich das Pentagon Mithilfe beim Aufbau des neuen Irak erhofft. Scharaf sagt: „Ohne mich. Vielleicht sollte ich besser auswandern."

Er wirkt wie betäubt vom Systemwandel. Er redet ohne Pause, lässt sich aber gern unterbrechen, als schützten ihn die Wortschwaden vor dem Neuen. Sätze entgleiten ihm wie: „Das Gute an dem alten Regime ist gewesen, dass man immer wusste, was am Tag passieren würde. Jetzt ist alles unsicher."

Er hatte Angst vor dem Krieg. Er wusste, dass der Angriff kommen würde. Bei einem Besuch in Damaskus hatte er das „Noch 48 Stunden"-Ultimatum von Präsident Bush im Fernsehen gesehen. Er fuhr sofort zurück nach Bagdad. Kurz danach wurde die Grenze geschlossen.

In Bagdad verstaute Scharaf seine Instrumente, Musikanlage, die fünf Pekinesen, seine 200 CDs in den Toyota und fuhr von seinem Haus in der Universitätsstraße zum Reihenhaus seiner Eltern in der Botschaftsstraße. „Meine Eltern wohnen gegenüber der chinesischen Botschaft. Ich dachte, dass die Amerikaner dort bestimmt nicht bombardieren würden."

Dann erzählte ein Freund, im Kosovo-Krieg sei ausgerechnet die Botschaft Chinas beschossen worden. „Sie werden es kein zweites Mal tun", sagte Scharaf seiner Mutter. Außerdem würden die Panzer von Süden kommen, nicht von Westen.

Die Universitätsstraße liegt in einem Wohnviertel mit Vorgärten und Garagen, in denen alte Chevrolet und BMW stehen. Von der Straße aus sieht man die Autobahn nach Amman. Sie ist hier auf Stelzen gebaut und etwa 800 Meter von Hischam Scharafs Badezimmer entfernt.

Die Amerikaner kamen genau von Westen und besetzten den Flughafen. Die Scharafs saßen in ihrem Wohnzimmer. Draußen wummerten die Panzergranaten, drinnen kläfften die Pekinesen. „Ich lieh mir das Auto eines Freundes und evakuierte die ganze Familie zurück in mein Haus. Mit dem gesamten Hausrat."

Den ersten US-Panzer sah er nicht. Er spürte ihn. „Es war um neun Uhr morgens. Ich wusch mein Auto mit dem Schlauch und sang irgendetwas. Meine Mutter war im Bad, und meine Schwester May kümmerte sich um die Hunde. Plötzlich schoss etwas über das Dach, wie ein Dschinn, und dann krachte es auf der Straße. Ich konnte mich nicht bewegen. Ich dachte nur: Mein Bruder ist tot."

Bevor er sich vom Gegenteil überzeugen konnte, war die Welt voll Staub und Glassplitter, und die Ohren waren taub. Völlige Ruhe. Die Panzergranate war ins Treppenhaus eingeschlagen, gleich neben dem Badezimmer. Sie muss von der Autobahn gekommen sein. Ein Panzer musste dort Position bezogen und genau auf sie geschossen haben.

Von diesem Morgen hat Scharaf einen Metallsplitter im linken Mittelfinger behalten. Er fährt zur Ribat-Konzerthalle. Dort haben sie im Februar zum letzten Mal gespielt. Das Bagdader Symphonieorchester hat auch während des Kriegs keine Probe ausfallen lassen. Sie übten die Adagio-Suite aus Agnes Baschirs „Sindbad-Ballett", während draußen Sandsäcke gestapelt wurden. Es war mehr Ratlosigkeit als Heldentum.

Heute sitzen im Foyer der Konzerthalle nur der Fagottist, ein über 80-jähriger Kurde, und Ghasali. Beide rauchen. Auch die Konzerthalle war von der Schiiten-Partei besetzt worden. Die GIs haben sie wieder vertrieben – vorübergehend, wie Scharaf fürchtet.

Madschid al-Ghasali, der Geiger, ist ein gut aussehender Mann, der seine Familie mit Übersetzungsjobs für CNN über Wasser hält. In der ersten Kriegswoche denunzierte ihn seine Nachbarin bei der Geheimpolizei: Er habe Kontakte mit Ausländern. Am nächsten Morgen wurde der Geiger verhaftet.

Nach der Befreiung revidierte die Nachbarin, eine pensionierte Ärztin, ihr Urteil. Sie habe sich geirrt: Ghasali, der Geiger, sei ein Agent des Sicherheitsapparats von Saddam gewesen. Ghasali hat drei Töchter mit grünen Augen, alle spielen ein Instrument. Auch er möchte am liebsten nur noch weg: „Ich glaube, die Nachbarn haben es auf mein Haus abgesehen."

Auch Scharaf hört die Stimmen der Neider: Weshalb er denn habe ins Ausland reisen dürfen? Weshalb er überhaupt das Orchester habe leiten dürfen unter Saddam?

Er war weder Mitglied der Baath-Partei noch ein Bewunderer Saddams. „Es war möglich, im Irak Kunst zu machen. Ich hatte mit dem Kulturministerium zu tun, nie mit den höheren Ebenen. Ich habe nur hart gearbeitet."

Er musste die Beleuchter bestechen, damit nicht mitten im Konzert das Licht ausging. Er trug selbst die Stühle zusammen, kopierte bis nachts um drei Uhr Partituren, übersetzte mit seinem Computer Fagott-Schulen ins Arabische, trieb Geld für Plakate auf und unterrichtete, unterrichtete, unterrichtete.

Gestern sei jemand gekommen, der gesagt habe, er sei jetzt der neue Dirigent. „Ich fragte ihn nach seiner Ausbildung. Es stellte sich heraus, dass er nur die Volksschule abgeschlossen hatte. Aber er drohte, zu irgendeinem Mullah zu gehen, wenn ich ihn nicht anstellen würde. Die Leute sind völlig verrückt geworden." Scharaf fürchtet, dass eine Schiiten-Regierung die Macht im Irak übernehmen könnte. Wie in der Kinderbücherei.

Jemand kommt ins Konzerthaus gerannt und berichtet, dass die Arabische Musikakademie angegriffen worden sei. Scharaf fährt los. Die Akademie liegt neben der britischen Botschaft über dem Tigris, ein altes Gebäude mit Innenhof, Brunnen, einem duftenden Baum und geschnitztem Galeriegang. Es gibt nicht mehr viele dieser Häuser in der Stadt.

Jetzt sind die farbigen Glasscheiben zerschossen, er sieht Einschusslöcher im Holz, im Mauerwerk, in den Innenräumen. Der Hausmeister ist fort. Ihm ist in die Hüfte geschossen worden, und er liegt im Krankenhaus. „Neulich haben wir uns noch unterhalten. Der Wächter wollte eine Kalaschnikow von mir haben, gegen die Diebe. Gut, ich hätte eine in Saddam City kaufen können. Aber wie damit quer durch die Stadt fahren bei all den Kontrollen?"

Irgendein Nachbar muss mit seiner Waffe dem Hausmeister zu Hilfe gekommen sein. Die Schießerei habe zwei Stunden gedauert. „Wir müssen die Amerikaner holen", sagt Scharaf. „Die Akademie gehört der Arabischen Liga. Sie hat diplomatischen Status." Eigentlich sei das Außenministerium zuständig. Aber es gibt kein Ministerium mehr.

Es ist jetzt 16 Uhr, und das Licht wird weicher. Die Luft ist heiß geworden und sehr trocken, wie immer, wenn die Staubstürme aus der iranischen Wüste kommen. Hischam Scharaf fährt ein paar Straßen weiter. Vor dem Raschid-Theater, zwischen den heruntergefallenen Blechen, den verkohlten Kabeln, herumfliegenden Videobändern und Sitzen des ehemaligen größten Konzerttheaters Bagdads, hat der Spähtrupp von Sergeant First Class Anslinger Halt gemacht. Ein Soldat richtet eine Pistole auf einen Gabelstaplerfahrer und schreit: „You Ali Baba?!"

Der verdächtigte Plünderer spricht kein Englisch, die Amerikaner kein Wort Arabisch. „Hey, kannst du übersetzen?", wird Hischam Scharaf, der Symphoniker, gefragt. Anslinger ist ein schmallippiger untersetzter Mann, er schwitzt unter der Schutzweste und versucht, den Überblick zu behalten. Die MGs in den drei „Humvees" zeigen in alle Richtungen.

Scharaf hält nicht viel von den GIs. Spätestens, seit er feststellen musste, dass ein Soldat nicht wusste, wer oder was Chopin war. „Ich bin der Leiter des Symphonischen Orchesters." – „That's fine. Frag den Typ, weshalb er Feuer im Theater gelegt hat."

Scharaf übersetzt zwischen den Soldaten und dem laut protestierenden Mann mit dem Gabelstapler. Er sei ein Plünderer, aber kein Brandstifter. Zehn andere Zuschauer geben gleichzeitig ihre Version des Geschehens. Es ist heiß und staubig. Schließlich wird ein Mann im weißen Kaftan in Plastikfesseln gelegt und abgeführt. „Ich bin der Leiter …", sagt Scharaf und berichtet dem Sergeant von der bedrohten Musikakademie.

„Show me on the map", sagt Anslinger. In seinem „Humvee" hat er eine elektronische Karte, ein Satellitenbild Bagdads, das nach Belieben vergrößert und auf bestimmte Gebäude hin abgefragt werden kann. Von Arabischen Akademien, Vierteltonflügeln und schiitischen Besetzern weiß das Gerät nichts.

Dann ruft der Soldat im Ausguck etwas.

„Have to go“, sagt Anslinger und steigt wieder ein. „Shooting. Lots of ’em. Ich muss mich um meine Jungs kümmern. Sorry, ich komm später vorbei.“

Scharaf sagt: „Seht ihr?“, und er wirkt nicht enttäuscht. Im Gegenteil. „Die werden natürlich nie kommen. Sie wollen unsere Kultur nicht retten. Ich wusste es.“

Vielleicht sind Anslingers Männer wirklich beschossen worden. Womöglich ist Sergeant First Class Anslinger jemand, der zu Hause in den Staaten auch Klassik-CDs herumstehen hat. Und ganz gewiss ist er festen Glaubens, dass seine Jungs hier einen prima Job machen und die Iraker ihm das eines Tages danken werden.

Auf Scharaf braucht er dabei nicht zu zählen. „Ist das Demokratie?“, redet er vor sich hin, während am fahrenden Auto ein zerbombtes Einkaufszentrum vorbeizieht. Wo Leute wie Anslinger befreite Zukunft sehen, „the bigger picture“, sieht Scharaf zerstörte Vergangenheit. Und er ist nicht bereit, sich vertrösten zu lassen: „Wenn dein Kind tot ist, willst du nichts von morgen wissen. Wenn alles, was man aufgebaut hat, in Trümmern liegt, kann man keine Pläne machen. Ich jedenfalls nicht.“

Abends schieben er und sein Bruder den Wohnzimmertisch vors Fenster, hieven die Couch und zwei Sessel darauf, um das Zimmer vor Schüssen zu schützen. Dann schiebt er noch das Klavier vor die Tür, bis kein Spalt mehr zum Draußen offen steht. Geschafft, ein weiterer Tag Freiheit ist überstanden.

Hischam Scharaf trinkt noch einen Tee mit seiner Mutter, hört die Nachrichten im Radio und geht um 23 Uhr schlafen. Früher war das die Zeit, als er Musik hörte. Früher. Er sagt, es gehe nicht mehr. Selbst im Autoradio drehe er jetzt weiter. Er sagt, er könne keine Musik mehr hören in Bagdad.

Stimmen hätten sie gehört, von tief unter der Erde, sagen die Leute. Von Gefangenen ist die Rede, seit Jahren in unterirdischen Verliesen eingekerkert und jetzt von ihren Wächtern verlassen. „Man hört sie rufen“, sagt einer. „Sie sind alle noch da“, ein anderer, der seit Kriegsende durch die ausgebombten Polizeireviere Bagdads streift, auf der Suche nach seinem verschwundenen Bruder.

Und ein anderer, Mohammed Fuad vom Adnan-Hospital, schwört jeden Eid, dass unter den Leichen, die sie gestern an der Jaffa-Straße ausgegraben hätten, einer war, der noch gelebt habe: „Er fing plötzlich an, sich wieder zu bewegen“, sagt er, ohne Erstaunen.

Zwei Wochen nach dem Sturz der Saddam-Statue mag die Stadt Bagdad ruhiger geworden sein. Müllautos fahren, und Kinder sitzen auf den „Abrams“-Panzern der Sieger. Aber das ist die Oberfläche. Darunter ist nichts geklärt. Da ist Angst. Da sind Stimmen und Berichte von tief verborgenen Bunkeranlagen und Tunneln, in denen der geflohene Tyrann sich aufhalte und abwarte, bis seine Stunde wieder kommt.

Hinter dem Restaurant Saa im Viertel der Reichen, Mansur, ist die Erde zehn, zwölf Meter tief aufgerissen. Ein Schlund aus Ziegelsteinen, verbogenen Trägern, zersplitterten Regalen. Hier schlugen am 9. April die vier bunkerbrechenden US-Bomben ein. Kurz zuvor war Saddams Wagenkolonne in der Straße gesehen worden.

Den ganzen Tag lang stehen hier Leute. Es riecht nach Verwesung, aber das seien nur die Hühner des Restaurants. Nicht der Diktator. Dennoch ist der Krater zum Wallfahrtsort geworden. Eine rundliche, in besticktes Tuch gehüllte Frau ist mit ihren kleinen Söhnen und drei Cousinen gekommen. Als sie Ausländer sieht, fängt sie an zu schreien: „Saddam kommt zurück, glaubt mir, und dann wird er alle Verräter bestrafen!“

Niemand der Umstehenden sagt etwas. „Er lebt in einem Bunker! Eine Nachricht hat er über al-Dschasira geschickt!“, kreischt die Frau, hyperventilierend und unter Tränen. Er sei ihr geliebter Führer, ihre Söhne habe sie Kussei und Udai genannt, nach den Söhnen Saddams.

„Wir waren die Herren unter Saddam, und wir werden auch Herren bleiben.“ Asna Abess sei ihr Name, und auch Folgendes könne ruhig aufgeschrieben werden: „Ich bin bereit, einen Amerikaner umzubringen. Wenn nur meine Jungs nicht wären … Komm, Udai“, sagt die Frau und zieht einen blassen, stummen Jungen in kurzen Hosen hinter sich her. Ein Kind mit dem Namen eines Killers.

Die Angst ist nicht verschwunden, als die Amerikaner in die Stadt einrückten. Befreiung – das ist nicht Jubel gewesen, sondern Zerstörung und Plünderei. Die Bomben waren präzise, der anschließende Diebstahl allgemein. Es heißt, eingedrungene Kuweiter hätten mit dem Plündern angefangen, als Rache für die selbst erlittenen Raubzüge von 1990; es heißt, die Amerikaner hätten es absichtlich provoziert, um Bagdad vollends zu zerstören. Die Bagdader suchen nach Erklärungen, um eines zu betäuben: das Entsetzen über sich selbst.

Über jenen Teil von sich, der immer ausgeschlossen war und ausgebürgert draußen im Nordosten der Stadt, in Saddam City, jenem anderen Bagdad, wo all jene hausen, die wirklich Grund haben zur rücksichtslosen Wut und woher die meisten der Plünderer kamen.

Die Straße nach Saddam City führt erst am vollständig erhaltenen und gut bewachten Ölministerium vorbei, dann am vollständig ausgebrannten Bildungsministerium, dann folgen Märtyrerdenkmal, Kläranlage, Industriebrache, Umspannwerk und ein Kreisverkehr, an dem schmutzige Kinder für ein paar Dinar Autos waschen.

Das Gelände wurde Ende der Fünfziger von dem irakischen Alleinherrscher Abd al-Karim Kassim unter den Elenden verteilt, die aus dem schiitischen Süden heraufgekommen waren und in ihren Blechhütten verdorrten. Jede Familie bekam 200 Quadratmeter und Baukredite: „Stadt der Revolution" wurde das Viertel genannt. Heute verfluchen die Leute Abd al-Karim Kassim dafür, dass er ihre Stadt gebaut hat.

Später besuchte Saddam Hussein das stinkende Viertel im Nordosten der Stadt und versprach, dass jetzt alles besser werden würde. Er brauchte die Trostlosen der „Stadt der Revolution", um sie wieder zurück in den Süden zu schicken, diesmal auf die Schlachtfelder des Iran-Krieges. Saddam befahl, Kanalisation zu legen und Asphalt auf die Straßen zu schütten. Die Leute jubelten und tauften ihre Stadt um in „Saddam City". Vielleicht in der Hoffnung, damit nicht vergessen zu werden. Vielleicht auch nicht: Niemand in der arabischen Welt wundert sich, wenn der Starke die Schwachen verschlingt. Und vor dem, was einmal geschrieben steht, gibt es kein Asyl und kein Entkommen.

Jetzt, nach dem Krieg, ist Saddam City der einzige Stadtteil Bagdads, in dem die Bildnisse Saddams spurlos getilgt und überpinselt sind. „Willkommen in Sadr City!" steht auf den Mauern am Eingang. „Nehmt kein gestohlenes Geld an!" Und daneben das Bildnis eines weißbärtigen Greises mit Brille: Mohammed Sadik al-Sadr, Führer der Schiiten, ehrwürdiger Gelehrter und geliebter Vater der Gläubigen. Im Februar 1999 ermordet.

Ob „Stadt der Revolution", „Saddam City" oder „Sadr City" – es sind die gleichen stinkenden Abwässerbäche, über denen Schwärme von Fliegen und Mücken tanzen. Die gleichen schlappohrigen Ziegen, die im Müll wühlen, die Unmengen johlender Kinder. „Wir haben keine Arbeit, kein Wasser, keinen Strom. Schreiben Sie das, Mister!"

Der Fluch ist mit den Namen nicht geschwunden. Zwei Millionen Menschen, die in ihren kümmerlichen Ziegelbuden darauf warten, dass das Leben beginnt. Dass sie endlich auch etwas abbekommen von den unterirdischen Schätzen des Irak.

Die Sanktionen haben aus der Armut des Viertels Elend gemacht. Und Saddam hatte kein Interesse mehr daran, die Kanalisation zu reparieren. Funktionieren tat die Repression, das reichte. Den Schiiten war ihr Freitagsgebet in der Öffentlichkeit untersagt und die Pilgerfahrt nach Kerbela, zum Märtyrerfest des Imams Hussein. Es herrschte Schweigen.

Jetzt reden die Mauern. Überall sind Merksprüche gepinselt: „Sunni – Schia, ein Islam!" Die neu gegründete Islamistenpartei IDP hat ein Büro besetzt. Und überall sind Trupps junger Männer zu sehen, mit dem Bildnis des Imams Hussein und Plastikbeuteln, Pilger auf dem Fußweg nach Kerbela.

Auf dem „Kurden-Basar" wird zwischen Gurken und Tomaten angeboten, was die Plünderungen der letzten Tage eingebracht haben. Kinder halten Blankopässe in die Höhe, Militärpapiere und Zulassungsmarken, Autokennzeichen und Geldbündel. Im Staub liegen Klimaanlagen, Straßenlaternen und Ventilatoren aus den Ministerien. Eine Kalaschnikow kostet 30 Dollar, die Munition gibt es umsonst.

Von Zeit zu Zeit sind Schüsse zu hören. Die Amerikaner nennen das „Ali-Baba-Feuer". Um Diebe abzuschrecken. Und sich selbst die Furcht vom Leibe zu halten.

Am 9. April, als die Plünderungen in Bagdad begannen, waren es zuerst die Polizeistationen und Verwaltungsgebäude, die in Schutt und Asche gelegt wurden. Doch niemand tastete die Läden an, keiner die Moscheen. Saddam City ist auch der einzige Teil Bagdads, in dem die Krankenhäuser nicht geplündert wurden.

„Ich habe mich vor den Eingang gestellt und gesagt: Wenn ihr hier eindringt, dann gehe ich und komme nie wieder", sagt der Chefarzt Mowafak Gorea vom zentralen Krankenhaus. Erst auf mehrfache Nachfrage übersetzt der Dolmetscher auch den Namen der Klinik: „General-Saddam-Krankenhaus".

Gorea ist ein Mann mit schütterem Haar, unauffällig bis zur Unsichtbarkeit: „Dann zogen sie erst mal wieder ab. Jede halbe Stunde lief ich mit einer Trillerpfeife durch die Klinik, um nach Plünderern zu suchen. Wir haben immer weiteroperiert. Erst die Bombenopfer, dann die Schuss- und Brandwunden aus den Straßenkämpfen."

Sein Direktionszimmer ist mit einem Kinderglobus und einem Strauß Plastikblumen geschmückt. Im Büro sitzt auch ein Mullah. Gorea scheint dies keiner Erklärung wert.

Er selbst ist Christ. „Wohl der einzige in Saddam City", sagt er. Den gesamten Krieg hat er in seinem 300-Betten-Spital verbracht, 25 Tage in Folge. „In der letzten Kriegswoche haben wir tausend Verwundete stationär behandelt." In einem Raum liegen noch zehn Leichen, nach denen nie gefragt worden ist. Gorea wird sie fotografieren, Fingerabdrücke nehmen und sie begraben.

„Die heiligen Männer", der Chefarzt verbeugt sich leicht zu dem Mullah hinüber, „haben uns bewaffnete Wächter geschickt." Der Geistliche lächelt. „Wir sind immer noch das einzige vollständig funktionierende Allgemeinkrankenhaus in Bagdad. Wir haben Vorräte und Medikamente für zwei Monate. Ich habe zwei Stromaggregate, und nachts sind die einzigen Lichter von Saddam City die Fenster des Krankenhauses. Freundliche Hände", wieder nickt er zu dem Mullah hinüber, „unterstützen uns mit Geldern. Wir brauchen keine Hilfe aus dem Ausland."

Goreas erster Kontakt mit den Befreiungstruppen bestand darin, dass ein amerikanischer Panzer ihm das Haupttor zum Krankenhaus eindrückte.

Es soll 120 Moscheen in Saddam City geben. Die letzten 30 Jahre haben die Gläubigen gebetet und auf das Erscheinen des verborgenen 13. Imam gewartet. Jetzt, nachdem die Polizeistationen und Ämter in Asche liegen, sind die Mullahs die einzige Autorität.

Sie haben auf dem zentralen Platz ein Laken aufgespannt, auf dem in roten Lettern die Fatwa des Imams aus Nadschaf verkündet: „Stehlt kein Geld! Schießt nicht ohne Grund! Geht in die Moscheen und betet! Kehrt zurück an die Arbeit!"

Sie haben dafür gesorgt, dass an jeder Straßenecke junge Männer in T-Shirts mit Kalaschnikows herumstehen. Manchmal halten sie Autos an und inspizieren die Kofferräume. Manchmal schießen sie ins Leere.

Am Tor der größten Moschee, al-Hikma, „Moschee der Weisheit", hängt ein handgeschriebener Zettel: „Leistet dem Vertreter Sadrs Gehorsam und zahlt den Zakat", die Islamsteuer. Eine Schlange Kinder drängelt durch den Eingang, jedes mit einem melonengroßen Kühlschrankaggregat auf den Schultern.

Seit von dem Minarett al-Hikmas zur Rückgabe von Plündergut aufgerufen wurde, ist der Innenhof zum Lagerplatz geworden. Stapel von Autoreifen, zerlegte Schrankwände, originalverpackte Türen. Sackweise wird brasilianischer Zucker in den Gebetsraum geschleppt, der vorgestern noch in den Messehallen am anderen Ende der Stadt lagerte.

Und mit jedem Sack, jedem Bündel wächst die Macht der „Moschee der Weisheit". Und ihres Führers Mohammed al-Fartussi, des neuen Herren von Saddam/Sadr City.

Der 35-jährige Scheich ist ein gut aussehender Mann mit Bart und gebügeltem Kaftan. Neben ihm sitzt eine bis an die Stirn verschleierte junge Frau und hält ein Mikrofon in der Hand. Sie sei von „US News". „Warum verkleiden Sie sich?", fragt al-Fartussi. „Laufen Sie zu Hause auch so herum?"

Müde kritzelt er etwas auf einen Zettel und reicht ihn seinem Berater neben sich. Scheich Fartussi ist Gesandter des mächtigen Hawza-Theologenseminars in der heiligen Stadt Nadschaf. Er ist verantwortlich für die Schiiten auf der östlichen Seite des Tigris. Er war es, der das erste Freitagsgebet leitete, zu dem 20 000 Gläubige vor der Hikma-Moschee zusammenkamen. Ihm würden die zwei oder drei Millionen Schiiten von Saddam City gehorchen, wenn es darauf ankäme. Er ist ein mächtiger Mann. Mächtiger vermutlich, als er selbst weiß.

„Wir brauchen die USA nicht", beginnt er. „Das irakische Volk weiß mit Waffen umzugehen. Das haben uns Saddams Kriege gelehrt." Sein Berater flüstert ihm etwas ins Ohr. „Wir brauchen keine Macht. Wir wollen nur unsere Freiheit."

Fartussi ist ein Schüler von Mohammed Sadik al-Sadr, nach dem jetzt die Stadt der Armen benannt ist. Die Sadr sind eine berühmte Theologenfamilie. Was im Irak bedeutete, dass Mohammed Sadiks Onkel 1980 von Baathisten ermordet und sein Leichnam von einem Traktor durch die Straßen Nadschafs gezogen wurde. Mohammed Sadik selbst wurde zusammen mit zwei seiner Söhne im Februar

1999 ermordet, nachdem er es gewagt hatte, in einem Freitagsgebet Saddam zu kritisieren. Sein dritter Sohn wird von seinen Anhängern heute als Führer verehrt. Der getötete Imam war kein Chomeini, kein Wortführer eines politischen Islam. Manchen Schiiten war Sadr sogar zu zaghaft. Sie warfen ihm vor, nur innerhalb der Moscheemauern tätig zu sein.

Sein Tod führte zu einem Aufstand in allen schiitischen Gebieten und in Saddam City. Er wurde von der Republikanergarde niedergeschlagen. An manchen Moscheewänden sind noch die Einschusslöcher zu erkennen.

Natürlich ist Scheich Fartussi auf die Frage vorbereitet: „Die Scharia? Wir wollen das islamische Recht in der Gemeinde befolgen. Nicht im Staat." Alle weiteren Fragen nach einer Staatsform laufen ins Leere.

„Wir sichern Rechte für die Minderheiten. Für Christen und Kurden. Sogar für Juden." Es ist nicht das erste Interview des Scheichs. „Wir haben sogar die wahhabitischen Terroristen gut behandelt, als wir sie gefangen genommen haben." Fartussi schreibt ein Zettelchen und erhebt sich: „Gehen Sie hin und sehen Sie selbst."

In den letzten Tagen des Krieges hatten, so heißt es, einige Dutzend eingeschmuggelte Fedajin aus Syrien, Palästina, dem Libanon die Moscheen und Krankenhäuser in Saddam City angegriffen und auf Geistliche geschossen. Schon im 19. Jahrhundert hatten die Anhänger von Wahhab die Schiitenstädte Nadschaf und Kerbela verwüstet. Jetzt sollten sie die Einwohner von Saddam City terrorisieren, um sie davon abzuhalten, den Amerikanern jubelnd entgegenzugehen.

Als Gefängnis für diese eingesickerten und dann verhafteten Terroristen dient die Moschee „Der Herr der Jugend im Paradies". Ein spärlich verzierter Bau neben einem vor sich hin dröhnenden Generator neuerer Bauart. Von den Dächern ringsum ist ab und zu ein Knallen zu hören. An der Wand hängt das Foto des weißbärtigen Imams Sadr, in die Ecke hat sich ein zahnloser, stoppliger Mann mit einer frischen Narbe an der Schläfe gehockt: der Gefangene. Der „wahhabitische Terrorist". Der packt eine „Sumer King Size" aus und beginnt zu rauchen.

Samir Allahwi heiße er, sei ein 31-jähriger Lastwagenfahrer aus dem Libanon. „Wir wollten gegen die Koalition kämpfen." Warum? „Weil sie nicht die Freiheit für den Irak wollten." Was hat er mit der

Freiheit des Irak zu tun? „Für jede Operation hätte ich 600 Dollar bekommen."

Er sei über Syrien eingereist und mit 450 anderen Fedajin in drei Moscheen in Ramadi, westlich von Bagdad, untergebracht worden. „Sie hatten einen syrischen Mullah dabei, Mohammed Ilektron, der zu Osama Bin Ladens Gruppe gehört", liest sein Wächter aus einem Heft, in das die Aussagen der Gefangenen eingetragen wurden. Sie hätten, sagt er, für Selbstmordanschläge gegen Schiiten vorbereitet werden sollen. „Wir haben 19 Terroristen festgenommen. Manche sind tot, die anderen haben wir den Amerikanern übergeben."

Das tröpfelnde Gewehrknallen draußen hat sich verstärkt. Es schießt jetzt von allen Dächern: „Sie freuen sich", sagt der Wächter. „Vielleicht gibt es wieder Strom."

Der gefangene Terrorist geht zurück in den Innenhof. Das Tor zur Straße ist offen, aber er geht nicht hindurch.

Ein Mann, der über den Gefangenen wacht und sich als Scheich Abd al-Sahra vorstellt, bietet Wasser und einen Bürodrehstuhl an, der aus irgendeinem Amt geklaut worden ist. Die Männer um uns herum murmeln leise, aber deutlich: „Nieder, nieder USA! Nieder, nieder Israel!"

Dass seine Besucher aus Deutschland kommen, macht die Sache nicht besser. Im Gegenteil: „Raus! Gehen Sie! Deutschland hat Saddam unterstützt, raus! Ich weiß sehr gut, was gespielt wird. Ich habe die Demonstrationen im Fernsehen gesehen." Der Scheich ist kaum zu beruhigen. Aus dem, was der Dolmetscher in dem Gerangel noch übersetzen kann, ergibt sich, dass er gefoltert worden sei: „Ich habe gesehen, was auf dem Elektroschocker stand: Made in Germany. Ich habe es noch gesehen, bevor sie ihn mir hinten reingeschoben haben."

Wie viele andere ist der gefolterte Scheich in den letzten Tagen durch die Büros der Sicherheitsorgane gezogen. Sie waren oft zerbombt, und zwischen den Trümmern lagen bergeweise Karteikarten, Akten, Urteile. Papiere mit dem Staatswappen, an die Passfotos von manchmal lächelnden, manchmal ernsten jungen Frauen und Männern geheftet waren. Scheich Abd al-Sahra stand in den Papierhaufen und wühlte sich durch die Schubladen der aufgebrochenen Aktenschränke. Er sammelte Tote.

In den Exekutionsbüchern fand er Namen, die er kannte, und Unbekannte, die aus seiner Nachbarschaft kamen. In Mehlsäcken trugen sie die Papiere in die Moschee nach Saddam City. Jetzt hängen im Innenhof Listen mit Namen, und jeder kann schauen, ob sein Vater, seine Schwester, sein Sohn darauf zu finden ist.

Sahra hat seinen Vater wiedergefunden. Er zeigt ein Dossier und einen Ausweis: „Hier: Tod durch Erhängen. Zusammen mit zehn anderen. Befehl vom 28. April 1997. Das ist der Geburtstag von Saddam. So hat er gefeiert."

Sein Vater gehörte zu der Schiitenpartei „Der Ruf", die nach dem ersten Golfkrieg von Saddam Hussein gnadenlos verfolgt wurde. „Ihr im Westen habt alle geschwiegen", sagt Sahra, der seine Fassung inzwischen wiedergefunden und die Besucher in einen Innenraum gebeten hat.

„Wir sind glücklich, glauben Sie mir", sagt er. „Wir heißen George Bush und Tony Blair willkommen." Und die Sprechchöre vorhin? „Für euch. Die Männer glauben, dass ihr Journalisten solche Sprüche gern hört."

Am nächsten Tag ist niemand mehr in den Moscheen von Saddam City zu sprechen. Die Tore sind zu. Die Wachen verstärkt. Der Scheich sei verhaftet worden, heißt es. Fartussi sei mit seinen Beratern von den Amerikanern eingesperrt worden. Auf dem Weg zum Märtyrerfest des Imam Hussein in Kerbela, ausgerechnet, von Ungläubigen in Ketten gelegt, der Führer von Saddam City!

Ein Kieslaster voll brüllender junger Männer schaukelt vorbei. Sie haben grüne und schwarze Fahnen dabei, grün für den Islam, schwarz für den Märtyrer Hussein. Sie rufen: „Zum Firdaus-Platz!" Dem zentralen Platz in Bagdad, auf dem die Statue Saddam Husseins gestürzt wurde.

Zum zweiten Mal nach Kriegsende fallen die Leute aus Saddam City in Bagdad ein, ziehen die Elenden dorthin, wo sie Macht und Reichtum vermuten. Mit dem gleichen Furor. Doch diesmal nicht, um zu plündern, sondern um zu protestieren. Auch wenn noch niemand genau weiß, wie das geht. Es muss nur laut sein und möglichst auch auf Englisch: „We asking for realease our Pressoners at once", steht auf einem Transparent. Es kommt auf die Botschaft an, nicht auf die Rechtschreibung.

Einige tausend Männer ziehen die Abu-Nuwas-Straße hinunter, vorneweg die Mullahs mit ihren Turbanen. Manchem scheint das Ganze nicht weniger unheimlich zu sein als den Bewohnern der

Innenstadt, den Sunniten, Baathisten, Christen. Da sind sie wieder, die Vorstädte, die Wütenden. Und die Leute in den Hauseingängen schauen, ob schon Waffen mitgeführt werden im Zug.

Die Nachricht von der Verhaftung Fartussis wird sich später als Gerücht erweisen. Kommt es darauf an? Der Zug der schiitischen Armen ist eine Generalprobe für das Stück „Der neue Irak“, ein Stück, an dem noch geschrieben wird.

Sie ziehen vorbei an den beiden US-Panzern. „Ruff Ryder II“ steht auf dem einen, „Camel Tow“ auf dem anderen. Dann sind sie dort angekommen, wo im neuen Bagdad Gehör und Macht vermutet werden: an der Ladenpassage des „Hotel Palestine“. Hier stehen die Kameras, TV-Limousinen und Zelte der Fernsehstationen.

„Nieder, nieder, USA!“, brüllen sie in die Kameras. Die meisten sind ausgeschaltet. „Nieder, nieder Israel!“, rufen sie und schwenken die Fäuste. Und: „Ja, ja, Staatsislam!“ Wenn die GIs hinter dem Stacheldraht etwas älter als 20, 25 Jahre wären, würden ihnen wohl die Ohren klingeln. Das sind die gleichen Parolen, die 1979 vor der US-Botschaft in Teheran skandiert wurden. Damals von Zehntausenden iranischen Schiiten, hier von einigen tausend irakischen Schiiten aus Saddam City, die vermutlich ebenso wenig wissen, was sie da rufen.

„Gebt al-Fartussi frei!“, schreit jemand in das Megafon. „Wailla …“ Das heißt: „sonst“. Was werden sie androhen? „Wailla …“, brüllen die Demonstranten. Und wieder tönt es aus dem Megafon: „Gebt al-Fartussi frei, sonst …“ Und dann ein drittes Mal: „Wailla. Sonst …“ Sonst? Keiner weiß, wie weiter.

Vor 20 Tagen schenkten amerikanische und britische Soldaten der Frau auf dem Sofa die Freiheit, und sie weiß nicht, ob sie sich darüber freuen soll. Niemand hat gefragt, ob sie diese Freiheit will. Niemand hat gefragt, ob sie bereit ist für das Geschenk der Demokratie und ob sie willens ist, Anarchie in Kauf zu nehmen. Niemand hat gefragt, ob ihr Ordnung und Führung nicht lieber sind als Meinungsfreiheit.

„Es war nicht alles schlecht unter Saddam“, sagt die Frau auf dem Sofa und ordnet ihr Kopftuch neu. Sie hat die kräftige Gestalt einer Bäuerin, einer Frau, die körperliche Arbeit gewohnt ist. „Er hat auch viel Gutes getan“, sagt sie und streicht ihr Kleid glatt, das hochgeschlossen ist und ihr über die Knöchel fällt. Saddam habe zum Beispiel die Frauen im Irak emanzipiert. Saddam habe das Land alphabetisiert, er habe Krankenhäuser bauen lassen. „Es war nicht alles schlecht unter Saddam", wiederholt die Frau auf dem Sofa und schüttelt den Kopf, als wollte sie vorsorglich die Einwände abschmettern, die nun bestimmt kommen.

Die Frau auf dem Sofa heißt Angelika Lehmann, sie ist Deutsche, und sie lebt seit über 30 Jahren im Irak, in dem Land, das für viele Amerikaner zum Inbegriff des Bösen wurde.

Anfang der sechziger Jahre zog sie fort aus Deutschland und in den totalitären Irak. Sie tat es der Liebe wegen. In einem Café in Cuxhaven hatte sie einen irakischen Studenten kennen gelernt. Sein Name war Abd al-Satar Asis, und sie mochte seine ruhige Art, sie fühlte sich bei ihm geborgen, und so setzte sie sich ein halbes Jahr später neben ihn in ein Auto und rollte ihrem neuen Leben entgegen. Das Ziel war der staubige und heiße Süden des Irak, der Heimat ihres Mannes. Sie wusste nicht viel über dieses Land, und ihr war nicht klar, wie viel sie zurückließ. Denkt sie an diese Zeit zurück, sagt sie: „In den ersten Monaten lag ich nachts im Bett und glaubte zu ersticken."

Sechs Kinder brachte sie in diesem Land zur Welt, drei Jungen und drei Mädchen. Sie gewöhnte sich an das Kopftuch und die bodenlangen Kleider und daran, dass eine Frau hier im südlichsten Zipfel des Landes auch heute noch keine Entscheidung ohne ihren Mann trifft.

Warum sie sich mit diesen Bedingungen arrangierte und mit ihrem Mann nicht wieder nach Deutschland ging, kann sie nicht sagen. Vielleicht war sie froh, die Last der Verantwortung für das eigene Leben ablegen zu können und sich führen zu lassen, im Großen wie im Kleinen, als Staatsbürgerin und als Ehefrau.

Angelika Lehmann vermisst den alten Irak. Dort war alles geordnet, die Straßen waren sicher, sie kannte die Regeln und wusste, welches Mitglied der Baath-Partei man bestechen musste, um das zu erreichen, was man wollte. Jetzt sind die Regeln unklar, vielleicht gibt es gar keine Regeln mehr. Sie zupft an ihrem Kleid herum und weiß nicht, ob ihr der neue Irak gefallen wird. „Man wird sehen", sagt sie. Sie lebt in einem einstöckigen Haus, einem Flachbau, wie die meisten hier in Umm Kasr, der Stadt im Südirak, die am Reißbrett geplant wurde und die von schnurgeraden Straßen in Rechtecke und Quadrate geteilt wird. Vor dem Haus liegt ein kleiner, vertrockneter Garten mit harten Gräsern, an der Straße stehen Laternen in Reih und Glied. An keinem einzigen Pfahl findet sich eine Lampe. Die nahe gelegene Polizeistation ist ausgebrannt, das Hauptquartier der Baath-Partei zerstört.

Vor dem Beginn des Kriegs hat sie einen Tausendlitertank in den Vorgarten stellen lassen, einen glänzenden, runden Behälter, schulterhoch, dessen Inhalt die schlimmste Sorge noch von der Familie fern hält: „Noch haben wir genug zu trinken", sagt sie, viele andere Leute in Umm Kasr seien nicht so glücklich. Sie stehen an den Straßenrändern, mit Kanistern in den Händen, und warten auf die Tanklaster, die hin und wieder auftauchen.

Neben Angelika Lehmann sitzt ihr Mann. Er ist kleiner als sie, ein leiser, unauffälliger Mensch, der seine Schritte vorsichtig setzt, die Hände hinter dem Rücken ineinander gelegt. Abd al-Satar Asis spricht gut Deutsch, aber er sagt wenig. Mehr als 20 Jahre saß er im Führerhaus eines Krans im Hafen von Umm Kasr, und einer der wenigen Sätze, die er begeistert sagt, lautet: „Der Kran konnte viele Tonnen tragen, und er stammt aus Deutschland." Politik habe ihn nie interessiert.

Der Krieg, der den beiden ein neues, ungewohntes Leben aufzwang, kam vor vier Wochen ins Haus. Abd al-Satar Asis war wie immer sehr früh aufgestanden, er hatte das Radio angeschaltet und die Nachricht gehört, die der staatliche Sender verbreitete: Amerikanische und britische Truppen seien in den Irak einmarschiert. Er ging ins Schlafzimmer, rüttelte seine Frau wach und sagte: „Es ist so weit." Dann verließ er das Schlafzimmer, und sie lag allein im Dunkel und lauschte. Sie hatte viel über diesen Moment nachgedacht. Sie hatte sich gefragt, wie es sein würde, wenn der Krieg beginnt. Es würde sicherlich laut werden, Geschütze würden feuern, Flugzeuge durch den Himmel brüllen. Doch draußen war es still, nur ein paar Vögel zwitscherten. So hatte sie sich den Krieg nicht vorgestellt. Es war unheimlich.

Am nächsten Tag schlug in der Nähe eine Bombe ein, die Druckwelle ließ die Scheiben zittern, und Angelika Lehmann schob ihre jüngsten Kinder in den alten Toyota, der neben dem Haus parkte und flüchtete in Richtung Safwan. Aber dort war der Krieg noch schlimmer, also kehrte sie wieder um, schaffte die Kinder ins Haus und wartete auf das, was kommen würde. Etwas anderes konnte sie nicht tun. Es gibt keine Bunker im Umm Kasr.

Seit dem Krieg schläft die jüngste Tochter schlecht. Sie habe Angst vor der Nacht, sagt ihre Mutter. Der Krieg habe irgendetwas in ihrem Kopf zerstört. Das Grundstück, um das sich eine hohe Mauer zieht, verlässt sie nur noch sehr selten.

Das neue Leben erscheint ihnen sehr mühselig. Viele Menschen seien gezwungen, ihre Möbel zu verkaufen, sie besitzen keine Ersparnisse mehr, keine Arbeit. Ihrer Familie gehe es aber gut. Als sie das sagt, steht sie im Wohnzimmer und rechts von ihr, an der blau gestrichenen Wand, ist ein helles, hängeschrankgroßes Rechteck zu sehen, und drei nackte Haken ragen aus dem Putz.

Fünf Tage lang war Umm Kasr ein Teil des Krieges, dann traten die Sprecher der amerikanischen und der britischen Armee vor die Kameras der Welt und verkündeten, dass die erste Stadt im Irak befreit sei und von nun an in eine bessere Zukunft steuere. Von diesem Moment an war Umm Kasr keine staubige Kleinstadt mehr, sondern das Pilotprojekt für die Demokratisierung des Irak. Und für Kriegsflüchtlinge aus Basra, Bagdad und anderen Städten wurde Umm Kasr so etwas wie das gelobte Land. Die Einwohnerzahl stieg von 15 000 auf 30 000. Hier soll es Essen geben, Wasser und Sicherheit vor Plünderern.

Die Flüchtlinge kommen mit dem Wagen, mit dem Bus, dem Rad und zu Fuß. Manche besitzen nur noch eine löchrige Plastiktüte, mit ein paar Socken, einem Handtuch und einem Hemd, andere transportieren ihren Besitz auf der Ladefläche eines Pick-ups. Sie drängeln sich vor dem Tor des britischen Militärgouverneurs von Umm Kasr und hoffen auf Hilfe, auf Essen, Wasser und auf eine Gebrauchsanleitung für ihr neues Leben.

Die britischen Streitkräfte haben den Befehl, nur lebensgefährlich Verletzte auf das Gelände zu lassen. Und für Unterkünfte sind sie erst recht nicht zuständig. Der einzige Satz, der Flüchtlingen in Umm Kasr regelmäßige Mahlzeiten und einen Platz für die Nacht sichert, lautet: „Ich bin ein Soldat der Armee von Saddam Hussein und möchte mich ergeben.“

Seit dem Ende der Kämpfe um Umm Kasr hat der Rote Halbmond, die Schwesterorganisation des Roten Kreuzes, einmal eine Hilfslieferung in der Stadt verteilt.

Ein paar dieser Kartons sind auf dem Hof eines cleveren Mannes gelandet, der Bier in den alkoholfreien Irak schmuggelt und es für sieben Dollar die Dose verkauft. Auf dem Markt von Umm Kasr, zwischen Kartoffeln, Zwiebeln und fauligen Tomaten, bieten Geschäftsmänner Wasser in Flaschen an, das aus den Tanklastern der Uno stammt.

Der Mann, der die Verteilung der Hilfslieferungen garantieren soll, der Umm Kasr eine funktionierende Polizei, eine effektive Verwaltung, Schulen, ein Krankenhaus geben und der die Menschen in der Stadt die Regeln der Demokratie lehren soll, steht im Foyer des Hauptquartiers der britischen Armee in Umm Kasr. Er trägt den Rang eines Obersten, den Titel des Militärgouverneurs, und sein Name ist Peter Jones. Seit zehn Tagen ist Jones in Umm Kasr, zuvor kämpfte er „weiter oben im Norden". Jones hat die Figur eines Rugbyspielers, die Umgangsformen eines Kneipenkumpels und wenig Geduld.

Es ist kurz vor neun Uhr, und wie jeden Tag wird er sich gleich mit sechs Vertretern aus Umm Kasr in ein Zimmer neben dem Foyer setzen und die Ereignisse der vergangenen 24 Stunden besprechen. Jones nennt diese Männer „das Kabinett", und Umm Kasr, die einzige halbwegs sichere Stadt des Landes, nennt er „die Hauptstadt des freien Irak". Auch wenn über die Zukunft des Landes in Bagdad entschieden wird, weiß Jones um die Symbolkraft von Umm Kasr. Wenn diese kleine Stadt bald als Gemeinwesen funktioniert, kann vieles einfacher werden. Scheitert das Experiment, wird vieles schwieriger werden.

Seit einer guten Woche beginnen seine Tage mit dem Treffen in diesem Raum. Wie immer sitzt er an der Stirnseite des Konferenztisches, neben sich einen metallenen Kaffeebecher, der einen halben Liter fasst, und ein Päckchen Zigarillos. Er nickt den sechs Männern an den anderen drei Seiten des Tisches kurz zu und beginnt die Sitzung mit den Worten: „Es ist das zehnte Mal, dass wir uns treffen, und die Zeit der Fragen ist jetzt vorbei, was wir jetzt brauchen sind Antworten." Jones hält inne, ein Übersetzer macht seine Arbeit, die sechs Männer auf der anderen Seite nicken ernst. Zwei von ihnen sind schiitische Mullahs, die anderen vier sind Lehrer. Ihr Sprecher ist Najim Abd Mahdi, ein schmaler Mann mit schneeweißem Haar, ein Schulrat, der gern über Diphthonge und Vokale referiert und der in einem Schreibtisch einen Stapel Gedichte versteckt, die ihn vor dem Krieg ins Gefängnis gebracht hätten. Er ist der Sprecher der Gruppe und auch der künftige Bürgermeister. Er wurde natürlich nicht gewählt, er stand einfach vor den Briten und sagte: „Wenn ihr Hilfe braucht, ich kann helfen." Auch die anderen fünf Mitglieder des Rats wurden nicht gewählt. Jones sagte, er brauche Männer aus Umm Kasr, mit denen er die Stadt neu organisieren kann, und sie waren diejenigen, die kamen. Jones sagt, er habe ihre Vergangenheit überprüfen lassen. Er meint damit, er hat andere Männer in Umm Kasr gefragt, was sie von den sechs halten.

Jones setzt seinen Vortrag fort: „Wir brauchen", er schlägt mit der Faust auf den Tisch, „eine Verwaltung, wir brauchen Männer, die bereit sind, Verantwortung zu übernehmen." Der Sechserrat nickt wie ein Mann. „Und wir brauchen diese Leute morgen früh, hier in diesem Raum." Der Sechserrat erstarrt.

„Morgen?", fragt einer aus dem Rat.

„Morgen", sagt Jones, „wenn wir morgen nicht handeln, reden wir noch eine Woche. Das ist indiskutabel. Wir brauchen Erfolge. Jetzt." Der Sechserrat nickt, zweifelnd.

Nachdem sich Najim Abd Mahdi, der künftige Bürgermeister der Stadt, von dem Schrecken erholt hat, sagt er, er wolle, dass die Stadtpolizisten, die bald in den Straßen patrouillieren werden, Waffen bekommen. Jones schüttelt den Kopf. „Wir können nicht noch mehr Waffen in die Stadt bringen."

„Aber wir müssen unsere Polizisten schützen, viele Leute sind bewaffnet!"

„Was halten Sie davon?", sagt Jones, „wir sagen allen Bürgern von Umm Kasr, dass sie ihre Waffen hier bei uns am Tor abgeben können. Wir werden keine Fragen stellen, keine Namen aufschreiben, kein Papierkram."

Mahdi nickt. Jones fügt hinzu: „Und wir werden eine Frist von drei Tagen setzen. Nach drei Tagen werden wir alle, die eine Waffe besitzen, als Kriminelle behandeln und sie, wenn nötig, erschießen."

Mahdi zögert einen Moment, dann nickt er. Jones gibt dem Sechserrat mehr Hausaufgaben. Bis morgen muss der Müll aus der Stadt verschwinden, ein Polizeichef soll bis morgen gefunden werden. Armbinden für die 40 Polizisten müssen genäht werden. Nach dem Ende des Treffens sagt Jones: „Wenn 50 Prozent bis morgen klappen, das wäre gut."

Es gibt keinen Masterplan für den Umbau des Irak, es gibt keine Vorgaben von Jay Garner, dem amerikanischen Ex-General, der zusammen mit dem General Tommy Franks den Irak eigentlich beherrschen sollte. Jones gibt zu, dass diese Arbeit wenig mit dem militärischen Handwerk zu tun hat, das er gelernt hat. Er ist kein Fachmann für den Aufbau von Zivilgesellschaften, er ist ein Laie. Wie die Mitglieder des Sechserrats. Der Umbau von Umm Kasr ist das Projekt von ambitionierten Amateuren. Jones hofft, dass am Ende eine Stadt entsteht, die so ähnlich funktioniert wie die Städte in England. Nur Pubs werden wohl kaum zu finden sein, was Jones schon jetzt bedauert.

Fragt man ihn, was er macht, wenn der Sechserrat seine Hausaufgaben nicht erledigt, antwortet Jones: „Keine Ahnung. Darüber denke ich heute Nachmittag nach.“

Gewinner und Verlierer – Fehlstart in die Freiheit

+++ Am 16. April kapituliert im Westirak die 12. Brigade der irakischen Armee +++ Exilpolitiker Ahmed Tschalabi kehrt zurück +++ 1000 US-Experten sollen Massenvernichtungswaffen suchen +++ Erster Hilfskonvoi der Uno in Bagdad eingetroffen +++ Goldreserven aus Bagdader Bank geplündert +++ Tausende Schiiten protestieren bei einer Wallfahrt in Kerbela gegen die Amerikaner +++ Rumeila-Ölfeld produziert wieder +++ USA vergeben erste Aufträge zum Wiederaufbau +++ Briten wollen zwei von drei Brigaden abziehen +++ Irakischer Vizeministerpräsident Tarik Asis festgenommen +++ US-Soldaten töten mindestens 13 Demonstranten in Falludscha +++ Zivilverwalter Jay Garner konferiert am 28. April mit 250 Vertretern irakischer Gruppen über Zukunft des Landes +++

Seit 72 Stunden ist Kanan Makiya zurück in der Stadt, eingereist über Kuweit, Centcom-Hauptquartier der alliierten Truppen, aber sie lassen ihn nicht ankommen in der Heimat. Seit er irakischen Boden betreten hat, folgen auf Gespräche neue Gespräche, unter vier, unter zehn, unter 600 Augen. Von Bagdad hat er bislang nur verwischte Bilder aus dem Autofenster gesehen, die verstopften Hauptstraßen, die belagerten Tankstellen, amerikanische Checkpoints, ein paar zertrümmerte Wahrzeichen des gestürzten Saddam am Rande der staubigen Straßen; ansonsten fensterlose Säle, Hotel-Lobbys, Hinterzimmer.

Es ist Dienstag, der 29. April, auf die Flachdächer des Jagdclubs an Bagdads alter Pferderennbahn drückt die Hitze, der Irakische Nationalkongress (INC) hat Quartier genommen, wo einst Saddam Hof hielt und sein Sohn Udai fröhlich mit Menschen spielte.

Makiya läuft zickzack durch den verwinkelten Bau, er ist ein großer Mann, der die Richtung seines Gangs wie ein Tänzer verändert, er hat Papiere verlegt, irgendwo, aufgeregt sucht er sie. Papiere sind sein Leben gewesen, die längste Zeit.

Er fragt nach auf den Fluren, die sich öffnen in Zimmer von schäbigem Luxus, verstellt mit verbeulten Polstermöbeln, er macht Wachleuten die Größe des gesuchten Stapels vor, den Umriss der Seiten, er spielt vor ihren schimmernden Gewehrläufen Gesten der Verzweiflung, er sagt: „Es ist ein Chaos“, und ist dabei bemüht, leichthin zu sprechen. Aber das fahle Gesicht, der Schweiß auf der Stirn verraten, dass er inneren Aufruhr vertuscht.

Es sind nicht die Papiere. Es ist die Stadt. Kanan Makiya hat für diesen Nachmittag, nach 34 Jahren in der Fremde, seine private Heimkehr nach Bagdad geplant.

Die Diktatur ist seit 20 Tagen erledigt, 20 Tage sind rasend vergangen seit dem Sturz von Saddams Standbild auf dem Firdaus-Platz von Bagdad, den sie jetzt Platz der Freiheit nennen. Makiya, Professor für Politik in Boston, hat den Ort noch immer nicht gesehen, er muss noch immer zehren von den Fernsehbildern der herrlichen Stunde, die er eine halbe Welt weit weg von hier, in Washington, erlebte.

Er war in politischen Geschäften im Weißen Haus unterwegs, als prominentes Mitglied des „Future of Iraq“-Projekts, rastlos für die Sache der Heimat, und so holte ihn George W. Bush ins Oval Office am Tag der Tage, um dieses Fest der Geschichte zu begehen. Der Professor und der Kriegsherr teilten ihre Freude und feierten. Den Sturz Saddams. Den gewonnenen Krieg. Den Anbruch einer neuen Zeit.

Bush und Makiya feierten Fernsehbilder. Ergötzten sich am „Thank you, Mr. Bush“, am Aufatmen der Iraker, die auf CNN zu sehen waren. Die Bilder bestätigten, endlich, was Kanan Makiya prophezeit hatte, immer schon. Sie bestätigten, dass die Iraker das Terrorregime, das er in seinen Büchern beschrieben hatte, in „Republic of Fear“, in „Cruelty and Silence“, beglückt abstießen.

Sie bestätigten, was er in den Wochen vor dem Krieg wieder und wieder gesagt hatte zu Bush, zu Tony Blair, zu Dick Cheney: dass seine Landsleute die Amerikaner und Briten „mit Süßigkeiten und Blumen“ begrüßen würden.

Er führt in einen schmalen, fensterlosen Raum des Jagdclubs mit glanzlackierter Schrankwand. Es ist ein Tisch gedeckt für zwölf, durch die Glasschiebetür ist der Garten zu sehen, der staubige Rasen, möbliert mit blassblau angemalten Hollywoodschaukeln. Dies war die Spielwiese der Despoten. Hier entspannte sich Saddam mit den

Halbbrüdern Barsan, Watban, Sabawi, hier ließ er seinen Söhnen lange Leine. Hier riechen die Wände nach Angst.

20 Tage nach dem Tyrannensturz gibt es für den inneren Zirkel der Übergangsherrscher vom INC Reis mit Huhn, Schüsseln mit Rindfleisch und Lamm, mit Suppe. Es gibt Gemüse, Salat, Fladenbrot in Stapeln, es ist eine reiche Tafel im Bagdad dieser Tage, der Tee ist heiß, das Wasser kalt, nichts davon ist selbstverständlich. Aber schließlich ist gedeckt für den Mann, der Saddam Hussein als Regierungschef eines neuen, freien Irak beerben will.

Am Tisch sitzen Makiya, sechs INC-Leute, ein schüchterner US-Offizier namens Gonzalez und drei Journalisten, geladen als Kronzeugen der Geschichte.

Niemand schaut auf zu dem runden Mann im orangefarbenen Hemd, der als Letzter kommt. Er setzt sich zwischen Makiya und die „New York Times“, fast unbemerkt. Stopft sich mürrisch die Serviette ins Hemd, sieht aus wie der Vorsitzende eines Stammtischs von Honoratioren, aber es ist Ahmed Tschalabi. Der Chef. Führer des Iraqi National Congress. Bankier. 58 Jahre alt. 45 Jahre im Exil. Ausersehen von US-Präsident Bush persönlich, den Irakern die Demokratie zu bringen.

„Wisst ihr noch“, fragt Tschalabi laut, „wie ich kürzlich die Regierung gefordert habe, eine irakische Regierung? Was da los war? Wie sie gleich wieder kamen mit ihrer Interimsverwaltung?“ Er prüft mit schnellen Blicken die Wirkung seiner Worte. Der Tisch nickt. Der US-Offizier sieht aus, als wäre er lieber woanders. Er rollt Fleisch in weiche Brotfladen und versucht, kein Geräusch dabei zu machen.

„Und jetzt?“, dröhnt Tschalabi in das kleine Zimmer, „jetzt rufen sie alle danach, nicht wahr? Alle!“ Es ist ein Reden in Rätseln, die leicht lösbar sind. Es geht im Irak dieser Tage jede Minute um diese eine Frage: Errichtung einer Militärverwaltung, einer „Interim Authority“, wie die Amerikaner sagen – oder Bildung einer echten Regierung. Mit Wahlen, Amtszeit, Macht.

Im Hintergrund spielen die ganz großen Kräfte. Das US-Außenministerium und die CIA, sie mögen Tschalabi und seine Leute nicht. Sie hatten den Krieg ohnehin nicht gewollt. Letztlich glauben sie nicht daran, dass arabische Länder und zuletzt der Irak, wirklich demokratiefähig seien. Sie hätten viel lieber Saddam aus dem Innern gestürzt, um dann mit einer gefügig gemachten Baath-Partei das

Land als halbgares, aber stabiles Regime zu kontrollieren. Nun, da sich die Revolutionäre im Weißen Haus und im Pentagon durchgesetzt haben, blockieren sie die „Lösung Tschalabi". Zumal dem Mann der Geruch anhängt, ein Bankrotteur, ein in Jordanien vorbestrafter Konkursjongleur zu sein.

Wenn Tschalabi bei Tisch sagt, in bitterem Ton, „sie", dann meint er diese mächtigen Gegner. Wenn er dagegen „alle" anderen setzt, dann meint er das Volk, sein Volk, dann träumt er von einer irakischen Regierung, gewählt von Irakern, behütet nur, nicht gegängelt, von der Schutzmacht USA.

So plätschert das Tischgespräch dahin. Der US-Offizier sagt, es sei wunderbar, an diesem Prozess der Umgestaltung teilhaben zu dürfen. Tschalabi beachtet ihn kaum. Er füllt seinen Teller mit Hühnerknochen. Die Leute hier rufen ihn „Dr. Ahmed". Als er nach einer Flasche Pepsi winkt und durch eine Halbbrille aus neuen Positionspapieren vorzulesen beginnt, springt Makiya auf. Raus hier. Bagdad wartet. Die Heimat ruft.

Er läuft vor die Tür, das niedrige Foyer des INC-Hauptquartiers schwirrt von Menschen. Es gehen Scheichs ein und aus, manchmal sind es jetzt 200 an einem Tag. Es kommen Stammesführer, es kommen Familienclans aus fernen Provinzen, aus Anbar, vom Schatt al-Arab, aus der Syrischen Wüste, es kommen assyrische Christen, Turkmenen, Armenier, Kurden, es kommen Exil-Iraker aus aller Welt, Gesandte der 70, 80 Parteien, die die Diaspora leid sind und nun endlich mitreden wollen.

Auf dem Grünstreifen vor dem Club, am Fuhrpark des INC, wo Fahrer in steter Hektik ein gutes Dutzend großer Geländewagen rangieren, lungern Fotografen und Schreiber, vielköpfige TV-Teams aus Japan, spanische Reporter, Franzosen, alle gefilzt von den Wachen am Tor, jungen Männern mit Gewehren über der Schulter und bewaffnet mit gefährlicher Nervosität.

Das Vakuum der Macht, das Saddam hinterließ, es ist im Jagdclub von Bagdad, im Hunting Club, für jeden spürbar. Alle wollen wissen, was für sie abfällt, für ihre Familien, ihre Stämme, ihre Dörfer, ihre Gouvernements. Sie wollen hören, wie sich der INC, wie sich Dr. Ahmed, wie sich die Amerikaner die Zukunft vorstellen.

Makiya bekommt einen riesigen Mitsubishi Pajero mit Fahrer, er klettert auf den Beifahrersitz, er greift nervös nach dem Bügel über der Tür und hält sich fest. Er schwitzt. Sein schmaler Haarkranz sträubt sich in Locken. Kein Papier hilft jetzt mehr. Die Wachen ziehen das Tor auf, sie grüßen den blassen Doktor aus Boston. Kanan Makiya von der Brandeis-Universität, 53 Jahre alt, 34 Jahre im Exil, macht sich auf den Weg nach Hause. Der Fahrer tritt ruckartig aufs Gas, dass es alle in die Sitze drückt.

Makiya befährt eine gewucherte Stadt, von drei auf über fünf Millionen Menschen angeschwollen in den drei Jahrzehnten seiner Abwesenheit, die große Fläche erschlossen über Autobahnen, Expressways, sechsspurige Achsen. Die Randbezirke bilden einen breiten Gürtel halbfertiger oder verfallener Neubauten, anarchisch an den Tigris gestellt, nicht durch Straßen erschlossen, immer in Staub und Sand gehüllt.

In den zentralen Bezirken zergliedern Saddams Monumentalbauten den Stadtplan, kleinstadtgroße Palastanlagen, Paradeplätze, gewaltige Gedenkstätten, sie blockieren weithin die Ufer des Tigris und schneiden tiefe Scharten in gewachsene Viertel.

Schon 50 Meter vom Tor des INC-Hauptquartiers entfernt lässt Kanan Makiya zum ersten Mal halten. Rechts der Straße im einst vornehmen Mansur-Viertel liegt der Club gleichen Namens, ein Freibad aus alter Zeit, das in ausgedehnten Wiesen lag, mit Tennisplätzen, Freiluftkino, Bäumen.

„Große Bäume", sagt Kanan Makiya, der durch das Tor der Anlage taumelt. „Hier standen sie, schauen Sie, dort, eine ganze Reihe, es waren große Bäume", ruft er, dann läuft er nach rechts, wie an einer Schnur gezogen, am Clubhaus vorbei, wo Müll und Melonen verrotten unter einem schillernden Schwarm großer Fliegen. Der Mansur-Club ist kein Freibad mehr. Er dient, seit zwei Wochen, den Free Iraqi Forces, der Miliz des INC, als Kaserne.

Hinter dem Clubhaus findet Makiya den Pool. Er schaut hinein wie das Kind, das er war vor 40 Jahren. „Hier habe ich alle meine Sommer verbracht", sagt er. Der Rohbau der gewaltigen Rahman-Moschee füllt den Himmel hinter seinem Schattenriss.

Über die Mansur- zur Damaskus-Straße führt der Weg ins Zentrum, vorbei an der zerbombten Geheimdienstzentrale, vorbei am zerbombten Hauptquartier der irakischen Luftwaffe, vorbei an Ruinen aus jüngster Zeit, vorbei an weit mehr Ruinen aus älterer Zeit, Zeugnissen des großen Verfalls, den die Sanktionsjahre brachten.

Über dem Saura-Park, zur Linken Makiyas, der in seiner Aufregung planlos über Bush und die Welt doziert, erhebt sich die bombardierte Ruine des Salam-Palasts mit skelettierter Kuppel, umstellt von den vier gewaltigen Büsten, die Saddam mit Saladins Krone vorstellen. Dort residiert Jay Garner, der Ex-General, der amerikanische Interimsverwalter, der arme Mann.

Am 21. April erreichte dieser Garner Bagdad, ein Mr. Smith mit Pilotenbrille und harmloser Ausstrahlung, ihn begrüßten antiamerikanische Parolen und Ami-go-home-Sprüche an den Fassaden. Am Wochenende darauf hielt er seine erste Radioansprache, die kaum ein Iraker empfangen konnte. Garner sprach von Träumen und Ehre, von Wiederaufbau, und er sagte, dass er nicht die Absicht habe, lange zu bleiben.

Es war ein Text von Westlern für Westler, gesprochen von einem Fremden, gespickt mit fremden Sprachbildern. Was verstehen Iraker, wenn einer „Traum“ sagt, „Zukunft“, „Freiheit“?

Kanan Makiya fährt durch eine ratlose Stadt. Seine Augen suchen Halt, Erinnerung. Wenn er ein altes Haus, einen Straßenzug, ein Schuhgeschäft, eine Eisdiele von früher entdeckt, werden seine Bewegungen hektisch, er dreht sich um zu Erläuterungen, aber das Englische ist nicht die Sprache für diesen Moment.

Er fällt ins Arabische, in die Sprache von damals, er richtet sie an den Freund hinter sich im Wagen, Intifadh Kanar, einen Mittvierziger, von Saddams Geheimdienst Ende der achtziger Jahre 47 Tage inhaftiert und gefoltert, auch er ist nach langer Zeit zum ersten Mal wieder in Bagdad, nach 13 langen Jahren. Ihm ruft Makiya Dinge zu, arabisch, dann wieder englisch: „Schau dir das an! Schau dir das an! Das gibt's doch nicht! Es kann nicht sein! Hier haben wir Eis gegessen!“

Makiya verlangt nach Kanars Satellitentelefon, er diktiert dem Freund eine Nummer in London. Als die Verbindung steht, fährt seine Stimme hoch, sie kippt, es sind Tränen darin, Kanan Makiya, ein sanfter Mann, er schreit jetzt, den Kopf hinaus in den Fahrtwind gelegt, denn er hat seinen Vater am Hörer.

Aber der alte Mann, es ist am Verhalten des Sohnes zu merken, er scheint überfordert, der Live-Bericht aus Bagdad stört ihn auf im fernen England, die verzerrte Stimme im Satphone, und Kanan Makiya, durchströmt vom Gefühl seiner Kindheit, wechselt plötzlich ins Englische, nimmt wieder Haltung an, fasst sich und sagt, viel ruhiger: „Nein, nein, Vater. Es ist gut. Es geht mir gut, es geht mir gut. Ich dachte nur ... ich wollte erzählen ... nein, sicher, ... bis bald, Vater."

Mohamed Makiya, Kanans Vater, zählt zu den großen Architekten des Irak. Geboren während der 1958 gestürzten Monarchie, begründete er an der alten Universität von Bagdad die Fakultät für Architektur. Er suchte eine Symbiose von alter und neuer Substanz beim Bauen. Aber Ende der sechziger Jahre denunzierten Baath-Leute ihn und 400 andere Intellektuelle als Freimaurer und Konterrevolutionäre. Mohamed Makiya, er erfuhr davon während eines Aufenthalts in Bahrein, kehrte nie in sein Land zurück. Auch sein Sohn floh, 1969, im ersten Jahr, da die Diktatur der Baath-Partei total wurde.

Kanan Makiya dirigiert den Fahrer zur Chulfafa-Straße parallel zum Ostufer des Tigris, dort steht die gleichnamige Moschee, ein Werk des Vaters, ein schöner Neubau um ein Minarett aus dem 9. Jahrhundert, er steigt aus.

Ihm tritt aus dem Schatten der Kuppel eine Gruppe Menschen entgegen, Kinder, ein Mann mit verwirrtem Gesicht sagt: „Gehen Sie! Gehen Sie! Hier herrscht große Gefahr! Saddam in der Moschee. Baath-Leute. Waffen." Makiya sieht um sich. Kein Halt in der breiten Autostraße. Sie lassen ihn nicht ankommen in der Heimat. Er beginnt, müde, nach den Fernsehbildern zu suchen. Er will jetzt zum Platz der Freiheit. Zum gestürzten Saddam.

20 Tage nach dem Fall des Standbilds staken die Stützrohre der Skulptur wie Geschützkanonen aus dem Sockel, Makiya verpasst fast den Moment der Vorbeifahrt, er wendet den Kopf ruckartig, er scheint enttäuscht, er sagt „ach, hier" und fällt dann in Schweigen.

Der Platz ringsum wird jetzt für die Demonstrationen genutzt, die aktiven Gruppen wissen, dass sie hier von den TV-Teams im „Palestine Hotel" schräg gegenüber bequem abzufilmen sind. Makiyas Fahrer biegt ein in die Saadun-Straße. Auf dem großen Boulevard hat nun jeder fünfte Laden wieder geöffnet, in den Wechselstuben fingern sich Geldhändler durch dicke Dinar-Bündel, Dollar-Packen, Euros.

Hier, wenn irgendwo in Bagdad, blühen Makiyas Träume von einem weltlichen, freien, offenen Irak, hier regt sich ein Geist, aus dem Demokratie werden kann und der die Theoreme des Professors mit Leben füllen könnte, seine Visionen von einem Irak ohne Folter, ohne Knute, demokratisch verfasst, weltoffen, zivil. Ganz so, wie er es aufgeschrieben hat, in seinen Papieren, in den gut 100 Seiten Verfassungsentwurf, von dem Kurzversionen als Zigarettenschachteln getarnt seit Januar via Kurdistan nach Bagdad geschmuggelt wurden.

Aber es ist ein Horse Race im Gange, wie die Amerikaner sagen, ein Pferderennen mit ungewissem Ausgang. Es sind nicht nur die Geistlichen, gleich ob schiitisch oder sunnitisch, deren Rolle noch dunkel ist. Auch die zivilen Kräfte zerren am Tischtuch.

Makiya hat den Fahrer halten lassen im Norden der Stadt, an der Tigris-Schleife im Stadtteil Adhamija, dort ist ein Café offen, ein Händler hat Plastikstühle ans Ufer gestellt und verkauft Pepsi-Flaschen aus einer Wanne mit Brucheis.

Der Professor aus Boston und Bagdad will über Deutschland reden. Über die Erfahrungen nach dem Weltkrieg. Über die Lehren aus dem Untergang der DDR. „Welche Fehler, glauben Sie, sollten wir hier vermeiden?“ Das ist die Eine-Million-Dollar-Frage dieser Tage in Bagdad.

Makiya ist blass am späten Nachmittag, die Heimkehr in die fremde Stadt erschöpft ihn. Auf Umwegen geht es zurück zur Zentrale des INC. Durch die Raschid-Straße mit ihren Arkaden, „hier waren Buchläden, sehen Sie, alles voller Buchläden“, über die Schuhada-Brücke nach Westen, „es war ein einziger Markt hier, ein großer Suk, alles war zu kaufen, alles“, vorbei an der leeren Hülle des Nationalmuseums in der Kairo-Straße, „mein Gott, es ist … es ist …“, dann nach Süden hinunter zur Jaffa-Straße, zum Kongresszentrum am geplünderten das „al-Raschid-Hotel“, in dem Makiya den Vortag verbracht hat, von 7 Uhr früh bis um 22 Uhr in der Nacht, weil 300 Delegierte zum „Iraqi Interim Authority Meeting“ geladen waren.

Eine große Konferenz. Makiya selbst hatte sie kaum 48 Stunden vorher im CNN-Interview als „entscheidend“ bezeichnet. Am Tag selbst dann war er ernüchtert. Der ursprüngliche Plan – die Amerikaner eröffnen die Konferenz und übergeben sie dann an die Iraker – schlug fehl. Und alle offiziellen Statements im Anschluss, jedenfalls alle von Seiten der Koalition, alle Sprachregelungen über „gute Gespräche“, über „die Reise, zu der wir uns aufmachen“, waren geschönt bis gelogen.

Die Iraker im Saal, das ganze Panorama, Scheichs, Clans, Geschäftsleute, Exilanten, Saddam-Oppositionelle, sie wussten sehr genau, was sie wollten. Keine schönen Worte über lange Reisen, kein Lob für gute Gespräche, sie wollten schlicht – wie das Volk in den Straßen Bagdads – über ihre Regierung reden, eine Regierung von Irakern, für Iraker, durch Iraker.

Es heißt, Garners Leute seien entsetzt gewesen, wie fordernd, wie scharf das Plenum unisono gegen jede Militärverwaltung gewesen sei. Und selbst das Versprechen, so schnell wie möglich Recht und Ordnung wiederherzustellen – die nächtlichen Schießereien zu unterbinden, das Telefonnetz zu reparieren, die Wasserversorgung, den Strom –, habe die Gemüter nicht besänftigt. Sie fragten immer nur: Wann kommt die Regierung? Unsere Regierung? Und so viel demokratisches Feuer, nach 35 Jahren Baath-Regime, schien Amerikanern und Briten fremd und überraschend.

Makiya sagt, seit der Konferenz hätten sie in Washington, alle in Washington, das Gefühl, „wieder bei null anfangen zu müssen". Das muss er auch, auf der Suche nach seiner Heimat, aber er will es nicht wahrhaben.

Er will jetzt sein Elternhaus suchen, es geht Richtung Westen, Richtung Mansur, nach Mutanabi, dort war es, dort muss es sein. Der Pajero rumpelt durch leere Wohnstraßen, rechts und links geduckte Häuser unter Palmen, hinter Strauchhecken. Makiya reckt den Hals, nach links, nach rechts. Hier ist es nicht.

Er dirigiert den Fahrer in den nächsten Block. Häuser unter Palmen, Sträucher, Makiya wirft den Kopf hin und her, seine Augen finden keinen Halt. Am Ende der Straße zeigt er nach rechts, dann, nein, nach links. Kein vertrautes Bild. Er kurbelt die Scheibe herunter, fragt eine Frau, die blicklos weitergeht. Ein anderer Passant, ein Junge, am Leib ein T-Shirt mit dem Aufdruck „SOS-Kinderdorf", tut, als wüsste er, wonach gesucht wird. Er macht Armbewegungen, links, rechts, der Fahrer folgt der Strecke, zwei Mal um den Block, dann rechts, aber das Haus kann er nicht finden. Kanan Makiya hält sich sehr fest. Sie wollen ihn nicht ankommen lassen in der Heimat.

Die Nacht ist schwarz in Ghasalija, einem Vorort im Westen Bagdads, dort, wo der General zu Hause ist. Seit dreieinhalb Wochen gibt es hier draußen keinen Strom, also keine Straßenbeleuchtung, also traut sich, sobald die Dämmerung einfällt, auch kein Autofahrer mehr über die Sandstraßen – man könnte sich die Reifen aufreißen, man könnte überfallen werden. Ab und zu hört man das Knattern einer Maschinengewehrsalve, wahrscheinlich ein paar Burschen aus der Nachbarschaft, die vor ein paar Tagen ein paar Kisten voller Kalaschnikows gefunden haben und jetzt damit herumspielen. Auf dem Dach des Anbaus, wo der General sein Werkzeug lagert, neben einem Haufen Schutt und zwei leeren Ölfässern, kreischen nachts die Katzen.

Der General hat sein Schlafzimmer im ersten Stock eines zweigeschossigen Hauses. Das Haus gehört ihm. Die Baath-Partei hat das Grundstück erschlossen und ihm gestellt; den Bau hat er selbst finanziert. Der General geht früh ins Bett, alle reden seit Tagen auf ihn ein, dass er fürchterlich müde aussehe.

Neben ihm liegt Butheina, seine Ehefrau. Der General horcht auf ihre Atemzüge, sie sind gleichmäßig, dann schlägt er die Decke zurück, schlüpft in seine grauen Filzpantoffeln und schleicht aus dem Zimmer.

Das geht jede Nacht so, und am nächsten Morgen erzählt der General dann davon, wie schlimm die Nacht wieder gewesen sei.

Unten in der Küche zündet er sich immer eine Kerze an und stellt sie auf den Küchentisch. Er trinkt ein Glas Wasser aus der Leitung, raucht. Gestern ist ihm eingefallen, dass irgendwo im Abstellraum noch eine Pappschachtel mit Schlaftabletten sein müsste, die er mal aus Odessa mitgebracht hat. Er nahm die Kerze, stöberte im Abstellraum, fand zwar keine Tabletten, aber dafür eine Tüte, groß, weiß, aus Plastik. Seine Frau hat sie hier abgestellt, erst vor ein paar Tagen.

Der General setzt sich an den Küchentisch; es sind etwa ein Dutzend Fotos, die er hervorzieht und aus dem Zeitungspapier wickelt, die meisten farbig, alle unter Glas und gold- und intarsiengerahmt. Bis vor kurzem hingen diese Bilder noch im Salon, im Schlafzimmer, im Treppenaufgang. Die Fotos zeigen ihn als jungen Leutnant, als Hauptmann, Major, sie zeigen ihn und Taha Jassir Ramadan, ihn und den Informationsminister Sahhaf, und einige zeigen sogar ihn und Saddam Hussein, im Palast, beim Generalstab. Der Diktator und er, zwei Freunde, Arm in Arm, lächelnd.

Der General packt die Bilder sorgsam wieder ein, stellt die Plastiktüte in den Abstellraum zurück. Er raucht, er denkt nach. Er müsste viel tun. Etwa für Strom sorgen. Vor seinem Haus steht ein Generator. Er braucht nur ein paar Kanister Diesel. Aber dafür müsste er das Haus verlassen. Dann müsste er sich um ein Satellitentelefon kümmern. Auf dem Schwarzmarkt kosten sie angeblich zwei Millionen Dinar. Oder 1000 Dollar. Butheina, seine Frau, hat irgendwo noch ein paar Dollar versteckt. Und dann könnte er seinen großen Bruder anrufen und um Hilfe fragen: Khadr, Arzt in Oklahoma City, mit amerikanischem Pass. Oder Rahal Rahal, seinen Bruder in Jordanien. Oder Hussein in Betlehem. Man könnte auch ein Visum für die Emirate beantragen, Butheina hat dort eine Schwester, der Schwager Kontakte zur Regierung, es ist nicht alles verloren.

Aber der General müsste dafür sein Haus verlassen.

Die Tüte enthält das Leben und den Stolz des Ahmed Rahal, genannt Abu Arab, 52 Jahre alt, Generalmajor der irakischen Armee, schlaflos in Bagdad und auf der Suche nach einem neuen Lebenssinn.

In der Tüte sind auch ein paar verblichene Fotos. Sie zeigen einen jungen Mann, schlank und sehnig, blitzende Augen, buschiger Schnurrbart. „Damals glaubte er an seine Mission, an die Wiedergeburt der arabischen Nation", sagen seine Freunde. „Er leuchtete von innen", sagt seine Frau.

Im Flüchtlingslager Daheischa, südwestlich von Betlehem, kam Ahmed Rahal 1951 zur Welt, als vierter von vier Söhnen. Seine Eltern sind Palästinenser; die Briten haben sie 1946 aus dem Dorf Artuf umgesiedelt. Rahal hat sein Heimatdorf nie gesehen, er kennt es nur aus den verklärenden Berichten des Vaters. Artuf: der Olivenhain, der Blick übers Tal, das Geblöke der Schafe. Im Flüchtlingslager musste die Familie sich ein Zelt teilen, gleich daneben floss die Kloake vorbei. Der Vater, vormals wohlhabend, arbeitete nun als Lastenträger.

Ahmed Rahals drei Brüder hatten sich damals den panarabischen Ideen der Baath-Partei verschrieben, und er eiferte den Älteren nach. Nach dem Sechstagekrieg 1967 landete die Familie in Jordanien, Rahal ging nach Bagdad, um Geologie zu studieren. Doch er schmiss das Studium, um zu kämpfen: erst in Jordanien, später, 1975, im Libanon – beide Male gehörte er zu den Besiegten, er kam nur knapp mit dem Leben davon. Eine Demütigung folgte der anderen.

Während seine Brüder in Oklahoma und Jordanien ein neues Leben begannen, trat Rahal im Mai 1982 in die irakische Armee ein.

Er spezialisierte sich auf Brückenbau und Minentechnik, er arbeitete die Nächte durch, wurde Oberleutnant, Hauptmann, Major, man schickte ihn zu Lehrgängen in die Sowjetunion nach Odessa, er wurde Oberstleutnant, Oberst, General. Saddam Hussein wollte ihn noch zum Generaloberst machen, die Ernennung stand kurz bevor – „but this is a dream“, sagt Rahal.

Der Irak wurde Rahals Heimat; nicht Palästina, nicht Jordanien, nicht der Libanon – sondern die Diktatur des Saddam Hussein. Hier konnte Rahal für seinen Traum kämpfen – für seinen Traum namens Artuf, für das Dorf, aus dem seine Eltern vertrieben wurden und das er selbst nie gesehen hat.

Wenn Rahal auf seine riesigen, goldverzierten Polstersessel sinkt, ächzt er wie einer, den man auf den elektrischen Stuhl geführt hat. Der Mann, der heute in seinem Salon sitzt, hinter roten Brokatvorhängen, die die Gitter vor seinem Fenster kaschieren, leuchtet nicht mehr. Alle Pläne und Vorsätze hat er vergessen. Er wird auch heute keinen Diesel kaufen und kein Satellitentelefon. Am liebsten möchte er unsichtbar sein. Er wird wie ein Gefangener durchs Haus schleichen, auf den Hof schauen, den Anbau, ockerbraun getüncht, auf das Werkzeug, Gerümpel, zwei leere Ölfässer, und auf seinen grünen Nissan Cedric, einen Sechszylinder, 220 auf dem Tacho, der in der Auffahrt parkt. Die Fenster des Hauses sind vergittert, doch was ihn tatsächlich festhält, ist Angst.

Seit 21 Tagen, seit die Amerikaner in Bagdad einmarschierten, hat Rahal keinen Schritt mehr vor die Tür gesetzt. Er ist jeden Morgen aufgestanden, hat sich rasiert, ziemlich viel Eau de Toilette aufgetragen, sich sorgsam ein paar Strähnen über die kahle Stelle am Hinterkopf gelegt und ist in den Salon geschlurft. Dort sitzt er stundenlang, schlürft den Mokka, den ihm seine Frau gemacht hat, und raucht eine Zigarette nach der anderen. Susu, die dreibeinige Hauskatze, humpelt durch den Salon und kotzt auf die Fliesen, er merkt es nicht. Aber sobald ein Wagen vorüberfährt, sobald jemand an das stählerne Hoftor pocht, zuckt er zusammen. Jedes Geräusch eine kleine Panik, jedes Mal stürzt Butheina herein: Wer könnte das jetzt sein? Erwartest du jemanden? Und wer geht nachsehen?

Bislang waren es immer Freunde, Nachbarn. Chalid, ein Möbeltischler, Omar, ein Elektriker, Madschdi, ein Reifenhändler, alles Männer um die fünfzig. Kaum jemand arbeitet noch in Bagdad, die

Männer haben also viel Zeit, sie besuchen sich, schlürfen Kaffee, spielen mit ihren Gebetsketten, und weil die Telefone nicht funktionieren und weil es kein Fernsehen und keine Zeitungen gibt, erzählen sie sich die Neuigkeiten.

Die Amerikaner wollen am Samstag die Schulen wieder öffnen – immerhin, gut für die Kinder. Es gibt angeblich Widerstandsgruppen in Tikrit – aha, also doch, der Widerstand ist nicht ganz zerschlagen. Jemand hat auf die GIs vor dem „Palestine Hotel" geschossen, aber nicht getroffen – die Amerikaner haben nach ihm gesucht, aber vergebens, sie können eben auch nicht alles. Und sollte jemand aus ihrer Straße Rahal an die Amerikaner verpfeifen, sollten GIs hier in der Straße auftauchen, werden seine Nachbarn den Verräter noch am selben Tag finden und ihm die Kehle durchschneiden. Omar, der Elektriker, sagt, dass er zwei Jagdgewehre habe, italienisches Fabrikat.

Beifälliges Nicken in der Runde.

Rahal sitzt daneben, hört sich diese wilden Beteuerungen und ausgeschmückten Geschichten aus dem neuen Bagdad an und schweigt. Chalid, Omar, Madschdi – es sind seine Freunde, die da sitzen und plaudern. Es ist Bagdad, seine Stadt, ihm vertraut seit 34 Jahren, von der sie ihm da berichten. Dass die Geldwechsler auf dem Firdaus-Platz stehen, dass es wieder Eiscreme gibt auf dem Saadun-Boulevard. Aber seine Freunde könnten genauso gut Geschichten vom Mars erzählen.

Natürlich fürchtet der General, den Amerikanern in die Hände zu fallen. Sie würden ihn tagelang verhören, womöglich würde man ihn einsperren, in ein Kriegsgefangenencamp irgendwo in der Wüste, und wer kümmerte sich um seine Familie? Mahmud ist 15, und Arab, der Zweitgeborene, ist erst 8. Wahrscheinlich wäre er irgendwo in Tikrit sicherer als hier, es ist wohl nur eine Frage der Zeit, wann sie kommen. „Wir hatten Adressenlisten in unserem Hauptquartier", sagt der General, „die Amerikaner werden wissen, wo sie mich finden können."

Warum also steigt er nicht in seinen Nissan, der in seiner Einfahrt verstaubt, und fährt davon? Die Situation im Irak ist chaotisch, er könnte sich verstecken, es wäre schwierig, aber machbar. Rahal schweigt lange. Dann sagt er: „Ich könnte mich verkriechen, aber warum? Ich habe niemanden gefoltert, niemanden umgebracht. Ich bin Berufsoffizier, kein Verbrecher."

Vielleicht versteckt sich Rahal nicht aus Angst vor den Amerikanern in seinem privaten Gefängnis, sondern weil er nicht verstanden hat, warum das alte Bagdad untergehen musste. Und vielleicht versteckt er sich, weil er das neue Bagdad da draußen nicht verstehen würde. Denn der General im Dienste Saddam Husseins, ein nach irakischen Maßstäben bestens ausgebildeter Berufsoffizier, Divisionskommandeur im Generalsrang, hat wohl wirklich daran geglaubt, der Irak könnte die Amerikaner besiegen.

Die Amerikaner, sagt er, hätten unfair gekämpft, mit Streu- und tonnenschweren Bomben, mit Lasertechnik und Satellitenaufnahmen, sie hätten immer wieder ihre Taktik geändert. Rahal spricht hustend, er stottert. Die Iraker waren tapfer, waren gut gerüstet, aber ... er sackt zusammen.

Rahal hat an den Sieg geglaubt, wie es wohl auch Informationsminister Sahhaf geglaubt hat, auch dann noch, als schon die Panzer durch Bagdad rollten. Auch Rahal wollte daran glauben – als Anhänger der Baath-Partei und als arabischer Nationalist, als Fürsprecher der eigenen Kultur und als Kämpfer für die Freiheit der Palästinenser.

Der arabische Nationalismus des Ahmed Rahal ist halb Traum, halb Politik. Diese träumerische Ungenauigkeit ist typisch arabisch, aber im Krieg gehören Träumer fast immer zu den Verlierern. Ausgeblendet wurde in diesem Weltbild vieles, auch Folter und Hinrichtungen. „Um den Irak mit seinen vielen Völkern und Religionen zu vereinen“, sagt Rahal, „brauchte es Saddams starke Hand – eines Tages wird die Welt es begreifen.“

Jetzt sieht Rahal von seiner Dachterrasse amerikanische Panzer über die Kafaat-Straße donnern. Er fühlt sich umzingelt in seinem imitierten Palast, hinter roten Brokatvorhängen und auf schweren goldverzierten Polstersesseln, und sobald jemand ans Hoftor klopft, zittern seine Hände.

Ein einziges Mal in diesen Tagen rafft Rahal sich auf: als der Fotograf ihn bittet, für ein Foto seine Generalsuniform anzulegen. Butheina holt ihrem Mann die grüne Kluft, sie hing unter Seidenpapier im Schrank, gebügelt, sauber, er zieht sie an, stellt sich im Wohnzimmer auf, straff, stolz blickt er in die Kamera, seine Söhne und seine Frau schauen gerührt zu bei dieser bizarren Zeremonie. Sie sehen plötzlich den Mann und Vater, den es jetzt nicht mehr gibt.

Die Archive des Bösen

+++ Am 1. Mai erklärt George W. Bush die Kämpfe im Irak für beendet +++ Plünderer in der Atomanlage Tuweitha +++ Zivilverwalter Jay Garner wird abgelöst und durch Paul Bremer ersetzt +++ Massengrab mit ermordeten irakischen Schiiten bei Hilla entdeckt +++ „Apache“-Hubschrauber beschießen irakische Waffentransporte bei Tikrit +++ Tonband mit angeblicher Botschaft Saddams aufgetaucht +++ Mutmaßliche Leiterin des irakischen Biowaffenprogramms festgenommen +++ Ab 21. Mai ist das erste Bagdader Gefängnis wieder in Betrieb +++

Es ist schwer, mit Marwan K. über schöne Autos zu sprechen. Ein goldgrüner Rolls-Royce Silver Wraith II mit Armaturen aus Tropenholz erinnert ihn nur an eine Woche im Gefängnis, ein schwarzer Porsche 911 GT brachte ihm Stockhiebe auf die Fußsohlen. Ferrari, Bentley, Lamborghini, Maserati, Mercedes, BMW; in der Welt Marwan K.s verbinden sie sich nicht mit heiteren Ausfahrten. Er muss mit ihnen zu seinen Alpträumen reisen, wieder und wieder, und jedes Mal sitzt Udai am Steuer, Saddams unberechenbarer Sohn, ein Mensch wie ein Gewitter.

Als Marwan K. begann, Udais sagenhaften Fuhrpark zu betreuen, standen in drei verschiedenen Palastgaragen schon 220 Autos, allein 100 Rolls-Royce, 70 davon Kriegsbeute aus dem Kuweit-Krieg, darunter viele Corniche-Modelle zum Stückpreis von 340 000 Dollar. In der Zentralgarage parkten daneben Ferrari, Aston Martin, Mercedes-600-Limousinen, die nach Dufthölzern und Leder rochen. Marwan K., er war 27 Jahre alt damals, bestaunte sie anfangs lang.

Er hatte viele Pflichten, von denen die wichtigste war, Udai Tag für Tag mit einem anderen Auto zu amüsieren. Marwan K. fertigte Listen an, auf drei Monate hinaus, 90 Tage im voraus verplante er die Roadster, Kupees, Cabriolets. Montag: Porsche 911 GT3, blau;

Dienstag: Ferrari 456M, rot; Mittwoch: Rolls-Royce Silver Shadow; so plante Udais Fuhrparkmanager.

Fünf-, sechsmal täglich kam Udai persönlich in die Garage. Ständig rief er an. Veränderte Pläne. Machte die Leute verrückt. Verlangte, am Dienstag, eine Stunde vor Abfahrt, statt des roten Ferrari den blauen, den er seit Monaten nicht mehr gefahren hatte. Und er schäumte nicht, wenn dieser Wunsch nicht zu erfüllen war. Er strafte, kühl, präzise.

Er strafte, wenn die Scheiben der Autos nicht durchsichtig waren wie Luft, strafte, wenn ein Auto „ein Geräusch" machte, das ihm nicht gefiel, strafte, wenn er auf der Rückbank einen Faden entdeckte, unter dem Sitz ein Steinchen, einen Fetzen Papier. Ließ dann, mit kurzem Befehl, Marwan K., die fünf Fuhrparkmechaniker und die fünf Fahrer antreten. Sagte ihnen, dass er unzufrieden sei. Dass sie sich, zur Strafe, die Haare abrasieren müssten. Dann hatten sie Glück.

Einmal, vor nun drei Jahren, als ein Wagen eine Panne hatte, wurde Marwan K. als der Schuldige ausgemacht. Udai sagte nur: „Geh ins Gefängnis und lass dich höflich machen." Und Marwan K. ging ins Gefängnis. Er wurde nicht geholt. Er wurde nicht verhaftet. So totalitär war die Macht in Saddams Land, dass die Bestraften sich zur eigenen Bestrafung meldeten. So totalitär war das Regime, dass auch diejenigen, die Saddam und seinen Söhnen sehr nahe und zu Diensten waren, nicht sicher sein konnten. Sie mussten jederzeit damit rechnen, gequält, gefoltert und verstoßen zu werden.

Wer Leibarzt bei Saddam Hussein war, wie Abd al-Sattar al-Basri, der dem Diktator über zehn Jahre lang als Orthopäde und Fitnesstrainer beim Kampf gegen Rückenschmerzen zur Seite stand, musste mit ansehen, wie der Diktator einen in Ungnade gefallenen Mann von seinen hungrigen Doggen zerreißen ließ, und musste erleben, dass er später selbst in Verliesen landete und zwölf Jahre lang gequält wurde.

Wer Frauenbeschaffer bei Udai war, wie Ali Schar, der dem Saddam-Sohn jeden Tag Frauen zuführte, die so aussehen mussten wie die Frauen, die Udai im Internet entdeckt hatte, musste den Geschmack des Frauenschrecks treffen – oder erleben, dass er verstoßen wurde und als stummer Zeuge ohne Zunge weiterleben musste. Vier Monate vor dem Ende des Regimes ereilte Ali Schar dieses Schicksal.

Erst jetzt, Anfang Mai, wenige Wochen nach dem Ende des Regimes, beginnen die Diener der Despoten zu berichten, vorsichtig noch, aus Angst vor Rache, aber ihre Erzählungen fügen sich zu einem Gemälde des Grauens. Nicht nur die Handlanger reden, auch die Opfer sprechen, die Überlebenden sowieso, aber auch die Toten in den Massengräbern geben Zeugnis von den 24 Jahren des Saddam-Regimes, das in den Geschichtsbüchern mit den Schrecken von Hitler, Stalin und Pol Pot verglichen werden wird.

Wie jeder ordentliche Diktator hat Saddam seine Folterknechte Buch führen lassen über das Handwerk des Terrors. Und auch diese Papiere des Bösen beginnen zu sprechen. Kilometer von Akten durchziehen das Land, gestapelt in Kellern, Hallen und Büros, inzwischen in Unordnung gebracht, im Rausch der Befreiung durchwühlt von den Opfern, die nach Beweisen ihrer Leiden oder nach Spuren ihrer vermissten Angehörigen suchen.

So wie die DDR-Bürger die Archive der Staatssicherheit stürmten, um die Akten ihrer Unterdrückung in die Finger zu bekommen, so greifen die Iraker nach ihrer abgelegten Vergangenheit und suchen sie an Orten wie der Bagdader Villa, nicht weit von den Ufern des Tigris entfernt, im Stadtteil Kadhimija. In ihrem Erdgeschoss lagern Tausende Dokumente. Sie liegen auf dem Marmorboden, türmen sich an Wänden, quellen aus Schubladen und Schränken. Die Akten stammen aus einem Archiv der Geheimdienste. Zum Schutz vor amerikanischen Bomben wurden sie kurz vor dem Beginn des Krieges von Saddams Helfern in einem Haus im Stadtteil Mansur versteckt. Von dort schafften die Freiwilligen des „Komitees für befreite Gefangene“ die Dokumente in diese Villa am Tigris.

Vier Männer sitzen auf dem Boden und versuchen, Ordnung in das Chaos zu bringen. Sie wissen, es gibt schwarze Akten, rote Akten, grüne Akten. Schwarz war die Farbe der schiitischen Gefangenen, rot die der angeblichen Kommunisten, grün die der Kurden. Auf vielen Ordnern steht ein Wort, die Buchstaben sind schwarz: Exekution.

Akten liegen auch im Hof des zerbombten Hauptquartiers der Baath-Partei in Basra, im Polizeigebäude in Subeir, in Mossul, Nassirija und Kirkuk. Im Hauptquartier der Geheimpolizei in Bagdad entdeckten Fotografen einen alten Reissack, eilig vollgestopft mit Pässen, Fotografien, Negativen und Computerdisketten. Und es nimmt kein Ende. Überall quillt Papier aus den Kellern der Geheimdienste an die Oberfläche der Gesellschaft. Ahmed Tschalabi, der Chef der Oppositionsvereinigung Irakischer Nationalkongress verwahrt 25 Tonnen Dokumente, und auch das „Iraq Research and Documentation Project" nennt Zigtausende Blätter sein Eigen. Die Aktenberge enthalten den Rohstoff zukünftiger Anklageschriften.

Eine Akte, herausgezogen aus einem meterhohen Stapel. Oben auf der Seite der Adler, das Wappentier des Irak, darunter ist zu lesen:

„Geheim und eilig.

An die Direktion 45.

Wir haben den Verbrecher Dschassim Mohammed gefasst, ein Mitglied der verbrecherischen Daawa-Partei. Er wurde dem Revolutionsgericht vorgeführt, und folgendes Urteil ist ergangen: Er soll bis zum Tode gehängt werden. Alle seine uns bekannten und unbekannten Güter werden beschlagnahmt."

Das ist alles, vier ganze Sätze. Es ist nicht die Rede von Beweisen. Es gibt keinen Verteidiger. Nicht einmal den Namen des Richters, der das Todesurteil verfügte.

Eine andere Akte. Das Büro von Saddam Hussein ordnet die Hinrichtung von 28 Menschen an. Ihre Namen sind sorgfältig aufgelistet, in Tabellenform.

Nicht nur Opfergeschichten erzählen die Akten des Grauens, sondern sie geben auch Einblick in die Logik und die Logistik des Staatsterrors. Wenn es Saddam gefiel, lösten sich Dörfer in Rauch auf: „Nach einem Schreiben des Kommandos (...) ist das Folgende beschlossen worden: Die verbotenen Gebiete müssen eingeebnet und verbrannt werden. Die Geschäftsstellen in Arbil und Machmur sind damit beauftragt, den obigen Befehl unter der Aufsicht des fünften Korps auszuführen. Informieren Sie uns, wenn die Operation beendet ist. Wir behalten uns vor, die Sektoren nach Beendigung der Mission zu inspizieren" (aus einem Schreiben an alle Direktorate der Geheimdienste).

Wenn es Saddam gefiel, verloren Lügner ihr Leben: „Mit dem Tod zu bestrafen ist jedes Mitglied der Baath-Partei, das verschweigt, früher Mitglied anderer Parteien gewesen zu sein" (aus einem Dekret des Revolutionären Kommandorates).

Wenn es Saddam gefiel, büßten Eltern für ihre Kinder: „Die Eltern des Flüchtigen Hamid Abd al-Karim Suleiman Scheichan, Einwohner von Dahuk, Stadtteil Bruschki, wurden deportiert, nachdem alle offiziellen Dokumente konfisziert wurden. Die Namen der Eltern: Abd al-Karim Suleiman al-Barwari, geboren 1904, Rentner. Fatima Hamid Muran, geboren 1918“ (aus einem Schreiben des präsidialen Sekretariats).

Die Menschen im Irak waren Saddams Eigentum. Keine Religion, keine Weltanschauung, kein Programm hielt den Staat zusammen, sondern die Angst schweißte die Nation zusammen, die Angst vor Saddam, vor seinen Söhnen und vor allem vor dem Nachbarn, der ein Spitzel Saddams sein konnte.

Insgesamt arbeiteten 40 000 Angestellte und Hunderttausende Mitarbeiter im Geheimdienstapparat Saddam Husseins. Hinzu kamen zwei, vielleicht auch vier Millionen Informanten und die 1,5 Millionen Mitglieder der Baath-Partei. Standen vier Iraker zusammen, mussten sie davon ausgehen, dass einer von ihnen ein Denunziant ist. Trafen sich Familienangehörige zu einer Hochzeit, mussten sie davon ausgehen, dass sie das Essen mit Spionen teilen, die ihren Reden, ihren Witze genau zuhören. Die Berichte der Informanten wurden niedergeschrieben, abgeheftet und füllen Zigtausende Ordner. Sie wurden nach Provinzen geordnet, nach Bezirken, Städten und Dörfern.

Seit Saddam 1964 den Geheimdienst der Baath-Partei aufgebaut und sich seit 1979 an die Spitze des Staates manövriert hatte, schuf er ein Geflecht von Geheimdiensten, bei dessen Schöpfung er sich die Erfahrungen von Hitlers und Stalins Terrordiensten zu Nutze machte. Seine Führungsoffiziere schickte er zur Ausbildung in den Ostblock, am liebsten in die DDR. Die in den Archiven der Geheimdienste gefundenen Papiere zeigen ein Netzwerk sich gegenseitig kontrollierender Dienste und Spitzel.

Das Alltagsleben im Irak überwachten die 8000 Mitglieder des Allgemeinen Sicherheitsdienstes des „Amn al-Amm“ mit Hilfe von Zehntausenden Informanten, die in jeder Stadt, jedem Bezirk, jedem Dorf ihre Augen und Ohren offen hielten. Die Spione des Dienstes hörten Telefone ab, beschatteten verdächtige Familien und auch jeden Ausländer, der den Irak betrat. Selbst die Waffeninspektoren der Uno konnten kaum einen Schritt ohne die Mitarbeiter des Allgemeinen Sicherheitsdienstes tun.

Die Funktionäre der Baath-Partei, die ausländischen Diplomaten im Irak und die irakischen Diplomaten im Ausland wurden vom Allgemeinen Nachrichtendienst, dem Muchabarat, bespitzelt. Der

Dienst besaß zwischen 4000 und 8000 Mitglieder und zerfiel in zwei Abteilungen. Neben ihrer Spitzelarbeit in der Partei unterdrückte und terrorisierte die Inlandsabteilung irakische Oppositionsgruppen und betrieb Gegenspionage. Die Auslandsabteilung, die irakische CIA, unterstützte terroristische Vereinigungen und zwang irakische Exilanten für Saddam zu spionieren. Mordanschläge im Ausland, egal, ob gegen Zivilisten oder feindliche Spione, fielen in den Zuständigkeitsbereich der gefürchteten Abteilung 14.

Kontrolliert wurden alle Geheimdienste von den Mitgliedern des Sonder-Sicherheitsdienstes „Amn al-Chass", den Saddams Sohn Kussei befehligte. Seine Mitglieder, rekrutiert aus Stämmen, die ihre Loyalität zu Saddam viele Male unter Beweis gestellt hatten, überwachten den Muchabarat, den Allgemeinen Sicherheitsdienst und die Geheimdienste des Militärs. Ihnen vertraute Saddam auch die Kontrolle über die geheime Militärindustrie des Irak an und die Planung der Feldzüge gegen die Kurden und Schiiten. Die Loyalität des Sonder-Sicherheitsdienstes sicherte eine interne Spitzeltruppe, die ausschließlich die Agenten des Dienstes aushorchte. Verräter wurden dem „Büro des Präsidenten" gemeldet.

Saddams Staat war auf Blut- und Glaubensbande gebaut. Die Spione und Folterer der Geheimdienste waren überwiegend Sunniten, wie Saddam selbst. Die Leiter der Geheimdienste stammten häufig aus dem Beidschat-Clan, der Saddam besonders ergeben war, oder aus der Gegend von Tikrit, dem Ort, in dem Saddam aufgewachsen war. Die wichtigsten Positionen blieben Mitgliedern seiner Familie vorbehalten.

Dokumente, gefunden in den Trümmern des Baath-Partei-Hauptquartiers, belegen, dass Saddam Hussein Kooperation und Hilfe reichlich belohnte. Er zahlte vertrauenswürdigen Stammesfürsten 17-mal im Jahr einen Bonus von fünf Millionen Dinar, etwa 1700 Euro. Leiter eines Parteibezirks erhielten 100 000 Dinar. Besonders loyale Mitglieder der Partei erhielten an Feiertagen bis zu fünf Millionen Dinar. Ein Dokument der Baath-Partei in Basra nennt zehn Empfänger, ausgezahlt wurde das Geld am 20. Februar 2002.

Soldaten, die dem Staat einen Deserteur lieferten, kassierten 2,5 Millionen Dinar. Erzwang ein Folterer ein Geständnis, wurde er um 100 000 Dinar reicher. Ein angeblicher Staatsfeind war nicht so einträglich, er brachte nur 25 000 Dinar. Es gab so viele Feinde und

Verdächtige im Land Saddams. Niemand war sicher. Nicht einmal Neugeborene.

In regelmäßigen Abständen verfassten Informanten der Geheimdienste Listen mit den Kleinkindern ihrer Provinz. Die Listen trugen den Namen des Kindes, den Namen des Vaters und einen Vermerk zur politischen Vergangenheit des Vaters. Galt der Vater als politisch unzuverlässig, weil er Kurde war, Schiit oder kein Mitglied der Baath-Partei, galt dieses Urteil auch für das Baby.

Spätestens gegen Ende der Schulausbildung befasste sich der Staat ein zweites Mal mit jedem Jugendlichen. Es war zu ermitteln, ob das Kind zu einem Feind herangewachsen war. Um dieses Ziel zu erreichen, betrachtete der Staat den Jugendlichen selbst und das soziale Gefüge, das ihn trug. Das wichtigste Instrument dieser Operation war der Muchtar, der Dorfvorsteher, der Blockwart im System Saddam.

Er hatte seine Akten zu konsultieren und Auskunft zu geben über die politische Ausrichtung einzelner Familienangehöriger, über mögliche Verhaftungen entfernter Verwandter, über die Gründe der Verhaftungen, über die politische Ausrichtung der Freunde der Familie. Er hatte zu wissen, ob Verwandte oder Freunde der Familie ins Ausland geflohen sind, ob sie Kontakt zu al-Daawa oder anderen terroristischen Bewegungen pflegen oder ob sie Umgang mit Personen haben, die sich dieser Kontakte schuldig gemacht haben.

Der Muchtar schickte seinen Bericht an die zuständige Behörde, oft war dies das „Büro für Jugend und Studenten" der Baath-Partei. Auch die Partei befragte ihre Akten, ihre Informanten und füllte ein Formular aus, das den Erkenntnisprozess standardisieren sollte.

16 Punkte finden sich auf diesem Blatt Papier. Unter anderem wird ein Urteil über die politische Orientierung des Jugendlichen abgegeben; ist er ein Mitglied der Partei, ist sein Rang zu nennen und seine Kontaktperson in der Partei. Erfragt wird der Beitrag der Familie zum Iran-Irak-Krieg, erfragt wird die politische Reputation des Jugendlichen und die seiner Familie. Weit unten auf der Seite, als vorletzter Punkt, steht: Zensuren in der Schule.

Schließlich fällte die Partei ihr Urteil, war es positiv, konnte der Jugendliche seine Berufsausbildung oder ein Studium beginnen.

Wer in seinem Beruf arbeiten wollte, der musste sich nicht nur prüfen lassen – er musste sich zu Saddam bekennen. Eine eidesstattliche Erklärung war zu unterschreiben, nach einer Vorladung, in einem Büro des Staates. Die Erklärung trug den Briefkopf des Geheimdienstes, dann folgte der Satz: „Ich, der Unterzeichnende, kam in das Hauptquartier des Geheimdienstes und versichere hiermit, alle Informationen weiterzugeben, die die Sicherheit der Revolution und des Regimes gefährden, andernfalls werde ich die gesetzlichen Konsequenzen tragen. Ich unterschreibe diese Erklärung freiwillig."

Dann erwartete der Geheimdienst einen ersten Bericht. Wer vom System in Ruhe gelassen werden wollte, schickte belanglose Berichte über belanglose Sitzungen. Wer Karriere machen wollte, brachte dem Diktator ein Menschenopfer: „Hiermit melde ich, dass während der Hochzeitsfeier meiner Tochter mein Onkel Haschim Kadir aufrührerische Reden hielt, die den Irak und unseren geliebten Präsidenten beleidigten" (aus dem Bericht eines Informanten).

Das Ergebnis der allgegenwärtigen Denunziation war eine Gesellschaft, in der Lehrer Viertklässler fragten, ob ihre Eltern schlecht über den Irak reden, in der Fernsehsendungen Väter feierten, die ihre Söhne denunziert hatten, in der Töchtern eine Arbeitsstelle versprochen wurde, wenn sie ihren Vater einen Feind des Staates nannten.

Zwischen Folterbefehlen und Todesurteilen finden sich in den Archiven des Grauens immer wieder Schreiben, die zeigen, dass Saddam Hussein nicht nur sein Volk belauschte wie ein arabischer Big Brother, sondern dass er seine Ohren auch nach Westen richtete – und dass seine Agenten ihre Fühler und Finger besonders nach Deutschland ausstreckten.

Befremden muss, dass der deutsche Bundesnachrichtendienst ihm dabei behilflich war und mit seinen irakischen Kollegen kooperierte, wie eine Akte aus dem Jahr 2000 belegt. Die „Bild"-Zeitung hatte berichtet, dass sich in der Nähe Bagdads eine Raketenfabrik befinde. Das zog in verschiedenen Abteilungen des irakischen Geheimdienstapparats eine Überprüfung nach sich, wie die deutsche Zeitung an solche Informationen kommen konnte, und gipfelte schließlich in der Berichterstattung an Saddam Husseins Stellvertreter Tarik Asis.

„Im Namen Gottes des Barmherzigen" gab ein Mitarbeiter der Abteilung M1 die Aussage des BND-Mannes in Bagdad zu Papier: „Das, was die deutsche Zeitung ‚Bild' veröffentlicht hat, beruht nicht auf deutschen geheimdienstlichen Informationen, sondern auf bekannten und alten Berichten und auf Berichten der Uno. Sein Apparat ist nicht die eigentliche Quelle dieser Veröffentlichung."

Da es „in letzter Zeit" keinen „Besuch einer deutschen Delegation in den militärischen Herstellungseinrichtungen" gegeben habe, scheide der BND wohl tatsächlich als Informant dieses Artikels aus, bewertet ein Mitarbeiter der Abteilung M4 die Auskunft des BND-Mannes.

Der „Repräsentant des deutschen Geheimdienstes in Bagdad" half dem irakischen Kollegen bei der Bewertung und Überprüfung des Artikels, offenbar eine gängige Praxis zwischen BND und dem Muchabarat. „Der Geheimdienst ist daran interessiert", so heißt es weiter in den Akten, „die Beziehung zur irakischen Seite fortzusetzen bzw. zu vertiefen. Er erwartet den Besuch unseres geheimdienstlichen Apparats in Deutschland, wie es feststeht."

Dass es dabei nicht nur um einen Höflichkeitsbesuch zwischen verfeindeten Diensten geht, sondern um Amtshilfe zwischen kooperierenden Partnern, macht der letzte Absatz des Schreibens klar: „Der Repräsentant des deutschen Geheimdienstes bittet uns, den deutschen Geheimdienst mit Informationen über die iranischen (militärischen) Manöver, die im Nordosten Irans, an der Grenze zu Turkmenistan, stattfinden, zu versorgen."

Saddams Schnüffler interessierten sich für das Außenministerium, den Bundesnachrichtendienst, aber sie spionierten – wie die Zielkartei in der Geheimdienstzentrale zeigt – auch den Frankfurter Flughafen und den Hamburger Hafen aus. Die SPD-Politiker Peter Glotz und Christoph Zöpel wurden als Zielpersonen unter den Nummern GWPA001P008 und P009 geführt – gleich neben dem Vorsitzenden der Gesellschaft für Auslandskunde, Horst Mahr, der die Nummer P007 erhalten hatte.

Die Spione des Mucharabat arbeiteten unter anderem in Schweden, Griechenland und Spanien. Die Europäische Union in Brüssel steht ebenso auf einer Liste der Zielobjekte wie der belgische Geheimdienst. In Frankreich standen Unternehmen gleich reihenweise auf der Überwachungsliste, ebenso wie der französische Verein zur Hilfe für irakische Kinder.

Akten vergessen nichts. Akten sind unerbittlich. Akten sind gefährlich. Akten sind verräterisch, sie halten Vorlieben fest, Wünsche, Schmeicheleien. Akten sind wie Abhöranlagen, sie plaudern Dinge aus, die mancher lieber nie gesagt und getan hätte.

Im Sommer 2001 sandte der mittelständische „Bundesverband Freier Tankstellen" (BFT) ein Schreiben an Tarik Asis, den Vizepremier des Irak. Axel Graf Bülow, Hauptgeschäftsführer des BFT, hoffte auf Öllieferungen aus dem Irak, um nicht länger von der Konkurrenz, den multinationalen Mineralölkonzernen, abhängig zu sein. Bülow war viel am Zustandekommen des Geschäfts gelegen, das möglicherweise illegal war, denn die Ölgeschäfte des Irak wurden über die Uno abgewickelt, die auch die Profite aus dem Verkauf des Öls verwaltete.

Bülow versicherte Asis, dass der Bundesverband Freier Tankstellen bereit sei, „immer an der Seite des irakischen Volkes und seines großen Führers Saddam Hussein zu stehen, um das Embargo der Tyrannen zu brechen, die Rechte des irakischen Volkes zu unterstützen und alle Feinde des großen Iraks zu bekämpfen". Der Brief schließt mit dem Satz: „Wir beten zu Gott, dem Allmächtigen, auf dass er das Volk des Irak und seinen großen Führer Saddam Hussein gegen alle Feinde von Recht und Gesetz unterstütze."

Das Geschäft kam nicht zu Stande.

Gegen Angriffe und Anfeindungen von anderen Staaten wappnete sich Saddam durch ein Heer von Spitzeln, die im Ausland Informationen sammelten.

In einem Bericht des Geheimdienstes Muchabarat über die Münchener Sicherheitskonferenz im Februar 2002 ist zum Beispiel zu lesen, „dass der deutsche Vertreter in Gegenwart des amerikanischen Verteidigungsministers Powell gegen den Kriegskurs der USA geredet habe". Und der damalige deutsche Verteidigungsminister Scharping habe gesagt: „Es sei ein Fehler, gegen andere Länder Krieg zu führen, außer gegen Afghanistan, da dürfe man das."

Saddam versuchte, die divergierenden Interessen der westlichen Staaten auszunutzen, lockte den französischen Öl-Multi Total-Fina-Elf und das russische Konsortium Lukoil mit Kooperationsverträgen, versprach den Chinesen Telekommunikationsaufträge und wollte selbst die CIA instrumentalisieren.

Ausführlich beschäftigte Saddams Geheimdienst-Bürokraten ein Treffen zwischen irakischen Agenten und der CIA im Jahre 2000. Zu Beginn planten die Iraker das Treffen, das als Konferenz getarnt sein sollte, in Frankfurt, Paris oder Genf stattfinden zu lassen. Das Treffen sollte zwanglos sein, eine Tagesordnung war nicht vorgesehen. Die Amerikaner hatten allerdings schon angemerkt, dass sie gern über die Angriffe auf ihre Botschaften im Nahen Osten reden wollten und über die Massenvernichtungswaffen des Irak. Dagegen hatten die Iraker keine Einwände, denn ein zweites Schreiben beschäftigt sich ausschließlich mit dem Ort des Treffens. Nun sollte es eine Stadt in Amerika sein, nicht mehr Frankfurt, Paris oder Genf. Den irakischen Planern war die Gefahr zu groß, dass sich in einem Drittland „zionistische Spione" Zugang zu dem Treffen verschaffen.

Das Weiße Haus in Washington hatten Saddams Schergen unter der Nummer USPA000E003 im Visier. Bespitzelt werden sollten auch FBI, CIA und Pentagon – zudem finden sich auf der Zielliste 40 Namen von Prominenten, etwa der des ehemaligen republikanischen Präsidentschaftskandidaten Robert Dole.

Besonders intensiv pflegte Saddam Hussein die Kontakte zur deutschen Industrie – und stieß auf Gegenliebe. Im Mai 2000 war eine 76-köpfige Delegation des Bundesverbandes der Deutschen Industrie (BDI) drei Tage im Irak; die Deutschen fühlten sich zu diesem Zeitpunkt ausgebootet, abgeschnitten, von den eigenen Politikern festgekettet im Anti-Saddam-Lager. Gerade mal 62 Millionen Dollar hatten sie im Vorjahr im Irak verdient, 62 Millionen von 11 Milliarden, mit denen der Irak in jenem Jahr im Oil-for-Food-Programm weltweit einkaufen durfte.

Sie spekulierten, dass bald „alle wichtigen Verträge in US-Firmentaschen sicher sind", wie es später in einem Auswertungspapier über die Reise hieß. Sie wollten keine Gesetze, keine Uno-Resolutionen brechen, aber sie wollten auch nicht mehr länger zusehen, wie andere das Geschäft machen.

Es gelte nun, „einen angemessenen Teil des Auftragskuchens" abzubekommen, forderte bei einem Nachtreffen der Delegation in Berlin Claude Robert Ellner – er ist der deutsche Geschäftsträger in Bagdad, Joschka Fischers Mann im Irak. Dazu aber müsse man dem Regime etwas bieten, Zeichen des Respekts, der politischen Anerkennung. Ein wenig Kollaboration.

„Die deutsche Wirtschaft", so steht es in jenem BDI-Protokoll, das ein Nachtreffen der Reise zusammenfasst, sei der Auffassung, dass die Zeit reif sei „für die Aufnahme des politischen Dialogs mit Irak". Der Industrielobby geht es um eine Appeasementpolitik zum Wohle deutscher Unternehmen, um die „Durchsetzung nationaler Interessen". Die Embargopolitik der Uno beeinträchtige dagegen „deutsche (Wirtschafts-)Interessen stark", das müsse nun auch den USA endlich mal klar gemacht werden.

Der Iraker, referiert BDI-Hauptgeschäftsführer Ludolf von Wartenberg, empfinde nämlich im Grunde eine „fast romantische Anhänglichkeit gegenüber Deutschland"; gerade deshalb sei die BDI-Reise in Bagdad auch so ein „Big Event" gewesen. Und Ellner, der Mann vom Auswärtigen Amt, bestätigt stolz, wie im Protokoll vermerkt, die irakischen Medien hätten „ausführlich berichtet", mehr noch: „Präsident Saddam persönlich" habe „den Besuch der BDI-Delegation goutiert". Wartenberg assistiert: „Im irakischen Fernsehen lassen wir uns gern feiern, in unseren Medien ist uns etwas mehr Zurückhaltung lieber."

Die Charme-Offensive hatte Erfolg: „In den ersten drei Monaten des Jahres stieg der Import deutscher Produkte in den Irak um ca. 1000 Prozent", jubelt Wartenberg im Juni 2001 in Berlin, ein halbes Jahr später bilanziert Claude Robert Ellner bei einem BDI-Treffen, deutsche Unternehmen hätten voraussichtlich Waren im Wert von 1,2 bis 1,4 Milliarden Mark in den Irak liefern können. All das verdanke man dem „erfolgreichen Zusammenwirken von Bundesregierung und Wirtschaftsverbänden bei der Gestaltung des Verhältnisses zum Irak", glaubt Ellner. Und in der Tat, die Politik ist nun zu Diensten, will die Manager ins Geschäft bringen, nur unauffällig, bitte: Wenn deshalb ein Vertreter des Auswärtigen Amtes auch feststellen muss, dass „bilaterale Konsultationen" mit Rücksicht auf die USA „nicht opportun" seien; der Widerstand ist nur noch taktischer Natur.

Und nicht nur das Geschäft erfüllt die deutsche Wirtschaft mit Stolz, sondern auch das Wohlgefallen am Hofe des Diktators, wie ein BDI-Papier vom 15. Januar 2002 zeigt: „Die deutsche Präsenz wurde in Irak auch auf offizieller Ebene sehr positiv wahrgenommen."

Wirtschaftsbeziehungen zu westlichen Ländern wusste Saddam Hussein in den über zwei Jahrzehnten seiner Tyrannei immer wieder zu nutzen, um seine Herrschaft zu sichern und auszubauen.

Die Opfer seines Terrors finden sich heute in fast jeder Straße, in fast jeder Familie. Männer zeigen ihre Stümpfe, ihre Narben in der Öffentlichkeit, Frauen reden in ihren Häusern und Hütten über das, was Saddams Helfer ihnen antaten. Und immer noch senken sie ihre Stimmen, flüstern, und sprechen über den Mann, der ihre Leben überschattete, im Präsens: „Saddam ist ein sehr mächtiger Mann, zu mächtig für die Amerikaner. Er wird zurückkommen und fürchterliche Rache nehmen."

Manche sind von der Propaganda des Systems so durchdrungen, dass es für sie nur eine Erklärung für den Sieg der Amerikaner gibt: „Saddam hat sie gewinnen lassen, und sie bieten ihm dafür Asyl. Sie verstecken ihn, sie wissen genau, wo er ist."

Viele von denen, die Saddam immer noch fürchten, haben gute Gründe. Sie haben die Methoden dieses Mannes am eigenen Leib erfahren, sie erzählen Geschichten, die sich decken mit der von Madschid Mahmud, der auf einem Stuhl in Basra sitzt und auf dessen Brustkorb und Bauch sich kein unversehrtes Stück Fleisch mehr findet.

Mahmud wurde vor sechs Jahren aus der Welt gezerrt, in der er als Fotograf arbeitete, und in einen Kerker geworfen. Es war an einem Mittwochabend, als es an seiner Wohnungstür klopfte. Mahmud erwartete keine Gäste, er öffnete die Tür, und dort stand ein Mann, den er noch nie gesehen hatte. Der Unbekannte fragte: „Sind sie Madschid Mahmud?" Mahmud nickte, etwas schlug in sein Gesicht, Mahmud spürte, wie seine Nase brach, dann wurde er bewusstlos. Er erwachte auf der Rückbank eines Geländewagens. Der Wagen durchquerte Bagdad, ein Tor öffnete sich, schloss sich, Hände rissen Mahmud aus dem Wagen, er taumelte und blutete, ein Mann, vielleicht ein Arzt, untersuchte die Nase. Dann ging es durch eine Tür, rechts und links ein Wächter, einen dunklen Flur hinunter, Mahmud wurde in einen Raum gestoßen, eine Metalltür schlug hinter ihm zu. Er war allein.

Er blieb es eine Woche. Niemand sagte ihm, warum er hier war, in dieser Zelle, die vielleicht vier Quadratmeter maß. Morgens schoben ihm Unsichtbare etwas zu essen und zu trinken durch eine Klappe in der Tür. Abends öffnete sie sich ein zweites Mal.

Endlich, nach sieben Tagen, öffnete sich die Tür, ein Wärter stand da, und führte Mahmud in einen Raum mit rot gestrichenen Wänden. Die Flügel eines Ventilators kreisten unter der Decke. Neben dem Ventilator ragten Haken aus dem Putz. Vor Mahmud stand ein Tisch aus Metall, er war am Boden festgeschraubt. Ein Stuhl stand davor. Auf dem Tisch lag ein Kabel.

Mahmud hebt sein Hemd, erinnert sich: „Hier haben sich mich mit dem Strom aus dem Kabel verbrannt", sagt er und steht von seinem Stuhl auf. Sein Brustkorb und sein Bauch sind von Narben übersät. Meist folterten sie ihn am Vormittag, dann, ermüdet von der harten Arbeit, „machten sie ein paar Stunden Pause", am Nachmittag ging es weiter. Manchmal kamen sie täglich, manchmal tagelang gar nicht.

Das Essen war oft schlecht, das Wasser faul, er litt an Durchfall und an seinen entzündeten Wunden, und immer wieder setzten ihn die Folterer unter Strom, hängten ihn mit den Füßen nach oben an den Ventilator, ließen ihn kreisen, manchmal stundenlang, bis er sich erbrach. Sie banden ihm die Hände auf den Rücken, hängten ihn an den Haken, der aus dem Putz ragte, und warteten darauf, dass das Gewicht seines Körpers die Oberarme aus den Gelenken zerrte.

Sie fragten ihn, ob er Mitglied der Daawa sei, der verbotenen schiitischen Partei. Sie fragten ihn nichts anderes. Manchmal fragten sie es einmal, gelangweilt, quälten ihn dann stumm. An anderen Tagen schindeten sie ihn mit mehr Begeisterung, sie schrien ihn an und schlugen ihn.

Wer seine Folterer waren, kann er nicht sagen. Er hat ihre Gesichter nie gesehen, sie steckten unter schwarzen Wollmasken, deren Schlitze nur die Augen und den Mund freigaben. Ihre Stimmen würde er sofort wieder erkennen.

Madschid Mahmud erzählt von seiner Odyssee durch die Folterräume Saddams ohne Gemütsregung, so, als wären sein Körper und Geist noch taub von all dem Schmerz. Sechs Jahre habe er in Kerkern gesessen, bis heute weiß er nicht, warum.

Er sagt, er sei stark gewesen. Er sagt, er sei erst während des Krieges freigekommen. Als die amerikanischen Panzer durch Bagdad rollten, seien die Wärter geflohen. Jemand habe die Tür seiner Zelle aufgeschlossen. Als er vor dem Gefängnis stand, erkannte er Bagdad nicht mehr, er hatte keine Ahnung, in welche Richtung er gehen sollte. Er ist geradeaus gegangen. Viele Meter. Es war ein gutes Gefühl.

Die Täter, die Männer, die Saddam unterstützten, die für ihn richteten, folterten, mordeten und seine Kriege führten, sie sitzen in ihren Häusern, andere stehen an einer Straßenecke in Bagdad, und mit ein wenig Glück und Geduld kann man sie treffen und sie fragen, warum sie an Saddam glaubten, warum sie für ihn töteten.

Hinter seinem Idealismus, seinem Glauben an die Gerechtigkeit verschanzt sich Ahmed Asis, ein Richter, der im Sinne Saddams Todesurteile sprach. Asis sitzt hinter seinem leer gefegten Schreibtisch, und durch die Finger lässt er die Subha gleiten, die Gebetskette der Muslime. Neben Asis sitzen neun weitere Herren, vier links, fünf rechts, und wenn Asis spricht, nicken die neun. Asis ist 61 Jahre alt und Präsident des Strafgerichts im Bezirk al-Karh im Süden Bagdads. Die neun sind seine Richter.

Asis hat vor Saddam Todesurteile unterschrieben, weil die Todesstrafe gerecht ist, er hat sie während der Saddam-Jahre unterschrieben, weil sie von ihm gefordert wurden, und er wird sie auch künftig unterschreiben, wenn die Amerikaner ihn lassen. „15 Jahre für Diebe, Mörder müssen an den Galgen“, sagt Asis, und die neun nicken. Den Galgen gab es immer, den wird es immer geben, „Machen die Amerikaner das nicht auch so?“, fragt Asis.

Jeder Richter musste Mitglied der Baath-Partei sein, in den Privatgerichten der Geheimdienste sowieso und auch in den zehn Strafgerichten der Hauptstadt. „Das müssen Sie wissen“, flüstert ein Staatsanwalt draußen im Gang.

Asis' Büro ist im zweiten Stock hinten rechts, ein Tisch, zwei Sitzreihen, ein Kühlschrank, ein Ventilator und ein Kopierer, die Akten liegen zwei Zimmer weiter auf dem Boden. Ein Provisorium ist das hier, das alte Gericht wurde gestürmt und verwüstet. „Ich verstehe das nicht“, sagt Asis.

Natürlich weiß er, dass vor der Villa in der Nähe des Tigris die Menschen Schlange stehen, um auf einem Blatt Papier die Namen ihrer Söhne und Ehemänner zu finden, die irgendwann irgendwer wegen irgendwas hat verschwinden lassen. Asis weiß, dass sein Name unter den Todesurteilen steht, irgendwo in diesen Stapeln von Papier, aber so war halt das Recht. „Richter richten nach dem Gesetzbuch“, sagt Asis, „bis Saddam kam, hatten wir eines, jetzt könnte es mit dem Buch von damals weitergehen.“ Es sind, es kommen andere Zeiten, das ahnt er, „es ist schön, wenn niemand sagt, wie Richter urteilen müssen“, das sagt er.

Darum geht es den zehn Männern hier oben: dass sie dabei sind, wenn es weitergeht. Die letzten zwei Gehälter kamen nicht, die zehn haben Familie, Richter werden gebraucht. „Es passieren viele Verbrechen in Bagdad“, sagt Ahmed Asis.

Es gibt viele grauenhafte Geschichten. Die schlimmsten erzählen von den Verbrechen der Fedajin, der Folter- und Terrortruppe, die von Udai, Saddams ältestem Sohn, befehligt wurde. Mehr als 30 000 dieser staatlichen Terroristen sollen im Namen Saddams Zungen und Hände amputiert und Köpfe vom Rumpf getrennt haben.

Vier Jahre lang arbeitete ein Mann namens Ali für Udai, und wenn er richtig zählt, hat er 13 Zungen amputiert und 40 Hände. Er brach vier Männern die Arme und dreien das Rückgrat. Er nahm an 16 Morden teil, und wie vielen Menschen er den Kopf abschlug, weiß er nicht mehr genau. Es waren Dutzende, und Ali sagt, die Strafen waren nicht willkürlich. Der Terror habe ein System besessen:

Deserteure verloren ein Ohr.

Diebe verloren einen Finger, wenn sie Kleinigkeiten stahlen. Die Hand wurde amputiert, wenn Regierungseigentum entwendet worden war.

Lügnern wurde das Rückgrat gebrochen. Sie lagen mit dem Gesicht nach unten auf einer Holzplanke, die zwei Zementblöcke stützten. Dann stürzte ein dritter Zementblock in den Rücken des Verdächtigen.

Informanten, die fehlerhafte Informationen weitergaben, wurde die Zunge mit einem glühenden Eisen verbrannt.

„Wer über Saddam spottet, verliert seine Zunge. Die Zunge ist mit einer Zange herauszuziehen und mit einem Teppichmesser abzuschneiden. Dann ist die Zunge auf den Boden zu werfen. All das hat in Anwesenheit der Familie zu geschehen" (aus der Dienstanweisung eines Folterers).

Homosexuellen wurden die Hände gebunden, dann stieß man sie von einem Hausdach.

Verräter, Spione, Schmuggler und manchmal auch Prosituierte wurden getötet.

Im Alter von 18 begann Ali seine Arbeit, und er tat sie des Geldes wegen. 70 Dollar zahlte Udai pro Monat, ein kleines Vermögen in einem Land, in dem viele mit drei, vier Dollar im Monat auskommen müssen.

Die Opfer von Ali, von Ahmed Asis und all den anderen Henkern Saddams sind an abgelegenen, kleinen Orten zu besichtigen, von denen zuvor kaum jemand außerhalb des Landes gehört hat. Sie heißen Hilla, Abu Ghureib, und diese Massengräber sind die Pilgerstätten des neuen Irak. Es ist meist ein Stück Ödnis, bewachsen mit hartem Gras, auf dem Männer mit Schaufeln und Spitzhacken schuften, wird die Zahl der Toten zu groß, ist auch ein Bagger zu sehen.

Wie viele Ermordete in der Erde des Irak liegen, vermag noch niemand zu sagen. Bei Kerbela und Basra, bei Nadschaf und Hilla sind Massengräber entdeckt worden. Die Mitarbeiter der Menschenrechtsorganisation „Human Rights Watch" schätzen, dass etwa 200 000 Menschen unter der Baath-Herrschaft ermordet und verscharrt wurden. Allein in Hilla sollen bis zu 15 000 Leichen verscharrt sein, die Angehörigen der Toten suchen verzweifelt nach den Knochen ihrer Väter, Mütter oder Kinder.

Der Terror sicherte nicht nur den totalitären Machtanspruch eines größenwahnsinnigen Diktators, der seinem Land das Gewicht von China oder den Vereinigten Staaten verschaffen wollte, die staatliche Gewalt sicherte Saddam Hussein und seinem Clan auch den Zugriff auf die Ölmilliarden des Landes. Das schwarze Gold verwandelte sich in goldene Wasserhähne und silberne Kerzenständer, in marmorne Swimmingpools und perverse Paläste.

Saddams Sohn Udai protzte mit dem der Nation abgepressten Reichtum wie sonst keiner aus der Herrscherclique. Sein Yachtclub, südlich des Bagdader Zentrums gelegen, ist ein Prunkbau aus hellem Sandstein mit mondäner Auffahrt, hohem Eingangsportal und flachen Gebäudeflügeln nach rechts und links.

Die achteckige Haupthalle, rund 800 Quadratmeter groß, mit 40 Meter breiter Fensterfront, die zum Fluss zeigt, liegt in Trümmern. Die Wände des Saals, in dem Udais Privatdiscothek dröhnte, sechs Meter hoch und eingerichtet im Schick der siebziger Jahre, waren verkleidet mit kupferfarbenen Spiegeln wie im Palast der Republik in Ost-Berlin. Der Fußboden ist noch immer mit wertvollen Marmormosaiken versiegelt, die Steinplatten sind zu dick, als dass sie vom plündernden Mob der ersten oder späterer Nachkriegstage hätten geknackt werden können. Fast war es ein schönes Haus, das Haus der Schrecken und der hysterischen Partys.

Hier bat Udai zum Tanz, jeden Tag fast. Zu Getränken, Gelagen. Zum Beischlaf. Zu Orgien. Zur Flussfahrt. Draußen liegt die „Al Qadisiya" ausgebrannt im Ufersaum. Die Partys im Club begannen gegen zwei Uhr in der Nacht und sie endeten frühestens mit Sonnenaufgang.

Udai lebte gegen den Rhythmus der arbeitenden Welt. Um 10 Uhr morgens ging er zu Bett, am Nachmittag um 14, 15 Uhr erhob er sich zu neuen Taten.

Abends saß er gern am Kamin, umgeben von Gespielinnen und Gefolgsleuten; im Yachtclub, seinem Lieblingsort, gibt es fünf Kamine. Dort saß Udai Hussein, Cognac trinkend, Whisky trinkend, und beim Reden spielte er gefährlich mit einem Schürhaken. Hin und her. Auf und ab.

Er war sein liebstes Argument. Immer wieder ließ er das Eisen, unberechenbar und immer aus unerfindlichem Grund, mit einem Mal in die Beine eines Umstehenden fahren, harte Schläge auf Oberschenkel und in Kniekehlen. Wer nicht lachte, brachte sich in die Gefahr, der Nächste zu sein. So wurde, im Yachtclub von Dschadrija, viel gelacht.

Manchmal schoss er. Brüllend, johlend jagte er Maschinengewehrsalven in die Decke, in die Glasvitrinen, sturztrunken legte er die Fensterfront des Clubs in Scherben. Die Glaser von Bagdad gehörten zu seinen täglichen Gläubigern. Es ist belegt in Dokumenten, dass sie fast täglich kamen, um neue Scheiben einzusetzen. So sinnlos zerstörte Udai Hussein sein Umfeld, dass ihm der Vater, Saddam, vor drei Jahren auferlegte, künftig nicht mehr scharf zu schießen. Udai durfte sich von da an nur noch am Knallen von Platzpatronen freuen. So schrieben die Diktatoren, auf dem Höhepunkt ihrer Despotie, auch die Satiren auf sich selbst.

Dreimal die Woche spielte Nihad Nima Nasrallah hier im Yachtclub Klavier und Gitarre. Der 25-Jährige sieht auf den ersten Blick nicht aus wie einer, der schnell einzuschüchtern ist: roter Dreitagebart, Statur eines Boxers, Gardemaß von 1,80 Meter. Ein starker Bursche. Aber sobald Udais Name fällt, fängt er an zu zittern.

Spielte Nasrallah für Udai, saß Udai oft auf einem thronähnlichen Stuhl mit Blick auf den Tigris. Alkohol war ein Muss. Blue Label Johnnie Walker, 120 Dollar die Flasche für Udai. Billiger Whisky „made in Irak“ für seine Gäste. Udai erlaubte sich selten mehr als eine Viertelflasche, seine Gäste zwang er, den für sie bestimmten Fusel zahnputzbecherweise hinunterzuschütten. Sie sollten trinken, bis sie halb bewusstlos waren. Es war die erste Stufe der Erniedrigung. Auch in der Demütigung war Udai Perfektionist. Manchmal ließ er im Nebenraum ein Gerät aufstellen mit dem die Mägen der Gäste wieder ausgepumpt werden konnten. Seine Gäste sollten leiden, nicht sterben. Außerdem sollten sie fit sein für Stufe zwei der Erniedrigung: die Folter.

„Es konnte jeden treffen. Nach so einer Party gefoltert zu werden war ganz normal“, sagt Nasrallah. Ganz normal hieß zum Beispiel Folter dafür, dass man Udai so angesehen hatte, dass es ihm missfiel. Oder eine Hose trug, die sich Udai selbst gerade in der italienischen „Uomo Vogue“ ausgesucht hatte. Oder sich weigerte, auf allen vieren wie ein Esel herumzulaufen, weil Udai das komisch fand. Oder dass Nasrallah, abgefüllt mit irakischen Whisky, auf den Klaviertasten danebenfasste. Oder dass jemand nicht genug trank. Eine gute Party endete immer mit einem Kater. Und mit einem Folterknecht. Ganz normal.

Meist, erzählt Nasrallah, kamen Udais Männer im Morgengrauen, wenn er – endlich zu Hause – versuchte, seinen Rausch auszuschlafen. Sie nahmen ihn mit in eines der Gefängnisse, scherten ihm Haare, Bart und Augenbrauen und fingen unverzüglich an, ihn zu quälen. Besonders beliebt für Nasrallahs häufigstes Vergehen – betrunkenes Verspielen – die „Falaka“. Die Füße des Delinquenten werden mit Gummiriemen aufgehängt, und mit einem Stock werden die nackten Sohlen geprügelt. „Mal 10 Schläge, mal 100 Schläge“, sagt Nasrallah. Es sei danach tagelang nicht möglich zu gehen. Was auch nicht wirklich nötig war, schließlich dauerte ein Gefängnisaufenthalt meistens 30 Tage aufwärts, unterbrochen von Wasser mit Brot und immer neuer Falaka. Oder von Elektrokabeln, die wie Peitschen auf den Rücken des Gepeinigten niedersausten, tiefe Wunden hinterließen, die eiternd vernarbten.

Einer der Gründe, warum für Udai nur sturzbetrunkene Gäste gute Gäste waren, mutmaßt Nasrallah, bestand in Udais Annahme, dass der Alkohol deren Erinnerungsvermögen vollständig vernichten würde. Dass seine Gäste vergessen würden, was sie gesehen hatten. Dass der Filmriss vor der Peitsche kommen würde.

Udai konnte auch charmant sein, geradezu warmherzig. So jedenfalls beschreibt ihn die 19-jährige Alexandra Vodjanikova aus München. Die junge Frau ist die amtierende „Miss Germany“, sehr schlank, sehr blond, sehr gut aussehend.

Bei der Finalrunde der Misswahl im Januar 2003 hatte sie die Frage, welches Staatsoberhaupt sie gern einmal treffen würde, mit „Saddam Hussein“ beantwortet – die Jury war beeindruckt. Und die irakische Botschaft reagierte schnell. Ende Februar flog Vodjanikova nach Bagdad, besichtigte Kinderkrankenhäuser, traf irakische Offiziere und, am dritten Tag, immerhin den Sohn des Staatschefs: Udai Hussein.

Nach dem Essen im großen Saal seines Yachtclubs lud Udai ins Empfangszimmer: eine Couchgruppe, ein Tisch und eine Bar. Udai bot Getränke an, er selbst versorgte sich mit Wodka. „Er war sehr freundlich", sagt Vodjanikova, „er hat sich für Deutschland interessiert und sich für meinen Besuch bedankt."

Allerdings beantwortet Udai nicht jede Frage der Friedensreisenden, wieso der Irak seine Massenvernichtungswaffen nicht abgegeben habe, das, zum Beispiel, wollte er der Schönheitskönigin nicht erzählen.

Etwa vier Stunden verbrachte Vodjanikova im Yachtclub, Udai überschüttet sie mit Komplimenten: „Du bist schön, du bist sexy." Irgendwann wird es der Deutschen zu viel. „Sagen Sie nicht solche Dinge", sagt sie, „da werde ich ja rot."

Beim Abschied in der Lobby macht Udai noch eine Andeutung, Vodjanikova kriegt den Wortlaut nicht genau mit – sie antwortet mit einer spielerischen Drohung und kneift den Diktatorensohn in die Wange. Für einen Moment greift er nach ihren Armen und hält sie fest – eine kurze, bestimmte Geste.

Am nächsten Tag hat er ihr verziehen. Im Hotel findet sie einen gigantischen Blumenstrauß: Für „Miss Germany", gezeichnet „Professor Udai Saddam Hussein".

Andere Frauen, auf die er ein Auge geworfen hatte, ließ er nicht einfach wieder ziehen, er vergewaltigte, ließ Frauen auf offener Straße rauben und ihre Begleiter foltern und töten.

Udai war der brutale Playboy des Terror-Triumvirats, ein mächtiger Mann mit wenig institutioneller Macht, von den Irakern noch mehr gefürchtet als sein Vater. Sein jüngerer Bruder Kussei aber führte den wichtigsten Geheimdienst des Regimes und spielte auch in der Baath-Partei eine führende Rolle. Er tauchte selten in der Öffentlichkeit auf, war über die allgegenwärtigen Agenten seines Sonder-Sicherheitsdienstes aber am besten informiert über die Lage im Lande.

Von seinem Vater wurde Kussei bevorzugt, seit Udai dem Vorkoster seines Vaters vor Gästen die Kehle durchschnitt. Kussei perfektionierte den Geheimdienstapparat seines Vaters, so dass der alle Krisen überstand, die Niederlage im Golfkrieg ebenso wie die Jahre der Sanktionen. Von den größenwahnsinnigen Visionen einer arabischen Supermacht hatte sich Saddam Hussein in den letzten Jahren verabschiedet, sein Machtapparat funktionierte nur noch um seiner selbst willen, darauf gerichtet, jeden Putsch im Innern zu ersticken und seinen Ruf als grausamer Tyrann zu mehren.

Wie eine Hollywood-Figur agierte Saddam Hussein, ließ morden und foltern, als sei er auf die Welt gekommen, um zu morden und zu foltern, als sei sein Lebenssinn, nicht geliebt, sondern gehasst zu werden. Seinem früh geflohenen Militär-Geheimdienstchef Wafik Samarrai vertraute Saddam Hussein an, ihm sei egal, was Leute von ihm dächten, wichtig sei, dass die Schüler auch noch in 500 Jahren seinen Namen mit Schaudern aussprechen. Und so lebte er in seiner Matrix aus Terror und Luxus, ignorierte die waffenstarrende Drohkulisse, die sich langsam um ihn herum auftürmte, bis die amerikanischen Panzer vor seinem Palast standen.

Wie die Husseins die letzten Wochen in ihrer eigenen Welt erlebten, darüber können nur die Auskunft geben, die noch an ihrer Seite waren, Leute wie Adib Schaban al-Ani. Er lebt im Norden Bagdads, im kleinbürgerlichen Stadtteil Adhamija in einer stillen Seitenstraße. Dort bewohnt er eine Doppelhaushälfte.

Das Tor zu seinem Grundstück ist nur angelehnt, vor dem Haus sitzen sechs Männer auf weißen Plastikstühlen. Eine Markise schützt sie vor der Sonne. Sie trinken Tee, und die irakische Armeepistole Tarik beult ihre Jacken aus.

Adib Schaban al-Ani tritt vor die Tür. Er ist ein freundlicher Mann um die 50. In einer zivilisierten Gesellschaft könnte er ein Concierge in einem Hotel sein. Unauffällig, dienstbar und immer bemüht, die Wünsche der Gäste zu erfüllen. Im Irak war Ani der Privatsekretär von Udai.

Nein, über die Arbeit könne er leider nicht reden, noch nicht, sagt Herr Ani und zieht an einer Wasserpfeife. Er stehe in Verhandlungen mit amerikanischen Fernsehsendern. Sie seien an seiner Lebensgeschichte interessiert. Auch er sei schließlich ein Opfer, irgendwie, sagt Herr Ani und zeigt seine vernarbten Füße: „Elektroschocks, an den Fußsohlen sind sie sehr schmerzhaft.“ Herr Ani lächelt. Sein Herrschaftswissen über die Feinheiten der Folter, am eigenen Leib erlernt, scheint ihn zu freuen. Es adelt ihn als Opfer, es wird ihn reich machen und vielleicht berühmt.

Der Krieg nach dem Krieg

+++ Am 22. Mai beschließt die Uno die Aufhebung der Irak-Sanktionen +++ George W. Bush dementiert Gerüchte, die USA wollten Syrien und Iran angreifen +++ Immer wieder Anschläge auf US-Soldaten +++ US-Zivilverwaltung gibt Pläne auf, einen irakischen Nationalkongress einzuberufen +++ Bundeskanzler Schröder bezeichnet die deutsch-amerikanische Irak-Krise als beigelegt +++ Uno-Waffeninspektor Blix legt seinen Abschlussbericht vor: keine Beweise für die Existenz von Massenvernichtungswaffen im Irak +++ Ultimatum zur Abgabe von Waffen läuft ab, nur wenige Iraker halten sich daran +++ Am 24. Juni werden in Madschar al-Kabir sechs britische Militärpolizisten erschossen +++

Lieutenant Colonel Philip deCamp, der Kommandeur der Task Force 4-64, war neun Jahre lang in Deutschland stationiert und kann auf Deutsch ziemlich weise Sätze über den Krieg sagen. „Wenn man mit den Fußen lauft“, sagt er, „hat man in Krieg wenig Spaß. Im Panzer hat man mehr Spaß.“

Das kann er beurteilen, denn er verbrachte den Krieg in einem M1A1-„Abrams“-Panzer, 4,3 Millionen Dollar teuer, 212 Liter Spritverbrauch pro Stunde, gerüstet mit einer 120-Millimeter-Kanone, einem 12,7-Millimeter-Maschinengewehr und zwei 7,62-Millimeter-MG. Behütet wurde dieses Monster von oben durch die Luftwaffe und von hinten durch die Artillerie.

Der Feind kam zu Fuß, mit Bussen zum Schlachtfeld gekarrt und in Schussweite abgesetzt, manchmal kam der Feind auch in Lastwagen oder per Boot über den Tigris. Der Feind lag im Gebüsch und in Sandkuhlen, der Feind stand auf Hausdächern und unter Brücken, der Feind trug Uniform oder Jeans und T-Shirt, der Feind schoss viel und traf nur die Wände des Panzers, der Feind ist besiegt.

Wie viele Iraker haben Sie getötet, Sir? „I don’t care“, sagt Lieutenant Colonel deCamp, „ich habe meine Mission erfüllt.“

Er sitzt im Regierungsviertel von Bagdad in Udai Husseins Büro. Lieutenant Colonel deCamp holt sich eine Coke und ein Stück Pizza aus Udais Kühlschrank. Eine Scheibe Salami liegt auf der Pizza und eine Olive, kein Käse, keine Tomaten, „die beste Pizza, die ich je hatte“, sagt er. Zwei Handwerker stehen draußen am Fenster und sammeln Glasscherben ein, es ist viel zu Bruch gegangen in Udais kleinem Palast. Darum hat deCamp die Handwerker bestellt, sie kriegen fünf Dollar am Tag, und er hat ihnen seine Handschuhe geliehen; jetzt sind sie fertig, sagen „Bye-bye, Sir“ und rennen weg. Und deCamp muss die Wache rufen, die den Männern seine Handschuhe abnehmen.

Was genau, Sir, war Ihre Mission? „Die Menschen des Irak sind befreit“, sagt er, und dann steht er auf.

Es ist 8 Uhr morgens in Bagdad, es ist Mitte Mai, draußen in Udais Salon liegen seine Soldaten und trinken Coke und gucken „Apocalypse Now“, hundertmal gesehen, immer wieder geil. Der Lieutenant Colonel muss los. Denn Philip deCamp, 41, Sohn eines Generals, bei der U.S. Army seit 23 Jahren, Kommandeur jener Task Force 4-64 der 2. Brigade der 3. Infanterie-Division, die Bagdad erobert hat, hat zwei neue Missionen: Die Nacha-Schule soll ihre 460 Schüler wieder unterrichten, und die Tankstelle ein paar Blocks weiter soll Benzin verkaufen, ohne Schießereien an der Zapfsäule.

„Let's roll! Another day in paradise“, ruft de Camp und springt in seinen „Humvee“. „Wohin, Sir?“, fragt sein Fahrer.

„Zur Schule, Macey“, sagt der Lieutenant Colonel. An die Decke seines Fahrzeugs hat er seinen „shitter chair“ gebunden, einen Klappstuhl mit eingesägtem Loch für den Stuhlgang im Kriegsgebiet.

Fünf Minuten später ist er auf dem Schulhof, patscht zwei Jungen auf den Kopf, nimmt eine Putzfrau in den Arm, tröstet die Lehrer, die auf ihr Geld warten, und überlegt, was er tun kann: Die Schüler kommen nicht, weil sie oder die Eltern Angst haben. Vor der Straße, vor Überfällen, vor diesem ganzen neuen, schweren Leben.

Der Lieutenant Colonel, der ungefähr so aussieht wie der junge Herbert Grönemeyer in Uniform, überlegt nicht lange, das macht er nie. In 23 Army-Jahren lernt man, Entscheidungen zu treffen, im Krieg hatte er hundertmal am Tag irgendetwas zu entscheiden. Er hat seine Soldaten gleich am ersten Tag nach dem Krieg die Schule räumen und neue Tische besorgen lassen, er hat Dollar-Scheine an die Lehrer verteilt, das Problem ist nicht, dass er faul wäre. Er arbeitet 16 Stunden am Tag, der Lieutenant Colonel ist schnell und scharf, das Problem ist, dass Bagdad matt ist und müde.

Das Problem ist, dass in Bagdad zwei Welten zusammengeprallt und nun grotesk ineinander verhakt sind, die harte, klare Welt der U.S. Army und die Welt jener Iraker, die sich in 24 Jahren unter Saddam einigermaßen eingerichtet hatten und nicht befreit werden wollten, jedenfalls nicht von Lieutenant Colonel deCamp und seinen 400 Soldaten und deren Monstern.

„U.S. Army, you'll die" steht an Häuserwänden, „Give us back our Human Rights" steht auf einer Mauer.

„The Big Show" haben die Soldaten der 2. Brigade aus Fort Stewart in Georgia auf ihre Panzer geschrieben.

Zwei Welten sind das, die nichts miteinander zu tun haben: Ihre Bewohner misstrauen einander und sind ungeduldig und verzeihen deshalb der anderen Seite keinen Fehler.

Und nun sagt deCamp zu den Lehrern im Hof der Nacha-Schule: „Ihr müsst euer Schicksal selbst in die Hand nehmen, ihr müsst euch selbst beschützen. Das ist die Freiheit. So ist Amerika. Ihr seid selbst für euch und für die Gemeinschaft verantwortlich." Er redet schnell, er redet breit, nicht mal der Englischlehrer Hamad Ali Hussein versteht ihn. „Der Mister gibt sich ja Mühe", sagt der Englischlehrer, als deCamp wieder verschwindet, „aber vorher hatten wir eine Regierung, jetzt haben wir keine." Dann, ganz leise: „Wir wollen sie einfach nicht hier haben. Der Mister gehört zu der Macht, die unser Land besetzt hat. Illegal."

Es ist jetzt Mittag in Bagdad, es sind 40 Grad, die Telefonzentrale im Stadtzentrum brennt, auch das noch, und deCamp muss zum Neuen Präsidentenpalast, zu einem Meeting.

Die Nachrichten: Es gab wieder einen toten US-Soldaten, ein Scharfschütze hat ihn von einem Hausdach aus erschossen. Ein Major hat auf dem Weg zum Flughafen auf der Autobahn 8 gewendet und ist auf eine Mine gefahren. Es war schon seine zweite Mine im Irak, der Major sollte zu den Minensuchern wechseln, great joke, aber es war eine lausige Mine, es hat gewackelt, mehr nicht. Und sonst so? Schießereien in der Nacht, ein missglücktes Attentat auf US-Soldaten mit Handgranaten, Plünderer, eine Demonstration. Man kann nicht sagen, dass es ruhig würde in Bagdad.

Man kann allerdings sagen, dass die Amerikaner den Krieg besser beherrschen als den Frieden.

Die 2. Brigade aus Fort Stewart ist schon im September zum Training nach Kuweit geschickt worden, und als es losging, da waren die Männer fit. Am ersten Tag schafften sie 300 Kilometer durch die Wüste, mit 2000 Fahrzeugen. Nach zehn Tagen vierteilte sich die Brigade, kämpfte an vier Orten zugleich, zerschlug die Medina-Division und die restlichen Truppen der Republikanischen Garde. Nach 18 Tagen, am 7. April um 10.30 Uhr, standen die Männer vor dem Neuen Präsidentenpalast.

Sie sind immer noch da, Panzer und 25 000 amerikanische Soldaten, verteilt auf die ganze Stadt und den Bagdad International Airport, und die 2. Brigade bewohnt nun die Paläste und Gästehäuser Saddams.

Der Neue Präsidentenpalast, gebaut, weil Saddam seine Gattin beglücken wollte, ist eine Kathedrale aus gelblichem Stein und goldigem Kitsch. Hinten am Tigris gibt es Teiche und Blumenbeete, vorn gibt es Aufgänge aus Marmor, oben eine blaue Glaskuppel. Drinnen sind die Räume hoch, voller Marmor, und die Möbel sind schwer, dunkel, grässlich.

Jedes Zimmer hat einen eigenen Stromkreis, das hat mit Saddams Paranoia zu tun, und überall liegt Saddams Stuss herum: Spazierstöcke, mit denen man schießen kann, Aktenkoffer mit eingebautem Maschinengewehr, Gemälde, mehr Gemälde, alle von Saddam. Es sieht hier im Palast nicht mehr ganz so aus wie vor dem Krieg: Die rechte Hälfte der Kathedrale wurde von einer Bombe zertrümmert, und deshalb bedeckt eine dicke Staubschicht nun die linke Hälfte, wo die Soldaten wohnen, ohne fließendes Wasser und mit Strom aus den mitgebrachten Generatoren.

Die Kommandanten der Brigade residieren im Erdgeschoss, die Captains im Keller, oben im ersten Stock sitzen die Männer vom 10. Pionier-Bataillon, die nun Bagdad zum Laufen bringen sollen. Draußen, rund um den Palast, stehen die Feldbetten der GIs. Sie gucken DVDs und liegen auf ihren Feldbetten herum. Sie bewachen die Plünderer, die sie auf Saddams Tennisplatz eingesperrt haben. Sie würgen Kartoffelchips und diese verdammten „Ready to eat“-

Mahlzeiten herunter und sind glücklich, wenn es endlich mal Kebab gibt und Wasserpfeifen. Und sie alle verlieren im Schach gegen Mastergunner Sergeant First Class La Pointe.

Amerikas Krieger sind seit neun Monaten dreckig, sie schwitzen, sie haben genug vom Frieden.

„Ich freue mich darauf, in ein richtiges Klo zu scheißen“, sagt Sergeant First Class La Pointe.

„Ein Steak. Ein Glas Wein. Ein Bier“, sagt Captain Glaser.

„Wie funktioniert Ficken noch mal?“, fragt Private Miller.

„Here I am. Send me“, ist das Motto der 2. Brigade, es stammt aus dem Buch Jesaja. „Send me home“, haben GIs auf die Armaturenbretter ihrer Wagen gekritzelt.

Und jetzt müssen sie den Menschen, die sie befreit haben und die nicht befreit werden wollten, die Demokratie und die Freiheit made in USA beibringen. Sie tun das, indem sie überall Checkpoints mit Betonbarrieren, Sandsäcken und sehr viel Stacheldraht aufbauen, natürlich auch vor den Palästen, und die sind für die Menschen von Bagdad deshalb genauso verschlossen wie vorher, nur die Macht hat gewechselt.

In der Nachkriegszeit hat man in zerschossenen Häusern wenig Spaß. In Palästen hat man mehr Spaß.

Die Soldaten lehren Demokratie und Freiheit, indem sie verspiegelte Sonnenbrillen aufsetzen und Menschen anbrüllen, die einen Tisch durch die Gegend tragen: „You Ali Baba?“ Es gab zu viele Selbstmordattentate im Krieg, zu viele irakische Kämpfer in Zivil – die amerikanischen Soldaten wollen keine Iraker beschützen, sie wollen auch kein Vertrauen aufbauen und keinem Iraker vertrauen. Sie wollen verhindern, dass es sie nach Kriegsende doch noch erwischt.

Der Archäologieprofessor Abdullah Fadhil, der nicht weiß, wie die Uni künftig arbeiten soll, eine Uni, vor deren Tor gestern wieder ein Dozent erschossen wurde, sagt: „Wasser, Strom, Sicherheit, so etwas interessiert die Amerikaner nicht. Auch unsere Befreiung interessierte sie nicht. Sie wollten unser Land erobern und die Karte in Nahost ändern.“

Aber wenig im Leben ist derart simpel, Bagdad schon gar nicht. Iraker haben zertrümmert, was zu zertrümmern war, Schulen, Krankenhäuser, Museen, Wasserwerke. Die Banken von Bagdad sind

Brandruinen, die Geschäfte in der Raschid-Straße verrammelt und verwaist. Und oben in Saddams Palast zeigt Major Mike Poloquin, 10. Pionier-Bataillon, aus dem kugelsicheren Fenster und sagt: „In dem Gaswerk da drüben müssten alle vier Schornsteine dampfen. Das Ding soll ganz Bagdad versorgen!" Ein Schornstein dampft. Denn Bagdad ist ein Schrottplatz, und dafür haben Saddam, die Amerikaner und die Plünderer gemeinsam gesorgt.

Natürlich versuchen Leute wie Lieutenant Colonel Philip deCamp mit ihren vielen Entscheidungen und mit Rastern, die sie über ihre Satellitenfotos legen und die Bagdad in Zonen aufteilen, endlich Ordnung in die Stadt zu bringen. Natürlich sammeln Major Poloquins Männer Tag für Tag Hunderte Waffen ein. Sie schulen Polizisten, und sie haben eine Firma angeheuert, die die Straßen säubert vom Schutt der Schlacht und von Schuhen und Mützen der toten Iraker. 1000 Dollar am Tag kriegt die Firma, es ist so etwas wie die Aufnahme wirtschaftlicher Beziehungen.

Und wenn im Zoo ein blinder Bär in ein Loch gefallen ist, dann rückt ein Platoon der 2. Brigade an, rettet den Bären und schweißt das Loch zu, und wenn zwei Löwen entweichen, kommen Scharfschützen und erlegen sie.

Und natürlich gibt es hier im Palast auch Leute wie Eric Wesley, den zweiten Kommandeur der 2. Brigade, der trotz allem noch der Meinung ist, „dass das unglaubliche Experiment, in dieser Region einen demokratischen Staat zu kreieren und dann den Irak den Irakern zurückzugeben", tatsächlich gelingen kann. Und dass sich dann Syrien und Jordanien dem Westen und Israel annähern müssen. Und dass auf dem Schrottplatz Bagdad irgendwie ein besserer Naher Osten geboren wird und damit irgendwann eine bessere Welt.

Denn Leute wie Lieutenant Colonel Wesley verstehen sich als „Soldier Statesman" und lieben diese Aufgaben, bei denen sie „an der Spitze der nationalen Strategie der USA und im Fokus der Welt" stehen. Sie lieben diese Mischung aus Militär und Politik und die Macht, die in der Verbindung liegt.

Doch aus dem Kosovo und aus Bosnien weiß er, „dass wir nicht viel Zeit haben. Die Chance für Fanatiker wächst mit der Unzufriedenheit".

Die Frage ist, warum dann Krieger, von denen George W. Bushs Sicherheitsberaterin Condoleezza Rice sagt, sie seien „bestimmt nicht dafür ausgebildet, eine Zivilgesellschaft aufzubauen", nun eine Zivilgesellschaft aufbauen sollen. Warum die Regierung einen Cowboy wie Jay Garner als Bushs Statthalter in Bagdad installieren und damit vier Wochen verschwenden konnte. Warum Organisationen wie UNHCR und World Food Program nicht tun dürfen, was sie beherrschen, und warum der Flughafen immer noch so fest im Griff der U. S. Army sein muss, dass Hilfslieferungen spärlich bis gar nicht ankommen.

Seine Soldaten jedenfalls seien ausgebrannt, „smoked", sagt Wesley. „Friedenstruppen müssen her", sagt deCamp, aber deren Einsatz verschiebt das Pentagon seit Wochen um Wochen nach hinten.

Also weiter. Der Lieutenant Colonel setzt den Helm auf, zieht die Schutzweste an, er trägt eine beigefarbene Uniform und Raulederstiefel wie alle amerikanischen Soldaten hier, und zumindest die Farben passen ganz wunderbar nach Bagdad, zum Sand und zum Staub. DeCamp ist ein Mann, der in West Point, New Orleans und Washington und in Vilseck in Germany gelebt hat, alle zwei Jahre woanders, ein Mann, der schon im letzten Golfkrieg einen Panzer befehligte.

Er sieht Missionen, keine Menschen, er ist Soldat.

Er ist ein Mann, der die Regeln der Army schätzt: kurze Haare, täglich rasieren, auch in der Schlacht, denn „wir sind keine Tiere", kein Alkohol, kein Sex im Nahen Osten. Wer sein Gewehr verliert, geht sechs Monate in den Bau. Der Untergebene spricht den Vorgesetzten mit „Sir" an, der Vorgesetzte nennt den Untergebenen beim Nachnamen.

„Wohin, Sir?"

„Zur Tankstelle, Macey." Sergeant Mark Macey ist einer der vielen hier, die nach dem 11. September 2001 angeheuert haben, weil sie dachten, sie müssten etwas tun für ihr Land. Für die Vereinigten Staaten von Amerika will er etwas tun, nicht für jammernde Iraker. Sergeant Macey trägt eine verspiegelte Sonnenbrille und kaut Kaugummi.

Soldaten bewachen die Tankstelle, sie winken die Autos herein. 50 Liter dürfte jeder Bürger von Bagdad pro Tag tanken, 50 Liter kosten 1,30 Dollar, vorausgesetzt, es gibt Benzin. Es gibt nur selten Benzin. Deswegen sind die Schlangen an den Tankstellen zum Teil vierspurig und viele Kilometer lang; wer sich nachts um 4 Uhr einreiht, bekommt mittags um 12 Uhr sein Benzin.

Eine Menge Tricks haben die Kunden drauf, falsche Papiere, wechselnde Nummernschilder, Kanister, die mit Leitungen an den Tank angeschlossen sind. Die Kunden wollen mehr als 50 Liter, weil sie den Sprit auf der Straße weiterverkaufen wollen. Schlauch in den Tank, mit dem Mund ansaugen, Schlauch in den Kanister oder den Tank des Käufers und laufen lassen, es ist ganz einfach, es bringt Geld.

Am Anfang wussten die Amerikaner nicht, ob nicht genau das Kapitalismus ist: kaufen und verkaufen, uramerikanisch, aber irgendein General hat entschieden, nein, das ist Schwarzmarkt, das ist verboten.

Dass ausgerechnet Öl zu einer Sorge der Iraker wurde, dass deshalb ausgerechnet amerikanische Soldaten Planwirtschaft predigen, ist endgültig absurd. Aber die Förderung stockt. Zwölf Millionen Liter braucht das Land pro Tag, fünf Millionen werden produziert. „Irak ist nun ein ölimportierendes Land“, sagt deCamp. Um seine Tankstelle zu versorgen, lässt er Trucks durch die Gegend fahren.

Die Trucks saugen Saddams Vorräte aus den Palästen ab, und sie sammeln vergammelte Tanks am Fluss ein, da kann der Sprit noch so verdreckt sein, man kann es ja mixen. „Saddam-Sprit plus Dreck-Sprit ergibt Okay-Sprit“, sagt deCamp, und der Tankwart lacht.

Dann erzählen sich die zwei Männer Geschichten von Udai: wie Udai Gäste, die etwas Falsches gesagt hatten, an seine Löwen verfüttert hat; wie Udai mit seinem Tiger an der Leine ins Restaurant ging, den Tiger am Eingang festband und ohne Belästigung speisen konnte. Ein Amerikaner und ein Iraker lachen gemeinsam, oft kommt so etwas nicht vor in Bagdad.

Und dann gehen sie ins Büro, ein Büro ohne Papiere, und der Tankwart sagt, dass er gern noch ein paar Freunde einstellen würde. „Du hast neun Leute hier. In Deutschland würden das zwei erledigen“, sagt deCamp. Dann der tägliche Tadel: Die fünfte Pumpe funktioniert immer noch nicht, die Wände sind immer noch nicht gestrichen. „Wofür bezahlen wir dich? Das hier wird Wettbewerb. Get ready, man, I'm talking big!“

Es ist jetzt 19 Uhr, Lieutenant Colonel Philip deCamp von der Task Force 4-64 fährt zurück in Udais Palast. Zwei Stunden lang sind heute ein paar Jungen in der Nacha-Schule unterrichtet worden, und die Tankstelle hat immerhin 6000 Liter Benzin abgegeben.

Ein guter Tag? „Ein Tag im Paradies eben“, sagt er. Der Lieutenant Colonel holt eine Dose Coke aus Udais Kühlschrank.

In Udais Wandschrank hat er einige Flaschen Dom Pérignon von 1985 gefunden. Kriegsbeute, wenn das Pentagon es gestattet. Lieutenant Colonel Philip deCamp wird das Zeug in Fort Stewart trinken. Nach der Parade. Wenn er den Silver Star der U. S. Army erhalten hat für die Schlacht um Bagdad, jene dreckige Stadt im Nahen Osten, die er erobert hat und die weit weg sein wird, wenn er in Fort Stewart beim „Ball der Helden“ tanzt.

Vielleicht hatten sie ja geglaubt, diese Amerikaner, dass der Krieg vorbei sei mit der Eroberung Bagdads, vielleicht hatten sie es wirklich geglaubt, Scheich Muajjad al-Adhami kann sich das durchaus vorstellen, aber für ihn war schon an jenem 10. April klar: Jetzt geht es erst richtig los.

Es war kurz nach dem Frühstück, als schwer bewaffnete amerikanische Soldaten seinen Garten und dann sein Wohnhaus stürmten, sie durchwühlten die Räume der Familie, sie drangen bis in die Küche vor und setzten der zu Tode erschrockenen Familie mit ihrer Frage zu, mit immer wieder derselben Frage: „Saddam! Wo ist Saddam Hussein?“

Scheich Adhami ist ein Mensch von 52 Jahren, groß und 120 Kilo schwer, ein Mensch mit riesigen Händen, mit der Körperwärme eines sunnitischen Gottesmannes, an den sich Gläubige hilfesuchend mit ihren Problemen wenden. Man trifft ihn in seiner Moschee, wie er die Ärmel seines weißen Kaftans hochkrempelt und den Leuten Säcke mit Münzen und Papiergeld verstauen hilft, jede Menge Kleingeld kommt zusammen, fromme Besucher werfen es gern in den Schrein der Moschee.

Ernst und wortkarg ist der Scheich anfangs, aber dann spricht er, nicht geifernd, sondern mit tiefem, dunklem Groll.

Wie rasend hätten sich die Soldaten in allen Zimmern des Hauses aufgeführt, sagt der Scheich. Schränke und Matratzen warfen sie um, Türen traten sie ein und zerschlugen Fensterscheiben. „Gott ist groß!“, schrien die verängstigten Kinder, schrien die Frau und der altersschwache Vater, der sich hinter dem Sohn versteckte.

Aber die größte Beleidigung, der bitterste Moment sei der zynische Abschied der Amerikaner gewesen: „Schukran dschasilan“, sagten sie, als sie das demolierte Haus verließen: „Danke schön“ – der einzige Brocken Arabisch offenbar, den sie beherrschten.

Vermutlich ahnten die Soldaten nicht, welch mächtigen Feind sie sich damit gleich in der Stunde des Sieges gemacht hatten: Scheich Adhami ist Imam der Abu-Hanifa-Moschee, das ist eines der wichtigsten Gotteshäuser des Irak und seit Jahrhunderten schon das religiöse Zentrum der Sunniten.

Scheich Adhami war kein Radikaler, kein Protegé des alten Regimes, und gerade deshalb ist er nach dem Krieg aufgerückt zu den bedeutendsten Männern der Sunniten. Aber jener Tag im April hat ihn verändert: „Die Muslime haben das Recht, die Fahne des heiligen Krieges zu erheben gegen die Usurpatoren“, predigt er heute. „Sie haben das Recht, jedes Übel zurückzustoßen, das sie bedroht.“

Die Wut wächst, und wenn sie ausbricht, dann entlädt sie sich in Gewalt gegen die Besatzer. 11 Briten, 107 Amerikaner sind in den 13 Wochen seit dem offiziellen Ende der Kämpfe ums Leben gekommen. Mal trifft es einen US-Konvoi in der Nähe von Tikrit, mal schießt jemand bei Mahmudija auf eine Versorgungseinheit, mal stirbt ein GI, der sich eine DVD kaufen will, nach einem Schuss direkt ins Gesicht.

Der Krieg ist vorbei, es wird weiter gestorben, auf beiden Seiten. Es ist nichts besonderes, wenn US-Wachtrupps vor dem ehemaligen Präsidentenpalast zwei Iraker erschießen, zwei von 2000 wütenden Angehörigen der aufgelösten irakischen Armee. Nur dadurch wird es zu einem Ereignis, dass nun Paul Bremer, der neue Zivilverwalter in Bagdad, zum ersten Mal eine direkte Begegnung erlebt mit der blutigen Realität im besetzten Irak. Bis dahin war nur von „Widerstandsnestern“ in Falludscha und in den renitenten Sunniten-Provinzen nördlich von Bagdad die Rede gewesen.

Seit dem 12. Mai residiert Paul Bremer hinter den schwer bewachten Toren des Präsidentenpalasts. Bremer, das ist jener Karrierediplomat, der dem glücklosen Ex-General Garner erst vorgesetzt werden sollte und dann dessen Job übernahm. Ein zivil wirkender Mensch, Krawattenträger, 61 Jahre alt, sanft und freundlich erscheinend und dabei, wie alte Kollegen versichern, „stahlhart“. Er war einst Reagans Sonderbotschafter für Terrorismusbekämpfung, später Geschäftspartner Henry Kissingers und dann Chef einer Firma, die nach dem 11. September Sicherheit an Firmen verkaufte.

Bremer war an den Tigris gekommen als der Mann, der Ordnung schaffen würde, der das „Debakel“ („Newsweek“) beenden würde, das sein Vorgänger Garner nach dreiwöchiger Amtszeit hinterlassen hatte. Er sei eine Wird-erledigt-Persönlichkeit, lobte Präsident Bush, und seine Ernennung wurde gefeiert als ein Kompromiss zwischen dem US-Außenministerium und dem Pentagon, das sich bis dahin als allein zuständig begriffen hatte für den Irak. Aber auch Bremer hatte so etwas noch nie gemacht: einen Staat zu gründen. Ein vom Krieg zerstörtes Land umzubauen zu einer Demokratie, die funktioniert.

Noch immer gibt es kein Wasser, fast kein Benzin, wenig Strom, und in den Straßen stinkt der Müll. Es gibt kaum Arbeit, keinen Lohn, kein Brot. Drei Monate sind die amerikanischen Besatzer nun im Land, und es herrscht nicht Ordnung, sondern eine Art anarchistische Marktwirtschaft mit Straßenraub und Bandenkrieg, und kein Abend vergeht, an dem nicht in den Stadtvierteln Schurdscha, Fadhil oder Badawin geschossen wird. „Jeden Morgen“, sagt ein Anwohner vor dem „Tabbich“-Restaurant im Zentrum Bagdads, „lesen Rettungsmannschaften hier zwei, drei Leichen von der Straße auf.“

Noch immer scheint es, als ob die Kriminellen besser organisiert sind als die Zivilverwaltung. Die ersten großen Plünderungswellen sind zwar vorüber, doch die schlimmste wird noch lange ihre Folgen zeigen: die in der Nuklearanlage Tuwaitha, wo zehn Kilogramm Uran verschwunden sind, mit dem man zwar schwerlich Bomben bauen kann, wohl aber sich und seine Umgebung verseuchen. Verschwunden sind auch hoch radioaktiv verstrahlte Fässer, in denen die Menschen in der Nachbarschaft von Tuwaitha jetzt ihr Trinkwasser aufbewahren. Und oben aus dem Norden gibt es immer wieder Meldungen über Sabotage an Öl- und Gaspipelines.

Bush hat also Bremer installiert, mit großen Erwartungen, er braucht Ruhe in Bagdad und Ruhe in Washington, denn auch zu Hause hat Bush ein Problem: Die Stimmung kippt. Die Kritik am Präsidenten wird lauter, zwar nicht ganz so laut wie die an Blair in Großbritannien, aber doch laut genug, dass sie unangenehm wird für George W. Bush. Nicht nur, dass dort fast täglich Amerikaner sterben – der Irak wird teuer. Fast vier Milliarden Dollar pro Monat kostet die Besatzung. Der Senat will, dass die Regierung andere

Staaten um Hilfe bittet, sogar Deutschland und Frankreich, die Wiesel-Nationen.

Und noch immer wurden keine ABC-Waffen gefunden, auch im Juli nicht, und nun musste die Regierung sogar zugeben, dass die Öffentlichkeit von ihr getäuscht worden ist: Es stimmte nicht, was Bush in seiner Regierungserklärung vom 28. Januar 2003 behauptet hatte. Saddam hatte nicht versucht, sich in Afrika Uran für Atomwaffen zu besorgen. Die Beweise dafür, und das hätte die Regierung damals schon wissen müssen, waren gefälscht.

Und Verteidigungsminister Rumsfeld windet sich nun auf seinem Stuhl vor einem Kongress-Untersuchungsausschuss und spricht öffentlich davon, dass „Geheimdienstinformationen sich manchmal ändern" und dass sein Land nicht mit neuen Beweisen in den Krieg zog, sondern mit solchen, die in Anbetracht des 11. September 2001 „neu interpretiert" worden seien.

Immer noch suchen sie im Irak nach ABC-Waffen, aber mit sinkender Moral. „Wir sind praktisch in jedem Munitionsdepot zwischen der kuweitischen Grenze und Bagdad gewesen", sagt Anfang Juni General James T. Conway, der Kommandeur der I. Expeditionstruppe der Marines, „aber sie sind einfach nicht da."

1400 zivile und militärische Experten sind inzwischen unterwegs, die Waffensucher haben ein unterirdisches Chemiewaffenlager durchsucht, das sich als olympiareife Schwimmhalle entpuppte, sie waren in einer Metallschilderfabrik, einer Staubsaugerfirma, einer Schnapsbrennerei. Auch im Juli fand sich nichts, was als Beweis taugen würde. Sie machen weiter.

Tausende US-Soldaten durchkämmen derzeit den Irak, sie fahnden nach Rebellen, nach Massenvernichtungswaffen, nach Saddams Komplizen.

Sie kommen mit Sonnenbrillen, so dass man ihre Augen nicht sieht. Sie haben keine Übersetzer dabei, so dass man sie nicht versteht. Sie bringen Spürhunde mit, um in Privathäusern nach Waffen zu suchen, und wissen nicht oder scheren sich nicht darum, dass der Hund einem gläubigen Moslem als unrein gilt. Männer durchsuchen die Gemächer von Frauen. Sie zeigen wenig Respekt vor der Religion und vor Traditionen. Vielleicht, weil sie nervös sind und immer nervöser werden aus Angst vor wütenden Irakern, aber ihr Verhalten steigert nur deren Wut.

Vor allem in der Nähe von Moscheen wie der des Sunniten-Scheichs Adhami suchen sie nach Saddam, das war zu erwarten: Die letzten Bilder des Diktators vor Kriegsende zeigen ihn unter jubelnden Anhängern nahe dem heiligen Schrein, wo er, so besagen Gerüchte, kurz darauf noch gebetet haben soll.

Die meisten Saddam-Getreuen haben sich nach Einschätzung des US-Geheimdienstes inzwischen in den Norden und Westen der Hauptstadtregion zurückgezogen, in das so genannte Sunnitische Dreieck zwischen Bagdad, Ramadi und Saddams Heimatstadt Tikrit. Von dort – und weniger aus dem schiitischen Süden des Landes – geht seither der blutige Widerstand gegen die Besatzer aus. Und auch diejenigen, die nicht gegen die Amerikaner kämpfen wollen, setzen lieber auf eigene Waffen als darauf, dass die Besatzungsmacht für Sicherheit sorgt.

„Erbärmlich schlecht vorbereitet“ sei das Bush-Team in den Nachkriegs-Irak gestartet, schreibt jetzt die „New York Times“, das Pentagon habe „keinen rechten Plan für den politischen Wiederaufbau“ mitgebracht. Es hat sich auch Kanan Makyia wieder zu Wort gemeldet, der Exil-Iraker und Bush-Berater, der als Hoffnungsträger hinter den Kulissen galt und der jetzt erzählt, er sei schon lange „erstaunt“ gewesen über den Washingtoner „Mangel an Planung für die Nachkriegssituation“.

Sehr schnell, so hatte die US-Regierung versprochen, solle „der Irak den Irakern“ übergeben werden, aber daraus wird nun nichts. Es gibt die sieben ehemaligen Oppositionsgruppen, mit denen sich Washington seit mehreren Jahren auf den Sturz von Diktator Saddam Hussein vorbereitet hatte, mit denen hatte Bremer wochenlang verhandelt, nicht immer in freundlichem Ton.

Über heftige Wortgefechte berichteten Teilnehmer eines Treffens der Oppositionsführer mit dem Zivilverwalter: Bremer habe kritisiert, die seit Wochen über einen Neuanfang palavernde Versammlung von Monarchisten, Kurden, Schiiten und Exil-Irakern sei desorganisiert und repräsentiere das Land nicht.

Bremer habe sie wiederholt aufgefordert, mehr Frauen, Christen und lokale Stammesführer in ihre Reihen aufzunehmen – vergebens. „Wir haben ihnen eine Chance gegeben“, sagte ein US-Offizieller aus seinem Team: „Doch sie haben es einfach nicht geschafft. Es war die Stunde der Amateure.“

Es geht nicht nur um die Macht, es geht auch um die Ehre, auch deshalb machen die irakischen Repräsentanten Schwierigkeiten: Es wäre ehrlos, als Marionette Amerikas zu erscheinen.

Sie haben nun erreicht, dass ihr neu gegründetes Gremium nicht nur „Politischer Beirat“ heißt, sondern „Regierender Rat“. Am 13. Juli hat dieser Rat zum ersten Mal offiziell getagt, er besteht aus 22 Männern und 3 Frauen, aus 13 Schiiten, 5 Sunniten, 5 Kurden, einem Christen und einer Turkmenin. Er hat ein paar Befugnisse einer Übergangsregierung – darf Minister ernennen, einen Haushalt verabschieden, die Verfassung vorbereiten. Aber von freien Wahlen ist noch lange nicht die Rede, irgendwann 2004, heißt es jetzt. Und der Amerikaner Paul Bremer kann mit seinem Veto jede Entscheidung des „Regierenden Rates“ annullieren.

Vor allem zwei Exilgruppen hatten sich ursprünglich mehr vorgestellt: die Schiiten des von Ajatollah Mohammed Bakir al-Hakim geführten „Obersten Rates der Islamischen Revolution im Irak“ und der von Ahmed Tschalabi geleitete Irakische Nationalkongress (INC).

Beide Organisationen hatten sich mit paramilitärischen Milizen für den erwarteten Machtkampf im neuen Irak gerüstet. Hakims 10 000 Mann starke Badr-Brigade wurde aufgefordert, ihre schweren Waffen abzugeben; Tschalabis „Free Iraqi Forces“ (FIF), nach damaligen US-Plänen „die Keimzelle der neuen irakischen Armee“, wurden einfach aufgelöst.

Mit hängenden Köpfen trafen sich Anfang Juni ehemalige FIF-Soldaten noch einmal am verwaisten Jagdclub, Tschalabis geräumtem Hauptquartier. Der INC-Chef, einst Wunschkandidat des Pentagon für das Amt des irakischen Präsidenten, warnt nun seine früheren Fürsprecher: Wenn Washington weiter zögere, die Iraker selbst über ihre Zukunft bestimmen zu lassen, dann werde das den Widerstand gegen die Besatzer erheblich verstärken – und damit dem alten Regime in die Hände spielen, sagt Tschalabi voraus.

Der INC verfüge über Informationen, wonach Saddam den Krieg überlebt habe, fast ungehindert durch die Provinzen nördlich der Hauptstadt reise und die loyalen Sunniten-Stämme gegen die Amerikaner mobilisiere: „Er hat Kopfgeld auf amerikanische Soldaten ausgesetzt“, behauptet Tschalabi, „er wird für jeden getöteten US-Soldaten Prämien auszahlen.“

Tonbänder sind inzwischen aufgetaucht, die auch US-Geheimdienste überzeugen: Saddam hat den Krieg überlebt. Wie eine Gespenstersippe spukten er und seine Söhne durch den Nachkriegs-Irak, sie wurden mal hier, mal da gesichtet und verbreiteten Furcht bei den einen und bei den anderen finstere Nostalgie.

Seine Familie habe eine geheime Botschaft erhalten, sagt Faruk Sallum, 52, ein Poet, Weggefährte, Stammesbruder des verschwundenen Diktators, der ihn seit seiner Jugend aus Tikrit kennt. Sallum ist Künstler, ein gut gelaunter, dionysischer Mensch mit rundem Schädel, ein begnadeter Spieler auf der Ud; einer, der sich politisch lange schon verabschiedet hat von seinem Verwandten Saddam, der mit Exil-Irakern gut auskommt, mit Intellektuellen, mit Uno-Leuten und auch mit dem US-Zivilverwalter Bremer, aber über Kontakte zur Verwandtschaft verfügt er nach wie vor.

Ende Mai, so erzählt Sallum, habe das Satellitenhandy seines Schwagers geklingelt, und eine Stimme habe sich gemeldet, im Vertrauten Duktus des alten Regimes: „Ustadh ist auf dem Weg nach Bagdad." „Ustadh", das bedeutet „Herr" oder „Meister", es war das Codewort für die Söhne Saddams. Woraufhin der Schwager seinen Sohn informierte, der früher Kusseis Sekretär gewesen ist, und woraufhin der Sohn sich Hals über Kopf den Amerikanern stellte, sich verhören ließ und in den Libanon verschwand.

Ach ja, und ein Verwandter von ihm, sagt Sallum, habe Saddam im Juni einige Kilometer außerhalb Tikrits gesehen. Er war wohlauf.

„Es ist wichtig, dass wir Saddam ergreifen oder töten", sagte Paul Bremer so ziemlich als Erstes in Bagdad. Aber das allein wird wohl nicht reichen.

Saddams Söhne sind tot, gefallen in einem Feuergefecht mit einer amerikanischen Spezialeinheit, „eine gute Nachricht", findet Bremer, aber er warnt auch, dass es „Leute gibt, die ziemlich sauer sein werden, dass wir die beiden getötet haben". Der „organisierte Widerstand", den Bremer im Irak vorgefunden hat, wird so schnell wohl nicht weichen – eher nimmt er an Härte zu.

Neue Rebellengruppen haben sich gegründet, sunnitische vor allem, die sich großspurig „Neue Wiederkehr" nennen oder „Irakische Widerstandsbrigaden" oder „Armee Mohammeds", doch diese Gruppen haben meist nur lokale Bedeutung. Gefährlicher dagegen ist die „Hisb al-Auda" („Partei der Rückkehr"). Sie verfügt offenbar bereits über Zellen im ganzen Land, von Mossul im Norden bis nach Basra im Süden.

Größere Geldmengen, die die Amerikaner im Verlauf der Militäroperationen „Wüstenskorpion" und „Halbinsel" Mitte Juni sicherstellten, deuten auf komplexe Organisationsstrukturen hin, das fürchtet auch Paul Bremer. Von lediglich „spontaner Gewalt" gegen die Besatzungsmächte könne nicht länger gesprochen werden.

So formiert sich eine tödliche Allianz im Herzen des Irak: Ehemalige Aktivisten der Baath-Partei und Fedajin-Kämpfer arbeiten mit lokalen Gangster-Gruppen zusammen und, das berichten übereinstimmend Pentagon und US-Geheimdienste, mit religiösen Fanatikern, die aus dem Jemen, Saudi-Arabien und Syrien in den Irak eingesickert sind. Einige dieser Gotteskrieger könnten auch Verbindungen zum internationalen Terrornetzwerk al-Qaida haben.

Und während das Baath-Regime Saddam Husseins den Kontakt zum islamistischen Terror stets vermieden hat, gibt es unter frommen irakischen Sunniten seit langem Sympathien für Osama Bin Laden und seine Kämpfer. So könnte es sein, dass der Machtwechsel im Irak genau das produziert hat, was die USA zu bekämpfen behaupteten: eine irakische Allianz mit al-Qaida.

Saddam, sagt der sunnitische Scheich Adhami, sei „kein guter Muslim" gewesen: „Er war ein Mann ohne Gott." Die Verteidigung des Vaterlandes gegen die Ungläubigen jedoch sei eine religiöse Pflicht, sagt Adhami, der Iman der Abu-Hanifa-Moschee, der die Amerikaner hasst seit dem Überfall auf sein Haus am 10. April: „Wer im Kampf gegen die Amerikaner stirbt, wird als Märtyrer ins Paradies eingehen."

Es ist eine sonderbare Guerilla, die da im Irak gegen die Amerikaner kämpft – disparat und widersprüchlich. Es ist eine neue Art der Rebellion. Es ist nicht jenes „Vietnam an den Ufern des Tigris", das Saddams Paladine den USA vor dem Krieg prophezeit hatten; da rebelliert nicht ein politisch geeintes Volk gegen eine amerikanische Besatzungsmacht, sondern ein Widerstand, der aus zerstrittenen Stämmen besteht, die jeder für sich kämpfen und gegen die anderen obendrein.

Die Lage ist unübersichtlich wie in Afghanistan, als die Russen das Land besetzt hielten, und doch auch wieder anders, denn der Irak ist ein potenziell reiches Land. Ein Land mit Öl, mit Bodenschätzen, und über die bestimmen jetzt die Amerikaner, das schafft hohe Erwartungen bei den einen, bei den anderen Hass.

Jahrelang wurde der Irak von seiner Diktatorenclique ausgeplündert, und nun reagieren die Menschen empfindlich auf den Verdacht, die Amerikaner hätten Ähnliches vor. Sie erwarten, dass etwas Reichtum und etwas Macht in ihre Vororte und ihre Provinzen gelangt, dass es Mitsprache geben wird und ein besseres Leben, und zwar bald. Wenn nicht, dann werden die Radikalen ihren Zulauf finden. Und die gibt es in allen Religionen.

Die Schiiten, die die Mehrheit im Land stellen und deren Mullahs anfangs diskret damit beschäftigt waren, das Machtvakuum nach Saddams Sturz zu füllen, auch die verlieren allmählich die Geduld: Sie brauchen Wahlen; die würden sie wohl gewinnen, und danach würde Amerika akzeptieren müssen, dass ein Mullah die Regierung führt. Also hat Großajatollah Sajjid Ali al-Sistani, einer der wichtigsten Schiiten-Führer, Ende Juni eine Fatwa erlassen, die eine von Irakern gewählte verfassungsgebende Versammlung verlangt.

Und die Sunniten, die unter Saddam den Staat mitregierten, fürchten ihren Einfluss zu verlieren und richten ihre Wut um so mehr auf die Besatzer aus Amerika.

„Keiner von uns reißt sich darum, in Adhamija, in Tikrit oder Falludscha Patrouille zu fahren“, gibt US-Feldwebel Frankie Harris zu, der in diesen heißen Tagen im Bagdader Sunnitenviertel Jarmuk Straßenkontrollen organisiert: „Die Leute sind verdammt nervös hier. Und ihr Stolz ist beängstigend.“

Bilanz einer Invasion

Ein Gespräch mit dem amerikanischen Nahost-Experten Kenneth Pollack

+++ Zivilverwalter Paul Bremer lässt am 3. Juli für wenige Stunden das Nationalmuseum in Bagdad öffnen +++ Der US-Oberkommandierende Tommy Franks wird durch den libanesischstämmigen General John Abizaid abgelöst +++ Bremer: Kopfgeld von 25 Millionen Dollar auf Saddam Hussein ausgesetzt +++ Laut Hilfsorganisation Care verschlechtert sich die Lage der Bevölkerung weiter auf Grund von Wasserknappheit, Seuchen und Überfällen +++ Bush-Regierung gibt zu: Dossier über Saddams Uran-Deal mit Niger war falsch +++ US-General Abizaid spricht erstmals von einem Feldzug nach klassischer Guerilla-Art gegen die Besatzungsmächte im Irak +++ Mindestens 118 Briten und Amerikaner sind zwischen dem 1. Mai, dem offiziellen Ende der Kämpfe, und Ende Juli ums Leben gekommen +++

SPIEGEL: Mr. Pollack, Sie haben sieben Jahre lang für die CIA die Golf-Region analysiert, Bill Clinton berief Sie seinerzeit in den Nationalen Sicherheitsrat. Wie beurteilen Sie den Weg der Bush-Regierung in diesen Krieg?
POLLACK: Sie schlug anfangs eine völlig falsche Taktik ein, als sie daranging, die Öffentlichkeit und die internationale Gemeinschaft auf den Krieg einzustimmen. Rumsfeld, Cheney und auch andere reihten sehr frühzeitig aggressive Bemerkungen über die Notwendigkeit aneinander, gegen Saddam vorzugehen.
SPIEGEL: Es gab keine überzeugenden Beweise für die Zusammenarbeit Saddam Husseins mit Osama Bin Laden, auch nicht für die Existenz von Massenvernichtungswaffen. War die Rechtfertigung des Krieges ein Fehlschlag von Anfang an?
POLLACK: Die Regierung war der Auffassung, dass der Fall eindeutig liegt und deshalb keiner weiteren Begründung bedarf. Sie hat in dieser Phase alles falsch gemacht, was sie falsch machen konnte. Es wurde intern behauptet, und diese Behauptungen gelangten in die Presse,

dass Amerika die Zustimmung des Kongresses und auch die der Vereinten Nationen nicht brauche und dass wir weder die Hilfe der Alliierten noch die der Nato nötig hätten. Die Regierung setzte einiges daran, den Ton und die Botschaft zu ändern und den Krieg besser zu begründen. Aber unglücklicherweise hatte sie schon genug Schaden angerichtet.
SPIEGEL: Sie hatte Vertrauen verspielt, und das ließ sich nicht mehr wettmachen?
POLLACK: Wie die Sache nun einmal stand, schenkte weder die amerikanische noch die internationale Öffentlichkeit der Regierung noch größeren Glauben, obwohl sie mittlerweile bessere Argumente für ihr Vorhaben anführte.
SPIEGEL: Welche Argumente meinen Sie?
POLLACK: Die Gefahr, die Saddam für die Region bedeutet, und die Möglichkeit, dass er Terroristen Massenvernichtungswaffen überlassen könnte. Aber all das verstand der Rest der Welt nur als zynischen Taktwechsel, um einen Krieg zu rechtfertigen, für den die Entscheidung längst gefallen war.
SPIEGEL: Im Sommer vorigen Jahres brach dann eine Debatte über ein neues amerikanisches Imperium aus, das die politische Landschaft verändern solle, wo immer es aus Eigeninteresse möglich und nötig ist. Die Neokonservativen diskutierten so selbstvergessen, als gäbe es keine Außenwelt, die ihnen zuhört.
POLLACK: Ich glaube, die Bush-Regierung stellt sich immer schwerhörig, wenn es um die Außenwelt geht. Sie konzentriert sich auf ihre heimische Gefolgschaft. So ist George W. Bush Präsident geworden. Solange die Amerikaner hinter ihm stehen, ist es ihm ziemlich egal, ob der Rest der Welt ihm folgt.
SPIEGEL: Es bleibt erstaunlich, wie schnell Bush nach dem 11. September den Rückhalt in der Welt verloren hat. Die Supermacht ist mit ihrer Ignoranz und Arroganz ihrer Karikatur gerecht geworden.
POLLACK: Die Regierung war überzeugt von der Notwendigkeit des Krieges, konnte jedoch niemanden sonst davon überzeugen.
SPIEGEL: Offensichtlich sind einige der entscheidenden Figuren in Washington der Ansicht, dass mit dem 11. September 2001 eine neue Zeitrechnung begonnen hat. Haben sie Recht?
POLLACK: Ja, weil das eine Prophezeiung ist, die sich von selbst erfüllt. Denn nicht die Welt hat sich an diesem Tag verändert, sondern die Vereinigten Staaten …

SPIEGEL: ... was eine Menge ändert ...
POLLACK: ... weil wir momentan die Führungsmacht sind. So ist es nun einmal, auch wenn ich noch nicht weiß, ob sich das zum Guten oder zum Schlechten wenden wird. Wir haben die Behauptung aufgestellt, dass sich die Welt gewandelt hat, und verhalten uns aus diesem Grund anders, und die anderen Staaten sind gezwungen, sich anders zu verhalten – entweder unterstützen sie uns stärker als vorher oder sie stellen sich uns stärker entgegen, als sie es ursprünglich wollten.
SPIEGEL: Zbigniew Brzezinski, der unter Jimmy Carter Nationaler Sicherheitsberater war, hält es für den folgenreichsten Fehler dieser Regierung, dass sie dem Terrorismus den Krieg erklärt hat. Terrorismus, sagt er, ist eine Technik. Dem Terrorismus heute den Krieg zu erklären sei ungefähr so, als hätte man 1939 dem Blitzkrieg den Krieg erklärt.
POLLACK: Damit haben wir uns tatsächlich einige Probleme eingehandelt. Terrorismus ist so alt wie die Welt. Wenn politischer Mord zum Terrorismus zählt, dann reicht er um Tausende Jahre zurück. Wenn die gezielte Tötung Unschuldiger zum Terrorismus gehört, ist er Tausende Jahre alt. Die Vorstellung, all das ließe sich ausmerzen, übersteigt mein Vorstellungsvermögen. Oder: Nach der technischen Definition, die die Regierung für den Terrorismus wählt, nämlich das sei der bewusste Anschlag auf Unschuldige, ist die Hisbollah eine terroristische Vereinigung. Allerdings beschränkt sich die Hisbollah auf Angriffe gegen israelische Soldaten. Bedeutet das nun, dass die Hisbollah eine Terrorgruppe ist? Und wie steht es um Gruppen, die wir gut finden – waren die Contras in Nicaragua Terroristen?
SPIEGEL: Oder die Mudschahidin in Afghanistan.
POLLACK: Auch eine interessante Frage. Der Vorteil, den Terroristen den Krieg zu erklären, besteht selbstverständlich darin, dass wir freie Hand bekommen, gegen wen auch immer vorzugehen, denn so gut wie jedes Land, gegen das wir vorgehen wollen, hat mit Terroristen zu tun.
SPIEGEL: Am 12. September 2002 hielt Bush seine Rede vor den Vereinten Nationen. Er erwies der Uno seine Reverenz, und zugleich sprach er die Drohung aus, sie müsse gefälligst seinen Erwartungen entsprechend handeln. Haben Sie es damals noch für möglich gehalten, dass der Krieg mit Uno-Mandat geführt werden wird?

POLLACK: Ja. Ich fand, der Präsident hatte eine große Rede gehalten. Ich glaubte, die Regierung handelte aus Einsicht in ihre Fehler und hätte die richtige Methode für das Irak-Problem gefunden.
SPIEGEL: Und die wäre gewesen?
POLLACK: Wir gehen zur Uno und legen den Fall dar. Wir stellen richtig, dass die internationale Gemeinschaft elf Jahre lang daran gescheitert ist, diese Probleme zu lösen. Wir haben eine Alternative, wir sind zum Krieg entschlossen, aber es wäre besser, es findet sich eine Lösung mit der Uno. Wäre Amerika anders mit der Uno umgegangen, hätte der Sicherheitsrat wahrscheinlich eine Kriegsresolution verabschiedet – vermutlich zu einem späteren Zeitpunkt, aber trotzdem.
SPIEGEL: Zum Fehlschlag in der Uno kam es, weil sich kein überzeugender Kriegsgrund fand. Dafür ist in Amerika gewöhnlich der Geheimdienst CIA zuständig. Sie waren ja früher Analytiker in der CIA – ist es nicht seltsam, dass Vizepräsident Cheney mehrmals nach Langley gereist ist, ins Hauptquartier der CIA? Standen Ihre ehemaligen Kollegen unter unerbittlichem Druck, die gewünschten Ergebnisse zu liefern?
POLLACK: Es gab Druck, aber die Analytiker stehen oft unter dem Druck einer Regierung, die Beweise für irgendetwas geliefert haben möchte. Und oft genug hat die CIA nachgeschaut und dann gesagt, wir können die Beweise nicht liefern.
SPIEGEL: Worin besteht die Aufgabe eines Analytikers – unterbreitet er mehrere Lesarten zur Deutung des vorgelegten Materials?
POLLACK: Normalerweise sagt er: Hier sind die Fakten, die wir kennen, und hier ist unsere Auffassung, was sie bedeuten. Ich rede regelmäßig mit meinen Freunden in der CIA und habe nichts davon gehört, dass wichtige Vertreter der Regierung zu irgendeinem Analytiker gesagt hätte, verdammt noch mal, ich will aber genau diese Deutung. Sie haben etwas anderes gemacht, sie haben sich die Informationen geben lassen und ihre eigenen Analysen angestellt. Und damit fängt das eigentliche Problem an.
SPIEGEL: Sie spielen auf das Pentagon an, das im September 2002 eine eigene Gruppe einrichtete, die die CIA-Analysen einer neuen Analyse unterzog.
POLLACK: Diese Gruppe suchte sich heraus, was ihr in den Kram passte. In vielen Fällen standen Erkenntnisse im Widerspruch zu

anderen Informationen, weil die Quelle spärlich war, oder sie gaben nur die Hälfte des Gewünschten her, und sie mussten deshalb doppelt überzogen werden. Am Ende kam dann etwas heraus, was nach der Überzeugung des Pentagon eine alternative Analyse war.

SPIEGEL: Warum ging das Pentagon ein so hohes Risiko ein?

POLLACK: Weil sie felsenfest überzeugt waren, dass sie Recht hatten. Schon wahr, dass es einige ausgemachte Zyniker in der amerikanischen Regierung gibt. Das würde ich nie abstreiten, aber diese Gruppe Leute, um die es geht, glaubten sich im Besitz der Wahrheit.

SPIEGEL: Rumsfeld, Wolfowitz, Cheney?

POLLACK: Auf Namen möchte ich mich nicht festlegen.

SPIEGEL: Okay.

POLLACK: Doch einige dieser Leute sind Glaubenseiferer, keine Frage. Einige dieser Leute hielten Saddam Hussein seit Jahren für die Ursache aller Probleme im Nahen Osten.

SPIEGEL: So geschah es, dass einige falsche Beweise für Saddams Schuld vorgelegt wurden – zum Beispiel die Lieferung von Aluminiumröhren, angeblich tauglich für eine Gaszentrifuge, oder der auf törichte Weise gefälschte Uran-Deal mit Niger, der Irak zum Bau einer Atombombe verhelfen sollte.

POLLACK: Über die Aluminiumröhren entbrannte ein regelrechter Streit in den Geheimdiensten. Die CIA beharrte darauf, sie seien zum Bau einer Zentrifuge bestimmt, doch das Energieministerium war anderer Meinung. In solchen Fällen muss die Regierung eine Entscheidung treffen – und ich will ehrlicherweise zugeben, dass sie sich im Zweifelsfall der Auffassung der CIA anschließen sollte.

SPIEGEL: Auch wenn das Energieministerium Recht behalten sollte?

POLLACK: Die CIA ist das Zentrum der Geheimdienste im Land. Hätte das Energieministerium sich durchgesetzt, wäre das ein Skandal gewesen.

SPIEGEL: Ein Skandal ist zweifellos das gefälschte Uran-Geschäft mit Niger. Das Weiße Haus hat sogar zugeben müssen, dass sich der Präsident in seiner „State of the Union"-Rede am 28. Januar 2003 zu Unrecht darauf berufen hat.

POLLACK: Klar ist, dass einige in der CIA sehr früh gesagt hatten, es handele sich um eine Fälschung. Unklar ist jedoch, wer in der Regierung wann, wenn überhaupt, davon wusste. Die „New York Times" glaubt zu wissen, dass Cheney über die Fälschung informiert war. Also, da gibt es offenbar Rauch, und der muss untersucht werden. Falls sich herausstellt, dass die Regierung eingeweiht war, hat sie ein Problem.

SPIEGEL: Anders verhielt es sich mit den Massenvernichtungswaffen im Irak. Alle Welt ging von ihrer Existenz aus. Viel hat sich allerdings nicht finden lassen. Wie erklären Sie den seltsamen Umstand?

POLLACK: Immerhin fanden sich Ende Juni Pläne und Dokumente für eine Zentrifuge im Garten von Mahdi Ubeidi …

SPIEGEL: … eingemottet unter einem Rosenbusch in seinem Garten, und das seit rund 12 Jahren. Und der von George Tenet eingesetzte Chef der Waffensucher, David Kay, sagt: Daran sieht man, das Atomprogramm lag im Winterschlaf.

POLLACK: Es gab es aber. Ich halte das für wichtig, weil mir der Unterschied, der zwischen Waffen und Programmen bestehen soll, nicht einleuchtet. Wer Programme und Produktionsmöglichkeiten hat, kann Waffen leicht bauen. Also wissen wir jetzt, dass die Iraker Programme hatten. Sie haben folglich gegen Uno-Resolutionen verstoßen. Sie dachten nicht an Abrüstung. Sie hatten die Absicht, irgendwann ihr Programm wieder aufzunehmen. Das ist damit geklärt. Die weitergehende Frage lautet: Wie groß war die Gefahr? Und vor allem: Mussten wir schon in diesem Jahr Krieg führen? Hätten wir warten können?

SPIEGEL: Offenbar ja, aber die Regierung wollte einfach nicht warten. Wie erklären Sie diese Eile?

POLLACK: Ehrlich gesagt, kann ich es nicht recht erklären. Ich vermute, jeder hat seine Gründe. In einigen Fällen waren es enge politische Beweggründe – sie dachten, es ist der richtige Zeitpunkt für den Präsidenten, diesen Krieg zu führen. Es gibt außerdem ein paar Leute, die meinen, dass George W. Bush im Glauben lebt, dass er – wie er oft genug sagt – einen Krieg gegen das Übel in der Welt führt und dass er so etwas wie einen göttlich inspirierten Plan im Sinn hat. Der Sturz Saddams gehört dazu, und deshalb musste das schnell passieren.

SPIEGEL: Vermuten Sie, dass Saddam Massenvernichtungswaffen zerstören ließ, weil er ja neue bauen konnte?

POLLACK: Die Iraker haben die vollständigen Pläne und Dokumente und einige Anlagen behalten. Zur Produktion biologischer Waffen dienten die mobilen Laboratorien.

SPIEGEL: Sie meinen die beiden Lastwagenanhänger, die kurz nach dem Krieg gefunden wurden. Experten des Außenministeriums bezweifeln weiterhin, dass es sich um Biowaffen-Labors handelt.
POLLACK: Die gegenläufige Erklärung der Iraker – es soll sich um Labors zur Herstellung von Wetterballons handeln – ist doch absurd. Und was die Chemiewaffen angeht, so wissen wir, dass die Iraker pharmazeutische Anlagen bauten, um dann auf die Produktion chemischer Waffen umzusteigen. Wahrscheinlich hat Saddam Sprengköpfe zerstören lassen, weil er sie nicht braucht. Man muss sie bauen können, darauf kommt es an. Warum sollte er dann aber mehrere Tonnen des Nervengases VX herumstehen lassen?
SPIEGEL: Dennoch war die Enttäuschung groß, als die amerikanischen Soldaten in den Nachkriegswochen weder Arsenale noch Fabriken fanden – keine „smoking gun". Dabei ist es eine amerikanische Eigenheit, dass der Colt rauchen und dazu groß sein muss.
POLLACK: Es gibt aber auch einige Ungereimtheiten. Warum haben wir bei den Einheiten der Republikanischen Garde keine VX-Sprengköpfe gefunden? Wir hatten Geheimdienstinformationen, die ihren Weg in die Presse fanden, dass die Iraker chemische Sprengköpfe austeilten. Die Informationen waren anscheinend falsch. Aber waren sie wirklich falsch?
SPIEGEL: Was vermuten Sie denn?
POLLACK: Als ich von den Informationen hörte, habe ich sie für überaus plausibel gehalten. Das lag einfach auf der Hand. Wenn Sie in Saddams Lage gewesen wären – 200 000 Soldaten marschieren an der Grenze auf –, hätten Sie sich auch gern auf die sichere Seite geschlagen.
SPIEGEL: Weshalb aber sollte er die Sprengköpfe dann doch nicht ausgegeben haben?
POLLACK: Er besitzt eine gefährliche, erschreckende Fähigkeit zur Selbsttäuschung. Diesmal zu unserem Vorteil. Er hat sich eben eingeredet, dass kein Angriff bevorsteht, und infolgedessen den Befehl nicht gegeben.
SPIEGEL: Die USA tun sich schwer, den „rauchenden Colt" zu finden, die Besatzung kostet fast vier Milliarden Dollar pro Monat, Tag für Tag sterben amerikanische Soldaten durch Anschläge oder Überfälle – war der Krieg ein Fehlschlag?
POLLACK: Ich glaube, dass der Wiederaufbau des Irak darüber ent-

scheidet, ob der Krieg als Erfolg oder Misserfolg in die Geschichte eingehen wird. Die Massenvernichtungswaffen sind wichtig – aber nur für den nächsten Krieg, den Amerika führen will. Falls wir gegen Iran oder Syrien oder ein anderes Land vorgehen möchten, kommt es entscheidend darauf an, wie unsere Geheimdienstinformationen bewertet werden. Wenn der Rest der Welt in Erinnerung behält, dass unsere Erkenntnisse über den Irak damals nicht besonders gut waren, verglichen jedenfalls mit den tatsächlich gefundenen Massenvernichtungswaffen – warum sollte man uns dann diesmal trauen? Falls sich aber herausstellt, dass der Irak ein gewaltiges Programm besaß, und Amerika kann dann argumentieren, mit Iran verhält es sich genauso, dürfte der Rest der Welt, wenn auch widerstrebend, unseren Informationen Glauben schenken.

SPIEGEL: Mit dem Wiederaufbau des Irak meinen Sie den Aufbau eines demokratischen Landes?

POLLACK: Eines stabilen, blühenden Landes. Wenn in 10 oder 15 Jahren der Irak im Chaos versunken und mit Ruinen gepflastert ist, wird die Welt den Krieg für einen Fehler halten.

SPIEGEL: Der Irak soll ja mehr sein – ein Hebel, um den gesamten Nahen Osten neu zu komponieren. Glauben Sie, wie Präsident Bush und seine Regierung, dass das Land dazu taugt?

POLLACK: Ja und nein. Nein, weil ich nicht an einen Domino-Effekt in der Region glaube.

SPIEGEL: Weil Diktatoren und Autokraten keine Dominosteine sind.

POLLACK: Ja, das haben Sie schön ausgedrückt. Irak könnte im Guten wie im Schlechten einen Katalysator für Wandel im Nahen Osten abgeben. Das Gute dürfte sich sehr langsam einstellen, das Schlechte sehr schnell. Wenn der Wiederaufbau schleppend vorangeht und wenn die USA das Land sich selbst überlassen, werden die Araber sich sehr rasch in ihren Vorurteilen gegenüber Amerika bestätigt fühlen, und die internationale Gemeinschaft wird sich in ihrer ablehnenden Haltung gegen den Krieg bestärkt sehen. Das kann zur Destabilisierung der Nachbarn des Irak beitragen. So haben zum Beispiel die Probleme des Libanon Syrien und Israel destabilisiert, so haben die Probleme in Afghanistan Pakistan, die zentralasiatischen Staaten und schließlich Iran destabilisiert.

SPIEGEL: Gesetzt den Fall, es geht gut aus im Irak: Was sind dann die Rückwirkungen auf die Region?

POLLACK: Was sich da entwickeln kann, lässt sich gut am analogen Fall Japans ableiten. Die Herausbildung einer stabilen und prosperierenden Demokratie fand ein Echo in ganz Ostasien. Zum ersten Mal hatten die Ostasiaten ein demokratisches Land vor Augen, das weder europäisch noch christlich noch westlich war. Japans Erfolg war wichtig für die nachfolgenden Veränderungen in Ländern wie Südkorea, Taiwan und Hongkong. Es war nicht die Ursache, aber es unterstützt den Prozess.

SPIEGEL: Ein langer Prozess?

POLLACK: Ein jahrzehntelanger Prozess. Aber einer, der vielleicht auch im Fall Irak möglich ist. Die Araber kennen keine arabische Demokratie. Demokratie ist für sie Westeuropa, Amerika und Japan – und so wollen sie nicht sein. Falls aus dem Irak ein starkes, gefestigtes, demokratisches Land mit einer Marktgesellschaft entsteht, das seinen arabischen Charakter behält, dürfte dieses Vorbild andere arabische Staaten zur Nachahmung ermuntern.

SPIEGEL: Zurzeit sieht es nicht so aus: Im Irak herrscht Chaos, in den arabischen Nachbarstaaten wächst die Abneigung gegenüber Amerika. Und die US-Regierung behält Syrien und Iran im Visier – wird sie dort die nächsten Kriege führen?

POLLACK: Auf kurze Sicht nicht. Wenn doch, hat das zwei Folgen: erstens eine schwerwiegende Ablenkung vom Irak, weil wir militärische Kräfte, die wir im Irak brauchen, nach Syrien und Iran verlegen müssen. Zweitens werden wir einen Teil des Nahen Ostens gegen uns aufbringen. Die Iraner sind äußerst national eingestellt, und sie werden sich hinter ihrer Regierung sammeln, selbst wenn sie in Opposition zu ihr stehen, sobald eine Macht von außen Einfluss nehmen will – besonders dann, wenn es sich um Amerika handelt. Und der Rest der arabischen Welt hat es schon mit Abscheu hingenommen, dass wir unser Gewicht gegen Saddam eingesetzt haben, obwohl Saddam auch im Nahen Osten als Übel angesehen wurde und als ein Fall für sich.

SPIEGEL: Amerika hat nach dem Zweiten Weltkrieg in Europa und in Ostasien Sicherheitssysteme aufgebaut. Vergleichbares fehlt im Nahen Osten. Wie könnte das aussehen?

POLLACK: Natürlich versuchen ausländische Mächte seit 100 Jahren, den Golf zu sichern – zuerst die Briten, dann seit 1968 die Vereinigten Staaten. Wir haben es auf verschiedenen Wegen probiert,

die Region sicher zu machen, ohne uns allzu tief hineinziehen zu lassen. Unsere erste Methode fußte auf zwei Säulen, dem Schah und Saudi-Arabien. Als das nicht funktionierte, haben wir uns in den Achtzigern Saddam zugewandt; das zahlte sich auch nicht aus. In den Neunzigern haben wir uns der Einsicht gebeugt, dass kein regionaler Partner Sicherheit garantieren kann, und seitdem sind wir mit einer sehr großen Streitmacht am Golf vertreten. Damit ließen sich die externen Sicherheitsprobleme lösen, damit entstanden aber auch interne Sicherheitsprobleme in den Ländern.
SPIEGEL: Jetzt ist eine neue Lage entstanden. Wie lässt sich externe Sicherheit schaffen, ohne die einzelnen Länder zu destabilisieren?
POLLACK: Dafür gibt es eine Menge Ideen. Ich selbst bin überzeugt davon, dass wir das Modell, das wir in Europa gegen Ende des Kalten Krieges gewählt haben, auf den Persischen Golf übertragen sollten.
SPIEGEL: Wie soll das aussehen?
POLLACK: Ich meine das Helsinki-Modell und die Vereinbarungen über konventionelle Abrüstung in Europa, also ein Zusammenspiel von vertrauensbildenden Maßnahmen mit Sicherheitsgremien und echter Rüstungskontrolle. Damit wäre ein Forum gefunden, um über das größte externe Problem am Golf zu reden, nämlich die atomare Aufrüstung Irans. Die Angst ist ja groß, dass Iran, besitzt es erst einmal Nuklearwaffen, zu einer erheblich aggressiveren Außenpolitik übergeht als in den letzten vier, fünf Jahren. Das Problem mit dem Irak wiederum sieht so aus, dass der Irak, sofern er stark genug bleibt, um sich gegen Iran zu verteidigen, auch stark genug ist, in Kuweit und in Saudi-Arabien einzumarschieren. Es gibt also zwei Möglichkeiten für Sicherheit in der Region: Entweder Amerika belässt seine Streitkräfte am Golf, um Iraner und Iraker abzuschrecken. Oder Iraner und Iraker rüsten ihre Streitkräfte so weit ab, dass Amerika sich nicht mit beiden befassen muss.
SPIEGEL: Und am Ende steht der Abzug des US-Militärs aus der Region?
POLLACK: Auf diesem Weg kann es so weit kommen – aber nur über Rüstungskontrolle.
SPIEGEL: Und dann wäre der Krieg gegen den Irak im Jahr 2003 auch gerechtfertigt?
POLLACK: Das wäre jedenfalls eine Entwicklung im Interesse aller Beteiligten.

Nachwort

Kriege sind blutige Eingriffe in die Zivilisation, sie zerstören Leben, Städte und Länder; sie zerschlagen Gesellschaften, sie befreien Gesellschaften; sie versklaven Menschen, sie erlösen Menschen; sie zwingen Menschen, andere Menschen zu vernichten, weil sie selbst zufällig in dem einen Land und die Feinde zufällig im anderen Land geboren wurden.

Ein gerechter Krieg sei der Krieg gegen Saddam Hussein gewesen, sagen seine Befürworter, weil er einen Diktator entmachtet und ein Volk befreit habe. Der Krieg als Akt der Menschenliebe, der Feldzug als „Fortsetzung der Moral mit anderen Mitteln" (Ulrich Beck). Das Problem: Wie überzeugt man ein paar tausend irakische Frauen und Männer davon, dass ihre Töchter und Söhne, ihre Väter und Mütter zu Recht getötet wurden, dass sie starben, weil Humanismus nun mal Menschenleben kostet? Und wie denken die Eltern, Kinder und Frauen der getöteten Amerikaner und Briten darüber?

Wie viele Menschen Opfer des Irak-Krieges wurden, lässt sich nur schätzen. Die Statistiker der Kriegskoalition führten nur Buch über Truppen, Panzer, Flugzeuge und Bomben und über die toten Soldaten ihrer Armeen. 41 404-mal stiegen Flugzeuge der Alliierten in den Himmel, in den 720 Stunden zwischen dem 19. März und dem 18. April warfen sie 29 199 Bomben auf den Irak. 19 948 dieser Bomben, 68 Prozent, waren „intelligent", wie die Militärs sagen, und das soll den Zivilisten sagen, diese Bomben treffen so genau, so chirurgisch, so human, dass es keine Unbeteiligten trifft, sondern nur die, die der Bombe als Zielobjekte einprogrammiert worden sind. Die Familie Jakub in Bagdad und die Familie Hamudi in Basra wissen, dass es humane Bomben nicht gibt.

Die „unintelligenten" Bomben, das sind solche Bomben wie die CBU-105, eine Streubombe. Sie ist wie ein Container voller Kleinbomben, sie lässt die „Bombletten" – so groß wie eine Getränkedose – knapp über dem Ziel explodieren: Auf einer Fläche von bis zu acht Fußballfeldern töten die Splitter jegliches Leben.

Die Briten geben den Abwurf von 70 Bomben dieses Typs zu, die Amerikaner schweigen. Am 1. April warfen amerikanische Jets über der Stadt Hilla Streubomben ab, die unter den Einwohnern des Ortes ein Blutbad anrichteten.

„Unintelligent" und zudem geächtet ist der Einsatz von Feuerbomben. Flugzeuge der U. S. Marines haben mehrmals Bomben vom Typ MK-77 abgeworfen, im Südirak bei Safwan und vor Bagdad auf Tigris-Brücken. Wie die Napalmbomben während des Vietnam-Krieges verschleudert die MK-77 ein brennbares Gemisch, das auf der Haut haftet und sich in sie hineinfrisst.

Als Bush nach 42 Tagen das Ende der Kampfhandlungen verkündete, beklagten die Amerikaner und Briten den Tod von 159 Soldaten. Mehr als 120 fielen im Kampf, über 30 starben durch Unfälle oder Feuer aus den eigenen Reihen. Die Zahl der getöteten irakischen Soldaten ist unbekannt, zwischen 7000 und 9000 Toten schwanken die Schätzungen. Von den Kriegsparteien gibt es keine verlässlichen Aussagen über die getöteten Zivilisten, die unabhängige Organisation iraqbodycount.net nennt mindestens 6087 Opfer, höchstens 7798. Gezählt wurden Tote, die gleichzeitig von mehreren Medien gemeldet wurden. Es bleibt unklar, ob die Toten wirklich Zivilisten waren oder Fedajin-Kämpfer in Zivil.

Kriege lassen auf schreckliche, manchmal glückliche Weise die Lebenslinien von Menschen kreuzen, von Bomberpiloten und Müttern, von Ärzten und Panzerfahrern, von Museumswärtern und Kommandeuren, von Pastoren und Richtschützen. Kriege verschlingen Menschen, und wenn sie Glück haben, werden die Menschen am Ende wieder ausgespuckt, unversehrt, aber nicht unverändert.

Margo Chatschaturian, die Armenierin, deren Mann und Söhne am 8. April von den Amerikanern getötet wurden, als ihre Familie in ein Feuergefecht geriet, lebt noch in Bagdad-Amin. Sie kümmert sich um ihren kleinen Enkel und ihre Tochter Nora, die immer noch an einer Granatsplitter-Verletzung laboriert.

Captain Dan Wittnam, der Kompaniechef des 2. Regiments der Marines, dessen Kompanie in der Schlacht um Nassirija 18 Männer verloren hat, wechselt im Herbst voraussichtlich in die Waffenkompanie seines Bataillons. Man weiß nicht, ob das eine Beförderung ist. Wittnam möchte, dass die Fehler, die in Nassirija gemacht wurden, aufgeklärt werden.

First Lieutenant Michail Sobieszczyk von den Marines, der mit seinen Eltern in den achtziger Jahren aus Polen in die USA ausgewandert war, wollte sich mit seinem vierjährigen Dienst ursprünglich nur bei Amerika bedanken und dann Arzt werden, wie alle in seiner Familie. Aber nach dem Einsatz im Irak überlegt Sobieszczyk, ob er bleibt. Allerdings würde er gern von den Nachschubeinheiten zur Infanterie wechseln, in die erste Reihe.

Private Lazaro Vega, 21, denkt nicht daran, nur einen Tag länger im Marine Corps zu bleiben. „Da sind Leute neben mir gestorben, direkt neben mir. Es gab da zwei, drei Stunden in Nassirija, wo ich gedacht habe, ich überlebe die ganze Scheiße nicht. Ich bin fertig mit dem Mist. Ich bin 21, ich komme aus Miami, ich will noch ein bisschen leben."

Dr. Hamid al-Aradi, der Chefarzt im Kindi-Hospital, wurde unmittelbar nach dem Krieg und den Plünderungen von der Belegschaft des Bagdader Krankenhauses zum neuen Direktor gewählt. Er trat von dem Posten nach nur vier Wochen im Amt auf Grund interner Intrigen zurück.

Lieutenant Colonel Fred Padilla, Kommandeur des 1. Bataillons des 5. Regiments der Marines, hat das Kommando abgegeben, kurz nachdem sein Bataillon wieder im Camp Pendleton angekommen war. An diesem Tag fühlte er sich „bittersweet", sagt Lieutenant Colonel Padilla. Fred Padilla wird das Naval War College in Rhode Island besuchen, eine einjährige Karriereschule. Dazu wird er mit seiner Frau und den sieben Kindern an die Ostküste ziehen.

Carey Cash, Bataillonskaplan, hat zusammen mit Kommandeur Padilla im August 2001 beim 1. Bataillon angefangen. Er wird zusammen mit Padilla gehen. Er würde gern im Ausland arbeiten, am liebsten auf einer Navy Base in England.

Der Infanteriesoldat Ali Ahmed Ali, der bei Kut gekämpft hat, verkauft in der Innenstadt von Bagdad Bier- und Coca-Cola-Dosen aus Jordanien an seine ehemaligen Feinde, die GIs, und an ausländische Journalisten. Bei einem Verkaufspreis von zwei Dollar für das Bier und einem Dollar für die Coca-Cola verdient er zum ersten Mal mehr als seinen Soldatensold.

Corporal Mike Cash ist seit acht Jahren bei den Marines und wird weitermachen. Er hat niemanden sonst, der die Versicherungskosten für seine kranke Tochter übernimmt.

Corporal Brandon White wird das Marine Corps im Dezember nach vierjährigem Dienst verlassen. Ihm ist in Bagdad durchs Handgelenk geschossen worden, er hat über zehn Operationen hinter sich, seine Hand ist immer noch nicht in Ordnung. White sagt: „Ich glaube, ich habe bewiesen, dass ich meinem Vaterland treu ergeben bin." Er will Psychologie studieren, am liebsten in Los Angeles.

Dr. Mohammed Baschir, der Chef der Notaufnahme im Kindi-Hospital überstand das Kriegsende und auch die Plünderungen unbeschadet. Er ist mittlerweile auf seine alte Stelle zurückgekehrt.

Dr. John Cho, Chefchirurg des mobilen Militärlazaretts 212. MASH, wertete zu Hause in Potomac die Daten über Verletzungsgrad, Operationsverlauf und Heilungsprozess jedes einzelnen seiner Patienten aus und schickte sie an seine Vorgesetzten. Der Einsatz im Irak war Chos erster Krieg; wenn es nach ihm ginge, nicht sein letzter.

Kudeir al-Amari, heimgekehrter Exil-Iraker, sitzt mit seinen Brüdern in weißen Gewändern auf dem Fußboden seines ehemaligen Hauses. Er will in seinem Heimatdorf Kalaa Sukkar bleiben – trotz Staub, Hitze, einem Wasserwerk, das ohne Chlor auskommen muss, und Mitgliedern der Baath-Partei, die es auf seinen Kopf abgesehen haben. „Der Irak ist das reichste Land der Welt", sagt Amari. „Wir müssen den Reichtum nur an die Menschen verteilen. Wie in Kuweit."

Major Doris Garcia, die Cheflogistikerin der 101. Airborne Division, ist seit Kriegsende in Mossul stationiert und versorgt dort weiterhin die Truppe mit Nachschub. Sie traf ihren Mann, den Sanitäter Rick Garcia, der den Krieg wie sie ohne Schäden überstand, Mitte April in Bagdad wieder. Beide wissen nicht, wann sie ihre Kinder in der Heimat wiedersehen werden.

Major General David Petraeus, Kommandeur der 101. Airborne Division, ließ in Mossul die ersten freien Kommunalwahlen stattfinden. Petraeus hält intensiven Kontakt zu den gesellschaftlichen Gruppen, die er oft im Prunksaal eines eroberten Saddam-Palasts empfängt.

Duane Crawford und Jeff Lamprecht, Pilot und Bordschütze des „Apache"-Hubschraubers, der für die 101. Airborne Division den ersten Schuss abgab, sind weiterhin im Irak stationiert. Sie erledigen die Routine des Militärbetriebs und trainieren Hubschrauberaktionen in heißem Wüstenklima.

Lieutenant Colonel Stephen Schiller, der mit dem Silver Star dekorierte „Kiowa"-Pilot, hat sich mit seinen Leuten auf einem Flugfeld in der Wüste südlich von Mossul in alten Kasernen der Saddam-Armee eingerichtet. Seine nächste Verwendung ist ungewiss.

Diar al-Umari, der Bagdader Büroleiter des Fernsehsenders al-Dschasira, nahm sich nach dem Krieg eine längere Auszeit. Er lebt derzeit mit seiner Frau und seinem kleinen Sohn in der jordanischen Hauptstadt Amman. Sein Ziel: „Ich will lernen, wie ich wieder schlafen kann."

Sergeant John Kurtz wollte sich eigentlich, wie er sagt, nach dem Krieg vom „Arschloch in einen Friedensengel verwandeln und dann schnell nach Hause fahren". Daraus wurde nichts. Stattdessen muss er im Norden Bagdads auf Patrouille gehen, was oft gefährlicher ist als alles, was er während der Eroberung der Hauptstadt erlebt hat.

Mohammed Abdullah, Hauptmann der Republikanischen Garde, will einen Computerladen in Bagdad eröffnen – leider fehlen ihm Startkapital wie auch Computer.

Abid Hassan Hamudi, Bürger von Basra, betrauert den Tod der zehn Familienmitgliedern, die durch eine Bombe getötet wurden. Er will Rache und plant, die britische Regierung zu verklagen.

Lieutenant Colonel Hugh Blackman, Panzerkommandant der britischen „Desert Rats“ und Eroberer der „Route red“, verließ Basra bald nach dem Ende der Kämpfe. Er wurde zurückbeordert nach Deutschland und ist mittlerweile in Fallingbostel stationiert.

Captain Chris Wachter, Commander, sein Kopilot Sloan Hollis, sowie die Waffenoffiziere Fred Swan und Joe Runci waren die Crew des B-1-Bombers, der am 7. April vier Bomben auf ein Wohnhaus in Bagdad-Mutanabi warf – weil sich dort angeblich Saddam Hussein aufhielt. Die vier Soldaten erhielten für diesen Einsatz das Fliegerverdienstkreuz. Ihre Aktion, so heißt es in der Laudatio, habe den Beginn des Zusammenbruchs von Saddam Husseins Regime sowie des Falls von Bagdad markiert. Bei dem Bombenabwurf wurden 14 unbeteiligte Zivilisten getötet.

Hikmat Jakub, der chaldäische Kopiergerätemechaniker, der seine Frau und seine drei Kinder am 7. April bei diesem Bombenabwurf auf Bagdad-Mutanabi verlor, sammelt alle Informationen, die er über den Krieg und die Amerikaner bekommen kann – er will Ernst machen mit seinem Plan, George W. Bush vor dem Internationalen Gerichtshof zu verklagen.

Sergeant Jennifer Raichle, Aufklärerin bei der 1. Brigade der 3. Infanterie-Division, wird noch zwei Jahre lang Soldatin sein, dann endet ihr Vertrag. Was danach kommt, weiß sie nicht.

Mohammed Saïd al-Sahhaf, ehemaliger Informationsminister und Saddams Spin-Doctor, ist bei Verwandten in Bagdad untergekrochen. Arabischen Fernsehsendern gibt er gelegentlich Interviews; von westlichen Medien verlangt Sahhaf üppige Dollarbeträge für ein Statement.

François Calas, Projektleiter im Irak von „Ärzte ohne Grenzen“, der vom irakischen Geheimdienst gefangen genommen wurde, verließ Bagdad am 19. April. Er ist nach Paris zurückgekehrt und bereitet sich auf die Eingangsprüfung der Universität vor. Er möchte Politik studieren.

Mohammed Ridda, Leutnant der Polizei in Bagdad, ist seit dem 20. April wieder im Dienst, samt Dienstwagen. Den hatte sein Fahrer über die Nachkriegswirren gerettet. Enttäuscht ist er über die Desorganisation der US-Soldaten. Erst hieß es, die Polizisten sollten ihre Dienstwaffen behalten, dann wurden sie konfisziert, dann wieder ausgeteilt, dann wieder beschlagnahmt. Trotzdem möchte Ridda Polizist bleiben. „Es ist mein Traumjob, Kriminelle zu schnappen."

Dr. Ismail al-Kalil, Militärarzt und Internist in Nassirija, hofft auf einen gut bezahlten Arbeitsplatz in einer Privatklinik. Falls das nicht klappt, würde er sich auch mit einem der staatlichen Krankenhäuser zufrieden geben – vorausgesetzt, das irakische Gesundheitsministerium zahlt wieder regelmäßig Gehälter.

Der Karmeliterpater Michel de Myttenaere hat den Krieg überstanden, ebenso sein rotes Motorrad. Danach allerdings zeigten sich die Folgen der Entbehrungen. Frère Michel wurde im Juli aus dem Irak abgerufen und in ein Pariser Krankenhaus eingeliefert.

Hamid Maschid, leitender Beamter in der Jugendvereinigung der Baath-Partei, der während des Krieges den Einsatz der Fedajin organisierte, will so schnell wie möglich auswandern, nach Syrien, in den Libanon oder den Jemen, um einen Job zu finden. Egal was, Hauptsache, weg aus dem Irak.

General Ali al-Mussawi, der während des Krieges auf dem Platz der Gerechtigkeit die Nächte im Auto durchwachte, will als Internet-Spezialist ein Internet-Café in Bagdad eröffnen. Doch er glaubt nicht, dass er die 2000 Dollar dafür zusammenbekommt.

Peter Franck, ehemaliger Waffeninspektor der Uno, ist zurück in Hamburg und arbeitet wieder als Experte für Computersicherheit. An der Arbeit für die Vereinten Nationen hat Franck Gefallen gefunden, und er hofft, dass er bald wieder als Waffeninspekteur losfliegen kann.

Gunter Pleuger ist weiterhin Berlins Uno-Botschafter in New York. Die heftigen Querelen mit den amerikanischen und britischen Kollegen gelten als „professionell ausgestanden“ und erledigt.

Colonel David Perkins, Kommandeur der 2. Brigade der 3. Infanterie-Division, wird in die für die Nato zuständige Sektion J 5 des Pentagon wechseln. Perkins’ Kamerad, Lieutenant Colonel Eric Wesley, wird nach der Dienstzeit im Irak nach Fort Stewart (Georgia) zurückkehren.

Tenateous Jussuf Juchana, alias Tema, Udais Leibarzt, versteckt sich in einer Hochhauswohnung nahe dem Tigris. Der Fernseher läuft den ganzen Tag. Als gemeldet wurde, dass Udai tot sei, erstarrte Tema für ein paar Sekunden. Dann zitterte er weiter vor seinem ehemaligen Patienten.

Tommy Franks, Oberbefehlshaber der alliierten Truppen in Katar, beendete seine militärische Karriere, statt ins Pentagon zu wechseln – wie Beobachter annehmen, wegen unüberwindlicher Meinungsverschiedenheiten mit Verteidigungsminister Rumsfeld. Vor seinem Abschied musste sich Franks noch in zwei Kongress-Ausschüssen rechtfertigen: Ob das Pentagon auch für die Zeit nach den militärischen Operationen umfassend geplant habe? Hier verwies der Vier-Sterne-General auf den Mann, der im Senatsausschuss neben ihm saß: Donald Rumsfeld.

Muhsin Chadim, der pflichtbewusste Sachbearbeiter des Nationalmuseums in Bagdad, hat auch nach dem Ende des Krieges keinen Tag gefehlt – die Kalaschnikow, mit der er das Museum in den letzten Kriegstagen gegen Plünderer verteidigte, hat er nicht mehr. Stattdessen besorgte er sich Reinigungsmittel und einen Besen.